하루에 따라잡는

한국사

하루에 따라잡는

한국사

미래타임즈

머리말

우리는 역사를 통해 통찰력을 키울 수 있다!

국가는 역사를 만들고, 민족은 역사를 보존하면서 발전하고 번영한다. 따라서 우리들은 역사와 함께 성장한다. 역사는 과거를 바로 알고 오늘의 삶을 보다 활기차게 이끌면서 내일을 맞이하게 해주는 원동력이다. 그러므로 역사는 과거와 현재, 그리고 미래를 연결해 주는 고리이자 톱니바퀴인 것이다. 역사를 일깨워 주지 않는 국가, 역사를 기록하지 않는 나라, 역사를 보전하지 않는 민족은 없다.

우리들은 평소에는 역사의 중요성을 별달리 느끼지 못한 채 하루하루를 역사 속에서 살아간다. 역사는 지난 이야기, 과거와의 대화이다. 먼 옛날의 선대로부터 오늘에 이르기까지 우리들이 살아온 삶의 과정이며 생활의 흔적이다. 그리고 내일을 열어가는 지렛대가 되고 길잡이가 되는 것이다. 나라마다 민족마다 사람들마다 살아가는 길이 다르고 생각하는 관점이 다양하다고 해도 역사를 외면하면서 살아갈 수는 없다.

그래서 역사는 숙명적이고도 필연적인 것이다. 결코 우연한 과정이 아니다.

E. H. 카라는 역사학자는 역사를 과거와 현재의 대화라고 하였다. 현재가 없는 과거는 무의미하다. 역사적 사건에는 나름대로 원인과 결과가 있는데, 그 원인과 결과를 따져 보는 것 역시 현재의 관점이 뒷받침되어야 가능하다.

우리가 살고 있는 현재는 과거의 무수한 사건들로 인한 결과라 할 수 있다. 따라서 우리가 살고 있는 지금이 어떻게 해서 만들어졌는지를 알기 위해서라도 역사 알기는 필요하다. 이처럼 역사 알기는 현재를 통해 과거를 바라볼 뿐만 아니라, 과거를 통해 현재를 바라보는 거울이라 할 수 있다.

우리는 역사를 통해 현재를 올바르게 바라보는 통찰력을 키울 수 있다. 나아가 이러한 통찰력은 미래를 바라보는 눈을 기를 수 있다. 우리가 앞으로 어떻게 살아야 할지를 역사를 통해 배움을 얻는 것이다.

이 책은 교과서보다도 상세한 역사적 사실을 다뤘다. 독자들이 이 책을 통해 사건을 바라보는 통찰력을 키울 수 있도록 하기 위해 다양한 자료를 활용했다. 부디 이 책을 통해 보다 나은 미래를 사는 데 도움이 되기를 바란다.

지은이 유한준

차례

하루에 따라잡는 한국사

머리말------------------------------006

선사 시대

선사 시대------------------------------014
■ 한반도의 선사 시대/14

구석기 시대------------------------------016
■ 한반도의 구석기 시대/16 ■ 구석기의 발명품/17
■ 주먹도끼의 발전/18 ■ 구석기 시대의 식단/19
■ 구석기 시대의 보금자리/20 ■ 구석기 시대의 의식주/21
■ 구석기 시대의 패션/22 ■ 한반도의 구석기 문화/22

신석기 시대------------------------------024
■ 한국의 신석기 시대/24 ■ 신석기 문화/25
■ 빗살무늬토기/26 ■ 신석기인들의 사냥/27
■ 신석기 시대의 새로운 직업: 농부/29
■ 신석기 시대의 주거 형태/30
■ 신석기 시대의 발명품: 토기/31

청동기 시대------------------------------033
■ 한반도의 청동기 시대/33 ■ 청동기 시대의 생활상/35
■ 고대 국가로의 발전 토대/37

고조선 시대

고조선------------------------------039
■ 고조선의 성립/39

단군조선------------------------------042
■ 단군조선의 역사/42 ■ 단군조선에 대한 역사적 평가/43

고조선의 건국 신화------------------------------045
■ 단군신화/45 ■ 단군왕검은 누구?/47

기자조선------------------------------048
■ 기자조선의 문헌과 기록/48

위만조선------------------------------051
■ 위만의 망명/51 ■ 위만조선의 멸망/54
■ 고조선의 사회와 문화/57

한사군------------------------------058
■ 한사군의 설치 및 변천/58

원삼국 시대

원삼국 시대------------------------------060
■ 연맹 국가의 성립/60

부여------------------------------063
■ 부여의 사출도/63 ■ 부여의 사회/64
■ 부여의 문화와 경제/65

북부여와 동부여------------------------------066
■ 북부여/66 ■ 동부여/67 ■ 졸본부여/68

동예------------------------------069
■ 동예의 기원/69 ■ 동예의 사회와 문화/70

옥저------------------------------072
■ 옥저의 독특한 문화/72 ■ 옥저의 역사/74

삼한의 성립------------------------------075
■ 한반도 중부 지역을 차지한 진국(辰國)/75

마한------------------------------076
■ 삼한 최대의 영토를 보유한 마한/76
■ 마한의 사회와 문화/77

진한------------------------------078
■ 신라의 전신인 진한/78

변한------------------------------079
■ 가야의 전신인 변한/79

삼국 시대

삼국 시대------------------------------080
■ 삼국의 정립-고구려/80 ■ 삼국의 정립-백제/81
■ 삼국의 정립-신라와 가야/81

고구려

고구려의 건국------------------------------082
■ 고구려의 기원/82

고구려 건국 신화------------------------------085
■ 고주몽의 탄생 설화/85

동명성왕------------------------------089
■ 고구려의 시조가 되다/89

유리명왕------------------------------090
■ 아버지를 찾아 나선 유리/90
■ 유리명왕의 황조가(黃鳥歌)/91

대무신왕------------------------------092
■ 대무신왕 무휼/92 ■ 동부여와의 전쟁/93
■ 한나라와의 전쟁/93

호동왕자----------------------094
■ 호동왕자와 낙랑공주/94

고구려의 성-------------------096
■ 고구려의 수도/96

고구려-위 전쟁----------------100
■ 고구려 최초의 위기와 극복/100

미천왕의 활약-----------------102
■ 을불의 왕위 등극/102

고국원왕의 전사----------------104
■ 전연과의 전쟁/104 ■ 백제와의 전쟁/105

소수림왕의 치적----------------106
■ 최초로 불교가 전래됨/106

정복왕 광개토태왕--------------108
■ 태자 시절의 담덕/108 ■ 백제와의 전쟁/109
■ 거란 및 숙신 정벌/110
■ 신라 구원과 남방 진출/111 ■ 후연과의 전쟁/112

광개토태왕릉비----------------113
■ 웅대한 비석/113

광개토태왕의 내치-------------114
■ 성군 광개토태왕/114

장수왕의 남진정책-------------116
■ 부왕의 위상을 높인 장수왕/116

고구려의 건축과 미술-----------119
■ 고분 벽화/119 ■ 강서 대묘/119
■ 무용총/120 ■ 쌍영총(雙楹塚)/121
■ 개마총(鎧馬塚)/123

수나라와의 전쟁----------------124
■ 중국 대륙을 통일한 수나라/124
■ 제2차 고구려-수 전쟁/125
■ 요하 전투/126 ■ 살수대첩/127

당나라와의 전쟁----------------130
■ 당나라의 건국/130 ■ 고구려의 정세/131
■ 당나라의 침략 시작/133 ■ 전쟁의 경과/134
■ 안시성 전투/135

고구려 사회와 문화--------------137
■ 고구려의 형법/137 ■ 고구려의 경제/137
■ 고구려의 복식/138 ■ 고구려의 음악/138
■ 고구려의 풍습/139

고구려의 멸망-----------------140
■ 당나라의 끈질긴 침입/140
■ 고구려의 멸망과 부흥운동/141

백제

백제의 건국-------------------143
■ 백제의 국가 성립/143

백제의 건국 설화---------------144
■ 온조 설화/144 ■ 비류 설화/145
■ 구태 설화/146

고이왕------------------------147
■ 초기 백제의 기반을 다지다/147

근초고왕----------------------149
■ 백제를 강국으로 만들다/149
■ 고구려와의 전쟁/150
■ 근초고왕의 남방 진출/152

백제의 사회와 문화-------------153
■ 백제 사회의 신분제도/153 ■ 백제의 종교/154
■ 백제의 경제/155 ■ 백제의 한학/156

백제의 위기와 도전-------------157
■ 근초고왕의 죽음/157

아신왕------------------------159
■ 아신왕의 무모한 집념/159

웅진 천도---------------------161
■ 나·제 동맹/161

도미 부부 설화-----------------163
■ 개로왕과 도미/163

동성왕------------------------165
■ 국권을 회복한 동성왕/165

무령왕------------------------167
■ 무령왕의 출생/167 ■ 무령왕의 업적/168

백제의 혼이 담긴 무령왕릉--------169
■ 무령왕릉의 구조/169
■ 무령왕릉의 출토 유물/170
■ 최초의 무덤 내부 사화/172

성왕--------------------------173
■ 제26대 성왕의 즉위와 업적/173
■ 사비 천도/174
■ 외교와 국방/175 ■ 관산성 전투의 비극/176

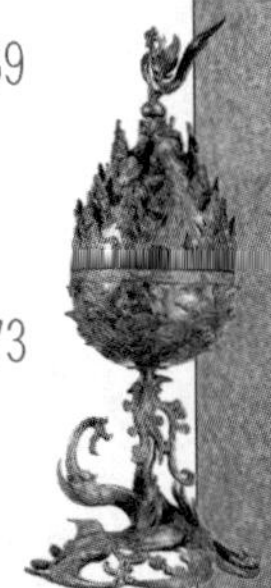

위덕왕------------------------178
■ 제27대 위덕왕의 즉위와 업적/178

무왕---------------------------181
■ 제30대 무왕의 출생/181 ■ 신라와의 전쟁/182

서동 설화----------------------183
■ 서동요의 이야기/183 ■ 서동의 정체에 대한 문제/184

백제의 예술과 문화재-------------186

의자왕-------------------------190
■ 제31대 의자왕의 치세/190

백제의 멸망---------------------193
■ 백제와 나·당 연합군의 전쟁/193
■ 황산벌 전투와 부흥운동/194

신라

신라의 건국---------------------195
■ 신라의 국가 성립/195

혁거세 거서간-------------------197
■ 혁거세 출생의 설화/197 ■ 서라벌 개국/199 ■ 알영부인/200

탈해 이사금---------------------201
■ 석탈해 설화/201

김알지-------------------------202
■ 김알지 설화/202

신라의 발전---------------------203
■ 신라의 정치적 발전/203

내물 이사금---------------------204
■ 왜구와의 전쟁/204 ■ 내물왕의 위기/205

눌지 마립간---------------------206
■ 고구려에 의해 왕이 된 눌지/206 ■ 충신 박제상/207
■ 눌지 마립간의 치적/208 ■ 왜와의 전쟁/209

지증왕-------------------------210
■ 왕의 칭호를 사용/210 ■ 우산국 정벌/211

법흥왕-------------------------212
■ 법흥왕의 어머니 연제부인/212
■ 율령 반포와 불교 공인/213

신라의 사회---------------------214
■ 신라의 골품제도/214

진흥왕-------------------------217
■ 신라의 영토 확장/217 ■ 진흥왕의 내치/219

진평왕-------------------------220
■ 진평왕의 제도 개혁/220 ■ 불교 및 중국과의 관계/221
■ 진평왕의 말년/222 ■ 진평왕의 일화/223

선덕여왕------------------------224
■ 선덕여왕의 즉위/224 ■ 선덕여왕의 생애/225
■ 선덕여왕의 설화/228 ■ 사찰 및 첨성대 건립/229

진덕여왕------------------------230
■ 진덕여왕의 즉위/230

신라의 화랑제도-----------------232
■ 화랑도의 기원/232 ■ 화랑도의 이념/233
■ 화랑도의 기풍/234

신라의 삼국통일-----------------236
■ 삼국통일의 배경/236
■ 가야의 멸망/백제의 멸망/237 ■ 고구려의 멸망/238

태종무열왕----------------------239
■ 김유신과의 혼인 동맹/239 ■ 김춘추의 즉위/241
■ 무열왕의 백제 정벌/242

신라의 10성인------------------243
■ 원효대사/243 ■ 의상대사/244

문무왕-------------------------245
■ 문무왕의 태자 시절/245 ■ 고구려 공격/246
■ 나·당 전쟁과 삼국통일 완수/247
■ 신라의 요동 선제공격/248
■ 신라의 반격과 승리/249

신라의 찬란한 문화--------------250
■ 화려한 금속 공예 문화재/250

가야

철의 왕국 가야------------------253
■ 가야연맹의 구성/253
■ 전기 가야연맹의 성장과 쇠퇴/254

수로왕의 설화-------------------256
■ 수로왕의 탄생/256 ■ 허황옥의 설화/258
■ 후기 가야연맹/259 ■ 후기 가야연맹의 멸망/260

가야의 문화---------------------262
■ 가야의 문화재/262

통일신라

통일신라------------------------266
■ 통일신라 명칭 논란/266 ■ 통일신라의 정치/267
■ 통일신라의 영토/268

신문왕--------------------------270
■ 즉위 이전의 신문왕/270 ■ 즉위와 숙청 작업/271
■ 신문왕의 개혁/272 ■ 신문왕의 대당 관계/273
■ 신문왕과 만파식적/274

경덕왕--------------------------275
■ 경덕왕의 한화 정책/275
■ 경덕왕 대의 사회와 문화/석굴암과 불국사 창건/276

신라의 미술---------------------279
■ 신라의 고분/신라의 건축/279 ■ 신라의 불상/280
■ 신라의 탑/281

흥덕왕--------------------------282
■ 흥덕왕의 치적/282 ■ 애처가 흥덕왕/283

해상왕 장보고-------------------284
■ 당나라에서의 활동/284 ■ 신라에서의 활동/285
■ 장보고의 청해진/286

발해

발해----------------------------287
■ 발해의 건국 과정/287 ■ 발해의 성장/289 ■ 발해의 발전/290

발해의 문화---------------------292
■ 발해의 문학/292 ■ 융합된 문화/293
■ 중앙의 정치 조직/ 발해의 지방 조직/ 295
■ 고구려 계승의식/사회 및 주민 구성/296
■ 발해의 경제/ 발해의 교육/ 297
■ 발해의 외교/298 ■ 발해의 멸망/299

후삼국

후삼국 시대---------------------300
■ 진성여왕의 사치와 향락/300 ■ 견훤의 세력확장/301
■ 궁예의 세력확장/302 ■ 신라의 개혁/303
■ 후삼국의 정립/304 ■ 후백제와 후고구려의 세력확장/305
■ 견훤과 왕건의 전쟁/306

고려

고려의 건국---------------------309
■ 고려의 성립과 후삼국 통일/309

태조 왕건------------------------310
■ 출생과 가계/310 ■ 호족 유화 정책/311 ■ 족내혼/312
■ 불교 장려 정책/313 ■ 거란과의 관계/훈요십조/314

광종----------------------------316
■ 출생과 생애 초반/316 ■ 잠재적 왕위 계승자/318
■ 즉위 초반/318 ■ 권력 분산과 집중화/320
■ 광종의 민심안정책/321 ■ 광종의 외국 인재 영입/322
■ 광종의 노비안검법/324 ■ 광종의 과거제도 실시와 제도 정비/325 ■ 광종의 공포정치/327

성종----------------------------328
■ 출생과 생애 초반/328 ■ 생애 후반/329

거란의 침입---------------------330
■ 제1차 고려-거란 전쟁/330 ■ 제2차 고려-거란 전쟁/332
■ 제3차 고려-거란 전쟁/333 ■ 전쟁 결과/335

문종----------------------------336
■ 출생과 생애 초반/336
■ 대각국사 의천/ 고려 불교의 발전/337

고려의 문화---------------------338
■ 고려의 르네상스/338

고려청자------------------------340
■ 고려의 빛-청자/340

숙종----------------------------342
■ 숙종의 치적/342 ■ 윤관의 동북 9성 개척/343

인종----------------------------344
■ 인종의 시기/344 ■ 이자겸의 난/345
■ 서경 천도 운동과 금나라 정벌론/347
■ 개경파의 반발과 천도 운동의 좌절/348
■ 묘청의 반란/350 ■ 정지상과 김부식/352

무신정변------------------------354
■ 무신에 대한 차별 정책/354 ■ 무신들의 반란/357

무신정권------------------------359
■ 무신정권 전기/359 ■ 무신정권 집권 순서 및 기간/360
■ 무신정권의 체계/362

최충헌의 무신정권---------------363
■ 냉혹한 정치인 최충헌/363 ■ 병진정변과 명종 폐위/364
■ 반란 진압과 집권 강화/365 ■ 최충헌의 위세/366

농민과 노비의 난----------------367
■ 망이·망소이의 난/367

대몽 항쟁-----------------------370
■ 제1차 침입/370 ■ 제2차 침입/371 ■ 제3차 침입/372
■ 제4차 침입/제5차 침입/373 ■ 제6차 침입/374
■ 제7차 침입/ 제8차 침입/375 ■ 제9차 침입/376

삼별초의 난-----377
■ 강화에서 난을 일으키다/377 ■ 진도에서의 항쟁/378
■ 제주도에서의 재항전/379 ■ 진압/380

충렬왕-----381
■ 원의 부마국으로 전락한 고려/381
■ 여 · 원 연합군의 일본원정/382 ■ 원정의 후유증/383
■ 양위, 그리고 복위/384 ■ 원 간섭기/385

공민왕-----386
■ 공민왕의 즉위/386 ■ 고려의 재흥을 꾀하다/387
■ 외침의 위기/389 ■ 공민왕과 노국대장공주/391
■ 신돈의 개혁시도와 좌절/392
■ 공민왕의 비극적인 죽음/394

고려의 기술문화-----396
■ 고려의 인쇄술/396 ■ 목면 재배/397
■ 고려의 의학 기술/398 ■ 화약 제조/399

우왕-----400
■ 우왕의 출생설/400 ■ 권력 쟁투에 따른 즉위와 퇴위/401
■ 요동 정벌과 축출/402 ■ 우왕에 얽힌 야사/403
■ 복위운동과 최후/404

조선

조선의 건국-----405
■ 위화도 회군/405

태조-----407
■ 이성계의 이력/407
■ 신진 사대부와 연대하다/ 황산대첩 /408
■ 요동 정벌 반대와 위화도 회군/410
■ 고려의 멸망과 조선의 건국/412

왕자의 난-----413
■ 제1차 왕자의 난/413 ■ 정도전의 죽음/414
■ 제2차 왕자의 난/415

태종-----416
■ 태종의 치적/416 ■ 태종의 공신 숙청/417

세종-----418
■ 충녕대군과 형제들/418
■ 태종의 양위와 세종의 즉위/419 ■ 세종의 치적/420

세종의 업적-----421
■ 성군(聖君) 세종/421 ■ 한글 창제와 편찬사업/422
■ 과학의 발전/423 ■ 서민 복지정책/424

세조-----425
■ 출생과 성장/425 ■ 수양대군의 야심/426

계유정난-----427
■ 어린 단종의 즉위/427 ■ 수양대군의 정변 기도/428
■ 안평대군의 죽음/429 ■ 이징옥의 난/430
■ 세조의 왕위 찬탈과 사육신/431 ■ 내정과 외치/432

성종-----433
■ 성종의 성장과 즉위/433 ■ 수렴청정과 폐비 윤씨/434
■ 성종의 친정과 태평성대/435

연산군-----436
■ 연산군의 즉위/436
■ 연산군 대의 후반과 중종반정/437

4대 사화-----438
■ 무오사화/438 ■ 갑자사화/439
■ 기묘사화/440 ■ 을사사화/442

조선 전기의 문화-----444
■ 다양한 분야의 서적 편찬/444
■ 조선 전기의 미술/445 ■ 조선 전기의 문학/446

선조-----447
■ 선조의 즉위/447
■ 동 · 서 분당과 붕당정치의 성립/449

임진왜란-----450
■ 통신사의 엇갈린 보고/450 ■ 전쟁의 발발/451
■ 선조의 몽진(蒙塵)/453 ■ 조선군의 반격/454
■ 명군의 개입/456 ■ 강화 회담/458

정유재란-----459
■ 다시 불붙는 조선 반도/459
■ 직산 전투와 명량 해전/울산왜성 전투와 노량 해전/460

광해군-----461
■ 세자 광해군의 활동/461 ■ 광해군의 즉위/462

인조반정-----463
■ 반정의 불씨/463

인조-----465
■ 인조의 출생 및 광해군과의 반목/465

정묘호란-----467
■ 후금의 침입/467

병자호란-----468
■ 전쟁의 발발/468
■ 근왕병 소집 실패와 쌍령 전투/469
■ 삼전도의 굴욕/471

효종-----------------------------472
■ 소현세자의 의심쩍은 죽음/472

북벌 계획-----------------------474
■ 군비 강화와 병력 징집/474 ■ 효종의 죽음/475

숙종-----------------------------476
■ 출생과 즉위/476

환국 정치----------------------478
■ 경신환국/478 ■ 기사환국/479 ■ 갑술환국/480
■ 무고(巫蠱)의 옥(獄)/481 ■ 인현왕후전/482

영조-----------------------------483
■ 영조의 연잉군 시절 및 왕세제 책봉 문제/483
■ 영조의 탕평책/485

임오화변-----------------------486
■ 비극의 사도세자/486

정조-----------------------------488
■ 원손과 세손 시절/488 ■ 사도세자의 죽음/489
■ 정조의 즉위/489 ■ 정조의 남자 홍국영/490

왕권 강화와 정치 개혁-------------491
■ 규장각/491 ■ 국왕 친위부대 장용영/ 내명부/492
■ 법제 개혁과 내치/ 서한(書翰: 편지) 정치/493

정조의 토목사업-----------------494
■ 수원 화성(華城)/494

조선의 르네상스-----------------496
■ 조선 후기의 문학/496 ■ 조선 후기의 회화/497

세도정치-------------------------502
■ 세도정치의 징조/502 ■ 정조 전후의 세도정치/503

조선 말기의 세도정치-------------505
■ 순조 시대의 세도정치/505 ■ 헌종 시대의 세도정치/507
■ 철종 시대의 세도정치/507 ■ 세도정치의 주요 가문/508

흥선대원군의 등장----------------509
■ 고종의 즉위 전후/509
■ 내정 개혁과 왕권 강화/510
■ 명성황후 민씨의 왕비 간택/512
■ 경복궁 중건/513
■ 양반 세금부과 및 삼군부 육성/514
■ 토지개혁/515
■ 병인박해/516
■ 오페르트 도굴 사건/517
■ 병인양요와 신미양요/517 ■ 척화비 건립/518

흥선대원군의 개혁 실패-----------519
■ 인사 실패와 혼란/ 흥선대원군의 독단/519
■ 탄핵과 실각/520

고종-----------------------------521
■ 흥선대원군의 실각 및 고종의 친정/521
■ 임오군란/522 ■ 청의 내정 간섭과 갈등/524
■ 갑신정변 전후/525 ■ 동학농민운동/526
■ 청 · 일 전쟁/527 ■ 을미사변과 아관파천/529

대한제국

대한제국-------------------------530
■ 대한제국의 성립/530 ■ 독립협회와 만민공동회/532
■ 광무개혁과 근대화 추진/533 ■ 단발령 공포/534
■ 일본의 국권 침탈/535 ■ 국권 수호 운동/536
■ 한일병합조약/537

안중근 의사--------------------539
■ 안중근 의사의 단지동맹/539
■ 이토 히로부미 저격/540

일제 강점기

일제 강점기---------------------541
■ 풍전등화의 조선/541 ■ 무단 통치기/543
■ 민족 분열 통치기/544 ■ 민족 말살 통치기/545

독립운동의 전개-----------------547
■ 국외의 독립운동/547 ■ 민족자본 육성 운동/548
■ 3·1 독립운동/550 ■ 대한민국 임시정부/552

격렬한 무력 투쟁----------------555
■ 봉오동 전투/555 ■ 청산리 대첩/556

미군정기

여명의 시대--------------------558
■ 일본의 항복/558 ■ 광복의 환희/559
■ 분단의 날벼락/560

대한민국

대한민국의 탄생----------------561
■ 제헌국회 개원/561 ■ 남북 대립과 냉전/563
■ 한국전쟁/564

대한민국 정부------------------566
■ 제1공화국/566 ■ 제2공화국/569
■ 제3공화국/571 ■ 제4공화국/574
■ 최규하 정부/575 ■ 제5공화국/578
■ 노태우 정부/581 ■ 문민정부/583
■ 국민의 정부/585 ■ 참여정부/587
■ 이명박 정부/590 ■ 박근혜 정부/594
■ 문재인 정부/599

통일을 위한 발걸음-------------600
■ 분단 이전의 역사/600 ■ 분단의 경로/601
■ 연방제와 흡수통일 방식/603

선사 시대

선사 시대(先史時代, prehistory)는 인류가 문자를 발명해 기록물을 남기기 이전의 시대를 말한다. 문자 기록이 없었던 때였으므로, 남겨진 물건이나 건축물 등의 흔적을 통해서만 연구를 할 수 있다. 반면에 문자로 쓰여진 글이나 책 같은 기록물에 의해 과거를 알 수 있는 시대는 '역사 시대'라고 부른다. 학자들은 보통 인류의 선사 시대를 나누기 위해 세 시대 체계(석기-청동기-철기)를 이용하고 있다.

■ 한반도의 선사 시대

한반도의 선사 시대는 인류가 한반도에 나타난 시대로, 문자가 존재하지 않던 시기를 말한다. 한반도의 선사 시대는 유럽이나 지중해 지역과는 달리 크리스티안 위르겐센 톰센이 정리했던 '세 시대 체계'로 구분하기 어려우며, 고고학적 · 지질학적 · 고생물학적 연구에 의존한다.

역사 및 고고학의 일반적인 시대 구분에 의하면 석기 시대에 해당되는데, 석기 시대는 발굴되는 유적의 성격에 따라 다시 구석기 시대, 중석기 시대, 신석기 시대로 나뉜다. 연구 영역은 한반도를 위주로 하지만, 그 기원 및 전파와 관련이 있는 러시아, 만주, 랴오닝, 중국 동부의 문화도 함께 고려된다.

한반도에 사람들이 살기 시작한 것은 약 70만 년 전으로, 구석기인들이 살았던 것으로 추정되고 있다. 그러나 아직 화석이 발견되지 못하였고, 현재 가장 오래된 것은 '덕천 승리산 동굴 사람 뼈'와 '단양 상시 동굴 사람 뼈' 등 손에 꼽을 정도뿐이다.

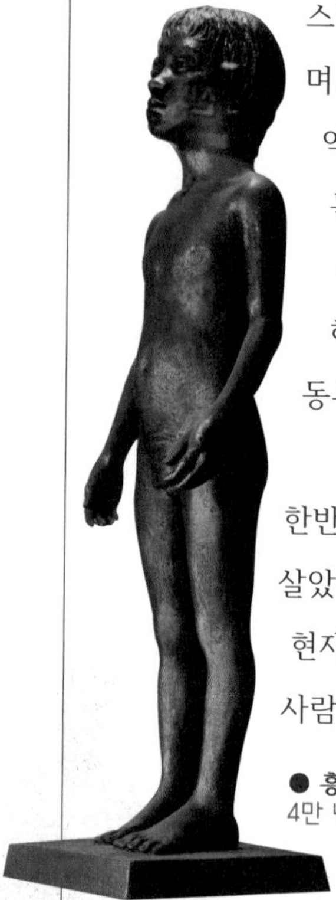

● **흥수아이 복원상**
4만 년 전쯤에 살았던 아이의 골격을 토대로 재현한 복원상이다.

후기 구석기 시대에 해당하는 '슬기슬기사람(현생인류)'의 뼈는 많이 발견되고 있다. 덕천 승리산 동굴의 위층에서 나온 '승리산 사람', 상원군 용곡리 동굴에서 출토된 '용곡 사람', 청원군 두루봉 흥수굴의 '흥수아이' 등이 대표적인 구석기 유골들이다.

구석기 시대 사람들이 우리의 직접 조상인가의 여부를 두고 논란이 많다. 구석기 시대 사람들이 한반도에 살았다고 해서, 우리의 직접 조상이라고 단정할 수 없기 때문이다.

공주 석장리 유적에서 발견된 사람의 머리털은 2만 8천 년 전의 것인데, 황색 몽골 인종으로 밝혀졌다. 단양 상시 유적, 청원 두루봉 흥수아이, 평양시 대현동 역포, 덕천 승리산, 평양의 만달, 상원의 용곡 등에서 발견된 뼈도 현대 우리나라 사람에게 체질적 유전인자를 남기지는 못했다고 할 수 있다.

문화사적으로 후기 구석기의 늦은 시기인 단양 수양개, 거창 임불리 유적과 신석기 시대 초기와는 간격이 점점 좁혀지고 있다. 가장 널리 인용되어 온 주장은 '이주설'로, 신석기 시대에는 빗살무늬토기를 만들어 쓰고 청동기 시대에는 민무늬토기를 만들어 쓰던 퉁구스족 계통의 예맥족(濊貊族) · 한족(韓族)이 오늘날 우리 민족의 뿌리라는 설이 지배적이다.

● 우리 민족의 기원

동아시아에서는 선사 시대부터 여러 민족이 문화의 꽃을 피워왔다. 그중에서도 우리 민족은 인종상으로는 황인종에 속하고, 언어학상으로는 알타이어계에 속하는데, 일찍이 하나의 민족 단위를 형성하고 농경생활을 바탕으로 하여 독자적인 문화를 이룩하였다.

우리 조상들은 요서 · 만주, 한반도를 중심으로 한 동북아시아에 널리 분포되어 있었으며, 구석기 시대로부터 신석기 시대, 청동기 시대를 거치는 과정에서 차츰 민족의 기틀을 잡아가게 되었다.

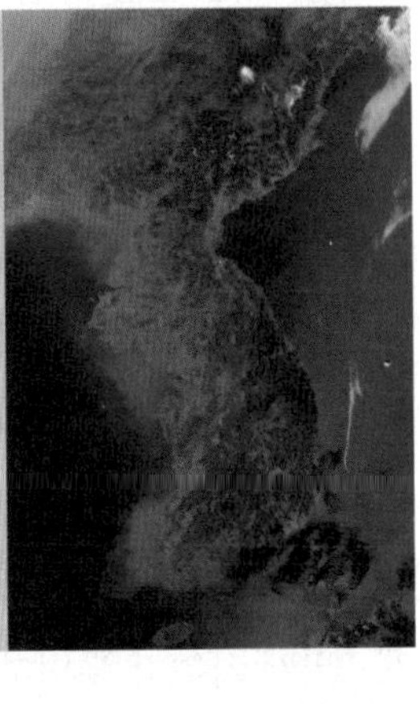

구석기 시대

구석기 시대(舊石器時代)는 석기 시대의 초기를 말한다. 수렵 · 채취 생활을 했으며, 돌을 깨서 만든 뗀석기(타제석기)를 도구로 사용했다. 호모 하빌리스(Homo habilis)와 같은 유사 인류가 석기를 사용한 것까지 구석기로 분류한다면 250만 년~260만 년 전까지로 거슬러 올라가고, 1만 2천 년 전 플라이스토세 말기까지에 해당한다.

■ 한반도의 구석기 시대

한반도의 구석기 유적은 산악지대를 제외한 한반도 전역에서 현재까지 약 90여 군데가 발굴되었다. 한데(노천) 집단거주 유적이 큰 강가나 물줄기 언저리를 중심으로 발견되기 때문에, 사람들이 주로 강가에 살면서, 물고기를 잡고 협동적으로 사냥을 하였다고 추측된다.

한반도의 구석기 시대에 관한 본격적인 연구는 1960년대 중반부터 진행되기 시작하였다. 구석기 문화의 유적지 발굴은 함경북도 웅기군(雄基郡) 굴포리(屈浦里)와 충청남도 공주 석장리(石壯里)에서만 이루어졌으나, 그 밖에 구석기 유물이 나오는 곳은 금강 유역, 남 · 북한강 유역, 태화강 유역 등이며, 화성 · 수원 · 안성 · 경주 · 순천 · 울주 등에서도 발견되어, 한반도의 여러 곳에서 구석기 유물이 나오는 것으로 입증되었다.

한반도는 빙하로 덮인 흔적이 없으나, 빙하의 인접 지역으로서 빙하기나 간빙기(間氷期)의 영향을 받았다는 것이 지층의 구성으로 판명되었다. 여러 지질층 사이에 문화층이 끼어 있는 공주 석장리 유적에서는 구석기 시대 전기 · 중기 · 후기 유적이 모두 출토되었다. 유물로는 석영 · 반암 · 분암 · 규장석 따위로 만든 박편 석기와 뗀석기[타제석기打製石器]가 대부분인데, 그중에서 외날찍개 · 긁개 · 밀개 따위가 유명하다.

■ 구석기의 발명품

인류는 도구를 쓸 줄 알면서 큰 힘을 키울 수 있었다. 그중에서 주먹도끼는 가장 쉽게 만들 수 있는 도구였다. 주먹도끼는 어른 주먹만한 크기의 도구로, 이것 하나만 있으면 뭐든 할 수 있을 정도로 용도가 다양했다.

사실 구석기인들이 한나절만 돌아다니더라도 제법 쓸 만한 돌도끼를 길에서 주울 수 있었을 것이다. 물론 누군가가 쓰다가 잃어버린 돌도끼를 주울 수도 있었을 것이다.

지금도 마찬가지지만 그때도 길을 가다 보면 발에 채이는 게 돌이고, 사방에 널린 게 돌이었을 테니까. 그렇지만 구석기인들은 여기서 만족하지 않았으며, 시간이 갈수록 주먹도끼는 점점 더 진화해 갔다.

● 경기도 연천 전곡리에서 출토된 주먹도끼

● **주먹도끼의 활용법**
주먹도끼는 나무의 거친 면을 부드럽게 다듬기도 하고, 나무 끝에 창날처럼 달아 창을 만들어 사냥에 쓰기도 했다.

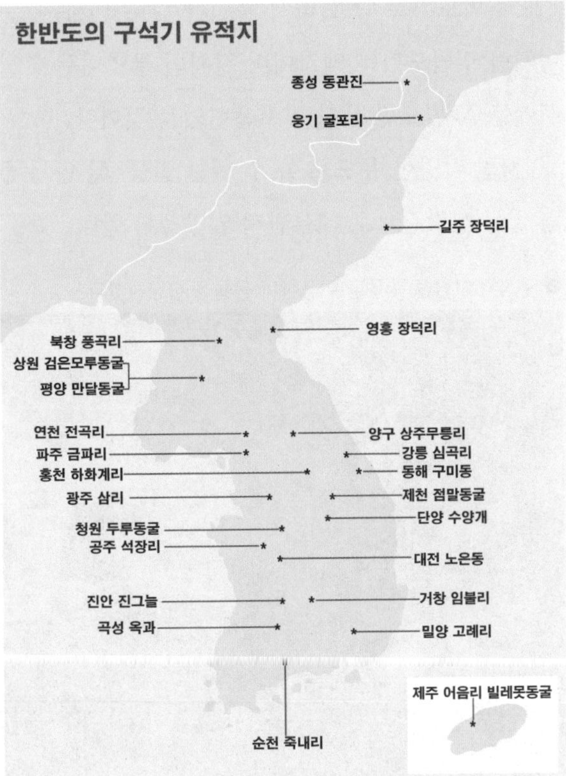

■ 주먹도끼의 발전

처음에는 돌을 주워 사용하다가, 점점 더 정교하게 진화하면서 돌을 깨트려 사용했다. 여기서 한 단계 더 나아가 신석기 시대에는 돌을 갈아 쓸 줄 알게 되면서, 주먹도끼는 아주 정교한 도구로 변신에 변신을 거듭했다.

그렇다면 주먹도끼의 용도는 무엇이었을까?

우선, 사냥을 떠날 때 유용한 도구였을 것이다. 달리는 토끼를 손으로 잡기보다 주먹도끼를 야구공처럼 던져서 토끼를 맞춰 잡는 데에도 아주 유용했을 것이다. 잡은 토끼의 가죽을 벗기고 고기를 부위별로 나누는 데에도 주먹도끼를 사용하면 편리했을 것이다.

또 주먹도끼는 땅을 파서 풀이나 나무를 캐는 등 다양한 용도로 사용되었다. 이처럼 주먹도끼는 맥가이버 칼처럼 무엇이든지 할 수 있는 다목적 도구로, 당시에는 꼭 필요한 생활 필수품이었을 것이다.

이처럼 다양한 용도로 쓸 수 있는 만큼, 잘 만든 주먹도끼를 하나 가지고 있으면 일등 신랑감으로 대우받지 않았을까 한다.

● 구석기 사람들은 돌을 이용하여 동물을 사냥하였다.

■ 구석기 시대의 식단

석기 시대를 구석기 시대와 신석기 시대로 나누는 기준으로는 돌을 어떤 식으로 다듬어 도구로 사용했는지가 중요했다.

구석기 시대에는 돌을 주로 깨트려서 사용했다. 그에 비해 신석기인들은 돌을 갈아 만들어서 사용할 줄 알았기 때문에 훨씬 정교하게 사용할 수 있었다.

정교한 도구 사용은 사냥술을 발전시켰을 것이다. 그런데 신석기인들보다 도구 사용에 능숙치 못했던 구석기인들은 도대체 무엇을 먹고 살았을까?

구석기 시대만 해도 아직까지 도구 사용이 세련되지 못했기 때문에, 과일이나 작은 초식동물 등 손쉽게 구할 수 있는 먹거리로 살았을 것이다.

처음에는 다른 동물들처럼 모든 음식을 날것 그대로 먹었다. 동물을 사냥하면 그냥 그 자리에서 육회로 먹었다. 그런 구석기인들의 식단에 큰 변화를 맞은 것은 불을 사용할 수 있게 되면서부터였다.

불을 사용하게 되자 사냥한 동물들을 바비큐 요리로 해 먹을 수 있게 되었다.

물론 구석기인들이라고 해서 모두 육식만 하지는 않았을 것이다. 그들 역시 지금 우리처럼 과일이나 나물 · 채소 · 야채들을 먹었을 것이다. 어쩌면 우리가 좋아하는 해물들도 구석기인들의 식단에 자주 등장했을 것이다. 물론 해물을 먹기 위해서는 암사동의 움집 자리처럼 강가나 아니면 바다 가까이에 터를 잡아야 했을 것이다. 그러고 보면 해변이나 강가에서는 손쉽게 먹이를 구할 수 있었다. 무엇보다도 조개나 물고기 등 싱싱한 해물이 식탁에 올라올 때, 구석기인들은 즐겁고 행복한 식사시간을 맞이했을 것이다.

● 불을 이용하면서 다양한 식단을 준비할 수 있었다.

■ 구석기 시대의 보금자리

구석기인들은 수렵·채집을 생업으로 하다 보니 언제나 이동하며 생활할 수밖에 없었고, 이로 인해 동굴이나 삼림을 주거지로 삼게 되었다. 특히 동굴은 구석기인들에게 최고의 집이자 잠자리였다. 무엇보다 추운 겨울에 추위를 막을 수 있는 최고의 공간이었을 뿐만 아니라, 사나운 짐승으로부터 안전하게 몸을 지킬 수 있는 안락한 잠자리였을 것이다.

동굴에 다른 무서운 동물들이 자리잡고 있었다면 어떻게 했을까? 아마도 불을 사용해서 쫓아냈을 것이다. 또한 동굴 앞에 불을 피워놓아서 다른 동물들도 들어오지 못하게 했을 것이다.

그런데 땔감이 다 떨어져서 불이 꺼졌다면? 그렇다면 사나운 맹수의 먹이가 됐을지도 모르겠다. 그러니 잠을 자지 않고 불을 지키는 불침번이 필요했을 것이라는 추측은 어렵지 않게 생각할 수 있겠다.

그 동굴에서 구석기인들은 집단생활을 했다. 당시만 해도 지금 같은 가족이라는 관념이 없었기 때문에, 하나의 무리들이 동굴에서 모두 함께 공동생활을 하면서 살았다.

그런데 동굴에서 살던 무리들이 자꾸 아기를 낳아 동굴 속 인구가 늘면, 좁은 동굴에서 함께 살기가 힘들어졌을 것이다. 그 경우 결국 한 무리가 떨어져 나와 비어 있는 다른 동굴을 찾거나, 아니면 동굴에서 살던 무리를 쫓아내고 그곳에 살았을 것이라고 추측하는 것은 어렵지 않을 것이다.

동굴은 그만큼 구석기인들에게 중요한 생존 공간이었다.

● 불의 이용
인간은 불을 사용하면서 훨씬 인간답게 변했다. 질병에 걸릴 위험도 줄어들었고, 다른 동물들의 위협으로부터 방어할 수도 있었다.

● **단양 금굴 구석기 유적**

충청북도 단양군 단양읍 도담리 남한강가에 있는 동굴 유적이다. 우리나라에서 가장 이른 시기(약 70만 년 전)부터 3천 년 전까지 사람들이 살았던 흔적을 보여준다.

■ 구석기 시대의 의식주

의생활	가죽옷, 커다란 풀잎이나 나뭇잎	*넓은 나뭇잎이나 풀을 엮어서 옷을 만들거나, 사냥하여 잡은 짐승의 가죽으로 옷을 만들어 입었음.
식생활	사냥, 나무열매 채집	*뗀석기(주먹도끼)로 자연에서 먹을거리를 얻었음. *동물을 사냥해서 고기를 얻기도 하고, 주변의 산과 들에서 나무열매나 풀뿌리 등을 채집해서 먹고 살았음.
주생활	동굴, 바위 아래	*먹을 것을 찾아 여러 곳을 옮겨 다니면서 생활하였음. * 동굴이나 바위 아래에서 무리지어 살면서, 추위와 동물의 위협으로부터 몸을 보호하였음. *불을 이용하여 몸을 따뜻하게 할 수 있었고, 음식을 익혀 먹었음.
무기, 장식품	뗀석기(주먹도끼)	

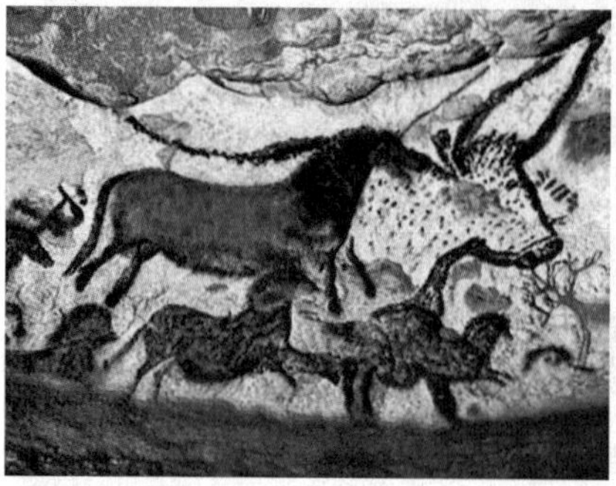

● 라스코 동굴 벽화
현생인류는 예술에도 탁월한 재능이 있어 그들의 생활상을 벽화로 남겼다.

● 알타미라 동굴 벽화
암벽화는 인류 최초의 예술 문화재로, 현생인류의 의식 수준을 나타내는 한 단면이다.

■ 구석기 시대의 패션

구석기 사람의 패션을 구경하기란 쉽지가 않다. 구석기 시대 사람들의 모습을 볼 수 있는 자료로 스페인 알타미라에 있는 동굴 벽화와 프랑스 남서쪽에 있는 라스코 동굴 벽화 등이 있는데, 이 동굴들에는 야생동물의 뼈로 그린 암벽화가 그대로 보존되어 있다. 이 동굴벽화만 놓고 봤을 때, 구석기인들에게 옷이라는 개념은 지금과 달랐을 것이다.

그들이 옷을 입는 이유는 단 하나, 지금처럼 알몸을 가리기 위해서가 아니라 추위로부터 몸을 보호하기 위해서였을 것이다.

처음에는 추위로부터 몸을 보호하기 위해 짐승의 가죽을 걸치고 다니다가, 조금씩 요령이 생기면서 가죽에 구멍을 뚫어 잇는 등 지금과 같은 옷의 형태에 가깝게 발전해 갔을 것으로 보인다.

● 구석기인의 의복
구석기 사람들은 옷을 이용하여 추위를 막았을 뿐만 아니라, 점차 그들의 권위를 나타내기도 했다.

■ 한반도의 구석기 문화

한반도의 구석기 유적 중 하나인 제주 빌레못동굴에서 큰곰 · 붉은사슴 · 노루 등의 화석골(化石骨)과 함께 인공박편(人工剝片) · 골제(骨製) 밀개 · 목탄 등이 발견되었는데, 이들은 구석기시대 중기에서 뷔름 빙하기 초에 제작된 것으로 추정된다.

또한 충북 제천시 점말동굴의 퇴적층에서 골기 · 석기 등과 함께 동굴곰 · 호랑이, 꽃사슴의 변종, 사향노루 등 홍적세 때의 동물 화석골이 다량 발견되어 구석기 시대 편년과 당시 자연환경을 밝히는 데 중요한 자료가 되고 있다.

북한의 함북 웅기 굴포리(屈浦里)에서 구석기시대 후기의 문화층이 단구(段丘) 단면에서 발견되어, 밀개 · 새기개 · 외날찍개 등 격지[박편]석기들이 채집되었다. 또한 두만강 하류 일대에서 매머드의 어금니 · 다리뼈 화석이 발견된 사실, 평남 중화군 상원면(祥原面) 동굴에서 동굴곰 · 큰곰 · 말 · 코끼리 · 코뿔소 · 물소 · 원숭이 등 대소 동물의 뼈가 발견된 사실(이로 인하여 이 동굴이 중국의 저우커우뎬에서 발견된 베이징 원인과 같은 구석기시대 전기의 인류가 살았던 동굴임을 알게 됨), 평남 평양 대현동 동굴에서 직립원인(直立原人)과 네안데르탈인의 중간형인 소녀의 두개골이 발견된 사실 등이 알려지게 되었다.

이와 같은 여러 발굴 결과에 비춰 볼 때 한반도에서는 구석기시대 전기에서 후기에 걸쳐 구석기인이 스스로 만들어낸 석기를 이용하면서 생활을 영위하였으며, 주로 동굴 속에 살면서 석제무기로 수렵을 하다가, 기후가 온난해짐에 따라 해변 · 강변으로 나가 어로생활도 하게 되었고, 점차 정착 농경생활로 넘어간 것이라 생각된다.

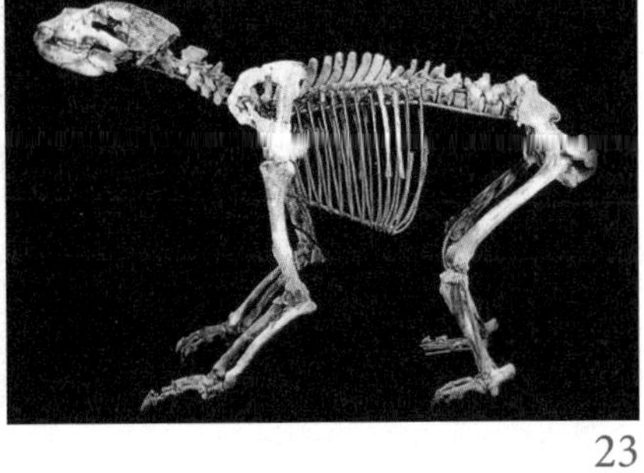

● 구석기 유적에서 출토된 동굴 곰의 복원 모습.

신석기 시대

신석기 시대와 구석기 시대를 나누는 기준은 토기의 등장, 간석기(마제석기)의 사용, 농경과 정착생활에서 기인한다. 이러한 요소들이 동시에 나타나는 경우는 드물고, 한 가지만 등장해도 신석기 시대로 구분한다. 이 시대에는 여전히 수렵과 채집을 기본으로 생활하였으며, 울주 대곡리 반구대 암각화 등에서 당대의 수렵생활을 확인할 수 있다. 신석기 시대는 각 지역마다 토기를 기준으로 편년이 나뉘지만 크게 3가지로 구분하자면, 융기문의 전기, 침선문의 중기, 민무늬의 후기로 나눌 수 있다. 신석기 시대의 끝 무렵에 인류는 금속을 다루는 방법을 발견함으로써 청동기 시대로 넘어간 듯하다.

■ 한국의 신석기 시대

한국의 신석기 시대는 한반도, 만주 일대에서 고대 한국인이 활동한 시기인 기원전 10,000년~기원전 4,000년까지의 시기를 의미한다.

뗀석기(타제석기)에 이어 간석기(마제석기)를 주로 사용하였기 때문에 '신석기 시대'로 불린다. 간석기는 돌의 전면을 갈아 만든 것으로, 예를 들어 기원전 5천년경의 신석기 시대 전기의 유적으로 알려진 강원도 양양(襄陽) 오산리(鰲山里) 유적에서는 낚싯바늘, 돌칼 등의 간석기가 출토되고 있다.

간석기는 보다 광범위하게 활용되었는데, 농경 문화를 시작하였던 당시로서는 없어서는 안 될 생활 도구이면서 발명품이었다.

● 뗀석기와 간석기의 차이
뗀석기는 자연석에 물리적으로 타격을 가하고 형태를 다듬어 만든 석기로, 구석기 시대 사람들이 주로 사용했다. 간석기는 돌을 갈아 만든 석기로, 신석기 시대부터 사용되어 발전하게 되었다. 그러므로 뗀석기와 간석기의 차이는 구석기와 신석기 시대를 구분하는 문명 발달의 차이라 하겠다.

● 구석기 시대의 뗀석기

● 신석기 시대의 간석기

■ 신석기 문화

한반도의 신석기 사람들은 강가나 바닷가에 움집을 짓고 정착 생활을 하였다. 연장자나 경험이 많은 사람이 씨족을 이끄는 씨족 사회를 형성하다가, 다른 씨족과의 혼인(족외혼)을 통해 점차 부족 사회로 발전해 갔다.

신석기 혁명이라 불리는 농경이 시작되어 밭농사(조 · 피 · 수수 등 잡곡류 경작) 중심이었지만, 여전히 중요한 식량 확보 수단을 위해 어로와 사냥이 병행되었다. 토기를 만들어 음식을 조리 · 저장하였으며, 가락바퀴와 뼈바늘을 이용해 원시적 수공 제품이 생산되었다.

애니미즘, 샤머니즘, 토테미즘, 영혼 숭배, 조상 숭배 등 원시 신앙이 발생하였다. 흙으로 빚은 얼굴상, 조개껍데기 예술품, 짐승의 뼈나 이빨로 만든 치레걸이 등 예술 활동을 하였다.

약 5천 년 전에는 해안이나 하천 유역에서 빗살무늬토기 문화[즐문토기 문화(櫛文土器文化)]가 나타났다. 한강 유역 암사동(岩寺洞)에서 발견된 빗살무늬토기 문화는 방사성 탄소 연대 측정법(탄소 14의 양을 근거로 함)을 이용한 측정 결과에 따라 약 5천 년 전의 것으로 보고되어 있다.

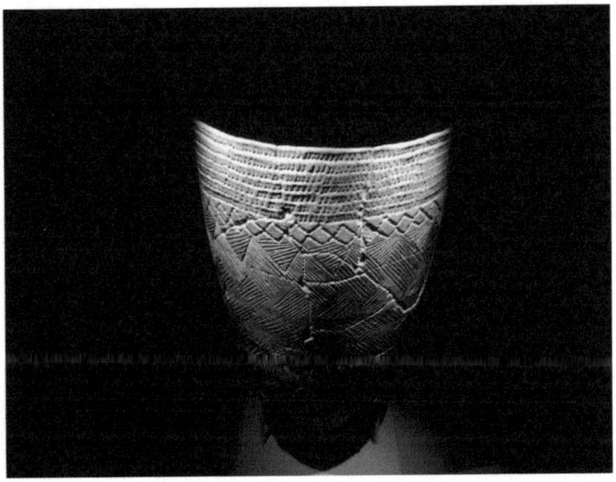

● **빗살무늬토기**
빗살무늬토기는 신석기 시대를 대표하는 토기로, 전기에서 중기에 걸친 토기에 빗살과 같은 모양의 무늬가 발견되어 이것을 따서 이름이 붙여졌다.
암사동 선사유적지에서 출토된 빗살무늬토기.

■ 빗살무늬토기

한국에는 두 개로 분류되는 토기 문화가 존재한다. 그것은 기하학적 무늬가 있는 '빗살무늬토기 문화'와 외부에 무늬가 없는 '민무늬토기 문화'[무문토기 문화(無文土器文化)]이다. 빗살무늬토기는 한반도에서만 발견되는 것이 아니고, 이와 유사한 토기가 노르웨이 · 핀란드 · 시베리아 일대의 하천 유역에서도 발견된다. 이 분포 지역이 대체로 북위 55도 이북이어서 일명 '극지 문화(Circumpolar culture)'라고도 한다. 여기에서 발견되는 토기는 형태가 한국 빗살무늬토기와 같은 반란형(半卵型)이고, 표면의 무늬 역시 평행단선열문(平行單線列紋)인데, 한국의 토기보다는 표면에 찔러 만든 점렬문(點列紋)이 훨씬 더 많다. 이와 같은 빗살무늬를 사용한 토기는 동남아 일대에서도 발견되는데, 이것들은 거의가 평저(平底)이며, 동남아 빗살무늬토기라고 불린다. 한국의 빗살무늬토기 문화와 동남아 빗살무늬토기 문화는 문화의 성격이나 토기 형태, 그리고 연대 등에서 전혀 연관이 없는 것으로 알려져 있다.

한국의 빗살무늬토기 문화와 연관된 문화로서는 극지의 빗살무늬토기 문화가 지적되고 있다. 그러나 한반도의 빗살무늬토기 문화는 그러한 직접적인 연결보다는 한반도에 정착한 후 자체적으로 특수한 방향으로 발전하여 한반도 내의 초기 신석기 문화라는 독특한 문화를 형성했던 것으로 이해되어야 한다. 빗살무늬토기 문화는 대체로 어로 · 수렵이 주요 생산 수단이 되며, 약간 원초적인 농경도 병행하였던 것 같다. 이 문화는 전(全) 한반도의 해안 지대와 하천 유역 지대 및 도서 지방에 분포되어 있다. 이들은 대개 해안이나 하천 유역의 일정한 장소에 상당한 규모의 취락을 형성하고 있었음이 최근의 조사 결과 밝혀지고 있다.

● **빗살무늬토기의 쓰임**
빗살무늬토기는 아래가 뾰족하므로, 불을 지피는 장작더미 속에 꽂아 넣어 안정된 자세를 유지할 수 있었다.

■ 신석기인들의 사냥

신석기인들은 돌을 갈아서 날카롭게 만든 간석기(마제석기)를 손으로 잡기 편하게 만들었을 뿐만 아니라, 돌에다가 구멍을 뚫고 줄에 매달아 사용하는 등 돌 다루는 기술이 매우 발달했다. 이와 더불어 사냥의 기술 역시 크게 발전했다.

무리를 지어 몰이꾼 · 매복꾼 등 조직적으로 사냥을 했기 때문에, 토끼나 노루 · 사슴과 같은 초식동물들뿐만 아니라 훨씬 힘센 곰이나 호랑이와 같은 사나운 동물들도 사냥할 수 있을 정도였다. 또한 울주 대곡리 반구대 암각화에서 나타나듯, 한반도의 신석기인들은 세계 최초로 고래까지 사냥하였다.

● 울주 대곡리 반구대 암각화
울산광역시 태화강 상류의 지류 하천인 대곡천의 절벽에 새겨진 그림이다. 그림이 새겨진 바위는 너비가 약 8m, 높이 약 5m로 주변 10여 개의 바위에도 암각화가 확인된다. 반구대 암각화는 전 세계에서 가장 오래된 포경유적이다.

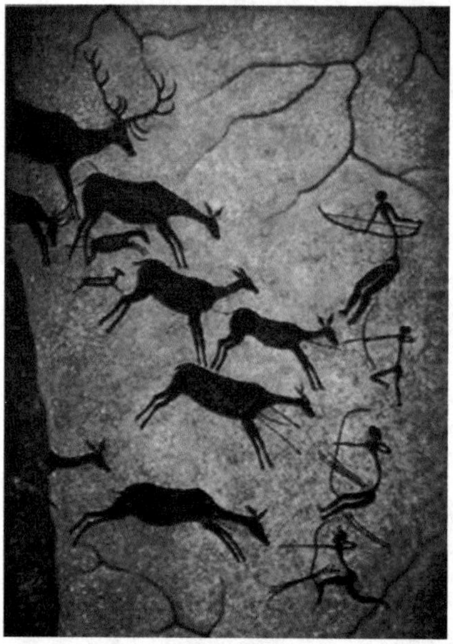

● **사냥하는 신석기인들의 모습**
인류 최초의 사냥은 공동체의 단합을 가져왔으며, 주로 힘이 센 남자들이 맡아 가부장적인 생활상이 발전하게 되었다.

신석기인들의 사냥에 사용되는 무기들도 크게 발달했다. 간석기는 더욱 날카로워졌으며, 화살촉이 발견된 것으로 보아 화살도 사냥에 이용했다는 것을 알 수 있다. 자연스럽게 수확물도 더 많아졌을 것이다.

신석기 시대에 와서 인류의 메뉴는 푸짐하게 바뀌었다. 그 이전까지 먹거리는 주로 토끼나 노루 · 사슴처럼 사냥하기 쉬운 작은 초식동물이나 구하기 쉬운 나무열매였지만, 사냥 도구의 발달과 조직적이고 집단적인 사냥 등 발달된 사냥술로 인해 신석기인들은 힘이 센 들소나 매머드처럼 한 마리만 잡아도 사람들이 배부르게 먹을 수 있도록 덩치가 큰 짐승까지 식탁에 올릴 수 있었다. 또 호랑이나 곰과 같은 사나운 맹수도 이따금 사냥해서 식탁에 올릴 수 있었다.

혼자 사냥하는 것보다 집단으로 사냥함으로써, 덜 위험하면서 더 큰 사냥감을 얻을 수 있다는 것을 알게 되었다.

● **신석기인들의 사냥**
사냥을 할 때에는 무리를 지어 혼신의 힘을 다하였다.

■ 신석기 시대의 새로운 직업: 농부

●토기 구멍

신석기 시대부터 인류는 농사를 짓기 시작했다. 인류가 농사를 짓게 되었다는 것은 산업혁명만큼이나 엄청난 사건이었다.

이전까지는 산이나 들에 나 있는 식물을 뜯어먹기만 했지만, 이제부터는 직접 밭을 갈고 씨를 뿌려서 수확을 거둬 밥을 해먹을 수 있게 되었기 때문이다. 그러니 밥상이 얼마나 풍요로워졌겠는가.

농사를 짓게 되면서 수확한 농산물을 저장할 수 있는 그릇이 필요했다. 그렇게 해서 토기가 생겨났다.

신석기 유적지의 움막에 들어가 보면 바닥에 구멍이 나 있는 것을 발견할 수 있는데, 그 구멍은 바로 끝이 뾰족한 토기를 꽂아뒀던 곳이다.

사실 사냥은 매우 위험한 작업이다. 아무리 좋은 사냥장비를 갖고 있어도 사나운 야생동물을 만나면 큰 부상을 입을 수도 있다. 게다가 사냥감을 찾으러 종일 돌아다녀도 한 마리도 잡지 못하고 빈손으로 돌아올 수도 있다. 그 경우 가족들은 모두 굶어야 한다.

그에 비하면 농부는 그럴 필요가 없다. 열심히 일하다 보면 때가 되어 수확을 하게 된다. 게다가 추운 겨울에는 저장해 둔 곡식만 먹고 살 수도 있다.

● 신석기 시대의 갈돌과 갈판
농사를 짓기 시작하면서 농사에 필요한 도구들도 발전하였다. 갈돌과 갈판은 열매나 씨앗의 껍질을 벗기거나 가루로 만드는 도구이다.

■ 신석기 시대의 주거 형태

구석기인들이 천연 동굴이나 한데 집터에서 생활한 반면, 신석기인들은 어느 정도 집의 모양새를 갖춘 '움집'에서 생활하였다. 움집은 대체로 평평한 퇴적지와 물가에 가까운 경사면의 땅을 파고 만든 수혈(竪穴) 주거지이다.

이러한 움집은 추위를 막을 수 있고 보온성이 뛰어나, 주로 추운 지역이나 산악지대에 적합한 집이라 할 수 있다. 지금까지 발견된 움집은 주로 바다나 큰 강을 끼고 있는 낮은 습지와 넓은 평지에 자리잡고 있으며, 더러는 언덕 비탈에 만들어진 것도 발견되었다.

집 안에는 화덕 자리와 저장시설이 있어서 당시의 생활상을 엿보게 해준다. 화덕은 둥근 자갈을 이용하여 집 가운데에 둥글거나 네모지게 만들었고, 저장시설은 대부분 구덩이를 파거나 토기를 이용하였는데 취사용 연모와 음식물을 넣어두던 곳이다.

● 신석기인들의 보금자리: 움집

움집은 불완전한 난방을 보완하기 위해 땅을 둥근 모양이나 네모꼴로 60~70cm 파서 터를 닦고 기둥을 세운 다음, 동물의 가죽이나 나뭇가지와 볏짚을 덮어서 만들었다. 움집의 크기는 지름이 4~6m로, 성인 4명 정도가 살기에 적당했다. 움집에서는 일상생활과 취사가 이루어졌고, 15~20채가 한곳에 몰려 있는 것으로 보아 씨족 단위로 집단생활을 했던 듯하다.

암사동 선사 주거지의 움집과 내부 모습

■ 신석기 시대의 발명품: 토기

● 민무늬토기

● 이른민무늬토기

이른민무늬토기는 강석, 운모, 석영 따위의 모래가 섞여 있어 표면이 거칠고 흡수성이 강하다. 단조로운 문양이 가끔 있을 뿐, 대체로 무늬가 없고 두꺼운 것이 특징이다. 색깔은 다갈색과 회색이 보통이며, 크고 작은 여러 가지 모양이 있는데, 주로 사발 · 단지 같은 것이다. 주둥이 부분은 직선으로 올라간 것이 많으나, 밖으로 벌어진 것도 있다. 밑바닥은 평면으로 된 것, 뾰족한 것 등 여러 가지이며, 뿔 모양의 손잡이가 있는 것이 특징이다.

● 눌러찍기무늬토기

● 눌러찍기무늬토기

한반도의 남해안 지역에서 많이 출토되었으며, 주로 신석기 시대 전기와 중기에 많이 만들어진 것으로 추정한다. 만드는 방법과 무늬의 형태는 매우 다양하다. 그릇 표면을 엄지와 검지로 찍거나 집어 눌러서 돌출 부분과 다음 돌출 부분 사이에 하트 문양이 생기게 하는 방식, 그릇 표면을 동물뼈의 마디 부분으로 찍어 문양을 새기는 방식, 끝이 뾰족하거나 둥근 도구 및 속이 빈 대롱 모양의 도구로 문양을 찍어 열을 짓게 하는 방식 등이 있다.

● 덧무늬토기

● 덧무늬토기

덧무늬토기[융기문토기(隆起文土器)]는 양양 오산리 선사시대 유적지의 최하층에서 아가리 둘레에 덧무늬가 시문된 토기가 발견되었는데, 탄소연대측정법에 의해 BC 5100년까지 올라가는 것으로 나타나, 이 토기가 가장 이른 시기의 토기였음을 입증해 주었다. 덧무늬토기는 흙띠를 지그재그식으로 배열한 것과 돋은 평행선 바깥쪽에 팥알처럼 돋은 점열을 한 줄씩 배치한 것 등이 있다. 제주도의 고산리나 울산의 우봉리 해안가 등 남쪽 지방에서는 덧무늬토기가 발견되기도 하였다.

● 빗살무늬토기

● 빗살무늬토기

대체로 나무나 뼈연장을 사용하여 만든 여러 가닥이 난 빗살 모양의 무늬새기개를 가지고, 그릇 바깥면에 짤막한 줄을 배게 누르거나 그어서 새긴 것을 빗살무늬라고 부른다. 이러한 빗살무늬는 질그릇에 따라 여러 모습을 나타내는데, 한국에서 가장 특징적인 것은 선 · 점선으로 된 짧은 줄을 한쪽 방향으로 또는 서로 방향을 엇바꾸어 가면서 그려서 그 모습이 생선뼈처럼 생긴 것이다.

● 번개무늬토기

● 번개무늬토기

2~3줄의 평행선과 점선을 긋고 그 사이를 점이나 빗금으로 사각형 또는 마름모꼴 등의 기하학적 무늬로 채우는데, 신석기 시대 후기에 나타나는 빗살무늬토기로 '뇌문토기'라고도 한다. 번개무늬토기의 분포상은 신석기 후기에 북동지역의 빗살무늬토기인이 폭넓게 다른 지역으로 진출하였음을 보여준다. 주로 사용된 시기는 제2 빗살무늬토기 시기인 BC 3,000~BC 2,000년인 신석기 시대 후기이다.

청동기 시대

일반적으로는 신석기 시대와 철기 시대 사이에 있었던 시대로, 인간이 청동으로 만든 도구를 주로 사용했던 시대를 말한다. 신석기와 청동기 사이에는 구리만 쓰던 동기 시대(copper age)도 있었지만, 그 기간이 매우 짧았기 때문에 흔히 생략된다.

■ 한반도의 청동기 시대

한반도의 청동기 시대는 기원전 약 1,500년부터 기원전 300년까지의 시기에 해당된다. 청동기 시대에는 신석기 시대의 대표적 도구인 간석기에서 발전하여, 청동으로 도구 및 무기를 만들어 사용하였다. 그러나 청동기는 돌처럼 단단하지 않아 농기구로 적합하지 않았기에, 여전히 농기구는 돌로 만들어 사용하였다.

● **간돌검**
청동기 시대 전기부터 출현한 간돌검은 지배자의 권위를 상징하는 의례용 도구이자 무기이다.

원래 청동기 시대는 석기 시대를 거치거나 지역에 따라서는 석기와 공존하는 금석병용기(金石併用器) 시대를 거친 뒤에 나타나는데, 한국에서는 뚜렷한 금석병용기의 유물이 발굴되지 않았다. 청동기 유물은 석기와 함께 나오거나 순수하게 청동 유물만 나오기도 하며, 철기와 함께 출토되기도 한다.

청동기 시대의 유적은 만주 지역으로부터 함북 회령 오동리를 비롯한 북한 지역과 경기도 여주 흔암리, 파주 덕은리, 충남 부여 송국리, 충북 제천 황석리, 전남 순천 대곡리 등 널리 분포되어 있다.

청동기 시대의 대표적인 유물은 청동검(靑銅劍)·잔무늬 거울[다뉴세문경(多鈕細紋鏡)]·청동촉(靑銅鏃)·구리창[동모(銅鉾)] 등이 있다. 청동검은 비파형(琵琶形) 동검에서 점차 몸체가 가는 세형동검으로 바뀌었다.

특히 세형 동검은 만주, 한국, 일본의 규슈(九州), 러시아의 연해주에까지 걸친 광대한 지역에서 출토되고 있다. 지난날 한국에서 나오는 간석기 돌검(간돌검)은 동검의 모방품이라고 보았지만, 지금은 그러한 해석이 타당성을 잃고 있다.

겹꼭지 잔줄 거울[다뉴세문경(多鈕細紋鏡)]은 청동 거울로 다뉴란 꼭지가 여러 개란 뜻이며, 모습을 비추어 보는 거울이 아니라 제사를 지낼 때 빛을 반사하는 등 종교적인 목적으로 사용하던 도구였다.

청동촉(青銅鏃)과 구리창[동모(銅鉾)]은 무기로 사용했던 도구인데, 청동촉은 화살촉으로 당시 활이 사용되었음을 나타낸다. 구리창은 동검(銅劍) · 동과(銅戈)와 함께 우리나라 청동기시대의 대표적 유물로 구리를 녹여서 돌로 만든 거푸집에 부어서 만든 것이다. 창날과 자루집의 두 부분으로 되어 있는데, 자루집에 긴 나무자루를 박아 적을 찌르는 데 쓰는 무기이다. 원뿔형의 밋밋한 자루집에 못구멍을 뚫어서 못으로 자루와 창날을 고정시키도록 한 것이다.

그 밖에 경문청동기를 비롯하여 제사나 주술 등에 사용되었을 것이라고 추측되는 가지방울 등이 출토되고 있다.

● 다뉴세문경(청동거울)

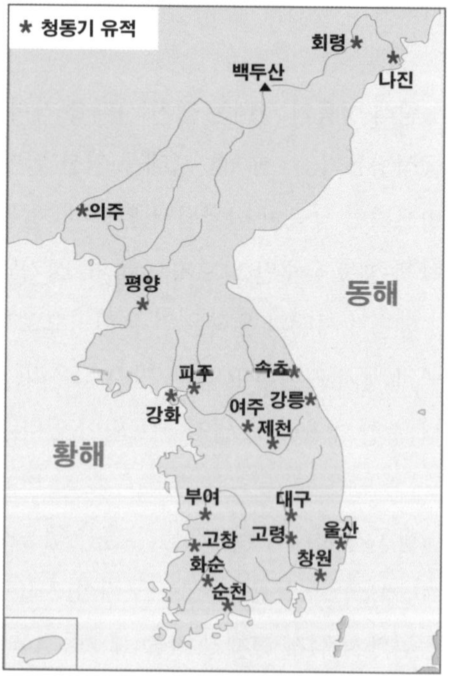

■ 청동기 시대의 생활상

한반도에서 발견된 돌널무덤, 즉 석관묘는 남 시베리아 · 만주부터 한반도까지 매우 넓게 퍼져 있다. 특히 시베리아의 돌널무덤은 기원전 8세기로 보고 있어, 이 연대가 한반도의 청동기 사회 · 문화를 이해하는 데 중요한 단서를 제공하고 있다.

이처럼 한국의 돌널무덤에서도 청동기 유물이 나오기 때문에, 앞으로 한국의 청동기 문화는 반드시 기원전 8세기에 시작되는 것이 아니라 그 연대가 더 올라갈 수도 있다고 볼 수 있다.

청동기 시대의 무덤들은 당시 사회에 대한 많은 것들을 말해 준다. 무덤은 곧 청동기 시대의 관습이나 제도에 대해 알 수 있게 한다. 청동기 시대에 발견된 무덤은 고인돌이라 부르는 널무덤, 석관묘라 부르는 돌널무덤, 옹관묘라 부르는 독무덤, 토관묘라 부르는 움무덤 등이 있다.

가장 많은 사람들이 동원됐을 것으로 보이는 고인돌은 부족 우두머리의 무덤으로 볼 수 있으며, 석관묘는 돌로 만든 관이 있는 무덤이다. 옹관묘는 항아리 속에 죽은 자를 넣은 무덤이며, 토관묘는 흙으로 만든 관에 장례를 치른 무덤이다. 물론 이러한 무덤들은 당시 청동기 사회가 신분제 사회였음을 말해 준다.

● **옹관묘**
커다란 항아리 같은 옹관을 두 개 합쳐 그 안에 시신을 넣고 매장하였다.

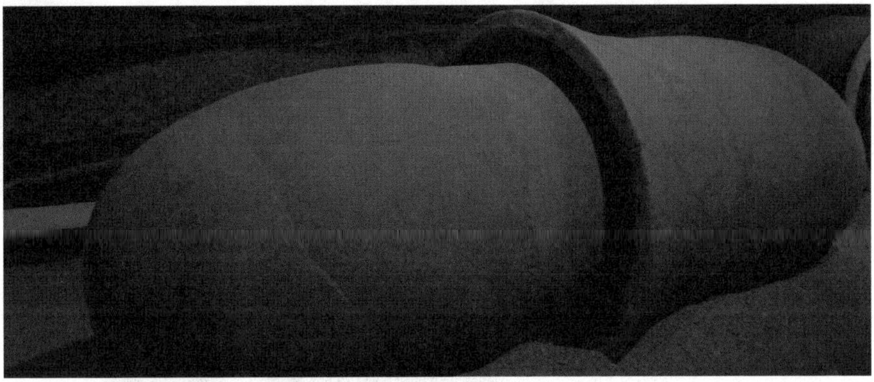

특히 신분제 사회의 가장 높은 곳을 차지한 널무덤, 즉 고인돌은 은파군 갈현리 하석동, 황주군 천주리 한밭골, 황주군 흑교리, 재령군 부덕리 수역동, 은율군 운성리, 황주군 선봉리, 경주 구정리 등에서 세형 동검 등의 쇳조각들과 함께 발견되었다.

함경도에서도 흥남군 호상동, 홍원군 운포리, 영흥군 소라리, 성주군 대성리, 경성군 동관리, 신창군 세동리에서 청동 유물이 나온 바 있다. 이에 비해 돌널무덤은 강계군 어뢰면, 영덕군 사천리, 사리원 상매리, 서광군 천곡리에서 청동 유물과 함께 출토되었다.

한반도의 고인돌의 경우 과거에는 남방식과 북방식으로 구별했는데, 북쪽에서도 남방식의 고인돌이 발견되면서 명확한 구분이 아니라는 게 밝혀졌다.

고인돌 밑에서 청동 유물들이 많이 발견됐는데, 특히 양주군 사노리, 봉산군 어수구, 김해 무계리에서 청동 유물을 얻고 있다. 또 대전시 괴정동과 전라남도 화순에서 청동제 유물이 출토되었다. 그런데 이 고인돌 문화는 어떤 식으로 해서 전파되었을까? 그 답은 아직까지는 '모른다'이다.

고인돌은 중국의 동북 지방에 많이 분포되고 있지만, 동북아시아에서는 만주·한국과 일본의 규슈 지방에 집중적으로 퍼져 있다. 그러므로 한반도의 고인돌이 대륙으로부터의 전파인지, 바다를 통해 들어온 것인지는 누구도 자신 있게 말할 수 없다. 고인돌은 기원전 8세기 이전에 시작되어 기원전 3~2세기까지 있었던 것으로 보인다.

● 강화 고인돌
청동기 시대의 대표적인 묘제의 하나로서 사적 제137호로 지정되었다. 길이 710cm, 높이 260cm, 넓이 550cm의 커다란 돌을 사용했으며, 형태는 북방식 고인돌로서 상고사와 고대사의 좋은 연구 자료가 되고 있다.

● 청동기 사람들의 부락
청동기 시대는 신석기 시대와는 달리 씨족 단위에서 부족 단위로 발전하는 사회 구조를 형성하였고, 주거지 형태도 규모가 커진 부락으로 발전하여 고대 국가의 토대를 마련하였다.

■ 고대 국가로의 발전 토대

청동기 시대의 경제활동은 고기잡이나 사냥 · 채집과 같은 초보 단계를 벗어나, 최소한 식량을 자급자족하는 단계에 들어가 있었다. 그 근거에 힘을 실어주는 것이 바로 반달 돌칼이다. 반달 돌칼은 청동기 시대에 농경이 발달했다는 것을 말해 준다. 사실 거대한 고인돌을 세울 수 있는 힘도 농업의 발달과 관련이 있을 것으로 보인다. 지배계급은 풍부한 식량으로 자신의 힘과 권력을 공고하게 함으로써 아랫사람들이 충성심을 발휘하게 했을 것이다.

또 제사용품으로 사용하기 위한 청동기는 실용성보다는 상징성이 강한 유물들인데, 이러한 청동기를 만든다는 것 자체가 벌써 신분제의 성립을 보여주고 있다. 신분제의 성립은 곧 농경으로 생산한 식량이 저장 가능할 정도로 풍족해졌다는 것을 의미한다.

지배계급은 이 식량을 통해 아랫사람을 지배하고자 했는데, 이러한 지배와 피지배 계층의 성립은 국가 체제가 갖추어진 고대 국가를 세울 수 있는 힘과 조직의 근원이 되었다고 할 수 있다.

그렇다면 청동기는 어떤 특징을 갖고 있는지에 대해서도 살펴볼 필요가 있다. 청동은 철에 비해 매장량이 적고 단단함도 떨어지는 편이다. 그러나 불에 녹는 점이 낮아 쉽게 다룰 수가 있다.

구리의 녹는 점은 약 1,030도인데, 이것은 철의 녹는 점인 1,560도보다 500도 이상 낮다. 과학이 발달한 지금은 이 온도를 올리기가 쉽지만, 당시로서는 이 온도를 올리기가 매우 어려웠다. 따라서 지금과는 비교가 되지 않을 정도로 많은 에너지와 시간, 노력을 들여야 청동 제련이 가능했다. 그런데 이렇게 만든 청동은 단단하지 못하고 물러서 무기나 농기구로 사용하지도 못했다. 돌보다 약한 것이 청동이었다.

그 때문에 당시 청동은 지배계급의 장식용이나 제사용품으로만 사용했다. 그렇지만 그 제사용품이나 장식품들이 매우 세련되고 아름다워, 당시의 수준 높은 문화를 보여주기에는 손색이 없다고 할 수 있다.

● 청동을 주조하는 청동기 사람들
청동기 사람들은 불을 이용하여 청동을 녹이는 기술을 연마함으로써 생활 도구를 발전시켰다.

● 청동기를 대표하는 유물들
청동기 시대는 그 이전 사회와 비교했을 때, 농업 혁명과 신분제 사회 등 인류에게 커다란 변화를 안겨준 시대라 할 수 있다. 청동검에 대한 연구를 통해 몇 가지 사실이 드러나기 시작했는데, 당시 지배계층들은 청동을 사용하여 청동 거울 · 방울 · 향로 등을 만들어 본격적인 제사용품으로 사용했다. 이것은 당시부터 종교에 대한 의식이 싹트기 시작했다는 것을 말해 준다.

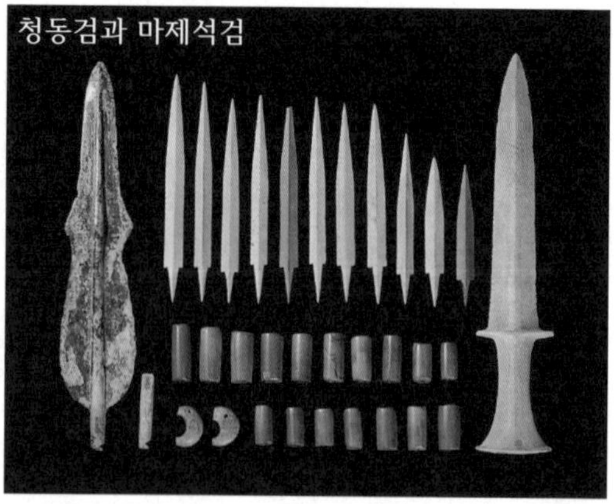

고조선

원래 국호는 조선(朝鮮)이며, 《삼국유사》에서는 위만이 찬탈한 조선(위만조선)과 구분하기 위해 고조선(古朝鮮)이라 불렀다. 오늘날에는 1392년에 건국된 조선과 구분하기 위해 고조선이라 지칭하며, 위만조선을 따로 구분하지 않은 채 모두 합쳐 고조선으로 본다. 이승휴의 《제왕운기》에서는 고조선의 군주에 따라 둘로 나누어 단군이 다스린 조선(단군조선)을 전조선, 기자가 다스린 조선(기자조선)을 후조선으로 각각 불렀다. 이런 시각은 조선 시대에도 이어져, 전조선과 후조선이라는 명칭이 널리 사용되었다.

■ 고조선의 성립

고조선의 건국은 일연이 쓴 《삼국유사》에 최초로 등장한다. 《삼국유사》에는 단군(檀君)이 요(堯)임금 즉위 50년 경인년에 평양성에 도읍을 정하고 국호를 조선이라 하였다고 서술하고 있다.

《동국통감》〈외기〉에는 "동방은 애초에 군장(君長)이 없었는데, 신인(神人)이 박달나무 아래로 내려오니 나라 사람들이 임금으로 모셔 단군이라 하고, 국호를 조선이라 하였으니 요임금 무진년이다. 처음엔 평양에 도읍하였고, 나중엔 백악으로 옮겼다."라고 기록되어 있다.

● **일연(一然)의 초상**
고려 시대의 승려이자 학자로, 운문사(雲門寺) 주지 시절에 왕에게 법을 강론하였다고 전해진다. 저서인 《삼국유사(三國遺事)》에서 고조선의 실체를 최초로 나타냈다.

《제왕운기》 역시 건국 연도를 무진년으로 기록하고 있고, 《삼국사기》에도 단군의 건국을 다루고 있으나 즉위 연도를 밝히고 있지는 않다. 국사편찬위원회는 《삼국유사》를 근거로 단군조선의 설립을 기원전 2333년으로 보고 있고, 현행 대한민국의 국사 교과서들 역시 이를 바탕으로 기원전 2333년을 단군조선의 건국 시점으로 서술하고 있다.

고조선이 맨 처음으로 기록에 등장하는 시기는 기원전 7세기로, 이 무렵에 씌어진 《관자(管子)》에 제나라와 교역한 사실이 기록되어 있다. 또한 중국의 춘추전국 시대에 성립된 기록인 《산해경(山海經)》에는 조선이 연(燕)나라의 동쪽, 바다의 북쪽에 있다고 씌어 있다. 이들 기록에 나타난 조선은 대체로 특정한 국가를 지칭한다기보다는 요동지방에서 한반도 서북지방에 걸쳐 성장한 여러 지역집단을 통칭한 것으로 본다.

당시 이 일대에는 비파형 동검(琵琶形銅劍) 문화를 공동기반으로 하는 여러 지역집단이 존재하였는데, 이들이 큰 세력으로 통합되면서 고조선이라는 고대 국가가 성립된 것으로 보는 것이 일반적이다. 단군신화는 고조선을 통합한 집단의 시조설화(始祖說話)로 형성되었던 것이다.

기원전 4세기 중반에는 연나라와 관련된 사료인 《전국책》에서 조선이 연나라 동쪽의 유력한 세력으로 언급된다. 적어도 이 무렵에 고조선이 고대 국가로 성장하여 전국시대(戰國時代) 중국의 국가와 대등한 외교 관계를 가졌던 것으로 보인다. 기원전 4세기 말에는 연나라와 분쟁이 일어나, 고조선 측이 선제 공격을 꾀하였다가 중단하는 사건이 벌어졌다. 당시 중국은 종주국인 주(周)나라가 쇠퇴하고 각지의 제후들이 왕을 칭하고 있었는데, 연나라가 기원전 323년에 왕을 칭하자 고조선의 군주도 '왕'이라 칭했다고 한다.

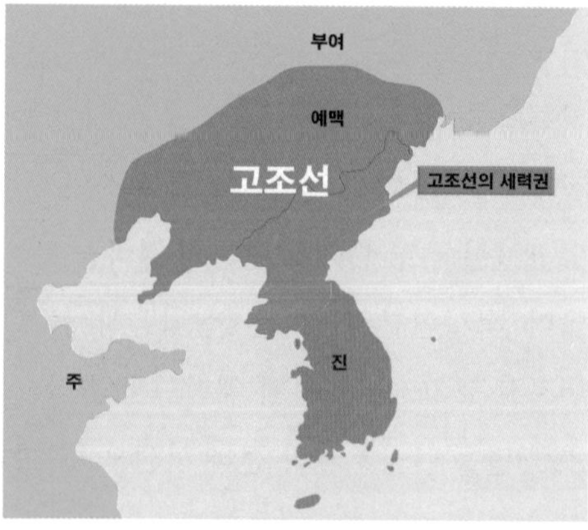

● **고조선의 세력권**
고조선은 청동기 문화를 바탕으로 삼아, 만주 요령 지방과 한반도 서북 지역을 중심으로 여러 부족을 통합하여 생긴 국가이다(기원전 2333년). 또한 한반도 남부 지방의 진국(辰國)과 중국 연나라 사이에서 중계 무역을 하면서 경제적인 이익을 얻었다.

기원전 4세기 말에서 3세기 초, 연나라가 세력을 확대하면서 고조선은 연나라의 공격을 받아 광대한 영토를 상실하고 세력이 크게 위축되었다. 사료적 가치에 대한 끊임없는 비판을 받았던 《위략(魏略)》에 따르면, 연나라의 장수 진개(秦開)의 침입으로 고조선은 2천여 리의 땅을 빼앗겼으며, 만번한(滿潘汗)을 경계로 하게 되었고, 연나라가 고조선으로부터 빼앗은 지역에는 요동군(遼東郡)이 설치되었고 장성도 쌓아 올려졌다고 한다. 이때 고조선이 상실하였다는 지역은 랴오닝 성 일대로 보이며, 일반적으로 대한민국의 역사학계에서는 이 패배로 고조선이 요동 지방을 상실하였다고 본다.

기원전 221년에 진(秦)이 중국을 통일하고, 기원전 214년에 만리장성을 건설하자, 고조선의 부왕(否王)은 진의 침입을 두려워하여 복속하였다. 그러나 직접 조회(朝會)하는 것은 거부한 것으로 보아 표면적인 복속이었던 듯하다. 부왕의 뒤를 이은 준왕(準王) 때에는 진나라에 내란이 발생하고 뒤이어 유방과 항우가 전쟁을 벌이는 등 중국이 혼란에 빠지자, 중국 유민들이 대거 고조선으로 이주하였다.

기원전 202년에 중국을 통일한 전한은 연·진 시기의 장성이 멀어서 지키기 어려웠기 때문에 이를 포기하고, 요동의 옛 장성을 수리하고 패수(浿水:소수 학자는 지금의 '대릉하'라고 함)를 경계로 삼았다고 한다.

● **고조선의 상징인 비파형 동검**
비파형 동검은 궁중에서 사용한 현악기의 일종인 비파를 닮은 데서 명칭이 유래되었다. 중국 동북지방에 있는 요하(遼河)를 중심으로 한 요령지방(遼寧地方)에 주로 분포하기 때문에 '요령식 동검'이라고도 하며, 광복 전에는 '만주식 동검'으로 불렸다. 학자에 따라서는 부여 송국리에서 출토된 예에 따라 '부여식 동검'이라고도 하며, 형태에 따라 '곡인청동단검(曲刃青銅短劍)'으로 부르기도 한다. 비파형 동검 문화는 고조선 사회와 깊은 관련이 있었던 것으로 믿어진다. 뒤의 한국식 동검[세형 동검(細形銅劍)] 문화는 이 비파형 동검 문화의 바탕 위에서 이루어진 것이 확실하다.

단군조선

단군조선(檀君朝鮮)은 한민족 최초의 국가로 전해지는데, 그 개국 기원에 대해서는 《삼국유사》가 《위서(魏書)》를 인용하여 단군 왕검이 아사달에 개국한 국가로 기록하고 있다. 일반적으로 고조선의 역사를 왕조 또는 지배자에 따라 구분하여, 단군이 다스렸던 첫 번째 시기를 지칭한다. 단군이 나라를 세워 1천여 년 동안 다스렸다고 전해진다. 조선 시대에는 '전조선(前朝鮮)'이라 부르기도 하였다.

■ 단군조선의 역사

근대 역사학이 형성되기 이전에는 지배자의 이름에 따라 고조선의 역사를 단군조선, 기자조선, 위만조선의 3개 시기로 구분하였다. 단군조선은 단군이 무진년(기원전 2333년)에 아사달(阿斯達) 또는 평양(平壤)에서 건국하였다고 한다. 단군은 약 1천여 년 동안 단군조선을 다스리다가 기묘년(기원전 1122년)에 기자(箕子)에게 왕위를 물려주고 아사달의 산신이 되었다. 또는 기자가 오기 164년 전인 기원전 1286년에 왕위를 떠났다고 하기도 한다.

현대 한국의 역사학계에서는 기자조선을 인정하지 않기 때문에 기원전 12세기 무렵에 단군조선이 소멸되었다는 내용 역시 인정되지 않으며, 위만조선이 성립되는 기원전 194년까지의 역사를 모두 단군조선 및 고조선의 역사로 보고 있다.

초기 단군조선의 강역은 평양 일대를 중심으로 한반도 북부에 있었다는 주장, 요동 일대를 중심으로 요동반도와 한반도 북부(평안도 및 황해도) 지역에 있었다는 주장이 양립하고 있다. 또한 일부 재야 사학자들의 경우에는 "난하 요서설" 등을 근거로 요서 일대를 단군조선의 강역으로 주장하기도 한다.

■ 단군조선에 대한 역사적 평가

고려 시대와 조선 시대에 단군조선은 국가의 시조로서 중요시되었다. 단군조선과 기자조선의 지배자인 단군과 기자는 국조(國祖)로서 제사를 지냈으며, 단군조선은 조선의 역사가 중국에 못지않게 오래되었다는 자부심으로 강조되었다.

그러나 문자 기록이 미비했던 시기의 고대 국가였던 탓에 단군조선과 관련된 기록은 매우 소략하고, 정확한 연대도 알려져 있지 않다. 이나마 중화사상을 바탕으로 한 사대주의로 인해 중국 은 · 주에서 도래한 기자가 시조로 선호되면서, 사대부들이 개별적으로 편찬한 많은 역사서들은 대부분 역사를 단군조선부터 기록하지 않고 기자조선 또는 삼국을 기점으로 서술하고 있다. 이에 단군조선은 기자조선의 기록에 부기(附記)되거나 별도의 기록으로 다루어졌다.

일제 강점기에 단군조선은 고조선과 함께 식민사학자들에 의해 역사적 실체를 부정당하였다. 일제는 단군조선과 단군신화가 신화에 불과하고 역사성이 없어 인정할 수 없다고 주장하였다. 또한 식민사관의 일환인 '타율성론'에 입각하여 단군조선을 부정하고 중국의 식민지배가 기자조선, 위만조선, 한사군으로 계속 이어졌다고 주장하였다. 그러나 한편으로는 단군신화 및 단군조선에 대한 문헌적 연구가 병행되기도 하였다. 이러한 일제의 식민사관에 맞서 박은식 · 신채호 등은 민족사학을 주창하며, 단군조선을 민족의 시초가 되는 국가로 강조하였다. 또한 한민족뿐만 아니라 만주 · 몽골 등을 모두 단군조선의 후계 국가 또는 민족으로 파악하기도 하였다.

● **참성단(塹星壇)**
참성단은 오늘날 강화도 마니산 꼭대기에 있다. 이 제단은 단군이 쌓았다고 알려져 있다. 강화도에 참성단을 만든 이유 중 하나는 강화도 자체가 천하의 요새이기 때문이라고 주장하는 학자들도 있다.

광복 이후 대한민국의 역사학계는 단군신화 및 단군조선으로부터 고조선의 역사와 사회상을 분석하고 있다. 기자조선과 함께 단군조선이라는 왕조는 인정하지 않고, 고조선과 위만조선의 2개 시기로 구분하는 것이 일반적이다. 또한 고조선의 건국 연대에 대해서도 다양한 견해가 나타나고 있으나, 일반적으로 단군조선 시기에 해당하는 기원전 24세기에서 기원전 12세기에 이르는 시기는 고조선이라는 국가가 형성되지 못하였던 때로 본다. 한편 단군에 대해서는 랴오닝성 및 한반도 서북부에 걸쳐 분포하던 여러 촌락 또는 부족 국가의 정치적 · 종교적 지배자를 가리키는 것으로 이해한다.

《동국통감(東國通鑑)》 외기(外紀)에는 "동방(東方)에는 최초에 군장(君長)이 없었는데, 신인(神人)이 단목(檀木) 아래로 내려오자 국인(國人)이 세워서 임금으로 삼았다. 이가 단군(檀君)이며 국호는 조선(朝鮮)이었는데, 바로 당요(唐堯) 무진년(戊辰年; 기원전 2333년)이었다. 처음에는 평양(平壤)에 도읍을 정하였다가 뒤에는 백악(白岳)으로 도읍을 옮겼다. 상(商)나라 무정(武丁) 8년(기원전 1317년) 을미(乙未)에 아사달산(阿斯達山)에 들어가 신(神)이 되었다."고 기록되어 있다. 기타 단군조선에 대한 기록은《삼국유사》·《제왕운기》 등에 전해지는데, 일반적으로《삼국유사》의 내용이 알려져 있다.

단군신화라고도 부르는 이 건국 신화는 고조선의 건국과 사회상을 알려주는 기록으로 중요한 가치를 지닌다.

● **태백산 천제단(天祭壇)**
태백산은 백두대간의 중추인 산으로, 산 정상에 예로부터 하늘에 제사하였다는 천제단이 있다. 단군왕검이 나라를 건국했다는 개천절이면 매년 이곳에서 태백제를 열고 천제를 지낸다.

고조선의 건국 신화

고조선의 건국 신화는 한반도 최초의 나라인 고조선의 건국에 대한 이야기이다. 흔히 단군신화(檀君神話)라고 한다. 상고사의 《삼국유사》나 《제왕운기》 등 고려 시대에 저술된 역사서에 처음 나오며, 《조선왕조실록》·《응제시주》 등 조선 시대의 여러 문헌에도 같은 내용이 있다.

■ 단군신화

《삼국유사(三國遺事)》 기이(紀異) 제1편에는 《고기(古記)》를 인용하여 다음과 같이 기록되어 있다.

옛날에 환인(桓因)의 서자(장남이 아닌 차남 이하의 아들을 말한다) 환웅(桓雄)이 천하에 자주 뜻을 두어 인간세상을 구하고자 하였다. 아버지가 아들의 뜻을 알고 삼위태백(三危太伯)을 내려다보니 인간을 널리 이롭게[홍익인간(弘益人間)] 할 만한지라, 이에 천부인(天符印) 3개를 주며 가서 다스리게 하였다. 천부인은 세상을 다스리는 중요한 물건인 방울과 칼 · 거울로, 인간들이 하늘에 제사를 지낼 때 사용하던 물건이었다.

환웅이 무리 3천을 이끌고 태백산(太白山) 꼭대기 신단수(神壇樹) 밑에 내려와 여기를 신시(神市)라고 하니, 이로부터 환웅천왕이라 불렀다. 풍백(風伯) · 우사(雨師) · 운사(雲師)를 거느리고, 곡(穀) · 명(命) · 병(病) · 형(刑) · 선(善) · 악(惡) 등 무릇 인간의 3백60여 가지의 일을 주관하고 인간세상에 살며 다스리고 교화하였다.

이때 곰 한 마리와 호랑이 한 마리가 같은 굴에서 살면서 항상 신웅(환웅)에게 빌기를, "원컨대 모습이 변화하여 사람이 되었으면 합니다."라고 하였다. 이에 신웅이 신령스러운 쑥 한 타래와 마늘 20개를 주면서 이르기를 "너희들이 이것을 먹고 백일 동안 햇빛을 보지 아니하면 곧 사람이 될 것이다."라고 하였다.

곰과 호랑이가 이것을 받아서 먹고 기(忌)하였는데, 삼칠일(三七日: 21일) 만에 곰은 여자의 몸이 되었으나 범은 기하지 않아 사람이 되지 못하였다.

웅녀(熊女)는 그와 혼인할 사람이 없었으므로 항상 신단수 아래서 아이를 가지기를 빌었다. 이에 환웅이 잠시 사람으로 변해 결혼하여 아들을 낳으니, 이름을 단군왕검(檀君王儉)이라 하였다.

당고[唐高, 요(堯)]가 즉위한 지 50년인 경인년에 평양성(平壤城)에 도읍하고 비로소 조선(朝鮮)이라 칭하였다. 또 도읍을 백악산 아사달(白岳山阿斯達)에 옮겼으니, 그곳을 궁홀산(弓忽山) 또는 금미달(今彌達)이라고도 한다. 나라를 다스리기 1천 5백 년이었다.

주(周)나라의 호왕(虎王: 무왕)이 즉위한 기묘년에 기자(箕子)를 조선(朝鮮)에 봉하니, 단군은 곧 장당경(藏唐京)으로 옮겼다가 뒤에 아사달(阿斯達)에 돌아와 숨어서 산신이 되니, 수(壽)가 1,908세였다고 한다.

● 단군신화의 의미

단군신화는 한국 신화의 원형이며 민족 영웅 서사시의 원류다. 단군신화는 천손(천신의 손자)의 혈통이라는 민족적 긍지를 반영하고 있으며, 민족 문학으로서의 가치를 지닌다. 단군신화는 건국 신화에 속한다. 단군신화에는 광명 사상, 숭천(하늘을 숭배함) 사상, 토템 사상, 산악숭배 사상이 들어 있다. 단군신화의 주제는 민족의 시조인 단군의 탄생 및 고조선의 건국, 홍익인간의 이념과 단일민족의 역사성이다. 단군신화에 나오는 '쑥'은 인간 형성과 관계있으며, '마늘'은 수성(짐승의 본성) 제거에 효험이 있다.

■ 단군왕검은 누구?

단군왕검은 과연 어떤 존재였을까? '단군'은 제사장을, '왕검'은 임금을 뜻하는데, '단군왕검'이라는 이름은 당시 사회가 제정일치 사회(제사와 정치가 일치되어 있거나, 종교적 행사의 주재자와 정치의 주권자가 일치하는 사회. 고대 사회에 많았음.)였음을 나타낸다.

환웅이 거느리고 온 풍백·우사·운사 중에서 풍백은 바람을, 우사는 비를, 운사는 구름을 주관하는 신인데, 이는 단군신화가 농경 사회의 산물임을 말해 준다.

환웅은 하늘에 그 근거를 둔 천신(하늘의 신)인 동시에 태양신이며, 웅녀는 땅에서 태생한 존재로 지신(땅의 신) 혹은 어둠의 신을 상징한다. 또한 환웅은 신의 아들이지만 웅녀는 인간이다. 따라서 환웅과 웅녀의 결합은 하늘과 땅, 광명과 어둠, 신과 인간의 결합, 즉 만물의 조화를 뜻한다.

이처럼 단군왕검은 고조선 사회의 제주이자 군장으로, 단군은 대제사장적인 성격을 많이 담고 있으며, 왕검은 국가를 통치하는 대군주의 의미를 띠고 있다. 즉, 제정일치의 지도자다. 방언의 분포와 비교 언어학적으로 살펴볼 때에도 제사장과 정치적 지도자를 함께 이르는 것으로 파악된다.

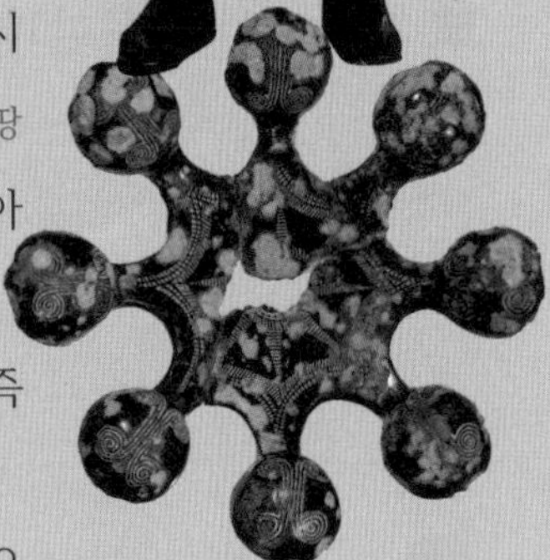

● **팔두령(八頭鈴)**
고조선 시기의 청동기 출토 유물로, 흔하지 않은 청동 방울이다. 제사장의 무구로 사용된 것으로 보이는 이 유물은 중국이나 일본에서도 볼 수 없는 독특한 형태로 한반도에서만 출토되는데, 국보 제143호로 지정되어 있다.

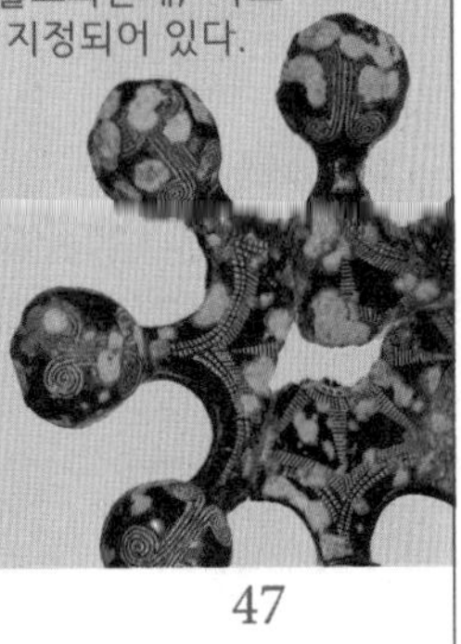

단군왕검이 이 땅에 고조선을 건국해 나라를 열어 놓은 일을 기념하는 날이 바로 10월 3일 개천절이다.

기자조선

기자조선(箕子朝鮮)은 고조선의 왕조 중 하나인 고대 국가이다. 조선 시대에는 일반적으로 고조선을 셋으로 구분하였는데, 기자가 세웠다고 하는 기자조선은 그중 두 번째 시기에 해당된다. 명칭은 단군조선과 같은 '조선'이지만, 구분을 위해 후조선(後朝鮮) 또는 기씨조선(箕氏朝鮮)이라 부르기도 하였다. 기자조선은 실재 여부를 비롯하여 건국 과정, 성격에 대한 인식이 시대에 따라 논란이 있다. 현재 사학계 중 다수는 일반적으로 기자조선에 대한 고전적인 인식(기자동래설, 단군조선-기자조선-위만조선의 승계 등)을 부정하는 편이며, 그 유래와 실체에 대한 여러 주장이 있다. 기원전 1122년부터 기원전 195년경까지 존속하였다고 한다.

■ 기자조선의 문헌과 기록

한나라 이전의 문헌[선진문헌(先秦文獻)]에는 기자가 주나라의 지배를 거부하고 은둔하였던 사실만 기록하고 있으며, 그 이후 기자의 삶은 거의 나타나지 않는다. 기자조선이 나타나는 최초의 문헌은 《상서대전(尙書大傳)》과 《사기》이다. 《상서대전》은 중국 최초의 역사서로 평가되는 《상서》에 주석과 본문을 추가한 유교 경전으로, 한나라 이전의 《상서》에는 나타나지 않는 기자동래설이 추가되어 있다. 《상서대전》에 따르면, 기자는 주나라의 지배를 거부하고 조선으로 망명하였다고 하며, 주나라 무왕은 이를 듣고 기자를 조선의 군주로 봉하였다고 한다.

한편 《사기》 〈송미자세가〉에도 기자가 조선의 군주가 되었다고 기록되어 있는데, 《상서대전》과 반대로 무왕이 기자를 조선에 보내자 기자가 조선에 가서 나라를 일으켰다고 한다.

● **기자(箕子)**
고조선 시대 전설상의 나라인 기자조선의 시조. 중국 은나라의 성인으로 이름은 서여(胥餘) · 수유(須臾). 주 무왕이 은나라를 멸망시키자, 기자는 동쪽으로 도망하여 조선왕이 되었다고 한다. 그러나 이것은 후세인들의 사대주의 사상에서 나온 이야기이며, 역사적으로 확인되지 않은 내용이다.

이러한 두 문헌의 차이는 이후 기자가 스스로의 힘으로 조선을 세웠는지, 아니면 주나라의 제후국으로 조선을 세웠는지를 놓고 논쟁이 벌어지는 원인이 되었다. 이후 《위략(魏略)》·《한서》·《삼국지》 등에서 기자동래설을 계속 기록하는 한편, 기자 이후의 고조선 역사에 대해서도 기자와 연관시켜 부왕과 준왕을 기자의 40여 세손인 기부(箕否)·기준(箕準)으로 기록하였다.

● **기자묘(箕子墓)**
중국 은(殷)나라의 삼인(三仁)의 하나로 전해 내려오는 기자(箕子)가 조선으로 건너와 기자조선을 세웠다는 이른바 기자동래설(箕子東來說)에 따라 후대에 추정된 무덤이다. 중국 산동성 조현 지역에 자리하고 있으며, 북한 지역인 평양시 기림리에도 기자(箕子)의 동래설(東來說)에 따라 후대에 추정하여 만든 묘역이 있다.

기자동래설에 대한 이러한 기본 문헌들이 등장한 이후부터 기자동래설의 사실 여부와 관계없이 기자를 조선의 군주로 숭상하는 경향이 짙어졌다. 삼국 시대에도 고구려가 기자에게 제사를 지냈다고 하며, 신라의 최치원도 기자동래설을 긍정하였다. 고려 시대에는 유교가 통치 이념으로 점차 굳어져 가면서 한국 유교문화의 시원적 존재로 기자에 대한 숭배가 강화되었다. 그 결과, 1102년에는 평양에 기자 사당이 세워져 국가의 제사를 받았으며 기자의 묘까지 만들어졌다. 이후 조선 초기에는 단군과 기자가 나란히 국조(國祖)로 숭상되었으며, 《동국사략》에서 단군조선·기자조선·위만조선의 삼조선으로 이어지는 체계를 정립하면서 기자조선이라는 왕조가 확고하게 자리잡았다.

성리학이 발달하면서 사림(士林)에 의해 기자 존숭 의식은 더욱 발전하였고, 이이의 《기자실기(箕子實記)》와 같은 기자 전기적 서적이 편찬되었다. 조선 후기에는 이종휘의 《기자세가》, 정인기의 《기자지》 등에서 역대 왕의 명칭과 재위 연도 등 구체적인 내용이 등장하기도 하였다.

기자는 원래 은나라의 왕족으로, 은나라가 주 무왕에 의해 멸망하자 조선의 왕이 되었다고 한다. 은나라 멸망 후 기자가 주나라에 복종하기를 거부하고 조선으로 망명하자, 주 무왕이 기자를 조선의 군주로 봉했다는 기록[복생(伏生)의 《상서대전》: 기원전 2세기]이 있고, 반대로 주 무왕이 기자를 조선으로 보내자 기자가 조선에 와서 왕이 되었다는 상반된 기록[사마천의 《사기》 〈송미자세가(宋微子世家)〉; 기원전 2세기]이 함께 존재한다.

기자가 조선의 왕이 된 것은 기묘년(기원전 1122년)의 일로 전해진다. 기자는 5천여 명의 무리와 함께 조선으로 와서 조선의 백성들에게 문명을 가르쳤다고 한다. 일연의 《삼국유사》에는 기자가 건너오자 원래 조선의 군주였던 단군이 기자를 피해 장당경으로 옮겨갔다고 나타난다. 기자는 평양에 도읍을 두고 8조의 법금을 베풀어 나라를 다스렸다. 또한 정전제(井田制)를 실시하고 농사짓는 법과 누에치는 법을 가르쳐 백성들이 기뻐했다고 한다.

기자 이후 기원전 323년에 연나라와 외교적 마찰을 빚을 때까지 기자조선의 역사는 전혀 알려져 있지 않다. 기원전 300년경에는 연나라의 진개(秦開)에게 서쪽의 영토 2천여 리를 빼앗겨 세력이 크게 약화되었다고 하며, 기원전 221년에 진시황이 중국을 통일한 뒤 기원전 214년에 몽염(蒙恬)이 만리장성을 쌓자 당시 기자조선의 왕이었던 부(否)는 진나라를 두려워하여 복속하였다고 한다.

부는 기자의 40여 세손이라고 전해진다(진수의 《삼국지》, 3세기). 부는 얼마 지나지 않아 죽고 아들 준(準)이 즉위하였다. 준은 기원전 194년에 한나라에서 망명해 온 위만에게 왕위를 찬탈당하였고, 이로써 기자조선은 멸망하였다.

● 기자 부조상

위만조선

위만조선(衛滿朝鮮: 기원전 194년 ~ 기원전 108년)은 고조선의 시대적 구분 중 하나로, 국성을 따라 위씨조선(衛氏朝鮮)이라고 불리기도 한다. 고조선의 마지막 왕조로, 기원전 194년 연나라에서 이주한 위만(衛滿)이 고조선의 왕인 준왕(準王)의 왕위를 찬탈하고, 국호는 그대로 조선으로 한 뒤 왕검성(王儉城)에 도읍하여 건국되었다.

■ 위만의 망명

중국에서 진(秦)이 망하고, 기원전 206년에 한(漢)의 고조(高祖)가 다시 중국을 통일한 뒤 주위의 여러 나라에 공신(功臣)을 봉하여 제후를 삼았다. 이때에 노관(盧綰)은 연왕(燕王)으로 옛 연(燕)나라 땅을 다스리게 되었다. 그러나 얼마 후 한이 주위의 제후들을 시기하여 제거하기 시작하자, 연왕 노관은 미연에 화를 면하려고 스스로 흉노(匈奴) 쪽으로 도망하고 연나라는 한나라 군대에 점령당하게 되어 일시 혼란 상태에 빠지게 되었다.

《위지(魏志)》에 따르면, 이 틈에 연나라의 위만이 연의 영내에서 망명당(亡命黨) 천여 명을 이끌고 패수(浿水)를 건너서 조선(朝鮮)에 들어와 조선왕 준(準)에게 '진나라의 옛 공터 수비를 맡겨달라'고 하였다. 준왕은 그를 믿고 박사(博士: 지방 장관직)를 삼아, 서변 백 리의 땅을 봉하여 주었다. 그러나 위만은 이들 유망인을 통솔하고 그들과 결탁하여 자기 세력을 기른 다음, 하루는 준왕에게 사람을 보내어 거짓으로 '한나라 병사가 십도로 쳐들어오니 들어가 왕을 호위

● **세형동검(細形銅劍)**
조기 철기 시대(기원전 4~2세기) 위만조선 시기의 동검으로 한반도 지역에서 출토되고 있는 유물이다.

하겠다'고 하며 들어와 갑자기 군사를 몰아 준왕을 쳐서 나라를 빼앗고, 스스로 조선왕(朝鮮王)이라고 하였다. 이때를 《사기(史記)》에는 효혜고후시(孝惠高后時: 기원전 194년~ 기원전 180년)라고 하였다.

도읍은 이전의 조선과 마찬가지로 왕검성(王儉城)에 정했다. 이때 준왕은 남쪽의 진국(辰國) 방면으로 망명하여 한왕(韓王)이 되었다고 한다.

위만은 《사기(史記)》 이하 《한서(漢書)》 등에 모두 연인(燕人)이라고 되어 있다. 이에 관하여 육당(六堂) 최남선(崔南善)은 이를 국치(國恥)로 여기고, 위만조선을 한사군과 더불어 '지나인의 북새질'이라 규정하고, 위만의 왕위 찬탈을 '위만의 도둑질'이라고까지 하였다.

고조선의 지배자가 된 위만은 국외 출정뿐만 아니라 나라 안을 다스리는 정비에도 힘을 써 왕위 세습권이 확립되었고, 토착민 회유에도 상당히 성공하였던 것으로 보인다. 위만 집권 초의 한나라도 건국 초기라 국가적인 체제가 견고하지 못하였으며, 전부터 줄기차게 침입해 오던 흉노에 대비하는 데 급급하여 조선에 대한 정책이 대단히 소극적이었다. 그러나 조선의 정치적 변동은 인접한 요동군에 불안을 안겨준 듯하여 요동 태수는 위만으로 하여금 '한의 외신(外臣)이 될 것'과 '요동 새외(塞外)의 만이(蠻夷)가 한의 변경을 침범치 못하게 할 것', 그리고 '만이의 여러 군장(君長)이 한의 천자를 입현하려고 할 때 막지 말 것' 등을 맹약하게 하고, 황제의 재가를 얻게 하였다.

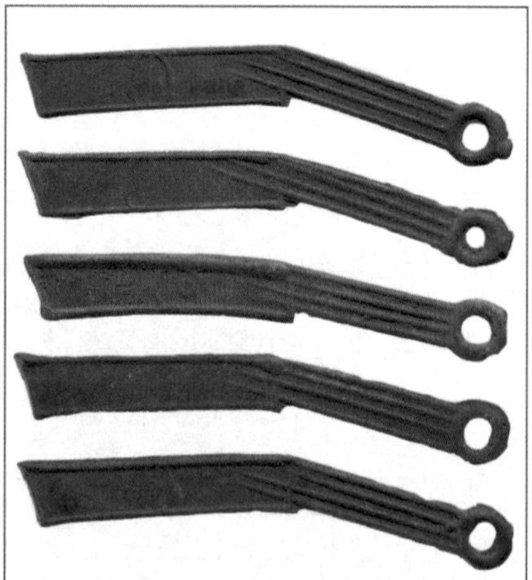

● **명도전(明刀錢)**
철기 문화가 확산되면서 중국으로부터 들어온 고대 화폐. 위만조선은 중국과 삼한 등과의 활발한 교역을 통해 경제적 부를 이루었다.

● **농경문 청동기**
고조선 시기의 유물로, 하반부가 깨어져 없어졌지만 매우 정교하게 만들어진 청동기다. 나무 위의 새, 밭을 갈고 있는 사람이 등장하고 있어 이 시기에 철제 농기구가 널리 보급되었음을 나타내고 있다.

이로 말미암아 위만은 한으로부터 병력과 물자의 원조를 얻어 세력을 신장하였다. 특히 이웃의 작은 마을과 진번(眞番) · 임둔(臨屯) 등을 아울러 복속하여 영토가 수천 리에 달하는 지역을 다스리게 되었고, 주위의 여러 씨족사회를 통합하여 갈등을 줄이고 정치의 안정을 도모했다.

진무(陳武: 한 문제 초의 장군) 등이 '남월과 조선이 병력을 갖추어 중국을 엿보고 있으니 이들을 치자'고 주청(奏請)한 사실로 보아, 위만은 주위의 여러 씨족사회를 통합하여 강력한 국가를 형성한 데다 기회가 오면 요동 방면으로 진출하여 패권을 잡아보려는 계획을 품었던 것이 아닌가 한다. 이와 같은 진무 등의 주장은 실현을 보지 못하였지만, 당시 위만의 태도가 심상치 않았음을 짐작할 수 있다.

위만의 강성은 그 자체의 실력도 있었지만, 이때 북아시아에 강대한 제국을 형성하였던 흉노 제국과 긴밀하게 연락하고 있었던 것도 사실이다. 위만의 아들 이름은 확실치 않으나, 그의 손자는 우거왕(右渠王)이었다고 전해져 온다.

■ 위만조선의 멸망

우거왕 때는 중국 한 무제(기원전 140년~기원전 87년) 때에 해당하는 시기였다. 이 당시 중국은 사방을 침략하여 영토를 확장하고 있었다. 무제에게는 흉노가 가장 두려운 존재였던 것으로 여겨지며, 흉노를 치기 위하여 장건(張騫)을 대월지국(大月氏國)에 파견하여 동맹 관계를 맺으려고 한 것도 이때였다. 동방의 조선에 대한 무제의 정책에는 흉노 세력을 견제하기 위한 방편도 있었을 것이다.

● **장건 출사 서역도**
한 무제의 명령으로 흉노족을 멸하기 위해 대월지로 출정한 장건은 무려 13년에 걸쳐 서역을 원정하고 돌아올 수 있었다. 장건의 원정은 동양과 서양을 잇는 실크로드의 교역로가 열리는 계기가 되었다.

《한서(漢書)》에는 "동이(東夷)의 예군(濊君) 남려(南閭) 등의 28만 인이 투항하였으므로 이곳에 창해군(蒼海郡)을 설치하였다."라고 기록되어 있지만, 《후한서(後漢書)》에는 수년이 지나자 창해군을 혁파(革罷)하였다고 하여, 남려가 우거의 지배하에 있다가 한에 투항하였음을 보여주고 있다.

한 무제는 그곳에 창해군을 설치하고 팽오(彭吳)를 시켜 이곳에 이르는 통로 개척을 명하였으나, 공사비와 노동력이 막대하게 투입되는 바람에 창해군이 설치된 지 3년 만인 기원전 126년에 혁파하고 말았다. 또 우거는 위만 때와 달리 한의 망명인을 포섭하고 세력을 양성하며 한에 대항하여 입현(入見)하지 않을뿐더러, 남쪽의 진국(辰國)이 한에 입조하려는 것을 막고 통하지 못하게 하였으므로 드디어 문제가 되었다. 이것이 한의 동방침략의 한 구실이 되었던 것이다. 게다가 흉노가 위만조선과 동맹을 맺게 되면 한으로서는 큰 부담이 되지 않을 수 없었다.

그리하여 한 무제는 외교적 방법으로 우거의 대항 정책을 무마하려 하였다. 무제는 기원전 109년에 사신으로 섭하(燮河)를 파견하여 설득시키려 하였으나, 우거는 제의를 거절하고 종전의 태도를 굽히지 않았다. 한은 섭하를 요동군(遼東郡) 동부도위(東部都尉)로 임명하였는데, 조선은 이 소식을 듣고 군사를 일으켜 그를 살해하였다. 이 사건은 한 무제에게 조선 침략군을 일으킬 구실을 준 것이며, 한 무제의 근본 정책은 즉위 이후로 사방을 침략하고 영토를 확장하는 데 있었던 것이다.

한 무제는 죄인들을 모집하여 조선을 칠 준비를 하였다. 기원전 109년 가을에 이르러 육 · 해로를 통하여 침략을 개시하였다. 양복(楊僕)이 보하이 해(渤海)를 거쳐 왕검성(王儉城)으로 쳐들어가는 수로군을 맡았고, 순체(筍彘)는 요동으로 출발하여 패수(浿水)에 이르는 육로군을 지휘하였던 것이다. 이렇게 공격해 온 육 · 수로 양군이 모두 무너지자 전쟁은 교착상태에 빠지게 되었고, 조선 정복이 불리한 국면으로 전개되자 한 무제는 다시 우거에게 평화적 방법을 제의하게 되었다. 즉 위산(衛山)을 파견하여 화의를 교섭케 하였다.

● 한 무제(漢武帝)의 초상

우거도 태도를 바꾸어 화의 교섭에 응했고, 태자를 파견하여 사례하는 뜻을 표하게 하였다.

그러나 1만여 명의 군사를 이끌고 나선 태자가 패수(浿水)를 건널 때 교섭사 위산과 좌장군(左將軍) 순체가 태자의 호위군사의 무장을 해제하라고 요구하였고, 신변을 걱정한 태자는 도강을 중지하고 왕검성으로 돌아오니 화의는 결렬되었다.

고조선의 역사	
단군조선	? (기원전 2333년) ~ ? (기원전 1122년)
기자조선	? (기원전 1122년) ~ 기원전 195년경
위만조선	기원전 194년 ~ 기원전 108년

● 현대 사학계에서는 기자조선의 실체를 부정하고 있다.

이리하여 순체와 양복은 왕검성에 이르러 서북과 남쪽에 진을 치고 포위하였다. 하지만 순체와 양복은 주전론 · 화의론으로 각기 그 의견이 엇갈려, 전쟁은 끝날 것 같지 않았다.

한 무제는 위산의 평화 교섭 실패, 순체 · 양복 간의 불화로 인한 작전의 부진 등을 감안하여 제남태수(濟南太守) 공손수(公孫遂)를 현지에 파견하여 이 문제를 해결하도록 하였다. 공손수가 전쟁터에 이르자, 순체는 전날 양복의 소행을 들어 '양복과 조선이 함께 아군을 멸할지도 모른다'고 그의 의중을 밝혔다. 그러자 공손수는 순체의 말을 곧이곧대로 받아들여 양복을 잡아 가두고, 수로군을 순체의 휘하에 병합시켜 작전의 일원화를 꾀하게 되었다. 그러나 공손수로부터 이러한 전말을 보고받은 무제는 공손수를 참형에 처하였다.

순체가 총공격을 감행하는 중에 왕검성 내의 조선 조정에서는 화 · 전 양파의 대립이 심각하여, 주화파(主和派)가 집단적으로 이탈하거나 한군에 투항하는 현상까지 일어나게 되었던 것 같다. 양복과 몰래 화의를 추진하던 일파로 보이는 한음(韓陰) · 왕협(王陜) · 노인(路人)은 모두 도망하여 한군에 투항하려 하였는데, 노인은 중도에서 죽고 말았다. 이러한 지배층의 내분 때문에 전력은 약화되었고, 기원전 108년 주화파로서 성내에 잔류하고 있던 이계상 삼(尼谿相 參)은 사람을 시켜 우거왕을 죽이고 한군에 가서 항복하게 되었다.

우거왕 피살 후에도 왕검성의 저항은 완강하였다. 우거의 대신이었던 성기(成己)가 반격전을 펴자, 순체는 앞서 투항한 왕자 장(長)과 노인(路人)의 아들 노최(路最)로 하여금 성내의 백성들을 부추겨 성기를 죽이게 했다. 이렇게 하여 위만조선의 3대 80여 년 계속된 왕조는 막을 내리고, 한은 한사군을 설치하게 되었다.

■ 고조선의 사회와 문화

● 고조선을 대표하는 미송리식 토기

고조선의 문화는 비파형 동검 · 미송리식 토기 · 북방식 고인돌 등을 특징으로 하여 요서 지역 · 요동 반도 · 남만주부터 한반도 북부에 걸친 기반으로 세워졌을 것으로 생각된다. 기원전 4 ~ 5세기에는 중국의 철기 문화를 수입하기 시작했으며, 기원전 2세기경에는 한나라와의 약조를 통해 철기를 본격적으로 수입한 것으로 보인다.

우리나라 최초의 법률인 '팔조지교(八條之敎)'는 고조선 사회의 법률이다. 8조법은 고조선 사회가 가부장(家父長) 중심의 계급 사회로서, 사유 재산을 중히 여겼으며, 응보주의(應報主義)에 따른 형법을 지녔던 당시의 사회상을 반영하고 있다.

고조선에는 일찍부터 사회의 안녕과 질서를 유지하기 위하여 일종의 불문율인 8조(八條)의 법이 있어 각종 범죄를 처벌하였다. 《한서(漢書)》 지리지(地理志)에 그 중 3조목이 전해지고 있는데, 그 내용은 다음과 같다.

1. 사람을 죽인 자는 즉시 사형에 처한다.
2. 남에게 상해(傷害)를 입힌 자는 곡물로써 배상한다.
3. 남의 물건을 훔친 자는 데려다 노비로 삼는다. 단, 자속(自贖)하려는 자는 1인당 50만 전을 내야 한다.

위의 3조 중 절도죄에 대한 조항은 후대에 가서 중국법의 영향을 받은 것으로 보이며, 원래는 부여나 고구려와 같이 12배를 갚는 것이었으리라 여겨진다. 고조선인은 절도죄에 대해 상당히 관심이 컸던 듯하여, 비록 속전(贖錢)을 내고 자유민이 되더라도 이를 부끄러이 여겼으며, 결혼 상대자를 구할 수가 없었다고 한다.

한사군

한사군(漢四郡, 기원전 108년 ~ 기원후 314년) 또는 한군현(漢郡縣)은 기원전 108년 전한 무제가 위만조선을 멸망시킨 뒤에 그 영토를 통치하기 위해 설치한 낙랑군 · 진번군 · 임둔군 · 현도군의 4군과 그 속현을 말한다. 근대 이전에는 전통적으로 사군(四郡)이라 불렀고, 현대 한국사학계에서는 한군현 · 동방변군 등으로 지칭하기도 한다. 한사군의 위치, 의미와 역할에 대해서는 해당되는 나라들의 학계가 서로 다른 의견을 제시하고 있다.

■ 한사군의 설치 및 변천

전한은 기원전 108년에 고조선을 멸망시킨 후 낙랑군 · 진번군 · 임둔군의 3군을 위만조선 영내에 설치하였으며, 기원전 107년에 다시 예맥(濊貊) 지방에 현도군을 설치하였다. 기원전 82년에 이르러 진번 · 임둔 양군을 폐지하여 진번군을 낙랑군에, 임둔군을 현도군에 각각 병합시켰으며, 기원전 75년(전한 소제 원봉 6년)에는 토착민의 반발로 현도군이 요동 방면[지금의 혼하(渾河) 상류의 흥경(興京) 노성(老城) 지방]으로 옮겨졌다. 이때 현도군에 통합되었던 임둔군의 현들은 낙랑군에 편입되어, 최종적으로 구 위만조선의 영역에는 낙랑군만 남게 되었다. 낙랑군은 진번 · 임둔의 영역에 각각 남부도위(南部都尉)와 동부도위(東部都尉)를 설치하여 관리하였다.

신나라의 왕망 시기에는 태수의 관직을 태윤(太尹)으로 바꾸었는데, 평양 인근에서 '낙랑태윤장(樂浪太尹章)'이라 찍힌 봉니(封泥)가 발굴되었다. 신나라 말기의 혼란기에 낙랑군에는 반란이 일어나, 낙랑 사람 왕조(王調)가 스스로 '대장군 낙랑태수(大將軍 樂浪太守)'라고 칭하였다. 후한 광무제는 서기 30년에 왕준(王遵)을 보내서 낙랑군을 다시 정복하고 패수 이남을 영토로 확정하였다. 한편, 현도군은 후한 초기에 고구려의 압력을 받아 다시 무순(撫順) 지방으로 옮겨갔다.

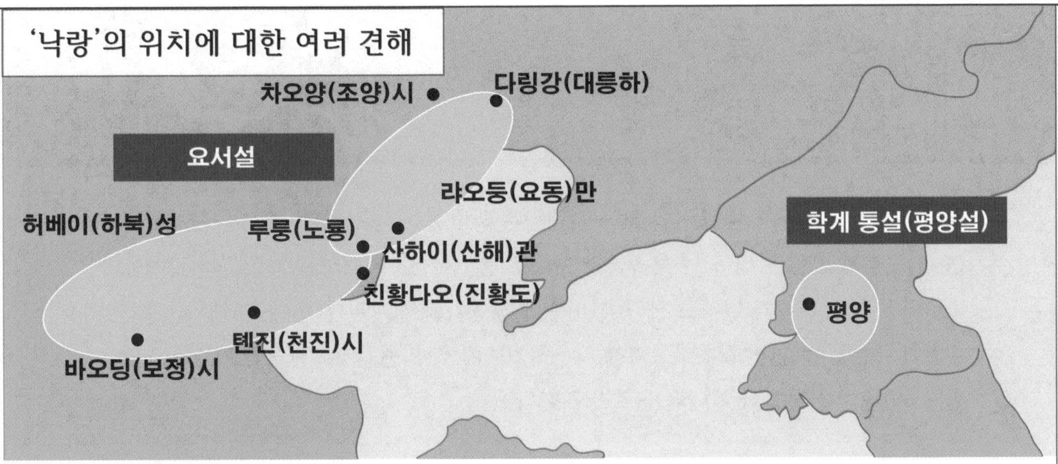

● **한사군의 위치**
학계 통설로는 한사군의 위치가 한반도에 자리하고 있었다고 하지만, 다른 견해로 중국 요서지방에 위치하였다는 설이 제기되고 있다.

2세기 후반, 중국이 혼란에 빠지자 요동군(遼東郡)을 중심으로 공손탁이 독립적인 세력을 갖추어 낙랑 및 현도까지 지배하였다. 이 시기에 낙랑군은 고구려 및 한이 강성하여 주변 소국들을 제압하지 못하고 다수의 민호(民戶; 민가)가 삼한으로 유망(流亡: 일정한 거처 없이 떠돌아다님)하기도 하였다. 공손강은 3세기 초 낙랑군의 남쪽 현을 분리하여 대방군(帶方郡)을 설치하였으며, 공손모(公孫模) · 장창(張敞) 등을 파견하여 삼한으로 유망하는 유민(流民)을 막았다.

위(魏)가 건국된 후 명제는 238년에 사마의를 파견하여 공손연을 토벌하는 과정에서 유흔(劉昕)과 선우사(鮮于嗣)를 보내어 낙랑 · 대방을 평정하였다. 서진이 건국된 이후 백제 및 고구려의 공격이 가속화되자 낙랑 및 대방군은 점차 약화되었다. 276년에는 유주(幽州)를 분할하여 평주(平州)를 신설하고 낙랑 · 대방을 평주에 속하게 하였다. 300년 이후 오호십육국 시대의 혼란이 시작되면서 서진의 수도 낙양이 전조에 함락되자(311년), 낙랑군과 대방군은 더 버틸 힘을 상실하였다. 313년 고구려의 미천왕은 낙랑을 공격하여 2천의 남녀를 포로로 잡았으며, 낙랑 · 대방의 군벌 장통(張統)이 모용씨에게 투항한 뒤, 314년에 대방군까지 축출되면서 소멸되었다.

원삼국 시대

원삼국 시대(原三國時代)는 초기의 삼국 시대라는 의미를 지니고 있다. 종래 문헌사학에서는 이 시기를 삼한 시대 또는 부족국가 시대로 불렀다. 이 시대에는 청동기의 실용성이 소멸되고 철제 도구가 널리 보급되어, 이전에 청동기와 철기가 함께 사용되던 시기와는 뚜렷이 구분된다. 한반도에서 철기를 사용하기 시작한 기원전 300년부터 기원후 300년까지 6백년간을 원삼국 시대라 부르기도 한다.

■ 연맹 국가의 성립

고조선에 이어 만주와 한반도 지역에는 여러 소국이 등장했다. 이 시기에는 철기문화가 급속히 보급되면서 농경의 개선, 목축의 성행, 어업의 융성 등과 같은 산업의 전반적인 발달과 함께 여러 계통의 문화가 융합하게 되었다. 또한 다양한 시설을 구축한 부여 · 삼한 · 고구려 등의 초기 국가가 다수 건국되었다.

부여(夫餘: 기원전 2세기 ~ 494년)는 한민족의 초기 국가(연맹 왕국)들 중 하나로, 지금의 쑹화강 유역을 중심으로 만주 일대[하얼빈, 아청, 위수, 눙안(農安), 창춘, 지린(吉林), 옌지(延吉), 훈춘, 치치하얼, 룽장(榕江)]를 지배한 것으로 여겨지고 있다. 고구려와 백제는 부여로부터 기원한 국가로 추정된다.

고구려(高句麗: 기원전 37년 ~ 668년)는 백제 · 신라와 함께 한국 삼국시대의 고대국가 중 하나이다. 지역적으로는 현재의 만주와 한반도 북부를 약 7백여 년 동안 지배했던 국가이다. 고구려는 전성기 때에 한반도 북부와 중부 일대, 중화인민공화국의 동북 3성 일부, 러시아의 연해주 일부를 통치하였다.

옥저(沃沮)는 함경남도 영흥 이북부터 두만강 유역 일대에까지 걸쳐 있었던 종족과 읍락 집단을 가리킨다.

토지가 비옥하여 오곡을 생산하였고, 어물과 소금 등의 해산물이 풍부했는데, 고구려에 소금·어물 등을 공납으로 바쳤다. 옥저는 고구려와 같이 부여족의 한 갈래였으나 풍속이 달랐다. 신랑과 신부가 어린 나이에 약혼을 하고, 신부가 신랑 집에서 살다가 어른이 되면 예물을 주고 신부를 데려오는 '민며느리제'가 있었고, 가족이 죽으면 시체를 풀이나 흙으로 가매장한 후에 나중에 그 뼈를 추려서 가족 공동묘인 커다란 목곽에 안치하는 세골장(洗骨葬)도 있었다. 그 입구에는 쌀을 담은 항아리를 매달아 죽은 자의 양식으로 하였다. 고구려의 후방 기지 역할을 한 옥저는 위나라의 고구려 정벌의 여파로 동천왕 때 침략을 받기도 하였다.

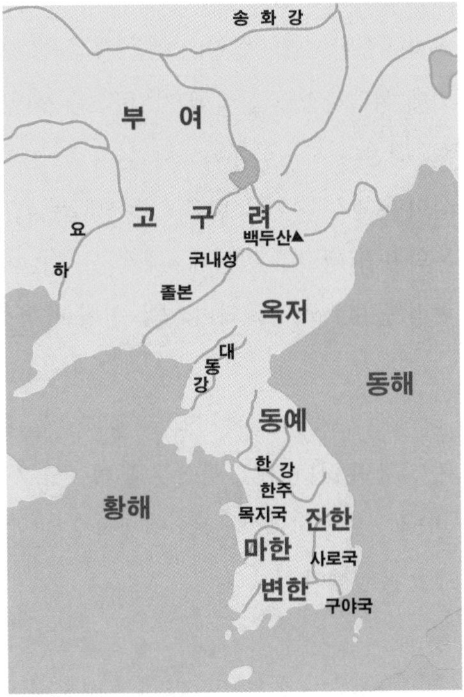

● **원삼국 시대의 판도**
원삼국 시대는 유력한 군장들이 왕을 선출하는 연맹 형태의 지배 구조를 이루었다.

동예(東濊)는 기원전 3세기 이전 ~ 3세기경에 한반도 동해안 일대에 자리잡았던, 한민족의 초기 고대국가의 하나이다. 예(濊)라고 불렸으나, 넓은 의미의 예와 구별하기 위해 통상 '동예'라고 부른다. 강원도 북부의 동해안을 중심으로 북으로는 함경남도 원산으로부터 남으로는 강원도 강릉(명주)에 이르렀고, 영서지역 산간까지 세력범위로 하였는데, 서쪽의 마한·백제와 군사적으로 충돌하였다는 기록이 있다. 농사를 주업으로 하였고, 직조기술도 발달하였다. 산과 하천을 경계로 읍락이 구분되어 각 읍락을 삼로(三老)가 통치했다.

삼한(三韓)은 삼국시대 이전 한반도 중남부에 자리잡고 있던 연맹왕국인 마한(馬韓) · 진한(辰韓) · 변한(弁韓)을 통칭하는 말로, 청동기 시대에 한반도 중남부 지역에 성립하였던 진국에 기원을 둔 것이다. 이후 마한의 백제국(伯濟國)이 백제로, 진한의 사로국(斯盧國)이 신라로, 변한의 구야국(狗邪國)이 가야가 되었다는 설이 일반적이다. 삼한으로 통칭되는 78개 '국(國)'의 성격을 두고는 여러 가지 논의가 진행되어 왔는데, 대개 신지(臣智)를 정점으로 읍차(邑借)에 이르기까지 여러 단계로 서열화되어 있는 상당한 정치수준으로 추정된다.

백제(百濟: 기원전 18년 ~ 660년 8월 29일)는 한국의 고대 국가로 고구려 · 신라와 함께 삼국의 하나이다. 시조는 부여 · 고구려에서 남하한 온조(溫祚) 집단으로, 마한 54개 연맹체 중 하나인 백제국으로 시작해, 4세기 중엽 근초고왕 때 마한 전체를 통일했다.

신라(新羅: 기원전 57년 ~ 935년)는 고구려 · 백제와 함께 고대 한반도의 삼국시대를 구성하였던 국가이며, 세계적으로도 오래 존속한 왕조들 중 하나로 꼽힌다. 삼국 중에서 유일하게 인신공양이 있었다. 진한에 소속된 소국 중 하나인 경주 지역의 사로국이 그 시초이며, 박혁거세가 나라를 세웠다고 알려져 있다. 또한 신라(新羅)라는 국호는 '왕의 덕업이 날로 새로워져서 사방을 망라한다(德業日新網羅四方)'라는 의미로 서기 503년 지증왕 때에 정해졌다. 삼국 중 가장 먼저 세워졌지만, 국가의 틀을 갖추는 데는 가장 늦었다.

● 기마인물형 토기
국보 제91호 기마인물형 토기(騎馬人物形土器)는 주인과 하인으로 보이는 인물이 각각 말을 탄 모습인데, 말 탄 사람의 의복과 각종 말갖춤이 사실적으로 표현되어 있어 신라인의 생활상을 알려주는 아주 중요한 자료이다.

부여

부여는 기원전 2세기경부터 494년까지 북만주 지역에 존속했던, 예맥족의 국가이다. 여러 부여족 계열의 나라가 세워졌는데, 부여족 계열의 나라로는 해모수(解慕漱)가 세운 북부여(北夫餘), 해부루와 금와(金蛙)가 세운 동부여(東夫餘), 그리고 추모왕(주몽)이 세운 졸본부여(卒本夫餘)가 알려져 있다.

■ 부여의 사출도

부여를 건국한 인물은 고리국에서 나온 동명왕이다. 기원전 2세기부터 494년까지 6백년 이상 존속한 예맥계 부여족(夫餘族)의 부족 국가로서, 일명 북부여라고도 한다. 부여의 영토는 지금의 창춘 시 이퉁강 유역을 중심으로 쑹양과 남쪽으로는 랴오닝 성, 북쪽으로는 아무르 강에 이르렀을 것으로 여겨진다.

이들은 일찍부터 정착하여 농경생활을 하였고, 은력(殷曆: 은나라 역법)을 사용하였으며, 궁궐 · 성책 · 창고 · 감옥 등 진보된 제도와 조직을 가졌다. 신분계급은 왕과 그 밑에 마가(馬加) · 우가(牛加) · 저가(猪加) · 구가(狗加) 등 4가(四加)와 대사(大使) · 사자(使者) 등의 지배층, 그 밑에 하호(下戶)라고 불리던 농노 · 노예로 구성된 피지배 계급의 둘로 나뉘었다. 이른바 4가는 부여 전국을 4등분한 사출도(四出道)를 각기 맡아 다스렸는데, 국도(國都)만은 왕의 직접 지배하에 있었던 것 같다. 즉 4가는 국왕의 통솔을 받지만 4출도에서 각기 소속의 호족과 하호들을 영솔해, 마치 영주(領主)처럼 군림하였을 것으로 추정된다.

● **사출도(四出道)**
부여의 지배층은 왕, 가축의 이름을 붙인 마가(馬加) · 우가(牛加) · 저가(猪加) · 구가(狗加)와 그 외의 관직이 있었다. 여러 가(加)는 따로 사출도를 관할하였는데, 큰 것이 수천 호, 작은 것이 수백 호라고 한다. '가(加)'는 한(韓) · 간(干) · 감(邯) · 가한(可汗) · 한(汗; Kan)과 같이 만주 및 몽고 계열의 언어에서 나타나는 귀인 · 대인을 나타내는 칭호로 부족장을 의미한다. 이러한 '가'에 가축의 이름이 부여된 것은 고유한 특색으로, 목축경제 사회에서의 족장의 칭호가 그대로 이어진 것으로 보인다. 말과 소, 돼지, 개 등은 당시 사회에서 중요한 경제력을 이루고 있었기 때문이다. 사출도는 그 당시 일종의 행정 구획으로, '출도(出道)'라고 표현한 것은 중앙의 수도를 중심으로 하여 네 방향으로 통하는 길을 의미한다. 이는 마치 윷놀이에서의 형상과 비슷한 것이다.

■ 부여의 사회

혼인을 할 때는 혼납금으로서 신랑 집에서 신부 집으로 소와 말을 보내는 풍습이 있었다. 또한 남녀가 간음을 하거나 부인이 질투를 하는 경우에는 모두 죽였으며, 특히 부인이 질투하는 것을 나쁘게 여겼으므로 죽인 뒤에는 시체를 산 위에 버려 썩게 했다. 만약 죽음을 당한 여인의 친정에서 딸의 시체를 거두어 가려면 남자 집에 소와 말을 보내야 했는데, 이것은 혼인 때의 혼납금을 반환하는 것과 같았다. 또한, 고구려와 같이 형이 죽으면 동생이 형수를 아내로 맞는 풍습인 '형사취수제(兄死娶嫂制)'가 있었다.

추수가 끝난 후 '영고(迎鼓)'라 불리는 제천 행사를 벌여 하늘에 제사를 지내고, 음주가무를 즐겼다고 한다. 고구려의 동맹, 동예의 무천(舞天)과 함께 거론되는 경우가 많다. 다만 영고는 유목 민족의 수렵제 성격이 남아 있어, 동맹이나 무천과 달리 10월이 아닌 12월에 거행되었다.

노비 제도가 존재하였고, 순장은 대부분 노비로 채워졌다. 순장된 노비는 전쟁포로 출신뿐 아니라 형벌 노비와 부채 노비도 있었다. 때문에 변상이 여의치 않을 경우 노비로 삼았을 것으로 추정된다. 부여의 법에는 살인자는 죽이고 그 가족을 노비로 삼았다. 그리고 남의 물건을 훔쳤을 경우 12배로 배상하게 하였다.

● 부여 금동가면
이 가면은 2~3세기 부여에서 만든 금동 가면으로, 말이나 무기 등에 부착한 장식품으로 추정된다. 울산 반구대 암각화 등과는 달리 눈 · 코 · 입은 물론 귀고리를 건 흔적까지 완벽히 남아 있고, 상투를 튼 모습에서 친근감이 느껴진다. 일제가 수집한 이 유물은 가면이지만 매우 세밀하게 표현되어 있어, 당시 부여인의 모습을 보여주는 귀중한 자료이다.

■ 부여의 문화와 경제

영고에 대한 기록에 따르면 추수를 마친 12월에 온 나라의 백성이 동네마다 한데 모여서 하늘에 제사를 지내고 회의를 열었는데, 의식 직전에 '맞이굿[迎神祭]'을 벌였다고 한다. 때문에 제천 의식에 기초한 샤머니즘 신앙이 있었던 것으로 보인다. 전쟁이 일어났을 때에도 제천 의식을 행했는데, 이때 소를 죽여 그 굽을 살펴서 길흉을 점쳤다. 만약 굽이 갈라져 있다면 이를 흉조로 여겼고, 그렇지 않다면 길조로 여겼다. 또한 흰색을 숭상하여, 흰옷을 즐겨 입었다고 기록되어 있다.

부여는 특히 중국과 긴밀한 군사적 관계를 유지했다. 중국 입장에서는 고구려와 선비족(鮮卑族)의 연계가 중국의 위협이 될 수 있었고, 부여 입장에서도 고구려와 주변 기마민족들은 부여에 적대적이었기에 둘의 이해관계가 잘 맞아떨어진 결과였다. 물론 몇 차례 중국과 부여가 충돌한 일도 있었으나 매우 적었던 데다, 충돌 시에도 부여의 군사력은 중국에 결코 뒤지지 않는 수준이었다.

부여의 경제는 매우 풍족하였다. 만주의 넓은 평야지대에서 농사를 주 산업으로 한 농경 국가였으나, 동시에 목축과 기마술에도 능한 반농 반목의 경제 체제를 갖추고 있었다. 이 덕분에 당시 북방의 패자로 자리매김했으며, 중국에 말을 수출하기도 했다. 주요 수출품으로는 말, 붉은 옥[적옥(赤玉)], 구슬 장식품[미주(美珠)], 담비나 돼지, 여우, 원숭이 등의 짐승 가죽이 있었다.

● 부여의 제천행사 영고(迎鼓)
부여에서는 오곡이 여물지 않을 때에는 국왕이 이에 책임을 지고 물러나거나 죽음을 당해야 했던 만큼, 추수감사제 때에는 국왕의 친제(親祭)가 거행되었다. 이때 제가(諸加)들이 모여 왕을 중심으로 하늘에 제사를 지내고 중요문제를 토의 · 결단함으로써 국가의 통합력을 강화했다. 한편 이때에는 노래와 춤이 성행했다. 이는 단순한 오락이 아니라, 고기잡이 · 사냥 · 농경 등의 중요한 생산활동을 모두 씨족원의 공동노동으로 행하였기 때문에 풍작을 기원하는 종교적 의식이면서도 씨족사회 이래의 전통을 이은 축제였다고 할 것이다.

북부여와 동부여

부여의 국호에 대해서는 몇 가지 설이 있는데, 부여라는 이름은 사슴을 뜻하는 만주어 '부루'와 어원상 관련이 있다는 설과, 평야를 의미하는 한국어 '벌'의 고어형에서 왔다는 설이 있다. 그 밖에 왕족의 성씨가 해(解)씨였으므로 태양 숭배 · 불 숭배와 관련하여 '불'이 어원일 거라는 설도 있으나, 이 모두 명확한 사료가 없어 추측의 단계에 머물고 있다. 부여는 약 7백여 년 동안 여러 가지 이유로 도읍을 옮기면서 북부여 · 동부여 · 남부여 · 졸본부여 등 다양한 이름들이 있다. 각각의 부여들에 대해 살펴보기로 하자.

■ 북부여

부여의 기록은 《삼국사기》에서 등장한다. 부여 역사는 해부루왕부터 등장한다. 해부루왕이 처음에 도읍을 정한 곳은 지금의 쌍양이었다. 해부루왕은 재상 아란불의 조언에 따라 가섭원으로 옮겨갔으며, 해부루가 떠난 쌍양에 천제의 아들인 해모수가 북부여를 건국했다.

북부여에 대한 기록은 《삼국유사》에 등장하는데, 해모수가 기원전 59년 북부여를 건국했는데, 해부루가 그의 아들이라고 하였다. 또한 하백의 딸 유화에게서 주몽을 낳았다고도 전한다.

하지만 해모수는 《삼국사기》 · 《삼국유사》에만 나오는 인물로, 정작 고구려 광개토태왕릉비에는 고구려 건국 이야기 중에 주몽은 하늘의 아들(천제지자)이자 하백의 외손이라고만 할 뿐, 해모수는 등장하지 않는다.

● **오룡거를 타고 내려오는 해모수(解慕漱)**
동명왕 개국설화에 나오는 인물로, 흘승골성에 도읍을 정한 뒤 천제(天帝)의 아들이라 자칭, 해부루(解夫婁)를 가섭원(迦葉原)으로 쫓고 왕이 되어 국호를 북부여라고 하였다.

그래서 당대 고구려인들이 직접 새긴 광개토태왕릉비의 기록에는 해모수가 등장하지 않으므로, 해모수가 정말로 실존 인물인지는 현재 알 수가 없다.

북부여는 494년 물길족(勿吉族)의 압박을 받자 고구려에 항복하면서 완전히 멸망하였다.

● **유화(柳花)**
강의 신 하백의 딸로, 천제의 아들 해모수와의 사이에서 고구려의 건국 시조인 주몽을 낳는다.

■ 동부여

북부여가 고구려 북쪽에 있던 나라라면, 동부여는 앞 이야기와 마찬가지로 해부루가 재상 아란불의 조언에 따라 도읍을 옮긴 뒤 국호를 동부여로 했다는 기록이 있다.

동부여는 해부루왕에 이어 금와왕이 뒤를 이었고, 그 후 금와왕의 태자인 대소왕이 고구려 3대 왕인 무휼과의 전쟁에서 패하여 고구려에 복속된 것으로 전해진다.

동부여에 대한 또 다른 기록은 광개토태왕릉비의 비문에 등장하는데, 광개토태왕이 410년 동부여를 침공하여 복속시켰다고 적혀 있다. 이 내용은 역사서인 《삼국사기》와 전해져 내려오는 이야기책인 《삼국유사》의 기록과 달라, 역사학자들을 혼란에 빠뜨리고 있다.

학자들은 광개토태왕릉비의 비문이 고구려 당대의 기록인 반면, 《삼국사기》와 《삼국유사》가 고려 시대의 기록인 만큼 광개토태왕릉비의 기록이 더 믿을 만하다고 흔히 생각한다. 하지만 학자에 따라서는 《삼국사기》나 《삼국유사》에 등장하는 동부여와 광개토태왕릉비의 동부여가 같은 나라가 아닐지도 모른다는 학설도 있다. 그렇다면 어떤 학설이 진실일까?

지금까지는 선비족에 의해 침략당하기 전 본래 부여가 있던 곳을 북부여라고 하고, 침략당한 후 북옥저 지역에 남은 무리들이 나라를 세운 것이 동부여가 되었다는 설이 정설로 인정받고 있다.

■ 졸본부여

졸본부여는 고구려를 세운 주몽이 도읍을 정한 곳이다. 고구려의 최초의 도읍지인 셈이다. 주몽이 이복형인 대소(帶素)로부터의 위협에서 빠져나오기 위해 도망쳐 온 곳이 졸본 지방이었다.

당시 졸본 지방은 연타취발이 지배하고 있었는데, 연타취발은 주몽의 인물됨됨이에 반해 자신의 딸 소서노를 주몽에게 결혼시켰다. 주몽은 연타취발의 세력과 자신의 능력으로 주변의 다른 부족을 제압하면서 나라를 세웠는데, 나라 이름을 고구려라 했다.

그렇다면 졸본부여는 어떻게 해서 나온 이름일까? 졸본부여는 《삼국사기》와 《삼국유사>에 각각 등장한다. 문제는 《삼국사기》와 《삼국유사》의 기록에 차이가 있다는 점이다.

《삼국사기》는 졸본부여를 고구려 도읍지 이름으로 기록하고 있으나, 《삼국유사》는 '고구려 도읍지는 졸본이며 졸본부여는 주몽이 세운 나라 이름이다'라고 기록하고 있다.

● 소서노(召西奴) 인물상
고구려의 동명성왕(주몽)의 부인(계비)이자, 비류(沸流)와 온조(溫祚)의 어머니이다. 주몽이 부여에 있을 때 예씨(禮氏)에게서 낳은 아들인 유류(孺留; '유리 · 누리'라고도 함)가 오자 그를 세워 태자로 삼고 왕위를 잇게 하였다. 그러자 소서노는 비류와 온조를 데리고 남으로 내려와 국가를 세우니, 바로 백제이다. 소서노는 백제의 시모로 받들어지고 있다.

동예

《삼국지(三國志)》〈위서(魏書)〉 동이전(東夷傳)에 의하면, 3세기 전반 무렵 동예(東濊)는 북으로 고구려 · 옥저(沃沮)와 접하고, 남으로 진한(辰韓)에 이어지며, 서로는 낙랑군(樂浪郡)과 접했다고 전한다. 인구는 2만여 호(戶)에 혼인 · 장례 등의 풍속과 언어가 고구려와 비슷했으며, 의복은 다른 점이 있었다고 한다. 동예인들 스스로 고구려와 같은 족속이라 하였다고 한다.

■ 동예의 기원

동예는 기원전 300년 전부터 기원 후 300년까지 약 6백여 년 동안 한반도 동해안, 지금의 강릉 일대에 자리잡았던, 우리 민족이 세운 부족국가 집단 중 하나이다.

원래 나라 이름을 '예'라고 했지만, 비슷한 시기 중국의 예나라와 구별하기 위해 '동쪽에 있는 예나라'라는 의미로 '동예'라고 부른다.

● **바리**
동예 지역에서 출토된 경질무문토기이다.

나라 이름을 '예'라고 한 이유는, 동예라는 나라의 주민이 예맥족(濊貊族)이기 때문인 것으로 보인다. 예맥족은 부여나 그 이전 고조선을 세운 민족으로, 우리 민족의 조상이라고 할 수 있다.

그렇다면 동예라는 나라는 얼마나 큰 땅을 다스렸을까? 동예는 강원도 북부 동해안을 중심으로 북쪽으로는 함경남도 원산, 남쪽으로는 강원도 강릉, 영서 지역 산간까지 그 세력이 두루 미쳤다. 중국의 옛 기록에는 동예가 서쪽의 마한 · 백제와도 전쟁했다고 기록하고 있다.

동예의 백성들은 농사를 주로 지었고, 옷감을 만들기 위한 직조기술도 발달하였다. 동예는 산과 하천을 경계로 한 여러 부족이 있었는데, 각 부족은 삼로(三老)라고 불리는 군장들이 다스렸다.

동예는 원래 부여의 몇몇 부족 사회로 있다가 한사군에 의해 정복당했고, 그 뒤 한사군을 평정한 고구려에게 다시 정복당했으며, 그러다가 고구려가 위나라와의 전쟁으로 국력이 약해지자 이번에는 낙랑군에 또다시 정복당했다.

고구려 미천왕 때에는 낙랑군을 무너뜨린 고구려군에게 다시 정복당하는 등 계속되는 전쟁으로 지배자가 잇따라 뒤바뀌면서 큰 혼란에 빠지기도 했다.

결국 광개토태왕 때의 남하정책으로 인한 대대적인 침략으로 동예의 대부분의 지역이 고구려로 넘어갔고, 일부 남쪽 지역은 신라로 넘어감으로써 그 운명을 다했다.

■ 동예의 사회와 문화

동예에 대한 기록은 중국의 역사학자인 진수가 쓴 《삼국지》의 〈위서〉 '동이전'에 자세하게 나와 있다.

기록에 의하면, 동예 백성들은 워낙 오랫동안 고구려의 지배를 받았기 때문인지 스스로를 고구려와 같은 민족이라고 생각했다. 실제로 동예의 백성들은 옷만 약간 달랐을 뿐, 풍속과 말은 고구려와 같았다. 동예의 마지막 시기인 기원후 300년쯤에도 읍락이 산과 하천을 경계로 구분되었는데, 같은 동예라는 나라에 살면서도 백성들은 함부로 다른 구역으로 이동할 수 없었다. 만약 다른 읍락민이 구역 내로 침범하면 곧바로 소 · 말을 줘야 하는 벌을 받거나, '생구(生口)'라고 부르는 노예가 되어야 했다.

이 사실로 미루어 봤을 때, 동예라는 나라는 당시 읍락 내부에서 삼로라는 지배자 아래서 엄격한 소규모 공동체 생활을 했음을 알 수 있다.

동예에서는 병으로 사람이 죽으면 살던 집을 버리고 다른 곳으로 이사갔다고 한다. 이것은 당시 동예에는 큰 부자가 없었다는 것을 의미하며, 부여나 고구려와 비교했을 때 사유재산보다 공동체 의식이 강했기 때문이었다.

동예의 백성들은 주로 농사를 지었다. 옷을 만드는 재료는 마와 비단을 사용하였다는 기록이 있는 것으로 보아, 양잠기술과 직조기술이 매우 발달하였음을 알 수 있다.

동예에서는 남녀가 모두 두루마기 스타일의 옷인 곡령(曲領: 깃이 둥글게 생긴 옷)이라는 옷을 입었는데, 여자는 곡령 안에 바지를 입지 않고 비단 안에 솜을 놓아 누빈 옷을 입었다고 한다. 이러한 옷의 형태는 당시 중국에서도 발견되고 있어 중국 한나라의 영향을 많이 받았던 것으로 보인다. 이것은 동예가 예맥족이 세운 부족임에도 불구하고 위만조선의 지배를 받은 것으로부터 시작해서 한사군 등 지속적으로 외국의 침략을 받고 지배를 받았기 때문이다.

동예가 농업국가인 만큼 우두머리들은 별자리를 관찰하여 그해 농사가 풍년인지 흉년인지를 예상하였다. 동예인들은 또 호랑이를 신으로 섬겼는데, 이를 호신숭배 또는 호신신앙이라고 한다. 호랑이를 산신령으로 숭배하는 사상은 오랜 기간 우리 역사 속에서 심심찮게 볼 수 있었는데, 동예의 독특한 풍습이 민간에까지 전해진 것이라 할 수 있다.

매년 10월에는 하늘에 제사지냈는데, 이때에는 밤낮으로 음식과 술을 마시며 노래를 부르고 춤을 췄다. 이러한 행사를 '무천(舞天 또는 儛天)'이라 한다.

동예의 특산물로는 바다표범 가죽인 반어피(班魚皮)와 표범 가죽, 조랑말로 알려진 과하마(果下馬), 활의 종류인 단궁(檀弓) 등이 유명하다. 동예에서는 엄격한 행정구역 안에서 생활해야 했지만 혼인만은 공동체 밖으로 시집 · 장가를 보내도록 했는데, 특히 이 시기부터 같은 성끼리는 결혼하지 않았으며 이때부터 족외혼의 의식이 싹텄던 것으로 보인다.

● 호신숭배
고조선이 곰을 토템으로 하는 웅족이있다면, 동예인들은 호랑이를 토템으로 하는 호족이었다. 단군 신화의 이야기는 결국 웅족이 호족을 지배했다는 해석을 낳기도 한다.

옥저

옥저(沃沮)는 함경남도 영흥 이북부터 두만강 유역 일대에까지 걸쳐 있었던 종족과 읍락 집단을 가리킨다. 옥저는 동옥저로도 불렸고, 다시 남옥저와 북옥저로 구분되었다는 주장이 일반적이다. 남옥저는 함흥 일대에 있었고, 남으로는 영흥 부근에서 동예와 경계를 이루었으며, 북옥저의 위치는 길림 · 연변부터 두만강까지 다양한 주장이 있다.

■ 옥저의 독특한 문화

옥저는 고구려와 같은 부여족 계열로 예맥족의 한 갈래였지만, 고구려와는 다른 독특한 풍속을 가지고 있었다. 언어나 음식, 옷, 집, 예절 등은 고구려와 비슷한 점이 많았지만, 사회 발전단계는 동예와 비슷했다.

주민들은 대군장 없이 읍락별로 나뉘어 살았으며, 읍락에는 소와 말의 숫자가 적었다고 한다. 옥저 역시 동예처럼 농사를 기반으로 했는데, 특히 토지가 매우 비옥하여 백성들은 많은 오곡을 생산하였다. 또 바다에서 나는 어물과 소금 등 해산물도 풍부하여 주변의 강대국인 고구려에 세금으로 바치기도 했다.

옥저에는 주변 여러 나라와 다른 독특한 풍습이 많았다고 한다.

대표적인 풍습이 '민며느리제'였다. 이것은 어린 자녀를 둔 부모가 서로 합의하여 자녀를 혼인시킬 것을 약속하면, 여자아이가 열 살이 되었을 때 신랑의 집에 가서 성장한 후에 신랑 집에서 신부 집에다 신부 부모가 원하는 만큼의 예물을 주고 신부를 데려와 혼인을 시키는 제도이다.

● 부족 형태의 부락
옥저는 다른 국가들보다 독특한 문화를 나타내고 있는데, 그 문화의 일부는 조선 시대 민간에까지 전래되었다.

남자가 예물을 주고 신부를 데려오기 때문에, 신부를 매매해서 데려온다고 해서 매매혼(賣買婚)이라고도 한다.

옥저에는 장례풍습도 독특하다. 가족이 죽으면 시체를 풀이나 흙으로 가매장한 후에 나중에 그 뼈를 추려서 가족 공동묘인 커다란 나무상자에 담아 놓는다. 이 나무상자의 크기는 약 3미터 정도다. 그리고 나무상자 옆에는 죽은 사람의 모습을 새긴 나무인형을 만들어 놓아, 나무인형의 숫자로 나무상자 속에 있는 죽은 사람 유골의 수를 헤아릴 수 있게 한다.

이처럼 무덤에 있는 나무인형을 '꼭두'라고 하는데, 이 꼭두라는 의식은 조선시대까지도 전해져 내려올 만큼 오랜 전통을 가지고 있다.

나무상자 입구에는 쌀을 담은 항아리를 매달았는데, 이것은 죽은 사람이 나중에 되살아나 양식으로 사용할 수 있도록 하기 위한 것이었다.

옥저는 고구려어로 성(城)이라는 의미였다고 하는데, 이것은 옥저가 고구려의 정복사업을 돕는 후방 기지 역할을 했기 때문인 것으로 보는 학자들이 많다. 그만큼 옥저는 고구려와 밀접한 관련을 맺고 있었다.

옥저의 영토는 북으로는 부여, 남쪽으로는 동예 사이에 위치해 있었다.

옥저에는 임둔이라고 부르는 부족이 있었다. 기원전 200년쯤 단군조선을 멸망시킨 위만조선이 임둔을 지배하다가, 기원전 108년에 위만조선을 멸망시킨 한나라가 한반도에 한사군을 두면서 옥저 지역에 임둔군을 설치한 데서 비롯된 부족명이다.

죽은 자의 친구―꼭두
나무를 깎아 죽은 자의 친구나 부인 등의 모습을 만들어 관에 함께 묻었다. 이 전통적 풍습은 동예로부터 시작되었는데, 조선 시대까지 이어져 내려올 만큼 그 역사가 오래되었다.

■ 옥저의 역사

● 금제교구 허리띠
1세기경에 만들어진 낙랑의 금제교구로, 당시 뛰어난 세공 기술을 보여주는 국보 제89호의 유물이다.

기원전 82년에는 임둔군이 현도군으로 바뀌었고, 다시 기원전 75년에 현도군은 낙랑군의 일부가 되었다. 그 뒤로도 기원후 30년에 중국 한나라의 제후국이 되었고, 56년에는 한사군을 한반도에서 몰아낸 고구려가 옥저를 지배했다.

옥저는 244년 관구검이 이끄는 중국 위나라 군대에 큰 피해를 입어 고구려의 일부가 되었다.

옥저는 작은 읍락에 불과한 부족국가였지만, 주변 강대국의 지배를 받으면서도 오랜 기간 독특한 풍습을 잃지 않고 고유의 문화를 유지해 나갔다. 역사적인 부침이 심했기 때문에 이름도 남옥저 · 북옥저 · 동옥저로 불렸는데, 이것은 그만큼 외세의 침략을 많이 받았기 때문임을 보여준다. 함흥을 중심으로 함경남도 북부에서 함경북도 남부의 해안지대에 거주하던 집단은 '남옥저' 또는 '동옥저'라 불렸고, 두만강 하류와 간도지방에 살던 집단은 '북옥저'라고 했다. 일반적으로 옥저라고 할 때에는 동옥저를 가리키는 경우가 많다.

두만강 하류 유역을 중심으로 거주했던 북옥저는 동옥저와 8백여 리나 떨어져 있었지만 그 풍속이 서로 같았다. 북옥저는 읍루(挹婁)와 접해 있었는데, 읍루는 배를 타고 다니며 노략질을 일삼았다. 그리하여 여름철에 깊은 산 속 바위굴에서 살다가, 겨울철에 얼어 뱃길이 통하지 않으면 촌락에 내려와 살았다.

옥저는 기원후 300년경에는 약 5천 호의 가구가 살았는데, 이것은 당시로서는 매우 큰 부족이라 할 수 있다.

삼한의 성립

삼한(三韓)은 삼국시대 이전 한반도 중남부 일대에서 형성된 소국들의 연맹체인 마한, 진한, 변한을 통틀어 일컫는 말이다. 삼한의 지리적 위치에 대해서는 여러 가지 설이 있으나, 일반적으로 마한은 경기 · 충청 · 전라도 지역에, 진한과 변한은 경상도 지역에 비정된다. 삼한은 토지가 비옥해 벼농사를 짓고 오곡(五穀)을 재배하는 토착 농경사회였다. 기원전 2세기 이후 정치적 지배 기능을 우선적으로 행사하는 새로운 성격의 지배자가 대두되기 시작하였다. 기원전 1세기 이후에는 철기문화의 유입과 유이민의 이주라는 정치 · 문화적인 영향으로 이러한 성격의 지배자가 수적으로 크게 증가되고, 그들의 정치 · 사회적 비중이 증대되면서 삼한 사회의 주도적인 지배세력으로 성장하였다.

■ 한반도 중부 지역을 차지한 진국(辰國)

기원전 2세기경 위만이 고조선의 지배권을 장악할 무렵 한반도 중부 지역에는 진국(辰國)이 있었고, 이들은 중국의 군현 세력에 저항하면서 점차 부족연맹 세력을 형성하여 갔다. 그 결과 삼한(三韓)이라고 통칭하는 마한(馬韓) · 진한(辰韓) · 변한(弁韓) 등 세 그룹의 부족 사회가 생겨, 기원후 3세기경에는 대방군에 공격을 가하기도 하고 직접 중국 대륙의 진(晉)과 교섭하기도 했다.

《삼국지》〈위서〉 동이전에는 진한 · 변한 24국 중 12국이 진국 진왕에게 종속되어 있었다는 기록이 있어, 진왕이 진한 · 변한의 일부 지역에 대하여 영향력을 행사하였던 것으로 보인다. 그 뒤 북방의 부여와 고구려에서 망명해 온 백제(伯濟)국의 예맥족이 그 지배권을 대신하였다.

일찍이 삼한의 유력한 세력으로 등장했던 목지부족(目支部族)은 기원후 3세기 전반에 이르러 소멸된 것 같다. 목지국은 마한 54개 소국 연맹체의 맹주였는데, 그 위치는 충청남도 직산 · 성환 · 아산만 일대 또는 공주 · 전라북도 익산 등지에 비정되고 있으나 확실하지 않다.

마한

마한(馬韓)은 고대 한민족의 54개 부족국가 연맹체이다. 마한은 삼한의 큰 기둥으로서 가장 넓은 지역에 걸쳐 있었다. 그 범위는 한강 유역(경기도)부터 충청 · 전라에 퍼져 있었으며, 목지(目支) · 백제(伯濟) 등 54개국이 지역적 연합체를 이루고 있었다. 후에 부여 등 북방계 유이민을 중심으로 형성된 백제(百濟)국이 마한 세력을 통일했다.

■ 삼한 최대의 영토를 보유한 마한

마한은 고대 한민족의 부족국가 연맹체다. 한강 유역과 한반도 서남부 지역에 위치했다. 이는 지금의 경기도 · 충청북도 · 충청남도 · 전라북도 · 전라남도에 해당하며, 그 외에도 강원도 서부와 황해도 남부까지 세력권으로 삼았다.

78개의 소국(小國: 마한 54국, 진한 12국, 변한 12국)으로 형성된 삼한(三韓) 전체의 맹주 격으로서 목지국(目支國)의 왕(王)은 마한의 부족사회에서 추대되었고, 마한인이 대대로 이를 인정 · 계승했다. 54개의 고을[邑] 각각은 나라로 불렸으며, 정치적으로 통일된 집단은 아니었다.

그중 백제국(伯濟國)이 점차 세력을 확대해 기원후 4세기 중엽(백제 근초고왕 재위기)에는 백제(百濟) 왕국의 영역이 되었다. 마한에서의 대부족 세력은 만여 호(戶), 소부족 세력은 수천 호를 거느려 총가옥 수가 10만여 호에 이르렀다.

《삼국사기》에 따르면, 마한은 기원후 8년에 온조왕이 다스리는 백제에 병합되었고, 9년에 멸망했다고 한다. 그런데 121년 고구려의 태조대왕이 현토성과 요동 공격에 마한의 군사를 동원한 기록이 있다.

이는 온조왕 때에 백제가 마한의 부족국가 연맹체를 해체 · 흡수한 것이 아니라 목지국을 대체할 만큼 연맹체 내의 중심 국가로 부상했고, 한반도 북쪽에도 마한의 세력이 미쳤음을 추정케 한다.

《삼국유사》에서는 기자조선의 마지막 왕인 준왕이 마한을 세웠고, 훗날 고구려 동명성왕이 마한을 병합한 것으로 추정한다.

■ 마한의 사회와 문화

마한 전역에서는 농업과 양잠 · 길쌈 등이 널리 행해졌다. 특히 평야가 많은 지역에서는 벼농사가 일찍부터 행하여졌고, 수리 시설인 저수지도 많이 만들었던 것으로 보인다. 그 외에 목축(牧畜)도 성했으며, 해안 지대에서는 어업(漁業)을 행하였다. 이 시기에 이르러 제정은 서로 나뉘게 되었다. 마한의 여러 국읍에서는 정치를 맡은 군장 이외에 천신을 제사하는 사람을 각각 따로 두어, 이를 천군(天君)이라 일렀다.

마한 여러 나라의 특별한 지역에는 '소도(蘇塗: 솟대)'라는 것이 있었다. 소도는 큰 나무를 세워 방울과 북을 달아매고 귀신을 제사하던 곳이다. 본래 이것은 단군설화에 나오는 신단수(神壇樹)의 유풍을 이어받은 것으로서 만주 풍속의 '신간(神竿)'과도 같이 신역(神域)을 상징하는 것이며, 방울과 북은 신을 즐겁게 하는 악기였던 것이다.

이 신역은 도망쳐 들어간 죄인도 잡아내지 못할 만큼 법률의 힘이 미치지 못하는 곳으로, 이 역시 고대사회의 공통된 풍습이었다. 또한 천군은 종교적으로 단군의 원류를 받은 지위로, 뒷날 향무(鄕巫: 골무당 또는 단골무당)의 원조가 된다.

● 솟대
장승과 함께 마을 지킴이로 일컬어지는 솟대는 새를 앉힌 장대나 돌기둥을 말하는 것으로, 마을의 안녕과 수호, 풍농과 풍어를 위하여 동제 때 마을 입구에 세우는 신앙 대상물이다.
솟대의 기원은 삼한 시대의 '소도(蘇塗)'까지 거슬러 올라간다. 소도를 세울 때 신성한 진영임을 표시하기 위해 긴 장대 위에 새를 올려놓았는데, 이것이 하늘과 땅, 그리고 인간을 연결하는 신목(神木)의 역할을 하였던 것이다.

진한

진한(辰韓)은 한반도 동남부에 있던 삼한(三韓)의 하나이다. 지금의 대구 · 경주 지역에 분포한 12개의 소국을 가리킨다. 진한 안에는 가장 큰 세력인 경주의 사로국을 비롯하여 기저국, 불사국 등이 있었고, 이 중 큰 나라는 4천~5천 호, 작은 나라는 6백~7백 호 정도였다고 한다. 진한의 소국들은 3세기 후반에 신라로 대부분 흡수되었다.

■ 신라의 전신인 진한

12개의 소국(小國)으로 이루어진 진한은 마한과 함께 진왕(辰王)을 정치적 맹주로 받들었다. 진한에서 대부족 세력은 4~5천 호, 소부족 세력은 6~7백 호를 거느렸다. 여러 부족 중 지금의 경주 지방에 살던 사로부족(斯盧部族)이 가장 큰 세력을 형성해 갔다.

《삼국지》·《후한서》 및 후한서를 인용한 《삼국유사》에 의하면, 진한은 중국 진(秦)에서 한반도로 옮겨온 유민인데, 마한이 동쪽의 땅을 분할하여 이들을 살게 하였다고 한다. 반면에, 《삼국사기》 〈신라본기〉의 기록에는 진한의 소국 중 하나인 사로국(斯盧國)의 원 거주민들이 고조선의 유민으로 기록되어 있으며, 실제로 발굴되는 유물의 양상도 고조선 계통으로 나타난다. 이 때문에 일반적으로 진한(辰韓)은 고조선 계통의 종족으로 이해되고 있다.

진한은 초기에는 진국(辰國) 및 마한의 통제를 받았고, 마한이 망한 뒤에는 백제의 통제를 받았다. 그러나 3세기 무렵부터 중국에 독자적으로 사신을 보내기도 하는 등 소국 연맹체의 세력이 크게 신장하였다. 이는 일반적으로 사로국(후일의 신라)을 중심으로 결속하여 세력을 성장시킨 것으로 이해된다.

● **토우장식 장경호**
진한과 신라 초기의 유물로, 토기 표면의 토우장식이 매우 이채롭다. 토우란 흙으로 만든 인형이라는 뜻으로, 어떤 형태나 동물을 본떠서 만든 토기를 말한다. 목이 긴 이 항아리는 국보 제195호로 지정되어 있다.

변한

변한(弁韓), 또는 변진(弁辰)은 한반도 남부에 있던 삼한의 하나이다. 지금의 경상북도 일부 및 경상남도 지역으로, 남쪽은 남해에 접하고, 서쪽은 마한, 동쪽과 북쪽은 진한에 접해 있었다. 《삼국지》〈위서〉 동이전에 의하면 12개국이 있었다고 전하며, 나중에 구야국을 중심으로 가야로 발전했다.

■ 가야의 전신인 변한

변한 12국의 총가구수는 4~5만여 호이고, 총인구수는 약 20만~25만여 명이며, 지금의 경상남도와 전라남도 동부 일부(여수 · 순천 · 광양)와 경상북도 남부 일부(고령 · 성주)에 이르는 범위를 차지했다.

12국은 미리미동국 · 접도국 · 고자미동국 · 고순시국 · 반로국 · 낙노국 · 미오야마국 · 감로국 · 구야국 · 주조마국 · 안야국 · 독로국으로, 서쪽은 지리산, 북쪽은 가야산, 동쪽은 낙동강을 경계로 했다.

《삼국유사》에서는 변한을 백제로 추정하고 있으며, 그 명칭은 백제 땅의 변산(卞山: 전라북도 부안)에서 유래했다고 적혀 있다.

언어 · 주택 · 풍속 · 의복은 진한과 비슷했으나 제사는 독특한 양식을 갖고 있었으며, 농업과 양잠을 주요 산업으로 삼았다. 낙동강 하구 지역에서 양질의 철이 생산되었기 때문에 삼한과 동예(東濊), 왜(倭), 한사군 등에 수출하였다. 또한 철을 화폐로 사용하였다. 일반적으로 변한 지역의 소국들은 가야 연맹을 이루는 소국들로 발전하였다고 보고 있다.

● **철을 주조하는 가야인의 모습**
변한의 김해 지역은 철이 많이 생산되어 훗날 '철의 왕국 가야'로 명명될 정도였다. 그래서 초기 가야의 중심지인 김해는 그야말로 '쇠바다'로, 당시 금관가야는 철을 매개로 하여 밖으로는 여러 나라와 교역하고, 안으로는 가야의 여러 정치체를 통합하여 6가야의 맹주 위치에까지 올라설 수 있었을 것이다.

삼국 시대

삼국 시대(三國時代)는 기원전 1세기 무렵에 중앙집권적 국가로 발전하기 시작한 고구려 · 백제 · 신라의 삼국과 그 판도에 영향을 끼친 가야 연맹국이 한반도와 만주 일대에 세워지면서부터 7세기에 신라에 의해 통일되기까지의 시대를 가리킨다. 삼국 시대의 전반은 고구려와 백제가 주도했으나, 진흥왕 이후 국력이 막강해진 신라가 삼국 시대의 후기를 주도하여, 결국 삼국 통일을 이루고 남북국 시대를 열었다. 각국의 전성기는 백제 4세기, 고구려 5세기, 신라 6세기 순이다.

■ 삼국의 정립－고구려

한족(漢族)과의 투쟁 과정 속에서 점차 세력을 확대한 고구려는 유리왕 때에 이르자 전한의 뒤를 이어 일어난 왕망(王莽)의 신(新)나라와 충돌할 정도로 그 세력이 성장하였다. 이어 태조왕 때부터는 강력한 대외 발전을 꾀하여 옥저를 복속시키고, 요동군과 현도군을 자주 공격하였다. 또 고구려는 요하 지역을 차지하고 있던 공손씨를 축출하고, 중국이 위(魏) · 오(吳) · 촉(蜀) 삼국의 대치로 혼란에 빠진 틈을 타 위나라를 공격하는 등 정복 국가로서의 면모를 과시하며 집권 체제를 가다듬었다. 이후 고국천왕 대에 이르러 을파소 등의 유능한 대신이 등장하고, 진대법(賑貸法) 등을 통해 내정의 안정을 꾀하였지만, 고국천왕 사후에는 고발기를 비롯한 고국천왕의 형제들 간에 일어난 싸움으로 혼란이 빚어지기도 하였다. 그러나 발기의 난에서 고발기를 진압하고 왕이 된 산상왕에 이어 동천왕이 즉위하면서부터는 다시 대륙과의 관계를 다양하게 전개하여 위나라에는 능동적으로 대처하고, 남쪽의 신라를 지속적으로 침범하였다.

이러한 정복전쟁 결과, 고구려는 막대한 토지와 인구를 점유하였고, 왕실을 안정시키고 부자상속을 확립하였으며, 또 5부를 개편하는 등 국가체제의 정비를 꾀하여 4세기에는 율령제가 갖추어진 고대 국가로 발전하였다.

■ 삼국의 정립-백제

전문가들은 온조가 이끄는 백제가 마한 54 부족 중에서 점차 세력을 키워 갔으리라고 추측하고 있다. 원래 고구려에서 망명한 유이민 집단이 처음에 정착한 곳은 미추홀(인천)과 위례(서울 강남)였으며, 그 후 위례로 다시 합쳤다. 고조선 멸망 후부터 파상적으로 남하해 온 다양한 이들 집단은 목지국 지배권 내의 여러 세력을 점차 해체해 갔다. 그리하여 다루왕 · 초고왕의 재위 기간을 거치는 동안 토착 사회의 세력을 결합하면서, 점차 마한의 여러 부족사회를 복속시켰다.

■ 삼국의 정립-신라와 가야

● 백제의 왕관 장식

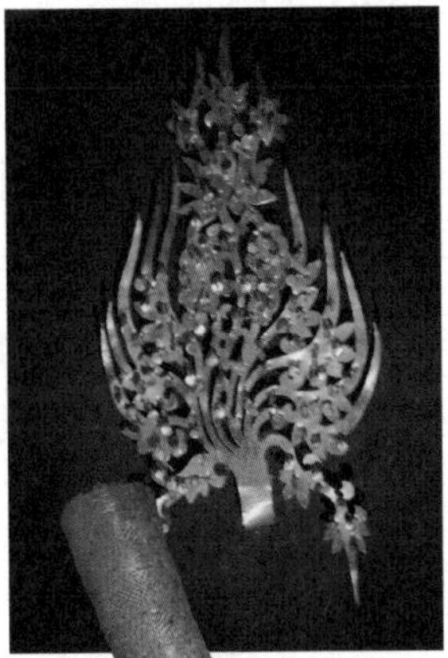

지금의 경주를 중심으로 한 사로 부족은 대륙의 금속문화와 접촉할 기회가 적어서 고구려 · 백제보다 사회 발전이 늦었다. 그러나 점차로 동부 해안에서 정착해 온 석(昔)씨와 연합하여 부족 연맹체를 이루어 갔다. 그리하여 탈해 이사금 때에는 국호를 계림(鷄林)으로 고치고, 6촌을 개편하여 6부의 행정 구역으로 하였다. 이 시대에는 부족장의 칭호도 군장이라는 의미로 해석되는 '거서간(居西干)'에서 무당 또는 제사장을 의미하는 '차차웅(次次雄)'으로, 그리고 다시 부족장 권한의 계승자라는 의미의 '이사금(尼師今)'으로 변했다. 그 후 미추왕의 즉위를 기점으로 김알지의 후손 김씨가 왕위를 차지하였다.

한편 금속문화의 전파가 늦었던 변한의 여러 부족 국가들도 3세기 이후에는 가야라는 연맹체를 형성하기 시작했다.

● 가야의 뿔 모양 잔

고구려의 건국

고구려는 삼국 시대에 가장 북쪽에 위치하면서 오늘날의 만주 일부, 한반도 북부 · 중부 · 남부의 일부까지 차지했다. 삼국 중 단연 압도적인 통치 영역을 확보했으며, 우리 민족의 역사상 발해와 더불어 가장 넓은 영토를 자랑했던 국가이다.

■ 고구려의 기원

고구려는 기원전 37년에 부여의 왕자라 전해지는 주몽이 건국하였다. 부여 및 한사군(漢四郡)과의 투쟁 속에서 세력을 키워 나갔는데, 산간지대에 위치한 지리적 입지 탓에 부족한 식량 사정과 논밭 문제를 해결하기 위해 주변의 비옥한 영토를 차츰 정복해 나갔으며, 한군현을 대규모로 공격하기까지 하였다.

중국 사서에서는 고구려의 약탈이 신나라 왕망의 분노를 일으켰고, 고구려 제후 '추(騶)'가 요동군에 소환되어 참수당하였다고 기록되어 있다. 하지만 이는 사실이 아니며, 오히려 왕망의 군대는 고구려군에게 참패당하였다. 그 후 고구려는 태조왕 때 왕족인 계루부(桂婁部)를 포함한 소노부(消奴部) · 절노부(絶奴部) · 순노부(順奴部) · 관노부(灌奴部) 등 다섯 부족으로 이루어진 연맹 왕국으로 성장했다. 고구려는 이때부터 본격적인 고대 국가로 발전하게 된다.

《삼국사기(三國史記)》 〈고구려본기(高句麗本紀)〉에 따르면, 기원전 37년 부여계인 동명왕(東明王)이 졸본(卒本)에 도읍해 나라의 이름을 졸본부여로 한 것이 기원이며, 《위서(魏書)》에 따르면 흘승골성(紇升骨城: 오녀산성)에 도읍했다고 한다.

● 오녀산성 전경

● **이규보(李奎報)**
고려의 문신이다. 《동국이상국집》의 저자이며, 고주몽의 일대기를 소재로 한 서사시 〈동명왕편〉으로 유명하다.

이규보의 문집 《동국이상국집》의 〈동명왕편(東明王篇)〉에 언급된 건국 신화 혹은 그 이후의 여러 가지 정황에 미루어 보면, 고구려는 멸망한 고조선(古朝鮮) 및 부여(夫餘) 출신의 유이민과 그 지역의 토착 세력이 결합해 이뤄진 국가로 추정되는 등, 건국 연대가 더 이전이었을 것이라는 설이 제시되기도 한다. 기원후 3년에는 동명성왕의 아들 유리왕이 국내성(國內城)으로 천도하고 위나암성(尉那巖城)을 쌓았다.

고구려는 국가적 체계를 갖춘 후 주변 유목 부족과 연맹체를 잇따라 침략하여 북옥저와 졸본, 국내성 주변의 지역을 흡수하였다. 고구려가 이렇게 성장하자, 이에 대항하는 국가가 늘었다. 농안[農安(농안): 중국 지린 성 지린 현에 있는 도시]에 근거한 부여는 기원전 6년과 13년에 침공하여 고구려의 복속을 요구하였다. 그러나 오히려 세력을 키운 고구려가 21년에 부여 정벌을 감행하여 부여왕(대소왕)을 죽이고 돌아왔다. 이후 부여는 고구려를 섣불리 침공하지 못하였고, 부여를 물리친 고구려는 영토를 더욱 넓혀 갔다. 그러자 28년에는 한나라가 이에 위협을 느껴 군사를 일으켰다. 하지만 고구려는 국내성에서 농성을 펼치며 막아냈고, 32년에는 낙랑국도 일시적으로 정복하는 등 만주와 북부 한반도에서 위세를 떨쳤다.

53년에 즉위한 제6대 태조왕(太祖王) 때에 이르러 고구려의 5부족은 중앙 행정 단위인 5부로 통합되었다. 이에 따라 고구려는 내부 자치권을 제외한 군사권과 외교권이 왕에게 귀속되는 고대 국가로 발전하였고, 이후로 소노부 왕가가 물러나고 계루부 출신의 고씨가 독점적으로 왕위를 계승하였다. 따라서 고구려의 진정한 건국은 태조(재위기간 53년~146년) 때로 본다.

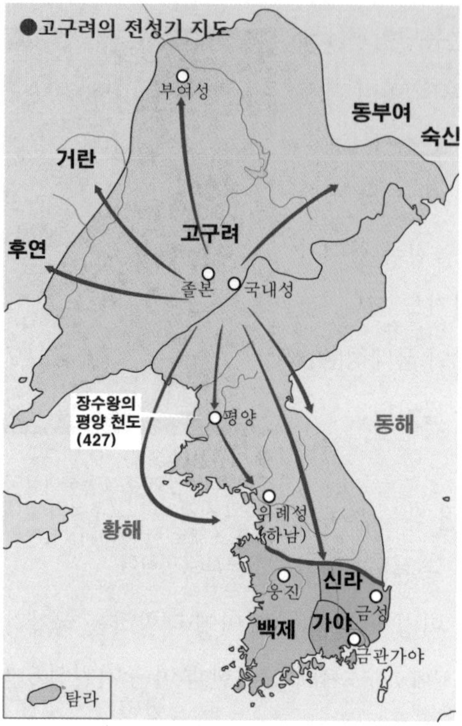

●고구려의 전성기 지도

그는 주위의 여러 부족을 정복하여 동으로는 옥저 · 동예(東濊), 남으로는 살수(薩水: 지금의 청천강), 북으로는 부여(夫餘)를 압박하고, 서로는 한의 요동군 · 현도군과 대립하였다. 그리하여 1세기에서 2세기에 걸쳐 고구려는 고대 정복국가로서의 위세를 떨치게 되었다.

태조왕 이후에도 각 부족은 서서히 중앙 귀족으로 흡수되었다. 그러는 과정에서 빈농이 늘어나고 귀족의 노예가 되는 자유민이 증가하자, 제9대 고국천왕(故國川王)은 194년에 봄에 곡식을 빌리고 가을에 갚게 하는 진대법(賑貸法)을 실시하여 빈농을 구제하는 정책을 펼쳤다. 또한 고국천왕은 왕위의 형제 상속을 부자 상속으로 바꾸어 놓아 왕권을 강화하였다.

197년에 즉위한 제10대 산상왕(山上王) 때에 이르러서는 왕위의 형제 상속이 배제되고 부자 상속제가 확립되어 왕권이 더욱 강해졌다. 이러한 왕권 강화의 배경에는 영도 확장이 있었는데, 기본적으로 약탈 경제 위주였던 고구려가 동해안의 옥저를 무력으로 복속케 하고 한사군에 대한 원정 및 약탈을 행하면서 경제적으로 성장을 이루었기 때문이다.

이러한 정복 활동은 246년(제12대 동천왕 16년) 위(魏)나라의 관구검(毌丘儉)이 침공하면서 일시적으로 위축되었다.

고구려 건국 신화

부여에서 금와왕의 왕자들의 시기와 질투 및 정치적 박해를 받던 주몽은 부여 땅(북부 만주)을 벗어나 남쪽의 압록강 지류인 동가강 유역에 도읍을 정하고, 나라 이름을 '고구려'라 하였다. 기원전 37년의 일이다.

■ 고주몽의 탄생 설화

고구려의 시조 동명성왕(東明聖王)은 성이 고씨(高氏)이고, 이름이 주몽[朱蒙; 추모(鄒牟) 또는 중해(衆解)라고도 하였다]이다.

앞서 동이족의 한 갈래인 맥족이 살던 땅에는 어디로부터 왔는지는 알 수 없으나 천제(天帝)의 아들 해모수(解慕漱)라고 자칭하는 사람이 와서 부여(夫餘;북부여)를 세우고 왕이 되었고, 그의 아들 해부루(解夫婁)가 뒤를 이었다.

부여왕 해부루는 늙도록 아들이 없어서 산천에 제사를 지내 후사(後嗣)를 구하려 하였다. 가는 길에 곤연이라는 큰 연못에 이르렀는데, 해부루가 탄 말이 큰 돌을 보고 그 앞에서 눈물을 흘렸다. 해부루가 괴이하게 여겨 사람을 시켜 그 돌을 들추자, 금색을 띤 개구리 모양의 어린아이가 있었다. 해부루가 기뻐하며 말하기를 "이것은 바로 하늘이 나에게 자식을 준 것이다." 하고는 거두어 길렀는데, 이름을 금와(金蛙)라 하였다. 그가 장성하자 태자로 삼았다.

후에 재상 아란불(阿蘭弗)이 말하였다.

"일전에 하느님이 내게 내려와 '장차 내 자손으로 하여금 이곳에 나라를 세우게 할 것이니 너희는 피하거라. 동쪽 바닷가에 가섭원(迦葉原)이라는 땅이 있는데, 토양이 비옥하여 오곡(五穀)이 잘 자라니 도읍할 만하다.'고 하였습니다."

아란불의 권유대로 왕은 그곳으로 도읍을 옮겨 나라 이름을 동부여(東夫餘)라고 하였다. 해부루가 죽자 금와가 뒤를 이어 즉위하였다. 이때에 태백산(太白山) 남쪽 우발수(優渤水)에서 한 여자를 발견하고 물으니, 그 여자가 대답하였다.

"나는 하백(河伯)의 딸이며 이름이 유화(柳花)입니다. 여러 동생과 나가 노는데, 그때에 한 남자가 스스로 천제의 아들 해모수라 하고, 나를 웅심산(熊心山) 아래 압록수 가의 집으로 꾀어서 사통하고 곧바로 가서는 돌아오지 않았습니다. 부모는 내가 중매 없이 남을 좇았다고 책망하여 마침내 우발수에서 귀양살이하게 하였습니다."

금와왕은 이상하게 여겨서 유화를 방 안에 가두어 두었는데, 햇빛이 비춰어 유화는 몸을 당겨 피하였으나 햇빛이 또 좇아와 비쳤다. 그래서 임신을 하여 알 하나를 낳았는데, 크기가 다섯 되쯤 되었다.

금와왕이 시종을 시켜 알을 개 · 돼지한테 주게 했으나 모두 먹지 않았다. 또 길 가운데에 버렸으나 소나 말이 피하였다. 후에 들판에 버렸더니 새가 날개로 덮어주었다. 왕은 알을 쪼개려고 하였으나 깨뜨리지 못하여 마침내 유화에게 돌려주었다. 유화가 그 알을 보자기로 싸서 따뜻한 곳에 두었더니, 한 사내아이가 껍질을 깨고 나왔는데, 골격과 외모가 빼어나고 기이하였다.

나이가 겨우 일곱 살이었을 때에 남달리 뛰어나 스스로 활과 화살을 만들어 쏘면 백발백중이었다. 부여의 속어에 '활 잘 쏘는 것'을 '주몽(朱蒙)'이라고 하였으므로, 이것으로 이름을 삼았다. 금와에게는 일곱 아들이 있어서 항상 주몽과 더불어 놀았는데, 그 기예와 능력이 모두 주몽에게 미치지 못하였다. 그 맏아들 대소(帶素)가 왕에게 말하였다.

● **유화 부인과 활 쏘는 주몽**
우리 민족의 상징과 같은 활쏘기 실력은 주몽 때부터 전래되었는지 올림픽 활쏘기에서 경이로운 기록을 세우고 있다.

"주몽은 사람이 낳은 자가 아니어서 사람됨이 용맹스럽습니다. 만약 일찍 일을 도모하지 않으면 후환이 있을까 두렵습니다. 청컨대 없애버리십시오!"

금와왕은 대소 왕자의 청을 물리치고 주몽에게 말을 기르게 하였다. 주몽은 날랜 말을 알아내어 먹이를 적게 주어 마르게 하고, 둔한 말은 잘 먹여 살찌게 하였다. 왕은 살찐 말을 자신이 타고, 마른 말을 주몽에게 주었다. 후에 들판에서 사냥할 때 주몽이 활을 잘 쏘기 때문에 화살을 적게 주었으나, 주몽은 짐승을 매우 많이 잡았다. 왕자와 여러 신하가 또 죽이려고 꾀하자, 주몽의 어머니가 이것을 눈치채고 주몽에게 일렀다.

"나라 사람들이 장차 너를 죽일 것이다. 너의 재주와 지략으로 어디를 간들 안 되겠느냐? 지체하여 머물다가 욕을 당하느니보다는 멀리 가서 뜻을 이루는 것이 나을 것이다."

그래서 주몽은 오이(烏伊)·마리(摩離)·협부(陜父) 등 세 사람을 벗으로 삼아 함께 갔다. 엄시수에 다다라 건너려 하였으나 다리가 없어 추격병에게 잡히게 될 것이 두려워 물에게 고하기를 "나는 천제(天帝)의 아들이요, 하백의 외손이다. 오늘 도망가는데 추격자들이 다가오니 어찌하면 좋은가?" 하자, 물고기와 자라가 떠올라 다리를 만들었으므로 주몽은 건널 수 있었다.

● 졸본으로 향하는 주몽
부여의 대소 왕자의 추격을 뿌리치고 엄시수 강에 다다랐을 때, 하늘의 계시로 물고기와 자라들이 놓은 다리를 건너 목숨을 지킨다.

물고기와 자라가 곧 흩어지니 추격하는 기마병이 건널 수 없었다.

주몽은 모둔곡(毛屯谷)에 이르러 세 사람을 만났다. 그중 한 사람은 삼베옷[마의(麻衣)]을 입었고, 한 사람은 중이 입는 검은 옷[납의(衲衣)]을 입었으며, 한 사람은 마름옷[수조의(水藻衣)]을 입고 있었다. 주몽은 "자네들은 어디에서 온 사람들인가? 성은 무엇이고 이름은 무엇인가?" 하고 물었다.

삼베옷 입은 사람은 "이름은 재사(再思)입니다."라고 하였고, 중 옷 입은 사람은 "이름은 무골(武骨)입니다."라고 하였고, 마름옷 입은 사람은 "이름은 묵거(默居)입니다."라고 대답하였으나, 성들은 말하지 않았다.

주몽은 재사에게 극씨(克氏), 무골에게 중실씨(仲室氏), 묵거에게 소실씨(少室氏)의 성을 주었다. 그리고 무리에게 일러 말하였다. "내가 이제 하늘의 큰 명령을 받아 나라의 기틀을 열려고 하는데, 마침 이 세 인재들을 만났으니 어찌 하늘이 주신 것이 아니겠는가?"

마침내 그 능력을 살펴 각각 일을 맡기고 그들과 함께 졸본천(卒本川)에 이르렀다. 그 토양이 기름지고 아름다우며, 산하가 험하고 견고한 것을 보고 내심 도읍하려고 하였으나, 궁실을 지을 겨를이 없었으므로 다만 비류수(沸流水) 가에 초막을 짓고 살았다. 나라 이름을 고구려(高句麗)라 하고, 그로 말미암아 고(高)로써 성을 삼았다. 이때 주몽의 나이가 22세였다.

● 졸본에 고구려를 세우는 주몽
졸본의 토착민들을 포용하여 고구려를 세운 주몽은 '동명성왕'의 시호로 고구려의 시조가 된다. 그림은 평양 동명성왕 사당의 벽화이다.

동명성왕

주몽(동명성왕)은 기원전 37년에 왕조를 개창했고, 이때 그의 나이가 22세였다. 《삼국사기》의 기록에 의하면, 당시 졸본 땅은 말갈족(靺鞨族)에게 자주 약탈을 당하고 있었는데, 주몽은 말갈족을 물리쳐서 그들이 다시는 졸본을 넘보지 못하게 만들었다고 한다. 이즈음 두 번째 아내를 맞이하게 되는데, 《삼국사기》에는 두 번째 아내의 이름이 '소서노'라고 전해진다고 기록되어 있다. 소서노가 재물이 많아 주몽이 나라를 세우는 데 크게 도움을 주었다는 일화가 남아 있다.

■ 고구려의 시조가 되다

주몽은 왕위에 즉위하자마자 인접 부족인 말갈을 공격하였다. 고구려는 이처럼 처음부터 개척 국가의 면모가 강하게 드러난다. 이어 비류국의 왕 송양(松讓)과 만나 담판을 짓는 장면은 더 적극적이다.

송양은 '일찍이 군자를 만나보지 못하였는데, 오늘 뜻밖에도 서로 만나게 되니 다행스러운 일'이라며 주몽을 치켜세우나, 주몽은 자신이 천제의 아들이라며 송양의 말을 무시해 버렸다. 더불어 자신의 속국이 되라는 송양의 제의에 활쏘기를 겨루어 승자를 가리자고 했다.

결국 활쏘기에 무릎을 꿇은 송양은 이듬해 주몽에게 항복해 왔다. 주몽이 왕위에 오른 지 6년째 되던 해에는 태백산 동남쪽의 행인국을 공격하였고, 10년째 되던 해에는 북옥저를 공략하여 고구려의 초석을 다졌다.

● **국동대혈(國東大穴)**
고구려의 도읍 동쪽에 있던 큰 동굴. 《후한서(後漢書)》·《삼국지(三國志)》 등의 중국 기록에 따르면, 고구려 사람들은 하늘에 제사지낼 때 이곳에서 신(神)을 맞았다고 한다.

유리명왕

유리명왕(瑠璃明王: 기원전 38년~기원후 18년)은 고구려의 제2대 국왕(재위: 기원전 19년 나이 20세~기원후 18년 나이 56세)으로, 휘는 유리(榴璃 또는 類利) 또는 유류(孺留)이다. 동명성왕과 왕후 예씨의 맏아들이다. 기원후 3년에 수도를 졸본에서 위나암 국내성으로 옮겼고, 계비 치희를 그리워해서 지었다는 '황조가'가 지금도 전해지고 있다. 재위 33년인 서기 14년에 무휼을 태자로 삼았고, 2만 명의 군대와 오이 · 마리 장군을 보내 서쪽의 양맥(梁貊)을 치고, 또 현도군의 고구려현(高句麗縣 또는 高句驪縣)을 쳐서 복속시켰다.

■ 아버지를 찾아 나선 유리

주몽(동명성왕)이 부여(夫餘)에 있을 때 예씨(禮氏) 부인에게서 얻은 맏아들이 유리이다. 유리를 낳기 전 주몽은 부여에서 도망쳤기 때문에 예씨는 홀로 유리를 키웠다. 어느 날, 아비 없는 자식이란 욕을 먹은 유리는 아버지에 관해 어머니에게 물었다. 어머니는 남쪽 땅에 나라를 세워 그곳 왕이 된 주몽을 이야기한 뒤, 일곱 모가 난 돌 위 소나무 밑에 숨겨 둔 표적을 찾아 얻으면 아들임이 증명된다고 했다.

유리는 산곡을 헤매다가 드디어 집 주춧돌 사이에서 징표인 부러진 칼을 발견했고, 옥지 · 구추 · 도조 등 3인과 함께 졸본(卒本)에 가서 주몽을 만나 그 부러진 칼을 보이자, 주몽은 기꺼이 유리를 태자로 삼고 왕위를 물려주었다.

《삼국지》의 〈위서〉 고구려전에는 그의 본명은 여달이었는데, 아버지를 찾아 고구려로 내려온 뒤 주몽왕에게서 친자로 인정받고 이름을 여해로 고쳤다고 한다. 그의 후손인 광개토태왕의 비문에는 그를 고명세자(顧命世子)라 일컬으면서 동명성왕의 유언에 따라 세자에 책봉되었다고 기록하였다.

● 아버지 동명성왕을 만나는 유리

■ 유리명왕의 황조가(黃鳥歌)

고구려에 돌아오자마자 왕태자에 책봉된 유리는, 음력 9월에 주몽왕이 서거하자 왕위를 이어받았다. 이때 주몽의 의붓아들인 비류와 온조는 유리가 태자로 책봉된 이후 일부 백성들을 이끌고 남하하여 백제를 건국하였다.

유리왕은 기원전 18년 음력 7월에 다물후 송양의 딸을 왕비로 맞이하였다. 그러나 이듬해 왕후 송씨가 죽자, 다시 골천(鶻川) 사람의 딸 화희(禾姬)와 한(漢)나라 사람의 딸 치희(稚姬)를 후처로 삼았다. 두 여자가 남편에게 사랑을 받으려고 서로 다투며 화목하지 않았으므로, 대왕은 양곡(凉谷)에 동 · 서 2궁을 지어 각각 살게 하였다. 그 후에 대왕이 기산(箕山)으로 사냥을 나가 7일 동안 돌아오지 않자 두 여자가 서로 다투었다. 화희가 치희를 꾸짖어 "너는 한가(漢家)의 비첩(婢妾)으로 무례함이 어찌 이리 심한가?"라고 하였다. 치희가 부끄럽고 한스러워 도망쳐 돌아갔다. 대왕은 그 말을 듣고 말을 채찍질하여 좇아갔으나, 치희는 성을 내며 친가에서 돌아오지 않았다. 이에 대왕은 나무 밑에서 쉬다가 꾀꼬리[황조(黃鳥)]가 날아와 모여드는 것을 보고 감탄하여 노래하였다.

翩翩黃鳥 (편편황조) 펄펄 나는 저 꾀꼬리는
雌雄相依 (자웅상의) 암수가 서로 노니는데
念我之獨 (염아지독) 외로울사 이내 몸은
誰其與歸 (수기여귀) 뉘와 함께 돌아갈꼬

● 황조가(黃鳥歌)
〈황조가〉는 단순한 사랑 노래가 아니라, 그 이면에는 고구려 건국 초기의 정치적 세력 다툼의 상황이 깔려 있다. 치희와 화희의 다툼은 결국 외래세력과 토착세력의 권력 다툼이며, 〈황조가〉는 왕권을 강화시키려다 좌절한 유리왕의 심정을 보여주는 서정시이다. 우리나라 최초의 서정시라는 의의가 있다.

대무신왕

대무신왕(大武神王: 4년~44년)은 고구려의 제3대 왕(재위: 18년~44년)으로 대해주류왕(大解朱留王)이라고도 한다. 성은 고(高), 휘는 무휼(無恤)이고, 추모왕의 손자이자 유리명왕의 셋째 아들이다. 왕후는 부여 갈사왕의 손녀인 해씨 부인(解氏夫人)이다. 동부여와의 전쟁에서 대소왕을 전사시키고 동부여를 복속시켰으나, 동부여는 다른 곳으로 천도하여 왕위를 이어갔다. 《삼국사기》와 《삼국유사》에 전하는 통설로는 고주몽의 손자이자 고유리의 아들이다.

■ 대무신왕 무휼

대무신왕은 유리명왕의 셋째 아들로, 다물후 송양의 딸 송씨의 소생이다. 유리명왕은 6명의 아들이 있었으나, 첫째인 도절(都切)은 요절하였고, 둘째 해명(解明)은 황룡국(黃龍國) 왕이 선물한 활을 부러뜨린 일로 자살하였으며, 유리명왕이 특히 아끼던 여진 왕자 역시 요절하였다. 그리하여 유리명왕은 탐탁지 않았으나, 그가 갑자기 죽어 셋째인 무휼이 왕위를 이어받았다.

무휼은 태어나면서부터 총명하였고, 장성하면서 영특하여 큰 지략이 있었다고 전한다. 서기 9년 부여의 사신이 고구려에게 조공을 바칠 것을 요구하고, 이를 거절하면 고구려가 멸망당할 것이라고 협박했다. 유리명왕과 대신들은 부여의 힘에 눌려 이 요구를 받아들이고자 했다. 그런데 어린 무휼이 이 소식을 듣고 조정에 나가 '부여가 평화로운 관계를 맺고자 한다면 부여를 섬기지만, 협박을 한다면 섬길 수 없다'면서 부여의 요구를 거절한다는 주장을 펼쳤다. 또한 13년 음력 11월에 부여가 침공하자, 무휼은 군사를 이끌고 나아가 매복작전을 펼쳐 부여군을 크게 격파하였다. 14년에는 태자로 책봉되어 국정을 맡아 보았으며, 18년 음력 10월에 유리명왕의 뒤를 이어 왕위에 올랐다.

■ 동부여와의 전쟁

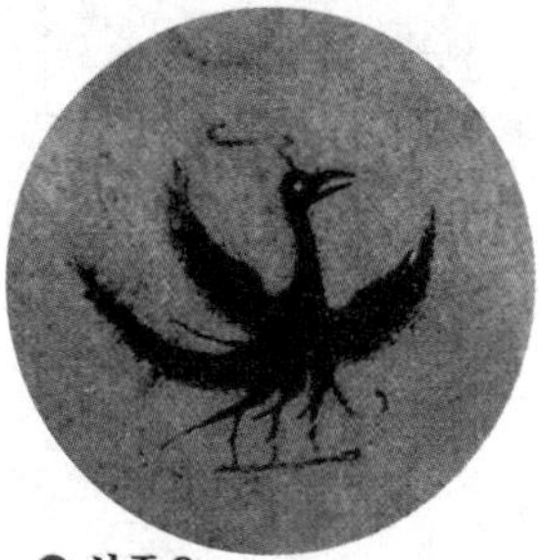

● 삼족오
발이 세 개이고 태양 안에서 산다는 상상의 까마귀로, 고구려의 상징이다.

서기 20년 음력 10월, 부여의 대소왕은 대무신왕에게 몸은 둘인데 머리는 하나인 붉은 까마귀를 보내면서, 사신을 통해 "까마귀는 검은 법인데 이제 빛이 변하여 붉게 되었고, 또한 머리는 하나인데 몸이 둘이니, 이는 두 나라가 병합될 징조이다."라고 전하고 선전포고를 하였다.

이에 대무신왕은 "검은색은 북방의 색인데, 이제 변하여 남방의 색이 되었다. 또한 붉은 까마귀는 상서로운 것으로, 그대가 이것을 얻었으나 가지지 못하고 내게 보냈으니 양국의 존망은 알 길이 없도다."라며 까마귀에 대한 해석을 달리하여 대소왕에게 전하였다. 대소왕은 이 말을 전해 듣고 놀라며 후회하였다. 서기 21년 음력 12월 대무신왕은 부여 정벌을 감행하여, 22년 음력 2월 고구려의 장수인 괴유(怪由)가 대소왕을 죽이는 전공을 이루었다.

■ 한나라와의 전쟁

28년 음력 7월에 한(漢)나라의 요동 태수가 군사를 이끌고 고구려를 침략하였다. 이에 고구려군은 을두지의 진언에 따라 위나암성에서 수십 일 동안 농성하였다. 한(漢)군이 포위를 풀지 않자, 을두지가 계책을 내기를 '위나암성이 암석의 땅으로 물이 없을 것이라 여기고 물이 고갈되기를 기다리고 있는 모양'이니 연못에서 잉어를 잡아 적장에게 보내도록 하였다. 그러자 적장은 성 안에 물이 있으니 단시일에 점령하는 것이 어렵다고 판단하여 퇴각하였다.

● 을두지(乙豆智)
대무신왕(大武神王) 10년(27년) 우보(右輔)로 임명되었다. 동 11년 요동 태수(遼東太守)가 군사를 거느리고 와서 치매, 을두지는 계책을 내어 요동군이 스스로 물러나게 했다. 사진은 고구려군의 자랑인 철갑옷이다.

호동왕자

호동(好童: ? ~ 32년)은 고구려의 제3대 국왕 대무신왕의 아들이다. 어머니는 갈사왕의 손녀이자 대무신왕의 차비(次妃)이다. 얼굴이 아름답고 대무신왕이 총애하여 호동이라 이름 지었다. 왕의 명령으로 최씨 낙랑국을 멸망시켰다. 이에 얽힌 이야기는 보통 '호동왕자와 낙랑공주'란 설화로 알려져 있다.

■ 호동왕자와 낙랑공주

고구려의 왕자 호동(好童)이 옥저(沃沮)에서 유람하고 있었다. 그때 낙랑왕(樂浪王) 최리(崔理)가 그곳을 지나가다 그를 보고 물었다.

"그대의 얼굴을 보니 보통 사람이 아니로구나. 그대가 어찌 북국 신왕(神王)의 아들이 아니리오?"

낙랑왕 최리는 마침내 호동을 데리고 돌아가서 자기의 딸을 아내로 삼게 하였다. 그 후, 고구려에 돌아온 호동은 아내에게 남몰래 사람을 보내 말을 전했다.

"낙랑국에 저절로 울리는 북과 나팔이 있는 한 우리나라와의 관계가 소원(疏遠)할 수밖에 없으니, 무기고에 들어가서 북을 찢고 나팔을 부수어 버린다면 나는 예를 갖추어 당신을 맞이할 것이지만, 그러지 않으면 우리 관계는 끝장이오."

이전부터 낙랑에는 북과 나팔이 있었는데, 적병이 쳐들어오면 저절로 소리를 내기 때문에 그녀에게 그것을 부수어 버리게 한 것이었다. 이에 최씨의 딸은 예리한 칼을 들고 남모르게 무기고에 들어가서 북을 찢고 나팔을 망가뜨린 뒤에 호동에게 알렸다.

● 자명고(自鳴鼓)를 찢는 낙랑공주
낙랑의 신고(神鼓)인 자명고에 얽힌, 낙랑공주와 고구려 호동왕자의 비련은 시대를 뛰어넘어 진한 감동을 안겨준다.

호동이 대무신왕에게 권하여 낙랑을 습격하였다. 최리는 미처 대비하지 못하다가 고구려군이 성 앞까지 와서야 그 침입과 딸의 배반을 알았다. 결국 자신의 딸을 죽이고 고구려에 항복하였다.

호동은 낙랑공주의 죽음에 대한 자책감으로 실의에 빠져 있었는데, 그가 태자가 되는 것을 두려워한 첫째 왕비가 '자신에게 못된 짓을 했다'라고 참소하는 등 호동을 모함하자, 결국 억울하게 누명을 쓴 그는 마지막 말을 남기고 자결했다.

"我若釋之 是顯母之惡 貽王之憂 可謂孝乎."

(아약석지 시현모지악 이왕지우 가위효호)

"내가 만약 변명을 하면 이것은 어머니의 악함을 드러내어 왕께 근심을 끼치는 것이니, 이것을 어찌 효도라고 할 수 있겠는가."

결국 호동이 세상을 떠난 뒤 왕자 해우(解憂)가 태자가 되고, 대무신왕 이후 왕권은 흔들리게 된다. 잠시 친척인 민중왕(閔中王)이 왕위를 이었지만 급사하고, 그제야 첫째 부인의 소생인 폭군 모본왕(慕本王)이 즉위한다.

모본왕은 인간 베개[《삼국사기》에서 '왕은 날이 갈수록 포악해져, 앉을 때는 언제나 사람을 깔고 앉았으며, 누울 때는 언제나 사람을 베고 누웠는데, 그 사람이 움직이면 용서없이 죽였다. 신하 중에 잘못을 간하는 자가 있으면 활을 당겨 죽였다.'라고 했으니, 두로는 모본왕이 베고 잤던 사람이다.]였던 두로가 못 참고 휘두르는 칼에 죽었으며, 이후에 신하들이 불초한 태자를 폐하고 종실에서 고궁이란 아이를 왕으로 세우니, 이 사람이 제6대 태조대왕이었다.

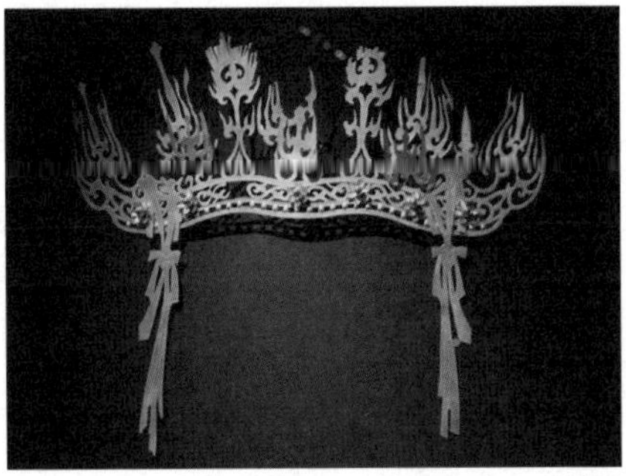

● **불꽃무늬투조 금동관**
고구려의 금동관 중 가장 화려한 모습을 나타내고 있다. 이 금동관은 띠 모양의 보관(寶冠) 테두리 윗줄에는 인동무늬를, 아랫줄에는 구슬무늬를 새겼으며, 그 사이에 일곱 개의 나뭇잎 장식을 넣었다. 불교적인 문양 요소로 보아 고구려 왕이나 귀족의 관으로 보기보다는 불상의 보관으로 보는 견해가 타당해 보인다.

고구려의 성

고구려는 성의 나라라 해도 과언이 아니다. 특히 고구려의 성은 자연의 지세를 잘 활용하여 건축했는데, 수성전(守城戰)을 펼치기에 안성맞춤의 요새였다. 실제로 요동 태수가 고구려를 공격해 오자, 위나암성에서 수십 일간 농성하여 요동군을 물리쳤으며, 안시성의 전투에서는 중국 당 태종이 화살을 맞고 후퇴하기도 했다.

■ 고구려의 수도

고구려는 기원전 37년에 오녀산성(졸본성)을 도읍지로 건국해, 서기 3년 환도산성으로 천도하였다. 그 후 평성인 국내성으로 옮겼다가, 427년 평양으로 다시 천도했다.

▣ 오녀산성(五女山城)

오녀산성은 고구려의 첫 도읍지인 홀본성(忽本城) 또는 졸본성(卒本城)으로 비정된다. 중국의 《삼국지(三國志)》 〈위서〉 동이전에 흘승골성(紇升骨城)이라고 처음 언급되었다. '광개토태왕릉비'에는 홀본성(忽本城)이라고 하고, 삼국시대 관련 다른 기록들은 흔히 졸본성(卒本城)이라 쓰고 있다. 오녀산성은 대체로 직사각형 모양으로, 남북 길이 1,500m, 동서 너비 300m이고, 전체 약 8km이다. 압록강(鴨綠江)의 지류로서 비류수(沸流水)로 비정되는 혼강(渾江) 유역에 위치하고 있다. 산성은 토성이 아닌 석성으로, 200m 높이의 절벽 위에 위치하고 있어 천연의 요새가 되어왔다. 동쪽과 남쪽의 경사가 완만한 곳에는 성벽을 설치하였다.

● **오녀산성(五女山城)**
고구려의 첫 수도인 오녀산성은 천연의 요새와 같은 곳으로, 고구려 백성들은 평상시 성 아래 마을을 이루고 생활하였으며, 전쟁시 성으로 들어가 전투를 치렀다. 고구려 멸망 이전에는 한 번도 함락된 적이 없는 성이다.

▣ 국내성(國內城)

국내성은 고구려 제2대 유리왕 22년(서기 3년)부터 장수왕 15년(427년) 평양성으로 수도를 옮기기 전까지 고구려의 수도였으며, 고구려는 이곳을 중심으로 영토를 넓히고 강력한 중앙집권적 고대국가의 틀을 갖추어 나갔다.

▣ 위나암성(尉那巖城)

위나암성(환도성)은 중국 지린 성[길림성(吉林省)] 지안 현[집안현(輯安縣)] 서북쪽 2.5km 지점의 해발 676m 환도산에 위치하고 있는데, 현재는 그 성벽 대부분이 허물어지고 남측 성벽과 망대의 일부만 남아 있다. 고구려 유리왕이 졸본에서 국내성으로 천도하면서, 고구려의 도성은 평지성과 산성이 한 조(組)를 이루어 조성되었다. 국내성은 평상시에 거주하는 평지성이고, 위나암성은 전시 때 사용하는 산성이었다.

● 위나암성의 망대

● 고구려 제1대~6대 왕의 연표

연도	고구려 역대 왕과 사건
	제1대 동명성왕(BC37~BC19)
BC 37년	주몽이 고구려를 세우다.
BC 36년	비류국왕 송양이 항복해 오다.
BC 32년	행인국을 정벌하다.
BC 28년	북옥저를 정벌하다.
	제2대 유리왕(BC19~AD18)
BC 9년	선비를 공격, 속국으로 삼다.
AD 3년	국내성으로 천도하다.
13년	부여의 침략을 크게 격퇴하다.
14년	양맥을 멸망시키고 현도군 고구려현 공격하다.
	제3대 대무신왕(AD18~44)
21년	부여를 공격하다.
26년	개마국, 구다국을 정벌하다.
28년	후한의 요동태수가 침입하다.
37년	최리의 낙랑을 멸망시키다.
44년	후한 광무제가 낙랑을 정벌하여 살수 이남에 군현을 설치하다.
	제4대 민중왕(44~48)
	제5대 모본왕(48~53)
49년	후한의 우북평, 어양, 상곡, 태원 등의 지방을 습격하다.
	제6대 태조대왕(53~146)
55년	요서에 10성을 쌓아 한의 침입에 대비하다.
56년	동옥저를 정벌하다.
68년	갈사국이 항복해 오다.
72년	조나를 정벌하다.
74년	주나를 정벌하다.
98년	책성 지역을 순시하다.

● 고구려 제7대~14대 왕의 연표

118년	후한의 현도군 공격하다.
121년	후한 유주자사의 침입을 물리치다.
122년	후한 현도군을 공격하였으나 부여의 방해로 패배하다.
	제7대 차대왕(146~165)
	제8대 신대왕(165~179)
166년	명림답부를 국상에 임명하다.
172년	후한의 침입을 명림답부의 계책으로 물리치다.
	제9대 고국천왕(179~197)
184년	후한 요동태수의 침입을 물리치다.
191년	을파소를 국상에 임명하다.
194년	진대법을 실시하다.
	제10대 산상왕(197~227)
209년	환도산성으로 수도 옮기다.
	제11대 동천왕(227~248)
242년	요동 서안평현을 공격하여 쳐부수다.
246년	위(魏)의 유주자사 관구검의 침입을 물리치다.
247년	평양성을 쌓고 수도를 옮기다.
	제12대 중천왕(248~270)
259년	위(魏) 침입을 양맥곡에서 대파하다.
	제13대 서천왕(270~292)
276년	왕이 신성을 순시하다.
280년	숙신의 침입을 격퇴하다.
	제14대 봉상왕(292~300)
293년	모용선비의 침입, 고노자의 활약으로 물리치다.
294년	창조리가 국상이 되다.
296년	모용외가 침입하여 서천왕의 무덤을 파헤치다.

▣ 안시성(安市城)

안시성은 고구려의 토성(土城)으로 안시성 전투가 일어난 곳이다. 중국 랴오닝 성 하이청 시 남동쪽의 잉청쯔[영성자(營城子)]에 위치해 있었다고 추정하는 견해가 가장 유력하다.

▣ 요동성(遼東城)

요동성은 옛 고구려의 성이다. 지금의 랴오닝 성 랴오양 시의 근방에 위치해 있었다. 405년(광개토왕 15년)에 후연왕(後燕王) 모용희(慕容熙)가 요동성을 직접 공격했으나 성을 깨뜨리지 못하고 퇴각하였다. 612년, 613년, 614년 고구려-수 전쟁 때에도 수나라의 공격을 여러 번 막아 내었다.

▣ 박작성(泊灼城)

박작성은 고구려의 성 중의 하나로, 현재 단둥 시에서 20km 떨어진 호산(虎山)에 위치하고 있었다. 지금은 중국의 통일적 다민족 국가론에 입각한 공정 연구의 일환인 '동북공정'으로 인해 모두 철거되고, 만리장성의 일부라고 하면서 호산장성(虎山長城)이라 이름하여 이 박작성 성터를 볼 수는 없다.

▣ 백암성(白巖城)

지리적으로 요하(현 랴오허 강) 유역에 위치하여 고구려와 당나라 간의 국경 지대에 있었던 성이었다. 547년 양원왕이 신성과 함께 개축하였다고 한다. 당 태종이 고구려를 침공했을 때, 성주 손대음(孫代音)의 항복으로 함락되었다.

▣ 천리장성(千里長城)

천리장성은 고구려가 당나라의 침입을 막기 위해 서쪽 변경(오늘날의 요동 지방)에 쌓은 장성이다. 축조기간은 631년~646년(총 16년)이다. 고구려의 서쪽 변경지방 요동 일대에 쌓은 천리장성은 북쪽에서 남쪽으로 능안고성 · 부여성 · 신성 · 개모성 · 요동성 · 안시성 · 건안성 · 득리사성 · 비사성을 연결하고 있었다. 631년(영류왕 13년) 당나라 사신 장손사(長孫師)는 고구려에 와서, 과거 고구려가 수나라와의 승전을 기념하기 위해 세운 경관(京觀)이란 기념물을 헐어버렸다. 당이 주변국을 침략한다는 정보가 알려지고 있던 터라, 이에 고구려는 당에 대하여 매우 위협을 느끼게 되었다. 그리하여 취약한 요동 방어선을 보강하고, 당나라의 침공에 대비하기 위해 천리장성이 축조되기 시작했다.

● 백암성의 위용

고구려-위 전쟁

246년(동천왕 20년)과 259년(중천왕 12년)에 고구려가 중국 삼국시대의 위나라와 벌인 전쟁으로, '고구려-위나라 전쟁'이나 '고구려-조위(曹魏) 전쟁'이라고도 한다. 《삼국사기》의 고구려본기(高句麗本紀)와 《삼국지》의 〈위서(魏書)〉 등에 기록이 전해진다. 위나라는 《삼국지연의》에 나오는 조조(曹操)가 세운 나라이다. 고구려와 위는 한때 화친을 맺어, 요동지역의 공손씨(公孫氏)의 세력을 견제하기도 했다. 공손연(公孫淵)이 스스로 연왕(燕王)의 지위에 오르고 소한(紹漢)이라는 독자적 연호를 사용하여, 위나라는 공손연을 토벌하게 했다. 이때 고구려도 위나라의 요청을 받아들여 1천 명의 병력을 파견했다. 결국 공손연은 패하였고, 국경을 맞닿은 고구려와 위는 적대적으로 바뀌었다.

■ 고구려 최초의 위기와 극복

고구려는 점점 위력을 떨치며 성장해 나갔다. 53년에 즉위한 태조대왕(太祖大王) 때에 이르러 고구려의 5부족은 중앙 행정 단위인 5부로 통합됐다. 태조대왕은 56년 동옥저 병합, 68년 갈사국 항복, 70년 조나 병합, 72년 주나 병합으로 고구려의 영역을 크게 확장하여, 고구려 전기 최고의 정복군주로 추앙받는다.

또한 태조대왕은 서기 53년에 7살의 나이로 왕위에 올라 146년에 왕위를 수성에게 물려줄 때까지 무려 93년간 왕위에 있었다. 더구나 상왕으로 물러나고도 19년을 더 살았다고 기록되어 있으니, 대단히 장수한 대왕이었다. 이처럼 고구려 역대 대왕들의 국력강화 정책으로 강건한 국가가 되었지만, 고구려 역사 최초로 위기를 맞았다.

1세기에서 2세기에 걸쳐 고구려는 당시 절대적 패권을 쥐고 있던 중국 한나라의 요동군 및 현도군과 대립해, 고대 정복국가로서 위세를 떨쳤다. 후한(後漢) 말기에 중국이 3국(위 · 촉 · 오)으로 분열되어 혼란했던 시기, 요동 일대는 공손씨(公孫氏:공손탁 · 공손연)의 세력권에 있었다. 북부 중국의 위(魏)가 공손씨를 정복하고 그 세력이 동쪽으로 뻗쳐오자, 242년에 고구려 동천왕(東川王)은 압록강 어귀의 서안평(西安平)을 선제 공격했다.

하지만 2년 뒤에 위의 장군 관구검(毌丘儉)이 남흉노와 선비족 병력을 이끌고 고구려를 공격하였다. 246년 고구려는 환도성(丸都城)에서 농성하며 싸웠으나, 결국 함락되어 동천왕은 옥저로 피란을 가고 말았다. 밀우와 유유의 활약으로 위군은 물러났고, 피폐해진 환도성 대신 서쪽 평양성으로 천도하였다.

259년(중천왕 12년) 위나라 장수 위지해(尉遲楷)가 쳐들어왔을 때, 중천왕은 정예 기병 5천 명을 선발하여 양맥(梁貊)의 골짜기에서 싸워 이기고 적군 8천여 명의 목을 베었다. 그 후 위나라는 사마씨의 향락으로 대내란이 벌어진 후, 분열의 시대인 오호십육국으로 이어진다.

고구려에게는 중화의 왕조와 처음 벌인 전쟁에 절대절명의 위기를 맞았으나 중원이 분열과 북방 이민족의 대단위 침략으로 혼돈의 시대로 접어들었으므로, 고구려는 국난을 슬기롭게 극복할 수 있었다.

● **환도산성**
고구려의 환도산성은 수많은 외침을 받았던 성으로도 유명하다. 서기 3세기에는 요서 지역의 공손탁과 위나라의 관구검이 침략했으며, 4세기에는 전연의 모용황이 침입했다. 환도산성은 외침 등으로 정세가 불안한 시기에 실질적인 수도 역할을 하기도 했으며, 실제로 많은 전투가 이곳에서 벌어졌다고 한다.

미천왕의 활약

미천왕(美川王, ? ~ 331년, 재위 : 300년 ~ 331년)은 고구려의 제15대 군주이다. 이름은 을불(乙弗) 또는 을불리(乙弗利), 우불(憂弗) 등으로 전해진다. 서천왕의 손자이자 고추가(古鄒加) 돌고(咄固)의 아들이다. 호양왕(好壤王)이라고도 한다. 미천왕은 위나라의 관구검에게 당한 치욕을 설욕하기 위해 한반도에서 중국 세력을 완전히 몰아냈다.

■ 을불의 왕위 등극

을불은 봉상왕(烽上王)의 동생인 돌고의 아들로서 왕족의 신분이었다. 하지만 봉상왕이 왕권 강화를 빌미로 친족들을 경계하기 시작하면서 숙신(肅愼) 격파의 공을 세운 삼촌 안국군 달가(達賈)는 물론, 자신의 친동생인 돌고까지 역모로 몰아 처형하기에 이르자 을불은 가혹한 유년 · 청년 시절을 보내게 된다.

그는 간신히 살아남았지만 겨우 촌구석 수실촌으로 도망가, 신분을 숨긴 채 음모(陰牟)란 부자의 집에서 머슴으로 힘겹게 살게 되었다. 특히 여름에는 주인집 연못의 개구리가 시끄럽게 울어대는 통에 주인이 잠을 못 자겠다고 성화를 부릴라치면, 밤을 새면서 연못에 돌을 던지기도 했다.

결국 고된 생활을 버티지 못하고 1년 만에 음모의 집에서 나온 후, 소금장수 재모와 만나 동업하기로 하였다. 조금 덜 고되고 자유롭게 움직일 수 있는 소금장수가 되었지만, 어려운 생활은 마찬가지였다.

재모와 함께 소금 장삿길에 나선 어느 날, 압록강 동쪽의 사수촌(思收村) 노파의 집에 머물렀다. 하룻밤 묵었을 때 그 집의 노파는 한 번 공짜로 소금을 얻어갔다. 그러나 숙박비로 준 소금을 더 달라는 것을 을불이 거절하자, 앙심을 품은 노파는 소금 가마니에 몰래 신발을 집어넣고 관가에 도둑으로 고발했다. 압록강변의 재(宰: 조선시대의 사또와 비슷한 직책)는 노파의 말을 믿고는 현행 절도범 누명을 씌워 을불의 소금을 모조리 압수하고 태형을 내려, 을불은 큰 고초를 겪었다.

● 고구려 왕의 행차 디오라마

당시 고구려의 왕으로는 봉상왕이 재위하고 있었다. 그러나 봉상왕은 포악하여 그 폭정이 날로 더해 가자, 국상 창조리(倉助利)는 왕을 폐하고 새 왕을 옹립하기 위해 부하들을 비밀리에 파견해 돌고의 아들인 을불을 찾게 했다.

비류 강가에서 을불을 만난 이들은, 자기를 죽이려는 줄 알고 애써 부인하는 을불에게 자초지종을 이야기한 후, 그를 창조리에게 데려갔다. 창조리가 봉상왕을 폐위시키고 을불을 새로운 왕으로 옹립해 반정을 일으키면서, 을불은 새로운 왕(미천왕)으로 즉위하게 되었다.

미천왕은 위(魏)를 이은 진(晋)의 세력이 미약해진 틈을 타서 311년에 진과 낙랑을 잇는 서안평을 점령하였다. 뒤이어 313년 낙랑군(樂浪郡), 314년 대방군(帶方郡)의 고지를 함락함으로써 한반도에서 중국 세력을 완전히 몰아냈다. 이로써 고구려는 압록강 중류 지역을 벗어나 대동강 유역을 정복함으로써 경제적인 자원을 풍부히 얻게 되고, 남쪽의 백제 등과 국경을 맞대게 되어 남쪽으로 진출할 수 있는 발판을 마련하였으며, 요동 지역으로까지 세력을 확대하게 되었다.

●고구려 무인상
미천왕의 활약은 고구려가 뒷날 동북아시아의 강대국이 되는 데 기반이 되었다.

고국원왕의 전사

고국원왕(故國原王: ? ~ 371년, 재위: 331년 ~ 371년)은 고구려의 제16대 국왕이다. 이름은 사유(斯由) 또는 쇠(釗)라고 하며, 미천왕의 아들이다. 국강상왕(國罡上王)이라고도 한다. 369년 백제를 공략하려다가 패하였고, 371년 백제의 평양성 침공 전투에서 전사하였다.

■ 전연과의 전쟁

339년에 전연(前燕)이 쳐들어와 신성에 이르렀다. 고국원왕이 동맹을 청하자, 전연은 물러갔다. 이때 맺은 동맹 관계에 따라 340년에는 전연에 조회(朝會)하기도 하였다.

342년 겨울에 모용황(慕容皝)은 용성(龍城)으로 천도한 후, 대군을 이끌고 고구려로 쳐들어왔다. 모용황은 왕우가 이끄는 1만 5천의 소수 군대를 평탄한 북쪽 길로 보내고, 자신은 한수와 함께 5만 대군을 이끌고 험난한 남쪽 길을 택해 공격하는 기만전술을 썼다. 하지만 이를 알아채지 못한 고국원왕은 북쪽으로 왕제 무(武)가 이끄는 정병 5만을 파견하고, 자신은 소수의 군대로 남쪽을 지켰다. 결국, 남쪽 전투에서 크게 패한 고구려군 중에서 장군 아불화도가(阿佛和度加)가 전사하고, 환도성이 함락되었으며, 고국원왕은 단신으로 단웅곡(斷熊谷)으로 피신하였다.

고국원왕을 추격한 전연군은 모후 주씨(周氏)와 왕비를 포로로 잡았으나, 북쪽 길에서 고국원왕의 동생 무(武)의 군대를 만나 크게 패하여 퇴각하였다. 전연군은 퇴각하는 길에 고구려 백성 5만 명을 잡아갔을 뿐만 아니라, 고국원왕의 부왕(父王)인 미천왕의 왕릉을 파헤쳐 미천왕의 시신까지 가져가는 만행을 저질렀다.

● **집안시의 서대묘**
미천왕의 무덤으로 추정되고 있다.

343년에 고국원왕은 동생 무(武)를 보내 전연에 신하의 예를 갖추고, 미천왕의 시신을 돌려받았으며, 그해 평양의 동황성(東黃城)으로 거처를 옮겼다. 345년에 전연이 모용각(慕容恪)을 보내 남소(南蘇)가 함락되었으며, 349년에는 전연의 망명자였던 송황(宋晃)을 전연으로 송환하였다.

355년에 고국원왕은 전연에 간청하여 모후 주씨(周氏)를 돌려받는 한편, 전연으로부터 정동대장군 영주자사 낙랑공 고구려왕(征東大將軍 營州刺史 樂浪公 高句麗王)에 책봉되었다. 이후 전연은 전진(前秦)의 공격을 받아 쇠퇴하였으며, 370년에 멸망하였다. 이때 고국원왕은 고구려로 도망쳐 온 태부 모용평(慕容評)을 체포하여 전진에 송환함으로써, 전진과 우호관계를 수립하였다.

■ 백제와의 전쟁

369년에 백제가 마한을 정복하러 간 틈을 타, 고국원왕은 보·기병 2만 명을 이끌고 치양성(雉壤城: 현 황해남도 배천군, 구 모로성)으로 진격하였다. 그러나 백제의 제13대 근초고왕의 말발굽을 상하게 한 죄를 짓고 고구려로 달아났던 백제인 사기(斯紀)가 다시 백제에 투항하여, '고구려의 군사가 많기는 하나 모두 숫자만 채운 허세일 뿐, 날래고 용감한 자들은 붉은 깃발의 군대뿐'이라는 고구려의 군사 정보를 백제의 근구수 태자에게 알려주었다. 이로써 고국원왕은 목적을 달성하지도 못하고, 오히려 백제에게 수곡성(水谷城: 지금의 황해도 신계군)까지 영토를 내주고 말았다.

371년에 고국원왕은 복수를 위해 군사를 일으켜, 백제로 재침공하였다. 하지만 패하(浿河: 대동강) 강가에 군사를 매복한 근초고왕이 기습적으로 공격하자, 고구려군은 크게 패하고 말았다.

기세를 탄 근초고왕은 동년 10월에 정예 군사 3만을 이끌고 평양성으로 진격해 왔고, 고구려군은 이를 어렵게 물리쳤으나 고국원왕이 전사하고 말았다.

소수림왕의 치적

소수림왕(小獸林王: ? ~ 384년, 재위 : 371년~384년)은 고구려 제17대 군주이다. 고국원왕(故國原王)의 맏아들로 355년(고국원왕 25년) 태자로 책봉되었으며, 이름은 구부(丘夫)이다. 소수림왕은 전진(前秦)으로부터 불교를 도입하였고, 태학을 설립하였으며, 율령을 반포하는 등 국가 체제를 정비하여 고구려 전성기의 기틀을 마련하였다. 소해주류왕(小解朱留王), 해미류왕(解味留王)이라고도 한다.

■ 최초로 불교가 전래됨

소수림왕은 371년 고국원왕의 뒤를 이어 즉위하였다. 백제 근초고왕과의 평양성 전투에서 부왕이 전사한 상황에서 왕위에 오른 소수림왕에게 국가의 체제 정비와 더불어, 넓은 영토와 백성들을 체계적으로 통치할 제도 정비의 필요성이 대두되었다.

소수림왕 2년(372년) 전진(前秦)의 왕 부견(苻堅)이 사신과 함께 승려 순도(順道)를 보내와 불상과 경문을 전함으로써 고구려에 처음 불교가 전래되었으며, 2년 후 374년에는 아도(阿道)가 들어와 불도를 전함과 아울러 한국 사찰의 시초인 성문사(省門寺; 肖門寺)와 이불란사(伊弗蘭寺)를 세웠다.

소수림왕은 375년 초문사(肖門寺)를 창건하여 순도를 머물게 하였으며, 또 이불란사를 창건하여 아도를 머물게 하는 등 전진(前秦)과 평화적 관계를 수립하는 동시에 불교를 수용하고 보급하는 정책을 펼쳤고, 또한 불교를 호국사상으로 삼았다.

● **금동 연가7년명 여래입상 (국보 제119호)**
고구려와 관련된 글이 새겨져 있는 불상으로, 옛 신라 지역인 경상남도 의령 지방에서 발견되었다는 점이 주목된다.

● **전등사 대조루(傳燈寺 對潮樓)**
강화도의 전등사는 아도화상이 고구려 소수림왕 11년(381년)에 세운 절로, 정족산성 안에 자리잡고 있다. 절 입구에 세운 대조루는 기둥을 세워 지면과 사이를 두고 지은 누각이다. 지은 시기는 알 수 없으나, 조선 영조 25년(1749년)과 헌종 7년(1841년)에 고쳐 세웠다는 기록이 남아 있다. 그 뒤 크고 작은 보수를 거쳐 오늘에 이르고 있다.

귀족 자제들의 유학 교육기관으로 태학(太學)을 설립하여 유교적 정치이념에 충실하고 중앙집권적 정치제도에 적합한 관리를 양성하였으며, 373년에는 율령을 반포하여 국가통치와 사회질서 유지를 위한 규범을 갖추었다.

소수림왕의 이와 같은 체제 정비 사업을 기반으로 고구려는 제19대 광개토태왕 시대에 들어 전성기를 누릴 수 있게 되었다. 대외 관계에서는, 백제와의 평양성 전투에서 부왕을 잃은 소수림왕은 계속 백제와 충돌하였다.

375년에는 백제의 수곡성(水谷城)을 빼앗았으며, 376년 음력 11월에는 백제의 3만 대군을 물리치고 백제의 북변(北邊)을 역습하였다.

377년에는 백제 제14대 근구수왕이 군사 3만 명을 거느리고 평양성으로 재차 침공해 왔지만 소수림왕이 이를 막아내었고, 11월에 이를 보복하기 위해 남으로 백제를 정벌하였다.

378년, 극심한 가뭄이 든 상태에서 거란(契丹)의 침략을 받아 8개 부락을 빼앗기기도 했다.

소수림왕은 384년에 후사(後嗣)가 없이 서거하여 소수림(小獸林)에 장사지내졌으며, 그의 아우 이련(伊連)이 왕위에 올랐다. 그가 고구려 제18대 고국양왕이다.

정복왕 광개토태왕

광개토태왕의 공식 명칭은 당대에 쓰여진 '국강상 광개토경 평안 호태왕(國罡上廣開土境平安好太王)'이며, '국강상 광개토경 호태왕(國罡上廣開土境好太王)'·'국강상 광개토지 호태왕(國罡上廣開土地好太王)' 등으로도 표기되었다. 《삼국사기》에서는 이것을 줄여 광개토왕이라 표기하였고, 이것이 현대에 들어 공식적으로 쓰이는 명칭이 되었다. 여기에다 흔히 대왕 또는 태왕이라는 존칭을 붙인 표기가 바로 광개토대왕·광개토태왕이며, 가장 일반적으로 쓰이는 호칭이기도 하다.

■ 태자 시절의 담덕

담덕(談德: 광개토태왕의 이름)이 성장하던 시절의 고구려는 안으로 고국원왕 대에 손실되었던 국력이 회복되고, 소수림왕 대에 이루어진 통치체제의 정비가 마무리되어 가고 있었다. 하지만 밖으로는 영 좋지 않은 상황이 이어지고 있었는데, 서쪽으로는 고국원왕 시절 환도성을 털어간 전적이 있던 선비족의 연나라(전연)가 다시 일어나(후연) 화북을 휩쓸었고, 남쪽으로는 고국원왕을 전사시킨 전적이 있던 백제가 여전히 한반도의 패권을 쥐고 있었다.

서북으로는 거란이라 불리기 시작한 일군의 유목 부족이, 동북으로는 동부여가 자리잡아 지속적으로 배후의 위협이 되었다. 그리고 달가의 정벌 이래 고구려에 복속되어 왔던 숙신도 이즈음에는 고구려의 지배력에서 벗어나고자 꿈틀대고 있었다.

이러한 고구려 외부의 불안은 내부의 발전과 맞물리면서 고구려의 대외적인 확장으로 이어지게 되었다. 이에 따라 소수림왕은 백제 방면으로, 고국양왕(故國壤王)은 후연 방면으로 각기 진출을 시도했지만 그다지 적극적인 것이 아니었고, 성과도 그리 신통치 않았다.

이러한 환경 속에서 성장한 담덕은 그 나름대로 고구려의 상황을 분석하고, 여기에 청소년기의 도전적인 활달함을 바탕으로 고구려의 현실에 알맞은 미래상을 제시할 수 있는 능력을 갖춘 것으로 보인다. 그리고 이에 대해 《삼국사기》는 '나면서 웅위롭고 남달리 높은 뜻이 있었다'는 의미심장한 평가를 전하고 있다.

● 광개토태왕의 영정

서기 384년 11월, 담덕의 큰아버지 소수림왕이 아들을 남기지 못한 채 죽자, 소수림왕의 동생이자 담덕의 아버지인 고국양왕이 왕위를 이어받았다. 이에 따라 담덕은 그로부터 2년 뒤인 고국양왕 3년에 12세의 나이로 태자가 되었다. 그리고 절노부에서 주씨를 태자비로 맞아들인 이듬해, 태자 책봉 6년 뒤인 서기 392년 5월에 고국양왕이 병으로 죽자, 담덕은 그 뒤를 이어서 18세의 나이로 고구려의 새로운 왕이 되었다. 광개토태왕과 그의 정복 전쟁의 시작이었다.

■ 백제와의 전쟁

광개토태왕은 즉위하자마자 전쟁을 치렀다. 즉위한 지 고작 두 달밖에 지나지 않은 원년 7월에 직접 군사 4만을 거느리고 남쪽으로 백제를 공격한 것이다. 백제의 제16대 진사왕은 광개토태왕이 군사를 부리는 데 능하다는 말을 듣고 두려워하여 나가 막지 못하니, 한수(漢水) 북쪽의 여러 부락들이 다수 함락되었다.

8월에 백제가 고구려의 남쪽 변경을 공격해 오자, 장수에게 명하여 막게 하였다. 승기를 탄 고구려는 10월에 백제 북방의 천혜의 요새이자 중요지인 관미성(關彌城)을 20일에 걸친 포위 끝에 쳐서 함락시켰다. 이 해 12월 백제 진사왕이 구원에서 사망하자 아신왕이 백제의 제17대 왕으로 즉위하였다. 백제는 빼앗긴 성을 회복하기 위해 고구려를 계속 공격하였다.

393년 8월에 아신왕은 진무를 좌장으로 삼고 목책에 이르렀다. 그러나 치욕을 씻기 위한 도발이었기에 이내 회군하였다. 광개토태왕은 백제의 공격을 393년에는 관미성에서, 394년에는 수곡성(水谷城)에서 격퇴하였으며, 백제의 침략을 방비하기 위해 남쪽 변경에 7개의 성을 쌓았다.

395년에는 패수(浿水)에서 백제군 8천여 명을 생포하거나 죽이는 대승을 거두었다.

396년에 고구려는 대대적으로 백제를 공격하여 아리수(阿利水) 이북의 58개 성, 700여 촌락을 점령하고 위례성(慰禮城)을 포위하였다. 이때 백제 아신왕에게서 '영원한 노객(奴客)이 되겠다'는 항복을 받아, 아신왕의 동생과 백제의 대신 10명을 인질로 잡고 노비 일천 명을 받아 데리고 개선하였다.

■ 거란 및 숙신 정벌

백제와의 전쟁과 더불어 거란을 정벌하여, 소수림왕 8년(378년)에 거란의 침입으로 잡혀갔던 1만여 명의 백성들을 되찾는다(392년 9월).

395년에는 염수(鹽水)로 진출하여, 거란의 일파로 추정되는 패려(稗麗)를 정벌하고 600~700영을 쳐부수었으며 수없이 많은 소 · 말 · 양떼를 노획하였다. 일부 학자들은《삼국사기》의 거란 정벌(392년)과 광개토태왕릉비에 새겨져 있는 비려 정벌(395년)을 동일한 사건에 대한 기록으로 보기도 한다.

한편, 398년에는 숙신을 정벌하여 동북 국경 지대를 안정시켰다. 다만 이 기록은 해석하는 이에 따라 강원도 방면의 군소 세력, 또는 신라를 정벌했다고 보기도 한다.

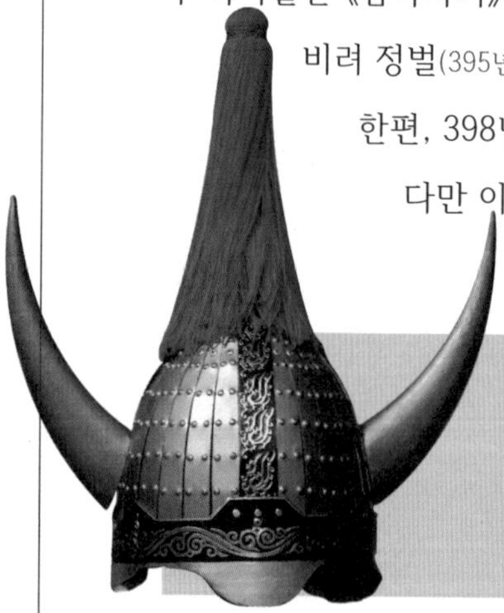

● 고구려 투구
고구려 투구는 몽고형 발주로 대표되는데, 긴 때 모양의 철편을 겹겹이 붙여서 몸체를 만들고 그 위에 작은 사발과 같은 반원형의 정수리 보호장구를 붙인 형태로, 쇠뿔처럼 뾰족한 양쪽 뿔은 적을 위협하는 수단과 권위를 나타내고 있다.

■ 신라 구원과 남방 진출

백제가 왜(倭)에 태자 전지를 보내는 등 왜와 동맹을 맺고, 고구려에 대적할 준비를 한다. 광개토태왕은 399년에 평양(平壤)으로 순행하였다. 백제와 왜가 신라를 공격하고, 신라는 평양으로 사신을 보내 구원을 청하였다. 광개토태왕은 400년에 5만 대군을 신라에 파견하여 왜군을 물리쳤다.

이때 왜군은 금관가야의 종발성까지 퇴각하였고, 고구려군은 금관가야 지역까지 쫓아가 왜군을 격퇴시켰다. 학계에서는 이때 금관가야의 세력이 급속도로 약해져, 금관가야가 주도하던 전기 가야연맹이 붕괴하고 대가야가 주도하는 후기 가야연맹이 시작되었다고 본다.

광개토태왕은 400년에 신라를 구원하면서, 신라 왕을 내물 마립간에서 실성 마립간으로 교체하였다. 이후 고구려군은 백여 년 동안 신라 땅에 머물며 신라에 영향력을 행사하였고, 신라는 고구려에게 조공하는 보호국이 된다. 404년에는 대방(帶方) 지역으로 쳐들어온 백제와 왜군을 궤멸시켰다.

● **'광개토태왕'명 호우**
광개토태왕을 기리기 위해 제작한 그릇인 호우(壺杅) 10개 중 현존하는 유일한 청동 유개합(뚜껑이 있는 그릇)이다. 1946년에 경주 호우총(壺杅塚; 140호 고분)을 발굴하던 중 출토되었으며, 6세기 신라시대 고분에서 출토된 고구려의 유물이라는 점에서 양국 간 우호관계를 드러내는 자료로 평가받았다.

■ 후연과의 전쟁

한편 광개토태왕은 모용씨(慕容氏)의 후연(後燕)과도 치열한 전쟁을 치렀다.

400년 2월에 고구려 주력군이 신라에서 왜군을 격퇴하고 있었을 때, 후연의 왕 모용성(慕容盛)은 고구려의 신성(新城)과 남소성(南蘇城: 지금의 무순 동쪽에 있는 살이허산성)을 공격하여 함락시키고 700여 리의 땅을 탈취해 갔다.

이에 광개토태왕은 보복전을 펼쳐 402년에 숙군성(宿軍城)을 공격하였고, 404년에도 후연을 공격하였으며, 비슷한 시기에 연군(燕郡)까지 점령하였다. 이를 회복하기 위해 쳐들어온 모용희(慕容熙)의 후연군을 405년 요동성에서, 406년 목저성(木底城)에서 격파하여 요동 장악을 확고히 하였다.

407년에는 5만 군대를 이끌고 후연 군대를 격파하여 막대한 전리품을 노획하고 돌아오는 길에 6개 성을 점령하였다. 후연을 견제하기 위하여 남연(南燕)과 우호관계를 맺기도 하였다. 그러나 후연이 멸망하고 고구려계인 고운(高雲)이 북연(北燕)을 건국하자, 408년에 우호관계를 맺음으로써 서쪽 국경을 안정시켰다.

● 광개토태왕의 요동 정벌 기록화

광개토태왕릉비

광개토태왕릉비(廣開土太王陵碑)는 현재 중국 지린 성 지안 시[집안시(集安市)] 태왕진(太王鎭)에 있는, 고구려 제19대 광개토태왕의 능비이다. 중국과 일본에서는 호태왕비(好太王碑)라 부른다.

■ 웅대한 비석

광개토태왕 비석은 조선 후기까지 금나라 황제의 비(碑)로 알려져 있었다. 그러다가 청나라의 봉금(封禁)제도가 1880년대에 해제된 뒤에야 비로소 발견되었고, 1888년에 일본인 학자 요코이 다다나오가 쌍구가묵본(雙鉤加墨本)을 바탕으로 한 비문의 내용을 공개함으로써 세상에 알려졌다.

414년 광개토태왕의 아들 장수왕이 세웠으며, 응회암(凝灰岩) 재질로 높이가 약 6.39m, 면의 너비는 1.38~2.00m이고, 측면은 1.35~1.46m지만 고르지 않다. 대석은 3.35×2.7m이다.

네 면에 걸쳐 1,775자가 화강암에 예서로 새겨져 있다. 그 가운데 141여 자는 판독이 어렵다. 대체로 고구려의 역사 및 광개토태왕의 업적이 주된 내용이며, 고구려사 연구에서 중요한 사료(史料)가 된다. 또한 전한(前漢) 예서(隸書)의 서풍으로 기록되어 있어, 금석문 연구의 좋은 자료가 된다.

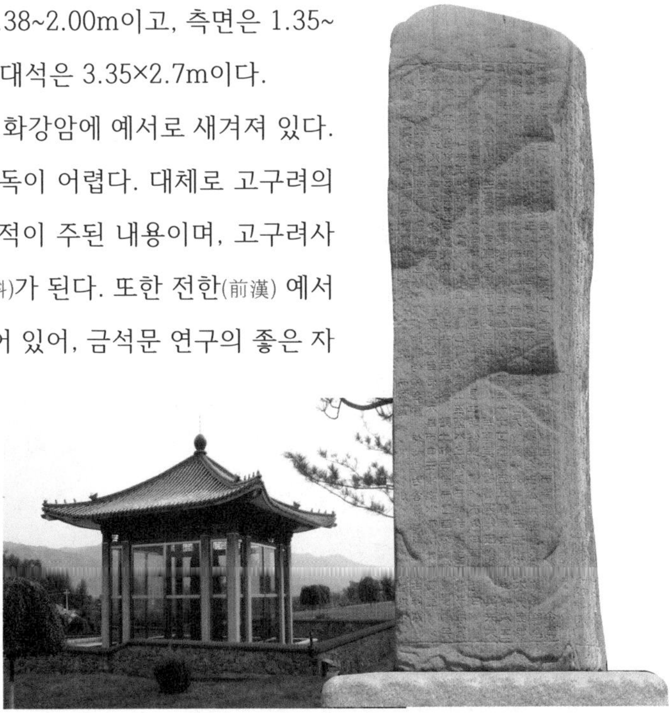

● **광개토태왕릉비**
중국 지린 성[吉林省] 지안 현[集安縣] 퉁거우[通溝]에 있는, 광개토태왕의 능비이다. 1928년에 2층형의 소형 보호비각을 세웠고, 다시 1982년에 중국 당국이 단층형의 대형 비각을 세워 비를 보호하고 있다.

광개토태왕의 내치

광개토태왕은 내치에도 힘썼다. 광개토태왕은 평양을 크게 중시하여 393년에는 9개의 절을 평양에 창건하였고, 399년에는 왕이 직접 평양에 행차하기도 하였다. 409년에는 나라 동쪽에 독산성(禿山城) 등 6개 성을 쌓고 평양의 민호를 옮겨 살게 하였으며, 다시 남쪽으로 순행하였다. 또한 역대 왕릉의 정비에 힘써, 수묘인(守墓人) 제도를 확립하고 실시할 것을 아들 장수왕에게 유언하였다.

■ 성군 광개토태왕

광개토태왕 때에는 고구려 왕권을 정당화하고 천손의식을 내세우는 고구려의 천하관이 완성된 것으로 보이는데, 이 천하관은 광개토태왕비문에 잘 나타나 있다. 비문을 보면, 백제 · 신라 · 동부여 같은 우리 민족의 국가는 속민 취급하며 구원의 필요성 및 이탈 억제의 당위성을 내세우고 있는 데 반해, 패려 · 숙신 · 후연 · 왜와 같은 이민족 세력에 대해선 무참히 분쇄하는 모습을 보여주고 있어 삼국통일 의식의 시초를 드러내기도 하였다. 어떤 의미에서는 민족 통합의 상징으로 볼 수도 있다. 단재 신채호도 광개토태왕을 왜와 선비족으로부터 민족을 구원한 사람으로 봤다.

고구려 건국신화를 전하는 가장 이른 기록도 광개토태왕비문이다. 광개토태왕 관련 유물에서 빈번히 발견되는 #자 모양은 광개토태왕이 이끌었던 고구려 군의 문장이라는 설도 제기된 바 있다.

한편 광개토태왕은 독자적인 연호 영락(永樂)을 제정하였다. 한국 역사상 사용된 연호로 확인되는 것 중 가장 이른 것이다. 또한 소수림왕 이래 지배층이 대대적으로 밀어오던 불교 진흥책을 계승하여, 불교와 관련한 몇 가지 업적을 남겼다. 요동을 차지한 뒤, 이 지방의 혼란한 민심을 수습하기 위해 승려 담시(曇始)를 파견하여 민심 교화 사업을 펼쳤다.

장수왕 대의 평양천도를 위한 기반을 닦았고, 안학궁을 건설했다. 기록에는 광개토태왕 대에 안학궁 건설을 시작했다는 것이 확인되지는 않지만, 427년에 완공된 안학궁의 규모로 보아 장수왕 즉위 후 십여 년 남짓한 시간 동안 뚝딱 지었을 리는 없고, 광개토태왕이 자주 평양에 행차했다는 기록으로 미루어 보아 광개토태왕 대부터 이미 기반을 닦고 있었을 것으로 추정된다.

● 전성기의 고구려 영토

장사 · 사마 · 참군 등의 관직을 신설했다. 사마 · 참군은 군사에 관한 관직이다. 후연을 정탐하기 위해 만든 관직이라는 설도 있다. 이 관직들이 신설된 시기는 《북사(北史: 북위 북제 북주 수나라의 사실을 기록한 역사책)》 고구려전의 기록으로 보아 396년~398년 즈음으로 추정된다.

고구려 왕릉의 묘지기들의 인생이 망가지는 걸 걱정하여 수묘인(守墓人) 제도를 정비했다. 단순히 묘지기들의 인생을 위해서 뿐만 아니라, 과거 미천왕의 능이 전연에게 털린 일이 있었는데 이런 일을 방지하기 위해서이기도 한 듯하다.

수묘인의 구성에는 한(韓)인과 예(濊)인으로 구성된 생구(노비)들이 주를 이루었던 듯하다. 수묘인 제도를 정비한 구체적인 시기는 알 수 없으나, 대강 정복전쟁이 마무리된 이후로 보인다. 수묘인 착취 자체가 대부분 피정복민을 대상으로 한 것이기 때문이다.

● **광개토태왕 동상**
경기도 구리시에 세워져 있다.

장수왕의 남진정책

장수왕(長壽王: 394년~491년)은 고구려의 제20대 군주이다. 광개토태왕의 태자로, 휘는 거련(巨連, 巨璉)이며, 《위서(魏書)》에는 이름이 연(璉)으로 기록되어 있다. 일본의 《신찬성씨록》과 《일본서기》에는 부련왕(夫連王)이라 한다. 394년 출생하여 491년 사망할 때까지 98세까지 장수했기 때문에, 장수왕이라는 시호가 붙었다. 고구려의 전성기를 이어갔으며, 평양으로 천도하여 남진정책을 추진하였고, 중국의 남 · 북조와 등거리 외교를 유지함으로써 안정을 구가한 국왕이다.

■ 부왕의 위상을 높인 장수왕

장수왕은 광개토태왕의 맏아들로 394년에 태어났으며, 어머니에 대한 기록은 남아 있지 않다. 409년 황태자에 책봉되었고, 411년 부왕 광개토태왕을 대신하여 대리청정을 시작하였으며, 412년 음력 10월에 광개토태왕이 죽자 18살의 나이로 왕위에 올랐다. 연가(延嘉) · 연수(延壽) · 건흥(建興) 등의 연호가 새겨진 유물이 일부 발견되고 있어, 독자적인 연호를 사용하였을 것으로 추정된다. 414년에 광개토태왕릉비를 건립하여 광개토태왕의 업적을 기렸으며, 423년(추정)에는 충주에 중원고구려비를 세워 고구려의 위상을 널리 선포하였다.

장수왕은 내부적으로 왕권의 위상을 높여서 국내성의 귀족세력을 약화시켰고, 남진정책을 효율적으로 운영하기 위하여 427년에 평양성으로 천도하였다.

또한 대외적으로는 남조(南朝)의 여러 왕조들과 북조(北朝)의 북위에 모두 화친을 맺고 조공을 바치는 등거리 외교를 통해 정세를 안정시켰다. 북위와는 북연의 왕 풍홍(馮弘)의 망명이나 후궁을 보내는 문제로 일시 마찰을 빚기도 하였으나, 대체로 우호관계를 꾸준히 유지하였다.

이러한 적극적인 외교를 통해 고구려 및 장수왕의 국제적 위상은 매우 높았으며, 장수왕은 높은 직위로 책봉을 받았고, 고구려의 사신 또한 높은 대우를 받았다. 북위는 고구려의 조공을 특별하게 우대하여 472년에는 타국보다 더 자주, 더 많이 조공을 할 수 있게 하였다.

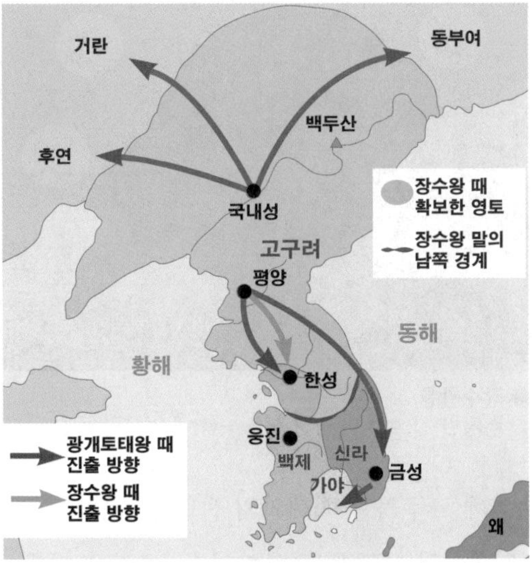

435년에 북연 왕 풍홍이 밀사를 보내 망명을 요청하자 장수왕은 이를 받아들였고, 이듬해 북연이 북위에 의해 멸망당할 때 군대를 보내 풍홍 및 그 일족들을 구출하였다. 고구려로 도망쳐 온 풍홍은 스스로의 세력을 믿고 행패를 부렸으며, 이에 장수왕은 풍홍의 태자를 인질로 잡고 시중드는 인원도 몰수하였다. 그리하여 풍홍은 송에 망명을 요청하였으며, 이 사실을 알게 된 장수왕은 군대를 보내 풍홍을 살해하였다.

이때 송의 사신 왕백구가 군사를 이끌고 고구려군을 공격하여 장수 고구가 죽고 손수가 생포되었는데, 장수왕은 다시 왕백구를 붙잡아 송으로 압송하였다. 고구려와의 외교 관계를 망칠 수 없었던 송나라에서는 왕백구를 감옥에 가둬 고구려의 눈치를 본 후 석방하였다. 중국과의 외교 관계가 안정된 가운데 장수왕은 백제를 정벌하는 남진 정책을 추진하였다. 그러나 백제와 신라가 동맹을 맺어 대항하였기 때문에, 454년부터 신라와 적대관계가 되었다. 468년에는 신라의 실직주성을 공격하여 점령하였으며, 이듬해에는 백제가 남쪽 변경을 침공하기도 하였다. 472년, 백제 제21대 개로왕(蓋鹵王)은 북위에 사신을 보내 고구려를 공격해 줄 것을 요청하였는데, 북위는 이 사실을 고구려에 알려주었다.

● **장수왕릉**
중국 지린 성[吉林省] 지안 현[集安縣]에 있으며 동양의 피라미드라고 불리는 장수왕릉이다.

이에 고구려는 백제와의 전면전을 준비하는 한편, 승려 도림(道琳)을 첩자로 보내 백제의 내정을 정탐하였다. 도림은 바둑으로 개로왕의 환심을 사고 개로왕에게 무리한 토목공사를 일으키도록 사주하여 백제의 국력을 소모시켰다. 이러한 물밑작업을 마친 장수왕은 475년에 백제를 공격하여, 수도 위례성을 함락시키고 개로왕을 사로잡아 살해하는 큰 승리를 거두었다. 489년에는 신라를 공격하여 호명성 등 7개 성을 함락시켰고, 미질부(경북 흥해지방)까지 진격하였다. 이러한 정복 전쟁을 통해 고구려는 한반도 중부 일대를 확고하게 장악하였다.

말년의 장수왕은 정복 전쟁을 그만두고 내치에 힘썼으며, 중국과의 외교 관계도 계속 우호적으로 유지하여 안정을 구가하였다. 그리고 491년 음력 12월, 98세를 일기로 사망하였다. 이 소식을 들은 북위 효문제는 특별히 직접 애도를 표했으며, 장수왕의 관작을 추증하고 강왕(康工)이라는 시호를 내렸다.

일설에는 468년경 장수왕이 유연과 함께 지금의 내몽골 대흥안령 산맥 인근에 위치한 지두우(地豆于)를 분할 점령하려 하였다고 한다. 지두우는 좋은 말의 산지였으므로, 이후 고구려군이 전쟁을 치르는 데 큰 도움이 되었을 것이다.

고구려의 건축과 미술

고구려는 건축 · 미술 면에서 찬란한 문화를 이룩했는데, 대부분의 유적이 통구와 평양 지방에 집중되어 있다. 궁실(宮室)이나 사찰(寺刹) 등 건축물로서 현존하는 것은 없으나, 고분의 구조를 통하여 당시 귀족 계급의 호화로운 건축을 짐작할 수 있다. 고구려의 고분으로는 석총(石塚)과 토총(土塚)의 두 가지 형식이 있다. 석재를 피라미드식으로 쌓아 올린 장군총(將軍塚)은 통구 지방에 남아 있는 고구려 석총의 대표적인 유적이다.

■ 고분 벽화

고구려의 고분 벽화는 고구려인의 신앙 · 사상이나 풍속 · 복식(服飾) 등을 설명해 주는 귀중한 자료일 뿐 아니라, 삼국시대 미술의 극치를 이루고 있다. 쌍영총의 섬세 · 화려한 필치로 그려진 인물화나 무용총(舞踊塚)의 무인(舞人) · 가인(歌人) 그림은 고구려인의 풍속 · 복식을 잘 나타내고 있으며, 청룡(靑龍) · 백호(白虎) 등이 그려진 강서 대묘의 사신도(四神圖)는 강건한 고구려인의 기질을 잘 나타낸 걸작품으로 평가받는다. 이 밖에 수렵총(狩獵塚) · 각저총(角抵塚) · 수산리 고분 · 안악 3호분의 고분 벽화가 건축 · 미술적으로 높이 평가되고 있다.

■ 강서 대묘

강서 대묘(江西大墓)는 평안남도 강서군에 있는, 고구려의 벽화 고분이며 '사신도'로 유명하다. 널방 남벽의 입구 주변에는 인동 · 당초 무늬를 그려 장식했고, 좌우의 좁은 벽에는 주작을 한 마리씩 그렸으며, 동벽에는 청룡, 서벽에는 백호, 북벽에는 현무, 천장 중앙의 덮개돌에는 황룡을 각각 그려놓았다.

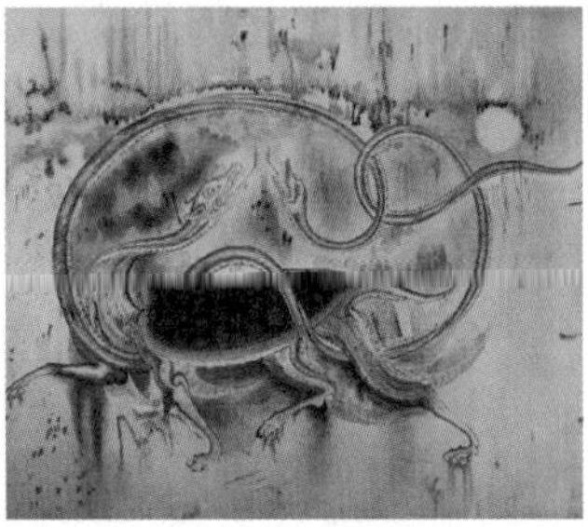

● **현무도**
사신도 중의 현무도는 북벽에 그려져 있는데, 가는 선을 사용하여 하나의 가공적이고 상징적인 괴물[현무(玄武)]의 무서운 모양을 실물처럼 활기차게 묘사하고 있다.

● 백호도

● 주작도

● 청룡도

천장 벽화는 천장부를 구성하고 있는 제1단의 굄돌 옆면에 인동무늬를 감싸안은 초롱무늬가 S자형으로 이어져 나간 무늬띠를 돌렸으며, 제2단 굄돌 옆면에는 비천 · 비운 · 신선 · 산악 등을 묘사했다.

■ 무용총(舞踊塚)

중국 길림성 집안현 통구(지린 성 지안 현 퉁거우)에 있는 고구려 고분이다. 고분 내부의 오른쪽 벽에는 수렵도가 그려져 있고, 왼쪽 벽에는 검정색 말을 탄 사람과 무용을 하는 것으로 추정되는 사람들의 그림이 있다. 그림에서 무용을 하는 것으로 추정되는 사람으로 인하여 이 고분은 무용총이라고 명명되었다.

무덤의 널방 우벽상에 14인의 남녀 무용도(舞踊圖)가 있다. 이 무용도와 함께 좌우 벽면에는 사냥 · 우마차 · 공양도(供養圖), 혹은 주실(主室) · 주인(主人) · 시녀 · 기마(騎馬) · 무인(武人) · 종자(從者) · 궁시(弓矢) · 패도(佩刀) · 안구(鞍具) · 식기 · 식탁 · 씨름 등이 그려져서 당시의 생활상을 엿볼 수 있으며, 그 효과와 아울러서 유목적인 감각이 넘친다. 특히 좌벽에 그려진, 사슴과 호랑이를 사냥하는 장면 및 말 · 사냥개 등 질주하는 동물의 순간적인 동작 표현은 수렵생활에 익숙했던 고구려인의 한 측면을 드러낸 것이라 할 수 있다.

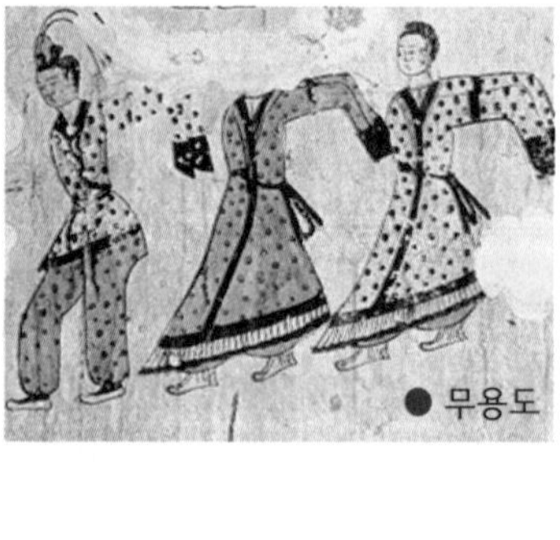
● 무용도

● **수렵도**
무용총의 널방 서쪽 벽에 있는 벽화이다. 무용총에 그려진 벽화 가운데서 회화적인 효과가 가장 뚜렷한 장면으로 알려지고 있는데, 고구려 무사들의 사냥 광경을 아무 기교 없이 표현했다.

■ 쌍영총(雙楹塚)

쌍영총은 평안남도 용강군 지운면 안성리에 있는, 고구려 시대의 흙무덤[토총(土塚)]이다. 이 분묘는 고구려 후기 건축의 호화를 드러내고 석실의 구조가 아주 기발한 것 외에도 당시의 풍속을 말해 주는 남녀거마(男女車馬)의 그림이 많아, 고구려 고분 중에서도 특히 귀중한 자료로 평가되고 있다.

쌍영총 널방 앞에 있는 널길의 동쪽 벽에는 '거마행렬도'가 그려져 있는데, 제2기 고분벽화로서 고구려의 고분벽화 중 가장 뛰어난 회화성을 나타내고 있다.

● 고구려 제15대~제21대 왕의 연표

연도	고구려 역대 왕과 사건
	제15대 미천왕(300~331)
302년	현도군 공격, 8천 명을 노획하여 평양으로 옮기다.
311년	요동 서안평을 점령하다.
313년	낙랑군을 몰아내다.
314년	대방군을 몰아내다.
	제16대 고국원왕(331~371)
334년	평양성을 증축하다.
342년	모용황이 침입, 미천왕의 시신과 남녀 5만 명을 잡아가다.
343년	미천왕의 시신을 돌려받다. 평양 동황성으로 옮기다.
355년	왕모 주씨가 돌아오다.
371년	평양성 전투에서 왕이 백제의 화살에 맞아 전사하다.
	제17대 소수림왕(371~384)
372년	전진에서 불교가 들어오다. 태학을 설립하다.
373년	율령을 반포하다.
375년	백제 수곡성을 공격하다.
377년	백제가 평양성을 공격해 오다.
	제18대 고국양왕(384~391)
385년	요동군, 현도군을 함락하고 남녀 1만을 잡아오다.
386년	왕자 담덕을 태자로 삼다.
	제19대 광개토태왕(391~412)
392년	백제 10성을 빼앗고, 관미성을 함락시키다.
395년	거란을 정벌, 민가 1만 명을 귀순시키다. 평양에 9개 사찰을 창건하다.

● 고구려 제15대~제21대 왕의 연표

395년	패수에서 백제와 싸워 이기다. 거란을 토벌하다.
396년	백제를 공격, 58촌 700촌락 빼앗고, 아신왕의 항복을 받다.
398년	숙신을 정벌하다.
400년	군사 5만으로 신라를 구원하고, 왜를 물리치다. 후연이 신성 · 남소성을 함락시키고 700리를 빼앗아 가다.
402년	후연의 숙군성 점령하다.
404년	백제와 화통하여 대방 지역에 침입한 왜를 격퇴하다. 후연의 연군을 공략하다.
405년	후연 왕 모용희가 요동성을 공격해 왔다가 패배해 돌아가다.
406년	후연의 군대가 3천 리를 행군하여 목저성 을 공격해 왔으나 패배해 돌아가다. 후연을 격파하고, 갑옷 1만여 벌을 빼앗다. 동부여를 정벌하다.
제20대 장수왕(413~491)	
427년	평양으로 천도하다.
436년	북연 왕 풍홍을 요동으로 데려오다.
438년	북연 왕 풍홍을 죽이다.
468년	신라 실직주성을 공격하여 취하다.
472년	백제가 남쪽 변방을 공격해 오다.
475년	백제 한성을 함락하고 개로왕을 죽이고 돌아오다.
481년	신라 미질부를 공격하다.
제21대 문자명왕(492~519)	
494년	부여왕이 항복해 오다.

● **거마행렬도**
화면의 아래 부분에 세 사람의 고구려 부인이 정면으로 나란히 서 있다. 여인들의 머리 위쪽으로는 장수나 말 모두 갑옷에 싸인 특이한 기상 인물(騎上人物)을 설정하고 있는데, 세 여인의 정숙한 아름다움과 대조적이다.

무용총의 수렵도가 유목민의 발랄한 원시감각을 살린 데 비해, 이 벽화는 전아한 환상과 친밀감을 느끼게 하는 것이 특색이다.

거마행렬도와 함께 그려진 공양도는 무용총의 접객도와 마찬가지로 불교적인 색채가 짙은 회화이다. 향로를 머리에 인 시녀와 이 시녀를 거느린 여주인공을 중심으로, 법승과 네댓 명 시동의 행렬을 그려 놓았다. 주인과 시인(侍人) 간의 주종관계를 강조하기 위하여 인물 크기에 극대 · 극소의 비차(比差)를 둔 점은 고구려 풍속회

● 쌍영총의 공양도
인물들은 엄숙한 면모와 겸허한 걸음걸이를 보이고 있고, 시동들은 좌우로 고개를 돌리고 곁눈질하는 폼이 그들 사이에 대화가 있는 듯하다. 대단히 온건하고 침착한 정서가 보이는 회화이다.

화가 가지고 있는 일반적인 특색을 반영한 것이다.

■ 개마총(鎧馬塚)

개마총은 평안남도 대동군 대성산(大聖山) 기슭에 있는, 고구려 시대의 고분이다. 벽화는 사신도(四神圖) 외에 무사도(武士圖)가 있는데, 이 무사도에는 보관(寶冠)을 쓴 무사가 서 있고, 그 옆에는 안장을 씌우고 재갈을 물린 말을 붙잡고 서 있는 하인이 있다. "原王看鎧馬之像(원왕간개마지상)"의 일곱 글자가 보인다.

● 개마총의 무사도

● 덕흥리고분 소수레행차도

● 안악3호분 벽화

수나라와의 전쟁

고구려는 6세기 들어 점차 쇠퇴하기 시작했다. 제23대 안원왕(安原王) 때에 이르러서는 왕위 계승을 놓고 왕족 간에 내전이 벌어졌다. 이러한 내분을 틈타 551년 백제와 신라가 연합군을 조직하여 대대적인 영토 회복전에 나서, 한강 유역을 빼앗았다. 동일한 시기에 북쪽에서는 돌궐(突厥)이 발흥하였다. 또한 위 · 진 · 남북조로 분열된 중국을 589년 수(隋)나라가 통일함으로써, 고구려는 요동에 위협을 받기 시작하였다.

■ 중국 대륙을 통일한 수나라

589년 수나라는 후한 삼국 시대 이후 남북조 시대를 거쳐 오랫동안 분열되었던 중국을 마침내 통일하였다. 수나라는 진(陳)을 멸망시키고, 장성 이북의 동 · 서돌궐과 고구려에 압력을 가하기 시작했다. 수나라는 고구려에 사신을 보내 고구려의 영토를 염탐하였고, 그 후에도 몇 차례에 걸쳐 사신을 보내 지형을 알아보게 하였다. 마찬가지로 고구려 역시 수나라에 사신을 보내 동태를 살폈으며, 마침내 수 문제(隋文帝)가 고구려를 공격하기 위해 비밀리에 군대를 양성하고 있다는 소식을 접하자, 이에 대비하여 방어 준비를 하였다.

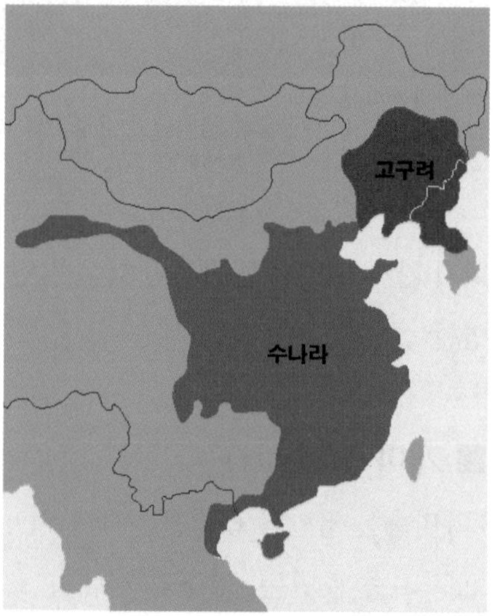

● 6세기 고구려와 수나라의 지형도

수 문제는 598년 음력 6월에 한왕 양량(楊諒)과 왕세적(王世積)을 대원수로 임명하고, 주라후(周羅睺)에게 수군을 맡겨 수륙군 30만 명을 동원하여 수륙 병진책으로 고구려를 정벌하고자 하였다. 주라후의 수군은 산동반도의 발해만 쪽 천연요새인 동래에서 출발하여 평양으로 향하였으나, 도중에 폭풍을 만나 대부분의 병력을 잃고 철수했다. 육지로 진군한 양량의 군대도 요하에까지 진격하였으나, 장마가 시작되고 전염병과 식량부족이 심화된 끝에 자진 철군하였다. 결국 실제로 전투는 벌어지지 않았으며, 폭풍우와 전염병 · 기아 등으로 인해 상당한 인명 손실만 입은 채 수나라 군대는 철병하였다.

가을철인 9월에 수의 군사가 돌아가는데, 죽은 자가 열에 여덟 · 아홉이었다. 그러나 수나라가 실제로 30만의 대군을 동원한 것에 충격을 받은 영양왕은 수나라에 사신을 보내어 사죄하고 표를 올리어 "요동분토의 신하 아무개"라고 일컬으니, 수 문제는 이에 군사를 철회하고 처음과 같이 대우하였다.

■ 제2차 고구려-수 전쟁

604년 수 문제의 둘째 아들 양광이 수 양제로 등극하였다. 그는 선황이 이루지 못한 고구려 정벌을 단행하고자 고구려의 제26대 영양왕에게 사신을 보내, 조공을 바칠 것과 복속할 것을 엄포하였다. 하지만 고구려 영양왕은 수 양제의 협박에 굴복하지 않았다. 따라서 고구려는 이제 수 양제가 장차 침공할 것을 대비하게 된다.

수 양제는 돌궐의 계민가한(啓民可汗;계민카한)에게 충성을 맹세받은 뒤인 611년, 고구려 정벌을 결정했다. 그 때문에 엄청난 양의 세금을 거둬야 했으며, 전선을 하루종일 건조하느라 열에 서너 명이 배에 구더기가 생기는 병에 걸렸다고 한다. 또한 온 나라의 말과 식량 · 병기 등의 물자를 탁군(涿郡)으로 옮겼다. 이에 곳곳에서 반란이 일어났는데, 양제는 이를 모두 진압하였다.

● **수 양제(隋煬帝)**
수 양제 양광(楊廣)은 중국 수나라의 2대 황제로, 후대에 폭군으로 알려진 인물이다. 수나라를 개국한 문제(文帝) 양견(楊堅)과 독고황후의 차남이다. 그는 수왕조의 탄생과 멸망을 함께한 비운의 제왕으로 불린다. 본래 수나라에서 제시한 묘호는 세조(世祖)이며 시호는 명(明)이나, 당(唐)나라에서 비하하는 의미로 올린 양(煬)을 대신 붙여 주로 양제(煬帝)로 불린다.

■ 요하 전투

612년 3월 15일, 수 양제가 직접 군사를 지휘하며 거느린 수나라의 대군이 요하에 이르렀다. 수나라 대군이 모두 모여 강가에 큰 진을 진 채, 동쪽으로 진군(進軍)하는 수나라 군사와 이를 방어하는 고구려 군사 간에 첫 전투가 벌어졌다. 그리고 이곳에서 수나라 군사와 고구려 군사 간에 2달 동안에 걸쳐 치열한 전투가 이어졌다. 고구려 군사가 강을 막고 지켰으므로 수나라 군사는 건너오지 못하였다. 수 양제가 공부상서 우문개에게 명하여 요하 서쪽 언덕에 3개의 부교를 만들게 하였는데, 완성되자 끌어다 동쪽 언덕으로 갔으나 짧아서 한 길 남짓하게 언덕에 미치지 못하였다.

매번 고구려 군사들이 크게 닥치자 수나라 군사로서 날래고 용감한 자들은 다투어 물가로 나아와 접전하였다. 고구려군 약 2만여 명이 높은 곳에 올라 공격하니, 수나라 군사들은 언덕에 오르지 못하고 죽은 자가 매우 많았다. 마침내 처음 요하에 도착한 지 2달 만인 5월 16일, 수나라 대군은 요하를 건너는 데 성공하였다. 수 양제는 도하에 성공한 우군 11군으로 하여금 요동성을 포위하게 하였고, 좌군 10군으로 하여금 요동 각 성을 포위케 했다. 성들 간의 지원을 끊기 위함이었다. 그러나 수개월간 요동 20여 성 중 한 곳도 함락시키지 못했다. 그러자 수 양제는 내호아(來護兒)가 이끄는 2군 12만의 1천여 척의 함대로 하여금 수군기지 비사성(요동반도 끝 압록강 가까이에 있음)이 아닌 평양을 직공케 했다.

● 비사성의 점장대
지금은 중국 영토 안에 있지만, 비사성은 고구려의 국경 요새였다.

■ 살수대첩

5월 16일 수나라 군사들은 고구려 군사의 저항을 뚫고 요하를 건너 그날 요동성(遼東城)을 포위하였다. 하지만 수나라의 대군은 수개월간 요동의 20여 성 중 단 한 곳도 함락시키지 못하였다. 이 과정에 수군 3개 군이 몰살당하였다.

수 양제는 1,133,800명의 병력임에도 고구려의 요동성을 함락시키지 못하고 피해가 누적되자, 6월(음력)에 수군(水軍)과 육군으로 편성된 별동대를 조직하여 평양성을 단숨에 공격하려 하였다.

육군은 좌익위대장군(左翊衛大將軍) 우문술, 우익위대장군 우중문, 수군(水軍)은 우효위대장군 내호아, 좌무위장군 주법상이 지휘하였다. 육군보다 빠르게 평양의 패수(지금의 대동강)에 도착한 내호아는 부총관 주법상의 제지에도 불구하고 단독으로 평양성을 공격했다가 대파당했다. 이로써 평양성으로 향하는 별동대는 305,000명의 육군만이 남았다.

별동대는 원래 100일치 식량과 방패 · 갑옷 · 옷감 · 무기 등 온갖 물자를 갖추어 행군을 시작하였다. 그러나 병사들은 3섬(곡식 따위를 재는 부피의 단위) 이상의 무게를 감당하지 못했으며, 쌀과 조를 버리고 가는 자는 목을 베겠다는 군령이 떨어졌음에도 모두 군막 아래에 구덩이를 파고 묻었다. 그래서 행군 도중부터 식량 부족에 시달렸다.

이때 고구려 장수 을지문덕이 거짓 항복하며 수나라군의 군영에 들어가서 그 허실을 보았다. 을지문덕이 오면 사로잡으라는 양제의 밀지를 받았던 우문술과 우중문은 그를 억류하고자 하였는데, 위무사로 종군하고 있던 상서우승(尙書右丞) 유사룡이 말려서 그만두고 돌아가게 하였다. 그러나 이내 후회하여 을지문덕을 다시 오라고 하였지만, 그는 돌아보지도 않고 압록강을 건너가 버렸다.

● 을지문덕 장군의 흉상

우문술은 을지문덕도 놓쳤고 식량도 다 떨어져서 돌아가려고 했지만, 우중문은 성을 내며 계속 나아갈 것을 주장하였다. 우문술 역시 언성을 높였으나, 일전에 양제가 '우중문에게는 계획성이 있으니 그 의견을 경청하라'고 하였기에 부득이 따를 수밖에 없었다. 압록강을 건너 을지문덕을 추격하여 초반에는 하루에 7번 싸워 모두 이겼다. 여러 번 승리한 것을 믿고 계속 진격하니, 살수(청천강)를 건너 평양성에서 30리 떨어진 곳까지 와서 진을 쳤다.

그러나 이것은 모두 을지문덕의 기만술에 의한 유도 작전이었다. 수나라군의 군사가 굶주린 기색이 있음을 보고 이들을 피곤하게 만들려고 매번 싸울 때마다 달아났던 것이었다[청야전술(淸野戰術)]. 을지문덕은 우중문에게는 희롱하는 시를 보내고, 우문술에게는 거짓 항복하며 만약 군대를 돌리면 왕을 모시고 행재소(行在所)로 가서 뵙겠다고 하였다[기만전술(欺瞞戰術)]. 수나라군은 지칠 대로 지쳐서 다시 싸우기가 힘들었던 데 반해, 평양성은 험하고 견고하여 단숨에 함락시키기가 어려웠다. 그리하여 하는 수 없이 거짓 항복을 명분으로 삼아 회군을 시작하였다. 그래도 아직까지는 대열을 유지하여 방진(方陣)을 갖추며 퇴각하였고, 이에 을지문덕은 끈질기게 추격하며 싸우기를 반복하였다.

7월(음력), 마침내 수나라군이 살수에 이르렀다. 수나라군 반쯤이 강을 건넜을 때 고구려군이 뒤에서 후군을 공격했고, 수나라군은 신세웅이 전사하는 등 여러 군대가 걷잡을 수 없이 무너졌다. 그리하여 수나라 장수와 병사들이 부리나케 달아나 하루 밤낮만에 압록강에 닿았으니, 그 거리가 450리였다.

● 을지문덕의 살수대첩도

수나라의 아홉 군이 처음 요하에 이르렀을 때의 병력은 305,000명이었으나 그중에 요동반도로 다시 돌아온 자는 겨우 2,700명뿐이었다. 수많은 군수물자와 공성병기는 모두 잃어버렸다. 양제는 크게 노하여 우문술 등을 쇠사슬로 묶고 7월 25일(음력)에 본대 병력을 이끌고 철수하였고, 제2차 여 · 수 전쟁은 고구려의 대승으로 막을 내렸다.

우문술 등 살아남은 장수들은 모두 작위가 박탈되고 서민으로 강등되었다. 다만 설세웅은 분전한 점이 감안되어 면직으로 그쳤고, 위문승은 홀로 전력을 보전한 채 퇴각한 공이 있어 금자광록대부(金紫光祿大夫)로 승진했다. 을지문덕을 잡을 기회를 놓치게 했던 유사룡은 참수되었다. 양제는 큰 피해를 입었음에도 고구려 정벌을 포기하지 않았고, 이듬해 우중문을 제외한 모든 장수를 복권시키며 제3차 여 · 수 전쟁을 일으킨다.

을지문덕은 우중문에게 시 한 수를 보내 도발하였고, 수나라의 대군을 유인하여 대승을 거두었다.

을지문덕이 우중문에게 보낸 시의 내용은 다음과 같다.

神策究天文 신책구천문 - **그대의 신기한 책략은 하늘의 이치를 다했고**
妙算窮地理 묘산궁지리 - **오묘한 계획은 땅의 이치를 다했노라**
戰勝功旣高 전승공기고 - **전쟁에 이겨서 그 공이 이미 높으니**
知足願云止 지족원운지 - **만족함을 알고 그만두기를 바라노라**

● 살수대첩의 진실
흔히 살수대첩 하면 귀주대첩과 함께 수공(水攻)을 떠올린다. 그러나 《삼국사기》《수서》《자치통감》《동사강목》《해동역사》 등 한국과 중국의 사서에서는 둑을 무너뜨려 수공을 했다는 내용이 전혀 없다. 오직 근대 기록에만 등장하는데, 이는 민간의 전설이었던 칠불전설(七佛傳說)이 변형되어 수록된 것이다. 실제 수공을 활용한 전투는 강감찬 장군의 흥화진 전투뿐이다.

당나라와의 전쟁

수나라는 고구려 원정을 4차에 걸쳐 감행하였다. 그 결과, 수나라는 많은 국력을 소진하였고, 이것이 지방에서의 반란과 중앙 세력의 약화로 이어져 멸망의 원인이 되었다. 고구려 또한 흐트러진 국내 사정을 바로잡기 위해 남쪽의 신라와 백제를 신경 쓸 겨를이 없었고, 수나라 이후 중국을 통일한 당나라에 호의적인 행동을 취하였다. 당나라 또한 피폐해진 국내를 바로잡아야 했기에 고구려와 친선 관계를 유지하였다. 고구려가 당나라의 요청에 따라 경관(京觀:승전 기념물)을 허문 일은 이러한 상황 때문이었다. 그러나 중화 제국하의 질서를 원했던 당 태종이 황제에 즉위하면서 상황은 달라지게 되었다.

■ 당나라의 건국

수 양제(煬帝)는 고구려-수 전쟁에서 크게 패하였으나, 정신을 차리지 못하고 양저우[양주(揚州)]의 별궁에서 사치스러운 행각을 벌이고 있었다. 이때 수나라 내부에서는 고구려 원정의 실패와 엄청난 대토목 공사로 이미 국력이 피폐해져 각지에서 반란이 일어났으며, 지방의 호족들도 독립적인 정부를 세웠다. 또한 귀족 계층인 관롱 집단(關隴集團)까지 등을 돌려 수나라는 정치적인 기반마저 잃어버렸다.

617년, 태원 유수 이연(李淵) 역시 반란에 가담하였다. 이연은 수나라의 수도인 장안(長安)으로 들어가, 황태손인 양유를 황제로 잇게 했다. 또한, 자신은 수의 대승상이 되었다. 때마침 수 양제가 강도에서 그의 시위장이자 우문술(宇文述)의 아들인 우문화급(宇文化及) · 우문지급(宇文智及) 형제에게 암살되자, 이연은 국호를 당(唐)으로 하고 스스로 제위에 올랐으며, 공이 컸던 둘째 아들 이세민을 진왕(秦王)에 봉했다.

● **당 태종 이세민(唐 太宗 李世民)**
중국 당나라의 제2대 황제이며, 당 고조(高祖) 이연의 둘째 아들이다. 그는 실제로 뛰어난 장군이자, 정치가와 전략가와 예술가이기까지 했으며, 중국 역대 황제 중 최고의 성군으로 불리어 전 세계에서 몇 안 되는 뛰어난 군주로 평가받는다.

■ 고구려의 정세

한편, 중국에서 이와 같은 소용돌이가 한참일 때, 고구려는 전쟁으로 흐트러진 국내의 상황을 바로잡기 위해 노력하였다. 특히 당나라에 자주 사신을 보내 호의적인 태도를 유지했으며, 당나라와 평화적인 관계를 맺고자 했다. 고구려 제27대 영류왕(榮留王)은 수 양제의 고구려 침공 때 포로가 된 한인(漢人)을 송환하고 고구려의 포로를 찾아왔다. 624년 당에 조공(朝貢)하고 당 고조(高祖)로부터 상주국(上柱國) 요동군공(遼東郡公) 고구려왕에 봉해졌다. 영류왕은 당에 봉역도(封域圖: 고구려의 영역을 표시한 지도)를 바치고 제후국임을 인정하였다.

그러나 629년에 이세민이 태종으로 즉위한 뒤로 당나라는 고구려에 대한 노골적인 적대 행위를 감행했고, 631년에는 고구려의 전승을 기념하기 위해 만든 경관(京觀)을 헐어버렸다. 이런 분위기를 감지한 영류왕은 동북쪽의 부여성(扶餘城)으로부터 동남쪽 바다에 이르는 천리장성(千里長城)의 축조를 시작하였고, 642년에는 연개소문(淵蓋蘇文)에게 역사(役事)의 감독을 맡겼다. 연개소문은 강경파 외교론자였으며, 이는 온건파 귀족들과의 갈등으로 이어졌다.

당의 세력은 점점 더 강해져 635년에는 토욕혼을, 640년에는 고창국을 격파하였다. 이로써 당나라에 대항할 세력은 동쪽의 고구려를 제외한 대부분이 소멸되었다.

640년 영류왕은 세자 고환권(高桓權)을 보내 당의 국자감에 입학시켰다. 이처럼 일국의 왕자를 적국에 보낸다는 것은 당나라와 전쟁을 할 뜻이 없음을 나타낸 것이었다. 그러나 641년에 당나라가 사신으로 진대덕을 보내 고구려의 정세를 염탐하는 등 고구려와 당나라의 관계는 점차 긴장되어 갔다.

● 연개소문의 동상

■ 당나라의 침략야욕

642년, 연개소문의 세력이 강해지자 여러 대인(大人)들이 왕과 상의하여 연개소문을 죽이려 하였다. 그것을 미리 안 연개소문은 자기 부(部)의 군사를 모아 거짓으로 열병(閱兵)한다면서 잔치를 베풀어 대신들을 초대한 뒤 모두 죽였는데, 이때 죽은 자가 100여 명에 이르렀다고 한다. 그리고 궁궐로 가서 영류왕을 죽이고 대신 왕의 조카인 장(藏)을 새 왕으로 세우니, 그가 바로 고구려의 마지막 왕인 제25대 보장왕(寶藏王)이다.

이처럼 쿠데타에 의해 실권을 장악한 연개소문은 이전 귀족회의가 가지고 있던 병권(兵權)과 인사권(人事權)을 틀어쥐었고, 스스로 대막리지(大莫離支) 자리에 오르며 절대 권력을 행사하였다. 또한 연개소문은 외교정책을 대당 강경책(對唐强硬策)으로 이끌었다.

한편, 고구려와 백제의 침입을 받은 신라는 위기를 느끼고 김춘추(金春秋)를 고구려에 보내 화친을 요청하지만, 연개소문은 이를 거절하였다. 이에 신라는 당나라로 사신을 보내 고구려를 견제해 줄 것을 요청하였고, 중재에 나선 당나라가 고구려로 사신을 보내 고구려를 협박하였다. 이에 연개소문은 "우리가 신라와 간극이 벌어진 지는 벌써 오래다. 지난번 수나라가 쳐들어왔을 때 신라는 그 틈을 타 우리 땅 500리를 빼앗아 그 성읍을 모두 차지했으니, 그 땅을 돌려주지 않으면 싸움은 그칠 수 없을 것이다."라고 사신에게 대답하였다.

● 중국 문화 속에 등장하는 연개소문
중국 경극에서는 연개소문이 비도술(飛刀術)에 능통한 것으로 그려진다. 중국의 민간 설화에서는 칼이 5자루가 아닌 7자루로 묘사되며, 이것으로 당 태종을 뒤쫓는데 설인귀(薛仁貴)가 창으로 이것을 막아내어 연개소문의 추격을 막아냈다는 내용이 나온다.

이러한 보고를 받고 태종은 다시 644년에 사신을 보내 협박했지만, 연개소문은 이를 일축하고 사신을 토굴에 가두었다. 이로써 전쟁의 빌미를 제공했다. 이에 당 태종은 "요동은 원래 중국 땅인데, 수나라가 네 번이나 군사를 일으켰으나 취하지 못했다. 내가 지금 동정(東征)함은 중국을 위해 자제(子弟)의 원수를 갚고, 고구려를 위하여 군부의 치욕을 씻으려 할 뿐이다. 또 사방이 크게 평정되었는데 오직 고구려만 평정되지 않았으니, 내가 더 늙기 전에 이를 취하려 한다."라고 하였다. 당 태종은 장작대감(將作大監)을 설치해 전선을 제조하고, 식량을 영주의 대인성[大人城: 지금의 친황다오(진황도)]으로 집결시켜 전쟁을 준비하였다. 많은 대신들이 수나라의 예를 들어 고구려 정벌에 반대하였으나, 태종은 자신감에 충만하여 이를 강행하였다.

결국 644년 10월, 당 태종은 연개소문의 시역(弑逆: 임금을 죽인 반역)을 성토한다는 명분으로 고구려를 침공하였다.

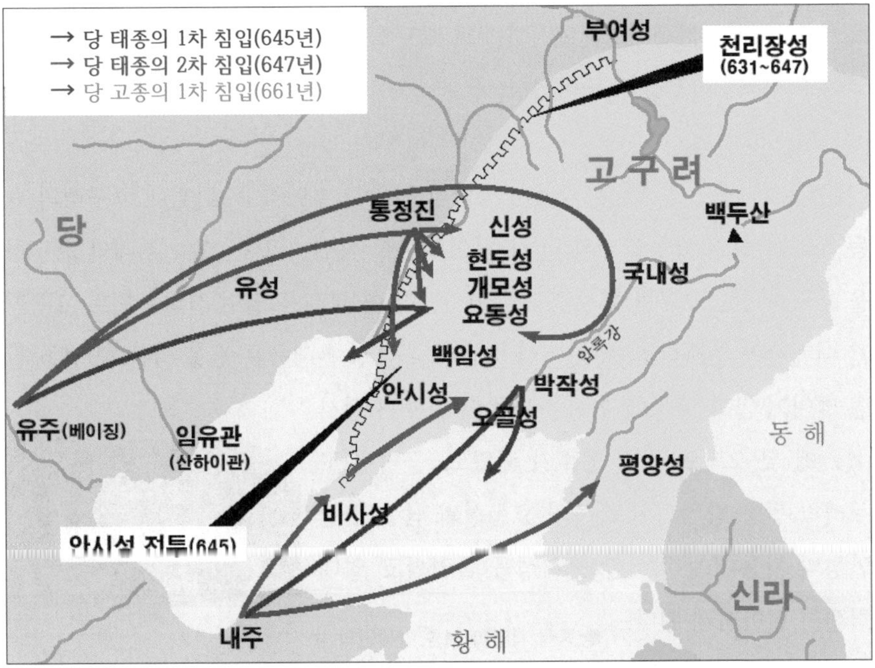

■ 전쟁의 경과

644년 6월 당은 고구려의 요동 공격을 명령한 후, 11월에 대규모 원정군을 편성해 수륙 양면으로 공격을 시작했다. 이때 당군은 각종 공성용(攻城用) 기구를 총동원했다. 당 태종은 다음해 2월에 낙양(洛陽)을 출발하여 직접 원정길에 올랐다. 또한 돌궐과 거란으로 구성된 이민족의 군대도 다수 동원되었다.

당 태종은 정예군을 유주에 집결시키고, 요동을 향해 세 갈래 길로 진군하기 시작했다. 총사령관인 이세적(李世勣)이 정예 선발대 6만 명을 이끌고 현도성으로 향했다. 이도종에게 6만의 군사로 신성을 치게 하고, 장검에게 6만의 군사로 건안성을 치게 했다. 당 태종의 친정군 20만이 뒤를 따랐다. 거기에 당 태종이 친히 거느린 6도행군 36만이 뒤따랐다. 또한 장량(張亮)이 상륙군 4만 3천 명을 포함한 수군 10만 명, 1천 척의 함대로 산동의 내주(라이저우)에서 발해만을 끼고 평양을 향해 출발하였다. 본대가 80만에 이르렀지만, 새로운 수레의 발명으로 수송부대가 본대의 2배에서 1/4로 줄어들었다. 그래도 수송부대를 합쳐서 100~104만에 이르는 대군이었다.

개전 초기 개모성과 비사성에서 격렬한 전투가 벌어졌고, 마침내 고구려의 요동 최대의 성인 요동성에서 당 태종 이세민이 직접 이끄는 주력 부대와 요동성을 구원하려는 고구려의 보병과 기병 4만 명이 교전을 벌여 결과적으로 고구려가 패배하여 후퇴하였다. 이어서 백암성의 성주 손대음은 겁을 먹은 채 전투 한 번 벌이지 않고 당군에게 성을 내주어 고구려 전사(戰史)에 첫 오욕을 남긴 성주가 되었고, 곧이어 고구려의 전방 방위선인 북쪽의 요동성과 남쪽의 건안성의 가운데에 위치한 안시성을 둘러싸고 일대 격전이 벌어지게 된다.

● 중국 시안의 태종 이세민의 능

■ 안시성 전투

당 태종의 대군은 안시성 공격을 시작하였다. 이에 안시성 사람들이 당군의 깃발과 일산을 바라보고, 즉시 성에 올라 북을 두드리고 함성을 지르니 당 태종이 크게 분노하였다. 이세적은 성이 함락되는 날 안시성의 남자를 모두 구덩이에 묻어버릴 것을 황제에게 요청하였다. 안시성 사람들은 이 말을 듣고 더욱 굳게 수비하였다. 당나라 군사가 오랫동안 공격하였으나 안시성을 함락시킬 수 없었다. 무엇보다 요동성과 개모성 함락에 크게 공헌했던 당군의 공성 신무기들, 특히 각종 포차들의 활약이 현저히 떨어졌다. 안시성은 평지의 요동성과 달리 산에 의지한 산성이었기에, 중국의 중원이나 요동성 같은 평지에서 큰 효과를 발휘했던 신무기의 효과들이 대폭 반감되었던 것이다.

안시성 공략이 어려워지자, 이때 이미 당군 설인귀에게 항복했던 고구려의 북부욕살(고구려의 행정구역은 5부제였는데, 욕살은 부의 책임자임) 고연수 · 남부욕살 고혜진 등이 태종에게 안시성 대신 건안성을 직접 공격할 것을 주청하였다. 당 태종 이세민이 이 말을 따르려 하자, 장손무기가 홀로 나서서 '안시성에서 당군의 보급로를 가로막으면 크게 불리하다'는 의견을 내며 극력 반대를 하여 당 태종은 곧 앞서의 계획을 중지하였다. 당 태종은 안시성이 만만치 않음을 깨닫고 건안성 패잔병(장량의 6만 수군)과 이도종 · 장검의 군사 등을 모두 모았다. 당 태종 친정군과 6도행군 56만도 안시성으로 집결하여 공격을 가하였다.

그럼에도 안시성의 저항이 완강하자, 당군은 강하왕 이도종의 건의로 성의 동남쪽에 토산을 쌓아 점점 성으로 접근해 왔다. 성 안의 고구려군도 역시 성벽을 더욱 높게 쌓아 굳게 방어하였다.

● 안시성 전투도

양군은 하루에도 6, 7회씩 교전하였다. 당나라 군사의 충차와 포차가 누대와 성 위의 작은 담을 허물었으나, 성 안에서는 그때마다 목책을 세워 부서진 곳을 막았다.

당군은 60일 동안 연인원 50만 명을 동원하여 토산(土山)을 쌓았다. 토산이 완성되자, 이 토산의 꼭대기가 성보다 높아져서 밖에서는 성 안을 내려다볼 수 있었다. 그러던 중에 토산이 폭우로 허물어지면서 성을 덮치는 바람에 성의 일부가 무너졌다. 토산이 무너지자 안시성의 군사 수백 명이 성이 허물어진 곳으로 나가 싸워서 마침내 토산을 탈취한 후, 그곳에 참호를 파고 수비하였다.

이날 토산 전투, 그리고 그 뒤 펼쳐진 토산 쟁탈전에서 당군 수만 명이 목숨을 잃었고 고구려의 피해도 만만치 않았다. 또 3일간의 토산 쟁탈전 이전의 석 달간 공방전에서 당군은 하루 2~3천의 피해를 입었다고 전해진다. 하루 피해인원을 평균 2,500이라 쳐도 무려 20만이 넘는 사상자를 낸 것이었다. 고구려 측도 안시성 군사 중 정예 병력은 3만이 채 안 되었다고 한다. 전투는 그만큼 치열했는데, 당 태종이 안시성주 양만춘의 화살에 맞아 한쪽 눈을 잃었다는 야사도 있다.

당 태종의 고구려 침략 전쟁은 개모성 · 요동성 · 백암성 등을 함락시켰지만, 중요한 건암성 · 오골성 · 안시성을 함락시키지 못해 당나라의 완전한 패전이었다.

당의 공격을 막아낸 안시성의 성주에 대하여 역사서에는 어떠한 자료도 없이 그냥 "안시성의 성주"로만 기록되고 있다. 그러나 조선 시대 송준길(宋浚吉)의 《동춘당선생별집》과 박지원의 《열하일기》에는 안시성 성주의 이름을 "양만춘(梁萬春 혹은 楊萬春)"이라고 밝히고 있다.

● 양만춘 장군 영정

고구려 사회와 문화

고구려가 국가로서의 관료 조직을 갖추게 된 것은 대체로 율령 정치가 시작된 소수림왕 때의 일이며, 그것이 더욱 정비된 것은 장수왕 때 수도를 평양으로 옮긴 이후의 일이라고 여겨진다. 고구려의 문화는 고구려인의 강건한 기질을 잘 나타낸다.

■ 고구려의 형법

고구려에서 통치 질서와 사회 기강을 유지하기 위하여 시행한 형법은 매우 엄격하였다. 반역을 꾀하거나 반란을 일으킨 자는 화형에 처한 뒤에 다시 목을 베었고, 그 가족을 노비로 삼았다. 적에게 항복한 자나 전쟁에서 패한 자 역시 사형에 처하였다.

도둑은 12배를 물게 하였는데, '1책12법'이라고도 하며 부여와의 공통점이다. 고구려에서 범죄가 적고 감옥이 없었던 것은 이 때문이다.

남의 가축을 죽인 자는 노비로 삼거나, 빚을 갚지 못한 자는 그 자식을 노비로 만들어 변상하는 경우도 있었다. 그리고 중대한 범죄자가 있으면 제가가 모여서 논의하는 제가 회의를 통하여 처벌하였다. 이렇게 엄격한 형법을 적용하였기 때문에, 법률을 어기거나 사회 질서를 해치는 자가 드물었다.

■ 고구려의 경제

● 5~6세기 고구려 지붕 기와의 와당

고구려의 산업은 농업을 위주로 했으며, 국가에서는 농업을 장려하였다. 그러나 농사를 담당한 것은 피지배계급인 일반 농민이었다. 고구려의 세제(稅制)는 세(稅)와 조(組)가 있었는데, 인두세(人頭稅)에 해당하는 세로 포목 5필에 곡식 5섬을 바쳤고, 조는 민호(民戶)를 3등급으로 나누어 상호가 1섬, 중호가 7말, 하호는 5말을 내었다.

● 고구려 제22대~제28대 왕의 연표

제22대 안장왕(519~531)	
529년	백제가 혈성을 함락하고, 오곡(황해도 서흥)에서 싸워 이기다.
제23대 안원왕(531~545)	
544년	왕실의 외척인 추군세력과 세군세력이 싸워 세군 측 2천 명이 피살되다.
제24대 양원왕(545~559)	
551년	돌궐이 침략하였다가 격퇴되다.
557년	환도성에서 간주리가 모반을 하였다가 죽음을 당하다.
제25대 평원왕(559~590)	
586년	평양 대성산에서 장안성으로 도읍을 옮기다.
제26대 영양왕(590~618)	
598년	고구려가 요서지방을 먼저 공격하니, 수나라가 30만 대군으로 침략해 왔다가 물러가다(1차 침입).
600년	태학박사 이문진에게 명하여 《신집》 5권을 만들다.
612년	수의 제2차 침입
613년	수의 제3차 침입
614년	수의 제4차 침입
제27대 영류왕(618~642)	
631년	당이 고구려 경관을 허물다. 고구려, 천리장성을 축조하기 시작하다.
제28대 보장왕(642~668)	
645년	당이 침입하였다가 안시성 전투에서 패하여 돌아가다.
655년	백제와 연합하여 신라 33성을 점령하다.
666년	연개소문이 죽고 내분이 일어나다.
668년	고구려가 나·당 연합군에게 멸망당하다.

■ 고구려의 복식

지배층의 복식은 한(漢)나라 · 흉노에서 수입한 비단과 금·은으로 장식되었고, 전사(戰士)는 머리에 이른바 절풍(折風: 깃털을 꽂은 관모)을 썼는데, 많이 꽂혀 있을수록 높은 신분을 나타낸다. 고구려인은 또한 거대한 분묘와 석총(石塚)을 만들었고, 많은 물건을 시체와 함께 부장하였다.

● 절풍의 모자를 쓴 고구려인의 복장

■ 고구려의 음악

고구려인은 가무(歌舞)를 즐겼으나, 더 이상의 문헌적 고증은 찾아볼 수 없다. 다만 양원왕 때의 국상인 왕산악(王山岳)이 진(晋)의 칠현금(七絃琴)을 개량하여 거문고를 만들었다 하고, 100여 곡의 악곡(樂曲)을 지었다고 전한다.

● **왕산악(王山岳)**
고구려 양원왕 때의 재상이며, 거문고 연주자이다. 우륵 · 박연과 함께 한국 3대 악성(樂聖)의 한 사람이다.

■ 고구려의 풍습

고구려는 압록강 중류 유역에 있는 졸본에서 나라의 기틀을 마련하였다. 이곳은 산간지역으로 식량 생산이 충분하지 못하였다. 따라서 일찍부터 대외 정복 활동에 눈을 돌렸고, 사회 기풍도 씩씩하였다. 그리하여 고구려 사람은 절할 때에도 한쪽 다리를 꿇고 다른 쪽은 펴서 몸을 일으키기 쉬운 자세를 취하였고, 걸을 때도 뛰는 듯이 행동을 빨리하였다.

고구려 지배층의 혼인풍습으로는 '형사취수제'와 함께 '서옥제(壻屋制: 데릴사위제)'가 있었는데, 3세기 들어 사라졌다. 형사취수제는 부여와의 공통점이다. 초기에는 남자가 처가 옆에 마련한 서옥(사위집)에 들어갈 때에 예물로 돈과 옷감 등을 처가에 주었으나, 그 이후 남녀 간의 자유로운 교제를 통하여 결혼했는데 남자 집에서 돼지고기와 술을 보낼 뿐 다른 예물은 주지 않았다. 만약 신부 집에서 재물을 받은 경우에는 딸을 팔았다고 여겨 부끄러워하였다. 그리고 건국 시조인 동명성왕과 그 어머니 유화부인을 조상신으로 섬겨 제사를 지냈고, 10월에는 '동맹(東盟)'이라는 제천행사를 성대하게 열었다.

● 고구려 귀족의 부부상: 안악 고분군의 벽화 인물상을 토대로 재현하였다.

고구려의 멸망

고구려는 만주를 놓고 벌인 돌궐과의 싸움에서 승리하고 영토가 동서 6천 리로 늘어나는 등 평원왕~영양왕 대에 이르러 중흥기를 맞이하였다. 그러나 중원을 통일한 수와 당의 연이은 공세가 시작되었다. 전투원 100만 명에 수송대 200만을 앞세운 수 양제의 공격은 을지문덕을 비롯한 명장들의 활약에 힘입어 격퇴시켰다. 수나라가 멸망하고 당나라가 들어서자, 고구려는 국가의 운명을 놓고 당과 전쟁을 치렀다.

■ 당나라의 끈질긴 침입

수 양제의 침입이 끝나고, 고구려에는 연개소문을 중심으로 하는 강경한 정권이 생겨나, 중국의 새 왕조 당과 화친을 꾀했던 영류왕을 죽이고 보장왕을 앉혀 당나라와의 전쟁을 준비하였다.

당 태종의 침입은 수 양제의 침입에 비해 규모는 작아졌으나, 수나라 때보다 침착하고 유연하게 고구려의 세력을 공략했다. 무려 10개의 성이 함락당했고, 특히 '주필산[태종이 주둔하면서 지휘한 산을 황제가 머물렀다는 뜻에서 주필산(駐蹕山:요동 해성의 동남쪽에 있는 산)이라 함] 전투'라고 명명된 안시성 외곽 전투에서는 모처럼 모아놓은 고구려의 15만 대군이 당군과의 회전에서 패배하고 3만 명씩 피해를 입었는데, 수나라와의 전쟁 때와 비교하면 상당히 큰 피해였다.

● **고구려군의 전투도**
용산전쟁기념관에서 고구려군의 전투도를 재현해 놓은 디오라마 작품이다. 고구려는 당시 중국 대륙의 막강한 제국인 수나라와 당나라의 공격에도 굴하지 않는 군사력을 보유하고 있었다.

■ 고구려의 멸망과 부흥운동

666년(보장왕 25년) 5월에 연개소문이 죽자 그의 아들들끼리 권력상쟁이 이어지다가, 권력자인 맏아들 연남생은 당나라에, 그리고 연개소문의 동생 연정토는 신라에 투항하는 등 내분이 격화되었다. 연남생이 당나라에 고구려를 쳐달라고 요구해 제3차 고구려-당 전쟁이 일어났는데, 지난 전쟁과 달리 연남생의 협조까지 있었기에 하나하나 돌파되어 평양성까지 포위됐다. 셋째 아들인 연남산과 보장왕이 백기를 들려고 하자, 둘째 아들 연남건은 마지막까지 싸우려고 하였다. 그러나 내통자 신성(信誠)이라는 승려에 의해 성문이 열려 보장왕 등이 나·당 연합군에 항복하여, 고구려는 668년에 멸망하였다.

당은 평양에 안동도호부(安東都護府)를 설치한 후, 고구려 땅에 9도독부, 42주, 100현을 성립시키고자 했으나 뜻대로 되지 않았다. 고구려 멸망 때 당이 점령한 지역이라고는 평양 일대와 자발적으로 항복한 국내성 일대뿐이었다. 실질적으로 고구려의 잔존세력들은 여전히 위세를 떨쳤고, 특히 요동방어선 일대를 포함한 안시성 · 요동성 · 백암성 · 오골성 · 신성 · 부여성 등의 11개 성은 평양성이 함락되었음에도 여전히 건재한 상태였다. 고구려 부흥운동이 673년까지 줄기차게 당에 저항을 하고 있었기 때문에, 당으로서도 안동도호부의 후퇴는 어쩔 수 없는 일이었다.

결국 지속되는 저항으로 677년 당은 보장왕을 요동으로 물러난 안동도호부의 요동주도독 조선왕(遼東州都督 朝鮮王)으로 봉하여 고구려 저항세력을 달래보려고 했으나, 당의 의도와 달리 보장왕이 고구려 부흥을 시도하고 있다는 것이 발각되어서 결국 유배를 보내게 된다. 참다못한 당나라는 이때부터 고구려 유민들을 대거 흩어지게 할 목적으로, 당나라의 비개발 지역이자 고구려에서 한참이나 떨어진 회수(화이수이 강, 화이어 강)의 남쪽이나 사람이 살지 않은 황무지로 고구려 유민들을 대거 이주하는 계획을 실행에 옮기게 된다.

결국 고구려 유민들은 강제로 대거 이주를 당하기 시작하는데, 679년 평양과 국내성의 인구 중 부유층과 지식층 2만 8,300호, 대략 20만이 조금 넘는 규모의 고구려 유민이 양자강 회수의 남쪽 및 산남(山南), 경서(京西) 등으로 이주되어 갔다. 이렇듯 당나라는 고구려의 인구를 최대한 뿔뿔이 흩어지게 만들려고 애를 썼다.

이들 고구려 유민은 미개발 지역에서 혹사당하는 가운데 고구려인으로서의 정체성을 잃어갔다고 한다. 당으로 끌려가서 이름을 남긴 유민은 대표적으로 고선지(高仙芝), 이정기(李正己), 왕모중(王毛仲), 왕사례(王思禮) 등이 있다. 이들 말고도 영주(營洲)로 대거 강제이주 당한 유민들도 있는데, 이들은 나중에 대조영(大祚榮)과 함께 발해(渤海)를 건국하게 된다.

● 중국 대륙을 움직인 고구려 유민

● 고선지(高仙芝: ? ~ 755년)
아버지는 고구려 말기 무장이자, 고구려의 유민으로 당의 장수였던 고사계(高舍鷄)이다. 721년 고구려 유민 출신으로 당나라 유격장수가 되어서 토번국(현 티베트) 세력을 격파하였고, 당나라의 영역을 타클라마칸 사막 서쪽으로 넓혔다. 수차의 성공적인 서역원정 중, 파미르 고원을 넘은 사건이 유명하다. 이후 마지막 탈라스 전투(751년)에서 이슬람군에 패했다. 그는 1만 명의 군사를 이끌고 파미르 고원을 넘어 서역을 정벌함으로써, 여러 서역 국가들로부터 조공을 받게 했다.

● 이정기(李正己: 732년 ~ 781년)
고구려 유민 출신의 장군으로, 산동반도 일대의 15개 주를 다스린 번진 '평로치청(平盧淄靑)'의 절도사였다. 사후 제(濟)나라의 시조로 추존되었다. 그의 번진은 당시 여러 번진 중에서 최대로 강성했으며, 중앙정부에 대해서는 거의 독립적인 태도를 취했다. 이정기는 자신이 관할하던 15개 주에서 얻은 막대한 부와 10만 명에 달하는 병력을 바탕으로 당군과 맞서, 강회에서 대승을 거두었다. 그러나 같은 해 숨을 거두는 바람에 낙양을 함락시키지는 못하였다.

백제의 건국

백제(百濟)는 기원전 18년 한강 하류의 하남 위례성(河南慰禮城: 지금의 서울 강남)에 도읍을 정해 건국되었다. 《삼국지(三國志)》에는 백제가 마한의 일부였다고 한다. 마한은 삼국 시대 이전부터 한반도에 있던 삼한(三韓) 중 가장 큰 정치 집단으로, 54개 부족국가 연맹체였다. 마한의 54개 부족국가는 지금의 경기도 · 충청북도 · 충청남도 · 전라북도 · 전라남도에 해당하며, 그 외에도 강원도 서부와 황해도 남부까지 세력권으로 하였다. 이 중 북방에서 이주해 온 부여족(夫餘族) 계통인 온조(溫祚) 집단을 중심으로 형성된 백제국(伯濟國)이 마한에서 점차 세력을 확대, 통일하기에 이른다.

■ 백제의 국가 성립

백제의 건국 시기에 관해서는 일반적으로 김부식의 《삼국사기》에 실린 온조 설화에 따라 기원전 18년에 부여 또는 고구려 계통의 유민 세력과 한강 유역의 토착 세력의 결합으로 성립된 것으로 보고 있다. 초대 국왕인 비류왕과 온조왕은 고구려 추모왕(동명성왕)과 소서노의 아들이며, 백제의 원래 이름은 십제(十濟)였다. 우수한 철기 문화를 보유한 고구려 유민 집단이 지배층을 형성하였다.

초기엔 한강 유역에 머물렀으나 점차 팽창하며, 마한의 여러 소국들을 차례로 정복해 나갔다. 제8대 고이왕(재위 234년~286년) 때 율령반포 및 중앙집권이 이루어졌고, 제15대 침류왕(재위 384년~385년) 때 불교를 수용했다. 그리고 313년~ 314년에 낙랑군과 대방군이 고구려의 공격을 받고 무너질 때, 고이왕 시절부터 낙랑군 · 대방군과 우호적인 관계를 맺어온 백제는 낙랑인 · 대방인 들을 적극적으로 수용하여 문화 또한 크게 발전하게 되었다.

● 한강 유역에 세워진 백제(한성 백제)의 궁궐 디오라마

백제의 건국 설화

백제 건국 설화란, 삼국 시대의 고대국가 백제의 건국에 관해 전해 내려오는 설화를 말한다. 현재까지 전해지는 백제 건국 이야기는 모두 3가지로서, 그 중 2가지는《삼국사기》에, 나머지 한 가지는《수서(隋書)》와《북사(北史)》에 실려 있다.

■ 온조 설화

온조 설화는 백제의 시조가 온조라고 전하고 있으며, 현재 가장 많이 알려진 백제 건국 설화이다.

고구려의 동명성왕(주몽)이 졸본에 정착한 후 졸본부여 왕의 둘째 딸과 결혼하여 두 아들을 낳았는데, 형은 비류, 동생은 온조로 이름 지어졌다. 이후 동명성왕이 고구려를 건국하자 비류와 온조는 가장 유력한 후계자 순위에 있었다.

그러나 어느 날, 비류와 온조를 얻기 이전에 북부여의 예씨와의 사이에서 태어난 맏아들 유리가 고구려에 찾아오자 동명성왕이 반겼다. 게다가 동명성왕이 첫째 아들인 유리를 태자로 임명하자, 비류와 온조 형제는 후일이 두려워 남쪽으로 내려가 새로운 땅을 찾아 나서게 되었고, 지금의 한강 유역에 자리를 잡고 나라를 건국하기에 이르렀다.

● 새로운 나라의 터전을 살피는 온조와 비류
온조와 비류가 어머니 소서노와 함께 고구려(졸본)에서 남하하여 새로운 나라를 세우려고 지형을 살피는 장면의 역사 기념 우표이다. 비류는 미추홀(지금의 인천)에 자리를 잡고, 온조는 위례성(지금의 서울 강남)에 자리하여 점차 백제라는 나라로 발전시켰다.

■ 비류 설화

온조 설화와는 달리, 비류 설화는 백제의 시조가 비류라고 전하는 설화이다. 비류 설화는 두 형제의 가계, 대수(帶水)와 패수(浿水)를 건넜다는 점, 비류와 온조 모두 미추홀에 정착하였다는 점 등이 온조 설화와 다르다.

북부여의 왕인 해부루의 아들 우태(優台)는 졸본 사람 연타발의 딸인 소서노와 혼인하였다. 이 둘 사이에서 태어난 아들들이 바로 형 비류와 동생 온조이다. 그러나 우태가 죽자 소서노는 졸본으로 망명한 주몽과 재혼하였다고 한다.

주몽은 소서노와 두 형제를 잘 보살펴 주었고, 소서노는 왕비가 되었다. 그러나 부여 예씨와 혼인하여 얻은 아들 유유(유류, 유리)가 찾아오자, 주몽의 마음은 유유 쪽으로 기울어 결국 그를 태자로 삼았다.

그러자 형인 비류가 아우인 온조에게 말하기를, "대왕의 업적이 크고 우리를 잘 보살펴 주었으나, 이제는 나라가 유유의 손에 들어갔으니 다른 나라를 세우자."고 하였다. 그리하여 두 형제는 어머니 소서노와 함께 대수와 패수를 건너 미추홀에 나라를 건국하였다.

● 새로운 나라를 건국하려 남으로 향하는 온조와 비류의 일행

■ 구태 설화

구태 설화는 세 건국 설화 중에서 다소 신빙성이 떨어지고, 잘 알려져 있지도 않은 설화이다. 그러나 백제 건국 설화의 하나이므로 주목할 필요가 있다.

구태 설화에서는 '고려국'의 시녀가 낳은 사내아이가 동명성왕이 되는데, 동명성왕이 엄수에 이르자 북부여 사람들이 그를 반겼다고 한다. 여기서 동명성왕은 후손이 있었는데, 그 이름이 '위구태(尉仇台)'라고 한다.

위구태가 대방에 나라를 세웠는데, 나중에는 동이(東夷)의 큰 나라가 되었다고 전한다. 구태 설화에서는 '백제'의 어원에 대해서도 언급하는데, 그것에 따르면 "백(百) 개의 집이 바다를 건넜다."고 하여 백제라고 불리었다고 한다. 원래는 '10명의 신하가 보필하고, 10개의 강물을 건넜다.'라는 뜻을 가진 십제였지만, 시간이 지나면서 백제로 바뀌었다는 것이다.

이들 설화에 대한 견해 중에서는 온조의 후손과 비류의 후손이 번갈아 가며 왕위를 세습하다가, 나중에는 온조의 후손이 계속 왕위를 차지했다는 것을 반영한다는 해석도 있다.

● 백제는 한강 유역에 정착하여 토성을 쌓고 나라의 기틀을 다졌다.

고이왕

온조 집단은 한강 유역에 정착한 후 마한 연맹으로부터 100리의 땅을 할애받아 십제를 세웠고, 미추홀 지역의 비류 집단과 연합하여 백제라고 이름을 고쳤다. 백제는 한강 유역으로 세력을 확장하려던 한나라 군현의 공격을 막아내면서 차츰 성장해 나갔다. 3세기 중엽 고이왕(古爾王: 재위 234년~286년) 때에는 한강 유역을 완전히 장악하였고, 소금의 산지였던 인천까지 영향권에 넣었다.

■ 초기 백제의 기반을 다지다

백제의 기반은 제8대 고이왕 시절에 갖춰지게 되었다. 고이왕은 국가체제의 정비와 왕권 강화에 주력하여 고대국가로서의 백제의 기반을 다졌으며, 집권력의 강화를 위하여 좌장(左將)을 설치하여 내외 병마권을 관장하게 함으로써 족장들의 독자적인 군사력을 약화시켰다. 고이왕은 흔히 백제의 실질적인 건국자로 여겨지고 있다.

그는 재위 기간 중 괴곡(槐谷: 충청북도 괴산군) · 봉산(烽山: 지금의 경상북도 영주시)을 중심으로 신라와 자주 충돌했다. 내정 면에서는 여러 가지 정치 제도와 복식 제도를 제정했는데, 그것은 그 뒤 백제가 멸망할 때까지 4백 년간이나 이어져 백제의 기본 제도로 유지되었다.

재위 27년(260년) 정월, 기존의 좌 · 우보 체제를 개혁하여 여섯 개의 좌평을 두고, 그들에게 왕명 출납과 창고 관리, 의례 제정, 형벌 제도, 군사 업무를 각각 분담시켜 맡아 보게 했다. 또한 16품의 관등 체계를 정비했으며, 관직의 위계에 따라 1~6관등은 자주색[자색(紫色)], 7~11관등은 다홍색[비색(緋色)], 12~16관등은 푸른색[청색(靑色)] 옷을 입게 하는 등 품계에 따른 관복 제도도 정했다.

● 백제 귀족의 복장

이러한 지배체제 정비를 통해 왕권 강화를 이루어 냈고, 그렇게 성장한 힘을 바탕으로 낙랑과 신라 그리고 말갈(靺鞨)과 군사적으로 충돌하며 세력을 키워갔다. 또한 남옥저의 일부를 점령했고, 중국 대륙의 서진(西晉)과 외교관계를 맺었다. 강원도 북부에 자리잡은 말갈족이 자주 침범해 왔는데, 고이왕 대에는 말갈과도 우호관계가 조성되었다. 한사군의 후신인 낙랑 · 대방과도 혼인을 통한 동맹관계를 형성했다.

재위 13년(246년) 위(魏)나라가 낙랑군 · 삭방(朔方)과 합공해 고구려와 전쟁을 벌이는 틈을 타서 낙랑군의 변방을 공격하기도 했다. 또한 한나라와 낙랑군 · 대방군 사이에 분쟁이 일어났을 때 대방군을 선제공격하여 대방태수 궁준을 전사하게 한 사건의 배후에도 고이왕이 이끄는 백제의 힘이 작용하였을 것이라고 보기도 한다.

고이왕은 율령을 반포하는 등 내정을 크게 정비하였는데, 관리로서 재물을 받은 자와 남의 것을 도둑질한 자에게는 3배를 징출(徵出)케 하는 동시에 종신 금고(禁錮)에 처한다는 법령을 내려 기강을 바로잡았다. 아울러 신라의 국경을 침범하여 영토도 확장하였다.

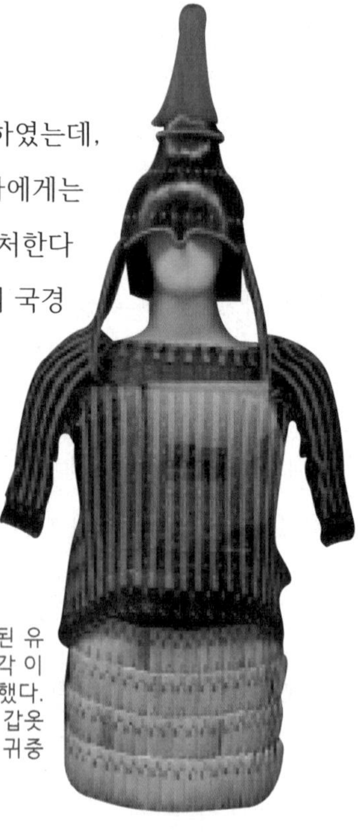

● 초기 백제의 뼈갑옷
몽촌토성의 남쪽 성문 가까이에 위치한 저장구덩이에서 출토된 유물로 뼛조각(소찰)의 크기는 길이 10cm, 폭 2~4cm이다. 뼛조각 이음은 모두 4단으로 구성되었으며, 아랫부분을 감싸는 역할을 했다. 출토 상태를 바탕으로 복원해 보니 모두 185개의 뼛조각으로 갑옷의 형태가 되어, 초기 백제의 갑옷과 군사력을 엿볼 수 있는 귀중한 유물이다.

근초고왕

근초고왕(近肖古王)은 백제의 전성기를 이끌었다는 점에서 고구려의 광개토태왕과 신라의 진흥왕과 비견될 만하다. 광개토태왕은 18세에 즉위하자마자 백제 10성을 점령하는 등 치세를 정복 전쟁으로 보낸 진정한 정복군주이며, 진흥왕도 10대 후반~20대 때 영토를 즉위 시점의 2~3배로 확장시켰지만, 근초고왕은 20년 동안이나 힘을 축적하고 이를 바탕으로 재위 후반기에 이르러서야 비로소 정복에 나섰다는 점이 다르다. 광개토태왕과 진흥왕이 젊은 패기와 뛰어난 군사적 식견으로 전장을 휩쓰는 패왕의 군주였다면, 근초고왕은 안정된 국력을 바탕으로 전장에 나서는 신중하고도 치밀한 성격의 군주였다.

■ 백제를 강국으로 만들다

제13대 근초고왕이 즉위하기 전, 백제는 북쪽으로 완충지대 역할을 하던 대방군이 고구려에 의해 축출되면서 고구려의 위협이 현실로 다가온 상황이었다. 이런 마당에 백제의 왕통까지 분열되어 매우 불안정한 정국이 이어지고 있었다. 근초고왕 바로 이전의 제12대 계왕(契王)이 2년 동안(344년~346년) 재위하다가 왕위를 넘겨줬을 정도로, 당시 백제의 왕통은 분열되어 허약하였다.

그러나 이처럼 불안했던 상황은 근초고왕 이후 근구수왕-침류왕-진사왕-아신왕 등 제14대~제17대까지 근초고왕의 직계 후손으로 선명하게 가닥이 잡히게 되었다.

근초고왕은 백제 역사상 최초로 중국 사서에 이름이 기록된 왕으로 알려져 있다. 《진서(晉書)》에 따르면, 372년 음력 1월과 6월에 동진에 사신을 보내 조공하는 한편, 《일본서기》에 기록된 바와 같이 아직기와 왕인 두 학자를 왜(倭)에 파견하여 왜의 왕이 그들을 태자의 스승으로 삼기도 했다.

● 왕인(王仁) 박사 상
일본에 건너가 《천자문》과 《논어》를 전했다는 인물이다.

왜왕에게 칠지도가 보내진 것도 이 무렵의 일이다. 근초고왕은 또한 왕실의 존귀함을 알리고 국가 체제를 굳건히 할 목적으로 박사 고흥(高興)에게 명하여 백제 왕실의 역사를 정리하게 함으로써《서기(書記)》가 저술되었으나, 불행히도 지금은 전해지지 않는다.《일본서기》에는 근초고왕이 철정(鐵鋌) 40매를 왜국에 보냈다고 기록되어 있기에, 왜는 근초고왕 재위 시에 가야와 백제로부터 철기를 수입했던 것으로 보인다.

●**칠지도(七支刀)**
근초고왕이 일본 왕에게 하사한 철제 칼로, 길이 74.9cm의 양 옆으로 모두 6개의 가지가 뻗은 모양새다. 이소노카미 신궁에 보관되어 있으며, 일본의 국보로 지정되어 있다.

■ 고구려와의 전쟁

백제가 369년 마한을 정복하러 간 틈을 이용하여 고구려의 고국원왕(故國原王)이 보병과 기병 2만 명을 거느리고 치양(雉壤: 황해도 배천)에 와서 진을 치고는 군사를 나누어 민가를 약탈하였다. 근초고왕이 태자(뒷날의 근구수왕)를 보내 고구려 군사를 막게 하였는데, 태자가 군사를 거느리고 지름길로 치양에 이르렀을 때, 백제 출신의 고구려 장수 사기(斯紀)가 고구려군의 기밀을 알려주자 적군을 쉽게 쳐서 깨뜨리고 수곡성까지 영토를 넓힐 수 있었다. 이 전투에서 고구려군 5천여 명을 죽이거나 사로잡았는데, 포로들은 장수와 군사들에게 나누어주었다.

고국원왕은 복수를 하기 위해 371년에 군사를 일으켜 재침공하였다. 이때에도 근초고왕은 패하(浿河) 가에 군사를 매복시켜 공격하여 대승하였다.

근초고왕은 기세를 타서 겨울에 정예 군사 3만 명을 거느리고 고구려에 쳐들어가서 평양성을 공격하였다. 고구려 군사가 힘을 다해 싸워 막는 와중에 고국원왕이 빗나간 화살에 맞아 죽었다. 바야흐로 평양성이 함락되기 직전이었으나, 흥분한 고구려 군사의 결사항전이 심하여 백제군은 물러났다.

이제 고구려는 원한에 사무쳐 복수의 칼을 갈며, 요동 공략에서 남쪽으로 눈을 돌리게 되었다. 이에 백제는 신라보다 더 큰 고구려라는 강적에 대비하기 위해 수도를 위례성에서 한산(漢山: 한성)으로 옮기고 남한산성을 쌓는 외에도, 독산성(지금의 송악산으로 보이는 청목령에 쌓은 성, 또는 파주 지역에 쌓은 성)을 쌓아 북쪽 방어에 대비했다.

이로써 백제국은 작게는 지금의 경기도, 충청도, 전라도에서 크게는 강원도, 황해도까지 퍼져 있던 마한 54개 부족국가 연맹체를 통일한 것은 물론, 보다 강력한 고대국가의 기반을 마련했다. 근초고왕은 이러한 영토 확장을 토대로 한반도의 패권을 손에 넣을 수 있었고, 더욱 강력한 왕권을 세움으로써 왕위의 부자세습 제도를 확립하였다.

● 근초고왕 무덤으로 추정하고 있는 석촌동 제3호분
서울 석촌동 고분군은 백제의 유적이다. 이 중 가장 큰 석촌동 제3호분은 4~5세기 백제 왕릉으로 보이며, 학계에서는 근초고왕의 무덤으로 추정하고 있다.

■ 근초고왕의 남방 진출

근초고왕은 왜의 야마토 왕조와 국교를 수립하고 칠지도(七支刀)와 칠자경(七子鏡)을 보냈다. 백제가 언제부터 야마토 왕조와 통교하기 시작했는지는 정확하지 않으나, 근초고왕에 이르러 양국 관계가 활기를 띤 것만은 분명하다. [이 일에 대한 기록은《삼국사기》엔 전무하고,《일본서기》와《고사기》에 전한다. 현재 남아 있는《삼국사기》백제본기에는 근초고왕 즉위부터 20년(365년)까지의 기록이 빠져 있다. 그래서 이 기간에 근초고왕이 무슨 일을 했는지는 확인할 수 없다.]

364년, 근초고왕은 가야의 부족국가 가운데 하나인 탁순국(卓淳國: 위치 미상)에 사신을 파견하였으며, 366년 3월에는 신라에 사신을 보내 동맹을 맺었고, 탁순국 왕을 통해 야마토 왕조와 외교관계를 수립하려 하였다.

당시 야마토 왕조는 탁순국에 사신 시마노스쿠네를 파견하였다가 백제가 왜와 통교하기를 원한다는 말을 들었다. 그러자 시마노스쿠네는 근초고왕에게 부하 니하야를 파견하였다. 근초고왕은 니하야를 반갑게 맞이하여 오색의 채견 1필, 각궁의 화살, 그리고 철정 40매를 선물로 안겨 돌려보냈으며, 이듬해 367년 신라 사신 편에 구저(久氐), 미주류(彌州流), 막고(莫古)를 딸려 보냈다. 이들이 함께 왜에 도착함으로써 백제와 야마토 사이에 국교가 수립되었다. 이것은《일본서기》에 진구[신공(神功)]황후 때의 일로 기록되어 있는데, 백제에 대해 우호적으로 씌어져 있는 것으로 보아 이러한 양국의 분위기를 읽을 수 있다. 한편, 근초고왕은 신라와의 외교도 중시하여 368년에 명마 두 필을 신라에 보내기도 했다.

● **근초고왕(近肖古王)**
백제 제13대 왕. 369년 마한 전 지역을 차지하였고, 371년 고구려를 공격하여 고국원왕을 전사시키고 대동강 유역까지 진출하였다. 나아가 산둥 반도, 요서, 왜 등으로까지 해외 진출을 활발하게 실시하였다. 아직기, 왕인 등을 일본에 파견하여 백제의 선진 문물을 전해 주었고, 박사 고흥으로 하여금《서기》를 편찬하게 하였다. 사진은 백제 왕의 머리 장식인 금꽃이다.

백제의 사회와 문화

백제는 일찍부터 중국의 선진문물을 받아들여 유학이 발전하였으며, 고흥이 《서기》를 편찬했다. 또한 《일본서기》의 기록에 따르면 《백제기》·《백제본기》·《백제신찬》 등의 역사책이 있었다고 한다. 현재 남아 있는 건축물로는 분묘나 석탑 정도에 불과하나, 일본의 나라·아스카 시기 건축물에서 백제의 흔적을 찾을 수 있다.

■ 백제 사회의 신분제도

백제의 형벌은 엄격하여 반역자, 전쟁터에서 도주한 군사, 살인자는 참수에 처했다. 도둑은 귀양을 보내고, 훔친 물건의 곱절 값을 치러서 배상하게 하였다. 관리가 뇌물을 받거나 횡령을 했을 때는 종신형에 처하고, 3배의 값을 치러서 배상하도록 했다.

백제의 신분은 크게 지배신분층, 평민층, 천인층으로 나누어 볼 수 있다. 백제의 지배층은 왕족 부여씨와 '대성팔족(大姓八族)'이라 불리는 귀족으로 이루어져 있었다. 대성팔족은 왕실과의 혼인이 허락되어 외척이 될 수 있는 왕비족이다. 당대의 왕비를 배출하면 '길사(吉師)'라고 하며, 왕권에 버금가는 세력이 된다. 신분제는 관등, 관직제를 규정하기 때문에 신분에 따라 관등, 관직, 복색, 대색에도 구별이 있었다. 왕은 금화로 장식한 오라관(烏羅冠)을 쓰고, 흰 가죽띠를 두르며, 검은색의 비단신을 신었다. 지배신분층 가운데 제1층은 자복(紫服)을 입고, 은화로 장식한 관을 썼다. 제2층은 비복(緋服)을 입고, 자대에서 황대까지의 띠를 띠었다. 제3층은 청복(靑服)을 입되, 황대에서 백대까지의 띠를 둘렀다.

● 오라관(烏羅冠)을 쓰고 있는 백제 왕의 모습
백제에서는 임금이 큰 소매의 자줏빛 도포와 푸른 비단바지를 입고 오라관에 금꽃으로 장식하여 왕의 위엄을 나타냈다.

●백제 제1대~제11대 왕의 연표

제1대 온조왕(BC 18~AD 28)	
BC18년	하남 위례성에 도읍을 정하고 백제 건국. 동명왕묘를 세움.
제2대 다루왕(28~77)	
38년	곡식이 여물지 않아 백성들의 술 빚는 것을 금지시킴.
제3대 기루왕(77~128)	
89년	지진이 발생하여 민가가 넘어지고 사망자들이 많이 발생.
105년	신라에 사신을 보내서 강화를 요청.
제4대 개루왕(128~166)	
제5대 초고왕(166~214)	
제6대 구수왕(214~234)	
222년	관리에게 명을 내려 제방을 수리하게 함. 농사를 권하는 명령을 내림.
제7대 사반왕(234~234)	
234년	나이가 어려 정사를 감당하지 못하여 곧 폐위됨.
제8대 고이왕(234~286)	
242년	남쪽 습지에 논밭을 개척.
260년	6좌평 · 16관등제를 실시함. 복색제도 마련.
제9대 책계왕(286~298)	
298년	한과 맥인의 침공을 받아 책계왕 사망.
제10대 분서왕(298~304)	
304년	분서왕이 낙랑태수가 보낸 자객에 의해 살해당함.
제11대 비류왕(304~344)	
327년	내신좌평 우복의 반란을 평정함.

■ 백제의 종교

백제의 종교는 불교가 대표적인데, 불교는 제5대 침류왕 시기인 384년에 서역승 마라난타가 동진(東晉)으로부터 들어오면서 시작되었다. 이듬해 침류왕은 한산에 사찰을 지어 승려 10명을 거처하게 하였다. 제26대 성왕 이후 백제에서는 많은 승려와 예술가들을 일본에 보내, 일본의 불교문화 융성에 크게 기여하였다. 또 불교 사상에 심취한 제29대 법왕은 불교 사상에 따라 생물을 죽이지 못하도록 명령하였다. 민간에서 기르던 매를 야생에 풀어주고, 고기잡이와 사냥을 하는 도구들을 불태우도록 했다.

● 백제에 불교를 전파하려는 마라난타(摩羅難陀)

도교는 사비(부여) 도읍기에 성행했다. 부여 능산리 사적지에서 발견된 백제금동대향로의 상단 뚜껑 쪽에 새겨진 문양은 신선이 살았다는 봉래산(蓬萊山)을 주제로 삼고 있으며, 익산 왕궁면 왕궁리에서 발굴된 원지(苑池: 연못)는 우리나라 고유의 산악숭배와 더불어 신선사상 및 도교사상의 영향을 보여준다.

■ 백제의 경제

백제는 일찍이 삼한 시대부터 벼농사와 수리시설이 보급되는 등 농업이 발달하였고, 직조술 · 염색술 등 수공업이 발달하였다. 금속공업도 뛰어나 무기 · 금관 · 금은 장식품 · 불상 등을 만들었다.

토지제도는 국유가 원칙이었고, 토지 측량방법은 두락제(斗落制)를 썼다. 조세는 조를 쌀로, 세(인두세)를 포목 · 비단 실과 삼으로 내게 했는데, 풍흉에 따라 차등을 두었다.

2월에 한수(漢水) 북부 사람 가운데 15세 이상 된 자를 징발하여 위례성을 수리하였다는 기록도 있다.

● 백제금동대향로
(百濟金銅大香爐)
7세기경에 만들어진 금동대향로는 백제인들의 정신세계와 예술적 역량을 함축시켜 놓은, 백제 공예품의 진수라 할 수 있다. 이 향로는 한낱 향을 피우는 도구가 아니라, 백제왕실 의식이나 제사용으로 사용된 신물(神物)이었을 것으로 추정하고 있다. 국보 제287호로 지정되어 있다.

백제의 무역항으로는 영암 및 당항성이 크게 번성하였다. 백제는 이 무역항을 이용하여 양(梁)나라를 비롯한 중국 남조의 각국과 활발한 교류를 펼쳤으며, 왜에게 아스카 문화를 발흥시키는 데 절대적인 영향을 주었다. 한성 시대(BC 18년~AD 475년)에는 아직기 · 왕인 등이 왜에 한학과 유교를 전했는데, 특히 왕인은 《천자문》을 전해 준 것으로 알려져 있다. 이외에도 오경박사가 교대로 왜에 파견되었으며, 기술자인 봉녀 · 야공 · 양주인을 비롯해 와박사 · 조사공 등의 건축 기술자도 파견되었다.

● 백제 제12대~제21대 왕의 연표

제12대 계왕(344~346)	
제13대 근초고왕(346~375)	
366년	신라에 사신을 보내어 교빙.
369년	왜왕에게 칠지도를 하사.
372년	동진에 조공, 동진에서 근초고왕 봉책.
제14대 근구수왕(375~384)	
377년	왕이 3만의 병력으로 고구려 평양성을 공격함.
제15대 침류왕(384~385)	
384년	동진의 마라난타가 불교를 전래.
385년	한산에 사찰을 세우고 승려 10명을 출가시킴.
제16대 진사왕(385~392)	
392년	고구려의 광개토태왕이 침입하여 석현 등을 함락함. 한수 이북의 많은 성이 함락당함. 고구려가 관미성을 함락함.
제17대 아신왕(392~405)	
397년	왜와 국교를 맺고 태자 전지를 보냄.
제18대 전지왕(405~420)	
408년	여신을 상좌평으로 삼아 군국정사를 맡김. 상좌평의 직이 처음으로 생김.
제19대 구이신왕(420~427)	
제20대 비유왕(427~455)	
428년	왕이 4부 순무. 왜의 사신과 수행인 50명이 옴.
447년	가뭄으로 흉년이 들어 굶주리자 신라로 도망가는 백성들이 많음.
제21대 개로왕(455~475)	
457년	송에 관작 요청. 송에서 책봉함.
475년	고구려 침공으로 한성 함락.

■ 백제의 한학

백제에는 오경박사(五經博士) · 의박사(醫博士) · 역박사(易博士) 등이 있었던 것으로 보아 한학의 수준이 높았음을 짐작할 수 있다. 한자가 광범위하게 사용된 증거로 472년(개로왕 18년) 북위(북조)에 보낸 국서가 《위서》에 실려 있다. 또한 541년(성왕 19년) 양나라 사신 육허가 와서 〈예론〉을 강의하였으며, 근초고왕 때의 아직기와 근구수왕 때의 왕인이 일본에 한학을 전하였다. 또한 무령왕 때 단양이 · 고안무 등이 일본에 유학을 전하였다.

1971년 무령왕릉에서 출토된 해서체의 금석문인 지석(誌石: 국보 제163호)이나 사륙변려체로 된 사택지적비 등은 한문학이 널리 보급되었음을 알려준다.

백제는 삼국 중 가장 먼저 국사를 편찬하였다. 375년(근초고왕 30년)에 고흥이 《서기》를 편찬하였다. 또한 《일본서기》의 기록에 따르면 《백제기》 · 《백제본기》 · 《백제신찬》 등의 역사책이 있었다고 하나, 전해지지는 않는다.

● **무령왕릉(武寧王陵)**
무령왕릉에서 출토된 수많은 유물들은 잊혀진 왕국 백제를 세계에 알리는 계기가 되었다.

백제의 위기와 도전

4세기 근초고왕은 남으로 마한 지역을 완전히 통일하고 탐라(제주도)를 병합시켰다. 북으로는 고구려의 침공을 막아낸 데 이어 오히려 북진하여 고구려의 고국원왕을 전사시켰다(371년). 일부 학자들은 근초고왕 때 중국의 요서 일대 및 산둥 반도, 일본 규슈에까지 세력을 뻗쳤다고 주장한다. 《송서》《양서》 등의 남조 계열의 기록에 따르면, 광개토태왕이 요동 일대를 점령한 시기(397년 이후)에 백제가 요서 지역을 획득했다고 한다. 그러나 이 시기의 백제는 광개토태왕의 공격을 받아 58개 성을 빼앗기는 등 어려운 처지였으므로, 그 기록의 신빙성은 논란의 여지가 있다.

■ 근초고왕의 죽음

백제를 부흥시킨 제13대 근초고왕의 말년은 어두운 그림자가 드리웠다. 고구려에 맞서는 사이 신라가 서서히 강성해지는 모습을 지켜보아야 했고, 375년 고구려에 수곡성을 빼앗기고 흉년까지 들어 보복도 못했다. 근초고왕은 그런 위기의 백제를 제14대 근구수왕(近仇首王)에게 물려주고 눈을 감았다.

근구수왕은 태자 시절, 아버지 근초고왕이 이끄는 여러 전쟁에 참여하여 수많은 공을 세웠다.

371년 반걸양(치양) 전투에서는 백제 출신의 고구려 장수 사기(斯紀)가 태자 근구수에게 군사기밀을 제공한다. 고구려군이 숫자는 많으나 붉은색 깃발을 들고 있는 군대만 정예군이고 나머진 오합지졸이니, 붉은색 깃발을 들고 있는 군대만 격파하면 나머지는 저절로 무너진다는 것이 그것이었다.

이 첩보에 따른 결과, 근구수는 고구려군을 섬멸하고 도망치는 고구려군을 쫓아 수곡성(지금의 황해도 신계 부근으로 추정)까지 추격하였다.

● 백제 무장의 기마상

근구수는 더욱 진격하려고 했는데, 장군 막고해가 '만족할 줄 알면 욕되지 않고, 그칠 줄 알면 위태롭지 않다'는 노자의 도덕경 구절을 인용하면서 만류하였다. 근구수는 이를 옳다고 여기고는 더 이상 고구려군을 추격하지 않았고, 대신에 돌을 쌓아 올려 표시를 남겨놓고는 그 위에 올라 "오늘 이후로 누가 다시 이곳에 올 수 있겠는가?"라는 말을 하였다고 한다.

그러나 근구수가 정작 왕위에 오르고 난 뒤에는 태자 시절보다 위용이 떨어져, 대방 지역에서 고구려 세력에 밀린 것으로 보인다. 그리고 뒤를 이어 제15대 왕으로 즉위한 아들인 침류왕(枕流王)은 불교를 공인하였고, 다음해 2월 한산(漢山)에 불교사원을 세우고 10명의 승려를 두었다. 그러나 침류왕은 즉위한 지 2년 만에 죽음을 맞았다.

그가 젊은 나이에 죽었을 것으로 추정되기 때문에, 정쟁에 휘말려 살해당했다는 설이 있다. 먼저 불교 수입으로 인해 토속 신앙을 기반으로 한 보수세력에게 반발을 사 살해당했다는 설이 있고, 당시 우호관계를 맺고 있던 동진의 부탁으로 요서 지방에 직접 출병하여 싸우다 죽었다는 설도 있다.

여하간 침류왕 사망 전까지는 대왜(야마토 정권) 관계에서 백제가 우위를 점해 왔었는데, 사망 후 왜가 이런 관계를 수정할 것을 요구하기도 했다.

한편, 백제의 왕위 계승은 침류왕의 아들(뒷날 제17대 아신왕)이 나이가 어린 탓에, 근구수왕의 차남이자 침류왕의 동생인 진사왕(辰斯王)이 제16대 왕으로 즉위했다. 그리고 백제는 이때부터 고구려의 최전성기를 이룬 광개토태왕과 그의 아들 장수왕의 위협으로부터 풍전등화의 바람에 휘말린다.

● 고구려의 남진정책
고구려의 광개토태왕은 중국 대륙의 북방에까지 영토를 확장했고, 그 막강한 국력을 이어받은 장수왕은 백제와 마찰을 일으키기 시작했다.

아신왕

침류왕이 죽었을 때 그의 나이가 어려 숙부인 진사왕이 대신 즉위하였으나, 392년 진사왕이 죽자 뒤를 이어 왕위에 올랐다. 《삼국사기》와 《삼국유사》에 의하면, 아버지 침류왕이 죽었을 때 아신의 나이가 어렸으므로 숙부인 진사왕이 대신 왕위를 계승했다 한다. 그러나 《일본서기》에 의하면, 아신이 군사를 일으켜 진사왕을 제거하고 즉위했다 한다.

■ 아신왕의 무모한 집념

아신왕(阿莘王)은 침류왕의 아들로서, 《삼국사기》의 기록에 따르면 한성(漢城) 별궁에서 태어났다. 이날에 신비한 빛이 사방을 비추며 밤을 밝혀주었다는 출생 설화가 전한다. 또한 《삼국사기》의 기록에는 아신왕을 가리켜 '총기가 있었고, 매사냥과 말타기를 좋아했다.'라고 하였는데, 이로 미루어 보아 아신왕은 상당히 비범한 인물이었던 것 같다.

아신왕은 백제의 왕으로 즉위하자마자, 광개토태왕에게 빼앗긴 영토를 수복하기 위해 394년에 수곡성으로 쳐들어갔다가 패퇴했다. 395년에는 자신의 외척이자 용맹과 지략을 겸비했던 좌장 진무(眞武)에게 고구려를 치게 했으나, 광개토태왕이 직접 기병 7천을 이끌고 와 백제군 8천 명을 죽여버렸다. 그리고 그 해 겨울에는 왕이 직접 쳐들어가려 했으나 추위로 인해 되돌아왔다.

아신왕의 포기할 줄 모르는 공격에 분노한 광개토태왕은 396년에 백제의 수도를 함락시켜 버린 뒤, 아신왕에게 항복 선언을 받아냈다. 이때의 상황을 좀 더 자세히 보면, 아신왕이 직접 광개토태왕 앞에 무릎을 꿇고 "이후로는 영원히 노객(신하)이 되겠습니다."라고 외쳤으며, 왕의 아우와 대신 10명이 고구려에 볼모로 끌려갔다. 그리고 58성 1,400촌을 고구려에 빼앗겼다.

그럼에도 아신왕은 포기하지 않고, 한수 남쪽에서 사열하며 군사를 정비하고 있었다. 398년에는 왕이 장차 고구려를 치려고 군사를 내서 한산 북쪽의 목책에 이르렀는데, 그날 밤에 큰 별이 병영 안에 떨어져 소리가 났다. 왕이 이를 심히 꺼리어 정벌을 곧 중지하였다.

이듬해에도 정벌을 위해 군사를 징발하여, 계속되는 군역에 지친 백성들이 신라로 도망하는 경우가 많아 인구가 감소하였다고 한다.

이후에는 고구려를 직접 공격하는 대신, 고구려와 긴밀한 관계를 맺고 있던 신라를 공격하는 데 치중하였다. 399년에는 왜의 대군을 움직여 신라를 침공했으나, 400년 광개토태왕이 보낸 5만 명의 고구려군에 또다시 패하고 말았다. 이로써 백제는 한반도 남부의 패권을 상실해 버렸다. 최후의 보루였던, 백제 중심의 백제-가야-야마토 연합도 가야가 파괴되면서 무너져 버렸다.

아신왕은 403년에 신라의 변경을 침략하였고, 404년에는 왜를 사주해 고구려를 다시 한번 대대적으로 공격하였다. 이때 광개토태왕이 백제를 침공할 때 썼던 수륙병진책을 모방하여 수군과 육군으로 황해도의 석성을 짓밟은 후 평양까지 쳐올라갔는데, 사태가 커짐을 안 광개토태왕이 직접 전장에 뛰어들자 백제군은 패하여 후퇴하였다. 그리고 그 다음해에 아신왕은 사망했다.

● 야마토 정권의 부흥

야마토 왕조가 국가로서 모양새를 갖추는 시기는 아신왕이 광개토태왕에게 밀리는 시기였다. 백제로부터 미친 듯이 들어오는 유민 행렬로 인구가 증가함은 물론 고급 인력을 수용하게 되었고, 아신왕이 군사를 뜯어내기 위해 당대의 석학을 일본에 보내어 선진문화를 전파시켜 주는 등 할 수 있는 방법은 다 써서 일본을 끌어들였기 때문이다. 마치 6·25 한국전쟁 덕에 일본이 성장을 했던 것처럼, 아주 오랜 옛날 백제가 고구려에게 당하자 야마토 정권은 반사이익을 얻어 눈부시게 발전하였다.

● 야마토 정권 천황의 하니와(埴輪) 토용

웅진 천도

백제의 두 번째 수도로 알려진 웅진(熊津)은 지금의 공주시로 부여(사비성)와 이웃하며, 백제의 재도약을 준비하던 지역이었다. 백제의 첫 번째 도읍인 하남 위례성은 기원전 18년 개국왕 온조가 정했는데, 475년 고구려 장수왕에게 함락되고 백제의 개로왕(蓋鹵王)은 전사하였다. 475년 개로왕의 아들 문주왕(文周王) 때 웅진으로 천도하였다.

■ 나 · 제 동맹

아신왕이 죽자 첫째 숙부 부여훈해(扶餘訓解)가 임시 섭정을 맡았으나 막내 숙부 부여설례(扶餘碟禮)가 부여훈해를 시해하고 후임 임시 섭정을 맡고 있었는데, 해충(解忠)이 부여설례를 몰아내어 주살하였다. 이후 아신왕의 장남 전지왕이 일본에서 돌아와 제18대 왕으로 즉위하였다. 이어 제19대 구이신왕이 전지왕의 대를 이어 즉위하여 7년 만에 죽자, 427년에 그의 장남인 비유왕(毗有王)이 왕위에 올랐다. 제20대 비유왕은 433년 신라에 사자를 보내 화친을 요청하고 선물 교환을 통해 양국의 수교를 성립시켜 동맹을 일구어 냈다. 또한 중국 남조의 송나라, 왜국의 협조 체제를 가지고, 북조의 북위와 연결한 고구려에 대항하는 태세로 만들었지만, 455년 9월에 사망했다.

비유왕이 죽자 아들 개로왕이 제21대 왕으로 즉위하였다. 《삼국사기》는 비유왕이 죽은 지 한 달 만인 455년 10월에 고구려가 백제를 침공하였고, 이때 신라의 눌지왕(訥祇王)이 군사를 보내 구원하였다고 적고 있다. 안정복(安鼎福)은 《동사강목(東史綱目)》에서 이를 나 · 제 동맹이 본격적으로 발휘되기 시작한 첫 사례라고 지적하였다.

● **왕족과 귀족의 권력투쟁에서 살해당하는 비유왕**
비유왕은 해씨 귀족과의 권력투쟁에서 패하여 숨을 거뒀다. 그러나 그는 신라와의 나 · 제 동맹을 일구는 업적을 남겼다.

469년부터 개로왕은 고구려의 남쪽 변경을 공격하게 하고, 쌍현성(雙峴城)을 수리하고 청목령(靑木嶺)에 목책을 쌓아 북한산성(北漢山城)의 군사를 보내 지키게 하는 등 고구려에 대한 견제책을 펼쳤다. 개로왕의 무리한 토목공사와 권위는 백성들의 원망을 사기에 충분하였는데, 이는 《삼국사기》의 '도미 설화'에도 잘 나타나 있다.

《삼국사기》에는 고구려의 첩자인 승려 도림(道琳)의 진언에 따라 왕성의 화려한 건축과 선왕의 능을 재조영하였다고 나온다. 이처럼 무리한 토목공사로 인해 국고가 고갈되고 백성들이 곤궁에 빠져 있었다. 첩자 도림은 '이를 틈타 공격한다면 고구려가 쉽게 승리할 것'이라는 정보를 전했다.

고구려군이 처음 공격해 오자 개로왕은 왕자 문주(文周)를 남쪽으로 도피시키고, 한성(漢城)이 함락되기 직전에 수십 기(騎)를 거느리고 성을 빠져나왔지만, 백제 출신의 고구려군 선봉장인 재증걸루(再曾桀婁)와 고이만년(古爾萬年) 두 장수에게 붙잡혀 아차산 아래로 끌려가 피살되었다.

왕자 문주는 개로왕의 명대로 신라에 가서 원병을 요청하였다. 군사 1만 명과 함께 돌아와 보니 고구려의 군대는 물러갔으나, 수도 한성이 파괴되어 있었다. 일설에는 개로왕이 자신의 죽음을 예견하고 문주를 피신시킨 것이라는 설도 있다. 개로왕이 죽자 뒤를 이어 제22대 문주왕으로 즉위하였고, 475년 음력 10월에 수도를 웅진으로 옮겼다.

● 한성 백제의 견고한 토성
한강 지류를 이용하여 천연의 요새를 건축한 백제의 토성은 엄청난 양의 흙을 다져 쌓은 판축법, 해자 · 목책 · 망루 등의 방어시설을 자랑하였다.

도미 부부 설화

도미 부부 설화(都彌夫婦說話)는 《삼국사기》에 수록되어 있으며 백제 때의 인물인 도미와 그 부인, 그리고 백제의 개로왕(근개루왕)을 주인공으로 하고 있다.

■ 개로왕과 도미

백제 사람 도미는 호적에 편입[편호(編戶)]된 평민으로서 의리를 아는 사람이라는 평판이 있었고, 그의 아내도 아름다울 뿐 아니라 절개가 곧다는 칭찬을 받고 있었다.

이 소문을 들은 개로왕이 도미를 불러 "부녀자의 덕(德)이라는 것이 지조 굳고 행실이 깨끗함을 우선으로 한다지만 그윽하고 어두운, 사람 없는 곳에서 교묘한 말로 유혹하면 마음이 움직이지 않을 사람은 드물 것이다."라고 말했고, 도미는 "사람 마음이라는 것이 헤아릴 수 없다고는 하지만, 저의 아내 같은 사람은 죽어도 변하지 않을 것입니다."라고 대답하였다.

개로왕은 도미의 아내를 시험해 보기 위해, 일을 핑계로 도미를 붙잡아 두고 신하를 시켜 왕의 옷을 입고 마부를 데리고 밤에 그 집에 가게 한 다음, 도미의 부인에게는 따로 왕이 행차할 것이라고 알리게 했다.

왕을 가장한 신하는 그 부인에게 "나는 오랫동안 네가 아름답다는 소리를 들었다. 도미와 내기하여 이겼으니, 내일 너를 궁인(宮人)으로 들이기로 하였다. 이 다음부터 네 몸은 내 것이다."라며 동침하려 했는데, 부인은 "국왕께서는 거짓말을 하지 않으실 것이니, 제가 감히 따르지 않을 수 있겠습니까? 대왕께서는 먼저 방에 들어가 계십시오. 제가 옷을 갈아입고 들어가겠습니다." 하고는 물러나와, 계집종을 꾸며 대신 방에 들여보냈다.

● 도미 부인상

그러나 자신이 속은 것을 알게 된 왕은 격분하여 도미에게 가짜 죄를 씌워, 그의 눈을 멀게 하고 홀로 작은 배에다 실어 강에 띄워 보낸 뒤, 다시 도미의 아내를 끌어다가 강제로 간음하려 했다.

부인은 "지금 남편을 잃고 홀로 남은 이 한 몸을 스스로 보전할 수 없습니다. 하물며 왕의 시비가 되었으니 어찌 감히 어길 수 있겠습니까? 지금 월경 중이라서 온몸이 더러우니, 다른 날을 기다려 향기롭게 목욕한 후에 오겠습니다."라고 둘러댔고, 이번에도 왕은 그 말을 믿고 허락하고 말았다.

부인은 곧바로 도망쳐 강어귀에 이르렀으나 건널 수가 없었다. 하늘을 향해 통곡하다가 문득 배 한 척이 물결을 따라 이르는 것이었다. 그것을 타고서 천성도(泉城島)라는 섬에 이르러 부인은 남편 도미와 재회하였다. 다행히 도미는 아직 죽지 않은 상태였다. 부부는 풀뿌리를 캐어 먹고 살다가 함께 배를 타고 고구려의 산산(蒜山) 아래에 이르렀고, 고구려 사람들은 부부의 처지를 딱하게 여겨 옷과 음식을 주었다. 이후 부부는 그곳을 떠돌며 가난하게 살다가 일생을 마쳤다.

● 도미 부부 설화의 시대적 배경
이 설화에 등장하는 왕은 개루왕(蓋婁王)이며, 도미 부부의 일은 개루왕의 재위 시기로 비정되는 2세기의 일로 기록되어 있다. 그러나 오늘날에는 도미 부부의 일은 개루왕이 아니라 개로왕(근개루왕) 때에 있었던 일로 여겨지고 있다.
1977년 《삼국사기》의 국역과 함께 주석을 달았던 이병도는 개루왕 당시에는 고구려와 백제 사이에 대방군(帶方郡)이 있어 백제에서 고구려로 곧장 간다는 것이 불가능했으므로, 도미 부부의 일은 실제로는 '근개루왕'이라고도 불렸던 제21대 개로왕 때의 설화일 것으로 추정하였다. 도미 부부 설화가 2세기 개루왕 대의 사건일 수 없는 근거로는 ① 백성을 호(戶) 단위로 편제한 사실, ② 백제의 왕을 '대왕'으로 칭할 정도로 왕권이 전제적이라는 점 등이 거론되는데, 개루왕 대보다 훨씬 후대에 왕권의 전제화가 이루어진 시기의 이야기로 여겨진다는 것이다.

● 도미 부인의 사당 정절사의 도미 부인 영정
충청남도 보령시에 있다.

동성왕

웅진천도 이후 미약해진 왕권은 동성왕(東城王) 때부터는 크게 회복되었다. 궁실을 중수해 수도의 면모를 갖추었으며, 우두성(牛頭城)·사현성(沙峴城)·이산성(耳山城) 등을 축조해 수도의 방어망을 정비하였고, 중앙 관리를 파견함으로써 지방에 대한 중앙의 통제력을 강화하였다. 동성왕은 혼인을 통해 신라와의 동맹을 강화하여 고구려에 대항하였다. 양직공도(梁職貢圖)에 의하면, 무령왕은 지방의 22담로에 왕족을 파견함으로써 지방에 대한 통제권을 강화하였다. 이로써 백제는 중흥의 발판을 마련하였다.

■ 국권을 회복한 동성왕

제24대 동성왕은 우리에게 잘 알려진 서동요의 주인공이라는 설을 가지고 있다. 실제로 이 시기 동성왕은 신라 소지왕과 결혼동맹을 맺었기 때문에 가능성을 완전히 부정하기 어렵다.

동성왕의 본명은 모대 또는 여대, 마모이고, 일본의 《일본서기》와 《속일본기》에는 말다로 기록되어 있다. 《삼국사기》와 《삼국유사》에는 동성왕은 전지왕의 손자로, 개로왕의 동생 곤지(昆支)의 아들로 나온다. 《일본서기》에도 동성왕은 곤지의 아들이라 한다. 모후의 이름은 전하지 않는다.

● **서동요(薯童謠)**
서동요의 주인공은 백제 무왕으로 알려졌으나, 학계에서는 동성왕으로 보는 견해도 있다.

일본에 체류하던 중에 사촌인 제23대 삼근왕이 살해되자 아버지 곤지에 의해 백제로 보내져 즉위하였다. 《삼국사기》의 기록에 따르면, 동성왕은 481년(동성왕 3년)에 신라의 북쪽 변경을 침공한 고구려·말갈의 연합군을 신라 및 가야와 연합하여 격퇴했으며, 484년(동성왕 6년)에는 중국 남조(南朝)의 남제에도 사신을 보내고자 시도하고, 이듬해인 485년(동성왕 7년)에는 신라에도 사신을 보내는 등 외교에도 힘을 쏟았다.

488년(동성왕 10년) 백제를 침공한 북위의 기병을 사법명 등을 시켜 격퇴했으며, 493년(동성왕 15년) 신라의 왕녀를 맞이하여 왕비로 삼고, 494년(동성왕 16년)과 495년 두 해에 걸쳐 백제와 신라를 번갈아 침공해 오는 고구려의 군대를 신라와 연합해 격퇴하는 등, 신라와의 동맹을 더욱 돈독이 다졌다. 498년에 공물과 세금을 바치지 않는 탐라국(지금의 제주도)을 친히 정벌하고자 무진주(武珍州: 지금의 광주)에 이르렀다가, 탐라국의 항복을 받고 무력 정벌은 그만두고 탐라국을 속국으로 만들었다.

● 백제의 어전회의 장면(웅진백제역사관 미니어처)

군사적으로도 힘을 쏟아서 어느 정도 군세를 회복하였으므로, 한때 한강 이남 남쪽까지 밀려났던 백제가 대략 이 시기부터 다시 한강 근처까지 진출해 한강 유역 쟁탈전이 벌어졌다.

이렇듯 웅진 천도 이후 계속된 혼란을 수습하는 데 많은 업적을 남겼지만, 말기에 이르러서는 점차 향락에 빠져 정치를 돌보지 않았다. 499년(동성왕 21년) 가뭄이 들어 백성들이 굶주려 죽어 나가자, 궁궐의 창고를 열어 백성들을 구제하자는 신하들의 권고도 받아들이지 않았고, 500년(동성왕 22년) 봄에 웅진성 동쪽에 임류각(臨流閣)을 짓고 정원을 만들었다. 또한 신하들이 간언하는 것을 귀찮아하며 궁궐의 문까지 닫아버릴 정도로 사치와 향락을 일삼았다.

무령왕

《일본서기》에 의하면 동성왕은 무령왕(武寧王)의 이복형이다. 이 설은 신뢰받지 못하다가, 1971년 무령왕릉에서 발견된 지석(誌石)에 의해 무령왕이 462년에 태어났음이 밝혀지면서 점차 신뢰를 얻고 있다. 동성왕이 자신의 경호실장 격인 백가(苩加)에게 암살을 당한 후, 무령왕이 일본에서 백제로 건너와 왕위에 등극하였다.

■ 무령왕의 출생

《삼국사기》와 《삼국유사》에 의하면 백제 제25대 무령왕은 동성왕의 둘째 아들이고, 《일본서기》와 《속일본기》에 의하면 비유왕 또는 개로왕의 동생인 곤지의 아들로, 그의 어머니는 본래 개로왕의 후궁이었다. 《일본서기》와 《속일본기》의 자료에 따르면 동성왕은 그의 이복형이 된다.

《일본서기》에는 무령왕이 개로왕의 아들로, 개로왕의 동생인 곤지가 왜로 파견나갈 시 개로왕의 임신한 부인을 데려갔고, 그때 낳은 아이가 바로 사마(斯麻: 무령왕)였다고 전한다. 이 기록은 한때 거의 무시되었으나, 무령왕릉 발굴 이후에는 무령왕의 출생연대와 곤지의 왜 파견 시기가 일치하는 등 유사점이 보여 이를 지지하는 입장도 있다.

곤지 일행이 일본에 가던 중 어느 섬에 정박하여 무령왕을 낳았는데, 섬에서 태어난 것 때문에 사마왕이라 하기도 한다. 무령왕이 태어난 섬의 동굴에는 관련 설화가 전해지고 있기도 하다.

● 가카라시마(加唐島)의 무령왕 탄생 동굴
곤지가 개로왕의 임신한 부인을 데리고 왜로 갈 때에 규슈 쓰쿠시(筑紫)의 가카라시마에 도달할 즈음, 갑자기 산기를 느껴 사내아이를 출산하였다. 이가 백제 무령왕이라고 한다. 무령왕릉 지석에 의하면, 그가 섬에서 태어났다 하여 곤지가 그의 이름을 사마라고 지었다고 한다.

■ 무령왕의 업적

무령왕은 즉위 후, 동성왕을 시해한 귀족들의 세력을 누르고 왕권을 강화하였다. 중국의 역사서 《양서》의 백제전에 따르면, 22개로 운영되던 담로(擔魯: 백제의 지방행정구역으로 읍에 해당)에 왕족을 보내 통치하도록 하여 지방에 대한 지배권을 강화하였다. 무령왕은 지방통치에 왕족을 이용함으로써 대규모 토목공사에 필요한 노동력을 효율적으로 동원할 수 있게 되었으며, 그를 통해 왕족들은 경제적인 기반을 확대해 나갔다.

또한 고구려와의 전쟁을 통해 세력의 균형을 이룬 무령왕은 가야 지역으로도 신출했는네, 임실 · 남원 방먼에서 내륙으로 동진하여 섬진깅 일대를 확보하고 경남 남해안까지 이르렀으며, 새로 확보한 지역에 군령과 성주를 파견하였다.

무령왕은 512년과 521년에 중국의 양나라에 사신을 보내 외교관계를 강화했다. 521년에는 양 무제(梁武帝)로부터 사지절도독 백제제군사 영동대장군(使持節都督百濟諸軍事寧東大將軍)의 작호를 받았다.

무령왕은 백제의 문화 발전에 많은 노력을 기울인 한편, 일본의 게이타이 천황에게 동경(銅鏡)을 하사하였다. 513년 오경박사 단양이(段楊爾), 516년 고안무(高安茂)를 일본에 보내어, 백제의 문화를 일본에 전해 주기도 하였다. 민생의 안정에도 힘써 제방을 구축하고, 유랑민들을 구제해 농사를 짓게 했다.

● 무령왕(武寧王)의 흉상
백제의 제25대 왕으로, 한강 유역을 고구려에 빼앗긴 뒤 혼란에 빠져 있던 백제를 안정시켰다.

백제의 혼이 담긴 무령왕릉

무령왕릉(武寧王陵)은 공주 송산리 고분군 가운데 7번째로 발견된 고분으로, 백제 무령왕과 그 왕비의 능이다. 1971년 7월 7일 처음 발굴되었다. 지석(誌石)이 발견되어 축조연대를 분명히 제시해 주었기 때문에, 삼국시대 고고학 편년연구의 기준 자료가 되고 있다. 국보로 지정된 금제관식, 금제뒤꽂이, 금제 심엽형이식(귀걸이), 지석, 석수, 청동신수경 등을 포함하여 총 2,900여 점의 많은 유물이 출토되었으며, 대부분 국립공주박물관에 보관되어 있다.

● 무덤을 지키는 상상의 동물, 석수(石獸)

■ 무령왕릉의 구조

무령왕릉은 송산리(宋山里) 제5, 6호분과 서로 봉토(封土)를 접하고 있다. 송산리 고분의 1~5호분은 깬돌을 쌓아 만든 반원 굴식 돌방무덤이며, 6호분과 무령왕릉은 굴식 벽돌무덤이다. 돌방무덤은 한성 도읍기부터 전래된 무덤 양식이며, 벽돌무덤은 6세기 초에 중국 남조 양(梁)나라로부터 들여온 무덤 양식이다.

봉분의 윗부분은 지름 약 20m의 구 모양을 하고 있으며, 널방의 바닥면에서 무덤 꼭대기까지의 높이는 7.7m이다. 널방은 연화무늬 벽돌 및 글자가 새겨진 벽돌 등으로 쌓여진 하나의 방으로, 북쪽을 축선(軸線)으로 평면이 4.2m × 2.72m로 되어 있다.

● 무령왕릉 내부

천장은 아치 모양이며, 바닥면으로부터의 최고 높이는 2.93m이다. 벽면에는 제6호분과 똑같은 모양의 소감(小龕)과 그 아래에 살창(箭窓) 모양으로 된 것을 북쪽 벽에 1개, 동 · 서벽에 각각 2개를 만들고 각 감 안에 등잔이 들어간다. 출토된 유물은 백제 고분 치곤 전례 없이 풍부하고 화려하다.

왕의 금제관식(국보 제154호)

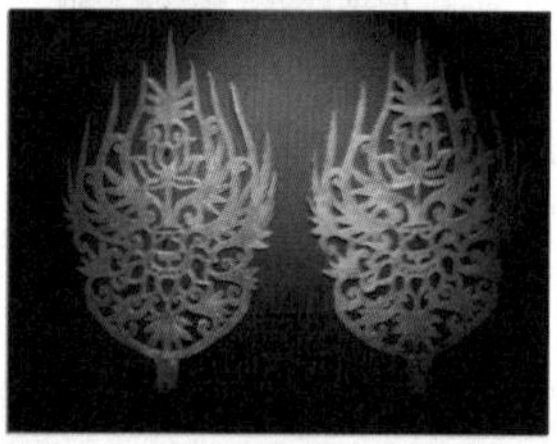
왕비의 금제관식(국보 제155호)

(왕)금제 심엽형이식(귀걸이)
(국보 제156호)

(왕)금제뒤꽂이(국보 제159호)

■ 무령왕릉의 출토 유물

공예품으로는 각종 금은 장신구가 태반이고, 뒤이어 청동제품 · 이기류(利器類) · 도자기 · 목제품의 순이다. 지금까지 자료가 빈약했던 백제 금속공예의 면모를 뚜렷하게 밝힌다. 왕의 금제관식(국보 제154호)은 백제 왕관의 독자적인 양식이라 할 만큼 온화하고 우아한 특성을 보이는 걸작이다.

그 외의 징신구로는 아홉 마디의 금목걸이, 금팔찌, 은팔찌, 금귀고리, 금제 뒤꽂이, 청동거울, 금두식곡옥(金頭飾曲玉) 등이 뛰어난 세공품으로 알려지고 있다. 이 가운데 곡옥은 백제에서는 처음 나타난 신기술로 정교하게 세공되었으며, 금제 뒤꽂이는 연화문 또는 타출보상당초문(打出寶相唐草紋)이 섬세하게 전개되고 있다.

특히 용(龍)의 양각과 음각 명문(銘文)이 있는 은제팔찌는 용 무늬를 한땀 한땀 새겨놓아 백제의 세공 수준을 자랑한다. 또한 벌집 모양의 금박선(金箔線) 안에 각종 무늬[비천(飛天) 봉황(鳳凰) 연화문(蓮花紋)]를 그린 왕비의 베개, 그리고 베갯머리에 꽂은 한 쌍의 봉황두(鳳凰頭)가 희귀품으로 알려지고 있다. 봉황두의 머리는 흑(黑) · 주(朱) 칠을 한 위에 금박을 입혀 거의 원형을 잃지 않고 있으며, 높이는 10cm밖에 안 되지만 정교하게 깎아 만든 솜씨가 뛰어나다.

● 석수

널길의 입구 중앙에 밖을 향하여 놓여 있었으며, 재료는 응회암제이다. 뭉뚝한 입을 벌렸고, 코는 크나 콧구멍은 없고, 높은 콧등날이 등 뒤까지 계속되었고 그 좌우에 눈과 귀가 있다. 등에는 불룩 튀어나온 긴 무늬가 네 곳에 있고, 머리 위 융기 위에는 나뭇가지 모양의 철제뿔이 패어진 홈에 꽂혀 있다. 몸통 좌우의 앞뒤에는 날개 모양 갈기가 새겨져 있다.

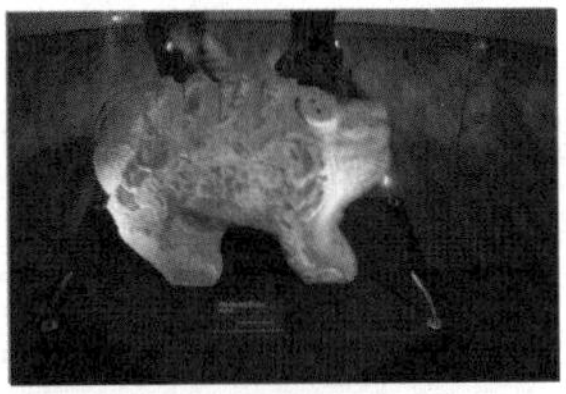
석수(국보 제162호)

(왕)발받침(국보 제165호)

● 지석

지석이 발굴되어 백제 무령왕의 무덤임을 알 수 있었다. 지석은 왕릉의 널길 입구에 놓여 있던 2장의 장방형 석판으로, 청회색 섬록암에 해서체로 글을 새겼다.

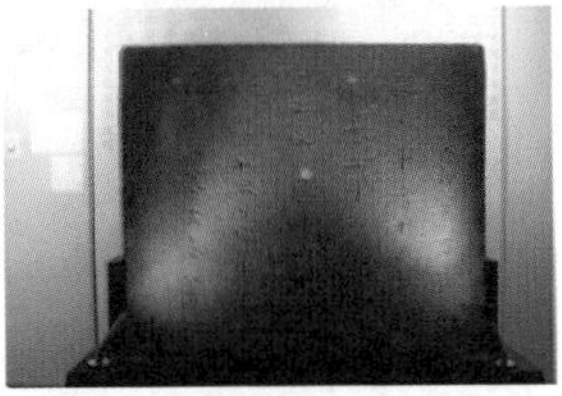
지석(국보 제163호)

● 벽돌

왕릉 축조에는 모두 28종류 이상의 다양한 벽돌이 사용되었다. 이 중 주목되는 것으로는 글씨가 새겨져 있는 벽돌 및 문양 있는 벽돌이다.

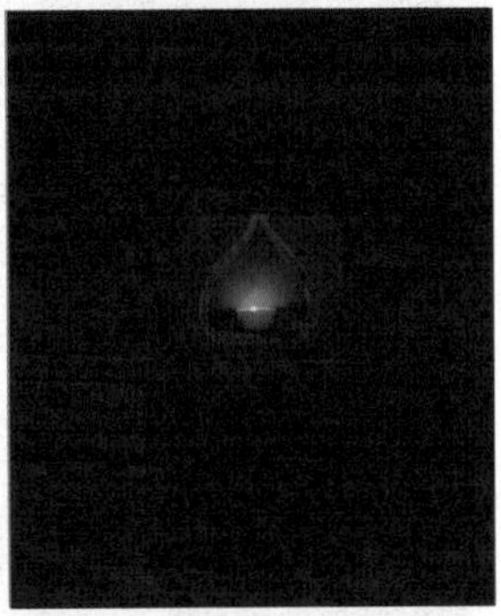
지석(국보 제163호)

● 목관

왕과 왕비가 안치된 목관은 일본 규슈 지방의 금송(金松)으로 만들어진 것으로 밝혀졌다. 금송은 일본에서 불단이나 무덤의 꽃으로 사용되며, 일본인에게 신성한 나무로 여겨진다.

목관을 재현한 모습

■ 최초의 무덤 내부 상황

무령왕릉에서 출토된 유물은 모두 108종 2,906점이다. 널길에는 왕과 왕비의 지석(誌石) 2매가 가지런히 놓여 있었으며, 그 위에는 중국 양나라의 화폐인 오수전(五銖錢) 한 꾸러미가 얹혀 있었다.

지석 뒤에는 석수(石獸)가 남쪽을 향해 서 있었다.

귀걸이 장식

널방에서 관을 올려놓은 대 위에는 왕과 왕비의 관을 만들었던 나무 조각이 가득 놓여 있었다. 목관의 판재들 밑에서는 왕과 왕비가 착용하였던 장신구와 몇 점의 부장유물이 출토되었다. 중요 장신구류로는 금세관식 · 금세이식 · 금은세허리띠 · 금동장신발 · 은제팔찌 등이 있고, 왕의 허리에서는 왕의 권위를 상징하는 용봉문 대도가 출토되었다.

그 밖에 왕과 왕비의 베개 및 발받침이 목관 안에 놓여 있었고, 그 외에 중요 부장품으로는 청동거울 3면과 은제탁잔 등이 출토되었다

청동거울(국보 제161호)

최초의 무덤 상황을 재현한 모습

성왕

성왕(聖王; ? ~ 554년, 재위: 523년 ~ 554년 음력 12월)은 무령왕의 아들로, 결단성이 있고 지혜와 식견이 빼어났다. 무령왕이 죽자 왕위를 이은 명농(明穠)을 백성들은 성명왕이라 하였다. 성왕은 생존 시에도 성명왕 혹은 성왕이라는 존호를 사용한 것으로 보이는데, '성왕'은 '전륜성왕(轉輪聖王)'을 줄인 이름으로, 불가의 전륜성왕을 자처하여 왕실과 국왕의 권위를 높이는 데 사상적으로 불교를 적극 활용한 것으로 여겨진다.

■ 제26대 성왕의 즉위와 업적

523년 음력 5월에 부왕의 뒤를 이어 즉위하였으며, 그해 음력 8월 패수(浿水)에 침입한 고구려군을 장군 지충(志忠)으로 하여금 물리치게 하였다.

524년, 양(梁)나라 고조(高祖)와 국교를 강화하여 양 고조로부터 지절도독 백제제군사 수동장군 백제왕에 봉작되었다.

525년 음력 2월에 신라와 서로 사신을 교환하였다. 526년 음력 10월에는 웅진성을 수리, 수성하였다.

529년 음력 10월, 고구려 안장왕이 직접 군사를 거느리고 침입하여 북쪽 변경에 있는 혈성이 함락되었다. 성왕은 좌평 연모(燕謨)에게 명하여 보병과 기병 3만을 이끌고 싸우게 했지만, 오곡원(五谷原) 전투에서 패하여 전사자가 2천여 명이나 되었다. 고구려의 침입을 받아 큰 피해를 입었다. 그 뒤 신라와 동맹을 맺어 고구려에 공동으로 대처하였다.

● 성왕(聖王)의 흉상

성왕은 불가의 전륜성왕[轉輪聖王: 인도 신화에서 통치의 수레바퀴를 굴려 정의 · 정법(正法)으로써 세계를 통일 · 지배하는 이상적인 제왕을 가리킴]을 자처하여 왜(倭)에 불상과 불경을 전해 주었고, 또 겸익이 인도에서 불경 등을 가지고 돌아오자 이를 크게 환영하는 한편, 그 불경을 번역하게 하는 등 불교 번성과 교단 정비에 노력하였다.

■ 사비 천도

백제의 동성왕 · 무령왕이 웅진 초기의 정치적 불안정을 수습하면서 추진해 온 왕권강화 정책을 계승하여, 538년(성왕 16년)에 사비(泗沘: 지금의 부여)로의 천도를 단행하였다.

성왕의 사비 천도는 고구려의 남침이라고 하는 외부세력의 강요에 의하여 행해졌던 웅진 천도와는 달리, 성왕의 의도적인 계획하에 단행된 것이었다. 따라서 이 사비 천도는 왕권과 국력 강화 정책의 마지막 마무리 작업이었다고 할 수 있다. 그리고 이 사비 천도에는 사비 지역의 토착 신진 세력이었던 사씨(沙氏, 沙宅氏) 가문의 징시직 지지가 강하게 작용하였다.

사비 천도 후 국호를 일시 '남부여(南扶餘)'라 개칭하여, 부여의 후손으로서의 전통을 강조하였다. 그리고 중국의 양나라와 빈번한 교류를 가지면서 모시박사(毛詩博士) · 공장(工匠) · 화사(畵師) 등을 초빙하고 열반등경의(涅槃等經義)를 수입하여, 백제 문화의 질적 수준을 향상시키는 데 크게 힘썼다.

또한 성왕은 범어(梵語)로 된 5부율(五部律)을 인도에서 가지고 온 겸익(謙益)을 우대하여, 고승들을 모아 5부율을 번역시켰다. 아울러 담욱(曇旭) · 혜인(惠仁) 등이 지은 율소(律疏) 30권에 친히 비담신율서(毗曇新律序)를 써서 백제신율을 성립시켰다. 성왕의 이러한 계율 장려는 불교 교단의 정비를 의미하는 것이었다.

● 3D로 재현한 사비성의 백제 궁궐

그리고 노리사치계(怒利斯致契) 등을 일본에 파송하여 석가불 금동상 1구, 번개(幡蓋) 약간, 경론(經論) 약간 권을 보내어 줌으로써 일본에 불교를 전파하게 되었다. 이 밖에도 의박사 · 역박사 등의 전문가와 기술자를 교대로 일본에 파견함으로써 선진문물의 전수자 구실을 하였다.

● **금동 미륵보살 반가사유상**
국보 제83호이며 6 · 7세기 삼국시대의 유물로 추정되고 있다.

■ 외교와 국방

성왕은 숙원의 과제라고 할 수 있는, 고구려에게 빼앗긴 한강 유역 탈환 작업에 나섰다. 이 목적을 달성하기 위하여 그는 551년에 백제군을 주축으로 하여 신라군과 가야군으로 이루어진 연합군을 일으켰다.

이 연합군은 북진하여, 백제군이 먼저 고구려의 남평양(南平壤: 지금의 서울)을 공격하여 격파함으로써 기선을 제압하고 고구려군을 패주시켰다. 그 결과, 백제는 한강 하류의 6군을 회복하고, 신라는 한강 상류의 10군을 차지하게 되었다.

신라 진흥왕은 함경남도 · 함경북도까지 진출하여 순수비(巡狩碑)를 세우며 세를 넓혀갔지만, 고구려는 돌궐과의 전쟁으로 신라의 영토 확장에 대응할 수가 없었다. 이때 백제는 신라에게 고구려 평양성 협공을 제의하였고, 고구려는 경기도 · 황해도 · 한반도 북서부 등 진흥왕이 새로 개척한 땅을 신라 땅으로 용인해 주는 대신, 수도 평양성으로 진군하지 말 것을 제의하였다.

신라의 진흥왕은 백제의 제의를 거절하고 고구려의 제의를 받아들였다. 신라는 경기도 · 황해도 · 한반도 북서부로 영토를 확장하고, 백제로 진군하기 시작했다. 그러나 백제가 화해를 원하므로 진군을 멈추었다. 553년 음력 7월, 백제는 고구려로부터 회복한 한강 유역의 대부분을 신라에 빼앗기고, 백제와 신라의 동맹관계는 파기되었다.

■ 관산성 전투의 비극

신라의 한강하류 점령으로 백제의 실지회복이 수포로 돌아가게 되자, 성왕은 553년 딸을 신라 진흥왕에게 시집보내 진흥왕의 장인이 됐다.[성왕 쪽이 진흥왕보다 훨씬 나이가 많았다. 심지어 성왕의 아들 위덕왕 부여창이 진흥왕보다 열 살이나 더 나이가 많다.] 이는 잠시간의 화친을 위한 것으로 추정된다.

554년에 성왕은 일부 귀족들의 반대에도 불구하고 신라에 보복을 하기 위한 군사를 일으켰다. 이 신라 보복군에는 가야와 일본의 원군도 합세하였다. 백제의 이와 같은 군사동원으로 양국 간의 대결은 피할 수 없게 되었고, 전투의 절정인 관산성(管山城) 전투에서 성왕은 선사하였다.

《삼국사기》와 《일본서기》에 기록된 성왕의 사망연도는 554년이다. 정상적인 죽음을 맞이하지 못하고 신라와 전쟁을 벌이다 전사한 것은 현존하는 기록들 모두가 증언하고 있지만, 세부 사항에 대해서는 한국과 일본의 기록이 모두 다른 의견을 말하고 있다.

《삼국사기》에 따르면, 본기(백제)에서는 "32년(554년) 가을 7월에 왕은 신라를 습격하고자 하여 친히 보병과 기병 50명을 거느리고 밤에 구천(狗川: 현재의 옥천)에 이르렀다. 신라의 복병(伏兵)이 일어나자 더불어 싸웠으나 난병(亂兵)에게 해침을 당하여 죽었다."고 하고, 본기(신라)에서는 "백제왕 명농이 가량(加良)과 함께 관산성(管山城)을 공격해 왔다. 군주(軍主)였던 각간 우덕(于德)과 이찬 탐지(耽知) 등이 맞서 싸웠으나 전세가 불리하였다. 신주군주(新州軍主) 김무력이 주병(主兵)을 이끌고 나아가 교전함에, 비장(裨將)인 삼년산군(三年山郡)의 고우도도(高于都刀)가 백제왕을 급히 쳐서 죽였다."고 기록되어 있다.

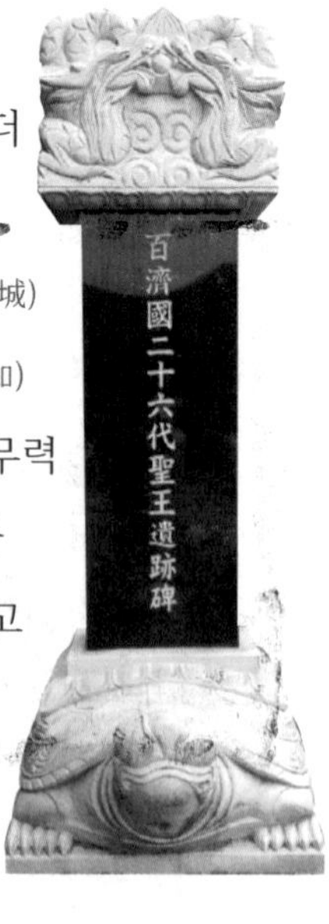

● 성왕 사절지(죽은 곳)의 유적비(옥천에 위치하고 있다)

● **구세관음상**
성왕의 아들인 위덕왕이 성왕을 기리기 위해 그의 모습을 본따 제작한 것으로 기록되어 있다. 이 목제 관음상은 성인 남성 키와 비슷할 정도로 큰데, 높이 179.9cm에 달한다. 일본 호류사에 보관되어 있으며, 원통하게 죽은 성왕의 분노한 얼굴이 나타나 보인다.

반면에 《일본서기》에 보면 음력 12월 아들인 창이 신라로 쳐들어가 구타모라(久陀牟羅)에 요새를 쌓고 있었는데, 오랫동안 전장에서 침식도 잊고 지내던 아들을 안쓰럽게 여긴 성왕은 이를 위로하러 관산성으로 향했다.

한편, 성왕이 온다는 정보를 미리 입수한 신라군은 주요 도로를 차단하고 성왕에 대한 기습을 감행했고, 불과 50명밖에 데리고 있지 않았던 성왕은 신라의 고도(苦都)가 이끄는 군사에 사로잡혔다. 고도는 성왕에게 "왕의 목을 베게 해주시오."라고 청하고, 성왕은 "왕의 목을 천한 종의 손에 넘길 수 없다."며 거절했으나, 고도는 "우리 국법에는 맹세한 것을 어긴 자는 왕이라 해도 종의 손에 죽소."라며 잘라 말했다. 이에 성왕은 "과인은 지금껏 뼈에 사무치는 고통을 안고 살아왔지만, 구차하게 살고 싶지는 않다." 하며 죽음을 받아들였다.

이때 성왕의 목은 신라 왕궁 북청(北廳)의 계단 밑에 묻혀 지나가는 사람들에게 밟히는 수모를 당하게 되었고, 나머지 몸은 백제로 반환되었다. 관산성은 지금의 충청북도 옥천에 있었으며, 지금 옥천군 군서면 월전리 9-3번지 부근은 성왕사절지(聖王死節地), 즉 성왕이 최후를 맞이한 곳으로 알려져 있다.

위덕왕

성왕의 아들이자 다음 왕. 위덕왕(威德王)이란 명칭은 아버지 성왕처럼 불교에서 따온 것으로, 대위덕명왕에서 온 것이다. 성은 부여, 이름이 창(昌)으로 당대 금석문에는 창왕이라고 표기되어 있다. 이는 사마왕(무령왕)과 마찬가지로, 이외에도 이름으로 불리는 왕으로는 온조왕 · 의자왕이 있다. 재위기간도 554년~598년 총 45년간으로 긴 편이다.

■ 제27대 위덕왕의 즉위와 업적

554년에 성왕이 전사하자 30살의 나이로 국정을 이어받았다. 그는 태자 시절부터 성왕을 도와 국정에 같이 참여하였고, 신라가 동맹을 어기고 한강 유역을 장악했을 때에는 신라 정벌론을 펼쳤다.

성왕이 전사하여 나라가 불안한 가운데 태자로서 왕의 임무를 수행하던 그는 국정을 맡자마자 고구려의 침입을 받아야 했다. 고구려는 554년 음력 10월에 군대를 이끌고 쳐들어왔는데, 이는 성왕이 죽은 지 불과 3개월 만이었다. 고구려는 신라가 길을 열어주자, 단숨에 웅진성(熊津城)까지 달려와 백제를 위협하였다. 백제의 옛 도읍이자 군사적 요충지인 웅진성은 사비성에서 불과 한나절 거리도 떨어져 있지 않은 곳이었다. 말하자면 백제의 폐와 같은 곳인데, 고구려가 한걸음에 달려왔으니 백제로서는 당황하지 않을 수 없었다. 위덕왕은 총력전을 펼쳐 가까스로 고구려군을 패퇴시켰지만, 고구려의 재침을 염려하지 않을 수 없었다. 또한 고구려의 침략은 신라가 길을 터준 결과였으므로, 고구려와 신라가 연합하여 공격해 올 수도 있었다.

● **창왕(위덕왕)명 석조사리감과 금동대향로**
백제창왕명 석조사리감은 성왕의 능사를 짓고 사리를 공양하면서 넣은 사리감으로, 금동대향로가 출토된 곳에서 출토되었다. 사리감 자체보다 거기에 적혀 있는 20 글자의 역사성을 잘 나타내고 있다.

● **능사 오층목탑**
성왕의 죽음을 기리기 위해 위덕왕 때 지었던 능사의 오층목탑을 백제문화단지에 재현하여 건축하였다.

위덕왕은 오랜 동맹국인 가야 쪽에 밀사를 파견함으로써 신라에게 빼앗긴 가야 땅을 되찾아 가야를 재건할 방법을 모색하였고, 그것은 561년 음력 7월에 신라에 대한 공격으로 나타났다. 백제가 신라를 공략하는 사이, 가야는 내부를 수습하고 신라의 뒤를 후리는 양동작전을 구사했던 것이다.

그러나 백제군은 신라의 반격에 밀려 1천 명의 사상자를 내고 패주함으로써 작전은 실패로 돌아갔다. 백제군을 물리친 신라는 그 여세를 몰아 가야를 공격했다. 가야를 집어삼킬 기회를 엿보며 침공의 명분만 찾고 있던 신라로서는 이 이상 좋은 기회가 없었던 것이다.

이사부가 이끈 신라군은 장군 사다함을 앞세워 순식간에 가야 전역을 휩쓸어 버렸고, 그것은 그나마 명맥을 유지하고 있던 가야의 몰락으로 이어졌다.

전쟁 위협이 사라지자, 위덕왕은 외교 경로를 통해 고구려를 고립시키는 전략을 구사하였다. 수나라가 진나라를 몰락시킬 당시, 수나라의 전함 한 대가 탐라에 표류해 왔는데, 위덕왕은 그들의 배를 수리해 주고 선물을 가득 채워서 함께 돌려보냈다. 양견(수 문제)은 이 일로 백제를 매우 신임하게 되어, 굳이 사신을 보내고 조공을 바치는 일을 하지 않아도 된다는 조서를 내리기까지 하였다. 수나라가 고구려를 공격하게끔 유도한다는 계획은 이런 상황에서 이뤄진 것이다.

정황을 살피며 수나라에 그런 의지를 전달할 기회를 엿보고 있던 위덕왕은 598년에 수나라와 고구려가 요동을 놓고 전쟁을 벌이자, 사신을 파견하여 고구려는 예의가 없고 오만한 나라라고 비난하였다. 그리고 만약 수나라가 다시 고구려를 친다면 백제가 도와주겠다는 제의를 했다. 그러나 양견은 아직 고구려를 재침할 여력이 없다고 판단하여, 위덕왕의 제의를 받아들이지 않았다.

한편, 백제가 수나라로 하여금 고구려를 치도록 충동질하고 있다는 사실을 전해 들은 고구려는 즉시 병력을 동원하여, 백제 국경을 노략질하며 보복을 감행하고 돌아갔다. 곤경에 빠진 위덕왕은 74세의 나이로 눈을 감았다(598년).

위덕왕이 죽은 후 아들인 아좌태자가 왕위를 이어받지 않고, 동생인 혜왕(惠王)이 71세의 나이에 이어받았다. 아좌태자가 버젓이 일본에 있는데도 고령의 동생인 혜왕이 등극했다는 점은, 위덕왕이 귀족세력에게 암살당했을 가능성을 생각해 보게 한다.

● 왕흥사지 사리함
위덕왕은 아버지 성왕의 추복을 위해 사비의 동쪽에 능사를(567년), 서쪽에는 죽은 아들을 위해 왕흥사지에 원찰을(577년) 각각 건립하였다. 아래 사진은 왕흥사지에서 출토된 사리함이다.

● 백제 아좌태자가 그린 쇼토쿠 태자의 초상화
아좌태자(阿佐太子, 572년 ~ 645년)는 백제 위덕왕의 아들로, 쇼토쿠 태자(聖德太子)의 스승이기도 하다. 《일본서기(日本書紀)》에 따르면, 597년(위덕왕 44년) 4월에 일본에 건너가 쇼토쿠 태자의 초상을 그렸다고 한다. 일본에서 가장 오래된 초상화이다.

무왕

무왕(武王: ? ~ 641년, 재위 : 600년 ~ 641년 음력 3월)은 백제의 제30대 국왕이다. 성은 부여(扶餘), 휘는 장(璋), 아명은 서동(薯童) 혹은 일기사덕(一耆篩德)이다. 법왕(法王)의 아들이라는 설, 위덕왕의 아들이라는 설이 존재한다. 재위기간 신라에 적극적인 공세를 취하는 한편, 동아시아의 양대 세력인 고구려와 수나라가 각축전을 벌일 때, 세력 균형과 중립 외교를 통해 양쪽의 대결을 이용한 실리정책을 펼쳤다.

■ 제30대 무왕의 출생

무왕의 출생 배경과 가계에 대해서는 정확하게 알려져 있지 않다. 그의 가계는 사서마다 다르게 나타나고 있다. 《삼국사기》는 무왕을 제29대 법왕의 아들이라고 기록하고 있고, 《삼국유사》는 무왕을 못가에 사는 과부의 자식이라고 전한다. 어느 날 못에서 검은 용이 나타나 과부와 통정해서 아들을 낳았는데, 그 아들이 자라서 재주가 뛰어나고 용기가 남달라 훗날 왕위에 올라 무왕이 되었다고 한다. 한편, 전라북도 익산에서는 무왕이 연못에 사는 용의 아들이라는 탄생 설화도 전해 내려온다.

무왕의 출생 배경에 관해서는 위덕왕 아들설과 법왕 아들설, 위덕왕 서자설 외에도 중국의 《구당서》와 당나라로 끌려간 백제 유민들의 묘비석에는 부여관의 아들이라 하며, 일본의 《신찬성씨록》이나 도요타씨 · 오우치씨의 족보에는 진이왕(辰爾王)의 아들로 나타난다. 무왕의 아버지로 추정되는 진이왕의 존재는 오랫동안 알려지지 않았다가, 19세기 이규경이 중국의 묘지명을 자신의 저서 《오주연문장전산고(五洲衍文長箋散稿)》에 인용하면서 조선에도 알려지게 되었다.

● 부여 궁남지(宮南池)
서동설화가 깃들인 백제 때의 못으로, 동남리의 넓은 들판 한가운데 있다. 이 못가에 살던 과부가 못의 용(지렁이)과 관계하여 서동을 낳았다고 한다.

■ 신라와의 전쟁

600년 법왕의 뒤를 이어 즉위하였는데, 신라와 자주 충돌하였다.

602년에 신라의 아막산성(阿莫山城)을, 611년 10월엔 가잠성(椵岑城)을, 616년에는 모산성(母山城)을 점령했고, 623년 가을에는 늑노현(勒弩縣)을 침범하였다. 633년에 서곡성(西谷城)을, 636년 5월 장군 우소(于召)에게 명령하여 독산성(獨山城)을 습격하였다.

한편, 무왕은 고구려의 남진을 견제하기 위해 수나라에 조공을 바치고 여러 번 고구려 공격을 청하였다. 수나라가 멸망하고 당나라가 건국한 뒤에도 친선 정책을 전개하였다. 624년 사신을 당나라에 보내, 당 고조(高祖)로부터 대방군공백제왕(帶方郡公百濟王)이라는 칭호를 받았다. 627년 군사를 동원하여 신라 침공을 시도했으나, 당 태종이 백제와 신라의 화친을 권유했으므로 이를 중지했다.

602년(무왕 3년)에 관륵(觀勒)을 일본에 파견하여 천문 · 책력 · 지리 · 둔갑방술(遁甲方術) 등에 관한 많은 책을 전하고, 백제의 불교를 전파하였다.

630년, 사비 왕궁을 수리하였으나 가뭄으로 인해 중지하였다. 634년에 왕흥사(王興寺)를 창건하고 궁남지를 건설하였으며, 전북 익산에 미륵사와 궁궐(왕궁리)을 조성하는 토목공사를 벌였다. 무왕은 익산 천도를 통한 귀족세력 재편성을 기도했다. 비록 익산 천도는 이루어지지 못했지만, 관산성 패배 이후 동요된 백제 왕권이 무왕 때 와서 급속히 회복되었다. 그리하여 아들인 의자왕이 즉위 초기에 정치적 개혁을 통해 전제 왕권을 구축할 수 있도록 기반을 마련해 주었다.

● **무왕의 영정**
백제 제30대 왕으로 신라에게 빼앗긴 영토를 되찾기 위해 노력하였고, 관산성 패배(성왕의 죽음) 이후 쇠퇴하는 국력을 회복하였다.

서동 설화

서동요(薯童謠)로 잘 알려진 서동 설화는 신라 진평왕(眞平王) 대(599년 이전)에 이루어진 동요, 혹은 참요(讖謠: 시대적 상황이나 정치적 징후 따위를 암시하는 민요)이다. 이는 백제 무왕(武王)이 소년 시절에 지어 아이들에게 널리 부르게 했다고 알려져 있다.

■ 서동요의 이야기

《삼국유사》 제2권 기이(紀異)편에 수록되어 있다. 서동은 마(麻)를 캐어 내다 파는 것을 생업으로 삼았는데, 신라 진평왕의 셋째 딸인 선화공주(善花公主)가 아름답다는 말을 듣고 서라벌로 들어가, 동네 아이들에게 마를 나누어주며 다음과 같은 내용의 노래를 부르게 하였다.

선화공주님은
남몰래 짝을 맞추어 두고,
서동 서방을
밤에 몰래 안고 간다.

이 동요가 널리 퍼져 궁궐에까지 이르게 되었고, 노래의 내용이 사실이라고 믿은 모든 관료들의 주장에 따라 공주는 먼 지방으로 귀양가게 되었다. 길을 떠나려고 할 때, 왕후가 순금 한 말을 여비로 쓰라고 주었다.

공주가 유배지로 가는데, 서동이 도중에 나타나 절을 하고는 자신이 모시고 가겠다고 하였다. 공주는 비록 그가 어디서 왔는지 몰랐지만, 뜻밖에도 믿음직하여 마음에 들었다.

그래서 따라오도록 하였고, 또 몰래 정도 통하였다. 서동은 백제로 돌아와 왕이 되었고, 선화공주는 왕비가 되었다고 한다.

■ 서동의 정체에 대한 문제

《삼국유사》에는 서동이 백제의 무왕이라고 기록되어 있지만, 세부적인 역사적 정황과 맞지 않는 점이 많아서 서동 설화가 진짜 있었던 일인지, 진짜라면 서동이 백제 무왕이었는지에 대해 상당히 많은 이견이 존재한다.

● 백제 무왕설

서동은 곧 백제 무왕이며, 왕비는 진평왕의 3녀 선화공주라는 것이 《삼국유사》에 확실하게 기록되어 있다는 점에서 상당히 강력한 설이다. 또한 《삼국유사》에는 서동 설화 외에도 미륵사 창건 설화와 관련된 무왕의 기록이 하나 더 존재한다.

《삼국유사》에 의하면, 무왕이 선화공주와 함께 용화산(지금의 미륵산) 사자사의 지명법사(知命法師)를 찾아가던 중에 갑자기 연못 속에서 미륵삼존이 출현했고, 이를 계기로 미륵사를 창건하게 되었다는 것이다. 그런데 2009년 1월 19일, 미륵사지 석탑 해체 및 보수 과정에서 발견된 금제 사리봉안기(金製 舍利奉安記)에는 미륵사가 무왕의 시기에 창건되었다고 씌어 있었다. 반면에 문제가 된 것은 좌평 사택적덕의 딸인 사택왕비가 미륵사의 건립을 발원했다고 기록되어 있었던 것이다.

● **미륵사지 석탑**
복원된 석탑으로, 신라 진평왕이 사위인 백제 무왕이 창건하는 미륵사지에 물자를 지원하였다고 한다.

● **미륵사지 석탑 사리구**
미륵사지 석탑에서 출토된 금동사리함 명문에는 무왕의 왕비가 좌평 사택적덕(沙宅積德)의 딸이라고 씌어 있었다.

그 결과, 미륵사지 석탑의 준공 당시 무왕의 왕비는 선화공주가 아니라, 좌평 사택적덕(沙宅積德)의 딸인 사택왕후라는 것이 확인되었다. 이러한 이유로 무왕과 선화공주의 결혼이 후대에 꾸며진 허구라는 식의 주장이 대두되고 있다. 그러나 역사학계 일각에서는 당대 백제의 왕이 일반적으로 2명의 왕비를 두고 있었다는 것을 염두에 둘 때, 설화적 요소가 더해졌을지라도 섣부른 결론은 삼가야 한다고 지적한다.

● 선화공주 영정

● 백제 동성왕설

사학자 이병도가 제기하였다. 그는 제24대 동성왕의 이름인 모대(牟大), 모도(牟都), 말다(末多) 등이 서동(薯童)의 우리말 음인 맛둥과 비슷함을 발견했다.

《여지승람》의 기록에서도 말통이라고 언급하고 있는데, 이 역시 동성왕의 여러 이름들과 그 발음 형태가 상당히 유사하다. 그래서 이 시기에 신라와 국혼한 사실이 있음을 연결지었다.

● 무왕의 비 영정

동성왕과 신라 이벌찬 비지(比智)의 딸 사이의 결혼 동맹이 실제로 존재했기 때문이다. 백제의 왕이 신라 귀족의 딸과 결혼한 것으로 정식 역사서에 기록된 유일한 경우가 동성왕이다.

● 익산 서동제의 무왕과 무왕비의 영정
선화공주가 미륵사 창건을 발원했으나 수십 년이 걸리는 탓에 완공을 보지 못하고 일찍 타계한 뒤, 사택왕후가 서탑을 세웠을 개연성도 충분하다.

백제의 예술과 문화재

백제의 그림은 능산리 고분의 연화문 · 운문, 사신도의 벽화와 송산리 고분의 신수도(神宿圖)가 우아하고 섬세한 면을 표현해 주고 있다. 화가로는 위덕왕의 왕자로 일본에 건너가서 쇼토쿠 태자를 그린 아좌태자, 백제 말기에 일본에 건너가 산수화를 전하고 사천왕상을 남긴 하성(河成) 등이 있다. 그리고 글씨로는 사택지적비문(사륙변려체), 무령왕릉의 지석(해서체) 등이 돋보인다.

● 부여 능산리사지 석조사리감

부여 능산리사지 석조사리감(扶餘 陵山里寺址 石造舍利龕)은 능산리 절터의 중앙부에 자리한 목탑 자리 아래에서 나온 사리감으로, 출토 당시 이미 사리감이 훼손되어 있었고 사리 용기는 없었다. 국립부여박물관에서 소장하고 있으며, 국보 제288호로 지정되었다.

● 부여 능산리사지 석조사리감

● 부여 규암리 금동관음보살입상

● 부여 규암리 금동관음보살입상

규암리 금동관음보살입상(窺岩里 金銅觀音菩薩立像)은 삼면화관(三面花冠)을 쓴 머리, 부드럽고 아름답게 표현된 몸통 부분, 소박하게 표현된 연화대좌(蓮花臺座)가 완벽한 조형미를 보여준다. 내려뜬 눈과 입가의 미소는 보살상의 자비로움을 전신에 넘쳐흐르게 하는, 백제 말기의 우수한 불상이다. 국보 제293호로 지정되었다.

● 서산 용현리 마애여래삼존상

서산 용현리 마애여래삼존상(瑞山龍賢里磨崖如來三尊像)은 충청남도 서산시 운산면 용현리의 가야산 절벽에 새겨진, 백제 후기의 마애불로서 국보 제84호이다.

중앙에 여래 입상의 거구(巨軀)를 양각(陽刻)하고 여래의 오른쪽에 보살 입상을, 왼쪽에 반가사유형 보살좌상을 배치하였다. 삼존에 나타난 소박한 미소는 흔히 "백제의 미소"로 일컬어진다. 이 삼존상은 《법화경》 사상이 백제 사회에 유행하였다는 사실을 입증하는 유물이다. 또한 조선시대 사원에 흔히 건립된 응진전 수기삼존불의 원조로서 의의가 있다.

● 백제 제22대~제26대 왕의 연표

	제22대 문주왕(475~477)
475년	웅진으로 도읍을 옮기다.
477년	아우 곤지가 왜에서 귀국하여 죽다. 병관좌평 해구가 왕을 암살하다.
	제23대 삼근왕(477~479)
477년	해구에게 군사업무와 나랏일을 위임하다.
478년	해구가 반란을 일으키자 왕이 군사를 보내 죽이다.
	제24대 동성왕(479~501)
493년	신라에 혼인을 청하다.
494년	고구려가 신라 견아성을 포위하자 군사를 보내 구원하다.
	제25대 무령왕(501~523)
510년	제방을 수리하고, 유랑민들을 농사짓게 하다.
513년	오경박사 단양이를 왜에 보내다.
520년	고구려를 여러 차례 물리치고 다시 강한 나라가 되었다고 알리자, '사지절도독 백제제군사 영동대장군'에 책봉되다.
523년	왕이 한성에 행차하다.
	제26대 성왕(523~554)
529년	계율 중심의 백제 불교를 열다.
538년	사비로 도읍을 옮기고 남부여로 칭하다.
541년	양나라에 사신을 보내 불교경전, 모시박사, 기술자, 화공을 요청하다.
551년	신라와 함께 한강 유역에서 고구려군을 몰아내다.
552년	왜에 불상 및 경전을 전하다.
554년	신라의 관산성을 공격하다. 성왕이 전사하다.

● 백제 제27대~제31대 왕의 연표

제27대 위덕왕(554~598)	
567년	아버지 성왕의 명복을 비는 능사에 사리를 봉안하고 탑을 세우다.
577년	죽은 왕자를 위해 왕흥사에 사리를 봉안하고 탑을 세우다.
581년	수나라로부터 '상개부의동삼사 대방군공'에 책봉되다.
제28대 혜왕(598~599)	
제29대 법왕(599~600)	
599년	살생을 금지하여 민가에서 기르는 매를 풀어주고, 고기잡고 사냥하는 도구를 불태우게 하다.
600년	왕흥사를 세우고 승려 30인을 두다.
제30대 무왕(600~641)	
602년	승려 관륵이 왜에 역서와 천문지리서, 기문둔갑술을 전하다.
621년	당에 과하마를 보내다.
634년	왕궁 남쪽에 못을 파고 물을 20여 리나 끌어들였으며, 사방 언덕에 버드나무를 심고 못 안에 섬을 만들다.
639년	왕후 사택씨가 미륵사 석탑에 사리를 봉안하고 왕의 장수와 안녕을 기원하다.
제31대 의자왕(641~660)	
642년	장군 윤충이 신라의 대야성을 함락하다.
649년	신라 서쪽의 10여 성을 빼앗고 당과 관계를 끊다.
660년	나·당 연합군에 왕도 사비성이 함락되다. 의자왕과 태자가 당나라에게 항복하고 백제가 멸망하다.

● 산수문전

● 문양전

백제의 사비시대 미술을 대표하는 이들 문양전(文樣塼: 무늬가 새겨져 있는 벽돌)은 산수문전과 산수봉황문전·산수귀문전·연대귀문전·연화문전·와운문전·봉황문전·반룡문전 등 8매로 경질의 점토를 틀에서 찍은 것이다.

산수문전은 모두 2종류가 출토되었는데, 산과 나무, 그리고 물과 바위가 구름과 함께 조화롭게 묘사되어 산수화를 연상케 하고 있다. 도식화된 물결 위에 뾰족한 암석을 세우고 세 봉우리로 이루어진 산이 있는데, 한 문양전에는 산속에 산사로 생각되는 건물과 승려상이 묘사되고 있어서 도교적인 느낌을 주면서도 불교적인 색채가 엿보인다.

● 산수봉황문전

● 산수귀문전

● 봉황문전

그런데 두 전돌은 화제(畵題)와 그 기법이 서로 비슷하나, 그 상면에 봉황과 흘러가는 구름 문양이 각각 다르게 배치되었다는 차이를 보이고 있다. 이 전돌들은 단순한 자연풍경을 소재로 하여 도식화시키고 있지만 전체적으로 좌우 대칭의 안정된 구도를 보이고 있고, 산과 구름의 표현이 곡선적으로 조화를 이루고 있다. 또한 그 기법에 원근법이 나타나고 있어서 백제 회화의 한 단면을 엿볼 수 있는, 백제 미술의 걸작이다.

산 경치 도깨비무늬 벽돌 또는 산수귀문전은 가운데에 도깨비를 두고, 하단에 산 경치 무늬를 새겼다. 도깨비는 눈동자가 다 드러나도록 부릅뜬 두 눈과 하늘로 치켜 올라간 눈초리, 뭉툭한 코와 커다랗게 벌린 입, 날카로운 송곳니, 떡 벌어진 어깨와 가슴, 두툼한 뱃가죽, 주렁주렁 고리 달린 허리띠, 동물처럼 긴 손톱과 발톱, 얼굴과 어깨 위의 불꽃 무늬 갈기 등 얼핏 보기에도 야무지고 사나운 모습을 하고 있다. 하지만 가만히 들여다보면, 마치 금방 장난이라도 걸어올 듯 익살스럽기도 하다. 이외 7점도 모두 같은 크기의 것으로 봉황 · 용 · 소용돌이 치는 구름 · 연화 · 도깨비 · 산수 풍경을 주제로 정교하게 제작하였다.

● 연꽃 구름무늬 문전

의자왕

의자왕(義慈王: ? ~ 660년)은 백제의 마지막 국왕이다. 이름은 부여의자(扶餘義慈)로, 망국의 군주이기 때문에 시호를 받지 못했다. 태자 시절부터 아우들과 우애가 깊고 사려가 깊어 중국의 사상가 증자에 견주어 해동증자(海東曾子)라 일컬어졌다. 말년의 실정으로 나 · 당 연합군의 공격을 받음으로써 초대 온조왕으로부터 이어진 백제는 멸망하였고, 의자왕을 비롯한 왕족들과 수많은 백성들이 장안으로 끌려갔다.

■ 제31대 의자왕의 치세

의자왕은 무왕의 첫째 아들로 태어나 632년(무왕 33년) 정월에 왕태자로 책봉되었다. 641년에 아버지 무왕이 승하하자 그 뒤를 이었고, 당으로부터 주국(柱國) 대방군왕(帶方郡王) 백제왕으로 책봉되었다.

《삼국사기》에는 용맹하고 결단력도 있다는 평가와 함께 총명하고 우애가 깊어서 '해동증자(海東曾子)' 또는 '해동증민(海東曾閔)'이라는 찬사도 따라다녔다고 하고, 그의 아들 부여융의 묘지(墓誌)에도 의자왕을 가리켜 "과단성이 있고 침착하고 사려 깊어서 그 명성이 높았다."라고 기록해 놓았다. 최근 일부 학자들은 의자왕을 '개혁 군주'로 재평가하고 있다.

● 복원된 사비궁

642년(의자왕 2년)에는 친히 군사를 이끌고 신라의 미후성(獼猴城)을 비롯한 40여 성을 빼앗았다. 이어서 장군 윤충(允忠)이 신라의 옛 가야 지역에 두었던 최대 거점인 대야성(大耶城)을 함락시키고 주민 1천여 명을 사로잡아 백제의 서부 지역 고을에 나누어

● 백제와 신라군의 전투 장면

살도록 했는데, 이때 성이 함락되자 대야성 성주로서 처자와 더불어 스스로 목숨을 끊은 김품석(金品釋)과 그 아내 고타소(古陀炤)는 신라의 유력자였던 김춘추(金春秋: 훗날의 태종무열왕)의 사위와 딸이었다.

윤충은 이 공으로 말 스무 필과 곡식 1천 섬을 하사받았다. 의자왕은 대야성을 함락시킨 그 달에 다시 한 번, 신라의 대당 교통로였던 당항성(黨項城)을 공격하여 당이 신라에 개입하는 것을 원천봉쇄하려 했지만, 신라의 구원 요청을 받은 당의 항의를 받고 철수하고 당에 사죄문을 보냈다.

한편, 백제를 칠 원병을 청하러 고구려로 향했던 김춘추는 그곳에서 고구려가 신라를 도울 마음이 없다는 것만 확인한 채 돌아와야 했다. 이후 의자왕은 643년(의자왕 3년)에는 고구려에 사신을 보내어 화친하였는데, 이후 고구려와 백제는 서로 연합 내지는 각자의 군사작전으로 신라를 압박하였다.

신라는 백제에 대한 반격을 단행해 백제의 7개 성을 공취했지만, 이듬해(645년) 당 태종(재위: 626년~649년)이 고구려를 치고자 신라에서 3만의 원군을 징발한 틈을 노려 의자왕은 다시 신라의 7성을 빼앗았다. 647년에는 장군 의직(義直)이 지휘하는 3천의 정예 병력이 무산성 아래에 주둔하면서 감물성 · 동잠성을 비롯한 지금의 김천 · 구미 등지를 습격했고, 이듬해에는 다시 신라의 서쪽 변경인 요거성을 비롯한 10여 성을 빼앗기도 했다. 그리고 649년에는 좌장 은상(殷相)이 정병 7천으로 신라의 석토산성을 비롯한 7성을 쳐서 차지했다.

한편, 648년 겨울에 신라의 김춘추는 당으로 건너가 당 태종의 신임을 얻고, 649년 당 고종이 즉위했을 때 진덕여왕은 치당태평송(致唐太平頌)을 써서 보내는 등 당과의 외교를 긴밀히 하였다.

651년 백제도 조공 사절을 보내 관계개선을 시도했으나, 당이 신라로부터 빼앗은 땅을 반환하라고 하자 652년(의자왕 12년) 이후로는 당과의 교섭을 중단했고, 이후 백제와 당의 외교관계는 단절되고 말았다.

당과의 관계가 악화된 대신 고구려나 왜국과의 관계는 상대적으로 완화되어, 653년(의자왕 13년)에는 왜와 우호를 통하고, 656년(의자왕 16년)과 657년(의자왕 17년)에는 왜국에 앵무새 · 낙타 · 낭나귀 등의 희귀품을 선물하기도 했다.

신라에 대한 백제의 공세는 계속되어 655년(의자왕 15년)에는 고구려 · 말갈과 연합해 신라의 북쪽 변경지대의 33성을 빼앗고, 659년(의자왕 19년) 4월에는 다시 신라의 독산성과 동잠성을 쳐들어가는 등 맹렬하게 밀어붙였다.

의자왕의 정치는 655년(의자왕 15년)을 기점으로 조금씩 변화를 보이기 시작했다. 태자궁을 화려하고 사치스럽게 지은 것을 시작으로, 656년(의자왕 16년) 3월에는 궁인과 더불어 밤낮으로 사치스러운 잔치를 열면서, 이에 대해 간하는 좌평 성충(成忠)을 옥에 가둬 버리기까지 한다. 옥사하면서 성충은 앞으로 반드시 큰 전쟁이 일어날 것이라며, "육로는 탄현(炭峴)에서, 수로는 기벌포(伎伐浦)에서 막으라"는 말을 왕에게 올렸지만 왕은 듣지 않았다.

● 성충(成忠)의 영정
의자왕 때 좌평으로서 부좌평 임자의 이간으로 왕의 의심을 사 투옥되었다. 656년 옥중에서 임종을 당하여 왕에게 상소를 올려, 외적의 침입이 있을 것을 예언하고 죽었다. 의자왕은 그의 유언을 듣고 실천하려 했으나 임자의 이간으로 그만두었고, 결국 백제의 패망을 막지 못했다. 그는 흥수, 계백과 함께 백제의 3충신이라 불린다.

백제의 멸망

7세기 의자왕 대에 이르러 백제는 고구려와 연합하여 신라 영토를 적극적으로 침공했으나, 당나라와 연합한 신라에 의해 멸망했다. 그리고 왜와 연계한 부흥운동도 모두 수포로 돌아간 뒤 신라에 완전히 복속된다. 멸망 직전 백제는 의자왕의 과도한 전쟁과 향락으로 인해 내부적으로 심각한 와해가 있었던 것으로 보인다. 의자왕의 향락에 대해서는 승자 입장에서 기록된 《삼국사기》에서 사실을 왜곡했을 가능성이 지적되고 있다.

■ 백제와 나 · 당 연합군의 전쟁

고구려가 수나라 · 당나라의 침략을 막아내는 동안 백제에서도 무왕과 의자왕이 신라에 적극적인 공세를 취하여, 의자왕 2년에는 대야성을 비롯한 신라의 성 40여 개를 점령하였다. 백제는 이때 금성 부근까지 공격하기도 하였다. 이에 신라는 고구려와의 연합을 꾀했으나 당시 고구려의 실력자였던 연개소문과의 회담이 결렬되자, 당나라와 군사 동맹을 맺어 삼국을 통일하려 하였다.

의자왕은 당나라와의 외교적 노력이 신라에 의해 방해를 받자, 대당 외교가 아니라 신라와 직접 군사 대결을 시도하여 659년 4월 신라를 공격하였다. '돌궐-고구려-백제-왜'와 '당-신라'의 십자 외교가 시작된 것이다. 이는 백제에 대한 당나라의 군사 개입을 불러왔다. 신라 김춘추의 외교 담판으로 당나라는 660년 6월 구원병을 보내 백제를 공격하였다. 신라와 나당군사동맹(羅唐軍事同盟)을 맺은 당은 고구려 공격을 우선적으로 추진하였던 종래의 전략과는 달리, 먼저 백제를 공격하고 나선 것이다.

● 계백 장군의 황산벌 전투도

■ 황산벌 전투와 부흥운동

660년 6월, 당나라 소정방(蘇定方)이 이끄는 13만 명의 군대와 신라 김유신(金庾信)이 이끄는 5만의 신라군은 백제에 대한 공격에 나섰다. 의자왕은 계백(階伯)으로 하여금 출전하게 하였다. 비장한 각오로 결사대 5천 명을 거느린 계백은 황산벌 전투에서 신라군의 공격을 끝내 막아내지 못한 채 전사하였고, 백강(白江) 하구에 상륙한 당군은 신라군과 합세하여 사비성(泗沘城)으로 진군하였다. 결국 660년 사비성이 함락되면서 백제는 멸망하고 말았다.

백제는 결코 약한 나라가 아니었으나, 사비성의 입지조건이 방어에 매우 취약하고, 저항세력이 국내와 일본 등으로 분산되어 있어서 힘의 결집이 부속한 것이 패망의 큰 원인이었다.

사비성을 점령한 나·당 연합군은 횡포와 약탈을 자행하였다. 점령군의 이러한 횡포는 백제 유민들을 크게 자극하여, 곧바로 각 지역에서 부흥운동이 일어났다. 복신과 흑치상지, 도침 등은 왕자 부여풍을 왕으로 추대하고 주류성과 임존성을 거점으로 군사를 일으켰다. 이들은 200개의 성들을 되찾고 사비성과 웅진성에 주둔한 당나라군을 공격하면서 4년간 저항하였으나, 결국 신라-당나라 연합군에 의하여 진압되고 만다.

●황산벌 전투도와 나·당 연합군 공격로

● 황산벌 전투
신라군이 황산벌에 도착했을 때, 백제군은 이미 산직리 산성, 모촌리 산성, 황령 산성 3곳에 진영을 두고 기다렸다. 당시 달솔 계백은 좌평 충상, 달솔 상영과 함께 백제군을 지휘하였다. 이때 계백은 가족들을 죽인 후 비장한 각오로 전투에 나섰다. 백제군은 사기가 올라 신라군과 네 번 싸워 네 번 격파하였으나 화랑 관창의 죽음으로 분노한 신라군이 죽을 각오로 덤비니, 결국 백제군은 패하고 계백의 결사대는 모두 전사하였다.

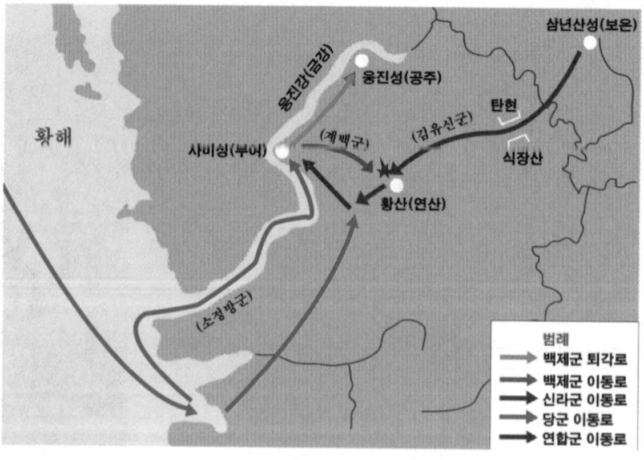

신라의 건국

청동기가 전래된 이후 권력을 가진 부족장이 등장하면서 생성된 초기 신라는 일반적으로 생각하는 전제적 · 중앙집권적인 영역 국가가 아니라, 지금의 경주시 지역에 있는 6개 촌(이씨의 양산촌, 최씨의 고허촌, 정씨의 진지촌, 손씨의 대수촌, 배씨의 가리촌, 설씨의 고야촌)의 느슨한 소형 연맹체였다. 이 6개의 부족들은 이후 6부의 모습을 갖추게 되는데, 각각 훼부 · 사훼부 · 본피부 · 사피부 · 잠훼부 · 한기부였다. 이들의 지도자 중에서 신라 전체의 군주로 추대되다가 점차 훼부가 왕위를 독점한 것으로 추정된다. 각 지방마다 독자적인 세력권을 형성한 채 각자 지도자가 있었는데, 그들은 모두 왕(王)이라고 불렸다.

■ 신라의 국가 성립

《삼국사기》와 《삼국유사》는 고조선의 유이민인 진한 6부가 자신들을 다스려 줄 임금을 원하고 있을 때, 하늘에서 내려온 알에서 태어난 혁거세(세상을 온통 밝게 한다는 뜻. 불구내: 광명으로 세상을 다스린다는 뜻.)를 맞이하여 기원전 57년에 거서간('거슬한'이라고도 하며 임금을 뜻함. 거서간→차차웅→이사금→마립간→왕으로 변천함.)으로 세운 것으로 기록하고 있다.

이는 경주 지역의 토착민 집단과 유이민 집단의 결합으로 해석된다. 이와 같이 신라는 진한의 소국 중 하나였던 사로국(斯盧國)에서 출발하였다.

기원전 27년에는 성을 쌓게 하고 금성(金城)이라 불렀다. 이후 동해안으로 들어온 석탈해 집단이 등장하면서, 박 · 석 · 김의 세 가문이 교대로 왕위를 차지하게 되는 계기가 되었다. 유력 집단의 우두머리는 이사금(군주)으로 추대되었고, 주요 집단들은 독자적인 세력 기반을 유지하고 있었다.

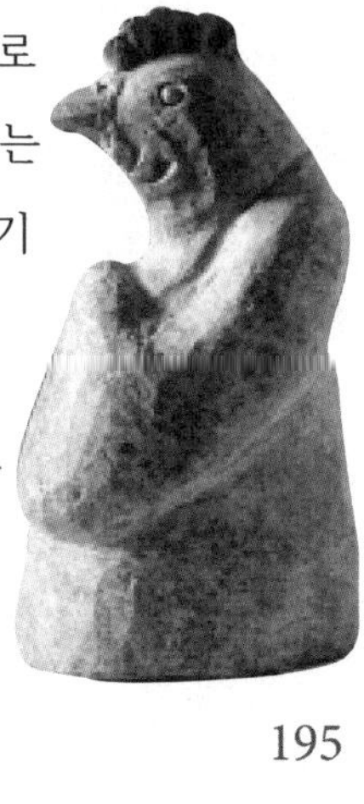

● 경주 민애왕릉에서 출토된 닭 석상
신라는 닭과 연관이 많은 나라다. 신라 김씨 시조인 김알지가 태어나자 숲속에서 닭이 힘차게 울었기 때문에 이름을 '계림'으로 불렀다는 일화도 있다.

● **경주역사유적지구**
경주역사유적지구(慶州歷史遺蹟地區)는 2000년 12월 유네스코에서 지정한 세계문화유산으로 경주시 일대의 신라 유적 · 유물들을 말하며, 신라 전성기의 모습을 잘 나타내고 있다.

제17대 내물 마립간(재위: 356년 ~ 402년) 때 신라는 활발한 정복 활동으로 낙동강 동쪽의 진한 지역을 거의 차지하는 등 지배세력이 강화되어, 중앙집권 국가로서의 발전을 보이기 시작한다. 이때부터 김씨에 의한 왕위 계승권이 확립되었는데, 이것은 왕권이 안정되고 다른 집단들에 대한 통치 집단의 통제력이 강화되었음을 의미한다.

내물 마립간 때에는 해안 지방이 왜구(倭寇)의 침입을 많이 당하였다. 399년(내물왕 44년)에는 광개토태왕이 5만의 군사를 보내어 신라에 침입한 왜구를 몰아내는 등 신라는 고구려의 보호를 많이 받았고, 이 때문에 고구려의 군대가 신라 영토 내에 머물기도 하였다. 이렇듯 고구려의 간섭을 받는 동안, 신라는 선진적인 고구려의 문화, 그리고 고구려를 통하여 중국 북조(北朝)의 문화를 도입하면서 차차 발전을 하게 되었다.

혁거세 거서간

혁거세 거서간[赫(爀)居世 居西干: 기원전 69년 ~ 기원후 4년, 재위: 기원전 57년 ~ 기원후 4년]은 신라의 초대 국왕이다. 혁거세[赫(爀)居世]란 표기는 한자 음과 뜻을 합친 표기로서, 赫(爀)은 뜻인 "밝"에 가까운 음으로 읽으며, 世는 세상을 뜻하는 고유어 "누리" "뉘"에 가깝게 읽는다. 비슷한 음을 딴 다른 표기로 弗矩內(불구내)가 있으며, 결국 본디 이름은 밝아누리(세상을 밝히다)에 가깝다. 혁거세를 도와 서라벌(신라의 초기 국명)을 건국한 사로 6촌장 중 알평, 구례마, 지타도 각각 이씨, 손씨, 배씨의 조상이 될 뿐 성씨까지 표기하지 않았다. 신라 992년의 역사 동안 성씨를 사용한 사람은 거의 없었다.

■ 혁거세 출생의 설화

혁거세는 사로국 6부 촌장들이 임금을 세우는 회의를 하던 중 하늘에서 내려온 백마가 낳은 알에서 출생했다. 기원전 69년, 여섯 마을의 촌장들이 각기 자기 자녀들과 함께 알천 언덕에 모여 "우리들에게는 우리들 모두를 다스려 줄 임금이 없어, 모두가 안일하여 각자 자기가 하고 싶은 대로 행동하는 바람에 도무지 질서가 없다. 그러하니 덕이 있는 사람을 찾아내어 그를 임금으로 모시고, 나라를 만들자."라고 의논하였다.

그런데 그때, 회의 장소인 알천 언덕에서 남쪽으로 그다지 멀지 않은 양산(楊山)이라는 산기슭에 번갯불 같은 이상한 기운이 보였다. 촌장들은 더 잘 보기 위해 좀 더 높은 곳으로 올라갔는데, 양산 기슭에 있는 나정(蘿井)이라는 우물 곁에서 번갯불이 솟아오르고 있었고, 그 옆에는 하얀 말 한 마리가 절하는 것처럼 한참 꿇어 엎드려 있다가 길게 소리쳐 울고는 하늘로 날아올라가 버렸다.

● 신라 건국 설화를 담은 우표

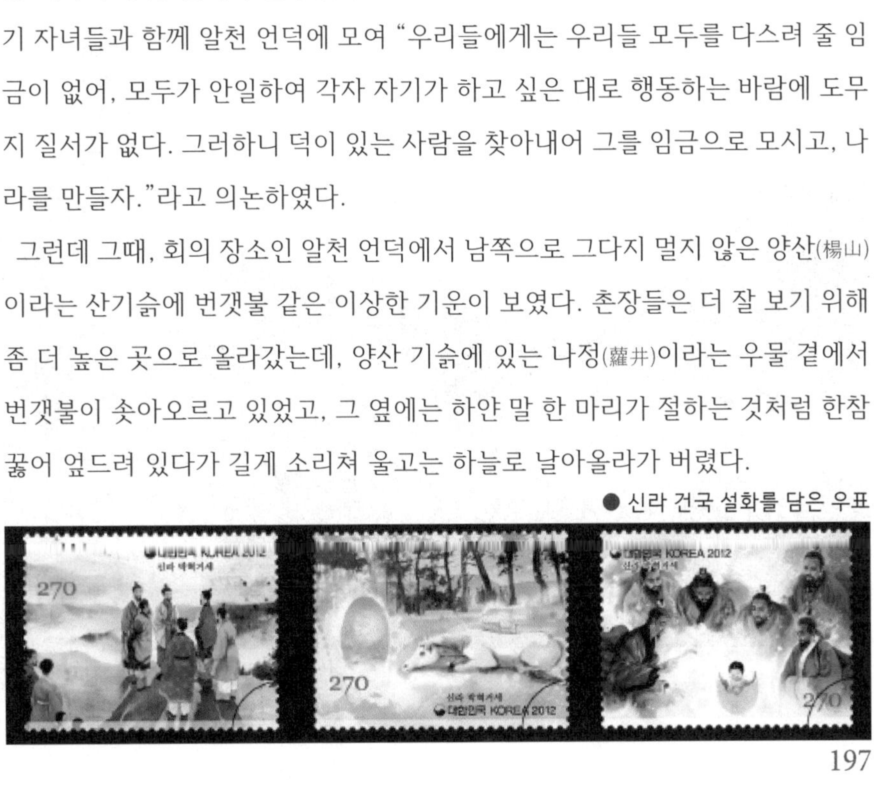

말이 떠나자 촌장들이 그곳으로 일제히 몰려가 봤더니, 자줏빛의 큰 알이 하나 놓여 있었다. 촌장들이 그 알을 보고 있을 때 갑자기 알이 깨져 버렸는데, 그 안에는 생김새가 몹시 단정하고 아름다운 한 사내아이가 있었다. 모두들 놀라고 신기해하며, 아기를 동천(東泉)이라는 샘에 데리고 가서 몸을 씻겼다. 그러자 아기의 몸에서 광채가 나고, 짐승들이 몰려와 덩달아 노래를 부르며 춤을 추었고, 하늘과 땅이 울렁이며 태양과 달의 빛이 더욱 밝아졌다. 촌장들은 그 아이의 알이 매우 커서 박과 같다고 하여 성을 '박(朴)', 이름을 '혁거세 거서간(赫居世居西干)' 또는 '혁거세[赫(爀)居世]'라고 지었다.

일연은 또 혁거세가 선도산 성모로 불리는 사소부인(娑蘇夫人)에게서 출생했다는 전설도 기록하였다. 사소부인의 출신지는 정확하게 전하지는 않으나, 그녀가 정착하였다는 형산이란 서형산(西兄山)·선도산(仙桃山)이라고도 부르는 산으로, 혁거세 거서간의 어머니는 중국 황실의 딸로 중국을 떠나 정착했다고 한다. 여기서 중국은 지금의 중국(中國)이 아닌, 말 그대로 여러 제후를 다스리는 중심적 나라라고 해석하는 견해도 있다.

● 신라의 시조 혁거세 거서간의 능인 오릉과 동상

■ 서라벌 개국

혁거세는 10여 세에 이르자 남달리 뛰어나고 성숙하였다. 13세인 기원전 57년 6월 8일(음력 4월 28일, 병진일)에는 촌장들의 추대를 받아 즉위, 왕호를 거서간(居西干)이라 하고 국호를 서라벌(徐羅伐: '서벌 · 사라 · 사로'라 하기도 함)이라 하였다.

기원전 41년(즉위 17년) 6부를 두루 돌면서 위무하였는데, 왕비 알영부인이 따라갔다. 농사와 누에치기에 힘쓰도록 권장하여 토지의 이로움을 다 얻도록 하였다.

기원전 39년(즉위 19년) 정월에 변한(卞韓)이 나라를 바쳐 항복해 왔다는 기록이 있으나, 신채호는 이를 신뢰하지 않았다.

기원전 37년(즉위 21년)에는 수도 금성에 성을 쌓았으며, 기원전 32년(즉위 26년)에 금성에 궁실을 지으니 이때 나라의 기틀이 잡혔다.

기원전 28년 낙랑이 침범하였으나, 도덕의 나라라 하여 스스로 물러갔다.

● 누에치기를 권장하는 혁거세

기원전 20년(즉위 38년) 봄 음력 2월 마한에 사신 호공(瓠公)을 보냈는데, 조공을 바치지 않는 것을 탓하는 마한 왕에게 호공이 그럴 필요가 없다 하자, 마한 왕이 분노하여 그를 죽이려 했으나 신하들의 만류로 놓아주었다. 그리고 이듬해 마한 왕이 죽자 신하들이 마한을 정벌할 것을 권했으나, 혁거세는 "다른 사람의 불행을 요행으로 여기는 것은 어질지 못한 일이다." 하여 사신을 보내 조문하였다. 이는 그 무렵 신라의 정치 체제가 바로잡혀 마한에 매여 있지 않았음을 뜻한다.

기원전 5년(즉위 53년)에 동옥저(東沃沮)의 사신이 와 말 20필을 바쳤다는 기록이 있으나, 신채호는 이를 신뢰하지 않았다.

■ 알영부인

알영부인은 기원전 53년 경주의 알영정(閼英井)에서 태어났다. 《삼국사기》의 기록에 따르면, 용이 알영 우물에 나타나 오른쪽 갈빗대에서 알영을 낳았다고 한다. 이를 발견한 노파가 데려다 양육하였으며, 우물의 이름을 따서 알영이라 이름지었다. 성장한 뒤에 덕이 많다는 말을 듣고 혁거세가 부인으로 맞아들였다고 한다.

《삼국유사》에 따르면, 사량리 알영정에 계룡(鷄龍)이 나타나 왼쪽 옆구리에서 알영을 낳았다고 한다. 혁거세가 탄생하였을 무렵(기원전 69년) 경주의 세인들이 "이제 천자께서 이미 이 땅에 내려왔으니, 미땅히 덕이 있는 여군을 찾이서 베필을 정해야겠다."고 하였는데, 바로 그때 알영이 태어났다. 알영의 입이 닭의 부리와 같았는데, 경주 월성 북쪽에 있는 북천에서 씻겼더니 부리가 떨어졌다고 한다. 남산 서쪽 기슭에 궁궐을 짓고 혁거세와 알영을 길렀으며, 13세가 되었을 때 혁거세가 왕위에 오르면서 알영도 왕후에 책봉되었다. 혁거세와 함께 이성(二聖)이라 칭송되었으며, 제2대 남해 차차웅과 아로공주를 낳았다.

● **알영정**
알영정은 박혁거세의 부인인 알영부인이 탄생한 연못이다. 알영부인에 대한 설화를 기록한 비문이 누각 안에 세워져 있는데, 알영정 연못 앞에 위치해 신비감을 더한다.

탈해 이사금

석씨의 시조 중 한 명이자, 신라 석씨 왕조의 첫 왕. 칭호는 이사금(尼師今). 석탈해(昔脫解), 또는 이름을 토해(吐解)라고도 한다. 성의 유래는 그가 처음 신라에 올 때 실려 있던 배 위에 까치[작鵲]가 많이 있어, 이에 까치라는 글자에서 '새 조(鳥)' 자 부분을 빼고 석(昔)만 남은 것을 성으로 삼았다고 한다. 이름은 음차일 가능성이 높다.

■ 석탈해 설화

제4대 임금 석탈해는 왜국 동북쪽 1천 리 바깥에 위치하는 용성국(龍城國) 혹은 다파나국(多婆那國)의 왕자 출신이라 한다. 왕비가 임신 7년(?) 만에 큰 알을 낳았고, 아버지인 함달파왕이 불길한 것이라고 생각해 알을 배에 실어 내버렸다. 이후 배를 타고 신라 동해안의 아진포에 떠내려온 알을 노파가 건져낸 후, 알에서 깨어난 탈해를 키웠다.

탈해는 물고기를 잡아 어머니를 부양했지만, 양어머니는 탈해가 보통 사람이 아님을 짐작해 공부를 시켰다고 한다. 장성한 뒤에는 금관가야에 가서 김수로왕에게 왕위를 내놓으라고 했다가 실패하고, 신라로 가서 이번에는 잘 먹고 잘 살고 있던 호공(瓠公)의 집을 속임수로 강탈했는데, 그 소문을 들은 제2대 임금인 남해 차차웅이 그가 지략가임을 알고 사위로 삼았다.

또한, 가야의 역사를 다룬《삼국유사》〈가락국기〉에는 용성국(龍城國) 출신인 탈해가 가야에 먼저 도래하여 왕위를 놓고 김수로왕과 다투다 패배하였다는 기록이 전한다.

● 탈해 이사금의 능

김알지

《삼국사기》와 《삼국유사》에 등장하는, 경주 김씨의 시조이자 신라 김씨 왕조의 시조. 다만 일반인들이 착각하기 쉬운 점은, 박씨 왕조의 시조 박혁거세나 석씨 왕조의 시조 석탈해와 달리 김알지(金閼智) 본인이 생전에 신라 왕위에 오른 것은 아니며, 그의 7대 후손인 미추가 제13대 왕으로 왕위에 오르기 시작하였다는 점이다. 기록에 처음 등장하는 것은 《삼국사기》의 탈해 이사금 편이다.

■ 김알지 설화

65년, 제4대 탈해왕이 밤에 금성(金城) 서쪽 시림(始林)의 수풀 속에서 닭 울음 소리를 듣고서 신하 호공(瓠公)을 시켜 가보게 하였다. '금빛의 작은 함이 나뭇가지에 걸려 있고, 흰 닭이 그 밑에서 울고 있습니다'고 호공이 보고하자, 왕이 직접 가서 함을 열어 보니 용모가 아름다운 사내아이가 나왔다. 이때부터 시림을 계림(鷄林)이라 하고, 아이는 금함에서 나왔으므로 성을 김씨라 하였다.

《삼국사기》〈미추왕조〉에는 알지가 세한(勢漢)을 낳고, 세한이 아도(阿道), 아도가 수류(首留), 수류가 욱보(郁甫), 욱보가 구도(仇道)를 낳고, 구도는 미추를 낳았다고 함으로써, 알지를 시조로 하는 경주 김씨의 세보(世譜)를 소개하고 있다.

● **김알지탄강 계림고사 금궤도**
65년(탈해왕 9년) 8월 4일 호공(瓠公)이 시림(始林) 속에서 큰 광명이 비치는 것을 보았다. 자색 구름이 하늘에서 땅으로 뻗쳤는데, 구름 가운데 황금궤가 나무 끝에 걸려 있고 그 빛이 궤에서 나오며, 흰 닭이 나무 밑에서 울어 왕께 아뢰었다. 왕이 숲에 가서 궤를 열어 보니 사내아이가 누워 있다가 일어났다. 이는 박혁거세의 출생과 같으므로, 박혁거세를 알지라 한 선례에 따라 이름을 지었다. 아기를 안고 대궐로 돌아오매 새와 짐승들이 서로 따르며 기뻐하였다. 왕이 좋은 날을 받아 태자로 책봉하니, 그가 곧 김알지이다.
조선 인조시대 사대부 화가인 조속(趙涑)의 작품이다.

신라의 발전

신라가 국가 체제를 튼튼히 하고 비약적인 성장을 이룬 것은, 금석문에 최초로 등장하는 왕인 내물 마립간(내물왕; 재위 356년 ~ 402년) 때다. 이전에는 박 · 석 · 김 3개 성씨가 돌아가며 왕위를 이어받았는데, 내물왕 대에 이르러 김씨의 독점 세습제가 굳어지면서 왕권이 한층 강화되었다. 또 내물왕은 중국 전진(前秦)과의 외교관계를 수립했는데, 이를 통해 신라는 중국의 선진문물을 받아들이면서 사회적 · 문화적 발전을 이루게 되었다.

■ 신라의 정치적 발전

● 신라의 기마인물형 토기

신라는 내물 마립간 이후 고구려의 간섭을 받았으나, 5세기 초 백제와 동맹을 맺어 고구려의 간섭을 배제하고자 하였다. 5세기 말 신라는 6촌을 6부의 행정 구역으로 개편하면서 발전하였다.

지증왕(신라 제22대 왕) 때에 이르러서는 정치 제도가 더욱 정비되어 국호를 신라로 바꾸고, 군주의 칭호도 마립간에서 왕으로 고쳤다. 또한 수도와 지방의 행정 구역을 정리하였고, 대외적으로는 우산국(于山國: 울릉도)을 복속시키는 등, 지방 세력과 주변 지역에 대한 지배권을 확립하였다.

뒤이어 법흥왕(제23대 왕, 재위 514년~540년)은 병부를 설치하여 군제를 개혁하였고 율령 반포, 공복 제정 등을 통하여 통치 질서를 확립하였으며, 골품 제도를 정비하였으며, 불교를 공인하는 등 주변 세력들을 포섭하면서 왕권을 강화시키고자 하였다. 또한 건원(建元)이라는 연호를 사용함으로써 자주 국가로서의 위상을 높였고, 김해 지역의 금관가야를 정복하여 영토를 확장하면서 신라는 중앙집권국가 체제를 완비하였다. 백제와는 연맹 관계를 맺어, 백제를 통하여 양(梁)나라와 교역하였다. 이때부터는 남조(南朝)의 문화까지 받아들이면서 크게 진보하여, 제24대 진흥왕 때에 세력을 활짝 펼치게 된다.

내물 이사금

내물 이사금(奈勿 尼師今: 344년 ~ 402년, 재위: 356년 ~ 402년) 또는 내물 마립간(奈勿 麻立干)은 신라의 제17대 임금으로, 내물왕(奈勿王)이라고도 한다. 내물 이사금 재위 시 신라는 활발한 정복 활동으로 낙동강 동쪽의 진한 지역 대부분을 차지하는 등 지배세력이 강화되어, 중앙집권 국가로서의 면모를 보이기 시작했다. 석씨 가문의 흘해 이사금(제16대 왕)에 이어 김씨인 내물 이사금이 등극함으로써, 이후 김씨의 왕위 계승이 확립되었다. 이는 왕권이 강화되고 안정되어 여타 집단들에 대한 통제력을 갖추게 되었음을 의미한다.

■ 왜구와의 전쟁

내물 마립간 때에는 신라의 해안 지방에 왜구(倭寇)의 침입이 잦았다. 364년 음력 4월에 왜의 지방 세력이 크게 군사를 일으켜 쳐들어오자, 토함산 아래에 허수아비 수천 기를 세워 신라 군사로 위장하고 들녘에 용병을 매복시켜 놓았다. 토함산에 신라 군사가 많은 것으로 믿은 왜군은 곧바로 직진하여 들녘으로 향했으나, 신라 복병의 뜻하지 않은 공격을 받고 대패하여 달아났다.

비록 지형을 이용한 기습 공격으로 왜군을 격퇴시키긴 했으나, 신라군이 왜군과 정면으로 대결하지 못하고 농성이나 기만전술로써 맞서는 모습은 노략질 수준으로 그치던 왜구의 침략이 하나의 정권으로 모이기 시작하면서 점점 대형화되고 있음을 뜻한다.

393년 음력 5월, 왜군이 다시 쳐들어와 금성을 포위하고 닷새가 되도록 포위를 풀지 않았다. 군사들이 나가 싸우기를 청하였지만 내물 마립간은 이를 허락하지 않고, 왜군의 식량이 떨어질 때까지 농성하기로 결정하였다. 마침내 왜군이 퇴각하자, 2백 기병으로 퇴로를 막고 보병 1천을 내보내 협공함으로써 크게 승리를 거두었다.

■ 내물왕의 위기

백제의 제13대 근초고왕이 백제 중심의 국제질서를 한반도 남부에 정립하려 하고 왜국과 가야가 여기에 적극적으로 참여하자, 신라 또한 별수 없이 백제의 우위를 인정하고 여기에 참여하였다. 366년 백제의 사신이 신라를 방문하고, 368년 신라가 백제로부터 좋은 말 두 필을 받은 사실은 이러한 내용의《일본서기》의 기록을 방증한다.

그러나 이내 신라는 백제 우위의 국제질서에 도전하기 시작하여, 내물왕 18년(373년)에는 신라로 귀순한 백제 독산성 성주와 백성 3백여 명을 백제로 송환하지 않았다.

400년, 신라는 국가 존망의 위기에 빠지고 말았다. 신라는 이찬 대서지의 아들 실성(實聖: 뒷날 제18대 왕인 실성 마립간)을 볼모로까지 보내며 고구려와 제휴하였고, 고구려와의 항쟁에서 열세에 있던 백제는 신라와 경쟁 관계였던 가야를 부추겨 그들의 영향력 하에 있던 왜의 소국들을 동원해 신라를 대대적으로 공격하게 하였다. 잇단 천재지변과 왜의 침략으로 국력이 소진된 신라는 남천 가에서 크게 패하였고, 가야와 왜의 연합군에게 서라벌까지 함몰될 지경에 이르렀다. 이에 다급해진 내물 마립간은 백제와의 전쟁을 위해 평양에 진주해 있던 광개토태왕에게 구원을 요청하였고, 그가 보내준 5만 명의 고구려군으로 가야와 왜군을 물리칠 수 있었다.

고구려의 도움으로 신라는 오랜 숙적 가야를 패퇴시키고 낙동강 하구에 이르는 지역을 손에 넣을 수 있었지만, 한편으로는 한동안 고구려의 속국으로 전락하고 말았다. 주변국의 잇단 침공으로 정신적 충격을 받아 몸져누운 내물 마립간은 402년 5월에 사망하였고, 첨성대 서남쪽에 그의 능이 조영되어 있다.

● 경주의 내물왕릉(奈勿王陵)

눌지 마립간

눌지 마립간(訥祗 麻立干: 394년~ 458년, 재위: 417년 ~ 458년)은 신라의 제19대 임금이자,《삼국사기》에 따르면 최초로 마립간의 칭호를 사용한 임금이다. 〈신라본기〉에서 김대문의 말을 인용하길, "'마립(麻立)'이란 방언으로 '말뚝'을 이른다. 말뚝은 자리를 정하여 두는 것을 말하는데, 관위에 따라 배치했다. 즉 임금의 말뚝을 위주로 신하의 말뚝들을 그 아래 벌였으니, 왕호를 이렇게 이름한 것이다."라고 하였다.

■ 고구려에 의해 왕이 된 눌지

내물 마립간이 백제 · 왜 · 가야의 삼국 연합군의 침공과 고구려 광개토태왕에 의한 속국화에 충격을 받아 몸져누운 끝에 사망하자, 아들 눌지의 나이가 어리다는 이유로 화백회의(和白會議)에서 이찬 대서지(大西知)의 아들 실성(實聖)을 제18대 왕으로 추대했다.

내물 마립간이 재위 37년인 392년에 실성을 고구려에 볼모로 보낸 일이 있었는데, 실성은 이에 한을 품고 내물왕의 아들 눌지를 직접 공격하기보다는 먼저 눌지의 동생들부터 하나하나 제거하는 방식을 선택했다. 눌지의 동생들을 볼모로 외국에 보내는데, 눌지의 첫째 동생 복호(卜好)는 고구려에, 둘째 동생 미사흔(未斯欣)은 왜에 볼모로 보냈다. 끝내 눌지마저도 고구려에 볼모로 보내졌다. 기록에 의하면, 실성이 고구려인을 사주해서 눌지를 암살하려 했으나, 고구려인이 눌지를 보고 군자의 기상이 있음을 알고서 감동하여 그를 죽이지 않고 오히려 고구려 군대가 실성을 죽여버렸다.

● **마립간(麻立干)**
마립간은 신라의 17대 군주인 내물 마립간부터 21대 군주인 소지 마립간까지 사용한 호칭이다. 사용 시기는《삼국유사》와《삼국사기》의 기록에 따라 상이한데,《삼국유사》에서는 내물 마립간 시대부터,《삼국사기》에서는 눌지 마립간 시대부터 사용하기 시작하였다고 기록하고 있다.《화랑세기》에서 마립간은 '말뚝의 왕'이라고 한다. 여기서의 말뚝은 조선 시대의 품계석(品階石)과 같은 것으로, 마립간은 '으뜸가는 품계'라는 뜻이다.

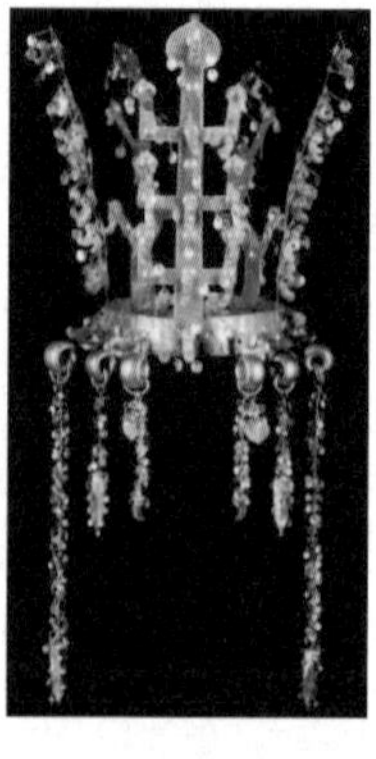

● 황남대총 출토 금관

■ 충신 박제상

고구려의 도움을 받아 제19대 왕이 된 눌지 마립간은 두 동생이 볼모로 가 있는 것을 안타깝게 여겨, 지혜와 변설을 겸비한 충신 박제상(朴堤上)을 고구려와 왜에 사신으로 보냈다. 박제상은 고구려의 장수왕을 설득하여 눌지 마립간의 아우인 복호(卜好)를 신라로 데려오는 데 성공하였고, 그해에 왜로 건너가 왜 왕조와 접촉하여 자신은 신라를 배신하고 왜인(倭人)으로 귀화하러 왔다고 왜왕(倭王)을 속이면서 눌지 마립간의 아우 미사흔(未斯欣)을 신라로 도망시키는 데 성공하였지만, 이 사실이 왜왕에게 알려지면서 결국 왜왕을 속이고 죄인을 방조(幇助)한 장본인으로 체포되어 고문을 받았다.

《삼국유사》의 내용에 따르면, 왜왕은 '왜국의 신하가 된다면 상을 내릴 것이고, 계림의 신하로 남는다면 온갖 형벌을 가할 것'이라고 회유 · 협박했지만, 박제상은 '차라리 계림의 개돼지가 될지언정 왜국의 신하는 될 수 없다'며 거절했다. 이에 왜왕은 박제상을 목도(木島)로 유배 보냈다가, 419년 끔찍한 고문 끝에 불태워 죽이기에 이르렀다. 박제상의 이 같은 충정에 보답하고자, 신라의 눌지 마립간은 그의 차녀를 미사흔의 아내로 맞아들였으며, 그에게 대아찬 관품을 추증하고 포상을 내렸다.

● 망부석이 된 박제상의 부인
《삼국유사》에는 망부석(望夫石) 설화가 기록되어 있다. 박제상이 왜로 떠나자, 부인은 딸들을 데리고 왜가 보이는 바닷가로 가서 남편이 돌아오기를 기다렸다가 돌이 되어 죽었다는 것이다.

■ 눌지 마립간의 치적

내정으로 노인을 공경하는 예를 세웠다. 또한 저수지를 만들어 농업용수를 확보하고, 백성들에게 소가 끄는 수레를 대대적으로 보급했는데, 이는 농업 생산력의 향상 및 물자수송의 용이함을 위해서였던 걸로 보인다.

외교에서는 비록 본인이 고구려의 도움으로 왕위에 올랐지만, 되도록 고구려의 영향에서 벗어나려고 애쓴 흔적이 보인다. 즉위 2년(418년)에 복호를 고구려에서 데려오게 한 것은 고구려에게 약점을 잡히지 않으려는 차원이었던 듯싶다. 즉위 8년(424년)에는 사신을 보내 정상 외교관계를 유지하였으나, 전성기를 맞은 고구려의 장수왕이 남진정책을 계속 추진하자 고구려와의 관계는 점점 악화되었다.

반면 고구려의 남진 압박을 견디지 못한 백제가 그간의 원한을 잊고 동맹하자고 제안하자 이를 받아들여, 최초로 나 · 제 동맹이 성립했다. 이에 따라 즉위 39년(455년) 고구려가 백제를 공격하자, 백제에 군사를 파병하여 고구려군을 물리쳤다. 이때부터 100여 년간 신라와 백제는 고구려가 치고 내려오면 서로 도움을 주고받는 방식으로 버티게 된다.

450년엔 신라의 하슬라(강릉시) 성주 삼직(三直)이 고구려의 변경 성주를 살해하여 고구려군이 쳐들어오자, 사신을 파견하여 외교적으로 무마시켰다. 불과 수십년 전엔 고구려 · 신라의 연합군과 백제 · 가야 · 왜의 연합군이 전투를 벌였다는 것을 상기해 본다면, 외교에는 영원한 적도 영원한 동맹도 없다는 철칙이 실감 날 것이다.

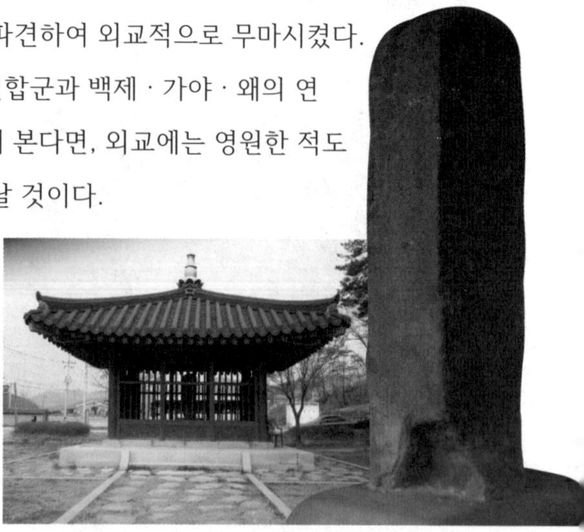

● 중원 고구려비(中原高句麗碑)
충청북도 충주시에서 발견된 고구려의 석비로, 5세기 무렵 고구려의 남진 및 신라와의 관계를 알려주는 역사적 유물이다.

■ 왜와의 전쟁

왜와의 관계는 최악으로 치달았는데, 박제상이 미사흔을 탈출시킨 후 왜에서 죽게 되자 양국의 관계가 파국으로 치달았던 걸로 보인다. 왜는 431년에 서라벌 인근의 명활산성을 침공했고, 440년에는 신라의 남쪽과 동쪽 국경에 쳐들어왔다.

444년에는 왜군이 서라벌까지 쳐들어와 10일간 포위했다가 식량이 떨어지자 퇴각하는데, 신하들의 만류에도 불구하고 눌지 마립간은 군사를 이끌고 적군의 뒤를 무리하게 쫓았다가 대패한다. 눌지 마립간은 절반의 군사를 잃고 산으로 도망갔으나 왜군들에게 포위당하는데, 다행히도 짙은 안개가 끼어 포위망을 탈출하고 왜군들은 물러간다. 위의 기록들만 봐도 양측의 험악했던 관계를 알 수 있다.

이렇게 남북으로 불안한 외부 상황 속에서도 장자 왕위계승을 확실히 못박아 둬서 불필요한 분쟁을 막았다. 석씨 왕실 때부터 그동안 얼마나 많은 혼란이 있어왔는지 생각해 보면 이것만 해도 상당한 업적이며, 덕분에 아들 자비(제20대 자비 마립간)와 손자 소지(제21대 소지 마립간)는 별 혼란 없이 장자로서 왕위에 올랐다.

눌지 마립간의 오랜 재위기간이 말해 주듯이 내외적으로 상당한 성과를 거둔 왕이며, 지증왕 대의 신라 발전의 터전은 어찌 보면 눌지 마립간이 닦아 놓았다고도 볼 수 있다.

● 눌지 마립간 부부의 능으로도 추정되는 황남대총

지증왕

지증왕(智證王: 437년 ~ 514년, 재위: 500년 ~ 514년)은 신라의 제22대 왕이다. 내물왕의 증손이며, 복호(卜好) 갈문왕(葛文王: 신라 때에 왕의 근친에게 주던 봉작)의 손자이자 습보(習寶) 갈문왕의 아들이다. 전임 제21대 소지 마립간과는 6촌 형제간이었다. 502년 순장(殉葬)을 금하고 농사를 장려하였으며, 소를 길러 땅을 갈게 하였다. 이듬해 국호를 사로국에서 '신라'로 바꾸고, '마립간' 대신 중국식 군주 칭호인 '왕'의 칭호를 사용하였다.

■ 왕의 칭호를 사용

성은 김씨이며, 이름은 지대로 · 지도로 혹은 지철로라고 한다. 내물 마립간의 증손자이며, 소지 마립간의 재종 아우이다. 부인은 연제부인(延帝夫人) 박씨이며, 소지 마립간이 아들이 없이 죽어 64세에 왕위를 이었다.

514년 죽은 뒤 시호를 지증이라 하였는데, 이때 이후로 신라의 시호법(諡號法)이 시작되었다. 지증왕은 사탁부(沙啄部) 출신으로 왕위에 올랐다.

국보 제264호로 지정된 영일냉수리신라비(迎日冷水里新羅碑)에 의하면, 그는 지도로 갈문왕(至都盧葛文王)이라 불렸다. 그가 왕위에 오른 배경은, 그의 장남 원종(原宗: 뒤에 법흥왕으로 즉위)이 소지 마립간의 사위인 점이 작용했다. 서자로 산종(山宗)만 두었던 소지 마립간은 사위인 원종을 염두에 둔 채, 자신의 사촌들을 제치고 6촌이자 사돈인 그를 왕위 계승자로 내정했던 것이다.

소지 마립간의 서자인 산종은 후일 진평왕의 왕비 마야부인의 할아버지이자 복승 갈문왕의 아버지가 된다.

● 영일냉수리신라비(迎日冷水里新羅碑)
신라 지증왕 4년(503년)에 만들어진 것으로, 현재까지 발견된 신라비 중에서 가장 오래된 것이다. 국보 제264호로 지정되었다.

■ 우산국 정벌

502년 순장을 금하고, 신궁(神宮)에서 직접 제사를 지냈다. 음력 3월에 주주(州主)와 군주(郡主)에게 각각 명하여 농사를 권장케 하였고, 처음으로 소를 부려 논밭갈이를 하였다.

503년에 국호를 사로(斯盧) · 신로(新盧) · 사라(斯羅) · 서나(徐那) · 서야(徐耶) · 서라(徐羅) · 서벌(徐伐) 등에서 "신라(新羅)"로 통일하였다.

즉위 초부터 그는 제도와 체제 개편을 추진하였다. 504년 음력 4월 상복법을 제정하고, 음력 9월에 파리 · 미실 · 진덕 · 골화 등 12성을 쌓는 등 고대국가로서의 기반을 다졌다.

509년에는 시사(市肆 혹은 시전)를 관리 감독하는 관청인 동시전(東市典)을 설치하였다. 이리하여 무역과 상인들의 거래를 단속 · 통제하였다.

또한 처음으로 지방에 군주(軍主)를 두었다.

512년 실직주(悉直州: 삼척)의 군주이자 이찬인 이사부를 보내 우산국을 복속시켜, 해마다 토산물을 공물로 바치게 하였다.

● 이사부(異斯夫)
지증왕 때 이찬의 관등과 함께 하슬라주(何瑟羅州: 지금의 강릉)의 군주가 되어 우산국(于山國: 지금의 울릉도)을 힘이 아닌 꾀로써 정벌할 계획을 세운 후, 나무로 만든 사자상을 배에 많이 싣고 가서 위협해 신라 영토로 복속시켰다.

법흥왕

신라의 제23대 임금으로, 지증왕과 연제부인(延帝夫人)의 아들이다. 법흥왕(法興王)이 소지 마립간의 사위였던 덕분에 아버지 지증왕이 먼저 왕위에 오를 수 있었던 것이다. 법흥왕의 연호는 건원(建元)이고, 비(妃)는 소지 마립간의 딸인 보도부인(保刀夫人)이다. 514년 왕위에 오르자마자 시법(諡法)을 제정하였고, 520년 율령(律令)으로 백관(百官)의 공복(公服)을 제정하는 등 아버지 지증왕을 이어 드디어 신라의 국가체제를 완성하였다.

■ 법흥왕의 어머니 연제부인

아버지 지증왕은 내물 마립간의 증손자로, 복호 갈문왕의 손자이자 습보 갈문왕의 아들이었다. 어머니 연제부인 박씨는 이찬 박등흔의 딸로, 본래는 소지 마립간의 후비 중 한 사람이었다.

《삼국사기》와 《삼국유사》에 의하면, 지증왕은 기골이 장대하고 체구가 커서 자신에게 알맞은 배우자를 찾기 힘들었으므로, 즉위 초에 사신을 파견하여 신라 국내를 수소문하던 중 연제부인을 발견하여 배우자로 삼았다 한다.

법흥왕의 정비는 보도부인으로 소지 마립간의 딸이며, 법흥왕과는 8촌간이 되었다. 아버지 지증왕이 소지 마립간의 서자 산종(山宗)을 대신하여 마립간으로 즉위하여, 그는 왕세자가 되었다.

● 연제부인 박씨(延帝夫人 朴氏)
《삼국사기》와 《삼국유사》에는 기골이 장대하고 체구가 컸던 지증왕에게는 즉위 초 알맞은 배우자가 없었는데, 사신을 보내 신라 국내를 수소문하게 하던 중 연못가의 대변이 큰 것을 보고, 체구가 클 것이라 여겨 수소문하여 연제부인을 발견하고 배우자로 삼았다는 전설이 전한다. 실제로 연제부인은 여자이면서도 당대의 웬만한 남자들보다 더 체격이 좋았다.

■ 율령 반포와 불교 공인

514년 7월, 아버지 지증왕이 사망하여 바로 즉위하였다. 그는 건원(建元)이라는 연호를 사용하였는데[법흥왕 23년(536년)부터 진흥왕 11년(550년)까지 15년 동안 사용한 연호], 문헌에 기록된 신라의 연호 중 최초의 연호이다. 그러나 법흥왕에게는 왕자가 없었고, 딸 지소를 동생들 중의 한 명인 입종 갈문왕 또는 사부지 갈문왕에게 시집보냈다.

516년 재위 3년 1월에 직접 신궁에 제사를 지내자, 경주 양산 우물에서 용이 나타났다 한다. 518년(재위 5년) 2월에는 금성에 주산성을 쌓았다.

재위 4년(517년)에 처음으로 병부(兵部)를 설치하여 군제를 개혁하였고, 재위 7년(520년)에는 율령(律令)과 관제를 반포하였으며, 관리들의 관복을 직접 제정하여 붉은빛과 자줏빛으로 고위층과 하급 관료의 등급을 구분하였다.

100여 년 전인 눌지 마립간 때 고구려를 통해 인도 출신의 승려 묵호자(墨胡子)가 불법을 전한 이래, 비로소 법흥왕 대에 이차돈의 순교(527년)를 거쳐 불교를 국교로 정한(528년) 이후, 불교정신에 의한 통치를 하여 국가 체제를 정비하고 삼국통일의 사상적 기반을 마련하였다. 살상을 금하는 칙령을 발표하고, 가야국(김해의 금관가야)을 정복하고, 상대등(上大等) 관직을 설치하는 등의 선정을 했다. 한편 법흥왕은 말년에 스스로 승려가 되어 이름을 법공(法空)이라 고치고 흥륜사(興輪寺)에 머물렀는데, 흥륜사는 법흥왕 때 이차돈이 창건을 시작하여 진흥왕 5년(544년)에 완성된 신라의 첫 사찰이다. 또 왕의 시호를 법흥으로 한 것은 '불법(佛法)을 일으켰다'는 뜻을 담은 것이다.

● 이차돈(異次頓)의 순교
한국 역사상 최초의 순교자로 꼽힌다. 이차돈이 순교를 당할 때 그의 유언대로 자신의 목이 베여 떨어지는 순간 흰색의 피가 한 길 넘게 솟구쳤고, 하늘이 컴컴해지면서 꽃비가 내렸다. 대신들은 이후 불교를 받들려는 것에 어떠한 반대도 하지 못했고, 법흥왕은 불교를 공인하게 되었다고 한다.

●이차돈의 영정

신라의 사회

신라는 같은 삼국시대의 고구려 · 백제에 비하면 중앙집권 국가로 발전한 시기가 늦은 편이었다. 나라를 세운 성씨 집안이 나라가 멸망할 때까지 왕위를 차지하는 등 왕실 세력이 일정했던 고구려 · 백제 · 발해 등과 달리, 신라는 건국 초기 박씨 · 석씨 · 김씨 등 서로 다른 성씨 집안 사람이 왕위를 이어갔다. 박씨 왕조에서 김씨 왕조 · 석씨 왕조 등으로 바뀌어 가며 왕실의 기복이 심했던 것도 이 때문이었다.

삼국시대 중기 내물왕 이후 김씨 왕조로 변모되어 김씨가 오랫동안 왕위를 독점했지만, 내부적으로 불안정성은 있었다. 이후 통일신라가 몰락하고 후삼국 시대가 도래하여 김씨 왕조가 약화되자, 박씨 세력들이 왕권을 장악할 정도였다.

■ 신라의 골품제도

골품제도(骨品制度)는 신라 사회의 신분제이다. 혈통에 따라 신분에 제한을 두었던 폐쇄적인 신분제도로, 신라가 고대국가로 발돋움한 이래 멸망할 때까지 약 1천여 년간 신라 사회의 기본 패러다임이었으며, 이웃인 고대 일본의 성씨 제도[팔색(八色)의 성(姓)]에까지 영향을 끼쳤다.

신라의 골품제는 기본적으로 여덟 단계로 구분된다. 왕족은 성골(聖骨)과 진골(眞骨)로 구분되며, 왕족이 아닌 신분은 1에서 6까지의 두품(頭品)으로 나뉘었다. 숫자가 높은 두품이 더 높은 신분이다. 두품의 경우, 왕경(王京)에 거주하는 귀족 계층에 대해서만 적용하였던 신분제로 보기도 한다.

● **신라의 골품제**
신라는 신분제의 사회로 왕족은 성골과 진골로 나뉘며, 귀족은 두품으로 나누어져 있다. 왼쪽 사진은 신라 귀족 여인의 복식이다.

● 성골과 진골

성골(聖骨)은 국왕을 포함해서 왕위 계승권을 가지는 왕족으로, 매우 폐쇄적이고 규모도 작았다. 율령을 반포하고 신라가 고대국가로 성장한 법흥왕 무렵에 성골이 성립된 것으로 추측되며, 진덕여왕 때까지는 성골이 왕위를 계승하였다. 그러나 성골 계통의 왕족이 모두 소멸한 이후에는 진골인 태종무열왕이 왕위를 계승하게 되었다.

성골(聖骨)과 진골(眞骨)을 구분하는 기준, 성골의 구성원 등에 관해 확실한 것은 알려져 있지 않으며, 다양한 추측이 존재한다. 부모의 출신 성분이 모두 왕족일 경우에만 성골이 되었다는 주장이 널리 알려져 있으나, 예외가 많아 최근에는 인정되지 않고 있다. 그 외에도 족내혼과 연관지어 보는 견해, 7대 또는 5대의 혈족집단으로 한정짓는 견해, 국왕과 그 직계 혈족으로 보는 견해 등이 있다.

● 신라 왕과 왕비의 복식

● 신라 제1대~제17대 왕의 연표

	제1대 혁거세 거서간(BC 57 ~AD 4)
BC 57년	신라 시조 박혁거세 즉위. 국호 서라벌.
	제2대 남해 차차웅(4~24)
17년	관등제 실시.
	제3대 유리 이사금(24~57)
	제4대 탈해 이사금(57~80)
65년	국호 계림으로 칭함.
	제5대 파사 이사금(80~112)
101년	금성에 월성을 쌓음.
102년	음즙벌국 병합.
	제6대 지마 이사금(112~134)
115년	가야를 침공, 황산하에서 패함.
	제7대 일성 이사금(134~154)
139년	말갈이 두 차례 침입함.
140년	장령에 목책 세워 말갈을 막음.
	제8대 아달라 이사금(154~184)
156년	조령에 길을 냄.
	제9대 벌휴 이사금(184~196)
	제10대 내해 이사금(196~230)
222년	백제가 우두주를 공격함.
224년	봉산성에서 백제군을 격파함.
	제11대 조분 이사금(230~247)
	제12대 첨해 이사금(247~261)
249년	남당을 세움.
	제13대 미추 이사금(262~284)
	제14대 유례 이사금(284~298)
	제15대 기림 이사금(298~310)
	제16대 흘해 이사금(310~356)
	제17대 내물 마립간(356~402)
381년	전진과 외교 관계 수립.

● 신라 제18대~제23대 왕의 연표

392년	실성을 고구려에 볼모로 보냄.
399년	왜 침입, 고구려에 구원 요청.
400년	고구려, 왜 · 백제 · 가야 연합군을 격파하여 신라를 구함.
	제18대 실성 마립간(402~417)
412년	내물 마립간의 아들 복호를 고구려에 볼모로 보냄.
	제19대 눌지 마립간(417~458)
418년	박제상, 볼모로 갔던 복호와 미사흔을 구출함.
433년	백제와 나 · 제 동맹을 맺음.
458년	묵호자가 불교를 전파함.
	제20대 자비 마립간(458~479)
479년	백결 선생 <방아타령> 작곡.
	제21대 소지 마립간(479~500)
487년	사방에 우편역 설치.
490년	처음으로 시장을 개설함.
497년	고구려에 우산성을 함락당함.
	제22대 지증왕(500~514)
502년	순장을 금함. 처음으로 우경법 실시.
503년	국호를 신라, 존호를 왕이라 함.
505년	주 · 군 · 현을 정함. 처음으로 얼음을 저장하여 사용.
512년	이사부, 우산국을 정복.
	제23대 법흥왕(514~540)
520년	율령 반포, 공복 제정.
527년	이차돈 순교, 불교를 공인.
532년	금관가야 정복.
536년	처음으로 연호를 '건원'으로 정함.

진골(眞骨)은 신라 왕족 및 최고위 귀족이 가진 신분이었다. 진골에는 내물왕의 후손인 경주 김씨 혈족뿐만 아니라 박씨도 포함되어 있었으며, 신라가 영토를 확장하는 과정에서 복속한 국가 중 금관가야나 고구려(보덕국)처럼 큰 국가의 왕족은 진골에 편입되기도 하였다.

한편으로 신라 하대(下代)에 이르면 진골의 수가 비대해지게 되면서, 진골임에도 신분이 6두품으로 하락하는 경우도 있었다. 진골은 골품제도를 통해 특권을 보장받았으며, 고위 관직을 독점하여 신라의 중앙 권력을 지배하였다. 또한 혜공왕 사후에 무열왕계 왕실이 단절되면서, 당시 왕가와 혈연 관계가 멀고 진골 출신의 유력자였던 선덕왕(宣德王)이 왕위에 오르기도 하였다.

선덕왕이 왕위에 오르면서 신라의 왕실이 교체된 사건 이후부터 신라 하대(下代)라고 시대를 구분한다. 하대에는 진골들이 중앙 권력을 놓고 경쟁하느라 신라 사회가 혼란에 빠졌으며, 권력 다툼에서 밀려난 진골이 지방으로 이주하여 호족이 되기도 하였다.

● 태종무열왕 좌상

진흥왕

진흥왕(眞興王: 534년~576년, 재위: 540년~576년)은 신라의 제24대 임금이다. 성은 김(金)이고, 이름은 삼맥종(三麥宗) 또는 심맥부(深麥夫)이다. 불교 승려로서의 법명은 법운(法雲)이다. 법흥왕의 동생이자 지증왕의 아들인 입종 갈문왕(立宗 葛文王) 구진(仇珍)과 법흥왕의 딸 식도 부인(息道夫人, 지소태후)의 아들로 출생하였다. 법흥왕은 진흥왕에게 큰아버지이자 외조부가 된다. 진흥왕은 인재를 양성하기 위하여 화랑도를 국가적인 조직으로 개편하고, 불교 교단을 정비하여 사상적 통합을 도모하였다.

■ 신라의 영토 확장

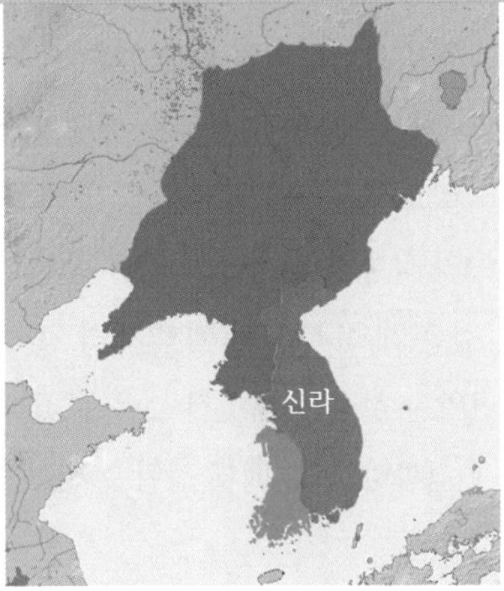

● 진흥왕 때의 신라 영토

진흥왕은 활발한 정복 활동을 전개하면서, 삼국 간의 항쟁을 주도하기 시작하였다. 548년 정월에 고구려 양원왕이 예(濊)와 모의하여 백제의 한강 북쪽(한북漢北) 독산성(獨山城)을 공격하였다. 나 · 제 동맹이 작동하던 시절이었으므로, 백제의 성왕은 사신을 신라에 보내 구원을 요청하였다. 진흥왕은 장군 주진(朱珍)에게 명령하여, 군사 3천 명을 거느리고 떠나게 하였다. 주진이 밤낮으로 길을 가서 독산성 아래에 이른 후, 고구려 군사와 한 번 싸워 크게 격파하였다.

고구려의 내정이 불안한 틈을 타서, 신라와 백제는 고구려의 한강 상류 유역을 공격하여 점령하였다(551년). 신라는 10개의 군을 얻고, 백제는 6개의 군을 얻었다. 신라는 함경남도 · 함경북도에까지 진출하여 순수비(巡狩碑)를 세웠는데, 고구려는 돌궐과의 전쟁으로 신라의 영토 확장에 대응할 수 없었다.

이때 백제는 신라에게 고구려의 수도인 평양성을 연합 공격하자고 제의하였고, 고구려는 경기도 · 황해도 · 한반도 북서부 등 진흥왕이 새로 개척한 땅을 신라 땅으로 용인해 주는 대신 평양성으로 진군하지 말 것을 제의하였다. 진흥왕은 백제의 제의를 거절하고 고구려의 제의를 받아들였다. 신라는 경기도 · 황해도 · 한반도 북서부로 영토를 확장하고 백제로 진군하였으나, 백제가 화해를 시도하여 진군을 멈추었다.

553년 7월, 진흥왕은 백제의 한강 유역을 침략하여 여러 성을 빼앗아, 신주(新州)를 설치하고 아찬 김무력(金武力: 김유신의 조부)을 군주로 삼았다. 이로써 신라는 백제가 점령하였던 한강 하류 지역을 탈취하여 백제를 포위하였다. 이러한 신라의 팽창은 낙동강 유역과 한강 유역의 2대 진출지를 소유하게 되어, 백제를 억누르고 고구려의 남진을 막게 되었을 뿐만 아니라, 인천만(仁川灣)에서 수 · 당(隋唐)과 직통하여 이들과 연맹 관계를 맺게 되어 삼국의 정립을 보았다.

같은 해 음력 10월에 백제의 왕녀가 진흥왕에게 시집왔다. 한편, 이듬해 백제 성왕은 한강을 빼앗긴 것을 분하게 여겨 신라를 침공하였으나, 신라가 이를 크게 격파하였고, 백제 성왕은 신라 병사에게 죽음을 당하였다(554년).

백제는 남하하여 충청남도 부여로 후퇴하였다. 562년 가을에 백제가 변방의 백성을 침략하였으므로, 왕이 군사를 내어 막아 1천여 명을 죽이거나 사로잡았다. 같은 해, 사다함의 공으로 대가야를 복속하였고, 군대를 강화하였다. 또한 새로 개척한 땅에 순수비를 세웠는데, 현재까지 4개의 순수비(창녕 · 북한산 · 황초령 · 마운령)가 전해진다.

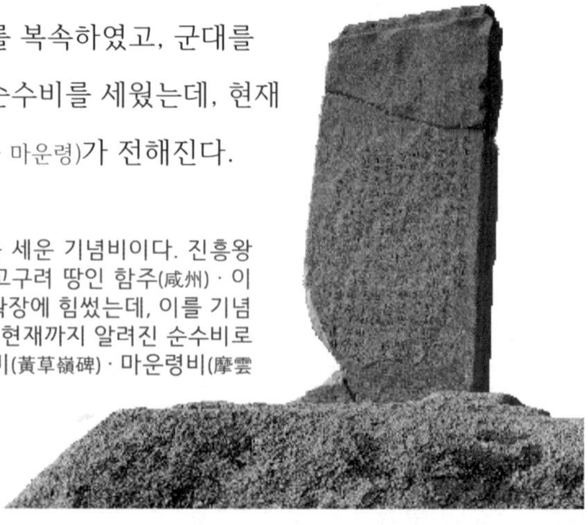

● 북한산 신라 진흥왕 순수비
진흥왕이 새로 공략한 국경지대를 순시한 다음 세운 기념비이다. 진흥왕은 백제의 영토인 한강 하류지대를 차지하고, 고구려 땅인 함주(咸州) · 이원(利原) 근방까지 정복하여 신라 최대의 영토 확장에 힘썼는데, 이를 기념하고자 순시한 곳마다 기념비를 세우게 하였다. 현재까지 알려진 순수비로는 창녕비(昌寧碑) · 북한산비(北漢山碑) · 황초령비(黃草嶺碑) · 마운령비(摩雲嶺碑) 등 4개가 있다.

● 황룡사(皇龍寺) 미니어처

■ 진흥왕의 내치

545년, 거칠부(居柒夫)에게 《국사(國史)》를 편찬하게 하였다. 불심이 깊어 황룡사를 창건하고 다른 절도 많이 세웠다고 하며, 인도에서 아소카 왕이 보냈다는 철과 금으로 나중에 신라 삼보 중 하나로 꼽히는 불상 '장륙존상'을 주조하기도 했다. 물론 아소카 왕은 시대도 안 맞거니와 진짜로 인도에서 재료를 보내왔을 가능성은 거의 없지만, 어쨌든 장륙존상은 고려와 조선 시대 기록에까지 계속 나오므로 이 당시에 크고 아름다운 불상을 만든 것은 분명해 보인다.

《삼국사기》에 의하면, 화랑도의 육성 운동은 진흥왕 37년(576년)이라고 전해진다. 다만 최근 연구에 따르면, 화랑 제도 자체는 진흥왕 이전에도 있었다고 한다. 신라 영웅 전설의 하나인 화랑 사다함(斯多含)만 해도 562년의 가야 정벌 때 활약했던 사람인 까닭이다. 따라서 민간에서 자치적으로 운영되었던 조직을 국가조직 안으로 흡수했다고 보는 쪽이 타당할 것이다.

진흥왕은 불심이 깊어, 말년에는 아예 머리를 깎고 승복을 입어 승려처럼 하고 다녔다고 한다. 자신을 전륜성왕과 동일시했으며, 두 아들 동륜 · 사륜(진지왕)의 이름도 불교에 기원을 둔 이름이다. 본인의 이름 삼맥종도 반야심경의 '아뇩다라삼먁삼보리'에서 따왔다.

진평왕

진평왕(眞平王: ? ~ 632년, 재위: 579년~632년)은 신라의 제26대 왕으로, 연호는 건복(建福)이다. 위기에 몰려 있던 신라의 상황을 실리적인 외교로써 극복하고, 김유신 등의 뛰어난 신하들과 국가의 기반을 잘 닦아놓은 전설적인 왕이다. 재위기간 내내 고구려 · 백제의 침략에 시달리는 등 바람 잘 날이 없었으나 힘든 시기를 잘 극복했기에, 신라가 삼국 시대의 최후 승자가 된 것은 부정할 수 없는 사실이다. 신체와 외모가 뛰어나기로도 유명하며, 공주들과 얽힌 많은 이야기들이 전해져서 인기있는 왕이기도 하다.

■ 진평왕의 제도 개혁

진평왕은 전왕이었던 제25대 진지왕이 축출된 후에 왕위에 올랐다. 진평왕은 즉위하자마자 이찬(伊湌) 노리부(弩里夫)를 상대등(上大等)에 임명하였고, 580년 2월에 몸소 신궁에서 제사지냈다. 그리고 지증왕의 증손인 이찬 김후직(金后稷)을 병부령(兵部令)에 임명하여 군사권을 통솔하게 하였다. 이러한 기록은 즉위 2년 만에 국가의 실권을 장악한 것으로 파악할 수 있다.

581년 정월에 관리인사를 담당하는 위화부(位和府)를 설치, 583년 정월에 선박을 관리하는 선부서(船府署)를 설치, 584년 2월에는 연호를 건복(建福)으로 바꾸고, 3월에는 국가의 공부(貢賦)를 관장하는 조부(調府)를 설치하고, 또 거승(車乘)을 관장하는 승부(乘府)를 설치하는 등 각종 국가기관을 신설하고 심지어 연호까지 독자적으로 수립하는 등 왕권 강화에 박차를 가했다. 그의 정부 부처 설립은 끝이 없어서 586년 정월 문교와 의례를 담당하는 예부(禮部)를 설치하였고, 591년 2월 외국 사신을 접대하는 영객부령(領客府令) 2인을 두었다는 기록이 있다.

● 신라 문관상 토용

■ 불교 및 중국과의 관계

진평왕 시절에는 여러 고승들이 신라와 중국 대륙을 오갔다. 특히 이들이 귀국할 때는 사신단과 함께 귀국하고 있어, 국가가 불교를 지원함을 알 수 있다.

585년 7월에는 지명(智明)이 불법(佛法)을 배우러 남조의 진(陳)나라로 갔다가, 602년에 사신단과 함께 귀국하였다. 589년 3월에는 원광(圓光)이 불법을 배우러 진나라에 들어갔다가, 지명과 마찬가지로 사신단과 함께 600년에 귀국하였다. 특히 원광은 귀국 후인 608년 수나라에 구원병을 요청하는 걸사표(乞師表)를 지었다.

596년 3월에는 승려 담육(曇育)이 불법을 배우러 수나라에 들어갔으며, 같은 때에 왕이 사신을 보내 수나라에 토산품을 바쳤다. 담육은 605년 사신단과 함께 귀국하였다.

진평왕 대에는 중국 대륙의 통일 왕조와의 사신 왕래도 빈번하였다. 중국 대륙을 통일(589년)한 수(隋)나라가 사신을 보내, 왕을 상개부 낙랑군공 신라왕(上開府樂浪郡公新羅王)으로 삼았다(594년).

이후 왕은 596년, 602년, 604년, 611년 4차례에 걸쳐 수나라에 토산품을 진상하였다. 특히 611년에는 수나라에 병력을 요청하였는데, 실제로 수 양제는 고구려에 대군을 파견하였다. 이후 613년 7월, 수나라의 사신 왕세의(王世儀)가 왔을 때는 원광 등이 사신 일행을 황룡사에 모셔 법회를 가졌다.

● 원광의 걸사표(乞師表)
진흥왕의 집권 시기 신라는 한강 유역을 차지한 후 나 · 제 동맹을 파기하였다. 이에 백제와 고구려는 여 · 제 동맹을 결성, 신라에 대항하기에 이른다. 원광은 "남을 없애며 자신이 산다는 것은 승려의 본분이 아니지만, 대왕의 나라 안에서 먹고사는 처지로서 그 명을 어길 수 없다."고 하며, 진평왕의 명에 따라 〈걸사표〉를 지어 수나라에 지원을 요청하였다.

● 원광법사 부도탑

수나라에서 당나라로 왕조가 바뀐 이후에도 교류는 계속되었다.

621년 7월, 수나라 대신 중국 대륙을 장악한 당나라에 사신을 보내 물건을 바치자, 이에 당 고조(재위 618년 ~ 626년)가 조서와 비단 · 예술품으로 답례하였다.

623년 10월에 당나라에 사신을 보내 조공하였다.

624년 3월에는 당 고조가 사신을 보내, 진평왕을 주국 낙랑군공 신라왕(柱國樂浪郡公新羅王)에 봉했다. 이후 진평왕은 625년, 626년, 627년(2회), 629년, 631년 총 6회에 걸쳐 당나라에 토산품을 진상하고, 고구려가 침략하지 못하도록 도와줄 것을 청원하였다.

실제로 625년에 당 고조에게 고구려가 조공길을 막고 있다고 호소하자, 당 고조가 고구려 제27대 영류왕에게 일러 양국이 서로 화친하게 되었다.

■ 진평왕의 말년

630년에는 대궁 뜰이 갈라지는 일이 있었다. 631년 2월에는 흰 개가 궁궐 담장에 올라가는 일이 벌어지더니, 5월에 이찬 칠숙(柒宿)이 아찬 석품(石品)과 함께 반란을 일으켰다. 왕은 반란을 미리 알아채고 칠숙과 석품을 처형하였다. 이후에도 흰 무지개가 궁궐 우물에 들어가고, 토성이 달을 침범하는 일이 벌어졌다. 7월에는 당나라에 미녀 두 명을 바쳤으나, 당 태종은 두 여인이 고향에서 멀리 떨어져 사는 것을 염려하여 돌려보냈다.

《삼국사기》는 고기(古記)를 인용하며, 632년 정월에 왕이 죽었다고 한다. 그러나 동시에 631년에 왕이 죽었다는 《신당서》와 《자치통감》의 기록을 함께 전하고 있다. 재위 54년 만에 왕이 죽자, 한지(漢只)에 장사지냈고, 당 태종은 조서를 보내 진평왕에게 좌광록대부(左光祿大夫)를 추증하였다. 왕의 장녀 덕만공주가 왕위를 계승해 제27대 선덕여왕이 되었다.

● 진평왕릉

■ 진평왕의 일화

진평왕은 특기할 점이 많은 왕이며, 각종 전설이나 설화에 등장한다. 진평왕의 이야깃거리는 다음과 같다.

● 왕의 옥대

● 신라의 금제 허리띠

그가 매고 다녔던 허리띠 '천사옥대(天賜玉帶)'는 하늘이 내려준 '성제옥대(聖帝玉帶)'라 하여 신라 왕가의 보물로, 황룡사 9층 목탑, 황룡사 장륙존상과 더불어 신라삼보(3대 보물)로 칭해졌다고 한다. 《삼국유사》에는 이 허리띠에 얽힌 기이한 이야기도 적혀 있으며, 《삼국사기》에는 훗날 신라 말엽에 고려 태조 왕건이 이 허리띠에 대해 신라 사신에게 물어보고 결국 제56대 경순왕이 고려에 바쳤다는 이야기도 나온다.

● 비형랑

비형랑(鼻荊郞)은 폐위된 제25대 진지왕(眞智王)이 사량부의 미인 도화녀(桃花女)와 사통하여 낳은 자식으로 《삼국유사》에 소개되어 있다. 제26대 진평왕은 비형랑을 불러 궁중에서 살게 하고 관직을 주었지만, 비형랑은 밤마다 궁궐을 빠져나가 귀신들을 데리고 황천(荒川) 위에서 놀았다. 비형랑은 귀신들을 거느리며 왕명에 따라 강에 다리를 놓기도 하고, 길달(吉達)이라는 귀신을 관직에 추천하기도 하였다. 그러나 길달이 자신의 일을 저버리고 여우로 변해 도망치자, 비형랑은 귀신을 시켜 길달을 잡아 죽였다. 이후로 귀신들이 비형랑을 두려워하여 모두 달아났다고 한다.

선덕여왕

신라는 골품제의 나라였으므로 외부의 혈통이 전혀 섞이지 않은 성골들만 왕위를 계승하는 것이 관례였으나, 성골이 계속 줄어들다 보니 성골끼리의 근친혼으로 겨우 대를 잇고 있던 상황이었다. 그러다 이미 다른 남성 성골들이 모두 대가 끊긴 상황에서 진평왕마저 아들이 없어서, 남성 중심 사회였던 고대 동아시아 환경에서 여성이었음에도 성골이란 이유로 그녀가 왕위에 오르게 되었다.

■ 선덕여왕의 즉위

선덕여왕이 왕위에 오르기 전년인 진평왕 재위 53년(631년)의 여름 5월에 대규모 반란 기도가 있었는데, 바로 칠숙 · 석품의 난이었다. 이 시도는 진평왕에게 적발당했다. 칠숙은 동쪽 시장에서 목이 베어졌고 구족을 멸족당했다. 아찬 석품은 백제로 도망가다가, 처자식을 보고 싶다며 낮에는 숨고 밤에는 걸어서 총산까지 돌아오던 중 한 나무꾼을 만나 해어진 나무꾼의 옷으로 바꿔 입고 나무를 지고서 몰래 집에 이르렀는데, 들통나서 붙잡히고 역시 처형당했다.

이것이 단순히 진평왕에 대항한 반란인지, 아니면 여왕의 즉위를 반대한 반란인지는 알 수 없다. 하지만 이 사건이 있은 후 진평왕이 세상을 떠난 것을 보았을 때, 진평왕의 몸이 좋지 않았고 후계자로 선덕여왕이 지목된 상황이라 유추할 수 있다. 그리고 632년, 진평왕이 사망한 뒤 김덕만이 신라 제27대 왕으로 보위에 오르니, 곧 선덕여왕(善德女王)이다.

● 선덕여왕 영정

■ 선덕여왕의 생애

출생연도에 관한 기록이 남아 있지 않다.

《삼국사기》에는 진평왕의 장녀로, 《삼국유사》에는 형제자매 서열에 관한 기록이 없이 진평왕의 딸로만 기록되어 있다.

진평왕이 아들 없이 죽자, 화백회의(和白會議)에서 진평왕의 왕녀인 덕만(德曼)을 새로운 왕으로 추대하여, 성조황고(聖祖皇姑)라는 존호를 올렸다. 《삼국유사》 왕력(王歷)편은 “김씨 성골의 남자가 다하였으므로, 여왕이 왕으로 선 것이다.”라고 밝히고 있다.

즉위한 해(632년)에는 을제(乙祭)로 하여금 국정을 총괄케 하고, 각지에 관리를 파견하여 홀아비, 홀어미, 고아, 독거노인 등 어려운 처지의 사람들을 돕게 하였으며, 당에 사신을 파견하였다.

이듬해(633년) 정월에는 스스로 신궁에서 제사를 올렸고, 여러 주 · 군의 조세를 1년간 감해 주었다. 또한 8월에 백제가 서쪽 변경을 침공했다.

즉위 3년째(634년)부터는 인평(仁平)이라는 연호를 사용하기 시작하였으며, 이 해에 분황사(芬皇寺)가 완공되었다.

● 분황사(芬皇寺)
분황사는 선덕여왕 3년(634년)에 낙성된 이래 불교가 융성했던 신라의 전성기와 함께했으며, 1,400년 동안 법등(法燈)을 밝혀 온 유서 깊은 사찰이다. 분황(芬皇)이라는 사찰 이름은 ‘향기로운 임금’ 즉 선덕여왕 본인을 가리키며, 굳이 직역할 경우 ‘여왕(여제)의 사찰’(즉 ‘여제를 위한 사찰’) 정도로 풀이할 수 있다.

재위 4년(635년) 겨울에는 이찬 수품(水品)과 용수(龍樹)를 시켜 각지의 민심을 위로하게 하였다. 또한 당나라로부터 주국 낙랑군공 신라왕(柱國樂浪郡公新羅王)에 봉해졌다.

재위 5년(636년) 정월에는 수품을 상대등(上大等)으로 삼았다. 3월에 병이 나자, 황룡사(皇龍寺)에서 큰 법회를 열었다. 같은 해, 자장(慈藏)법사가 불법을 배우기 위해 당나라로 들어갔다. 5월에 백제 장군 우소(于召)가 여근곡에 쳐들어오자, 알천 · 필탄 두 장군을 보내 이를 무찔렀다.

재위 7년(638년) 10월에는 고구려가 칠중성을 공격해 오자, 다시 대장군 알천을 파견해 이를 격퇴하고 불안한 민심을 달랬다.

재위 8년(639년), 북부 국경을 방비하기 위해 하슬라(荷瑟羅: 강릉)를 북소경(北小京)으로 삼고, 사찬 진주(眞珠)를 보내 지키게 하였다.

재위 9년(640년)에는 귀족 자제들을 당나라의 국자감(國子監)에 유학 보내게 하였다.

재위 11년(642년) 7월에 백제의 의자왕이 이끄는 군사들이 신라의 서쪽 40여 개 성을 함락시키고, 당과의 외교 거점이었던 당항성을 공격해 오자 당에 사신을 보내 구원을 청하였다. 11월에 백제가 대야성을 함락시켰고, 김춘추(金春秋)의 사위인 이찬 품석(品釋) 등을 죽였다. 정세가 불리해지자, 김춘추를 고구려에 보내어 동맹을 요청하였다. 그러나 고구려의 보장왕은 신라가 차지한 죽령 이북의 땅을 반환할 것을 선제 조건으로 요구하였지만, 김춘추가 거절하였기에 그를 감금하였다. 협상이 결렬되자 김유신(金庾信)을 보내 한강 북부까지 진격하니, 보장왕은 김춘추를 풀어주었다.

재위 12년(643년) 9월에 당에 사신을 보내 구원을 청하였으나, 당 태종은 이를 거절하였다.

재위 13년(644년) 신라의 하소연을 들은 당 태종이 고구려에 사신을 보내, 공격을 멈추라고 종용하였다. 이에 연개소문은 "일전에 고구려와 수나라가 전쟁을 벌일 때, 그 틈을 타서 신라가 빼앗아 간 우리의 영토 500리를 돌려주기 전에는 싸움을 멈출 수 없다."며 거절하였다. 9월에 김유신을 대장군으로 삼고 백제를 공격하여 일곱 성을 빼앗았다.

재위 14년(645년)에도 백제와의 전쟁은 계속되었다. 자장법사의 건의로 3월에 황룡사 9층 목탑을 세웠다. 5월에 당 태종이 고구려를 침략하자, 군사 3만을 파견하여 이를 도왔다. 그러나 그 사이에 백제에게 일곱 성을 빼앗겼다. 11월에는 비담(毗曇)을 상대등으로 삼았다.

재위 마지막 해인 647년 정월, 상대등 비담이 염종(廉宗)과 함께 "여자 군주는 나라를 잘 다스릴 수 없다(女主不能善理)"라는 기치를 내걸고 반란을 일으켰다. 여왕은 월성에 진을 친 후, 김유신을 파견하여 비담을 상대하게 하였다.

반란 와중인 정월 8일에 여왕은 사망하였다. 시호를 '선덕(善德)'이라 하였고, 생전의 유언에 따라 낭산(狼山)의 남쪽에 장사지냈다.

● 경주 선덕여왕릉
신라 최초의 여왕이자 제27대 왕인 선덕여왕의 무덤이다. 선덕여왕은 김유신, 김춘추와 더불어 삼국통일의 기초를 닦았다.

■ 선덕여왕의 설화

선덕여왕과 관련해서는 많은 설화들이 전해지는데, 설화들의 거의 대부분이 특히 불교와 연관되어 있다. 선덕여왕과 불교가 어떤 관계를 이루었으며, 불교가 신라에서 어떤 역할을 하고 있었는지 짐작할 수 있을 것이다. 《삼국유사》에는 "선덕여왕이 미리 안 세 가지 일(善德王知幾三事)"이 수록되어 있다.

● 당 태종의 모란꽃

즉위년인 632년, 당 태종은 빨강 · 자주 · 하얀색의 모란 그림과 그 씨앗을 선물로 보냈다. 여왕은 이를 보고 "이 꽃은 향기가 없을 것이다."라고 하였는데, 씨앗을 심어 보니 과연 그랬다. 훗날 신하들이 이 일을 물어보니 여왕은 "꽃 그림에 나비가 없었다. 이는 남편이 없는 나를 희롱한 것이다."라고 답했다. 일연은 이 고사를 소개한 뒤, 당 태종이 신라에 세 여왕(제27대 선덕, 제28대 진덕, 제51대 진성)이 있을 것으로 짐작한 점도 함께 칭찬하고 있다.

《삼국사기》에서는 이 일이 제26대 진평왕 말년에 벌어진 일로 묘사되어 있다.

● 여근곡의 백제군

여왕은 재위 4년인 635년, 영묘사(靈廟寺)를 세운 적이 있었다. 그런데 어느 겨울날, 영묘사 옥문지(玉門池)에서 개구리가 사나흘 동안 운 일이 있었다. 이에 여왕은 각간 알천(閼川)과 필탄(弼呑)에게 병사 2천을 주어, 서라벌 서쪽 교외의 여근곡(女根谷)을 습격하게 하였다. 여근곡에는 백제 장수 우소(亐召)가 500명의 병졸들과 함께 매복해 있었는데, 알천과 필탄은 이를 쳐서 모두 죽였다.

● **여근곡의 안내판**
선덕여왕이 말한 여근곡은 경주시 서면 전촌리, 건천읍 신평리 오봉산에 위치하고 있다.

훗날 신하들이 이 일을 물어보니, 여왕은 "개구리가 심히 우는 모습은 병사의 모습이요, 옥문이란 여자의 음부를 가리킨다. 여자는 음이고, 그 빛은 백색인데, 이는 서쪽을 뜻한다. 또한 남근이 여근에 들어가면 죽는 법이니, 그래서 쉽게 잡을 수 있었다."라고 답하였다.

《삼국사기》는 옥문지에서 개구리가 운 때를 재위 5년인 636년 5월로 기록하고 있다.

● 여왕의 승하와 도리천

여왕은 생전에 자신이 죽을 날을 예언하며, "내가 죽으면 도리천(忉利天)에 장사지내도록 하라. 이는 낭산(狼山) 남쪽에 있다."라고 하였다. 과연 예언한 날짜에 세상을 떠나자 신하들은 여왕을 낭산 남쪽에 장사지냈다. 이후 679년 문무왕 대에 이르러 선덕여왕의 무덤 아래 사천왕사(四天王寺)를 세웠다. 이는 불경에 "사천왕천(四天王天) 위에 도리천이 있다."라는 내용이 실현된 것이었다.

■ 사찰 및 첨성대 건립

선덕여왕은 재위 초반, 민생의 안정에 주력하여 가난한 이들을 보살피도록 하는 구휼정책을 활발히 추진하였다. 또한 동아시아에 현존하는 가장 오래된 천문대인 첨성대를 건립하여, 농사에 도움이 되게 하였다. 여왕은 불심이 매우 깊어서 재위 기간에 분황사와 영묘사 등의 사찰, 황룡사 9층 목탑을 건립하였다.

● 경주 첨성대(瞻星臺)
선덕여왕 때에 세워졌으며, 현존하는 동양 최고(最古)의 천문대로 알려져 있다. 국보 제31호로 지정되었다.

진덕여왕

진덕여왕(眞德女王: ? ~ 654년, 재위: 647년~654년)은 신라 제28대 임금이자 두 번째 여왕이다. 진평왕의 동생인 국반 갈문왕(國飯葛文王)과 월명부인 박씨(月明夫人 朴氏)의 딸이다. 《삼국사기》는 진덕여왕을 성골(聖骨) 출신의 마지막 왕으로 기록하고 있다. 사촌 언니인 선덕여왕의 유언에 따라 즉위하였으며, 647년부터 648년까지 상대등 알천(閼川)이 대리청정하였고, 648년부터 654년 사망할 때까지 친정하였다.

■ 진덕여왕의 즉위

진덕여왕은 왕위 계승자로 내정된 김춘추의 양보로 즉위하였으며[왕위에 오를 만한 성골이 사라진 상황이었기 때문에 김춘추가 오를 수도 있었지만, 전통과의 급격한 단절로 인한 혼란을 우려한 탓인지 어떻게든 성골을 찾아서 억지로 왕으로 세운 듯한 느낌이 있긴 하다. 또한 하필 왕위계승 서열 2위였던 비담이 난을 일으킨 상황도 의미심장하다.], 김춘추와 김유신의 보좌에 힘입어, 즉위한 지 9일 만에 비담(毗曇)의 난을 종식시켰다. 비담을 비롯한 반란군은 김유신의 뛰어난 전술에 밀려 결국 궤멸되었다.

반란군을 토벌한 진덕여왕은 알천을 상대등에 임명하고 대아찬 수승(守勝)을 우두주(牛頭州: 춘천)의 군주로 임명하는 등 왕권 강화를 통한 정치적 개혁을 실시함과 동시에 국내 안정을 꾀하여, 비교적 안정된 위치에서 정무를 집행하였다.

그러나 신라의 내정이 내분으로 불안해진 틈을 타 백제가 그해 음력 10월 신라를 침공하였다. 이에 진덕여왕은 김유신을 출전시켜 백제군에 대적하도록 하였다. 이렇듯 백제의 지속적인 공략에 밀려 고전을 면치 못하던 신라는 설상가상으로 고구려까지 신라 공격에 가세하자 진퇴양난의 신세가 되었다.

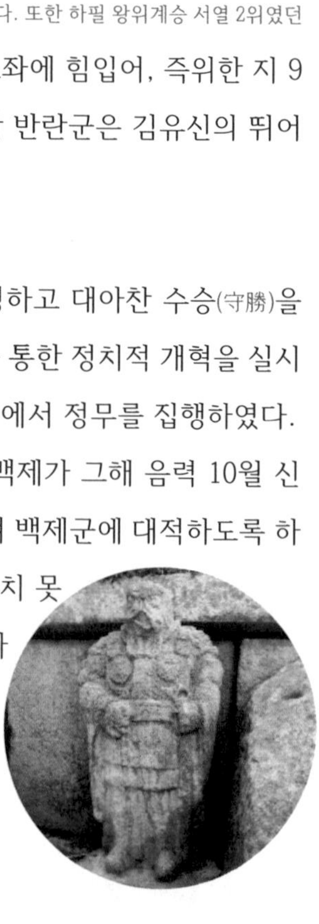

● 진덕여왕 능 면석 앞의 십이지신 입상

648년, 고구려와 백제의 압박과 공세 속에서 군사 지원을 얻기 위해 김춘추를 당나라에 사신으로 파견하였다. 이때 진덕여왕은 직접 비단에 수를 놓고 시를 지어 당 태종에게 바쳤는데, 이것이 바로 치당태평송(致唐太平頌)이다. 이로써 나·당 동맹이 체결되었다.

649년 정월, 처음으로 중국의 의관(衣冠)을 착용하였다. 650년 6월, 독자적 연호인 태화(太和)의 사용을 중지하고 당나라의 연호인 영휘(永徽)를 사용하였다.

651년 정월 초하루, 임금이 조원전(朝元殿)에 나아가 백관으로부터 새해 인사를 받았다. 새해에 하례(賀禮)하는 예식은 이때부터 시작되었다. 2월에 품주(稟主)를 집사부(執事部)로 고치고, 죽지(竹旨)를 집사중시(執事中侍)로 삼아 기밀업무를 관장케 하였다. 또한 김인문(金仁問: 김춘추의 아들)을 당나라에 보내 조공(朝貢)하고 머물러 숙위(宿衛)하게 하였다.

654년 3월, 사망하였다. 시호를 진덕(眞德)이라 하고, 사량부에 장사지냈다.

● 치당태평송(致唐太平頌)

대당(大唐)은 큰 왕업(王業)을 개창하니
높디높은 황제의 포부 빛나도다.
전쟁을 그치니 천하가 안정되고
전 임금 이어받아 문치(文治)를 닦도다.
하늘을 본받음에 기후가 순조롭고
만물을 다스림에 저마다 빛나도다.
지극한 어짊은 해 달과 짝하고
시운(時運)을 어루만져 태평으로 나아가네.
깃발들은 저다지도 번쩍거리며
군악 소리 어찌 그리 우렁찬가!
명을 어기는 자 외방(外方) 오랑캐여
칼날에 엎어져 천벌을 받으리라.
순박한 풍속 곳곳에 퍼지니
원근에서 다투어 상서(祥瑞)를 바치도다.
사철이 옥촉(玉燭)처럼 고르고
해와 달은 만방을 두루 도네.
산악의 정기 어진 재상 내리시고
황제는 신하를 등용하도다.
삼황오제(三皇五帝) 한 덕(德)을 이루니
길이길이 빛나리 우리 당나라.

당시 신라의 사정이 얼마나 어려웠는지 추측할 수 있는 대목이다.

● 진덕여왕 능과 진덕여왕 복식

신라의 화랑제도

화랑도(花郞徒) 또는 낭가(郎家) · 풍류도(風流徒) · 국선도(國仙徒) · 풍월도(風月徒)는 신라의 청소년 심신수련 조직이다. 진골과 귀족 및 양가의 자제로 이루어졌다. 조직의 지도자는 국선(國仙) · 화랑(花郞) · 원화(源花 또는 原花) · 화주(花主) · 풍월주(風月主) 등으로 불리나, '화랑(花郞)'이 보편적인 칭호이다. 화랑은 화랑도의 지도자를 일컫는 말이라 추측되고, 소속된 청년들은 낭도라고 하였을 것으로 보인다.

■ 화랑도의 기원

화랑(꽃다운 젊은이)의 제도적 설치는 《삼국사기》에 576년(진흥왕 37년)의 기록으로 나타나는데, 이 해에 진흥왕이 처음으로 원화(源花)를 받들게 해 남모(南毛)와 준정(俊貞)이라는 아름다운 두 여자를 뽑아 300여 명의 무리를 거느리게 했다 한다. 이들 두 여자는 질투 끝에 준정이 남모를 살해하였지만, 《삼국사기》에는 이보다 앞서 화랑 사다함(斯多含)의 행적을 기록하면서 화랑도의 기원을 훨씬 앞으로 끌어올리고 있다. 따라서 화랑도의 기원에 관해서는 학자에 따라 두레, 혹은 조의선인(皁衣仙人) 등을 내세우고 있어 아직 정설이 확립되지는 않았지만, 화랑도가 우리 고대 사회에서 독특한 형태로 발생한 것만은 사실이다.

신라의 경우는 씨족제도가 오래 지속되었으므로 상호부조의 협동정신이 강했고, 씨족원 사이에 일족(一族)의 명예를 중히 여겨 일신(一身)의 희생을 아끼지 않는 기풍이 있었으며, 고대 그리스와 같이 아름다운 육체와 아름다운 정신을 숭상하는 풍조가 있었기 때문이다.

● 화랑 모습의 밀랍(전쟁기념관)

고구려 · 백제에 비해 후진 국가였던 신라에서는 일찍부터 국가 민족의 수호를 이념으로 하여 궐기한 청소년들이 화랑도, 혹은 적당한 명칭의 단체를 자발적으로 조직해 애국운동을 전개해 왔다. 그 결과 사다함과 같이 뛰어난 인재들이 출현해 국가와 민족에 봉사하게 됨으로써, 국가에서도 이에 대한 정책으로 국가 직속 체제하에 단합시킨 것으로 보인다. 남모 · 준정의 불상사가 서두에서부터 발생했어도 다만 이를 운영상의 결함으로 돌린 채, 계속해서 화랑도 양성에 몰두하게 되었다.

■ 화랑도의 이념

화랑도(화랑의 무리)의 이념은 오로지 개인의 수양과 단련을 통한 국가에의 봉사였으므로, 서로 도의를 닦았고[상마이도의(相磨以道義)], 가악을 즐겼으며[상열이가악(相悅以歌樂)], 명산대천을 찾아다녔고[유오산수(遊娛山水)], 또한 원광법사(圓光法師)의 세속오계(世俗五戒)를 준수했다. 아울러 경문왕(景文王)의 고사에 관련되었듯이 ① 겸손하고, ② 검소하고, ③ 방자하지 않은 삼이(三異)를 생활신조로 삼았다.

● 세속오계(世俗五戒)

세속오계는 화랑도의 지침으로, 진평왕 대의 승려인 원광법사가 수나라에서 수행을 하고 돌아와서 귀산(貴山)과 추항(箒項)의 요청으로 다섯 가지 계율을 만들어 주고 실천하게 하였다.

사군이충(事君以忠): 충성으로써 임금을 섬기어야 한다

사친이효(事親以孝): 효로써 부모를 섬기어야 한다

교우이신(交友以信): 믿음으로써 벗을 사귀어야 한다

임전무퇴(臨戰無退): 싸움에 나가서 물러남이 없어야 한다

살생유택(殺生有擇): 살아 있는 것을 죽일 때에는 가림이 있어야 한다

● 신라 제24대~제30대 왕의 연표

	제24대 진흥왕(540~576)
545년	거칠부, 국사 편찬.
551년	백고좌강회 및 팔관회법을 규정. 백제와 연합하여 고구려 공격함. 죽령 이북 10군 점령.
553년	백제 물리치고 한강 유역 차지.
554년	백제와의 관산성 싸움에서 성왕을 죽이고 크게 승리함.
555년	북한산 진흥왕 순수비 세움.
562년	대가야 정복.
576년	원화제도 시작함.
	제25대 진지왕(576~579)
577년	이찬 거칠부를 상대등으로 삼아 정사를 맡게 함.
	제26대 진평왕(579~632)
605년	급당 등의 군사조직을 새로 만듦.
625년	낭당(郎幢)을 설치함.
	제27대 선덕여왕(632~647)
638년	고구려에 칠중성을 공격당함.
642년	백제에 대야성을 빼앗기고, 김품석 전사함.
644년	김유신, 백제의 7성을 빼앗음.
647년	첨성대 건립.
	제28대 진덕여왕(647~654)
	제29대 태종무열왕(654~661)
655년	문희 소생의 맏아들 법민을 태자로 삼음.
659년	백제 원정을 위해 당에 사신을 파견.
660년	당군과 함께 백제를 멸망시킴.
	제30대 문무왕(661~681)
668년	당군과 함께 고구려를 멸망시킴.
676년	당군 몰아내고 삼국통일 완성.

● 원광법사가 귀산 · 추항에게 세속오계를 전하는 모습

■ 화랑도의 기풍

태종무열왕 · 경문왕을 비롯하여 김유신 등 역대 제왕과 현사(賢士) · 충신 · 용장(勇將) · 양졸(良卒)로서 화랑도 출신이 아닌 자가 드물 정도로 화랑도는 신라 국력의 저장고 역할을 했다. 그럴 수밖에 없는 것이 화랑도들은 한 시대의 중추적 위치로서 그 소임을 저버리지 않았을 뿐만 아니라, 역대에 걸쳐 화랑도의 특수한 기풍과 기질을 형성하는 데 이바지했기 때문이다.

화랑도들은 국가와 동지를 위해 의(義)에 죽는 것을 즐겼고, 병석에서 약그릇을 안고 죽는 것을 수치로 여겼으며, 오로지 전진하다가 전사하는 것을 영예로 생각했고, 적군에 패하면 자결할지언정 포로가 되는 것을 수치로 알았다.

가야 정벌에 수훈을 세운 사다함, 황산벌 전투의 관창(官昌), 비령자(丕寧子)와 아들 거진(擧眞), 그리고 그 종 합절(合節), 용화향도(龍華香徒)라고 불렸던 화랑도 출신 김유신과 그의 아들 원술(元述) 등 아름다운 이름을 화랑사에 길이 전하는 이들 화랑은 모두 그러한 기풍의 인물이었다.

음악이 화랑도의 수련에서 중요한 방식의 하나였다는 점은, 향가(鄕歌)와 향가 작가의 대부분이 화랑도와 결부된 데서 알 수 있다.

즉 효소왕 때의 득오곡(得烏谷), 경덕왕 때의 월명사(月明師) · 충담사(忠談師), 경문왕 때의 요원랑(遼元郞) 등 4선(四仙)으로서, 이 중 충담사는 〈찬기파랑가(讚耆婆郞歌)〉, 요원랑 등은 〈현금포곡(玄琴抱曲)〉 〈대도곡(大道曲)〉 〈문군곡(問群曲)〉 등을 지었으며, 월명사는 자신이 국선(國仙)의 도에 속하며 단지 향가를 알 뿐이라고 말할 정도였다 한다. 이 밖에도 신라 백성들은 화랑들의 아름다운 행적이 있을 때마다 향가를 지어 그들을 기리거나 위로했다.

김대문(金大問)의 《화랑세기(花郞世記)》에는 화랑의 총 숫자가 3백여 명이라고 하지만, 화랑도는 대체로 진흥왕 이후 무열왕 · 문무왕에 이르는 동안 가장 흥성하였다가 그 후로는 침체 · 쇠퇴의 길을 걸어 신라 말기까지 이르렀다.

● 사다함(斯多含)

사다함은 신라 내물왕의 7세손으로 급찬 구리지의 아들이다. 12세 때부터 검술에 뛰어난 재능을 보여 5대 화랑으로 추대되었고, 1천여 명의 낭도들을 거느렸다. 562년 대가야가 신라에 반기를 들자 진흥왕은 이사부를 보내 공격하게 했다. 원정군이 대가야 경계에 이르자 사다함은 이사부 장군에게 자신이 선봉에 서겠다고 자청했으나, 이사부는 그의 어린 나이를 들어 거절했다. 이에 사다함은 정병 5천 명을 거느리고 몰래 적군의 성문인 전단량을 기습해 왕과 왕비를 사로잡는 등 대가야를 멸망시키는 데 큰 공을 세웠다. 그 공으로 진흥왕으로부터 좋은 밭과 포로 300명을 노비로 하사받았으나, 밭은 부하 병사들에게 나눠주고 노비는 모두 일반 백성으로 풀어주었다. 어려서부터 무관랑과 우정을 맺어 죽음을 같이하기로 맹세한 사다함은 무관랑이 병사하자 7일 동안 통곡하다가, 17세의 어린 나이에 세상을 떠났다.

신라의 삼국통일

신라의 삼국통일(三國統一)은 한민족의 역사에서 최초의 민족 통일로 간주되는 사건으로, 676년 신라가 한반도의 여러 국가를 통일한 것을 말한다. 신라는 가야 · 백제 · 고구려 등 한반도에 있던 나라들을 차례로 멸망시켜 병합하였고, 676년에 당나라 군대를 대동강 북쪽으로 쫓아내어 통일을 달성하였다. 나 · 당 전쟁으로 외세를 몰아내고 민족단일 국가를 성립시켰다는 것에 의미를 두는 긍정적 평가와, 외세를 개입시켜 고구려 영토의 상당부분을 상실한 불완전한 통일이라는 부정적 평가가 병존한다. 신라가 차지하지 못한 만주의 고구려 옛 영토에는 발해(698년 ~ 926년)가 들어섰다. 신라와 발해가 공존한 시기를 '남북국 시대(南北國時代)'라고 부른다.

■ 삼국통일의 배경

신라는 6세기 법흥왕 때에 이르러 율령(律令)과 관제를 반포하고, 이차돈(異次頓)의 순교를 거쳐 불교를 국교로 정한 이후 불교정신을 바탕으로 내부의 결속을 다지며 통치 체제를 정비하고, 삼국통일의 사상적 기반을 마련하였다. 이 시기에 신라는 금관가야를 흡수하였고, 국호를 '사로국' · '서라벌'에서 덕업을 일신하여 사방을 망라한다(德業日新 網羅四方)는 뜻의 '신라(新羅)'로 개칭하여 삼국통일의 의지를 드러냈다.

법흥왕의 뒤를 이은 진흥왕은 인재를 양성하기 위하여 화랑도를 국가적인 조직으로 개편하고, 불교 교단을 정비하여 사상적 통합을 도모하였다. 진흥왕은 554년 관산성(管山城: 지금의 충청북도 옥천 일대) 전투에서 백제 제26대 성왕을 전사시킴으로써 한강 유역의 패권을 장악하였고, 동북쪽으로는 함경남도 지역에까지 영토를 확장시켰다.

진흥왕 이후 신라는 고구려 · 백제와의 삼국 간 항쟁을 주도하기 시작했고, 고구려가 당나라의 침략을 막아내던 기간에는 진골 왕족인 김춘추가 가야계 세력인 김유신과 제휴하여 권력을 장악한 후에 집권 체제를 강화하였다.

■ 가야의 멸망

신라는 532년(법흥왕 19년)에 가야연맹의 중심국인 금관가야를 멸망시켜 현재의 경상남도 김해와 진해 지역을 복속시켰고, 562년에는 최종적으로 대가야를 정복함으로써 낙동강 일대를 완전히 장악하였다.

이후에도 가야연맹이 있던 지역에서 반발하자 신라는 금관가야의 마지막 왕인 구형왕[仇衡王: 구해(仇亥)라고도 하며, 김유신의 증조부가 됨]의 후손 등을 진골 귀족으로 편입시켜, 가야계의 반발을 희석시키기도 했다.

■ 백제의 멸망

고구려가 수 · 당과 혈투를 전개하는 동안, 백제는 신라를 공격하였다. 특히 의자왕(義慈王)은 신라의 대백제 전선(對百濟戰線)의 요지인 대야성(大耶城: 현재의 합천)을 비롯하여 40여 성을 함락시켰다. 이에 김춘추(金春秋)가 고구려에 원병을 청하는 모험 외교를 감행하였으나, 고구려가 출병의 대가로 한강 유역의 반환을 요구하여 성과를 거두지 못했다. 이후 신라는 당나라와 동맹을 맺어 백제를 정복하고, 이어 고구려를 협공하려는 전략을 세웠다. 이리하여 당 고종은 소정방(蘇定方)으로 하여금 백제를 치게 하였다. 신라는 김유신(金庾信) 등으로 하여금 백제를 진공케 하니, 당군은 백강(白江:백마강) 좌안(左岸)에 상륙하고 신라군은 탄현(炭峴: 대전의 동쪽)을 넘어서게 되었다.

● 김유신 장군의 흉상
신라에 귀순한 가야 왕족의 후손으로서, 신라가 백제와 고구려를 무너뜨리고 삼한일통(三韓一統)을 이루는 데에 중추적인 역할을 한 신라 장군이자 정치가이다. 태종무열왕(太宗武烈王)과 문무왕(文武王)을 도와 신라의 삼국통일 전쟁을 보좌하였고, 진평왕(眞平王)부터 문무왕에 이르는 다섯 명의 왕을 섬겨 신라 정권의 중추적 인물로 성장하였으며, 신하로서 왕으로 추봉된 유일한 인물이다. 태종무열왕의 즉위 및 삼국통일 전쟁 등에 기여한 공적을 인정받아, 왕족이 아님에도 불구하고 순충장렬흥무대왕(純忠壯烈興武大王)으로 추존되었다.

당시 백제의 제31대 의자왕은 거듭되는 승전에 교만해져 향락에 젖어 있었고, 조정은 간신들이 사리(私利)를 도모하기에 여념이 없었으며, 성충(成忠)·흥수(興首) 등 충신은 축출되었다. 백성은 거듭되는 전쟁에 지쳐 정부로부터 이반(離叛)되어, 백제는 존망의 위기에 처했다. 황산벌 전투에서 계백(階伯)이 5천의 결사대로 국운을 지탱하려 하였으나 분패하고, 결국 의자왕은 신라에 항복했으며, 백제는 660년에 멸망하였다.

■ 고구려의 멸망

661년에 태종무열왕의 뒤를 이어 즉위한, 신라의 제30대 문무왕은 당나라와 연합하여 고구려를 공격하였다. 고구려는 연개소문의 항전으로 이를 막아냈으나, 거듭되는 전쟁에 의한 전력 소모와 연개소문의 독재 정치로 민심을 잃었다. 연개소문이 죽은 후에는 그의 동생 연정토 및 아들들인 연남생·연남건·연남산 간의 권력 쟁탈전으로 국세가 급격히 쇠락하였다.

이를 틈타 당나라는 고구려 정벌에 나서고, 신라군도 이에 호응하여 남쪽에서 공격하니, 고구려는 1년간 항쟁을 계속하다가 668년(보장왕 27년)에 멸망하고 말았다. 그 후 검모잠(劍牟岑) 등이 왕족 안승(安勝)을 받들어 약 4년 동안 부흥운동을 계속했으나 성공하지 못하였다. 당나라는 옛 고구려의 영토에 안동도호부(安東都護府)를 설치하였다.

● 경주 통일전(統 殿)
삼국통일의 정신과 화랑의 호국정신을 기리고 이를 이어받아 나라의 정신적 지주로 삼기 위하여 1977년에 건립되었다. 통일전에는 삼국을 통일하는 데에 큰 공을 세운 태종무열왕과 김유신 장군, 그리고 삼국통일의 대업을 완수한 문무왕의 영정이 모셔져 있다.

태종무열왕

태종무열왕(太宗武烈王: 604년 ~ 661년, 재위: 654년 ~ 661년)은 신라의 제29대 왕으로, 당나라와 연합하여 백제를 멸망시킴으로써 삼국통일의 기초를 닦았다. 최초의 진골 출신 왕이며, 왕위에 오르기 전의 행적들도 많이 알려져 있어서 본명인 '김춘추'로도 유명하다. 신라의 정치사로 보면, 신라 역사상 강력한 왕권을 자랑했던 시기인 신라 중대(中代) 왕실의 시조가 된다. 그의 집권을 기점으로 신라의 정치체제가 이전과는 다른 많은 변화를 이루었고, 그의 주요 업적이 삼국통일의 기반을 다진 것이라는 면에서는 사실상 '창업군주'의 일면도 어느 정도 가지고 있는 임금이다.

■ 김유신과의 혼인 동맹

아버지는 진지왕(眞智王)의 아들 김용춘(金龍春, 또는 김용수), 어머니는 진평왕의 딸이었던 천명부인(天明夫人)이다. 따라서 그는 진평왕의 외손자이고, 선덕여왕은 이모가 된다. 그가 사료에 '진골'로 기재된 것에 대해서는 할아버지인 진지왕이 재위 4년 만에 폐위를 당한 점이나, 김춘추(金春秋) 자신이 옛 금관가야의 왕족 출신인 김유신(金庾信)의 누이 문희(文姬)를 아내로 삼은 점 등이 이유로 지적되고 있다.

김춘추와 문희의 혼인에 대해 《삼국유사》는 다음과 같은 이야기를 전하고 있다. 김유신의 누이동생인 보희가 어느 날 꿈을 꾸었는데, 서악(西岳)에 올라가 소변을 누자 서라벌 전역이 모두 소변에 잠겨버리는 내용이었다. 그 꿈 이야기를 들은 문희는 비단치마를 주고 그 꿈을 샀다. 그 일이 있고 열흘 뒤인 정월 대보름에 김춘추는 김유신과 함께 김유신의 집 앞에서 축국(蹴鞠)을 하게 되었다. 여기서 김유신은 일부러 김춘추의 옷깃을 밟아 끊은 뒤 자신의 집에서 옷을 수선할 것을 권하며 집 안으로 이끌어 들이고, 자신의 누이동생을 불러 옷을 꿰매게 하였다.

보희는 "사소한 일로 귀한 분을 대할 수는 없다."며 사양했고, 문희가 대신 나서서 옷을 꿰매 주었다. 이 일로 두 사람은 가까워져서 김춘추는 김유신의 집을 자주 드나들게 되었다. 그런데 좀처럼 김춘추가 문희와 정식으로 혼인하려 하지 않자, 김유신은 "남편도 없는 것이 부모도 모르게 임신을 하였다."며 곧 문희를 자신이 불태워 죽일 것이라고 소문을 냈고, 선덕여왕이 남산(南山)에 오르는 날을 기다려서 뜰에 땔나무를 쌓아놓고 불을 질러 연기를 피웠다.

산 위에서 그 연기를 발견한 여왕이 "저것은 무슨 연기인가?" 하고 묻자, 옆에서 "아마도 유신이 제 누이를 불태우려는 모양입니다."라고 대답했고, 까닭을 묻는 여왕에게 "남편도 없이 임신하였기 때문입니다."라고 대답했다.

여왕이 "대체 누가 그런 짓을 했단 말인가?"고 묻는 옆에서, 마침 여왕을 따라 나왔다가 안색이 질린 김춘추를 발견한 여왕은 "너의 짓이구나. 당장 가서 구하라." 하였다. 이후 김춘추는 문희와 혼례를 올리게 되었다.

김유신의 주도와 김춘추의 동조로 진행된 이 정략적인 혼인을 통해, 왕위 계승에서 배제된 진지왕계와 옛 금관가야계 귀족 간에 정치 · 군사적 결합이 이루어졌다는 평가를 받고 있다. 진지왕계(김용춘 · 김춘추)는 김유신계의 군사적 능력을, 금관가야계(김서현 · 김유신)는 진지왕계의 정치적 위치를 각각 필요로 했던 것이다. 이러한 상호 이익에 입각해 이루어진 정치적 결탁은 신라 중고(中古) 왕실의 진골 귀족 내에서 하나의 신집단을 형성하게 되어, 성골(聖骨)계로 대표되는 기존의 구 귀족 집단의 견제와 반발을 받았다. 김춘추는 부계가 진지왕의 자손이고 모계가 진평왕의 자손으로 양쪽 모두가 왕족인 성골에 속했지만, 김춘추 이후에는 진골이 왕위를 쭉 계승하게 되었으므로, 그를 진골 최초의 임금으로 평가한다.

● 김유신 영정

■ 김춘추의 즉위

진덕여왕 8년(654년) 3월에 진덕여왕이 사망하자 진골 세력은 상대등 알천(閼川)에게 섭정을 청하였으나, 알천은 이를 사양하고 춘추에게 왕위에 오를 것을 권하였다. 춘추는 사양하다가 마침내 국인의 천거를 받아들여, 신라의 제29대 임금으로 즉위하였다.

즉위 직후 무열왕은 아버지 김용춘을 문흥대왕으로, 어머니 천명공주를 문정태후로 추봉하여 왕권의 정통성을 확립하였으며, 5월에는 이방부령(理方府令) 양수(良首) 등에게 이방부격(理方府格) 60여 조를 제정하게 하였다. 무열왕 2년(655년)에는 문희 소생의 맏아들 법민(法敏)을 태자로 삼고, 나머지 문희 소생의 왕자들에게도 관등을 수여하였다. 대각찬(大角飡) 김유신에게는 딸 지소공주를 시집보내, 중첩된 혼인관계를 이루었다.

자신의 즉위에 절대적으로 기여한 김유신에 대해서는 무열왕 7년(660년) 정월에 상대등(上大等)으로 임명함으로써, 왕권을 보다 전제화할 수 있는 계기를 만들었다.

무열왕이 즉위하기 전의 상대등은 귀족들의 모임인 화백회의의 대표자로서 왕권을 견제하는 존재이거나, 왕위계승 경쟁자로서의 자격이 있었다. 그러나 무열왕 이후에는 왕이 상대등을 임명함으로써, 화백회의는 제36대 혜공왕 이전까지 왕권 아래에 위치해 있었다. 이러한 왕권을 바탕으로 무열왕은 백제 및 고구려와의 본격적인 전쟁에 참여하였다.

● 태종무열왕 영정
태종무열왕 김춘추는 무엇보다도 뛰어난 외교관이었는데, 고구려 · 일본 · 당나라를 누비며 시대를 앞서 나갔다.

■ 무열왕의 백제 정벌

무열왕 7년(660년) 3월, 신라의 요청을 받아들인 당 고종은 나·당 연합군의 대총관(大摠管) 소정방과 좌효위장군(左驍衛將軍) 유백영(劉伯英) 등이 인솔한 수륙 13만 군사를 파병하였다. 원병을 요청하러 보낸 아들 김인문(金仁問)은 소정방의 부대총관(副大摠管) 자격으로 귀국하였고, 무열왕에게도 우이도행군총관(嵎夷道行軍摠管)이라는 지위가 더해졌다.

무열왕은 바다를 건너온 당군을 영접하기 위해 5월 26일, 대장군 김유신과 김진주(金眞珠)·김천존(金天存) 등과 함께 5만의 군사를 거느리고 서라벌을 출발하여 6월 18일에 남천정(南川停: 지금의 경기도 이천 지방)에 이르렀다. 6월 21일에는 태자 김법민(金法敏)을 보내, 병선(兵船) 1백 척을 거느리고 덕물도(德勿島: 덕적도)에서 소정방을 맞아 7월 10일에 백제의 사비성(泗沘城) 앞에서 합류하기로 약속을 정했다. 당군과 함께 백제를 공격할 5만 신라군의 지휘는 태자 김법민과 대장군 김유신, 장군 김품일(金品日)과 김흠춘(金欽春) 등이 맡고, 왕은 금돌성(今突城: 지금의 상주 백화산)에서 머물렀다. 7월 10일에 김유신 등이 이끄는 신라군은 황산벌(지금의 연산 외곽)에서 백제군을 격파하였고, 당군도 백제군의 저지를 뚫고 기벌포(지금의 군산 지역)로 상륙하여, 7월 13일에 사비성이 함락되고, 7월 18일에는 웅진성으로 도망쳤던 의자왕도 항복하여 백제는 멸망하였다.

당군 사령관 소정방은 9월 3일에 낭장(郎將) 유인원(劉仁願)이 이끄는 1만 군사만을 사비성에 남아서 지키게 하고, 포로로 잡은 의자왕을 비롯해 백제의 왕족과 고위 신료, 1만 2천 명의 백제 백성을 데리고 당으로 돌아갔다. 무열왕은 변경의 수자리(국경을 지키는 일) 군사를 폐지하였다. 또한 압독주(押督州)를 옮겨 설치하고 도독을 임명하였다.

● 김유신 장군 기마상

신라의 10성인

신라 10성이란 신라 최초의 절 흥륜사에 모셔졌던, 역대 신라 10대 불교 성인을 말한다. 금당의 동쪽에 아도(阿道) · 염촉(厭髑: 이차돈) · 혜숙(惠宿) · 안함(安含) · 의상(義湘)이 있었고, 서쪽에는 표훈(表訓) · 사파(蛇巴) · 원효(元曉) · 혜공(惠空) · 자장(慈藏)이 있었다. 신라의 또 다른 대표 사찰인 황룡사에도 십성의 탑이 있었다고 전해진다.

■ 원효대사

661년(문무왕 1년) 의상과 함께 당나라로 유학을 가던 길에 당항성 근처의 한 무덤에서 잠이 들었다. 잠결에 목이 말라 물을 달게 마셨는데, 다음날 아침에 깨어나 다시 보니 해골바가지에 담긴 더러운 물이었음을 알고 급히 토하다가,

" 마음이 나야 모든 사물과 법이 나는 것이요,
마음이 죽으면 곧 해골이나 다름이 없도다
(心生則種種法生 心滅則龕墳不二).
부처님 말씀에 삼계(三界)가 오직 마음뿐이라 한 것을 어찌 잊었더냐? "

라는 일체유심조(一切唯心造: 세상사 모든 일은 마음먹기에 달려 있다)의 진리를 깨달았다. 그래서 당나라 유학을 포기하고 불교의 대중화에 힘을 쓴다.

원효는 대중 교화를 위해 선민사상, 골품제도, 종파의식 등을 배격하였다.

● 원효(元曉) 영정
신라의 승려로 일심(一心)과 화쟁(和諍) 사상을 중심으로 불교의 대중화에 힘썼으며, 수많은 저술을 남겨 불교 사상의 발전에 크게 기여하였다. 경주 설씨와 순창 설씨의 중시조인 설총(薛聰: 원효와 요석공주 사이에서 태어난 아들)의 생부이며, 한국불교 최초의 깨달은 스님, 한국 최초의 대처승으로도 유명하다.

■ 의상대사

661년(문무왕 1년)에 당나라 사신의 배편을 빌려 타고 건너가, 종남산(終南山) 지상사(至相寺)에서 지엄(至嚴: 중국 화엄종의 시조)의 문하에 현수(賢首: 법장)와 함께 화엄의 깊은 이치를 깨달았다. 현수는 지엄의 뒤를 이어 중국 화엄종의 제3조가 되고, 의상(義湘)은 귀국 후 한국 화엄종의 시조가 된다.

당나라에 체류 중 그의 설법에 참석하면서 그를 사모하는 선묘(善妙)라는 이름의 여성이 있었다고 한다. 의상은 그녀의 마음을 알고 있었음에도 불구하고 그녀의 마음을 받아들이지 않고, 대신 자신의 제자로 삼았다. 의상이 신라로 귀국하던 날, 선묘의 집에 찾아갔지만 선묘가 집을 비워서 만나지 못하고 돌아갔다. 의상의 귀국 소식을 접한 이 선묘는 자신이 죽어 그를 지켜주겠다며 황해 바다에 몸을 던져 죽었다. 후에 의상이 영주 봉황산에 산사를 지을 때, 지역 주민들이 집단으로 들고일어나 반대하자, 어느 날 사람 수백 명의 머리를 덮고도 남을 크기의 바위가 공중에 떠다니면서 주민들을 따라다녔다. 겁에 질린 주민들은 자발적으로 해산하였고, 의상은 사찰을 준공하였다고 한다.

● 의상(義湘)
화엄종(華嚴宗)의 개조이다. 당나라에서 화엄종을 연구하고 돌아와 10여 개의 사찰을 건립하였고, 화엄의 교종을 확립하는 데 힘썼다. 오늘날 경상남도 거창 우두산(牛頭山)의 의상봉(義湘峰)이나, 강원도 양양 낙산사(洛山寺)의 의상대(義湘臺) 등의 명칭은 의상의 이름에서 비롯된 것이다.

● 강원도 양양의 낙산사 벽화와 의상대사 목조상

문무왕

태종무열왕 김춘추와 문명왕후(文明王后: 김유신의 둘째 누이동생)의 맏아들로, 이름은 김법민(金法敏)이다. 668년에 고구려를 멸망시켰고, 한반도 전 지역을 차지하려 했던 당나라의 군대를 나 · 당 전쟁에서 격퇴함으로써 676년에 삼국통일을 이룬 왕이다. 왕후는 파진찬 김선품의 딸 자의왕후(慈儀王后)이다. 661년부터 681년까지 재위하는 동안 661년부터 678년까지 친정하였고, 676년 아우 김인문(金仁問)이 잠시 실권 탈취 기도를 한 바 있으며, 678년부터 681년 사망할 때까지 아들 김정명(金政明: 훗날 신문왕)이 왕태자 신분으로 대리청정을 하였다.

■ 문무왕의 태자 시절

문무왕은 진덕여왕 때 당나라에 사신으로 건너가기도 했으며, 무열왕 재위 시에는 대외정복 사업에 일조를 했다. 660년에 백제를 치러 온 당나라의 장수 소정방을 덕물도(德勿島: 지금의 덕적도)에서 맞이했으며, 김유신과 함께 백제 공격에도 직접 참전했다. 특히 백제 공격 때 의자왕의 아들인 부여융이 항복하자, 문무왕은 부여융을 말 밑에 꿇어앉히고 그 얼굴에 침을 뱉으며 "예전에 네 아비가 내 누이[선덕여왕 재위기인 642년, 백제군에게 함락된 대야성에서 죽은 대야성주 김품석의 아내인 고타소는 문무왕의 누이이다. 아버지인 무열왕은 고타소의 죽음을 듣고 하루종일 정신나간 사람처럼 기둥에 선 채로 있었으며, 앞에 뭔가 지나가도 알아채지 못했다고 한다.]를 억울하게 죽여서 나로 하여금 20년 동안 마음이 아프고 골치를 앓게 했는데, 오늘 네 목숨은 내 손 안에 있구나!"라고 꾸짖었다는 기록도 남아 있다.

● 세계 유일의 수중릉, 문무왕의 능인 대왕암

■ 고구려 공격

661년 아버지인 무열왕이 병사하자 왕위를 이어받아 제30대 왕으로 즉위했으며, 백제와 고구려 정벌에 꾸준히 힘을 기울였다. 문무왕 재위 2년째인 662년에는 백제 정복에 공이 컸던 장군 김진주와 그의 동생 김진흠을 직무태만으로 처형하고 그들의 일족까지 잡아 죽였는데, 왕권을 공고히 하고 군기를 잡기 위한 시범 케이스로 삼은 걸로 추측된다. 이 일로 인해 훗날 나 · 당 전쟁 때에는 당나라에 숙위(宿衛)하고 있던, 김진주의 아들 김풍훈(金風訓)이 원한을 품고 향도를 자청해 당군에 합류하기도 했다.

이 당시 백제가 멸망하긴 했으나 복신과 도침을 중심으로 한 백제 부흥군이 세력을 떨쳤는데, 왜국에서 부여풍이 합류하면서 그들 사이에 틈이 벌어졌다. 그리고 복신이 도침을 죽이고 부여풍이 복신을 죽이는 등 자중지란이 일어났으며, 엎친 데 덮친 격으로 663년 8월에 왜국에서 보낸 구원병인 4만의 군사와 1천 척의 전함 등이 백강(白江: 금강 부근) 하구에서 나 · 당 연합군과 전투하여 대패당했다. 결국 663년 9월 8일, 그들의 본거지인 주류성이 나 · 당 연합군에게 함락당했다. 마지막 남은 백제 부흥군의 거점인 임존성은 지수신의 지휘하에 끝까지 버텼지만, 결국 주류성 함락 2개월 만에 임존성 또한 무너졌다.

백제가 멸망한 뒤, 남은 고구려에 대해서도 문무왕은 줄기차게 공격을 명했다. 662년에 평양을 공격하다가 역습을 당하고 오도 가도 못하던 당군 장수 소정방에게 군량을 수송해 주기도 했다. 668년 고구려가 멸망한 후에는 고구려 부흥군이 줄기차게 활동했는데, 특히 검모잠(劍牟岑)이 이끄는 부흥군이 세력을 떨쳤다. 검모잠은 안승(安勝: 연정토의 아들이며 보장왕의 외손자로 추정됨)을 왕으로 즉위시키고 당에 대한 저항을 계속하다가 무슨 이유에서인지 안승에게 살해당했고, 안승은 신라로 귀순했다.

■ 나 · 당 전쟁과 삼국통일 완수

문무왕은 아버지 무열왕이 생전에 그토록 바라던 백제 정복 사업을 완수하는 데 성공할 뻔했지만, 역시나 생전의 무열왕과 김유신이 그토록 우려하던 대로 당은 다른 마음을 품고 있었다.

사실, 당은 처음부터 신라에 영토를 내줄 생각이 없었다. 백제와 고구려를 무너뜨린 다음 신라까지 멸망시켜 한반도를 통째로 삼키려고 했다. 일례로 사비성을 점령하고 백제를 무너뜨린 뒤, 당은 백제 전토를 5등분해 웅진(熊津) · 마한(馬韓) · 동명(東明) · 금련(金漣) · 덕안(德安) 도독부로 나누어 통치했다. 여기에 그치지 않고, 663년에는 신라를 계림주 대도독부로 명하고 문무왕을 계림주 대도독으로 삼는 등 어처구니없는 행태까지 보였다. 실제로는 신라가 당나라 계림주 대도독부로 기능한 건 아니었지만, 상징적으로 당나라에 편입시키려는 의도가 엿보이는 행위였기 때문이다.

거기에 더해 665년(문무왕 5년) 8월에는 이미 멸망한 백제의 왕자 부여융과 문무왕이 웅진의 취리산(就利山)에서 회맹(會盟)을 맺게 했다. 아이러니하게도 이들은 사비성이 함락되어 백제가 항복할 때 승전국과 패전국의 왕자로 만난 적이 있었다. 그때 태자였던 문무왕은 부여융에게 대야성 전투의 복수를 언급하며 침을 뱉었었다. 따라서 부여융과 문무왕이 회맹하게 된다는 것은, 이미 멸망한 백제와 신라가 동등하다는 뜻이 되는 것이다.

당이라는 압도적 거대 제국의 위압감이 시시각각 다가오는 속에서, 신라 수뇌부는 결국 당과의 전쟁을 고려하지 않을 수 없게 되었다.

● 문무왕의 청동상

■ 신라의 요동 선제공격

668년 고구려의 멸망 후, 670년 3월에 신라의 설오유(薛烏儒)와 고구려 부흥세력 고연무(高延武)의 2만 연합군이 전격적으로 압록강을 건너 요동을 선제공격하였다. 바로 나·당 전쟁의 본격적인 신호탄이 쏘아 올려진 것이었다. 이 공격으로 인해 신라는 나·당 전쟁 초기의 주도권을 움켜쥐었고, 671년에는 백제 고지를 대부분 영토화하였다.

이에 당나라는 671년에 설인귀(薛仁貴)에게 수군을 끌고 백제로 향하게 하고, 육지로는 당군과 말갈족으로 편성된 군대를 동원해 압록강으로 남침하였다. 육군은 나름대로 성과를 거두어 672년 7월에 평양을 점령하고, 8월에는 한시성(韓始城)과 마읍성(馬邑城)을 점령하면서 신라를 위협했지만, 설인귀의 수군은 신라군에 격파당하여 당으로 되돌아갔다. 신라군과 안승의 고구려 부흥군은 672년 12월 백빙산 전투, 673년 호로하 전투에서 당나라군에게 대패하기도 했다.

당 고종은 신라가 고구려 유민군을 배후에서 도와주고 백제의 옛 땅을 무력으로 강탈했다는 이유로 674년에 문무왕의 관작을 삭제하고 문무왕의 동생인 김인문을 신라왕에 책봉한 후, 수십만의 군대를 동원해 신라를 침공하였다. 이는 신라에 내부 분열을 일으키고자 하는 책략이었으나 성공하지 못했다.

● 신라와 당의 전투도

675년 9월, 설인귀가 신라의 숙위학생(유학생)이었던 김풍훈(金風訓)을 길라잡이로 삼아 다시 쳐들어왔으나, 천성(泉城: 황해도에 있었던 듯함) 전투에서 패하고 철수했다. 같은 해 9월 말부터는 이근행(李謹行)이 이끄는 4만 군대가 매소성(買肖城: 현 경기도 연천군 청산면)에 주둔한 채 신라에 대한 공세를 취하기 시작했다.

■ 신라의 반격과 승리

신라군은 매소성 전투에서 군마 3만 380마리와 3만여 명분의 무기를 노획하는 대승리를 거두었다. 이 전투에서 승리함으로써 신라는 전쟁의 주도권을 장악했고, 신라군과 당군은 이후에도 크고 작은 전투를 18차례에 걸쳐 벌였다.

676년 11월, 금강 하구인 기벌포(伎伐浦: 현 충청남도 서천군 장항읍) 앞바다에서 신라 수군과 설인귀가 이끈 당의 수군 사이에 마지막 격전이 벌어졌다. 이 전투에서도 신라군이 승리를 거두었고, 당나라는 더 이상 전쟁 수행의 의지를 상실했다.

당나라는 676년 평양에 있던 안동도호부를 요동성으로 옮기고, 웅진도독부는 건안성(建安城: 지금의 심양 은현 부근)으로 옮기면서 대동강 북쪽으로 완전히 철수하였다. 신라는 나·당 전쟁의 승리로 대동강부터 원산만(元山灣)까지를 경계로 그 이남의 지역을 영토로 확정하였다.

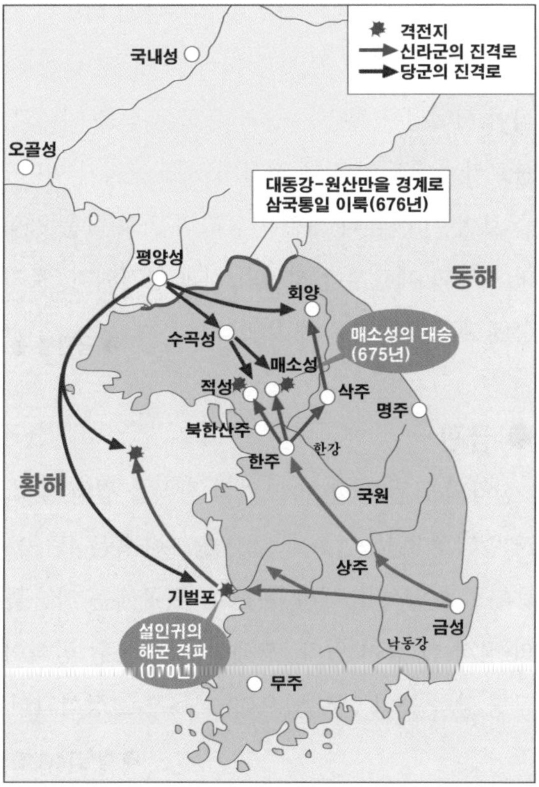

● **설인귀(薛仁貴)**
당의 장군으로 고구려 정벌에 공을 세웠으나, 신라에게 무릎을 꿇었다.

신라의 찬란한 문화

신라는 삼국 가운데 가장 늦게 중국의 선진 문화를 받아들인 만큼 문화의 발전이 뒤처졌지만, 반면에 나름대로 독자적인 문화도 개발해 냈다. 중국의 한자가 전래됨에 따라 사서가 편찬되었고, 또한 언어생활에서 이중성이 생겨났다. 중국어와 고대 한국어의 언어 구조가 판이하고 한자가 표의문자이기 때문에, 구어(口語)와 문어(文語)가 전혀 일치하지 않았다. 언어생활의 이런 불편함을 완화하기 위해 이두(吏讀) 또는 향찰(鄕札)이라는 표기법이 생겨나고, 그에 따른 문학도 발생한다.

■ 화려한 금속 공예 문화재

고분 출토 유물로는 금관을 비롯해서 다양한 금속 공예품과 유리 제품, 토기 등이 있다. 신라 금관은 그 양식이 시베리아 샤먼의 관과 통하는 점을 지니고 있어, 불교가 수용되기 전에 신라의 전통 문화가 어떠했는지를 보여준다. 유리 제품은 유리의 질과 작품 양식이 로마 지역과 페르시아 지역의 것과 연결되며, 토기 양식 중에도 그러한 요소가 보인다.

● 금관총 출토 금관

● 금관

신라의 금관은 산(山) 모양의 장식을 겹쳐 올려 출(出)자 형태로 3단(금관총, 서봉총, 황남대총) 혹은 4단(금령총, 천마총)으로 입식을 세워 올렸고, 뒤쪽에는 사슴뿔 모양의 장식 한 쌍이 있다. 자세히 보면 봉황 장식이나 반구형 장식 등이 달려 있으며, 곡옥으로 장식되어 있다.

● 황남대총 출토 금관

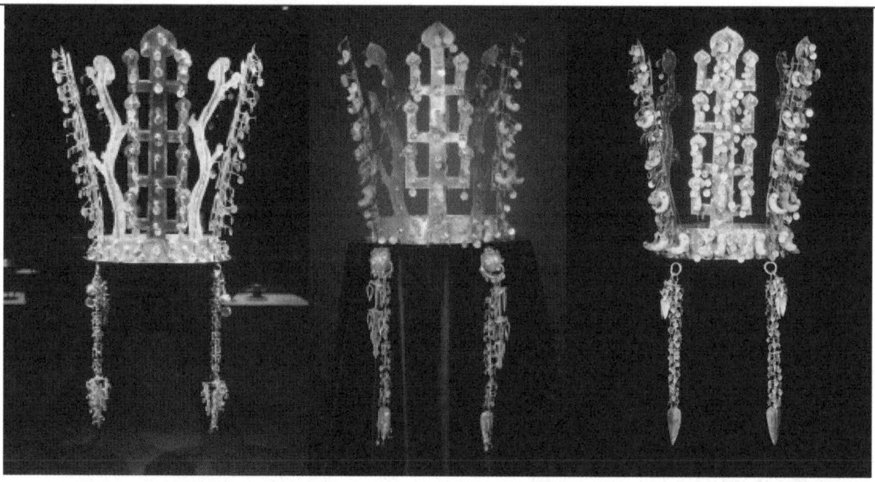

● 금령총 출토 금관 ● 서봉총 출토 금관 ● 천마총 출토 금관

현재까지 발굴된 금관은 황남대총 북분, 금관총, 서봉총, 금령총, 천마총 출토품 등 5점이다. 신라 금관은 예술적으로 가치가 높을 뿐만 아니라, 상징성이 매우 강한 유물이다. 경주 시내에 대규모의 돌무지덧널무덤을 축조하던 신라인들은 그들이 품고 있던 믿음과 소망을 금관의 도안에 담아냈던 것이다. 결국 금관을 통해 우리는 내세(來世)에 대한 신라인들의 인식을 일부나마 살펴볼 수 있게 되었다.

● 경주 부부총 금귀걸이

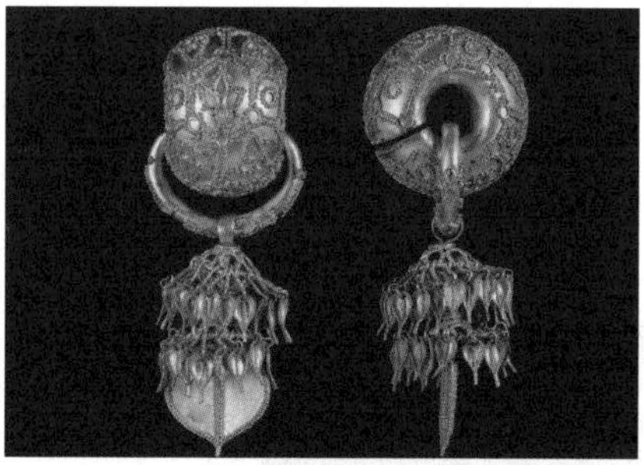

● 금제 귀걸이(경주 부부총 출토)

삼국 시대의 귀걸이 중에서 단연 최고의 명품으로 꼽히는 보물이다.

지름 0.5mm도 안 되는 수백 개의 작은 금 알갱이와 얇은 금실을 이용해서 거북등 모양으로 구획하고, 다시 그 안에 꽃무늬를 정교하게 표현하였다.

고리의 샛장식은 작은 고리를 연결해 둥글게 만들었고, 그 가장자리에 37개의 나뭇잎 모양의 달개를 달았다. 신라 귀걸이 제작 기술의 정점을 보여주고 있다.

● 천마총 관모

금제 관모(冠帽)는 신라 때 내관으로 쓰였던 모자형 관인데, 천마총에서 출토되었다. 금관과 함께 지배자를 상징하는 위세품의 하나이다. 이 관모는 모자 모양이기는 하나 머리에 쓰기에는 작기 때문에, 가죽 혹은 자작나무 껍질로 만든 모자의 윗부분을 장식한 용도였던 것으로 보인다.

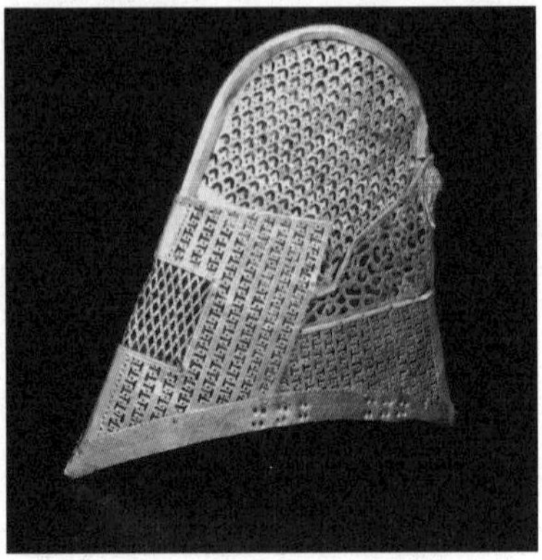

● 천마총 출토 관모(국보 제189호)

● 경주 계림로 보검

정식 명칭은 '경주 계림로 보검'인데, 우리에게는 신라 황금보검이라는 이름으로 많이 알려져 있다. 그 형태와 문양이 삼국시대에 흔한 환두대도와 판이하게 다른데, 한반도 인근이 아닌 서역에서 만들어진 검이 확실해서 주목을 받았다. 검을 장식한 보석은 동유럽 지역 원산의 석류석이고, 소용돌이 문양 또한 불가리아에서 출토된 트라키아 시대의 유물과 흡사하기 때문이다.

● 경주 계림로 보검(보물 제635호)

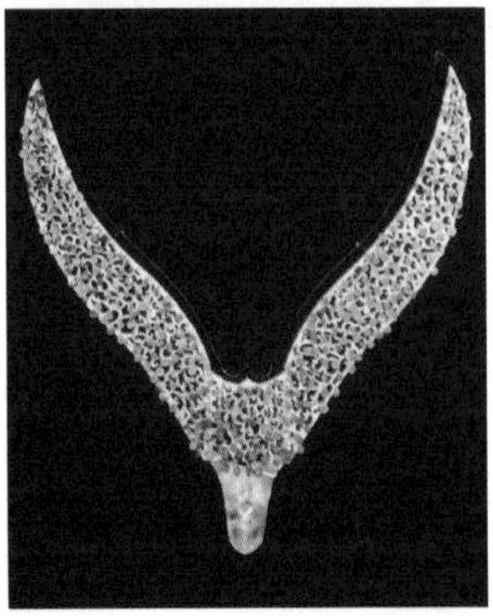

● 천마총 금제 관식

높이 23㎝, 너비 23㎝인 이 관식은 중앙에 새머리 같이 생긴 둥근 부분이 있고, 그 밑 좌우 어깨 위치에는 위로 솟는 날개 모양의 한 쌍이 있다.

● 천마총 금제 관식(보물 제617호)

철의 왕국 가야

삼한의 하나였던 변한(弁韓)에서 기원한, 한반도 남부의 여러 국가의 총칭. 《삼국유사》에는 6개의 나라가, 《일본서기》에는 10개의 나라가, 《삼국지》 〈위서〉 동이전에는 24개 나라가 거론된다. 2세기경에 발전하기 시작하여 3세기에 무역으로 많은 부를 누렸지만, 차차 중앙집권화된 고구려 · 백제 · 신라 삼국과 달리, 멸망할 때까지 하나의 통일된 정치단위를 이룬 적이 없었다. 5세기 후반 이후에는 강대해진 백제와 신라 두 나라의 사이에 끼여, 결국은 하나하나 신라에 항복하거나 흡수되었다.

■ 가야연맹의 구성

가야(加耶, 伽耶, 伽倻: '겨레' '가람' '개간한 땅'이라는 뜻을 가진 한자 표기이다)는 서기 전후로 김해 등지에 있던 구야국(狗邪國: 금관가야의 전신)을 중심으로 변한의 소국들이 결집해 전기 가야연맹을 성립하였으나, 고구려의 공격으로 금관국 중심의 전기 가야연맹이 와해되자 5~6세기경 피해를 거의 입지 않은 대가야를 중심으로 후기 가야연맹을 만들었다. 그러나 이 역시 신라와 백제의 위협을 받으며 서서히 무너지고, 562년 멸망했다.

전기 가야연맹은 김해 지방에서 생산되는 질 좋은 철을 바탕으로 국력을 키웠으며, 왜 등지와 교역을 하기도 했다. 전기 가야연맹의 철기 문화는 뛰어난 수준으로 평가되고 있다.

당초에 변한(弁韓) 또는 변진(弁辰)의 왕들은 마한연맹의 군주가 임명한 마한 사람일 정도로 마한의 지배를 받았다. 인근의 진한(辰韓)도 마찬가지였다. 기원전 1세기에 진한이 사로국을 중심으로 결집해 마한으로부터 독립하고, 서기 9년에 마한이 백제에 패망해 합병되는 등 마한의 영향력이 소멸하여 가자, 기원후 1세기를 전후해 기존 변한의 소국들은 국제무역을 기반으로 각각 발전해 가면서 김해의 구야국을 중심으로 국가연맹체를 구성했다.

■ 전기 가야연맹의 성장과 쇠퇴

전기 가야연맹의 구야국은 지금의 김해평야인 고김해만(古金海灣)이라는 옛 바다를 무대 삼아 무역을 발달시켰던 전형적인 상업국가였는데, 외국의 선진 문물을 받아들여 문화를 발전시키고 이를 또 주변 지역과 일본에 공급하는 중계무역으로 이득을 보면서 영향력을 행사했다. 요동 · 요서의 한사군들도 변한과 전기 가야연맹의 철을 수입하였다.

일본은 당시에 제철 기술 등이 전무하여, 전적으로 전기 가야연맹의 철에 의지했다. 3세기를 전후해서는 구야국이 무역을 독점하고 구야국과 여타 소국 간에 부의 불평등이 야기되면서, 내부 결속마저 깨지기 시작했다.

골포국(지금의 마산), 고사포국(지금의 고성), 사물국(지금의 사천) 등 전기 가야연맹의 소국들과 침미다례(忱彌多禮: 전남 남해안 일대)의 불미국 등 남해안 8개 나라가 전기 가야연맹에서 이탈해 포상팔국(浦上八國)을 결성하고, 전기 가야연맹에 대항했다. 포상팔국은 안라국을 침공하고 심지어 신라와도 항쟁하는 등 한때 극성했지만, 결국 일련의 전쟁에서 연패해 쇠퇴하기 시작하였고, 전기 가야연맹은 신라의 원조로 이들을 간신히 평정할 수 있었다. 포상팔국 전쟁에서 신라를 끌어들이는 바람에 전기 가야연맹의 맹주였던 구야국의 지위가 흔들리면서, 소국 간의 관계가 소원해져 갔다.

● 포상팔국의 난
포상팔국은 낙동강 하류 및 경상남도 남해안 일대에 있었다고 전해지는 8개의 소국을 말하며, 이들 팔국이 209년 가야를 침략하고자 일으켰던 난을 '포상팔국의 난'이라 부른다.

또한 백제가 요서와 산동 지방으로 진출하면서 구야국을 중심으로 짜인 해상 무역 네트워크를 위협하고, 신라가 낙동강 연안으로 진출하면서 낙동강 수로의 지배권을 놓고 분쟁했다. 4세기 말 고구려와의 항쟁에서 연패하고 있던 백제는 고구려와 제휴하던 신라에 앙심을 품었고, 결국 백제의 부추김을 받은 전기 가야동맹과 왜국이 399년 신라를 대대적으로 침공했다.

전기 가야동맹의 중기병들과 왜국 군들은 신라군보다 강력하여 서라벌 남쪽의 남천에서 신라군을 격파한 뒤 신라의 서라벌을 함락하나, 고구려 광개토태왕의 원군(援軍)이 동원되고 신라가 구원되었다. 가야군과 왜국 군들이 궤멸당하고 남쪽으로 후퇴해, 결국 고구려와 신라의 연합군이 구야국을 패망시키고 전기 가야연맹은 와해되었다.

구야국은 종발성(從拔城)을 빼앗기고 고김해만과 낙동강 유역의 지배권을 상실했으며, 경제 기반이었던 해상 무역도 거의 불가능해졌다. 이후에는 고령 지방의 대가야가 후기 가야연맹의 주도권을 갖게 된다.

■ 전기 가야의 위치 변천

4세기 말	중심 지역	현재 위치
금관국(金官國)	가락국(駕洛國)	경상남도 김해시(金海市)
고동람국(古冬攬國)	반파국(伴跛國)	경상북도 고령군(高靈郡)
아라국(阿羅國)	안라국(安羅國)	경상남도 함안군(咸安郡)
고자국(古自國)	고사포국(古史浦國)	경상남도 고성군(固城郡)
성산국(星山国)	벽진국(碧珍国)	경상북도 성주군(星州郡)
비화국(非火國)	불사국(不斯國)	경상남도 창녕군(昌寧郡)

수로왕의 설화

수로왕(首露王)은 가락국(駕洛國: 김해의 금관가야)의 초대 국왕이며, 김해 김씨의 시조이다. 김해 김씨 족보에는 태조(太祖)로 기록되어 있다. 키가 9척이었다 하며, 서기 42년에 가야를 건국했다. 이후 아유타국의 공주 허황옥과 결혼하였으며, 서기 199년까지 살았다고 한다. 흔히 〈구지가(龜旨歌)〉에 얽힌 6개의 알 신화로 유명하다. 42년, 구지봉에서 사람들이 모여 구지가를 부르며 춤을 추자 하늘에서 알 6개가 내려왔고, 그 알 중 가장 먼저 깨어난 이가 김수로라는 설화가 존재한다.

■ 수로왕의 탄생

《삼국사기》와 《삼국유사》 가락국기(駕洛國記)에 의하면, 변한의 구야국에는 주민들이 각 촌락별로 나뉘어 생활하고 있었다. 그런데 42년 3월 부족장을 기다리는 구야국의 지도자들에게 "너희의 왕을 내려보낸다."는 계시와 함께, "거북아 거북아 머리를 내놓아라. 그러지 않으면 구워서 먹으리."라는 노래를 부르라는 소리가 하늘에서 들려왔다.

하늘의 계시를 들은 부족장들은 가락국의 9간(干) 이하 수백 명과 함께 김해의 구지봉(龜旨峰)에 올라가 하늘에 제사를 지내고 춤을 추면서, 하늘에서 들려온 말대로 "거북아, 거북아, 머리를 내놓아라. 그러지 않으면 구워서 먹으리."라고 구지가(龜旨歌)를 불렀다.

● 김해 구지봉의 거북바위

龜何龜何(구하구하) 거북아 거북아
首其現也(수기현야) 머리를 내놓아라.
若不現也(약불현야) 내어놓지 않으면
燔灼而喫也(번작이끽야) 구워서 먹으리.

부족 주민들의 수가 늘어나 노랫소리가 커지자 하늘에서 빛이 나더니 곧 붉은 보자기에 싸인 금빛 상자가 내려왔고, 그 안에 둥근 황금색 알 여섯 개가 들어 있었다. 12일 후 이들 알에서 사내아이들이 태어났는데, 그 가운데 키가 9척이며 제일 먼저 알에서 깨어난 아이가 수로(首露: 처음 나타났다는 뜻을 지닌 이름임)였다. 부족장들은 그를 6가야 중 영토가 가장 넓은 가락국의 왕으로 추대하여 주민들은 그를 가락국의 왕으로 받들었고, 또한 나머지 아이들도 각각 5가야의 왕이 되었다고 한다.

신라의 학자 최치원의 《석이정전(釋利貞傳)》에 따르면, 가야산의 여신 정견모주(正見母主)가 하늘의 신(神)인 이비가지(夷毗訶之)에 감응하여 두 아들을 낳았는데, 한 명은 뇌질주일(惱窒朱日)이었고, 다른 한 명은 뇌질청예(惱窒靑裔)였다. 금관가야의 시조가 된 뇌질청예(김수로왕)는 여신 정견모주를 닮아 얼굴이 희고 갸름했으며, 대가야의 시조가 된 뇌질주일(이진아시왕)은 이비가지를 닮아 얼굴이 해와 같이 둥글고 붉었다고 한다. 이는 금관가야의 시조인 수로왕이 맏형이었다고 한, 《삼국유사》에 전하는 형제설화와는 대비되는 것이다.

● 수로왕(首露王)과 수로왕릉
수로왕은 가락국의 시조이다. 금관가야 9부족의 추장인 9간이 김해 구지봉에 모였을 때, 붉은 보자기에 싸여 하늘로부터 내려온 금합 안에서 해처럼 둥근 황금알 여섯 개를 얻었다. 반나절 만에 여섯 개의 알은 모두 사람으로 화하였는데, 수로도 그중의 한 사람이었다. 첫 번째로 태어났기 때문에 '수로'라는 이름을 갖게 되었다.

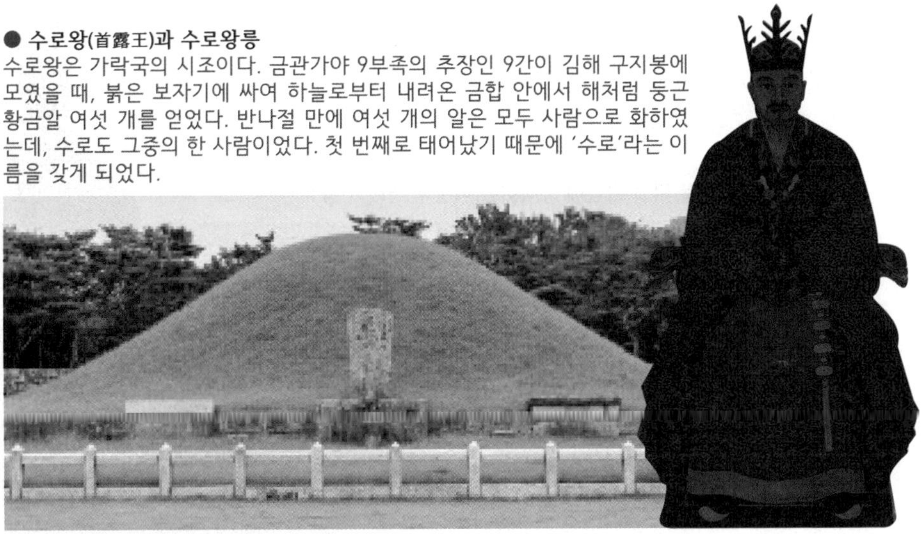

■ 허황옥의 설화

《삼국유사》의 가락국기에 따르면, 허황옥(許黃玉)은 본래 아유타국(阿踰陀國, 또는 월지국)의 공주인데 부왕(父王)과 왕후가 꿈에 상제(上帝)의 명을 받아 공주를 가락국 수로왕의 배필이 되게 하였다. 공주는 많은 종자(從者)를 거느리고 김해 남쪽 해안에 이르렀다. 이에 수로왕은 유천간(留天干) · 신귀간(神鬼干) 등 많은 신하들을 보내어 맞으며, 황후로 삼았다고 전한다. 황후는 태자 거등공(居登公)을 낳았으며, 188년에 죽으니 나이 157세였다고 한다. 구지봉 동북쪽의 언덕에 장사 지냈다고 하는데, 현재 경상남도 김해시 구산동(龜山洞)의 고분이 허황후의 능이라고 전해지고 있다.

그녀는 아들 10명을 낳았는데, 그중 2명에게 허씨 성을 쓰게 해달라고 수로왕에게 부탁했다고 한다. 맏아들 거등(居登)은 김씨로 왕통을 잇게 하고, 두 아들은 허황후의 뜻을 살려 허씨(許氏)로 사성(賜姓)했으며, 나머지 일곱 아들은 불가에 귀의(歸依)하여 하동칠불(河東七佛)로 성불(成佛)하였다는 전설이 있다. 이후 모친의 성을 따라 허씨 성을 사용하던 두 왕자로부터 한국의 허씨 성이 유래되어, 김해 허씨로 이어지고 있다.

일설에는 허황옥과 그녀의 친정 오빠 장유(長游)화상이 가야 지역에 불교를 처음 전래했다고 한다.

● 아유타국에서 배를 타고 가야에 도착하는 허황후 벽화와 동상

■ 후기 가야연맹

가야가 400년경에 고구려와 신라의 공격으로 패망하자 옛 변한 지역은 한동안 혼란을 겪었다. 그 시기를 전후해 내륙의 반파국(伴跛國: 대가야)이 가락국의 망명객을 받아들이고 급속히 세력을 팽창하면서 가야의 주도권을 잡았고, 반파국을 중심으로 소위 후기 가야연맹을 형성했다.

475년, 고구려의 장수왕이 한성백제를 침공하여 도성을 함락시키고 개로왕을 죽이는 등 백제와 침미다례를 압박했다. 중앙집권적 국가체제를 정비한 대가야는 신라의 낙동강 수로와 고김해만 대신으로, 쇠약한 백제의 섬진강 유역을 장악했다. 섬진강 유역은 새로운 무역항이자 훌륭한 무역기반이 되었는데, 전북에서 남원 · 진안 · 임실 · 장수 일대에 기문(己汶) 지방이 이루어지고 전남에서는 모루(牟婁: 지금의 광양), 사타(娑陀: 지금의 여수) , 상 · 하 치리(哆唎:지금의 순천) 등의 지역을 장악해 소위 섭라(涉羅) 지방이 형성되는 등 대가야는 전성기를 이루었다.

섭라 지방에서 산출된 옥은 고구려로 수출되었고, 고구려는 옥을 북위(北魏)와의 무역에서 중요 결제 수단으로 사용했다. 또 옥은 일본과의 무역에서 주도권을 잡게 해주었다.

479년에 가야는 남제(南齊)에 사신을 보내어 국제 사회에 이름을 알렸고, 481년 고구려와 신라의 전쟁에서는 백제와 연합한 대가야군이 신라를 도와 이하(泥河: 함남 영흥평야의 용흥천) 서쪽에서 고구려군을 격퇴했다.

● 가야 무장의 철갑
가야(금관가야)는 철의 생산지여서 일찍이 철을 다루는 기술이 발달하였다. 그들은 무기와 갑옷뿐만 아니라 일상생활 도구까지도 철로 만들어 사용하거나, 무역을 하였다.

■ 후기 가야연맹의 멸망

529년 백제가 북쪽으로 오곡성에서 고구려군을 대파한 뒤, 남쪽으로 눈을 돌려 안라국 옆의 대사(帶沙: 지금의 하동)까지 진출해 안라국까지 위협했다. 안라국이 대가야와 결별하고 남부가야의 소국들을 결집하자, 대가야는 2분되었다.

백제는 530년경에 구례모라(久禮牟羅: 지금의 함안 칠원)까지 군대를 진주시켰다. 신라는 백제군을 패퇴시킨 후, 532년 소국 상태로 명맥을 유지하고 있던 금관국과 탁순국을 합병했다. 540년 안라국은 백제 · 신라 · 왜의 사신을 초청하여 회의를 열고 안라왜신관(安羅倭臣館)을 만들었다. 548년에 안라국은 고구려와 백제의 독산성(獨山城) 전투를 유발했는데, 고구려가 독산성 전투에서 패퇴함으로써 백제가 후기 가야연맹을 장악하게 되었다.

신라는 가야연맹을 유지시킨 채, 백제의 중핵이었던 한강 유역을 차지하고 관산성 전투에서 승리한 후 6세기 중반부터 가야 병합에 착수하였다. 559년에는 남가야를 완전히 투항시키고 아시촌 소경으로 흡수했다.

554년 북가야군과 일본군은 백제와 제휴하여 관산성 전투에 참전했었다. 신라는 이 관산성 전투에서 승리한 후 562년에 대대적으로 북가야를 침공했다. 곧 북가야(대가야)는 패배하고 신라에 병합되어 멸망하였다.

● 철 갑옷을 만드는 가야인의 모습과 가야의 철갑

가야인들은 신라 사회에 편입하면서 성공과 좌절을 경험하였고, 정치와 군사·문화에서 활약을 하였다.

금관국의 왕족인 김씨 일족은 신라의 진골 귀족으로 편입되었지만 경원시되고 있었다. 그러던 차에 금관국의 왕자 출신인 김무력(金武力)은 관산성 전투에 참전하는 등 신라 장군으로 활약하고, 김무력의 손자인 김유신과 김흠순 형제는 신라의 삼국통일에 기여하면서 왕실과 혼인관계를 맺었다. 이외에도 신라로 망명한 우륵은 가야금을 전수했고, 우륵의 음악은 신라의 주요 궁중음악이 되었다.

■ 후기 가야연맹－고령 반파국(북가야; 가라국; 대가야) 중심으로 5세기 이후의 가야연맹

명칭	현재 지명	알려진 이름
가라국	경상북도 고령군 대가야읍	대가야
안라국	경상남도 함안군 가야읍	아라가야
가이기국	경상남도 의령군 부림면	
다라국	경상남도 합천군 쌍책면	
졸마국	경상남도 함양군 함양읍	
고차국	경상남도 고성군 고성읍	소가야
자타국	경상남도 진주시	
산반하국	경상남도 합천군 초계면	
걸손국	경상남도 산청군 단성면	
임례국	경상남도 의령군 의령읍	
탁순국	경상남도 창원시	
탁기탄국	경상남도 창녕군 영산면 (+ 밀양?)	
남가라국	경상남도 김해시	금관가야

※ '가야'를 중국에서는 '구야국(狗邪國)'으로, 고구려에서는 '임나가라(任那加羅)', 왜국에서는 '임나(任那)', 신라에서는 '금관국(金官國)'으로 불렸다.

가야의 문화

가야는 변한을 토대로 삼아 발전한 나라로서 삼국 초기에 백제와 신라 사이의 낙동강 유역에 위치해 있던 나라이다. 6~7개의 소국들이 연합한 연맹체였으므로, 신라나 백제처럼 강력한 중앙집권적 정치체제를 갖추고 있지 못했다. 때문에 힘의 규합이 어려웠고 더디어 532년 금관가야가, 562년 대가야가 신라에 차례로 복속되면서 역사상에서 사라지게 되었다. 가야는 이처럼 완전한 고대국가로 발전하지 못했기 때문에, 역사 기록이 거의 남아 있지 않다. 그러나 문화는 신라나 백제에 크게 뒤지지 않을 만큼 뛰어났다.

■ 가야의 문화재

변한에서 나는 철을 바탕으로 갑옷이나 무기 제작기술이 발전했다. 토기는 회청색의 경질토기와 적갈색의 연질토기로 신라와 유사하나, 신라에 비해 날렵하고 세련된 조형미를 갖고 있다. 뿐만 아니라 동물 · 집 · 신발 · 배 · 수레 · 등잔 등 신라 지역에서와 전혀 다른 상형토기, 용도 불명의 이형토기가 많이 만들어진 것도 독특한 특징이다.

● 평저주형 토기

배 모양을 본뜬 토기로 높이 9.1㎝, 길이 27.9㎝의 크기이다. 지금까지 출토된 다른 것들에 비하면 큰 편이고, 바닥 또한 수평으로 길다. 전체의 모양은 거의 좌우대칭을 이루었고, 양쪽 배 끝부분은 길게 늘어지다가 끝이 높게 들려서 반원형을 이루었다. 이 반원형 부분에는 구멍이 2개씩 있으며, 배 끝부분에는 노를 걸었던 꼭지가 여러 개 달려 있다. 배 안에는 좌우로 앉을 자리를 마련하고, 3곳에 칸막이가 있어서 사공이 이곳에 앉아 노를 젓게 되어 있다. 배 좌우 바깥 측면에는 지그재그형으로 반복되는 무늬가 가득 새겨져 있다.

● 수레바퀴 모양 토기

굽다리접시 위에 U자 모양으로 뿔잔을 얹고 그 좌우에 흙으로 만든 수레바퀴를 붙인, 가야 시대의 토기이다. 뿔잔의 등에는 점토로 말아 만든 고사리무늬의 돌기가 달려 있다.

● 수레바퀴 모양 토기
(보물 제637호)

무덤에 부장하는 명기(明器) 용도로 제작된 것 같다. 토기에 부착된 수레바퀴는 함께 묻혔던 사람의 영혼을 저승세계로 운반하는 의미를 가진 것으로 추정된다.

● 기마인물형 토기
(국보 제275호)

● 기마인물형 토기

가야의 기마인물형 토기는 장식적인 면모가 그릇의 기능성을 압도하는 편이어서, 말 등에 부착된 1쌍의 뿔잔을 용기(容器)로 사용하기는 불편하다. 말은 말투구[馬冑]와 말갑옷[馬甲]으로 완전무장 하고 있으며, 개마인물(鎧馬人物)은 고정립(高頂笠)을 쓰고 목 부위에 목가리개[頸甲], 상체에 판갑(板甲)옷을 착용한 채 방패를 들고 있다.

이 기마인물형 토기는 가야의 토기로서는 뛰어난 솜씨를 보여주는 특별한 예로서, 경주 금령총(金鈴塚) 출토의 기마인물형 토기와 쌍벽을 이루고 있는 걸작이다.

● 뿔 모양 잔

굽받침 위에 말이 서 있고, 말 등에 긴 뿔 모양의 잔이 붙어 있다. 각배(角杯)라고도 불리는 이런 유물은 중앙아시아 민족과의 교류관계를 보여준다.

● 고령 금관(국보 제138호)

● 가야의 금관과 금동관

가야의 금관과 금동관은 현재까지 고령 지산동 고분군, 합천 옥전 고분군 등 대가야 지역을 중심으로 확인되고 있다. 가야의 관은 인접한 신라와 백제의 영향을 받아 신라나 백제의 관과 유사한 형태도 있지만, 가야의 독창성을 잘 보여주는 대표적인 금관으로는 고령 금관(국보 제138호), 일본 동경박물관에 소장되어 있는 오구라(小倉) 컬렉션이 있다.

고령 금관은 대가야 전성기의 금속공예 문화 수준을 잘 보여주는 명품이다. 신라의 금관처럼 도식적이지 않으며, 풀잎 모양의 장식을 자연스럽게 표현하고 있다.

금동관 가운데 고령 지산동 32호분 출토품은 가야 문화를 대표하는 작품이며, 제작 의장(意匠)에서 가야 금관과 공통하는 면모를 보여준다. 이 금동관은 초화형(草花形)의 세움장식[立飾]이 특징이며, 신라의 금동관에 비한다면 세움장식의 형태나 장식이 간략하다.

● 고령 지산동 32호분의 가야 금동관

● 판갑옷과 투구

삼국 시대에 신라와 가야를 중심으로 제철기술이 아주 발달하게 되는데, 그 결과 이전의 유기질제(가죽이나 나무 혹은 동물의 뼈) 갑옷은 철제로 바뀌게 된다. 이런 철제 갑옷은 여러 장의 조그만 철판을 엮어 만든 '비늘갑옷[札甲]'과 큰 철판 20~30매를 이어서 만든 '판갑옷[板甲]'으로 크게 나눌 수 있다.

● 고령 지산동 고분군 출토 갑옷

비늘갑옷은 고구려 고분벽화에서 자주 볼 수 있듯이 북방 기마 전사들이 주로 입던 것으로, 금속 조각을 물고기 비늘처럼 붙여 만든 중국계 갑옷인 어린갑(魚鱗甲)과 구별된다.

초기 신라와 가야에서는 북방계 비늘갑옷뿐만 아니라 판갑옷이라는 독특한 형태의 갑옷도 함께 나타난다. 특히 가야 지방에서 많이 발견되는 판갑옷은 가야무사의 상징이기도 하다.

비늘갑옷은 조그만 철판을 가죽끈으로 엮어 만들기 때문에 착용자의 움직임이 자유로운 데 비해, 판갑옷은 이보다 큰 철판들을 대개 못으로 고정하기 때문에 움직임이 무척 불편하다. 이 때문에 판갑옷은 기병(騎兵)이 아닌 보병(步兵)의 갑옷으로 추정되고 있다.

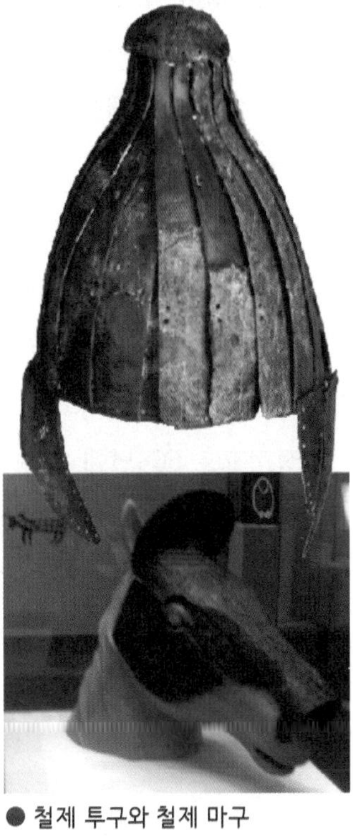

● 철제 투구와 철제 마구

통일신라

《삼국사기》의 신라 정통 사관의 영향과 현대의 남북분단으로 인해, 남쪽이 정통이라는 의미로 이 시기를 통일신라 시대라고 부르기도 하였다. 그러나 신라의 세력권은 실질적으로 대동강 이남 지역에 한정되어(굉장히 작은 영토를 가진 것처럼 표현되곤 하는데, 신라 자체가 한반도 남부의 소국이었음을 생각하면 이 정도도 괄목한 것이다. 게다가 따지고 보면 대한민국의 실질적 영토보다도 크다.) 고구려와 통합했다고 보기 힘들며, 정작 북방은 고구려 계승의식을 가진 발해가 차지하고 있다. 그래서 요즘에는 조선의 실학자 유득공의 《발해고(渤海考)》에 따라, 이 시대를 남북국 시대라고도 부른다.

■ 통일신라 명칭 논란

백제와 고구려 · 신라만 하더라도 당장 삼국 시대에 역사상으로도 이미 존재했던 국호이다. 백제는 기록에서도 百濟 · 伯濟로 표기됐으며, 다른 사료에서도 십제(十濟)가 기록되어 있는 것을 확인할 수 있다. 고구려는 高句麗 · 高句驪(고구려) · 高麗(고려) · 句驢(구려) 등으로 사료에 기록되어 있으며, 신라는 서라벌(徐羅伐) · 사로(斯盧) · 사라(斯羅) · 신라(新羅) 등으로 불렸으며, 같은 국호를 한자로 음차하는 과정에서 각각 다르게 표기되었다는 것이 정설이다. 탈해 이사금 시기에는 계림(鷄林)을 국호로 정하기도 했다.

결정적으로 504년에 지증왕이 신라를 공식적인 국호로 정했다. 어쨌거나 이후 신라는 국호를 바꾸지 않았으므로, '통일신라'라는 명칭은 사실 후대 사람들이 신라를 평가하고 호칭한 것이다. 후대인들이 시대 구분을 위해 연속성 있는 나라를 임의로 잘라 새로운 호칭으로 부른다는 점에서 로마 제국과 비잔틴 제국의 관계와도 비슷하다.

● 통일신라 시기의 청동제 사리장엄구

■ 통일신라의 정치

통일 직후(신라 중대)에는 신문왕의 대대적인 공신 숙청을 거치며 여러모로 왕권이 강력했으나, 국가의 재정비 및 절대왕권 확립 과정에서 귀족들의 반발이 일어나 절대왕권이 오래 이어지지 못했다. 이후(신라 하대)에는 너도나도 왕위를 노리고 반란을 일으키면서 차츰 혼돈 국면으로 변해 가지만, 그럼에도 신라는 바로 무너지지 않았다.

오히려 반란을 진압하고 나서 일부 지역에 면세의 혜택을 줄 만큼 역량도 충분했고, 그런 위기를 기회로 삼아 다시 과거의 영광을 재현할 수도 있었다. 그러나 골품제를 끝까지 내버려 둬서인지, 아니면 천년의 한계를 극복할 수 없었는지 그 영광은 다시 돌아오지 못하였다. 결국 890년경에 이르면, 일개 지방의 독립 선언도 못 막고 세금도 못 걷을 만큼 궁색한 지경에 이르렀다.

그 이후 935년에 마지막 왕인 경순왕 김부가 왕건에게 나라를 바치는 것으로 그 왕조의 문을 닫는다. 이러한 신라 하대의 상황은 제국이 된 이후의 로마 역사와 매우 닮아서 비상한 연구 대상이 된다.

하지만 국가체제는 더욱 확고해졌고, 모든 지역의 종교를 국가가 주관하는 등 한민족으로서의 인식이 자리잡혀 가기 시작한 것도 이때부터다.

국가체제에 대해 더 설명하자면, 당시 동아시아 각지에는 당나라의 새로운 행정체계인 율령제가 퍼져 나가고 있었다. 율령제는 신라에도 영향을 주긴 했으나, 견당사(遣唐使)를 통해 급격히 중국화한 일본이나 당의 행정체계를 거의 본뜨다시피 한 북쪽의 발해 등과 비교해 볼 때, 신라는 당이 성립되기 훨씬 전부터 구축해 놓은 통치체계를 꾸준히 계승하고 있었다.

● 인면문 원와당(얼굴무늬 수막새)
신라의 미소로 일컬어지는 얼굴무늬 수막새는 다른 무늬들과 달리, 사람의 얼굴을 대상으로 하였다는 점이 특이하다. 삼국 중 통일을 이룬 신라인의 여유를 느끼게 한다.

■ 통일신라의 영토

통일신라에 대한 평가는 고구려의 방대한 영토를 상실했다는 이유로 폄하되기 일쑤다. 하지만 사실 이건 '상실'이라고만 보기 어려운 것이, 고구려 영토는 발해가 고스란히 계승해 간 데다, 농경을 중심으로 했던 신라는 척박한 대동강 이북의 땅이 그다지 필요 없었고 결정적으로 백제 땅만을 노렸기 때문이다. 즉 백제와는 역사 내내 경쟁으로 엮인 관계였으나, 고구려에 대해서는 평범한 관계의 다른 나라로 보았다. 게다가 고구려는 당나라를, 신라는 백제를 상대해야 했기 때문에 남북 간에 대규모 충돌을 벌일 만한 여력도 없었다.

백제와의 전쟁에서는 백성들을 거의 총동원하다시피 하여 맞섰지만, 백제 멸망 후 고구려와의 전쟁에는 매우 소극적으로 나선 것도 한 예다. 결국 고구려를 멸망시킨 직접적인 주체는 당나라였다. 실제로도 백제 멸망 후에 백제의 유민들은 신라의 통치에 격렬한 저항을 했고 그 대가로 대우가 훨씬 박해졌지만, 고구려의 유민들은 오히려 신라군과 연합하여 당나라의 안동도호부(安東都護府)와 전쟁을 치렀다.

● 통일신라의 영토

고구려 유민들이 신라와 연합하여 싸우게 된 것은 정치적 이유도 있지만, 삼국시대 당시 서로 간에 쌓인 온갖 감정이 달랐을 가능성이 높다. 신라의 입장에서는 고구려와의 분쟁이 비교적 적은 편이었고 심지어 고구려를 자기들의 어려움을 도와줄 협력 대상으로 생각했을 정도지만, 백제와의 관계는 고구려에 비해 훨씬 더 치열했던 것이다.

백제의 경우는, 성왕이 554년의 관산성 전투에서 노비 출신 무사에게 목이 잘리고 그 잘린 머리가 신라의 궁궐 계단 아래 가매장당하는 수모를 당했다. 또한 백제 입장에서는 고구려의 약화를 틈타 왕실의 숙원이던 한성 지역 수복을 이루는 듯하였으나, 충청도 지역 기반 귀족세력의 비협조와 역량 부족으로 철수하는 바람에, 한강 유역을 고스란히 신라 진흥왕에게 갖다 바친 격이 되니 분노가 하늘을 찔렀다.

신라 입장에서는, 숙원인 소백산맥 이남 지역의 통합을 위해 가야를 도모하는 과정에서 이를 방해하기 위해 사사건건 군대를 가야에 파견하는 등 방해공작을 펴온 백제와 성왕이 눈엣가시였을 수밖에 없었다. 또한 신라에서는 백제군이 서라벌 바로 근처까지 쳐들어올 정도로 격렬하게 싸웠을 뿐 아니라, 무열왕 김춘추의 딸이 처참하게 죽음을 당하는 일도 있었다[642년의 대야성 전투 당시 성주 김품석의 부인이 김춘추의 장녀 고타소였는데, 백제군에 의해 살해됨]. 이 증오가 얼마나 깊었냐면, 훗날 백제가 신라에 항복하는 자리에서 신라의 태자 김법민(뒷날의 문무왕)이 백제의 왕자 부여융에게 매섭게 채찍질하고 침을 뱉기까지 하였다.

새로이 편입한 옛 고구려 땅에 대해서는 9주 5소경 중 고구려 멸망 전의 영토를 삭주(朔州) · 명주(溟州)로, 고구려 멸망 후의 영토를 한주(漢州)로 이름하여 복속시켰다. 고구려 수도였던 평양의 경우, 초기에는 당이 안동도호부를 세워 차지하다가 나 · 당 전쟁 때 신라가 고구려 유민과 함께 축출시켜 편입하기도 했고, 뒤에는 발해의 관할로 들어간 듯한데, 그럼에도 이들 남북국에서 평양 일원은 변방으로 취급되어 그 중요성이 퇴색되었다. 신라도 옛 고구려의 수도인 평양 지역의 지배력을 공고히 하고자 2정을 설치하는 등 노력을 기울였지만, 이 지역은 수도 경주로부터 멀리 떨어진 한계가 있어 말갈족 등 이민족들이 기승을 부리게 되었다.

신문왕

문무왕이 겨우 삼국통일을 완수했지만, 신라의 내치는 아직 불안정했다. 오랜 전쟁으로 전쟁 영웅인 공신계층이 너무 많았고, 외교 활동도 일관되지 못했다. 옛 고구려계 · 백제계 유민들은 신라의 체제에 완전히 편입되지 않았으며, 국토는 삼국통일 전쟁이란 오랜 전란으로 피폐해진 상태였다. 제31대 신문왕(神文王)은 그가 해야 할 시대적 과제를 잘 알고 있었고, 그것을 위해 전제 왕권을 강화하고 제도를 정비해 통일신라의 기반을 다져놓았다.

■ 즉위 이전의 신문왕

태어난 시기는 명확하지 않다. 그러나 문무왕이 681년에 56세로 사망했고 신문왕은 문무왕의 장남이라는 점으로 볼 때, 즉위 시점을 대략 30대 중반으로 추정한다면 640년대 중반, 즉 선덕여왕 치세(632년~647년)쯤에 출생한 것으로 추정된다. 그리 보면 백제 멸망 때에는 10대 중반이었고, 고구려 멸망 ~ 나 · 당 전쟁 때에는 20대쯤 되었을 것이다.

그런데 아버지 문무왕이 태자 시절에 전장에 자주 나섰던 것과 달리, 신문왕은 665년 8월 태자에 책봉된 것 외에는 즉위 전까지 별다른 활약상이 없다. 남아 있는 기록이 부실한 탓일 수도 있고, 정치가 아닌 전쟁에는 그다지 소질이 없었거나 아버지 문무왕이 굳이 전쟁터에 보내지 않았을 수도 있다. 아무튼 즉위 이전까지는 상당히 시끄러운 시대에 청년기를 보냈음에도 별달리 신문왕의 이름으로 기록된 사건은 거의 없다.

● 문무대왕릉(文武大王陵)
삼국통일을 이룩한 문무왕은 자신의 시신을 불교식으로 화장하여 유골을 동해에 묻으면, 용이 되어 왜구의 침입을 막겠다는 유언을 남겼다. 이에 따라 해중왕릉(海中王陵)으로 장사를 치렀는데, 해중왕릉은 세계적으로 유례가 없다.

■ 즉위와 숙청 작업

아버지 문무왕의 장례를 마친 지 1개월 뒤인 681년 8월, 신문왕은 삼국통일 전쟁 때 김유신 휘하에서 종군하며 많은 공을 세운 김군관(金軍官)을 상대등에서 해임해 병부령으로 강등시켰고, 대신 각간 진복(眞福)을 상대등에 임명한다. 김군관은 백제와 고구려 공격은 물론 나・당 전쟁 때도 종군한 백전 노장이었는데, 그를 이렇게 강등시킨 것은 통일전쟁을 통해 비대해진 무관 진골 세력을 견제하기 위한 조치라는 해석이 우세하다.

이윽고 그 달에 바로 장인 김흠돌(金欽突)의 모반사건이 있었다(김흠돌의 난). 김흠돌 역시 김군관처럼 삼국통일 전쟁에 상당한 군공을 세웠으며, 자신의 딸을 당시 태자였던 신문왕에게 시집보낼 정도로 상당한 위세를 자랑했던 것으로 보인다. 그러나 신문왕은 즉위하자마자 막강한 권력을 지녔던 김흠돌을 견제하고 전제왕권을 확립하고자 하였고, 김흠돌이 모반사건을 일으키자 그것을 계기 삼아 상대등을 비롯한 상당수의 귀족들을 숙청하였다.

그리고 왕비였던 김흠돌의 딸도 아비의 모반죄에 엮어 궁에서 쫓아내 버렸고, 일길찬 김흠운의 딸 신목왕후(神穆王后)를 후처로 들였다. 신문왕의 후계자인 제32대 효소왕과 제33대 성덕왕은 모두 그녀의 소생이다.

● 감은사지 3층 석탑
문무왕의 아들인 신문왕은 대왕의 뒤를 이어 절을 완공하고 부왕의 은혜에 감사한다는 뜻으로 감은사(感恩寺)로 명명했고, 용을 본 바닷가 언덕에 이견대(利見臺)를 지었다. 그리고 해룡이 된 대왕이 드나들도록 금당의 계단 아래에 동쪽으로 구멍을 뚫었다. 당시 감은사 아래까지 바닷물이 드나들었다고 한다. 토함산 골짜기에서 흘러내린 대종천이 감은사 앞에서 강폭을 넓혀 밀물 때에는 바닷물이 역류하여 감은사까지 흘러들었다.

■ 신문왕의 개혁

신문왕은 숙청 외에도 전제왕권 확립을 위해 여러 가지 조치를 단행하였다. 우선 682년 국학(國學)을 확립해서 국학의 경(卿) 1인을 설치하였다. 본래 국학은 진덕여왕 재위기인 651년에 설치되었지만 그 당시엔 좀 미비된 상태였고, 신문왕이 경을 설치하면서 국학의 위상을 높이려고 했다고 볼 수 있다.

683년에는 보덕국왕 안승(安勝)을 소판(蘇判: 소판은 신라 17관등 가운데 셋째 등급 잡찬의 다른 이름. 진골만 오를 수 있는 관등이므로, 고구려 왕가 출신 안승을 진골 골품으로 대우해 주었음을 알 수 있다.)으로 삼고 김씨 성을 하사했으며, 고구려인으로 구성된 황금서당(黃衿誓幢)과 말갈인으로 구성된 흑금서당(黑衿誓幢)을 설치했다. 이로써 통일신라의 '9서당(왕경을 지키는 핵심적 군단)' 중 6서당이 존재하게 되었다.

그러나 684년에는 보덕국(報德國)에 사는 고구려 유민들의 대대적 저항이 일어났다. 안승의 조카인 대문(大文)이 금마저(金馬渚: 지금의 익산)에서 거병하려다가 실패해서 죽음을 당하자, 이에 격분한 보덕국인들이 관리들을 죽이고 들고일어나는 사태가 벌어진 것이다. 신문왕은 이를 진압하기 위해 토벌군을 보냈고, 토벌군도 많은 피해를 감수하면서 이 난을 진압했다.

이때 바로 1년 전에 만들어진 황금서당 부대도 파견되었는데, 보덕국인들도 황금서당도 다 같은 고구려계라 동족상잔이 벌어지게 되었다. 황금서당 소속 고구려인들은 충성을 증명하기 위해서라도 동포들과 처절하게 싸워야 했다. 이 전투에서 황금서당의 지휘관 중 하나인 김영윤이 전사했는데, 그는 김유신의 동생 김흠순의 손자였다. 신문왕은 난을 진압한 후 보덕국 유민들을 남쪽의 주나 군현으로 옮겼고, 금마저는 이때 이르러 금마군으로 행정단위에 편입되었다.

■ 신문왕의 대당 관계

당나라와는 나 · 당 전쟁 이후 오랫동안 형식적인 조공조차 보내지 않으면서 교류가 끊긴 상태였는데, 686년 당나라에 사신을 파견해 유교 경전인 《예기(禮記)》와 문장을 요청했다. 이에 당시 당의 실권자 측천무후가 여러 유교적 예법과 유교 경전의 글을 정리해 50권의 책으로 만들어, 신라에 보내주었다.

이는 나 · 당 전쟁 이후 신라와 당의 실질적인 첫 교섭인데, 《예기》 전체가 아니라 일부만 발췌해서 보내준 것은 아직 나 · 당 관계가 미묘했다는 것을 보여준다.

● **측천무후(則天武后)**
중국에서 여성으로 유일하게 황제가 되었던 인물. 당나라 고종(高宗)의 황후였지만, 690년에 예종을 폐위시키고 자신이 직접 황제가 되었다. 나라 이름을 '대주(大周)'라 하고, 수도를 장안에서 신도(神都)라 이름을 바꾼 뤄양[洛陽]으로 옮겨 15년 동안 중국을 통치하였다.

692년 봄에 당나라에서 무열왕의 묘호인 태종(太宗)에 대해 시비를 걸고 묘호를 쓰지 말라고 압박을 주었지만, 당시 전제적인 왕권을 확립하려던 신문왕은 이에 답사를 보내 완곡히 거절했다.

답사의 요지는 '무열왕 역시 덕이 있고 어진 신하 김유신을 얻어 삼한일통(三韓一統)의 대업을 이루었으니, 태종이라는 묘호를 받을 자격이 충분하다'는 것이었다.

이렇듯 신라는 태종 묘호를 취소하지 않고 버텨서 끝내 관철시켰으니, 신라 역시 나 · 당 전쟁에서 당군을 격퇴한 후 자신감이 붙어 당나라에 대해 당당한 외교적 자세를 유지했고 자국의 정통성을 지키려 했다고 볼 수 있다.

■ 신문왕과 만파식적

신문왕은 즉위 후 아버지 문무왕을 위하여 동해와 가까운 곳에 감은사(感恩寺)를 지었다. 신문왕 2년(682년)에 해관(海官)이 '동해안의 작은 산이 감은사를 향하여 온다'고 하여 일관에게 점을 쳐보게 하매, '해룡이 된 문무왕과 천신이 된 김유신이 수성(守城)의 보배를 주려고 하니, 나가서 받으라 하였다'는 것이었다.

이에 이견대(利見臺)에 가서 보니, 바다 위에 떠오른 거북 머리 같은 섬에 대나무가 있었는데, 낮에는 둘로 나뉘고 밤에는 하나로 합쳐졌다. 풍우가 일어난 지 9일이 지나 왕이 그 산에 들어가니, 용이 '그 대나무로 피리를 만들면 천하가 태평해질 것'이라 하여 그것을 가지고 나와 피리를 만들어 보관하였다.

이때 나타난 용에게 왕이 대나무의 이치를 물으니, 용은 "비유하건대, 한 손으로는 어느 소리도 낼 수 없지만 두 손이 마주치면 능히 소리가 나는지라, 이 대도 역시 합한 후에야 소리가 나는 것이요… 또한 대왕은 이 성음(聲音)의 이치로 천하의 큰 보배를 얻을 것이오."라고 예언하고 사라졌다. 왕이 곧 이 대나무를 베어서 피리를 만들어 부니, 나라의 모든 걱정 · 근심이 해결되었다 한다.

만파식적은 효소왕 때 분실했다가 다시 찾고 또 이적을 많이 보여 만만파파식적(萬萬波波息笛)으로 이름을 고쳤다고 하며, 원성왕 때 일본이 만파식적을 노려서 왕이 더 깊은 곳에 숨기도록 명한 이후 행방을 알 수 없게 되었다고 한다.

● **만파식적(萬波息笛)**
만파식적의 설화에는 신라가 삼국통일 이후, 흩어져 있던 백제 · 고구려 유민들의 민심을 통합해 나라의 안정을 꾀하려 했던 호국사상이 담겨 있다.

경덕왕

제33대 성덕왕(聖德王)의 셋째 아들이며, 어머니는 소덕왕후(炤德王后)이다. 34대인 효성왕(孝成王)의 동복아우이다. 효성왕이 아들 없이 사망하자 제35대 왕으로 즉위했다. 왕비는 이찬 김순정(金順貞)의 딸이었는데, 743년(경덕왕 2년) 다시 서불한(舒弗邯) 김의충(金義忠)의 딸을 왕비로 맞이하였다. 경덕왕(景德王)은 당나라에 상당한 조공을 바쳤으며, 제도 · 지명 · 관직 등을 당나라 식으로 개편하는 한화 정책(漢化政策)을 펼쳤고, 당나라와 교역을 활발히 하여 산업발전에 힘써서 신라의 전성시대를 이루었다.

■ 경덕왕의 한화 정책

경덕왕 시대에 펼쳐진 한화(漢化) 정책은 말 그대로 중국화 정책이다. 757년 9주 및 군현의 지명을 모두 당나라 식으로 바꾸어 한자화했고, 759년 중앙 관직명도 한자화했다. 집사부 중시를 시중으로, 국학을 태학으로 바꿔 부르는 등 꽤나 많이 바꾸었다. 이때 처음 시도되었던 지명 한화 정책은 고려 시대에 본격적으로 실시되어, 현재까지 내려오는 한자어 지명의 기초가 되었다.

현재 신라를 비판하는 이들은 이 정책에 의해 우리 고유의 문화가 사라졌다고 하지만, 혜공왕(惠恭王) 때 귀족들의 반발로 도로 원상복귀 된 경우도 있고, 안 바뀐 지명 또한 훈독으로 읽혔다고 여겨진다. 이를테면 이런 것이다.

곰나루라는 도시가 있었다. 한화 정책의 일환으로 이름이 바뀌기 전까지는 웅진(熊津)이라고 표기하고 '곰나루'라고 불렀다.

이 지역의 이름은 '웅주'로 개편된다. 하지만 이를 웅주라고 읽지 않고, 熊을 훈인 '곰'으로 읽어 곰주라고 불렀다.

● **곰나루 전경**
공주 지역의 곰나루는 신라 경덕왕의 한화 정책으로 웅진이라 개명하여 불렀다.

■ 경덕왕 대의 사회와 문화

국력이 강대했고, 이때 실질적으로 신라는 옛 고구려 남부의 패서로 진출하게 되었다. 그 이전의 황해도는 나 · 당 전쟁 승리로 성덕왕 시대에 당나라로부터 영유권을 인정받은 뒤 느슨한 형태로 고구려 계통의 토호들을 통해 간접 지배하고 있었는데, 경덕왕 시대에 들어 여러 성을 새로 쌓고 많은 군현을 설치했다. 외교 관계도 무난하게 잘 유지되었던 시대였다. 하지만 그의 치세는 신라의 전성기의 마지막 시대이자 쇠망기로 접어들기 시작하는 시대였다.

■ 석굴암과 불국사 창건

한편, 경덕왕 대는 성덕대왕신종의 제작이 진행된 시기이기도 했으나 이는 계속 실패했고, 다음 왕인 혜공왕 재위 때인 771년 완성되었다. 하지만 그 외에도 754년 황룡사 종(皇龍寺鐘)을 주조하였고, 석굴암(石窟庵)의 축조를 비롯하여 불국사(佛國寺) · 굴불사(掘佛寺) 등을 창건하였으며, 각 사찰을 고쳐 짓고 탑 · 불상의 제작에 힘쓰는 등 불교 문화의 발전에 크게 공헌했다.

● 석굴암

● 석굴암 내부

통일신라 때의 전제왕권은 성덕왕 대부터 수립되기 시작하여 효성왕~경덕왕 초기에 극성기를 맞았는데, 화엄종과 같은 종파불교가 전제왕권의 이념적 기반이 되어주었다. 그리고 이때의 경주는 국제도시로 변모하였고, 당 · 인도 · 페르시아 문화가 직접적으로 수입될 수 있었다.

석굴암 본존불은 이상적 사실주의

에 바탕한 육감적인 관능성을 보여준다. 불상의 표정은 자비롭다기보다는 왕을 연상케 하듯 근엄하고 덩치가 크며 남성적인 느낌이 흐른다. 그 이유는 앞에 서술한 전제왕권 강화와 맥락을 같이한다. 경덕왕의 얼굴이 모델이라는 이야기도 있다.

● 불국사

정확한 건축 연대에 대한 논란이 있지만 〈불국사고금창기(佛國寺古今創記)〉라는 기록에 의하면, 법흥왕 15년(528년)에 법흥왕의 모친인 영제부인(迎帝夫人, 또는 연제부인)이 새 사찰을 짓고 싶은 소원을 가져 불국사를 처음 지었다.

이후 진흥왕 35년(574년)에 진흥왕의 모친인 지소태후(只召太后)가 크게 개창했으며, 이때 아미타여래상과 비로자나불을 조성해 봉안했다. 문무왕 10년(670년)에는 무설전(無說殿)을 건설해 화엄경을 강의하고, 경덕왕 10년(751년)에 그 유명한 김대성(金大城)이 크게 중수하면서 청운교 · 백운교 · 석가탑 · 다보탑 등을 건설했다는 것이 〈불국사고금창기〉의 기록이다.

● 불국사(佛國寺)
불국사는 신라 경덕왕 10년(751년)에 완공된 유서 깊은 사찰이다. 법화경에 근거한 석가모니불의 사바세계, 무량수경에 근거한 아미타불의 극락세계, 화엄경에 근거한 비로자나불의 연화장세계를 각각 형상화한 독특한 특징을 가지고 있다.

● 성덕대왕신종(聖德大王神鐘)

통일신라 전제왕권의 전성기를 이룩한 제33대 성덕왕의 공을 기리고자 제35대 경덕왕이 왕권 강화 정책의 일환으로 만들기 시작했다. 그러나 완성되기 이전에 경덕왕은 죽었고, 그의 아들이자 성덕왕의 손자인 제36대 혜공왕이 재위하던 771년에야 주조가 끝난다. 이러한 사실은 성덕대왕신종 표면에 새겨진 명문을 통해 알 수 있다.

봉덕사(奉德寺)에 달아 봉덕사 종이라고도 하고, '에밀레' 하고 울린다 해서 에밀레종이라고도 한다. 에밀레종에 대한 전설은 특히 유명하다.

성덕대왕신종을 만들기 위해 돈을 시주받았는데, 시주하러 다니던 스님이 들른 어떤 한 집은 찢어지게 가난했다. 그 집에서는 "마음 같아서는 시주를 하고 싶지만, 있는 건 갓난아기뿐이네요."라고 아기라도 시주받아 가겠냐는 투로 말했다. 스님은 이 말을 그냥 흘려듣고 다른 곳으로 떠나, 열심히 시주를 받아 종 주조에 보탰다.

그런데 종이 도무지 완성되질 않아 점을 쳐보니, '받아올 시주를 받아오지 않았다'라는 게 아닌가? 살펴보니 아기를 시주하겠다던 집밖에 안 남기에, 그 아기를 받아야 한다는 결론을 내렸다. 그래서 스님은 아기를 시주한다던 그 집을 찾아가 결국 아기를 강제로 데려왔고, 아기를 쇳물에 던진 뒤에야 종이 무사히 완성되었다. 이후 종은 어미를 그리워하는 아기의 소리처럼 '에밀레' 하고 울렸다고 한다.

● 성덕대왕신종

신라의 미술

신라의 미술은 초기에는 고구려의 영향을 받았으나, 뒤에는 백제의 영향을 강하게 받았다. 뿐만 아니라 중국의 6조(六朝) · 수(隋) · 당(唐) 등 중국 문화와 멀리 인도 등의 남방 문화까지 받아들임으로써 패기 있고 섬세한 양식으로 발전하였고, 통일 후에는 보다 화려하고 세련된 면을 보여준다.

■ 신라의 고분

신라의 미술 문화를 대표하는 것으로는 경주 시내에 분포하고 있는 돌무지덧널무덤[積石木槨墳]과 이곳에 부장된 금은 장신구, 칠기, 무구, 마구, 유리기, 토기 등의 부장품을 꼽을 수 있다.

돌무지덧널무덤은 지하나 지상에 덧널을 짜 넣고 그 속에 널과 부장품을 안치한 후 덧널의 상부에 돌을 쌓고 그 위에 봉토를 씌우는 특이한 구조로, 고구려나 백제 · 가야와는 다른 독특한 형식이다. 대표적인 무덤으로 금관총(金冠塚) · 금령총(金鈴塚) · 서봉총(瑞鳳塚) · 식리총 · 천마총(天馬塚) · 황남대총(皇南大塚) 등이 있다.

● 천마총 주변의 신라 왕릉

■ 신라의 건축

기록에 의하면 신라는 처음 금성(金城)에 도읍하였다고 하나, 지금 알 수 있는 것은 월성(月城)뿐이다. 월성은 반달 모양의 성으로서 성벽은 언덕 위의 지면을 까고 돌과 흙을 섞어 쌓았다. 경주에는 고신라 시대의 절터가 많이 남아 있다. 신라에서 불교가 공인된 6세기 초에 가장 먼저 건축된 사찰은 흥륜사(興輪寺) · 영흥사(永興寺) 등이다. 그 뒤를 이어 황룡사(皇龍寺) · 분황사(芬皇寺) · 영묘사(靈廟寺) · 삼랑사(三郎寺) 등의 사찰이 창건되었다. 흥륜사는 경주 안의 7개 큰 절의 하나로, 기록에 의하면 544년(진흥왕 5년)에 완공되었다고 한다.

● 통일신라 제31대~제51대 왕의 연표

	제31대 신문왕(681~692)
682년	국학을 세움.
	제32대 효소왕(692~702)
698년	대조영, 진(발해) 건국.
	제33대 성덕왕(702~737)
	제34대 효성왕(737~742)
	제35대 경덕왕(742~765)
751년	불국사와 석굴암을 세움.
	제36대 혜공왕(765~780)
	제37대 선덕왕(780~785)
	제38대 원성왕(785~798)
	제39대 소성왕(798~800)
	제40대 애장왕(800~809)
809년	김언승, 애장왕 살해함.
	제41대 헌덕왕(809~826)
822년	웅천주 도독 김헌창의 반란.
825년	김범문의 반란.
	제42대 흥덕왕(826~836)
828년	장보고, 청해진 설치.
834년	백관의 복색 제도를 공포함.
	제43대 희강왕(836~838)
	제44대 민애왕(838~839)
	제45대 신무왕(839~839)
	제46대 문성왕(839~857)
846년	장보고, 자객에게 피살됨.
	제47대 헌안왕(857~861)
	제48대 경문왕(861~875)
	제49대 헌강왕(875~886)
	제50대 정강왕(886~887)
	제51대 진성여왕(887~897)

■ 신라의 불상

통일 이전의 불상으로 현재 남아 있는 것은 분황사 탑에 조각된 8구의 인왕상(仁王像), 남산 삼화령(三花嶺) 삼존존상, 단석산(斷石山) 신선사(神仙寺) 석굴의 마애불상 등 모두 석불이다. 그러나 국적을 분명히 알 수 없는 두 불상, 즉 탑형이 새겨진 높은 보관을 쓴 금동미륵반가상(국보 78호)과 얕은 삼산관[三山冠, 일명 삼화관(三花冠)]을 쓴 금동미륵반가상(국보 제83호)을 신라의 것으로 보는 견해가 유력하다.

통일기의 불상도 대부분 전해지지 않으나, 김지성의 발원(發願)으로 조성한 감산사(甘山寺)의 아미타불상과 미륵보살상은 중국 · 인도 불상의 영향을 받았으면서도 신라의 독자성이 잘 나타나 있는 걸작이다. 이는 굴불사(堀佛寺) 사면석불을 거쳐 석굴암의 불상에 이르러 그 최고 수준에 도달하였다.

● 금동미륵반가상(국보 제78호)

■ 신라의 탑

불탑은 불교 건축에서 매우 중요한 위치를 차지하고 있다. 원래 삼국통일 이전에는 목탑이 많이 만들어졌는데, 통일기에 들어와서는 석탑이 유행하게 되었다.

현재 통일 이전 불탑의 모습은 분황사의 모전탑(模塼塔)에서 찾을 수 있다. 이는 석재를 전형(塼形: 벽돌형)으로 잘라서 전축(塼築)의 수법으로 축조했으며, 탑의 구조 자체는 목조건물의 양식을 본떴다.

통일기에 들어오면 대체로 기단부가 넓고 높아지며, 탑신은 각층이 일정한 체감률을 가지고 조성되어 균형 잡힌 방형 3층탑이 만들어졌다. 대표적인 것으로는 경덕왕 때에 건립된 불국사 석가탑을 비롯해 감은사터 삼층석탑, 고선사(高仙寺)터 삼층석탑, 원원사(遠願寺)터 삼층석탑, 갈항사(葛項寺)터 삼층석탑 등이 있다.

한편, 특수한 형태의 뛰어난 석탑으로는 불국사 석가탑(본래의 명칭은 무구정광탑), 같은 해에 만들어진 불국사 다보탑, 역시 이와 비슷한 시기에 건립된 화엄사(華嚴寺) 사자탑이 있다. 이 밖에 독자적인 형식의 것으로 월성(月城) 정혜사(淨惠寺)터 십삼층석탑을 들 수 있다.

● 통일신라 제51대~제55대 왕의 연표

888년	향가집 《삼대목》 편찬.
	제52대 효공왕(897~912)
900년	견훤, 후백제 건국.
901년	궁예, 후고구려 건국.
	제53대 신덕왕(912~917)
918년	왕건, 고려 건국.
	제54대 경명왕(917~924)
	제55대 경애왕(924~927)
926년	발해, 거란에게 멸망.
	제56대 경순왕(927~935)
935년	신라 멸망.

● 불국사의 다보탑

● 불국사의 석가탑

흥덕왕

809년에 동복형 헌덕왕(憲德王)과 함께 정변을 일으켜 조카인 애장왕(哀莊王)을 죽이고 제41대 헌덕왕을 지지하여 이찬이 되었고, 819년 2월 다른 동복형제인 상대등 김숭빈(金崇斌)이 사망하자 상대등에 임명되었다. 헌덕왕에게는 김장렴(金張廉)과 김헌장(金憲章) 등의 왕자들이 있었고 이들을 당나라에 입조시킨 기록도 전해지나, 헌덕왕은 822년 봄 정월, 후사가 없음을 이유로 동생 수종을 태자로 책봉하였다. 826년 10월, 헌덕왕이 죽자 제42대 왕으로 즉위하였다. 흥덕왕(興德王)은 청해진(淸海鎭)과 당성진(唐城鎭)을 설치하여 해적의 침탈을 막았고, 안으로는 백성들의 사치를 법으로 규제하였다.

■ 흥덕왕의 치적

흥덕왕은 애장왕-헌덕왕으로 이어지는 왕권 강화 정책을 지속적으로 펼쳤으며, 828년에 장보고(張保皐)로 하여금 완도에 청해진을 설치하게 하여 당시 복잡했던 국제 정세에 대응하는 자세를 보였다.

흥덕왕은 제38대 원성왕(元聖王)이 시도했던 전통적인 전략을 이어받아, 왕족 측근 중용을 통한 권력 집중 그리고 신흥 계급의 수용을 통한 왕권 강화를 추구했다. 그에 따라 아우 김충공을 상대등에 임명하고, 숙부인 예영의 아들 김헌정과 김균정을 중용하였다. 그러나 왕권 강화를 위한 이 왕족 우대 전략은 왕족들의 왕위 갈등을 불러오게 되어, 그가 자식이 없이 죽자 왕위 다툼이 벌어지는 계기가 되었다. 결국 흥덕왕의 사촌동생인 상대등 김균정은 죽고, 흥덕왕의 조카인 김제륭이 왕위에 올라 제43대 희강왕(僖康王)이 되었다.

흥덕왕 대에도 전왕 대부터 이어진 천재지변의 연속으로 백성들의 삶은 도탄에 빠졌다. 그나마 형보다 나았던 것이 흥덕왕은 음식 수를 줄이고 죄수를 사면하는 등 고난을 백성과 함께하는 모습이라도 보여주었으며, 또한 남쪽 지역을 순행하면서 백성들을 위무하고 직접 구휼 활동에 나서는 등 민생을 살핀 것이다. 그런데 이 무렵에 의식주나 생활용품을 골품제에 따라 규제하겠다는 법령도 내렸는데, 이는 신라 사회에 많은 문제를 일으키던 골품제를 결과적으로 고착화시켜 버렸다.

흥덕왕 3년(828년)에 우리나라에서 차가 재배되었다는 기록이 있다. 그 이전부터 차가 재배되었을 수도 있으나, 기록상으로 남아 있는 것은 최초이다. 다만, 차를 마셨다는 기록은 일찍이 선덕여왕 대에도 있었다.

■ 애처가 흥덕왕

흥덕왕은 애처가로 소문났다. 왕비는 소성왕의 딸인 장화부인(章和夫人, 시호는 정목왕후)이었는데, 흥덕왕이 즉위한 지 2개월 후에 죽어 왕을 크게 상심시켰다. 주위에서 신하들이 새 왕비를 들일 것을 권했지만, 왕은 "외짝 새에게도 제 짝을 잃은 슬픔이 있거늘, 하물며 훌륭한 배필을 잃었는데 어떻게 무정하게도 금방 다시 장가를 든다는 말인가?"라고 말하며 이를 거절하였다.

박씨 성의 후궁이 있기는 했으되 별로 가까이하지 않았고, 궁중의 여성들을 건드리는 일도 없었으며, 왕의 주변에는 단지 내시들만 있었다고 한다. 결국 왕은 사후에 정목왕후(定穆王后)의 능에 합장되었다.

● **흥덕왕릉(興德王陵)**
신라 역대 왕릉 중에서 규모가 크고 형식이 완전히 갖추어진 대표적 왕릉이다. 《삼국사기》와 《삼국유사》에 따르면 왕비와 합장한 것으로 되어 있어, 봉분(封墳)의 규모가 비교적 크다.

해상왕 장보고

장보고(張保皐)는 일찍이 당나라로 건너가 장수로 활약하다가 본국인 신라로 돌아온 후 청해진 대사가 되어, 당시 한 · 중 · 일 사이의 바다를 지배하며 엄청난 부와 권력을 틀어쥐었다. 그 힘은 실로 막강하여 비록 지방 호족이라고는 하나 중앙의 왕실에까지 그 영향력이 미칠 정도였으며, 그야말로 희대의 영웅이라 할 만한 인물이다. 흔히 그를 일컬을 때면 '해상왕(海上王)'이라는 표현이 붙곤 한다. 물론 이는 당시 신라인들이 아니라 현대 한국인들이 붙여준 별명이지만, 한때 동아시아 해상에서 그가 지녔던 영향력을 생각하면 그리 틀린 말도 아니다.

■ 당나라에서의 활동

장보고는 신라의 호족 출신으로 뛰어난 창술 등으로 이름이 높았지만, 신라 사회의 골품제라는 폐쇄적인 신분 제도로 인해서 장군이 될 수 없다는 사실에 분노한다. 그러다가 자신의 스승으로부터 '당나라로 가서 벼슬을 하면 크게 성공할 수 있다'는 말을 듣고, 모험임을 알면서도 동료인 정년(鄭年)과 함께 당나라로 떠난다.

당시 당나라에는 신라방(新羅坊)이라는 집단 거류지가 형성돼 있었고, 장보고도 신라방을 거점으로 활동한다. 스승의 말대로 당나라는 이민족이더라도 능력과 실력이 뛰어나면 무엇이든지 다 할 수 있는 곳이었다.

무예에 소질이 있는 장보고는 중국에서 당나라 군대에 입대해, 서주 무령군의 소장으로 출세한다. 무령군은 고구려 유민 출신 평로절도사 이정기(李正己) 세력을 정벌하려고 만든 부대였는데, 이정기 세력은 당시 허난 성과 허베이 성을 연결하는 산동성 지역을 장악해 강력한 지방 군벌로 성장한 상태였다. 장보고는 무령군 소장 신분으로, 이정기의 손자 이사도(李師道)가 이끄는 평로치청 번진(平盧淄靑藩鎭) 진압에 참전했다(818년 7월~819년 2월).

■ 신라에서의 활동

장보고는 당의 군직에 몸담고 있던 중에도 상업에 뛰어들어 꽤 성공한 것으로 보인다. 이후 당나라 해적에게 잡혀 중국에서 팔려가는 신라인을 보고 뜻한 바 있어 고국으로 돌아온다.

신라로 돌아온 뒤 제42대 흥덕왕에게 "중국이 우리나라 사람들을 자꾸 잡아가 노비로 삼으니, 저에게 군사 1만을 내주시면 제가 중국 해적들을 막겠습니다."고 하며 완도에 청해진(淸海鎭)을 설치했고, 이를 기점으로 상권을 장악했다.

해로 안전 확보를 위해 해적 소탕에도 열을 올려 《삼국사기》에서는 장보고의 활약으로 신라인 노예 매매가 사라졌다고 기록하고 있고, 청해진은 사실상 당대 최고의 해상 무력집단으로 발전했다.

당시 일본 최고의 승려로 꼽히던 엔닌(圓仁)이 불경을 구하기 위해 당나라로 무사히 갈 수 있도록 장보고에게 보호를 부탁했으며, 산동 반도에는 적산법화원(赤山法華院)이라는 절을 세워 신라 · 일본 등의 승려가 머물렀다고 한다. 또한 엔닌은 〈입당구법순례행기(入唐求法巡禮行記)〉라는 여행기에 장보고의 도움을 기록했다. 덕분에 활을 든 장보고 영정이 지금도 일본 교토 히에이 산 적산선원에 있다. 장보고는 행적과 명성이 한 · 중 · 일을 넘나들어, 당시 동아시아 세계에서는 매우 국제적인 인물이었다.

● **장보고(張保皐)**
신라의 무장으로, 청해진을 설치하여 당나라와 신라 · 일본을 잇는 해상무역을 주도하였다.

● 장보고의 청해진

흥덕왕이 재위 11년 만에 죽고, 그 후의 왕위 다툼에서 김제륭(희강왕)에게 패하고 피살된 김균정의 아들 김우징이 청해진으로 피신해 오자 장보고는 그를 숨겨주었다. 그러나 김제륭도 재위 3년 만인 838년 김명이 일으킨 정변으로 피살되고 김명(민애왕)이 스스로 즉위하자, 예전 김균정의 편에 섰다가 패하고 달아난 김양(金陽)이 군사를 모아 청해진으로 찾아와서 김우징을 만나고 장보고에게 도움을 청했다.

이때 김우징은 장보고에게 "나를 도와준다면, 내가 왕위에 오른 뒤 당신의 딸을 왕비로 삼겠다."는 약속을 했고, 이에 동의한 장보고는 친구 정년에게 청해진의 군사 5천을 내주어 김양과 함께 왕경(王京)으로 진격하게 했다. 김양과 정년이 이끄는 청해진 군사는 무주(지금의 광주)와 대구를 거쳐 왕경에 입성, 왕경군을 격퇴한 뒤 민애왕을 죽이고 김우징(신무왕)을 추대한다.

이 공으로 장보고는 감의군사(感義軍使)의 직책과 식읍 2천 호를 하사받았다. 신무왕이 죽고 문성왕이 즉위한 뒤에는 진해장군(鎭海將軍)에 임명되었으며, 문성왕 2년(840년) 일본에 무역 사절을 파견하고 당에도 견당매물사(遣唐買物使)를 보내는 등 삼각무역을 실시했다. 이후 장보고가 확대된 영향력을 바탕으로 예전처럼 군사반란에 힘을 보태지 않을까 두려움을 느낀 조정은 장보고의 휘하였던 염장(閻長)을 사주해 그를 암살해 버렸다. 문성왕 13년(851년) 신라 조정은 청해진을 없애고, 그곳 주민을 벽골군(碧骨郡: 전북 김제)으로 옮겼다.

● 청해진 유적(내성문)

발해

발해(渤海: 698년~926년)는 대조영(大祚榮)이 고구려를 계승하여 건국한 국가이다. 고구려가 멸망한 지 약 30년 뒤 당의 지배력이 약화되자, 698년 만주와 연해주 일대의 고구려 유민과 속말말갈(粟末靺鞨) 세력을 기반으로 대조영이 동모산(東牟山: 길림성 돈화시) 부근에서 건국하였다. 발해의 건국으로 비로소 남북국 시대가 열렸는데, 남국은 신라, 북국은 발해를 지칭한다. 발해는 이후 228년간 한반도 북부와 만주 및 연해주에 걸친 지역에서 존속하였다. 수도는 발해 성왕 이후로 상경 용천부(上京龍泉府)였다. 발해는 초기에 진국(振國 또는 震國)이라고도 불렸으며, 해동성국(海東盛國)이나 고려라고 일컬어지기도 했다.

■ 발해의 건국 과정

668년 신라와 연합하여 고구려를 멸망시킨 당나라는 평양에 안동도호부(安東都護府)를 설치하고 대동강 이북과 요동 지방의 고구려 땅을 지배하였다. 고구려 유민은 요동 지방을 중심으로 당에 대한 저항을 계속하였다. 이에 당나라는 고구려 유민 2만 8천여 가호를 중국 땅으로 강제 이주시켰는데, 이때 걸걸중상(乞乞仲象: 대조영의 아버지)과 대조영 부자도 고구려 유력층으로 분류되어 영주(營州)로 끌려가게 되었다.

● 대조영(大祚榮)
고구려 유민들을 결집하는 대조영을 묘사한 발해 대조영 기념우표이다.

당시 영주는 당나라가 북동방의 이민족을 제어하기 위해 전진기지로 운영한 전략 도시였다. 이곳에는 고구려 유민을 비롯하여 말갈인 · 거란인 등 다수 민족이 집결되어 있었다. 이들은 당나라의 힘이 약화되면 언제든지 반란을 일으킬 수 있는 상태였다. 696년 5월 마침내 거란인 이진충(李盡忠)과 손만영(孫萬榮)이 영주도독(營州都督) 조홰(趙翽)의 통치에 불만을 품고 반란을 일으켰다.

이 틈을 타서 고구려 장군 출신인 걸걸중상(대중상)과 그의 아들 대조영은 고구려 유민 · 말갈인과 함께 영주를 빠져나와, 전쟁의 피해를 거의 받지 않았던 만주 동부 지역으로 이동하였다. 이동 도중 걸걸중상이 죽자 그가 이끌던 무리를 대조영이 인수받았다. 대조영은 이해고(李楷固)가 이끄는 당나라 추격군을 천문령(天門嶺) 전투에서 크게 무찌른 뒤, 만주 동부 지방에 남아 있던 고구려 유민과 말갈인을 규합하여, 698년 길림성 돈화시 부근의 동모산(東牟山) 기슭에 진국(振國 또는 震國)을 세웠다.

● 발해 대조영 기념우표

당나라는 발해의 건국이 기정사실이 되고, 요서 지역에 대한 돌궐(突厥) · 거란 · 해(奚) 등의 압력으로 요하 유역과 만주 일대에 대한 지배가 사실상 어려워지자, 705년 사신을 보내 발해의 건국을 인정하였다.

713년에는 대조영에게 발해군왕(渤海郡王)이라는 봉작을 수여하였지만, 대조영은 발해를 자주국으로 건설하기 위해 이를 거부했다. 돌궐과 일본, 신라 등도 이후 발해를 자주국으로 인정하게 된다.

● 동모산(東牟山)
동모산은 처음에 발해의 영토였지만, 발해가 멸망한 뒤부터 중국의 영토가 되었다. 지금의 중화인민공화국 지린 성 옌볜 조선족 자치주 둔화 시에 위치한다.

■ 발해의 성장

고왕(高王) 대조영의 뒤를 이은 무왕 대무예(大武藝)는 인안(仁安)이라는 연호를 사용하였고, 영토 확장에 힘을 기울여 동북방의 여러 말갈족들을 복속시키고 만주 북부 일대를 장악하였다. 그리고 지방세력을 약화시키고 왕권을 강화하기 위해 수도를 동모산에서 중경 현덕부(中京顯德府)로 옮겼다. 이러한 발해의 급속한 세력 확대는 주변 나라들을 긴장시켰다. 가령 당나라는 발해 동북쪽의 흑수말갈(黑水靺鞨)과 연합하여 대응해 나갔다.

흑수말갈과 당의 연합에 반발한 무왕은 동생 대문예(大門藝)에게 군대를 이끌고 흑수말갈을 공격하도록 하였으나, 대문예는 왕의 명령을 거부하고 당에 망명하였다. 이 때문에 당과 발해는 대문예의 송환 문제를 둘러싼 외교 분쟁을 수차례 일으켰다. 이러한 와중에 732년 가을 거란족이 사신을 보내와 당나라를 함께 칠 것을 제안하자, 그해 9월 무왕은 장군 장문휴(張文休)에게 수군을 이끌고 당나라를 공격하게 했다. 장문휴의 수군은 산동의 등주(登州)를 급습하여 순식간에 점령하였고, 등주자사 위준(韋俊)을 살해하였다.

이듬해에는 요서의 마도산(馬都山)에서, 발해의 후원을 받은 거란 · 돌궐군이 당군을 크게 무찌르기도 했다.

737년 무왕이 죽자 대흠무(大欽茂)가 3대 문왕(文王)으로 즉위하여 대흥(大興) · 보력(寶曆)이란 연호를 사용하였다. 문왕 시기에도 영토 확장은 계속되어, 동북방면의 말갈을 복속시켜 그곳에 부(府)를 설치하였다.

● 발해 왕궁터

■ 발해의 발전

문왕은 당나라와 친선 관계를 맺고 당나라의 선진 문물을 받아들이면서, 내부의 국가체제를 정비하는 데 주력하였다.

우선 756년 수도를 중경 현덕부에서 상경으로 옮겼다. 이곳은 만주에 살고 있는 여러 세력의 주된 이동로이자 물자 교류의 중심지였으며, 농사를 짓기에도 한층 수월한 지역이었다. 발해의 수도가 상경으로 옮겨진 이후에는 농업이 급속도로 발전하였고, 인구도 크게 늘었다.

● 대조영 영정

발해는 당의 문물도 수용하여 3성(三省)과 6부(六部) 제도를 실시하는 한편, 지방에도 경부(京府)·주(州)·현(縣)으로 구성된 3단계의 통치체계를 갖추었다. 또 상경을 중심으로 주요 교통로를 마련하고, 국내외 각지를 연결하는 대외 무역에 힘을 더 쏟았다.

발해는 문왕 때부터 당나라와 친선 관계를 맺었고, 신라와도 상설 교통로를 개설하여 종래의 대립 관계를 해소시키려고 노력하였다. 동시에 돌궐 및 일본 등과도 친선 관계를 맺으면서, 당나라와 신라를 견제하는 정책을 추진하였다. 이러한 발전을 토대로 발해는 대외적으로 국력을 과시하였고, 762년 당나라는 문왕에게 한 등급 높은 작위인 발해국공(渤海國公)을 수여하였다.

한편 문왕의 말년에 수도를 일시적으로 동경 용원부(東京龍原府)로 천도한 적도 있으나, 5대 성왕(成王) 때 다시 상경 용천부가 발해의 수도가 되었다. 상경 용천부는 당나라 수도인 장안성(長安城)을 모방하여 정비한 도시였다.

793년 문왕이 죽은 이후 대원의(大元義) · 성왕(成王) · 강왕(康王) · 정왕(定王) · 희왕(僖王) · 간왕(簡王)이 차례로 왕위를 계승하였으나 국력은 지도층의 내분으로 점점 약화되었다.

9세기 전반, 대조영의 동생인 대야발(大野勃)의 4대손, 대인수(大仁秀)가 선왕(宣王)으로 즉위하였다. 선왕은 발해의 중흥기를 연 왕이었다. 그의 치세 동안 당은 발해의 융성함을 일컬어 해동성국(海東盛國)이라 불렀다.

발해는 선왕 시기에 흑수말갈을 비롯한 대부분의 말갈족을 복속시켰다. 또 요동 지방에 대한 당의 지배가 약해진 틈을 타서 요하 유역을 기습적으로 점령하고, 그곳에 목저주(木底州) · 현토주(玄菟州)를 잠시 동안 설치하여 운영하기도 하였다. 선왕의 대외정복을 바탕으로 발해는 최대의 판도를 형성하였다.

또한 정치적으로도 5경(京) 15부(府) 62주(州)의 지방제도가 완비되었다. 지방에는 주 밑에 여러 개의 현을 두었고, 부 중에서도 특히 중요한 5개의 부에는 경을 두었다. 5경은 당시 발해의 정치 · 경제 · 문화의 중심지였다.

● **글씨가 있는 불비상(佛碑像)**
발해의 수도였던 상경과 동경의 절터에서는 고구려의 양식을 계승한 여러 불상이 발굴되었다. 발해는 고구려의 전통을 이어받아, 소박하면서도 힘차고 생동감 있는 문화를 꽃피웠다.

발해의 문화

발해의 문화는 고도의 당 문화를 수용하고, 고구려 문화의 전통을 계승함으로써 독특한 문화로 창조되었다. 발해 문화는 유학과 한문학, 종교, 미술과 공예, 음악과 무용 등으로 크게 분류해 볼 수 있다. 발해는 고구려인이 주축이 되면서 말갈인과 연합하여 건국한 나라이므로, 건국 초기에는 고구려 문화가 중심을 이루면서 기층의 말갈 문화와 융합된 양상을 띠고 있었다. 물론 발해 건국세력이 당나라에서 생활하였던 경험이 있기 때문에 당나라 요소도 일부 목격되고 있다. 그렇지만 발해가 국가체제를 정비해 갈 때에 당나라 제도를 모태로 삼게 되자, 발해 사회에 당나라 문화가 깊숙이 침투되는 계기가 되었다. 이에 따라 발해 문화에는 당나라 요소가 다른 어느 문화 요소보다도 큰 비중을 차지하게 되었다. 발해는 초기부터 유학생을 당나라에 파견하였고, 3대 문왕 때에는 문치(文治)정책을 추진하면서 유학이 주요한 사상적 기반으로 자리잡게 되었다.

● 용머리 석상
옛 발해의 영역이었던 중국 흑룡강성 지역에 남아 있다.

■ 발해의 문학

발해에도 한자를 이용해 자국어를 기록하는 방법이 있었다고 추정할 수 있다. 《구당서》에서 발해에는 "자못 문자 및 서기(書記)가 있다."라고 한 말이 그 증거이며, 한자를 이용해서 독자적인 문자를 만들어 쓴 것이 거의 확실시되나 아직 해독되지 못했다. 발해 집터를 발굴했을 때 출토된 기와 등에 문자가 발견되었고, 또한 중국 사료에는 당 현종 시절 발해가 보낸 외교문서를 당 조정이 해독하지 못해 골머리를 앓다가 이태백이 겨우 해독해 냈다는 기록도 있다.

발해 문인 중 오늘날까지 작품이 남아 전하는 경우는, 일본에 사신으로 가서 지은 시가 일본 문헌에 수록되어 있는 것들이다. 일본에 간 발해 문인들은 자리잡기 시작한 일본 한문학에 상당한 자극과 영향을 미쳤다. 양태사, 왕효렴, 배구, 배정 등의 시가 남아 있다.

사신의 일행에 동참한 승려들의 시도 몇 편이 남아 있다.

발해 문학 작품이 국내에 남은 것은 2편의 비문(碑文)뿐인데, 〈정혜(貞惠)공주 묘비〉와 〈정효(貞孝)공주 묘비〉이다. 이 비문은 변려문의 형식을 갖췄으며, 감각과 표현을 최대한 세련되게 하는 등 귀족 문학의 기풍을 잘 보여주는 뛰어난 작품이다.

■ 융합된 문화

발해는 고구려 문화의 토대 위에서 당의 문화를 수용한 데다 말갈인의 토착 문화도 융화시켜, 이를 바탕으로 발해만의 독자적인 문화를 발전시킴으로써 다채로운 모습을 보여주었다.

발해의 수도 상경은 당의 수도 장안을 본떠 건설하였는데, 외성과 내성, 주작대로(朱雀大路)를 갖추었으며 그 안에 궁궐과 절을 세웠다. 궁궐터에서 발견된 온돌 장치, 절터에서 나온 벽돌과 기와 무늬는 고구려의 영향을 받아 소박하고 힘찬 모습을 하고 있다.

● 연꽃무늬 수막새

● 발해 제1대~제15대 왕의 연표

	제1대 고왕(698~719)
699년	동모산에 성을 쌓은 후 나라를 세움.
713년	대조영, 당으로부터 '발해군왕' 이라는 칭호를 받음.
	제2대 무왕(719~737)
727년	일본에 첫 사신을 보냄.
732년	장문휴를 보내 당나라 공격.
	제3대 문왕(737~793)
755년	수도를 상경 용천부로 천도.
785년	수도를 동경 용원부로 옮김.
	제4대 대원의(793~793)
	제5대 성왕(793~794)
794년	수도를 상경 용천부로 다시 천도.
	제6대 강왕(794~809)
795년	당나라, 일본 등과 교류.
	제7대 정왕(809~812)
	제8대 희왕(812~817)
814년	당나라에 불상을 보냄.
	제9대 간왕(817~818)
	제10대 선왕(818~830)
818년 ~830년	행정구역을 5경 15부 62주로 개편. 학문과 기술을 발달시켜 전성기를 구가하여 '해동성국'이라 일컬어짐.
	제11대 대이진(830~857)
	제12대 대건황(857~871)
	제13대 대현석(871~894)
	제14대 대위해(894~906)
897년	발해와 신라의 '윗자리 다툼 사건' 발생.
	제15대 대인선(906~926)
926년	거란에 발해 멸망.

● 정효공주 무덤 벽화
이 고분은 발해의 제3대 왕인 문왕의 딸 정효(貞孝)공주의 석관묘이다. 고구려 수산리 벽화 무덤 등 고구려 벽화에서 발휘된 전통적인 화법을 계승, 발전시킨 것이다. 무덤 안에는 12인의 인물이 채색되어 있다.

무덤을 보더라도 고구려와 당의 영향을 엿볼 수 있다. 정혜공주의 묘는 굴식 돌방무덤 양식으로, 고구려 고분에서 보이는 모줄임천장 구조를 갖추고 있다. 이보다 늦게 만들어진 정효공주 묘는 벽돌무덤으로 당과 고구려 양식이 혼합되어 있는데, 내부의 벽화는 당에서 유행하던 화풍으로 그려져 있다. 한편, 발해 초기의 흙무덤과 출토 유물을 통해 말갈의 전통도 알 수 있다.

발해에서도 통일신라와 당과 마찬가지로 불교가 성행하여, 주요 도시에 절을 세웠다. 수도 상경에서는 무려 10여 개의 대규모 절터가 발견되었고, 상경과 동경의 절터에서는 많은 불상이 나왔으며, 탑과 석등도 볼 수 있다. 탑은 당의 양식을 따라 벽돌로 만들었으며, 그중엔 무덤 위에 세운 것도 있어 발해만의 특색을 보여준다. 절에 세운 석등 중에는 높이가 6m가 넘는 웅장한 석등도 있어 발해인의 힘찬 기상을 느낄 수 있다.

■ 중앙의 정치 조직

중앙의 정치조직은 3성(三省)과 6부(六部)를 근간으로 편성하였다. 정당성의 장관인 대내상이 국정을 총괄하였고, 그 아래에 있는 좌사정이 충 · 인 · 의 3부를, 우사정이 지 · 예 · 신 3부를 각각 나누어 관할하는 이원적인 통치체제를 구성하였다. 3성 6부 밑에는 5감(五監) · 9시(九寺) 등의 기구를 두었다. 당나라의 제도를 수용하였지만 그 명칭과 운영은 고구려의 전통을 살려서 발해의 독자성을 유지하였다. 이 밖에도 관리들의 비리를 감찰하는 중정대, 서적 관리를 맡은 문적원, 중앙의 최고교육기관인 주자감(胄子監) 등이 있었다.

■ 발해의 지방 조직

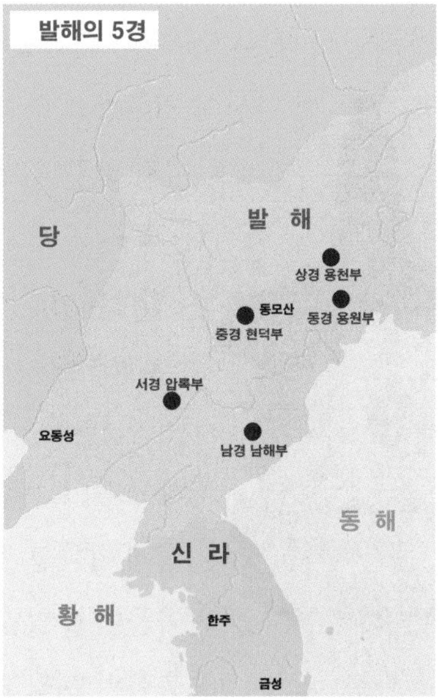

발해의 지방 조직은 5경, 15부, 62주로 조직되었다. 전략적 요충지에는 5경을 두었는데(오늘날의 광역시에 해당), 국도(國都)인 상경(上京)과 중경(中京) · 동경(東京) · 남경(南京) · 서경(西京)을 가리킨다. 상경은 당의 장안성(長安城)을 모델로 하여 외성(外城) · 내성(內城)을 두고 시가지를 바둑판같이 구획하였다. 지방행정의 중심인 15부에는 도독을 두어 지방 행정을 총괄하게 하였다. 부 아래에는 62주를 설치하여 자사를 파견하고, 그 아래 다시 현을 두고 현승을 파견하였다. 지방행정의 말단인 촌락은 주로 말갈족으로 구성되었으며, 촌장을 매개로 지배하였다. 최근 러시아의 연해주에서는 발해의 것으로 추정되는 성터가 발굴되면서, 연해주가 발해에 속해 있었음을 증명하게 되었다.

■ 고구려 계승의식

발해는 고구려가 멸망한 지 30년 만에 건국된 데다, 영토의 대부분이 옛 고구려 땅이었다. 또한 발해의 귀족 및 지배계층은 대다수가 고구려 유민 출신이었다. 그래서 발해는 스스로 일본에 보낸 국서 등에서도 ‘고(구)려국왕’을 자처하고 있었다. 무왕은 일본에 보내는 국서를 통하여 “고구려 옛 땅을 수복하고 부여의 풍속을 이어받았다”라고 주장하며, 고구려 계승의식을 분명히 하였다. 문왕 역시 스스로를 고려국왕 대흠무라 자칭하였다.

■ 사회 및 주민 구성

발해 사회의 구성원으로는 고구려인과 말갈인이 있었다. 이들 말갈인은 고구려 전성기 때부터 고구려에 편입된 종족이며, 발해 건국 후에는 피지배층이 되어 자신이 거주하는 촌락의 우두머리가 되어 국가 행정을 보조하였다. 발해를 마치 말갈의 왕조처럼 간주하는 경우도 있으나, 발해는 어디까지나 고구려인들이 중심이 되어 세워진 왕조였다.

발해의 지식인은 당나라에 유학하여 그곳에서 빈공진사과(賓貢進士科; ‘빈공진사’는 외국 학생에게 시험을 치르게 하여 예비 관리인 진사를 준다는 뜻으로, 현기과와 비교하여 ‘빈공과’라고도 함)에 응시하고, 때로는 신라 사람과 수석을 다투기도 하였다.

이렇게 발해는 상층 사회를 중심으로 당나라의 제도와 문화를 받아들이고 있었지만, 하층 촌락민들은 고구려나 말갈 사회의 전통적인 생활모습을 오랫동안 유지하고 있었다.

● 발해 석등
이 석등은 옛 발해의 영역이었던 중국 흑룡강성 지역에 남아 있다.

■ 발해의 경제

발해의 귀족들은 대토지를 소유하였으며, 무역을 통하여 당나라의 비단 · 서적 등을 수입하여 화려한 생활을 하였다.

발해는 9세기에 이르러 사회가 안정되면서 농업, 수공업, 상업이 발달하였다. 농업에서는 기후 조건의 한계로 콩, 조, 보리, 기장 등을 재배하는 밭농사가 중심이었다. 목축이나 수렵도 발달하여 돼지, 말, 소, 양 등을 길렀는데, 특히 솔빈부(率賓府)의 말은 주요한 수출품이 되었다.

모피, 녹용, 사향 등도 많이 생산되어 수출하였다. 어업도 발달하여 고기잡이 도구가 개량되었고 송어, 문어, 대게, 고래 등 다양한 어종을 잡았다. 수공업은 철 · 구리 · 금은 등 금속 가공업과 삼베 · 명주 · 비단 등의 직물업, 도자기업 등 다양한 분야에서 발달하였다.

세금으로는 조세, 공물, 부역 등이 있었다. 발해는 당나라, 신라, 거란, 일본 등과 무역하였다. 이때 사신과 더불어 상인들이 동행하여 무역하였다.

■ 발해의 교육

문왕 때 학문 연구 기관인 주자감을 세웠으며, 관리들을 학습시킬 수 있도록 서적원이라는 기관을 만들었다. 주자감에서는 귀족 자제에게 유교 경전을 교육하였다.

유학생 중에는 당나라의 빈공과에 급제하는 사람이 나오기도 하였고, 이거정 등은 당에서 유학하고 돌아와 유교 지식인으로 활동하였다. 근래에 발견된 정혜공주 묘지와 정효공주 묘지가 세련된 4 · 6 변려체로 쓰여 있는 점으로 보아, 발해에서는 한문을 능숙하게 구사하고 있었음을 알 수 있다. 몇 편의 한시가 현재 전하는데, 양태사나 왕효렴의 작품이 유명하다.

■ 발해의 외교

● 대당 관계

발해와 당나라의 관계는 처음에 별로 좋지 않았다. 그러나 당나라와의 외교관계가 피할 수 없는 과제라 여긴 발해는 결국 713년에 당나라와 외교관계를 수립하였다. 이때부터 당나라와 무역 · 외교관계가 왕성해지기 시작했다. 732년 당의 말갈 편입 시도에 대해 발해가 등주 공격으로 대응하여 서로 외교관계가 악화되었으나, 문왕 대에 이르러 문화적 교류가 활발히 진행됨에 따라 양국 간의 관계는 회복되었다. 발해는 당나라로부터 문방구와 옷감, 도자기 등을 수입하고, 당은 발해로부터 모피와 가죽, 그리고 여러 가지 산림자원을 수입했다.

● 대신라 관계

처음에 발해와 신라의 관계는 국제 정세 및 신라의 대당 관계에 따라 달라졌다. 대조영은 신라에 사절을 보내 우호관계를 맺을 것을 희망하였고, 신라는 이에 고왕(대조영)에게 대아찬직을 수여하여 화답하였다.

한편, 신라는 발해가 자국의 영토를 침입하지 않을까 우려하기도 했다. 신라 성덕왕(聖德王)이 721년에 국경지대에 설치한 북경장성(北境長城)은 발해의 공격에 대비한 것이었다.

732년 등주를 공격당한 당나라는 발해에 대한 보복전을 개시하였는데, 이 전쟁에 신라를 개입시키고자 하였다. 신라는 이에 응하기는 했으나, 실질적인 군사 도움을 주었는지는 미지수이다. 이 전투로 신라와 발해의 관계는 애초보다 더욱 소원해졌다.

그러나 문왕 대에 이르러, 발해는 국가체제를 정비하는 과정에서 신라와의 교류가 절실했고, 신라도 발해와의 관계 개선이 필요하게 되었다. 양국은 신라도와 북해통(北海通)이라는 두 국제도로를 이용해 사신을 교환하며, 외교적 교류를 비롯한 다양한 교류를 이어갔다.

● **대일본 관계**

727년 발해가 일본에 개국을 알리기 위한 사신을 파견하는 것으로 두 나라의 관계가 시작되었다. 발해와 일본의 관계는 초기에는 신라를 견제하기 위한 정치적인 성격이 강했으나, 후일에는 문화적 교류와 상업적 목적도 추가되었다. 발해는 일본에 사신을 보낼 때 고려국왕이라는 호칭을 쓰며, 자국이 고구려를 계승한 국가임을 알렸다. 일본 역시 발해를 고구려 계승 국가로 인정하며, 견발해사를 자주 파견했다.

743년 일본과 신라는 국교를 단절하였다. 이후 발해와 일본의 관계는 더욱 가까워진다. 일본은 후지와라 정권 때 신라 침공 계획을 세웠는데, 발해의 협조를 얻기 위해 발해에 사신을 더 많이 파견하기도 했다. 일본과 발해는 발해 멸망 직전까지 우호적인 관계를 유지하였다.

● 발해 영광탑(靈光塔)

■ 발해의 멸망

선왕이 재위 12년 만인 830년에 죽은 뒤, 약 100여 년간에 걸친 발해 후기 역사에 대해서는 뚜렷한 기록이 남아 있지 않다. 일부 학자는 10세기 초쯤에 분화한 백두산의 화산 폭발이 발해의 멸망 원인 중 하나라고 보고 있으며, 몇몇 학자들은 발해 귀족들의 지도층 내분을 발해 멸망의 원인으로 꼽는다.

916년 거란의 야율아보기(耶律阿保機: 872년~ 926년, 재위 : 907년~ 926년)는 부족을 통일하고 요(遼)나라를 세워 초대 황제가 되었다. 그는 중원 지방으로 진출하려고 노력하였고, 발해를 배후 근거지로 인식하여 그곳을 공략하고자 하였다.

925년 음력 12월 말에 야율아보기는 군대를 이끌고 발해를 공격하였고, 발해는 요나라의 침입을 효과적으로 방어할 수 없었다. 결국 발해는 보름여 만인 926년 3월 1일(음력 1월 15일)에 멸망하였다.

후삼국 시대

후삼국 시대(後三國時代: 892년 ~ 936년)는 남북국 시대의 신라와 발해가 병립(竝立)하고 있을 때로, 892년 비장 견훤(甄萱, 진훤)이 서남부의 무진주(현 광주)를 점령한 후 개국공(開國公)을 칭한 후부터 936년 고려의 왕건(王建)이 신라와 후백제를 통일하기까지의 시기를 가리킨다. 또는 후백제의 견훤이 처음 왕을 선포한 900년을 기점으로 삼기도 한다. 앞서 고구려 · 백제 · 신라가 서로 대립하던 시기를 삼국 시대라고 칭하고 있으므로, 삼국 시대와 구분하기 위해 이 시기를 후삼국 시대라 부른다. 그리고 발해를 포함해 후사국 시대라 하기도 한다.

■ 진성여왕의 사치와 향락

신라는 제51대 진성여왕(眞聖女王) 때에 이르러 사회가 매우 혼탁해졌다. 소행이 좋지 못하고 음란하기 그지없었던 진성여왕은 색욕에 빠져 수많은 미소년들을 징집하여 처소로 불러들인 뒤 향락을 즐기는 데에만 주력하여 나랏일을 제대로 돌보려 하지 않았다. 그 때문에 여왕의 연인들이나 여왕에게 아첨하는 간신들의 무리가 권력을 장악하여 상벌이 함부로 행해지고, 뇌물이 난무하고, 관직을 매수하는 등 조정의 기강이 무너지기 시작했다.

이렇듯 왕실과 조정의 권위가 땅에 떨어지자 자연스레 지방에 대한 통제력도 상실되어 가는 데다가, 여왕의 심한 낭비로 국고가 텅텅 비어 각 지방의 호족들을 닦달하여 세금 납세를 독촉하기까지 하였다. 그러자 민심은 점차 흉흉해져 여기저기서 도적과 민란이 숱하게 일어나게 되었다. 그 기회를 놓치지 않고 지방의 호족들은 각자 독자적 세력을 키우는 데 전념하였다. 조정에서는 그들을 도적이라고 부르며 군대를 파견해 진압하려 했으나, 번번이 실패하고 말았다.

● 진성여왕 복식 재현

그 뒤로 조정의 힘은 겨우 수도인 서라벌 주변에 한정될 정도로 급격히 쇠락해 갔으며, 지방 호족들은 서로 간에 힘겨루기 양상을 보였다. 치열한 싸움 끝에 살아남은 견훤과 궁예(弓裔)가 각자 나라를 세우자 후삼국 시대의 서막이 열렸다.

이렇듯 나라가 분열해 가자 894년에 진성여왕은 최치원(崔致遠)을 아찬으로 임명하여, 그의 조언에 따라 조정을 일신하고자 안간힘을 쓰기 시작했다. 그러던 도중 897년 음력 6월 1일(양력 7월 4일), 병마에 시달리던 진성여왕은 헌강왕의 서자(庶子)인 요를 왕태자로 삼아 왕위를 물려주었다. 그러고는 그해 음력 12월 4일(양력 12월 31일)에 사망하였다.

■ 견훤(진훤)의 세력확장

892년 완산(完山: 전북 전주)의 세력가 견훤(甄萱, 진훤)이 그 주에 근거하여 스스로 후백제(後百濟)라 칭하였는데, 무주(武州: 광주) 동남쪽의 군과 현이 항복하여 소속되었다. 이어 견훤은 서라벌 서남쪽의 주현(州縣)으로 진격하면서, 자신을 '신라 서면도통지휘병마제치지절도독 전무공등주군사 행전주자사 겸 어사중승상주국 한남군개국공'이라 칭하며 의자왕의 원수를 갚겠다 하니, 가는 곳마다 메아리쳐 호응하여 그 무리가 달포 사이에 5천여 명에 달하였다.

● 견훤 영정

● 견훤의 이름에 대한 실체

견훤의 본래 칭호인 진(甄)의 본음은 '견'이나, 중국 삼국시대에 손견(孫堅)의 이름을 피하여 견(堅)을 '진'으로 읽기 시작하면서 견(堅)과 음이 같은 견(甄)도 '진'으로 읽었다. 이는 왕이나 아버지의 이름을 피해 그 글자를 쓰지 않는다는 피휘(避諱)라는 관습에 의한 것으로서, 신라에서도 그 영향을 받았던 것으로 보인다. 따라서 '진훤'으로 쓰는 것이 옳다고 여겨지나, 여기에서는 일반적으로 사용하는 예에 따라 견훤으로 적었다.

■ 궁예의 세력확장

891년에 죽주(竹州: 경기도 안성)의 기훤(箕萱)의 부하가 되었다가 멸시를 받자 빠져나와, 892년에 북원(北原: 강원도 원주)의 양길(梁吉)의 부하가 되었다. 양길의 신임을 받은 궁예는 군사를 거느리고 주천(酒泉:지금의 예천)·내성(奈城:지금의 영월)·어진(지금의 울진) 등을 공략하여 항복받았다.

894년 10월에 명주(溟州: 지금의 강릉)를 점령하면서 강릉 지역까지 수중에 넣었다. 그는 여세를 몰아 화천, 철원 등 강원도 대부분의 지역을 점령하기에 이르렀다. 궁예의 세력이 이처럼 급성장하자, 패서지역(예성강 이북 지역) 호족들이 차례로 궁예에게 자진 투항하였다. 이리하여 궁예는 독자적으로 세력을 펼칠 수 있게 되어, 드디어 양길과 결별하고 독립을 선언했다.

이때부터 사실상의 후고구려 건국이다.

896년 7월에는 임진강을 따라 북상하여 당시 송악(松嶽: 지금의 개성)의 호족이었던 왕륭(王隆: 왕건의 아버지)의 투항을 받았다. 궁예는 그의 아들 왕건을 철원군 태수로 임명하였다.

궁예는 왕륭과 왕건 부자의 도움을 얻어 손쉽게 경기 북부지역과 서해안 일대를 손아귀에 넣었다. 그리고 경기지역 호족들의 경제적 지원에 힘입어 충주지역 일대까지 무력으로 병합하였다.

898년 송악을 후고구려의 사실상 수도로 삼고, 왕건으로 하여금 양주와 청주(淸州: 지금의 온양 땅) 등 30여 성을 정벌하도록 하였다.

● 칠현산 칠장사의 궁예 벽화

899년 청주 지방을 점령하여, 소백산맥 이북의 한강 유역 전역을 수중에 넣었다. 궁예는 이 과정에서 공이 많은 왕건에게 신라의 최고 관직인 아찬 벼슬을 주었다.

또 7월에는 북원(北原)의 도적 우두머리 양길(梁吉)이 국원(國原) 등 10여 곳의 성주들과 함께 궁예를 칠 것을 모의하고 군사를 비뇌성(非惱城) 아래로 진군시켰으나, 양길의 군사가 패하여 흩어져 달아났다. 궁예는 양길의 모든 세력들을 흡수하여 더욱 강성해졌다.

900년 10월에 국원(國原), 청주(靑州), 괴양(槐壤)의 도적 우두머리 청길(淸吉)과 신훤(莘萱) 등이 성을 바쳐 궁예에게 항복하였다.

■ 신라의 개혁

개혁이 요구되는 신라에 최치원이 나타났다. 그는 당나라에서 884년 음력 10월 귀국했다. 885년 시독 겸 한림학사(侍讀兼翰林學士), 수병부시랑(守兵部侍郞) 지서서감(知瑞書監)이 되었으나 문란한 국정을 통탄하고 외직(外職)을 자청, 태산(太山 : 지금의 전북 정읍의 태인) 등지의 태수(太守)를 지냈다.

반란군과 호족세력이 난무하는 가운데서 진성여왕은 그래도 인재들에게 개혁안을 올리라고 독촉하였다. 최치원은 894년 진성여왕에게 시무(時務) 10여 조(條)를 상소해서 아찬이 되었다. 그러나 귀족들의 거센 반발에 부딪힌 끝에 관직을 내놓았고, 난세(亂世)를 비관하며 각지를 유랑하다가 가야산 해인사에서 여생을 마쳤다. 이와 함께 신라의 국운도 종말을 향해 달린다.

● 중국 양주의 최치원 동상

하루에 따라잡는 한국사

■ 후삼국의 정립

앞서 신라는 김명(제44대 민애왕)이 희강왕을 죽이고 즉위하였고, 김우징(제45대 신무왕)은 민애왕을 죽이고 즉위하였으며, 신무왕은 왕이 된 지 6개월 만에 병으로 죽는 등 불과 3년 동안에 세 왕이 죽어 나갔다. 제46대 문성왕이 즉위하였을 때는 신라 왕실과 귀족 사회가 극도로 혼란스러웠다. 846년(문성왕 8년)에는 신라 수군 전체를 통괄하는 진해장군 장보고가 염장에게 암살당하는 사건이 일어나, 귀족세력과 평민세력 간의 갈등과 원한을 심화시켰다.

그 뒤 김씨 왕족들이 정권을 잡으려는 욕심, 경문왕 · 헌강왕 · 정강왕 때 왕족들의 연이은 모반 사건은 신라 왕실의 붕괴는 물론이고 통치력 약화를 가져와 농민들의 반란이 일어나게 되었다. 이러한 신라 말기 난세에 견훤과 궁예는 각기 백제와 고구려의 부흥을 부르짖으며 새로운 정권을 수립, 건국하여 신라와 정립(鼎立)하게 되었다. 이를 후삼국 시대라 한다.

900년 견훤은 영토에 대한 지배권을 확실히 하고, 자신의 존재를 명확히 드러내고자 순행을 떠났다. 그가 완산주(전주)에 이르자 주민들이 크게 환영하였다. 완산주에서 견훤은 백제 의자왕의 오래된 울분을 씻겠다는 뜻을 내보였다.

이때 비로소 견훤은 백제왕을 칭하였고, 연호를 정개(正開)라고 정하였으며, 자신이 세운 나라의 제도와 관직을 정비하였으며, 중국 강남의 오월(吳越: 당나라 절도사였던 전유가 907년에 항저우에 세운 나라)에 사신을 보내어 외교 관계를 맺었다.

견훤의 발언에서 당시 백제인들에게 신라가 어떤 의미였는지를 알 수 있다. 백제인들에게 신라는 정통성 있는 지배자가 아니라 정복자였고, 따라서 백제를 재건하고 신라를 쳐 없애 분을 풀어야만 한다는 방식의 사고가 충분히 가능했던 것이다. 나라의 이름을 백제라 칭하였으나, 삼국 시대와 구분지어 후백제라 불린다.

■ 후백제와 후고구려의 세력확장

견훤이 나라를 세우자 궁예는 효공왕 때인 901년에 후고구려(後高句麗)를 건국하였다. 그리고 917년 사벌주(沙伐州: 현 상주시 일대)에서도 박언창(朴彦昌)이 후사벌을 건국하였다.

901년 8월에 후백제 왕 견훤이 대야성을 공격하였으나 견고한 수비를 이겨내지 못하자, 군사를 금성(錦城:현재 나주)의 남쪽으로 옮겨 인근 마을들을 약탈하고 돌아갔다. 그러나 903년에 금성 일대의 10여 군현을 왕건의 수군 기습에 의해 빼앗겼다. 또, 906년에는 상주의 사화진(沙火鎭) 일대에서 왕건과 싸워 패전하였다. 패전을 설욕하기 위해 군사를 재정비한 후백제는 907년 일선군(一善郡) 이남의 10여 성을 모두 되찾았다.

견훤은 몸소 보병과 기병 3천 명을 이끌고 서해의 해상권 회복을 위해 나주성(羅州城)을 에워싸고 열흘이 지나도록 포위를 풀지 않았다. 결국, 궁예가 수군을 내어 그들을 습격하자 견훤이 군사를 이끌고 물러갔다.

왕건 덕에 승승장구하는 궁예는 903년 도읍을 옮기고자 하여 철원(鐵圓)과 부양(斧壤)에 이르러 산수를 두루 살펴보았다.

904년에는 여러 관직을 설치하였는데, 신라의 제도에 의거하였다.

나라 이름을 마진(摩震)이라 하고, 연호를 무태(武泰)라 하였다.

패강도(浿江道)의 10여 주현이 궁예에게 항복하였다.

905년 7월에 궁예가 드디어 철원으로 도읍을 옮겼다. 8월에는 궁예가 군사를 움직여 신라의 변방 고을을 침략하고 약탈하며, 죽령(竹嶺) 동북쪽에까지 이르렀다. 신라 조정은 땅이 날로 줄어드는 것을 듣고 매우 걱정하였으나 힘으로 막을 수가 없어, 여러 성주(城主)들에게 명하여 나가 싸우지 말고 성벽을 굳건히 하여 지키도록 하였다.

● 궁예의 기마상

■ 견훤과 왕건의 전쟁

궁예는 강력한 왕권을 꿈꾸던 사람이었다. 그러나 강한 왕권을 지향하던 궁예의 말에 신하들이 순순히 따를 리 만무했다. 궁예는 고구려계 호족들을 견제하기 위해 청주 호족들을 이용하는 등 여러 왕권 강화정책을 펴가고, 왕권에 조금이라도 도전할 낌새가 보이는 자는 가차없이 처단해 버렸다. 때문에 신하들의 반발이 심했고, 결국 그를 따르던 장군들마저 배반해 나라를 잃고 말았다.

궁예는 도망다니다가 성난 백성들에게 맞아 죽었다고 전해지나, 이런 기록은 어디까지나 고려 사람들이 왕건의 고려 건국을 정당화시킬 목적으로 궁예를 폄하시켰을 가능성이 있다. 궁예의 궁궐이 있던 철원 근방에는 명성산(鳴聲山: 궁예가 왕건에게 복수하기 위해 군대를 키웠으나, 끝내 역부족인 것을 깨닫고 군대를 해산하자 부하들이 슬피 울었다. 그것을 따 명성산이라 한다. 울음산이라고도 한다.) 등 궁예가 끝까지 저항하다 죽었다고 전해 내려온다.

어쨌든 궁예는 그렇게 축출되었고, 궁예의 뒤를 이어 추대된 사람은 왕건(王建)이었다. 왕건은 즉위와 함께 국호를 고려(高麗), 연호를 천수(天授)라 하고 송악에 천도하니, 이것이 뒷날 후삼국을 통일한 고려의 건국이었다.

왕건이 고려를 세운 직후만 해도 후백제는 고려에 우호적인 태도를 보냈고, 서로 볼모를 교환하는 등 평화로운 편이었다. 그러나 견훤이 그전까지 패전을 거듭했던 대야성 전역에서 마침내 승리하자, 왕건은 견훤의 진격을 막기 위해 구원군을 보냈다. 이에 견훤은 일단 군대를 물렸지만, 이후 고려와 후백제는 전쟁에 들어가게 되었다.

● 견훤산성(甄萱山城)
경북 상주시 화북읍 장암리에 있는 성곽. 경상북도 기념물 제53호. 상주읍지에는 후백제의 견훤이 축성한 것으로 기록되어 있다.

이후 924년~925년의 조물성(曹物城) 전투에서 양군이 맞서다가 역병이 돌고 고려군이 계속 증강되자, 견훤은 일시 고려와 화친하기도 했다. 그러나 신라의 경애왕이 계속 친고려적 태도를 취하고 후백제가 보낸 볼모인 진호(眞虎: 견훤의 생질)가 돌연히 죽으면서 다시 전쟁이 시작되었다.

2차 전쟁 초기에는 후백제가 유리하였다. 공주성을 함락시키는 등 충청도 전역에서 우세를 점하고, 927년에는 견훤이 친정하여 경주를 점령해 경애왕을 죽이고, 왕건의 군대를 공산(팔공산) 전투에서 격파하는 등 막강한 군사력을 자랑했다.

이 싸움에서 왕건은 신숭겸 등의 개국공신들이 죽음으로 방어하는 동안 간신히 몸만 빼서 도망쳤다. 그 뒤에는 왕건이 궁예 휘하에 있을 때 빼앗겼던 나주를 다시 되찾는 성과를 올리기도 하였다.

그럼에도 후백제는 점차 호족들의 지지를 잃으면서 밀리게 된다. 고려 건국 직후 전략적으로 중요한 위치였던 상주에 세력을 잡고 있던 아자개(阿玆蓋)가 고려에 항복했는데, 그는 다름 아닌 견훤의 아버지였다.

결국 고창(안동)에서의 패배(930년)로 쇠퇴하기 시작하고, 운주(홍성)의 패배(934년)로 결정타를 입게 된다. 그리고 936년 6월, 후백제는 나라를 세운 지 45년 만에 부자 간의 갈등(견훤과 세 아들인 신검 · 양검 · 용검의 갈등)으로 망하여 역사에서 사라진다.

● 신숭겸(申崇謙)
궁예 말년의 장수로서 배현경(裵玄慶) · 홍유(洪儒) · 복지겸(卜智謙) 등과 모의하여 왕건을 추대해서 고려 개국의 대업을 이루었다. 927년(태조 10년) 신라를 도와 공산(公山)에서 견훤과 싸우다 포위를 당하여 형세가 위태할 때, 김낙(金樂) 등과 함께 힘써 싸우다가 전사하여 왕건의 위급을 모면케 하였다.

이렇게 대세는 고려 쪽으로 확실히 기울게 되고, 운주 전투에서 패배한 후백제는 후계 갈등이 일어났다. 견훤의 맏아들 신검(神劍)이 935년에 쿠데타를 일으켜, 견훤에게 총애받던 서자 금강(金剛)을 죽이고 아버지 견훤을 몰아낸 후 왕이 되는 사태가 벌어졌다. 그러자 아들 신검에게 쫓겨난 견훤은 적국인 고려에 망명하게 되었고, 왕건은 견훤에게 상부(尙父: 아버지와 같이 높여 모시는 호칭)라는 직위까지 내리며 견훤을 우대했다.

고창 전투와 운주 전투에서 대세가 고려에게 기울어지자, 오랜 전쟁과 권력층의 부패로 황폐화된 신라는 후백제의 견훤에 의해 왕위에 오른 마지막 왕인 제56대 경순왕(敬順王)이 신라를 고려에 바쳐 고려와의 병합을 고려하기 시작했다. 경순왕의 아들인 마의태자(麻衣太子)는 항복에 반대했고, 결사항전을 하거나 고려의 속국이 되어서라도 사직을 유지해 볼 것을 주장하며 아버지의 항복 시도에 맞섰지만, 끝내 경순왕이 935년 고려에 항복하면서 신라는 멸망했다. 이때 왕건은 신라의 수도였던 '왕경'을 '경주'로 고쳐 경순왕에게 식읍으로 주었다. 결국 후삼국은 경순왕의 항복으로 신라를 흡수하여 영토를 경상도까지 확장한 고려, 내분으로 무너져 가는 후백제, 단 2개국밖에 남지 않게 된다.

한편 고려에 항복한 견훤은 왕건에게, 형제를 죽이고 아버지를 쫓아낸 신검을 응징해 줄 것을 요청했다. 왕건은 936년 전군을 동원해 후백제의 신검을 공격하여 일리천(一利川: 경북 구미시 선산 인근의 하천) 전투가 벌어지게 되었고, 후백제의 신검은 일리천 전투에서 10만 명을 동원한 고려의 물량공세를 감당하지 못하고 패배하며 멸망하고 말았다. 결국 고려의 통일로 후삼국 시대는 막을 내린다.

● 신라 마지막 왕인 경순왕의 영정

고려의 건국

왕건은 궁예를 몰아내고 나라 이름을 '고려'라고 하였다. 고려는 고구려를 계승하자는 뜻으로 만든 국호이다. 원래 궁예가 건국한 나라 이름은 후고구려였으나, 이후 마진(摩震)을 거쳐 태봉(泰封)으로 변경되었다. 왕건은 궁예를 몰아내고 나라 이름을 고려로 환원하였다. 고구려는 장수왕 이후 정식 국호를 '고려'로 정하였으나, 왕건이 건국한 '고려'와 구별하기 위하여, 현대에는 고구려(高句麗)와 고려(高麗)로 각각 달리 부른다.

■ 고려의 성립과 후삼국 통일

● 개성 만월대의 왕건 영정
고려를 세운 왕건은 불교를 숭상하며 국교로 삼았다.

왕건은 궁예를 몰아낸 후 새로운 국가로서의 면모를 일신하기를 원하였으며, 그 목적으로 수도를 자기의 본거지로 옮겼다(919년 송악 천도). 이렇게 함으로써 스스로의 정치적 · 군사적 기반을 확고히 하였을 뿐만 아니라, 호족으로서의 성격을 뚜렷이 나타내 주었다.

왕건은 또 대외 정책에서도 궁예와는 달리 친(親)신라 정책을 썼다. 견훤을 타도하기 위하여 신라와 우호관계를 맺은 것이다. 이는 또 한편 신라의 전통과 권위의 계승자로서의 지위를 얻으려고 한 것이었다. 그러나 왕건이 군사적인 대(對)신라 정책을 소홀히 한 것은 아니었다. 즉 경주 북쪽으로 50리의 땅에 신광진(神光鎭: 경북 포항)을 설치하여 고려의 군사를 주둔케 하였던 것이다. 이런 왕건의 정책으로 말미암아 고려와 후백제 사이에서 치열한 싸움이 벌어졌다. 결국 신라 경순왕이 고려에 귀순하고, 고려는 후백제를 멸망시켜 936년 후삼국을 통일하였다.

한편, 926년에 발해가 요(遼)나라의 침략을 받고 멸망하자 발해 왕족을 비롯한 유민들을 대거 받아들임으로써, 발해에 이어 고구려를 계승한 한민족의 두 번째 왕조로 정통성을 확립하는 동시에 민족 통일을 이루었다.

태조 왕건

고려 태조[高麗 太祖: 877년 1월 31일(음력 1월 14일) ~ 943년 7월 4일(음력 5월 29일)]는 후삼국 시대 후고구려의 장군이자 고려의 초대 국왕(재위기간 : 918년 7월 25일 ~ 943년 7월 4일)이다. 성은 왕(王), 휘는 건(建), 본관은 개성(開城), 자는 약천(若天), 묘호는 태조(太祖), 시호는 응운원명광렬대정예덕장효위목인용신성대왕(應運元明光烈大定睿德章孝威穆仁勇神聖大王)이다. 연호는 천수(天授)이다.

■ 출생과 가계

왕건(王建)은 877년 1월 31일 송악(松嶽)의 남쪽 자택에서 송도의 신흥 호족인 왕륭(王隆)과 그의 부인 한씨(韓氏)의 장남으로 태어났다. 송악의 유력 호족이었던 아버지 왕륭은 후일 궁예가 거병하자 궁예의 휘하에 의탁하였고, 후고구려의 금성태수를 역임하기도 했다.

왕건은 어릴 적부터 총명함과 슬기로움이 남달랐으며, 용모도 훤칠하여 장부다운 기상을 두루 갖추고 있었다. 왕건이 17살이 되자, 도선(道詵)대사가 다시 송악으로 왕건을 찾아와 그에게 군사학과 천문학 · 제례법 등을 가르쳤다. 또한 그의 출생에 대해선 다음과 같은 이야기가 전해져 오고 있다. 그의 외5대조인 강충(康忠)에게 한 승려가 지나가다가, 부소산(扶蘇山) 남쪽에 집을 짓고 거주하면 곧 군왕이 태어날 것이라고 예언하고 사라졌다. 승려의 예언에 따라 강충은 송악 부소산 근처에 터를 닦고 집을 짓고 살게 되었다.

● 왕건의 나체좌상
개성 현릉의 봉분 북쪽에서 출토된, 왕건의 청동제 나체좌상이다. 이 태조 왕건 상은 양식상 10~11세기 무렵의 것으로 추정되는데, 불교를 국교로 삼은 고려의 불상과 연관이 있다.

송악의 호족이 송악의 남쪽에 집을 새로 짓고 있었다. 그때 마침 그곳을 지나던 도선대사란 고승이 문 밖에서 이것을 보고 '북쪽으로 옮겨 지으면 이곳에서 세상을 구할 성인이 태어날 것인데….'라고 중얼거리며 탄식하였다.

● 왕씨 족보에 그려진 왕건

그러면서 왕륭에게 새 집터를 잡아주었고, 이 일을 비밀로 할 것을 당부한 뒤 길을 떠났다. 그로부터 얼마 후 왕륭의 부인 한씨에게 태기가 있더니, 그 이듬해 음력 1월 14일 아들이 태어났다. 아기가 태어날 때 신비한 광채와 자줏빛 기운이 방 안 가득 빛나고 하루종일 뜰에 서려 있었다. 왕륭은 도선대사의 예언대로 아들이 태어나자 이름을 왕건(王建: '왕으로 세운다'는 뜻)이라 지었다.

■ 호족 유화 정책

왕건이 통일을 이룩하기는 했으나 후고구려 역시 호족 연합체였고 발해계 유민, 신라계 세력, 후백제계 세력 등 다양한 세력이 존재했다.

태조는 이들을 하나로 단결시킬 방안을 강구하던 중 결혼 정책을 계속 밀어붙이게 된다. 통일을 하기는 했지만 고려의 초기 형태는 신라처럼 각지의 호족 연합체적 성격이 강했다. 따라서 통일 이후에도 지방 호족들은 여전히 독자적인 세력을 형성하고 있었고, 그것은 언제나 왕권을 위협할 수 있는 요소로 작용했다. 왕건은 이들과의 유대를 강화하고 호족들의 난립을 억제하기 위한 수단으로 결혼 정책을 펼쳤다. 각지의 유력 호족들의 딸과 누이를 왕후나 후궁으로 삼는 것이었다.

고려 건국 초기에 정주의 류씨, 충주의 유씨, 황주의 황보씨, 경주의 김씨, 평산의 유씨, 광주의 왕씨, 신천의 강씨, 평산의 박씨, 의성의 홍씨 등 유력 호족의 딸들과 결혼하여 왕후나 제3 · 제4 왕후, 후궁으로 맞이하였다.

또한 왕건은 후백제계 세력인 박영규(견훤의 사위)의 딸들 역시 후비로 맞이하여 후백제 계열과도 인척관계를 형성했고, 935년 신라 항복 이전에 신라 경순왕의 소개로 경순왕의 사촌여동생이자 김억렴의 딸인 신성왕후와 결혼하는 한편, 자신의 딸인 낙랑공주 왕씨를 신라 경순왕에게 보내서 사위로 삼는 등 이중 인척관계를 형성하였다. 아울러 중국식 제도를 받아들여, 그때까지도 성씨가 없던 부하 장수나 장졸들에게 성씨를 사성하기도 했다.

그러나 딸 · 누이 등이 없던 호족들의 존재와 딸 · 누이들과의 결혼으로 안심할 수 없었던 태조는, 호족들의 아들 · 동생 · 조카 들을 유학이라는 명분으로 송도로 올려보내게 하여 일종의 정치적 볼모로 잡아두고 있었다. 이는 자신과 결혼한 호족들에게도 집안의 남성을 송도로 올려보내게 함으로써 다른 호족들의 반발을 막기도 했다.

게다가 왕건과 함께 고려 건국에 참여한 장군들 역시 사병(私兵)들을 거느린 채 무시할 수 없는 세력으로 성장해 있었다. 태조는 반란의 기미를 사전에 차단하고자 개국공신이기도 한 부하 장군들에게서 사병들을 압류하였으나, 호족들의 사병들은 압류하지 못했고 소수의 관군만으로는 호족들을 완벽하게 통제하기도 어려웠다.

■ 족내혼

태조의 이러한 혼인 정책은 그가 죽고 난 뒤 고려를 왕권 다툼의 각축장으로 몰고 가게 된다. 각기 다른 어머니에게서 태어난 이복형제들을 전면에 내세운 호족들의 왕권 경쟁으로 고려 왕실은 피비린내 나는 살육전에 휩싸이게 된다. 이를 염려한 태조는 이복 남매들끼리의 족내혼을 추진한다.

자녀들이 송도에 볼모로 올라가 있었으므로 호족들은 섣불리 반란을 기도하지 못했다. 그러나 이들 호족은 왕실의 외척이라는 신분을 이용하기 시작했다.

태조는 이들 호족이 자신의 외손, 자기 가문의 외손을 후계자로 앉히려는 움직임을 보이자 자신의 자녀들끼리 족내혼을 시킨다. 그러나 유력 왕위 계승권자였던 태자 무, 태자 태, 태자 요를 족내혼 시키려 하자 호족들이 반발하였다.

이복형제들을 등에 업은 호족들의 움직임도 경계하는 한편으로 이복남매 간의 족내혼을 허용하여 왕권 강화를 꾀한다. 또한 이러한 족내혼은 왕실 혈통의 순수성을 유지하고 왕권을 안정시키기 위한 특별한 조치이기도 했다.

■ 불교 장려 정책

태조는 고구려-발해 계승론 외에도 불교 장려를 통해 사상적 통일, 단결을 꾀하려 하였다. 민족화합 정책과 북진 정책에 매진하여 고려를 안정된 통일국가로 만들기 위해 노력을 아끼지 않았던 그는 민간의 정신적 통일을 위해 불교를 공식 국교(國敎)로 삼고, 숭불정책을 적극 실시하였다. 태조 자신이 매일 불당을 방문하여 부처에게 불공을 함으로써 직접 모범을 보였다.

숭불정책의 일환으로 그는 신라 출신의 승려 충담(忠湛)을 왕사(王師)로 삼았고, 940년 그가 죽자 원주 영봉산 흥법사에 탑을 세워 친히 비문을 지었으며, 940년 12월에는 충청도에 개태사를 완성시켰다. 같은 해에 신흥사를 중수하고 공신탑을 설치하여 공신들의 모습을 화상으로 그려 벽에 붙였다. 또한 무차대회(無遮大會)를 개최하고 해마다 이 대회를 열 것을 명하여 신분, 귀천, 지역에 상관없이 불법을 듣게 했다.

이는 효과를 발휘하여, 불교 신앙은 다시 민간으로도 폭넓게 확산되었고 국민들의 사상적 단결을 이끌어 냈다.

● 개태사에 봉안된 왕건 영정

■ 거란과의 관계

거란이 발해를 멸망시키자, 고려는 발해의 유민을 받아들였다.

942년, 거란(요나라)이 화친을 요청하는 사신을 보내며 낙타 50필을 선물해 왔다. 하지만 왕건은 거란이 형제국인 발해와의 맹약을 어기고 멸망시킨 '신의가 없는 나라'라고 하여 사신을 귀양보내고, 낙타를 개경(開京: 지금의 개성) 만부교에 매어 굶겨 죽이는 등 강경한 태도로 수교를 거부하였다.

2차로 거란이 사신을 파견했을 때에도 역시 거절하였다. 또한 왕건은 유언을 통해서도, 거란의 풍습을 따르지 말고 경계할 것을 명하였다. 이후 중국의 오대십국(五代十國: 당나라가 망한 뒤부터 송나라가 통일할 때까지 흥망한 왕조. 중원의 다섯 왕조와 외방의 10개국을 일컬음.)에 꾸준히 사절을 파견하고 중국의 여러 나라와 외교활동을 하며 거란과 여진족(女眞族)까지 견제하는 외교정책을 펼친다.

■ 훈요십조

943년(태조 26년) 임종을 눈앞에 두고 고명대신(顧命大臣)인 삼중대광 박술희(朴述熙)에게 '훈요 10조(訓要十條)'를 유훈으로 내려, 자신의 자손이 나라를 다스리는 데 원칙으로 삼도록 했다.

첫째, 불교를 진흥시키되 승려들의 사원 쟁탈을 금지할 것.
둘째, 사원의 증축을 경계할 것.
셋째, 서열에 관계없이 덕망 있는 왕자에게 왕위를 계승하게 할 것.
넷째, 중국 풍습을 억지로 따르지는 말고, 거란의 풍속과 언어는 본받지 말 것.
다섯째, 서경(西京: 평양)에 1백 일 이상은 머물러 왕실의 안녕을 도모할 것.
여섯째, 연등회와 팔관회 행사를 증감하지 말고 원래 취지대로 유지할 것.
일곱째, 상벌을 분명히 하고 참소(讒訴)를 멀리하며, 간언에 귀를 기울여 백성들의 신망을 잃지 말 것.

여덟째, 차령산맥 이남이나 공주강(금강) 외곽 출신은 반란의 염려가 있으므로 벼슬을 주지 말 것.

아홉째, 백관의 녹봉을 함부로 증감하지 말고, 병졸들의 사기 진작을 위해 매년 무예가 특출한 사람에게 적당한 벼슬을 줄 것.

열째, 경전과 역사서를 널리 읽어 옛일을 교훈삼아 반성하는 자세로 정사에 임할 것.

그는 아들 무(武: 뒷날의 제2대 혜종)를 일찍부터 태자로 정하였으나, 태자 무의 외가가 세력이 미약한 점을 염려하였다. 그래서 박술희를 고명대신으로 정하고 태자 무의 앞날을 부탁하였다.

임종을 앞두고 신하들이 슬피 우는 소리를 들은 왕건은 빙긋이 웃으면서, "인생이란 원래 이렇게 덧없는 것이야."라는 말을 남겼다고 한다.

943년 음력 5월 29일, 병사하였다. 임종 당시 왕건은 향년 68세였다.

● 태조 왕건과 신혜왕후의 합장된 왕릉인 현릉(顯陵)

광종

광종[光宗: 925년 ~ 975년 7월 4일(음력 5월 23일)]은 고려 제4대 국왕(재위: 949년 ~ 975년)이다. 휘는 소(昭), 묘호는 광종, 시호는 홍도선열평세숙헌의효강혜대성대왕(弘道宣烈平世肅憲懿孝康惠大成大王)이다. 태조의 넷째 아들, 신명순성왕후(神明順成王后) 유씨의 셋째 아들로서 요절한 왕태와 (제3대) 정종의 동생이다. 비는 대목왕후 황보씨(皇甫氏)로, 태조와 신정왕후의 딸로 이복누이이며, 후궁인 경화궁부인(慶和宮夫人) 임씨는 배다른 형 혜종의 딸이다.

■ 출생과 생애 초반

광종 왕소(王昭)는 925년에 태조의 넷째 아들이자 신명순성왕후의 셋째 아들로 태어났다. 동복형제로는 형 태자 태(泰)와 형 태자 요(堯: 제3대 정종)가 있었고, 동생인 문원대왕 정, 증통국사, 신라 경순왕의 후처가 된 누이 낙랑공주, 여동생 흥방공주 등이 있었다. 위로는 형 태자 무(武: 제2대 혜종)와 태자 태, 태자 요가 있었으므로 그는 왕위계승권에서 멀리 있었다. 그러나 제2대 혜종이 병약하고, 제3대 정종이 일찍 요절하면서 그는 형 요와 함께 유력 왕위계승권자가 되었다.

왕소는 친형인 정종과는 판이하게 다른 성격의 소유자였다. 그는 성격이 호탕하고 과감하면서도 한편으로 신중하였다. 최승로의 평에 의하면 '정종이 고집이 세고 남의 말을 잘 듣지 않는 성품인 데 반해, 광종은 치밀하고 조심스럽지만 기회를 잡았을 땐 과감하게 밀어붙이는 대범한 성격이었다' 한다. 그는 뛰어난 용모와 우수한 자질을 갖추어 태조로부터도 남다른 사랑을 받았다.

태자 시절에 그는 정종과 더불어 왕실 세력의 핵심 인물이었고, 박수경(朴守卿) · 박수문(朴守文) 형제와 왕식렴 등의 서경(평양) 세력과도 친분이 두터웠다. 그 때문에 왕규(王規)와 박술희가 이끄는 개경 세력을 제거하는 데 많은 역할을 하였으며, 정종의 즉위에도 지대한 공헌을 하였다. 왕위를 두고 벌어진 암투극 사이에서 호족들의 도움을 받아 생명을 보전할 수 있었지만, 그는 각자 자기 가문의 외손이나 연고자를 왕위로 끌어올리려는 호족들을 보고 제거해야 될 대상 또는 잠재적인 적으로 여기고 있었다.

태조는 호족들을 견제할 목적으로 이복남매들 사이의 족내혼을 시켰는데, 그는 이복 여동생이자 신정왕후 소생인 대목왕후 황보씨와 결혼하였다. 이복 여동생이었지만, 그녀는 외할아버지 황보제공(皇甫悌恭)의 성을 따라 황보씨라 칭하게 되었다. 대목왕후에게서 2남 3녀를 두었는데, 둘째 아들 효화태자는 요절하고, 첫째 아들 태자 주(伷)가 뒷날의 제5대 경종이 된다. 딸은 천추전부인 · 보화궁부인 · 흥덕원군부인이 있는데, 셋째 딸인 흥덕원군부인은 흥덕원군 왕규와 결혼하여 딸을 두었으나 다시 제6대 성종에게 재가한다.

태조가 자식들을 이복 형제끼리 결혼시킨 것은 신라 왕족의 풍습에 따른 것이었다. 이는 왕실 혈통의 순수성을 유지함과 동시에 왕권을 안정시키기 위한 배려였다. 왕이 족외혼을 했을 경우 왕권이 외척의 그늘에서 벗어날 수 없기 때문이라는 왕건의 계산이 작용했다. 왕소는 이복형 혜종과도 친분을 가지면서, 서경 세력과 혜종 사이에 교량 역할을 하였다. 이는 혜종이 서경 세력과 화합을 도모하기 위해 자신의 딸을 왕소의 두 번째 부인으로 시집보낸 것으로도 확인된다.

● 불공 드리러 가는 고려 여인(일본 소장)

■ 잠재적 왕위 계승자

943년 태조의 사후 유력한 왕위 계승권자로 주목되었고, 왕규로부터 왕위를 노린다는 의심을 받게 된다. 왕소가 왕위를 노린다는 고변을 왕규에게서 듣게 된 혜종은 그를 시험하였고, 이어 944년 의화왕후 소생인 자신의 적녀 경화궁부인 임씨(慶和宮夫人 林氏)를 후궁으로 주었다. 그러나 왕소는 철저히 본심을 숨겼고, 뚜렷한 혐의가 없었으므로 혜종도 그를 제거할 수 없었다.

945년 동복 친형인 정종(定宗)이 즉위하였다. 즉위 초부터 병에 시달리던 정종은 자신의 죽음을 예감하자, 자신의 유일한 아들 경춘원군이 아닌 동생 왕소에게 선위하기로 일찍부터 마음먹었다. 949년 음력 3월 13일 병석에 누운 정종이 죽자, 광종(왕소)은 25살의 나이로 즉위하였다.

당시 유력한 호족들, 자신의 외가인 충주 유씨와 처가인 황주 황보씨, 박수경·박수문 형제의 평산 박씨 세력은 광종의 후견세력이었고, 청주 김씨 역시 정종 시대 이후 고려 조정에 비교적 호의적인 입장이었다. 많은 호족 세력을 등에 업은 덕분에, 혜종 사후 때처럼 즉위 초반엔 개경과 서경의 문무관리들이 살상되는 혼란이 있었지만 빨리 수습할 수 있었다. 즉위 직후 그는 백성과 호족들의 불만을 샀던, 형 정종의 서경천도 계획을 즉시 취소시켰다.

■ 즉위 초반

949년 8월 대광 박수경 등에게 명하여 각 공신에게 쌀을 차등 있게 나누어주고, 이때 지급된 급료를 표준 녹봉으로 정하였다. 또한 원보 식회, 원윤 신강 등에게 명하여 각 주·군·현에서 세금으로 바치는 세공의 액수를 정하게 하였다. 평주의 호족 박수문·박수경 형제는 정종 사후 광종의 즉위를 적극 지지했는데, 이들의 세력이 막강하였으므로 광종은 자기 가문의 외손이나 연고자를 왕위로 앉히려는 다른 호족들을 견제한다.

950년(광종 1년) 1월 사천대(司天臺)의 승려가 광종에게 덕을 쌓으라고 아뢰자, 이때부터 광종은 항상《정관정요(貞觀政要)》를 읽었다 한다. 이어 그는 중국의 연호를 사용하지 않고, 광덕(光德)이라는 독자적인 연호를 공표하였다. 장청진에 성을 수축하고, 동년 가을에는 위화진에 성을 쌓았다.

광종은 즉위 초반 7년간 정국을 무던히 지켜보며, 왕권을 강화시킬 방법을 모색하고 있었다. 그는 일단 국내의 정국 주도권을 호족들에게 내주고 조용히 정치적 기반을 닦아나갔다. 그가 맨 먼저 관심을 기울인 것은 정치적 능력을 기르는 일이었다. 이를 위해 그는 당 태종이 자신의 신하들과 정치 토론을 벌인 내용을 기록한《정관정요》를 숙독하였다.

●《정관정요(貞觀政要)》 제목의 '정관'은 태종의 연호, '정요'란 '정치의 요체'라는 뜻이다. 당 태종이 정치에 대해 신료들과 주고받은 대화를 엮은 책으로서 예로부터 제왕학(帝王學)의 교과서로 여겨져 왔다.

《정관정요》는 당나라 황제들의 치세 교과서 구실을 했는데, 광종 역시 이 책을 통하여 군주가 나아가야 할 행동방향을 세우고 정책 입안 및 신하를 다스리는 방법을 배울 수 있었다. 951년 후주(後周: 중국 5대의 마지막 왕조로 3대 10년 만에 송나라에 망함)가 중원의 맹주로 부상하자, 광종은 그해 12월부터 다시 후주의 연호를 사용하기 시작하였다. 광종이 후주의 연호를 사용한 것은 외교적 경로를 이용해 여진과 거란을 경계하기 위함이었다. 당시 거란은 호시탐탐 고려 침략을 노리고 있었는데, 고려는 그들의 침략을 막기 위해 중원의 한족들과 돈독한 외교관계를 형성할 필요가 있었다.

■ 권력 분산과 집중화

광종은 강력한 중앙집권 체제를 실현하고자 하는 야심이 강한 인물이었다. 그리하여 그는 중앙군을 능가하는 군사력을 가진 호족의 제거를 계획하였다. 즉위 초기에는 호족들의 지지가 필요하였기에 호족들에게 권한을 부여했다. 그러나 태자 시절 호족들이 자기 가문에 연고가 있는 태자를 권좌에 올리기 위해 암투를 벌이는 것을 지켜본 그는 호족들의 숙청을 결심한다.

광종은 고려 왕조 성립 초기의 공신들과 호족들의 세력을 약화시켜 왕권 강화와 중앙집권적 국가체제 확립, 국가의 재정 기반 안정을 위한 과감한 개혁 정책을 추진하였다. 즉위한 후, 광종은 국초에 왕실을 위해 공을 세운 공역자를 정해 차등을 두어 쌀을 지급하였는데, 이는 자신의 지지세력을 확고히 다지기 위함이었다.

광종은 그동안 중국의 연호를 받아다 쓰던 관례를 폐지하고, 949년에 '광덕(光德)'이라는 독자적 연호를 사용하여 자주의식을 표현하였다. 그러나 951년에는 후주(後周)의 연호를 사용하면서 후주와의 외교 관계를 돈독히 하였다. 그리고 국가의 주체성을 살리기 위해 연호를 다시 정하여 '준풍(峻豊)'이라 하였다가(960년~963년), 963년 송나라와 국교를 연 후에는 송나라의 연호인 '건덕(乾德)'을 사용하였다(963년~968년).

● 광종의 관복 재정
당시의 관복은 신라의 것을 그대로 사용하고 있었다. 하지만 오랫동안 지속된 통일전쟁과 호족들의 영향력 증대로 서열에 따른 관복은 확정되지 못했다. 서열이 낮아도 부유하면 좋은 옷을 입었고, 서열이 높아도 가난하면 보잘것없는 옷을 걸쳐야 했다. 이는 서열에 관계없이 재정적으로 풍부한 자가 항상 우위에 있는 듯한 인상을 줄 수밖에 없었다. 광종은 이처럼 무질서한 복장이 조정의 기강을 흐트리고 왕의 권위를 약화시킨다고 보았다. 그래서 지위에 따라 모든 공복의 색깔을 달리하게 하였다. 관등에 따라 자주색, 붉은색, 주황색, 녹색으로 서열을 구분케 하였다(4색 관복제).

● 고려 관료의 복식

■ 광종의 민심안정책

광종은 정치적 역량과 대외적 위상을 높이는 것 이외에도 민심 안정에 많은 노력을 기울였다. 민심을 안정시키지 못하면 아무리 좋은 정책이라도 실패할 수밖에 없다는 것을 형 정종의 서경 천도 추진과정에서 뼈저리게 깨달았다. 그래서 민심을 얻는 것이 곧 힘을 얻는 것이라고 생각한 광종은 불교를 통해 민심안정책을 추진하였다. 그는 951년 대봉은사(大奉恩寺)를 개성 남쪽에 세워 태조의 명복을 비는 원당으로 하고, 불일사(佛日寺)를 동쪽에 세워 신명순성왕후의 명복을 비는 원당으로 삼았다.

954년에는 신명순성왕후의 명복을 빌기 위해 숭선사(崇善寺)를 창건하였으며, 화엄종 승려 균여(均如)와 교분을 갖고 그의 '성상융회(性相融會)' 사상을 받아들였다. 성상융회 사상이란 일종의 불교 종파융합책이다. 당시 불교는 교종이 융성했는데, 교종 내에서도 성종과 상종이 있었다. 성종의 대표적인 종단은 화엄종이었고, 상종의 대표적인 종단은 법상종이었다. 이 두 종단의 특징은 이질 집단을 통합할 수 있는 융화적이고 보편적인 원리를 추구하고 있다는 점이다. 균여는 바로 이 원리를 통하여 민심을 하나로 묶어낼 수 있다고 보았고, 광종이 이에 적극 동조했다. 광종은 이들 종단이 융화적이고 보편적인 원리를 추구하고 있다는 점을 주목하여, 화엄종과 법상종계 승려들과도 자주 면담하며 민심을 불심으로 단결시킬 방안을 강구했다.

균여의 성상융회 사상은 화엄종과 법상종을 하나의 사상으로 이끌어 내자는 논리였다.

● 북악(北岳)의 법손(法孫)
균여는 '북악의 법손'으로 불리었는데, 여기서 '북악'이란 신라 말 해인사에 주석하였던 희랑(希朗)의 법문을 일컫는 말이다. 사진은 해인사에 봉안돼 있는 보물 제999호 희랑대사상. (문화재청)

당시 화엄종과 법상종을 신봉하고 있던 사람들은 대개 중소 호족이나 평민들이었는데, 대호족을 경계하던 광종은 중소 호족들과 평민들의 힘을 키울 요량으로 두 종파의 융화를 시도하였던 것이다. 953년(광종 4년) 화엄종 승려 겸신(謙信)이 국사로 봉해지기도 했다. 이같은 화엄종·법상종 장려와 융화정책은 곧 중소 호족들의 지지를 얻게 되고, 반대로 대부호들의 불교적 기반을 무너트리는 역할을 했다.

또한 그는 백성들을 위한 구호 및 의료 기관인 제위보(濟危寶)를 설치하여, 가난한 사람과 병자들을 구제하기 위해 노력했다. 광종에 비판적인 최승로조차 광종이 천하고 불쌍한 이들에게 혜택을 베푼 덕분에 그의 초기 치세는 두말할 나위 없는 태평성대였다고 칭송하였다.

■ 광종의 외국 인재 영입

956년 후주에서 보내온 책봉사 설문우(薛文遇)를 따라온 쌍기(雙冀) 등에게 매료된 광종은 이들을 고려로 영입할 계획을 세운다. 중국 출신 귀화인이던 왕륭을 통해 중국의 정세를 어느 정도 접했던 그는 후주의 개혁을 주도한 인물들의 존재를 알게 되고, 그들 중 일부가 설문우를 따라 고려로 오자 이들과 대화하고 이들을 영입하려 하였다.

2차 책봉사의 수행원으로 고려에 당도한 쌍기는 얼마 후 병에 걸려서 사신 일행과 함께 중국으로 돌아가지 못한다. 이것은 미리 계획된 일이었다는 해석도 있다. 즉 '와병을 핑계하여 환국하지 않고 있다가, 사신 일행이 돌아간 다음에 광종과 대면한다'는 계산이었을 것이다.

● 중국 사신과 대화하는 모습

책봉사 일행이 돌아간 뒤 쌍기는 병상에서 일어났고, 바로 광종과 대면하게 된다. 쌍기를 만난 광종은 그의 개혁적인 성향과 뛰어난 식견에 감탄하여, 후주의 세종에게 국서를 보내 쌍기를 고려의 신하로 삼을 수 있도록 해달라고 요청한다. 이리하여 후주의 쌍기는 고려 조정에 전격 등용된다. 그 뒤로도 광종은 후주의 개혁을 담당했던 인물들을 만나보도록 공식 · 비공식 사절과 유학생들을 파견한다.

쌍기는 후주에서 귀화하게 되는 인물로, 후주 태조의 치하에서 절도순관 · 장사랑 · 시(試)대리평사 등을 지냈다. 시대리평사는 시험을 주관하는 관리였으므로 과거제도에 대한 지식이 많은 인물이었다. 광종은 유학에 정통한 신진 유학자들도 함께 등용하여, 과거시험에 출제할 이론 · 주제 등을 준비하게 한다.

쌍기는 그에게 호족들의 사병을 혁파시킬 것을 건의한다. 쌍기가 들고 나온 전략은 바로 경쟁자의 강점에서 약점을 찾는 것이었다. 호족들이 거느리고 있던 사병은 호족들에게는 가장 큰 강점이자 가장 큰 약점이었다. 이들 사병은 전쟁포로로 잡혀온 노비이기 때문에, 어쩔 수 없이 호족들에게 목숨을 걸고 충성할 수밖에 없는 상황이었다.

이 점을 파악한 광종은 노비들의 해방을 꾀한다.

● 고려 관료의 복식

● 쌍기(雙冀)
현재 남아 있는 기록으로는 광종 대의 혁신적인 개혁에서의 쌍기의 역할이 과거제도에 한정되어 있으나, 실제로는 좀 더 광범위하고 결정적인 역할을 담당했을 것으로 추측된다. 그것은 이후의 고려 학자들이 광종 대의 과거제도는 비판하지 않으면서도 쌍기를 비판한 것에서 짐작할 수 있다. 최승로(崔承老)는 광종을 평한 가운데 "쌍기를 등용한 이후로는 문사(文士)를 높이고 중히 여겨 은례(恩禮)가 지나쳤다."고 했으며, 이제현(李齊賢)도 쌍기를 "보탬이 없었다고는 말할 수 없지만, 부화(浮華)의 문(文)을 주창하여 후세에 큰 폐단을 남겼다."고 평하고 있다. 사실 광종 때에 과거는 자주 실시된 것도 아니었고, 또 당시 관료층 구성에 과거 출신자들이 큰 비중을 차지한 것도 아니었다. 따라서 후대에 쌍기가 비판받는 것은, 그가 광종의 다른 개혁정책에도 개입하여 당시 이해관계가 달랐던 사람들과의 사이에 많은 갈등을 일으켰기 때문이라고 볼 수 있다.

■ 광종의 노비안검법

956년에는 노비안검법(奴婢按檢法)을 실시하였다. 이는 원래 노비가 아니었으나 전쟁포로로 잡혔거나, 빚을 갚지 못하여 강제로 노비가 된 자들을 선별하여 노비 이전의 상태로 되돌려 주는 것이었다. 일일이 노비문서와 호구수를 대조하여 양민으로서 부당하게 노비가 되었거나, 빚 등으로 노비가 된 이들을 석방하였다. 광종은 이 법을 실시하여 호족들의 세력을 약화시켰고, 국가의 수입 기반을 확대하였다.

노비안검법은 노비들의 실태를 파악하여 부당하게 노비가 된 자들을 해방시키는 일종의 노예 해방법이다. 당시 호족들이 거느리고 있던 노비의 상당수는 고려의 삼국통일전쟁 과정에서 포로로 붙잡힌 양인이거나, 대호족의 강압에 의해 노비로 전락한 사람들로서 호족들의 경제적 · 무력적 기반이었다. 또한 호족들이 사병을 거느릴 수 있는 인력동원의 원천이기도 했다. 노비안검법으로 많은 노비들이 원래의 신분으로 되돌아간다는 것은, 호족들의 경제적 · 무력적 기반이 사라진다는 것을 의미했다. 호족들은 진정서와 상소를 올리며 광종에게 항의를 했다. 그러나 광종은 쌍기를 비롯한 후주 귀화인 출신들을 등용하고, 호족들과 호족 세력 인사들을 파면 · 해임하는 것으로 맞대응했다.

● **노비안검법(奴婢按檢法)**
노비안검법은 고려 광종 7년(956년)에 실시된 법제로서, 원래 노비가 아니었는데 전쟁포로로 잡혔거나, 빚을 갚지 못하여 강제로 노비가 된 자를 이전의 상태로 돌아가게 하는 법이다. 이것은 신라 · 고려의 왕조 교체기(交替期) 동안 혼란해졌던 사회적 신분 질서를 바로잡기 위한 것이었으나, 보다 중요한 동기는 당시 호족 세력의 세력 기반을 억제하면서 왕권을 강화하고 국가 수입 기반을 확대하기 위한 하나의 정책이었다.

● 사진은 고려시대 노비첩(전남 송광사)

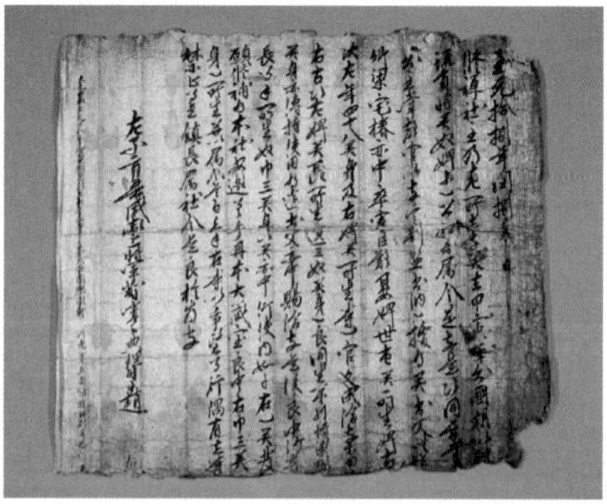

956년에 노비안검법이 공포되자, 고려의 통일전쟁으로 포로가 되어 양인에서 노비로 전락한 사람들은 모두 양인으로 신분이 회복되었다. 노비에서 해방되는 방법은 간단하여, 노비 스스로가 자신이 과거에 양인 신분이었다는 것을 관아에 신고하기만 하면 바로 양인으로 복귀할 수 있었던 것이다. 광종은 호족들의 반발을 예상하여 노비들의 관청 출입을 막지 못하도록 명하였고, 또 자신의 노비가 거짓을 고하는 것이라고 무고하는 호족들에게 불이익을 주었다. 그러자 원래 양인 출신이던 노비들의 신분회복이 빠른 성과를 보게 되었다.

많은 수의 노비를 소유하고 있던 대호족들은 엄청난 타격을 입었다. 공신전(功臣田)을 경작하는 대가로 노비로부터 받던 세금을 더 이상 받을 수 없었고, 사병의 수도 격감되었다. 이제 호족들은 가난한 평민들을 소작농으로 부리게 된다. 그러나 광종은 어사대의 관리와 측근 세력을 파견하여, 소작농을 노비처럼 부리는가의 여부를 감시하게 하였다.

■ 광종의 과거제도 실시와 제도 정비

노비안검법 실시로 호족의 힘이 약화되고 상대적으로 왕권이 강화되자, 광종은 958년에 '과거제 도입'이라는 폭탄선언을 하였다.

958년(광종 9년) 5월 광종은 마침내 쌍기를 지공거(知貢擧: 과거 시험관)로 임명하고, 시 · 부(賦) · 송(頌) · 책(策)으로써 진사 갑과에 2명, 명경과에 3명, 복업(卜業)과에 2명을 선발했다. 신라 시대에 일부 시행되었다가 폐지된 과거제도를 다시 실시함과 동시에, 본격적으로 과거제도를 주관하여 정착하게 한다. 이때 최초로 진사 갑과에 합격한 인물은 최섬 외 1인(진긍)이었다.

788년 신라 원성왕 때에 과거 제도인 독서삼품과(讀書三品科)를 도입했다가 호족들의 반발과 압력행사 및 왕권 약화로 폐지된 것을 그는 기억하고 있었다.

호족들의 반발, 출신 성분을 알 수 없는 인물들을 함부로 등용한다는 반대에도 그는 과거를 계속 주관하였고, 과거 합격자의 수를 서서히 늘려 과거제도로 진출한 관료들의 수도 늘려 나갔다.

과거제도 도입은 호족들이 중심이 된 공신세력에게 크나큰 타격이 아닐 수 없었다. 그들은 고려의 건국과 통일 과정에서 전공을 세웠거나 무력을 제공한 세력이었기 때문에, 무인들이 대다수였다. 때문에 학문을 기반으로 하는 과거제도 실시는 그들 자제들의 정계 진출을 제도적으로 봉쇄하는 장치가 되었다.

958년 5월, 광종은 과거제도를 통해 실력 있는 인사를 인재로 선발하겠다고 공표하였다. 시험으로 인재를 선발하는 것이며, 문벌이나 재력으로 차별을 두지 않는다고 밝혔다. 이는 조정 내에서 호족의 전횡을 막을 새로운 세력을 키우기 위한 방법이었다.

광종은 쌍기에게 명하여, 시무책(時務策)이라는 것을 시험 과목으로 추가하여 당시 사회의 상황과 개혁 방안을 구체적으로 설명하도록 했다. 이처럼 시무책을 시험과목으로 채택한 사실에 비추어 볼 때, 개혁에 걸맞은 인사에 대한 광종의 열망이 얼마나 강했는지 알 수 있다. 광종은 과거제도를 통하여 전국에 학교가 세워지고 학풍이 일어나길 바랐다. 또한 문치적 관료체제가 갖춰지길 원했는데, 계속된 과거시험으로 고려 전국에 이 같은 분위기가 조성되어 그의 뜻이 이뤄진다.

과거제도의 도입으로 우수한 인재들의 중국 유출을 막는 한편, 과거로 선발된 신진 관료들을 자신의 측근 세력으로 대폭 발탁한다. 문벌과 배경이 없었던 이들 신진 관료들은 광종에게 절대적으로 의존하였다.

● 고려 시대 과거시험 장면

■ 광종의 공포정치

광종은 잇따른 왕권강화 정책에 분노한 호족들의 반발과 암살 위협에 대응하여, 조금이라도 의심이 가는 호족이나 반대 세력들을 무참히 제거하는 공포정치를 단행하였다. 심지어는 자신의 이복동생인 효은태자를 처형하는 것은 물론, 형인 혜종과 정종의 아들들인 흥화군과 경춘원군마저 역모를 꾀한다는 참소를 들은 후 가차없이 죽여버리기까지 하였다.

개혁 과정에서 쌍기를 비롯한 귀화인 세력을 우대해, 호족들의 재산을 강제로 빼앗아 쌍기와 귀화인들에게 주었다. 광종은 이들을 통해 친위세력을 구성하고 호족들을 견제하게 했다.

내국의 신하들은 귀화인들에 대한 광종의 지나친 대우에 반발했는데, 그 대표적인 사람이 서필(徐弼)이었다. 서필은 광종의 이런 처사를 못마땅하게 여겨, 광종에게 자신의 집을 바치겠다고 말한다. 광종이 그 이유를 묻자, 자신이 죽고 난 뒤에 자손들 대에서 집을 빼앗길 바에야 미리 그 집을 바치는 것이 현명한 일이 아니겠느냐고 대답한다. 이에 광종은 분노하지만, 나중에는 서필의 말이 옳음을 깨닫고 다시는 신하들의 집을 빼앗지 않았다고 한다. 그러나 호족들의 집과 별장은 계속해서 빼앗는다. 광종은 집권 내내 귀화인들을 위주로 정치를 펼쳤으며, 이에 호족들이 반발하자 가혹한 숙청작업을 벌여 공포정치를 실시하게 된다.

● 서필(徐弼)
태조 때에 출사하였고, 광종 때에는 내의령에 이르렀는데, 검소하여 광종이 모든 재상들에게 하사한 금술잔을 유일하게 받지 않았다. 또한 광종이 쌍기 이래 귀화해 온 중국인들을 우대하여 대신들과 호족들의 집을 빼앗아 중국인들에게 하사하자, 서필이 직언을 하여 이를 비판했고, 광종은 그의 말에 따라 다시는 신료들의 집을 강제로 빼앗지 않았다. 그의 둘째 아들이 바로 고려-거란 전쟁에서 활약하여 강동 6주를 되찾은 서희(徐熙)이다.

● 서필의 아들 서희(徐熙) 동상

성종

성종[成宗: 961년 1월 15일(960년 음력 12월 26일) ~ 997년 11월 29일(음력 10월 27일)]은 고려 제6대 국왕(재위: 981년 ~ 997년)이다. 경종 사후에 어린 조카 송(誦: 뒷날의 제7대 목종)을 대신하여 왕위를 계승하였다. 재위 중 관제 정비와 유교적 정책을 추진하였으며, 거란족의 침입이 있자 장군 서희를 파견하여 담판을 짓고, 이후 거란족의 침입이 재개되자 격퇴케 하였다.

■ 출생과 생애 초반

성종은 960년에 태조 왕건의 아들인 대종(戴宗)과 선의왕후(宣義王后) 유씨(柳氏)의 차남으로 태어났다. 이름은 치(治)이다. 969년에 아버지 대종을 여의고 개령군(開寧君)을 세습하였으며, 어머니 선의왕후마저 여의어 할머니인 신정왕후의 보살핌을 받으며 자랐다.

981년(경종 6년), 경종이 위독하자 내선(內禪)으로 왕위에 올랐다. 본래 전왕이자 사촌형인 경종은 성종의 여동생인 헌애왕후와의 사이에서 이미 2살 된 아들 왕송(王誦: 후일 제7대 목종)이 있었으나, 너무 어려 국사를 맡을 수가 없었기에 대신 왕위에 오른 것이다. 성종은 조카 왕송을 개령군(開寧君)으로 임명하고 친자식처럼 길렀다. 즉위 직후 충(忠)과 효(孝)로써 다스리겠다며 유교적 통치를 선언하였고, 아버지 왕욱을 대종 선경대왕으로 추존하고, 모후를 선의왕후로 추존한 뒤 종묘에 합사하였다.

982년(성종 1년), 경관(京官) 5품 이상으로 하여금 봉사(封事)를 올리도록 하여 정치의 득실을 논하게 했다. 이에 참여한 최승로 등 유학자의 자문 · 건의로 신정(新政)을 단행하고, 국자감(國子監)에서의 유학 교육을 강화하였다.

또한 고려 초창기의 제반 문물제도를 정비하여 국가의 기반을 튼튼히 했으며,

자신의 신념에 따라 유교를 국가의 지도원리로 삼고 중앙집권적인 봉건제도를 확립하였다. 그해에 행정 개혁을 단행하여 백관(百官)의 칭호를 개정하였고, 983년(성종 2년)에는 3성(省)·6부(部)의 골격이 확립되었는데, 실제로는 중서문하성과 상서성의 2성 체제였다. 중서문하성(中書門下省: 최고 책임자는 중서령 문하시중)은 온갖 서무를 관장하고 왕에게 간언을 하며 정사의 잘잘못을 따지는 통치관련의 일을 담당했고, 상서성(尙書省: 최고 책임자는 상서령과 상서)은 각 실무 행정을 맡은 이부·병부·호부·형부·예부·공부를 관장했다.

또 991년(성종 10년)에는 왕명 출납과 궁중의 호위를 맡은 중추원(中樞院), 온 나라 전곡의 출납과 회계사무를 맡은 삼사(三司)를 두었다. 한편 행정 개혁의 일환으로 지방에는 처음에 12목(牧)을 설치하였다. 팔관회·연등회를 폐지하고 천자가 내리는 명령인 조서(詔書)를 교서(敎書)로 낮추는 등 북송에 사대하는 노선을 걷기 시작하였다는 평가도 있으나, 천자가 천제를 지내는 제단인 원구단을 설치하여 국가의 안정과 체제정비에 힘쓴 실리적인 군주라는 평가 또한 받고 있다.

■ 생애 후반

불교 중심 사회에서 유교 중심 사회로의 전환을 꾀하였다. 건국 이후의 고려는 주체성을 지닌 자주국가를 표방하였으나, 그는 북송(北宋)으로부터 '고려국왕'이란 책봉을 받으며 사대외교 정책을 추진하여 호족·귀족들의 반발을 초래하였다. 성종은 아들이 없어서, 997년 음력 10월에 병이 위독하자 조카인 개령군(開寧君) 왕송에게 왕위를 물려주었다.

능은 개성의 강릉(康陵)이고, 향년 38세였다.

● 수월관음도(水月觀音圖)
고려는 불교의 나라답게 불교미술 또한 유명하였다. 수월관음도란, 글자의 뜻 그대로 달이 비친 바다 가운데 금강보석(金剛寶石)에 앉아 있는 관음보살을 그린 그림이다. 수월관음은 재난과 질병을 막아주는 관음보살의 하나로, 『화엄경』「입법계품(入法界品)」에 의하면, 관음보살은 남쪽 바닷가에 위치한 보타락가산(補陀洛迦山)에 거주하면서 중생을 제도한다고 한다. 그러나 성종은 불교를 배척하고 유교를 장려하였다.

거란의 침입

고려 건국 당시, 지금의 몽골과 만주 지방에는 거란족과 여진족이 유목생활을 하고 있었다. 이 중 거란족은 야율아보기(耶律阿保機)가 여러 부족을 통일한 뒤, 916년 요(遼)나라를 건국하였다. 922년 야율아보기는 고려에 낙타와 말을 보내기도 하였다. 그러나 926년에 거란이 발해를 멸망시키자, 고려의 태조는 거란에 대한 적대적 태도를 보이며 북진정책을 실행하였다. 942년 요 태종이 낙타 50필을 보내자, 고려 태조는 사신을 섬으로 유배 보내고 낙타는 개경의 만부교(萬夫橋)에서 굶겨 죽여 버렸다. 이는 북진정책의 일환으로 취해진 것으로, 그 뒤에도 계승되어 고려 정종 때에는 광군(光軍) 30만 명을 양성하여 거란의 침입에 대비하기도 하였다.

고려는 송나라가 건국된 이후, 송과 화친정책을 실시하였다. 송이 고려와 협력하여 거란을 공격할 뜻을 비쳤고, 발해 유민이 압록강가에 세운 정안국(定安國)도 송과 화친하면서 거란을 협공할 움직임을 보였기 때문에, 요는 국제적으로 고립되었다. 이에 요의 성종(聖宗)은 986년 정안국을 멸망시킨 다음, 991년에 위구(威寇) · 진화(振化) · 내원(來遠) 등의 압록강 유역에 성을 쌓고 고려 침공을 준비하였다.

■ 제1차 고려-거란 전쟁

993년(성종 12년) 10월, 요나라의 소손녕(蕭遜寧)이 6만 대군(80만은 과장된 숫자이고 실제론 5만~6만의 군대)을 이끌고 고려를 침공하였다. 이에 고려 조정에서는 박양유(朴良柔)와 서희(徐熙) 등을 보내 이를 막는 한편, 성종(成宗)이 친히 안북부(安北府: 평남 안주)까지 나아가 전선을 지휘하였다. 하지만 봉산군(蓬山郡)을 빼앗기고 선봉장 윤서안이 사로잡히자, 성종은 서경으로 돌아왔으며, 조정에서는 청화사(請和使)를 보내어 화친을 청했다.

● **거란족[글안족(契丹族)]**
5세기 이래 내몽골의 시라무렌 강 유역에 여러 부족으로 분열되어 거주해 왔는데, 916년에 야율아보기가 여러 부족을 통합하고 거란을 건국하였다. 926년 발해를 멸망시키고 화북의 연운(燕雲) 16주(州)를 획득했으며, 947년에 국호를 요(遼)로 개칭하였다.

또한 고려 조정에서는 항복론과 함께 서경 이북을 떼어 주자는 할지론(割地論) 등의 주장이 난무하였고, 할지론이 대세로 굳어가는 경향을 보였으나, 서희와 이지백(李知白) 등이 항전을 강력히 주장하였으므로 성종도 이에 따르게 되었다. 한편, 소손녕은 안융진(安戎鎭)을 공격하다 실패하자 고려에 화친을 제안하였다. 고려 조정에서는 서희를 급파해, 소손녕의 화친 제의에 답하였다.

소손녕은 서희와의 담판에서 이렇게 말하였다.

"너희 나라는 신라 땅에서 일어났다. 고구려는 우리의 소유인데, 너희 나라가 이를 침식하고 있다. 또 우리와 국경을 맞대고 있음에도 바다를 건너 송을 섬기고 있다. 이 때문에 우리 대국이 와서 치는 것이다. 지금 땅을 떼어 우리에게 바치고 사신을 보내 조빙(朝聘)한다면, 아무 일이 없을 것이다."

이에 대해 서희는 소손녕의 말을 반박하였다.

"그런 것이 아니다. 우리나라는 고구려를 계승한 나라이다. 그런 까닭에 나라 이름을 고려라 하고, 평양에 도읍을 정하였던 것이다. 또한 땅의 경계를 논한다면, 당신 나라의 동경(東京: 요동 지역의 요양)도 모두 우리 땅이다. 어찌 우리가 침식했다고 하느냐? 더구나 압록강 안팎은 우리나라 땅이지만, 여진이 점거하였다. 교활 변덕이 심한 이들이 길을 막아놓으니, 요나라로 올라가는 길은 바다를 건너는 것보다 더 어려워졌다. 조빙을 못하게 됨은 여진 탓이다."

서희의 애초 목적은 거란군의 철수였으나, 오히려 이 담판 기회를 통해 고구려의 옛땅 회복이라는 난제를 해결하고자 하였다. 결국 서희는 거란과의 협상에 성공하여, 서경 이북 땅을 잃으며 항복하는 것이 아닌, 강동 6주의 땅을 거꾸로 얻어냈다. 소손녕은 서희에게 낙타 10두, 말 100필, 양 1천 마리와 비단 500필을 선물로 주고 떠났다.

● 서희(徐熙)의 흉상

● **서희와 소손녕의 회담**
993년(성종 12년) 거란의 내침 때 전세가 불리해지자, 조정에서는 항복하자는 안(案)과 서경(西京) 이북을 할양하고 강화하자는 안 중에서 후자를 택하기로 하였다. 그러나 서희는 이에 극력 반대했고, 자진해서 국서를 가지고 가 적장 소손녕과 담판을 벌였다. 이때 옛 고구려 땅은 거란 소유라는 적장의 주장에 반박하여, 국명으로 보아도 고려는 고구려의 후신임을 설득시켜 거란군을 철수시켰다.

이에 고려는 동여진을 몰아낸 뒤 흥화진(興化鎭) · 통주(通州) · 구주(龜州) · 곽주(郭州) · 용주(龍州) · 철주(鐵州) 등의 이른바 강동 6주를 설치하여, 그 영토를 압록강까지 확장시켰다.

결국 제1차 고려-거란 전쟁의 목적은, 고려와 송나라의 관계를 단절시키고 요와 교류하게 하려는 데 있었다. 이로써 요는 고려에 대해 형식적인 사대의 예를 받아 침공의 목적을 달성했으며, 고려는 강동 6주를 획득하여 실리를 얻게 되었다.

그러나 실제로 고려는 요나라와의 약조와는 달리 비공식적으로나마 송나라와 계속 교류하였고, 요나라 또한 강동 6주가 동여진 정벌과 고려 압박에 가치가 크다는 사실을 알고 재침략의 기회를 엿보게 되었다.

■ 제2차 고려-거란 전쟁

1010년(현종 1년) 11월, 요 성종은 직접 40만 대군을 거느리고 고려를 침략해 왔다. 그 당시 고려는 제7대 목종의 모후인 천추태후(千秋太后)와 김치양(金致陽)이 불륜관계를 맺고 그 사이에서 나온 아들을 차기 왕으로 잇게 하려는 음모를 꾸미자, 강조(康兆)가 군사를 일으켜 김치양과 천추태후의 세력을 제거하고 목종을 폐위했으며 강제 출가한 대량원군을 제8대 현종(顯宗)으로 추대하였다.

이에 요나라는 강조의 대역죄를 묻는다는 구실로 고려를 침공하였다. 그러나 제2차 고려-거란 전쟁에서 거란의 실제적인 의도는, 송나라와의 교류를 완전히 차단하여 고려와 거란 간의 관계를 재차 확인시키고 강동 6주를 되찾으려는 데 있었다.

거란군은 먼저 흥화진을 공격했으나 성주 양규(楊規)의 항전으로 함락하지 못하였다. 현종은 강조를 행영도통사(行營都統使)로 삼아 30만 군을 거느리고 통주(通州)에 나가 막게 했으나 크게 패배했고, 요 성종은 강조를 사로잡아 죽였다.

● **신혈사(神穴寺)**
현재의 서울 은평구 삼각산 진관사(津寬寺)에 있었던 절이다. 경종의 비였던 천추태후는 제7대 목종에게 후사가 없음을 기화로 하여 김치양과 짜고, 왕위 계승자인 대량원군(大良院君)을 죽이려고 하였다. 태후는 대량원군을 없애고 자기가 낳은 사생아를 키워 차기 임금으로 삼으려는 심산이었다. 태후는 목종에게 말하여, 대량원군을 신혈사로 옮기게 하였다. 당시 신혈사는 진관조사(津寬祖師) 혼자서 조용히 수도하고 있던 작은 암자였으므로, 대량원군을 죽이기가 쉬울 것이라고 판단한 것이다. 그러나 진관조사가 먼저 이를 간파하여 방 밑으로 지하굴을 파고 그 위에 침상을 놓아서 12세의 대량원군을 숨겼으므로, 태후가 보낸 자객은 대량원군을 찾지 못하고 하릴없이 돌아가고 말았다.

거란은 이어 곽주 · 안주 등의 성을 빼앗고, 개경까지 함락시켰다. 이에 고려 조정에서는 다시 항복론을 주장하는 목소리가 거세졌으나, 강감찬(姜邯贊)의 반대로 현종은 나주로 피난하였다. 그러나 거란군은 개경 함락에만 서둘러 흥화진 · 구주 · 통주 · 서경 등을 그대로 두고 내려왔기 때문에 병참선이 차단되었다. 이에 고려가 하공진(河拱辰)을 보내 화친을 청하자, 거란은 현종이 친조(親朝)한다는 조건으로 이를 받아들이고 회군하다가, 구주 등에서 양규와 김숙흥(金叔興) 등의 공격을 받아 많은 피해를 입었다. 양규는 이 전투에서 전사하였다.

■ 제3차 고려-거란 전쟁

1011년 정월 개경에 돌아온 현종은 요에 친조하지 않았고, 강동 6주를 반환해

달라는 요청에도 응하지 않았으며, 1013년에 거란과 국교를 끊고 다음해에 송나라와 다시 교류하였다. 이에 요는 1018년 12월에 소배압(蕭排押)이 이끄는 10만 대군으로 다시 고려를 침공하였다. 그러자 고려는 서북면행영도통사(西北面行營都統使)로 있던 강감찬(姜邯贊)을 상원수, 강민첨(姜民瞻)을 부원수로 삼아 20만 대군으로 이에 대비하였다. 흥화진(興化鎭) 전투에서 고려는 1만 2천여 명의 기병을 산골짜기에 매복시키고, 굵은 밧줄로 쇠가죽을 꿰어 성 동쪽의 냇물을 막았다가 적병이 이르자 막았던 물을 일시에 내려보내, 혼란에 빠진 거란군을 크게 무찔렀다.

거란군은 초반부터 큰 피해를 입었음에도 후퇴하지 않고, 고려군의 이어진 공격을 피하여 개경으로 나아가다가 자주(慈州)에서 강민첨의 공격을 받았으며, 고려군의 청야(淸野) 전술로 인해 식량 공급에도 큰 차질을 빚었다. 소배압은 다음해 정월 개경에서 멀지 않은 신은현(新恩縣)에 도달했으나, 개경을 함락할 수 없음을 깨닫고 군사를 돌려 퇴각하였다.

강감찬은 자주(慈州)와 신은현(新恩縣)에서 고려군의 협공으로 인해 패퇴하는 거란군을 추격하여 구주(龜州)에서 섬멸했는데, 이 전투를 '귀주[구주]대첩'이라 한다. 거란군 10만 명 중에서 생존자는 겨우 수천에 불과하였다.

● 귀주[구주]대첩
귀주대첩(龜州大捷)은 1019년 3월 10일(음력 2월 1일)에 고려군이 요나라군을 구주에서 물리쳐 승리한 전투이다. 고려 측 20만 명 이상, 요나라 측 10만 명 이상의 대병력이 평야 한복판에서 맞붙은 총력 대회전으로, 요나라군은 거의 전멸하여 이후 다시는 고려를 공격하지 못한다. 살수대첩 · 행주대첩 · 한산도대첩과 함께 한민족 4대첩의 하나로 꼽힌다.

● 강감찬 장군 동상

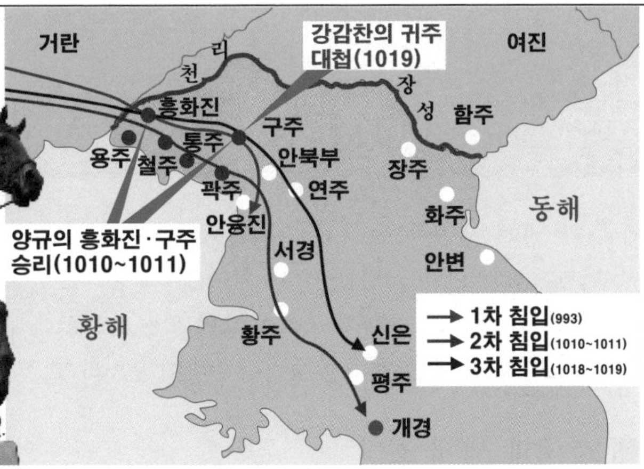

■ 전쟁 결과

1019년 전쟁은 끝이 났으며, 이후 양국 사이에 사신이 왕래하면서 국교가 회복되었다. 고려는 요나라의 제안을 받아들여 송나라의 연호를 폐지하고 요의 연호를 사용하는 대신, 요나라가 요구한 국왕 친조 및 강동 6주 반환을 하지 않게 되었다.

요나라는 고려 침략에 실패하여 요동에서의 지배권이 흔들리기 시작했고, 고려가 버티고 있는 한 송나라를 쳐들어갈 수 없게 되었다. 그리하여 고려-송-요 3국의 대등한 세력 균형이 형성되었다.

한편, 고려도 서북지역에 커다란 피해를 입었으며, 북진정책을 계속 추진하기도 힘들어졌다. 아울러 고려에서는 요나라와 여진족을 막기 위해 흥화진 북쪽의 압록강 어귀에서부터 동해안의 도련포에 이르는 천리장성(千里長城), 개경 수비를 위한 나성(羅城: 바깥 성벽)을 쌓았다.

이때부터 민간에서는 요나라가 멸망한 1125년까지 양국 사이에 사행무역(使行貿易)이나 밀무역(密貿易) 등이 성행했다. 또한 거란의 대장경이 들어와 의천(義天)의 속장경(續藏經) 간행에 영향을 주거나, 원효의 《대승기신론소(大乘起信論疏)》가 거란에 전해져 반포되기도 하였다.

문종

문종[文宗: 1019년 12월 29일(음력 12월 1일) ~ 1083년 9월 2일(음력 7월 18일)]은 고려 제11대 국왕(재위 1046년 ~ 1083년)이다. 초명은 서(緖), 휘는 휘(徽), 묘호는 문종, 시호는 강정명대장성인효대왕(剛定明大章聖仁孝大王)이다. 불교 중흥에 힘썼으므로 특별히 인효성왕(仁孝聖王)이라고도 부른다. 문종의 치세 이래를 고려의 황금기라고 한다.

■ 출생과 생애 초반

문종은 제8대 현종과 원혜왕후 김씨의 셋째 아들로, 제9대 덕종(德宗)과 제10대 정종(靖宗)의 이복동생이며, 정간왕에 추증된 평양공 왕기의 친형이었다. 덕종과 정종은 그의 이복형이면서 동시에 이종사촌 형이기도 했는데, 이모이자 적모(嫡母)인 원성왕후의 소생이었다. 이복형인 정종이 세상을 뜬 후, 정종의 유지로 왕위를 계승했다.

문종은 즉위하자마자 문하시중 최충(崔沖)에게 명하여 율령 · 서산(書算)을 정리하게 함으로써 각종 법을 만드는 기반을 마련하였다. 장인인 이자연(李子淵: 세 딸을 문종의 비로 들여보냈음)은 사심없이 그를 보필하였고, 이자연과 최충은 왕명으로 문치정책을 추진해 나갔다. 문종은 불교를 신봉하여 1067년 흥왕사(興王寺)를 세웠고, 자신의 아들을 부처에게 바치겠다고 서약한 후 태자 왕후(王煦)를 출가시켜 승려가 되게 하니, 그가 바로 대각국사 의천(義天)이다.

유학도 장려하여 이 무렵 최충의 9재(九齋: 9개의 전문강좌로 나누어 강의하는 9재 학당. '시중최공도' 또는 '문헌공도'라고도 불렀음.)를 선두로 12공도(十二公徒)의 사학(私學)이 발달하였다. 지방에도 중앙에서 파견된 관리의 수가 늘었다.

국방과 외교에도 힘썼다. 동여진(東女眞)이 북변을 침략하자 이를 토벌하는 등 동여진에 대한 초기 정책은 다소 강경했으나, 이후 점차 회유책으로 바꾸어 나갔다. 특히 송나라 · 이슬람 등과 친선을 도모하여 교역이 융성하였다.

■ 대각국사 의천

● 의천의 영정

문종의 넷째 아들로서, 어머니는 인예태후이다. 어느 날 문종이 아들들을 모아놓고 출가(出家)할 사람을 찾았는데, 이때 자원하여 11세의 나이로 출가하였다고 한다.

그리고 겨우 13세의 어린 나이에 교종(敎宗)의 최고 지위인 승통(僧統)이 되었다. 이 때문에 문종이 불교계를 장악하기 위해 아들을 출가시킨 것이 아닌가 추측하는 학자도 있다.

당시 고려의 불교는 지방 중심의 선종(禪宗)과 중앙의 교종으로 나뉘어 있었고, 교종 또한 왕실의 후원을 받은 화엄종(華嚴宗)과 귀족 중심의 법상종(法相宗)으로 나뉘어 있었다. 의천은 '교관겸수(敎觀兼修)' 사상을 바탕으로 개성 흥왕사에서 교단 통합 운동을 시작하면서 천태종(天台宗)을 도입하였고, 이후 국청사를 세우면서 선종의 통합도 이루려 하였다. 천태종의 개창은 교종에게는 별 영향이 없었지만 선종에게 엄청난 타격을 주었는데, 이는 천태종으로 개종한 승려들 전원이 선종 승려였다는 데서 알 수 있다.

■ 고려 불교의 발전

의천은 오랫동안 송에 가서 제대로 된 불교를 배우고 싶어했으나, 왕자가 위험한 바닷길을 갈 수 없다는 이유 및 당시 복잡한 국제 정세 때문에 계속 저지되었고, 결국 송의 상선을 타고 밀항하였다. 의천은 송 남부에서도 교단을 설립하고 절을 세우는 등의 활동을 하였다. 고려로 돌아온 뒤 송 · 요 · 신라 등의 경전 주석서를 모아 4천여 권에 달하는 교장(敎藏)을 펴냈는데, 이 때문에 훗날 송에서는 유실된 경전을 찾기 위해 고려에 사신을 파견하기도 하였다.

고려의 문화

고려의 문화는 삼국 시대 이래의 전통적인 불교 문화, 통일신라에서 받아들인 유교 문화, 지방 호족들과 문벌을 중시하는 풍조에서 싹튼 귀족 문화 등이 어우러져 다채로운 모습을 보였고, 고려 사회 전반에 걸쳐 영향을 미쳤다. 특히 문종 시기에 와서는 '고려의 황금기'라 불릴 정도로 불교 · 유교 · 미술 · 공예 등 문화 전반에 걸쳐 괄목할 수준을 드러내, 문화가 크게 발전되었다.

■ 고려의 르네상스

고려의 불교는 이미 보편화되어 외형상으로 성했으나, 초기에는 그 교리 자체에 이렇다 할 새로운 발전이 없이 선종과 교종이 대립하고 있을 뿐이었다. 이러한 때 대각국사(大覺國師) 의천(義天)이 나타나 교선(教禪) 일치를 주장하고 천태종(天台宗)을 펴자, 이에 자극되어 선종은 자각 · 단결하여 조계종(曹溪宗)을 성립시켰다. 이리하여 고려의 불교계는 5교(五教: 불교의 5종파인 열반종 · 계율종 · 화엄종 · 법상종 · 법성종) 양종(兩宗: 조계종과 천태종)으로 새로이 편성되었다.

또한 고려 초기의 불교는 대장경(大藏經)의 조판(彫板)에 이르러 하나의 정리를 이룩했다. 현종 때 착수하여 문종 때 완성된 대장경의 조판은 거란의 침입을 막으려는 염원, 요(遼)의 무력에 대한 고려의 문화적 우위성의 주장, 국가의 관념적인 지도능력의 보유를 과시하려는 의도에서 이룩된 것이었다.

고려 때는 불교가 현세 이익의 종교로 생각되어, 국가나 왕실의 융성을 기원하는 의미에서 사찰 창건과 각종 불교 행사가 성행하였다. 태조 때 세워진 법왕사 · 왕륜사 · 흥국사 등의 사찰을 위시하여 문종 때에는 흥왕사(興王寺)가 완성되었다. 또한 국가적인 불교 행사, 즉 연등회(燃燈會) · 팔관회(八關會)가 행해지고, 각종 항례적인 법회(法會)와 기타 행사가 있었다.

신라의 향가는 고려 초기까지도 그 줄기가 남아 있어 균여(均如)와 같은 작가가 나왔으나, 점차 소멸되어 갔다. 그 대신 한문학이 성행하게 되어, 중국 고전의 문구나 한시(漢詩)가 귀족들 사이에 읊어졌다.

고려 문화 중 가장 손꼽히는 것은, 귀족들의 향락 생활이 화려하게 꽃피워 낸 공예작품인 고려자기(高麗磁器)일 것이다. 그중 특히 청자(靑磁)는 천하일품이었다. 청자 이외에도 은상감향로(銀象嵌香爐)·촛대·거울 등 훌륭한 공예품들이 많다. 그 밖에도 정교와 섬세미를 자랑하는 석부도(石浮屠) 같은 미술품이 있다. 대표적인 것으로는 정토사(淨土寺)의 실상탑(實相塔)과 법천사(法泉寺)의 현묘탑(玄妙塔) 등을 들 수 있다. 그리고 분묘에 사용된 석관(石棺)의 4신수(四神獸)나 12지신상(十二支神像)의 선각(線刻)도 아름답다.

고려 초기의 석탑은 통일신라의 것을 계승한 것으로, 현화사(玄化寺) 7층탑에서 보는 바와 같이 예리한 직선미보다는 둥근 맛이 나는 석탑이 나타났다. 또 송의 영향을 받아 8각탑의 양식도 유행하여, 월정사(月精寺) 9층석탑 같은 것이 생겼다. 불상으로는 관촉사(灌燭寺)의 미륵불(은진미륵), 영주 부석사의 아미타소상(阿彌陀塑像) 같은 걸작이 있다.

회화도 상당히 성하였으나, 〈예성강도(禮成江圖)〉로 유명한 이녕(李寧)과 그 아들 이광필(李光弼)의 이름만이 전할 뿐이다. 서도(書道)로는 유신(柳伸)·탄연(坦然)·최우(崔瑀)가 유명하며, 이들은 신라의 김생(金生)과 함께 신품사현(神品四賢)으로 일컬어진다.

● 월정사 팔각 9층석탑(국보 제48호)

고려청자

고려청자는 고려 문종(文宗, 재위: 1046년~1083년) 전후에 송(宋)의 화남 절강성 월주요(越州窯)의 영향을 받고 만들어진 것으로서, 그 변천은 고려의 역사와 함께하고 있다. 초기에는 매우 소박한 데서 출발했지만, 점차 기술이 숙련됨에 따라 예종(睿宗) · 인종(仁宗) 때에는 이른바 비색청자 시대(翡色青磁時代)에 이르러 고려청자의 진면목을 보이는 상감청자를 낳는데, 이는 순전히 고려인의 창의력에 의한 것이다.

■ 고려의 빛-청자

고려 초기인 10세기경에, 고려의 많은 문화가 그렇듯이 중국 송나라 청자의 영향을 받아 제작하기 시작했던 것으로 보인다. 하지만 12세기 무렵에는 독자적인 특징을 가진 형태로 발전한다.

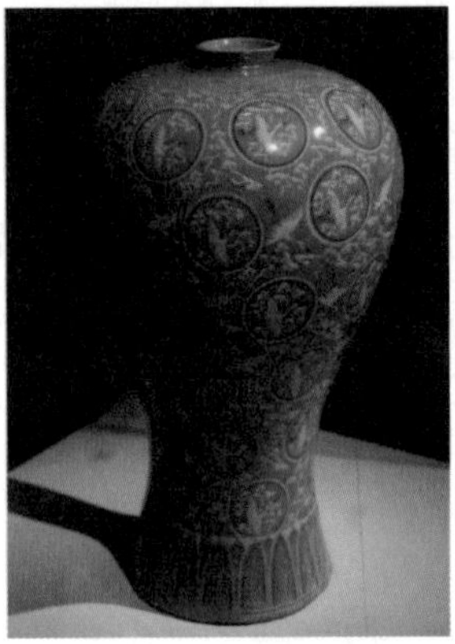

● 청자 상감운학문 매병 (국보 제68호)

고려 시대 미술품의 대표적인 걸작으로, 매우 정교하고 화려하며 세계 도자기 발전사에서 빼놓을 수 없는 명품이다. 당연히 당대에도 국제적으로 최고급품 취급을 받았고, 송나라에서 쓰인 《수중금(袖中錦)》이라는 책에서는 "고려의 비색(청자)은 천하제일"이라고 평하였다.

● 청자 투각칠보무늬 향로 (국보 제95호)

특히 고려청자는 은은한 푸른 빛깔 비색(翡色)과 상감(象嵌) 기법으로 유명하다. 보통 비색과 조형을 강조한 순청자 시기, 상감 기법을 중시한 상감청자 시기, 그리고 몽골 제국의 침입 이후 쇠퇴기로 나눈다. 초기에는 순청자가 유행했고, 인종 대 이후에는 기법이 발달하면서 상감청자도 나타나 무신정권 시기에 그 절정에 이르렀으며, 몽골 치하에서 점차 쇠퇴하고 분청사기가 민간에 널리 유행하게 되었다.

상감청자의 기법은 칠기나 동기(銅器) 등의 기술과도 상통하는 고급 기술로, 고려 공예의 뛰어난 기술력을 잘 보여준다.

상감청자의 장식이 갈수록 화려해진 것에 대해서는, 무신정권기의 무신들은 단정한 문신들에 비해 청자를 보는 심미안이 떨어진 탓에 겉으로 화려한 무늬가 많은 상감청자를 선호했기 때문이라는 이야기도 있다. 그렇다고 해서 어느 쪽이 수준이 높고 낮고의 문제는 아니고, 시대상과 기술력의 발전을 반영했다는 의미이다.

● 청자 구룡형 주전자
(국보 제96호)

● 청자 상감모란문 표주박모양
주전자(국보 제116호)

고려청자만의 특유의 비색이나 상감 기법을 이용한 문양표현 같은 동시대 중국에는 없던 독특한 면이 있는 점, 송나라 때 세계에서 중국의 도자기 기술을 구현할 수 있었던 나라는 고려뿐이었다는 점은, 고려 도자기 기술의 우수성을 보여준다. 당시 고려의 도자기 기술이 중국을 따라잡던 수준을 넘어, 중국 시장에서 자체적인 특산품으로 인정받고 세계 상품인 중국 도자기들과 당당하게 경쟁하는 수준까지 올라왔음은 엄연한 사실이다. 송 · 원 · 명대 초기까지의 고려 청자 · 백자 도자기는 세계 도자기사에서 중요한 포인트로 자리잡고 있다.

● 청자 어룡형 주전자
(국보 제61호)

숙종

숙종[肅宗: 1054년 9월 2일(음력 7월 28일) ~ 1105년 11월 10일(음력 10월 2일)]은 고려 제15대 국왕(재위: 1095년~1105년)이다. 초명은 희(熙), 휘는 옹(顒), 시호는 문혜강정명효대왕(文惠康正明孝大王). 문종과 인예왕후 이씨의 아들로, 순종과 선종의 동복아우이다.

■ 숙종의 치적

부지런하고 검소하며 과단성이 있고 오경(五經), 제자서(諸子書), 사서(史書) 등에 해박하였다. 문종의 큰 기대를 받아 "뒷날에 왕실을 부흥시킬 자는 너다."라는 말을 듣고 계림공(鷄林公)에 책봉되었는데, 친조카인 헌종(獻宗)이 어린 나이로 즉위하자 1년 만에 왕위를 찬탈하여 1095년에 즉위하였다.

숙종은 동생인 대각국사 의천의 주장대로 주전도감(鑄錢都監)을 설치하여 화폐인 해동통보 · 삼한통보를 생산하고, 절도 많이 지어 불교를 융성케 했다.

1096년, 유학자들의 강력한 주장에 숙종은 6촌 이내의 근친혼을 금지하는 명을 내렸다. 근친혼을 금지시킨 가장 큰 이유는, 문벌 귀족들의 혼맥(婚脈)의 난맥상을 막기 위한 의도가 강했다. 근친혼에 강한 거부감을 가지는 현재의 관념은 통상 이때부터 시작되었다고 본다.

1099년에 김위제(金謂磾)의 주장에 따라 남경을 중시하고 남경개창도감(南京開創都監)을 두어 궁궐을 조성하였으나, 이때 남경은 서경처럼 지역 세력이라든지 지역 중심지로서의 중요성이 크지 않아 정치적 논의만 거친 채 흐지부지 끝났다. 그 당시 조성하려 했던 궁궐터는 현재의 청와대 자리이다.

■ 윤관의 동북 9성 개척

당시 고려 조정은 요나라의 침입에 대비해 천리장성을 쌓고 이를 경계로 삼았다. 하지만 천리장성 밖에서도 근처에 자리잡은 여진족들에게 간접적으로 영향력을 행사하고 있었다.

여진족이 크게 성장하자 이를 토벌하기 위해 1104년에 윤관(尹瓘)을 보내 북방에 진출했으나 패배하여, 강화를 맺고 돌아왔다. 이에 윤관은 숙종에게 고려군의 문제점을 진언하고 보완할 대책을 마련하여, 여진 정벌을 위한 별무반(別武班)이라는 부대를 만들어 이를 양성하는 데 온 힘을 기울였다. 별무반은 기병인 신기군(神騎軍), 보병인 신보군(神步軍), 승병인 항마군(降魔軍)으로 구성되었다.

별무반을 편성하여 훈련시키며 여진 정벌을 준비하던 중 숙종이 죽고, 제16대 예종(睿宗)이 즉위하였다. 예종은 선왕의 정책을 계승하여, 1107년에 윤관으로 하여금 17만 고려군을 이끌고 함경도 일대로 출진하게 하여, 그 지역의 여진족을 격파하고 그 일대에 9성을 쌓게 하였다.

● 윤관(尹瓘)
윤관은 고려 중기의 문신 · 군인이다. 숙종 · 예종 때 별무반을 지휘했으며, 1107년에 여진 정벌군의 원수(元帥)가 되어 부원수 오연총(吳延寵) 등과 함께 17만 대군을 거느리고 여진족을 토벌한 뒤, 북방에 9성을 쌓았다. 그 후 여진족이 재침략하자 이를 진압하고, 1108년(예종 3년) 개선하였다. 그러나 여진족의 동북 9성 반환 요청이 있자, 그는 반대하였으나 고려 조정은 화의론을 주장하여 9성을 되돌려 주었다. 1109년 길주성에서의 패전을 이유로 한때 공신호를 박탈당하고 해임당하였으나, 예종의 특별 배려로 복직하였다. 파평 윤씨의 중시조이다.

● 척경입비도(拓境立碑圖)와 윤관 동상

인종

인종[仁宗: 1109년 10월 29일(음력 10월 4일)~1146년 4월 10일(음력 2월 28일)]은 고려 제17대 국왕(재위: 1122년 ~ 1146년)이다. 휘는 해(楷), 자는 인표(仁表), 묘호는 인종(仁宗), 시호는 극안공효대왕(克安恭孝大王). 예종과 순덕왕후(順德王后) 이씨(李氏)의 맏아들이다. 1122년부터 1146년까지 재위하는 동안 1122년부터 1126년까지 외조부 이자겸(李資謙)이 섭정(攝政)을 하였다.

■ 인종의 시기

인종의 시기는 한마디로 수난의 점철이며, '이자겸의 난' · '묘청(妙淸)의 난' 같은 굵직한 반란사건이 연달아 터져 나오는 등 실로 혼란이 가득했던 난세였다. 현종 이후 100여 년간 지속된 고려의 전성기가 인종 대에서 사실상 끝났으며, 그동안 문벌 귀족 사회에서 누적된 모순도 본격적으로 터지기 시작했다.

1122년, 부왕 예종의 갑작스러운 사망으로 14살의 어린 인종은, 그가 어리다는 이유로 삼촌들이 왕위를 탐내기도 했으나, 외조부가 되는 평장사 이자겸(李資謙)의 후원을 받아 중광전(重光殿)에서 즉위하였다.

하지만 왕이 어린 데다 외척의 도움을 받아 왕위에 올랐으니, 외척 세력이 발호한 것은 당연한 일이었다. 이자겸은 왕을 대신하여 정권을 한 손에 움켜쥔 채, 왕에 버금가는 권력을 누리며 횡포를 부렸다. 게다가 이자겸은 자신의 두 딸을 강제로 인종과 혼인시켰다.

본래 고려 왕실에 근친혼이 있었다 치더라도 이자겸의 두 딸은 인종에게는 이모가 되는지라, 당대의 예법으로도 인종과는 결혼할 수 없는 사이였다.

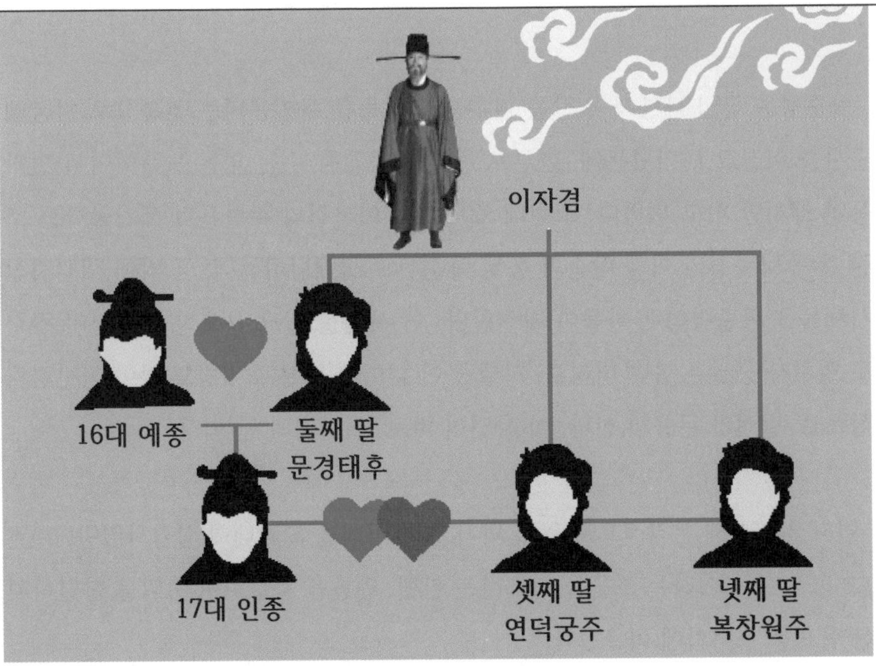

왕의 외조부이자 장인이 된 이자겸은 고려 하늘 아래 두려울 것이 없었다. 일부 신하들은 이러한 이자겸의 횡포에 반감을 품고 이자겸을 축출하려 하였으나, 이자겸이 과거 윤관의 부하 장수였던 탁준경[拓俊京: 拓(척)자가 성일 때는 '탁'으로 발음함]과 손을 잡고 권세를 부리니 어찌할 도리가 없었다.

이자겸은 심지어 인종을 자신의 집에 가두고, 자신이 공공연히 왕이 될 것이란 소문까지 퍼뜨렸다.

■ 이자겸의 난

인종은 18세가 되던 해(1126년)에 이자겸의 횡포를 보다 못해, 몰래 자신의 세력을 규합해 이자겸을 제거하기로 하였다. 이리하여 최탁 · 오탁 · 권수 등으로 하여금 군사를 동원하여 궁궐 내에 있던 이자겸의 수하들을 제거하게 하였다. 그러나 이를 알아챈 이자겸은 자기 집으로 신하들을 소집하여 회의를 가졌으며, 자신과는 사돈지간이었던 탁준경에게 군사를 주어 궁궐로 보내었다.

탁준경은 궁궐 내에서 소란을 피우는 역적들을 무찌른다는 명분으로 왕궁에 군사를 이끌고 나타났는데, 함부로 왕궁을 공격할 수는 없는 노릇이어서 얼마 동안 대치만 하고 있었다. 그런데 궐내에서 이자겸의 수하들이 제거당하는 소란 통에 탁준경의 아들 탁순과 동생 탁준신도 살해당하는데, 궁 밖에 내던져진 시체들을 탁준경의 부하들이 발견한다. 이 사실을 알고 분노한 탁준경이 공격을 명하자 궁궐은 불타 버리고, 지낼 곳이 없어진 왕은 호위병도 없이 이자겸의 집으로 달려가 몸을 피한다. 이 사건이 바로 '이자겸의 난'이다.

이자겸은 이제 본격적으로 왕이 되기 위한 야심을 드러내어 십팔자위왕(十八子爲王;十八子=李)이라는 소문을 퍼뜨리는 한편, 인종을 독살하여 왕위를 찬탈하려는 음모를 꾸미기에 이르렀다.

그러나 인종의 왕비인 두 딸이 독이 든 탕약을 실수로 떨어트린 척하고 방해하는 바람에, 독살 음모는 실패하고 말았다. 이 두 왕비(연덕궁주와 복창원주)는 이자겸이 축출당한 후 궁에서 쫓겨났지만, 인종을 헌신적으로 보살핀 보답인지 반역자의 딸임에도 불구하고 노비와 가택을 하사받았다.

● **탁준경(拓俊京)**

1104년(숙종 9년) 평장사 임간(林幹)을 따라 동여진 정벌에 공을 세운 뒤 천군위녹사 참군사에 제수되었다. 1107년(예종 2년) 중군병마녹사로 윤관(尹瓘)을 따라 동여진 정벌에 종군한 탁준경은 특공대를 편성하여 석성을 공격, 적의 추장을 격살하는 등 전과를 올렸다. 이어서 북상하는 적군을 웅주성에서 대파하고, 함주와 영주에서 적을 참살하였다. 그 공으로 합문지후에 제수되었고, 다시 길주 전투에서 공을 세워 공부원외랑이 되었다. 1126년(인종 4년) 이자겸과 함께 인종을 폐위하고자 군사를 이끌고 대궐을 침입했다가 왕의 권유로 뜻을 바꾸어, 이자겸을 잡아 귀양보내고 그 공으로 추충정국협모동덕위사공신(推忠靖國協謀同德衛社功臣)이 되었다.

한편, 인종은 탁준경의 성품이 강직하다는 것을 알고 있었기에, 남몰래 탁준경에게 선물을 하사하는 동시에 친서를 내려서 회유하는 데 성공한다. 인종에게 충성을 맹세한 탁준경이 직접 군사를 이끌고 나선 덕분에 결국 이자겸은 축출되어 전라도 영광으로 유배되었고, 이곳에서 병사하였다.

이후에 인종은 탁준경의 공적을 치하하여 문하시중(종1품)의 관직에 제수하려고 하였으나 이는 탁준경이 거절하였고, 그래서 인종은 대신 공신각에 그의 초상화를 걸어놓아 명예를 세워주었다. 그러나 이후 신하들(특히 정지상)이 탄핵을 하여, 할 수 없이 탁준경을 암타도로 유배보냈다.

■ 서경 천도 운동과 금나라 정벌론

인종은 이자겸 축출 뒤, 실추된 왕권을 회복하는 데에 몰두하였다. 이런 상황에서 개경에 기반을 둔 기존 세력이 아닌 서경의 신흥 세력이 부각되었다. 이들 서경 세력은 고려 제4대 광종 이후 주도권을 개경과 개경 이남의 문벌 귀족 출신에게 빼앗긴 세력이었다. 특히 서경 출신의 빼어난 시인 정지상(鄭知常)은 이자겸 제거에 공을 세운 권신 탁준경을 과감히 탄핵해, 그를 귀양보내는 데 공을 세웠다. 이로써 정지상은 인종의 최측근으로 부상했다. 정지상은 서경 출신의 승려인 묘청(妙淸)의 사상을 신봉했고, 묘청을 인종에게 소개하였다.

풍수지리설의 대가(大家)로 알려졌던 묘청은 풍수지리설에 따라, 고려가 어려움을 겪게 된 것은 수도인 개경(개성)의 지덕(地德)이 쇠약한 때문이라고 역설하였다. 따라서 나라를 중흥하고 국운을 융성하게 하려면 지덕이 왕성한 서경(평양)으로 수도를 옮겨야 한다는 것이었다. 지덕이 다한 개경을 버리고 서경으로 수도를 옮기면 금나라(여진족)의 항복을 받아낼 수 있고, 중심 국가가 될 수 있다고 묘청은 주장하였다.

묘청은 곧 인종의 총애와 함께 많은 사람들의 지지를 받게 되었고, 묘청의 건의를 받아들인 인종은 1127년(인종 5년) 이후 서경으로 자주 행차하였다. 이와 동시에 서경 천도는 곧 실현될 듯이 보였다. 처음에는 반대하던 조정 대신들도 점차 서경 세력의 풍수지리설에 설득되어 갔고, 묘청 등은 인종의 서경 행차에 성공하고 15조항의 유신정교(維新政敎)를 선포하였다.

1128년(인종 6년) 묘청의 건의에 따라 임원역(林原驛)에 임원궁을 세웠고, 1132년에는 서경에 대화세(大花勢)가 있으므로 그곳에 신궁인 대화궁을 세우면 천하 통일을 이루고 금나라 및 그 밖의 많은 나라가 고려에 항복하여 조공할 것이라 하여, 서경 천도 운동에 박차를 가하였다. 당시 인종도 이자겸 · 탁준경 등의 난으로 개경의 궁궐이 소실되자 그해 11월부터 신궁 건설에 착수하게 되었다.

■ 개경파의 반발과 천도 운동의 좌절

그러나 당시 조정 안에는 서경 천도 계획에 반대하는 세력이 만만치 않았다. 김부식(金富軾)은 그 대표적인 개경파 인물이었다. 이들은 정지상 · 묘청 등 서경파의 의도를 파악하고 있었다. 그러나 개경파의 반발에 초조해진 묘청 일파가 지나친 농간을 부린 것이 폭로되자, 조정 대신들의 강경한 반대가 대두되었다. 결국 인종은 서경 천도를 중지하라는 명령을 내렸다. 특히 묘청은 대화궁을 지으면 천하를 통일할 수 있고 금나라도 저절로 항복할 것이며 그 밖에 많은 나라가 와서 조공할 것이라고 장담하였으나, 준공 뒤에도 전혀 달라진 것이 없고, 오히려 자연재해가 잇따라 일어나기도 했다.

묘청은 상징 조작에 능했으며, 이를 이용하여 인종의 총애를 받고 권력을 차지했다. 그러나 그 도가 지나쳐 오히려 신뢰를 잃게 되는 계기가 되었다. 한 가지 사례를 들면 다음과 같다.

1132년(인종 10년) 음력 2월, 인종이 묘청 등과 함께 서경으로 가던 중 큰 폭풍우를 만나 수많은 인마가 죽거나 다쳤고, 인종을 비롯한 대소 신료가 고초를 겪었다. 이에 묘청의 입장이 난처해졌는데, 폭풍우와 고생이 묘청의 탓으로 여겨졌기 때문이다. 그러자 묘청은 무리수를 썼다. 기름이 들어간 떡을 몰래 강에 던져 넣자 기름떡에서 흘러나온 기름이 수면에서 오색으로 빛났고, 묘청은 이를 용이 침을 토했기 때문이라고 해석했다. 이런 현상은 천년에 한 번 있기도 힘든 상서로운 기운이라는 것이다. 묘청과 이재정 등 서경인 50여 명은 이때 금나라를 공격하자고 했다.

하지만 신중했던 인종은 결정을 미루고, 대신에 문공인과 이준양에게 '용의 침'을 조사하게 했다. 그 결과 '용의 침'은 기름떡을 가지고 농간한 것임이 탄로났다. 묘청과 정지상 등의 정치적 위신은 크게 실추되었고, 조정에서는 묘청 일파에 대한 숙청 요구가 잇따랐다. 그러나 인종은 용인하지 않았다. 오히려 얼마 간은 서경의 대화궁에 행차할 것을 요청하는 묘청의 건의를 절반쯤 받아들여, 옷만이라도 보내게 했다. 묘청이 무리하면서까지 대화궁 행차를 거듭 왕에게 청원한 것은 서경 천도를 기정사실화 하고자 했던 때문이다.

이외에도 풍수지리상 명당이라던 대화궁이 여러 번 벼락을 맞아 불탄다거나, 극심한 가뭄으로 인하여 많은 사람이 굶어죽기도 했으며, 또 대동강에서 뱃놀이하던 인종이 풍랑을 만나 큰 위험을 당하기도 했다. 이런 상황에서 이중(李仲) · 문공유(文公裕) 등이 묘청 배척상소를 올렸으며, 이어서 임완(林完)이 시폐(時弊)를 통론하고, 마침내 개경파의 거두인 김부식이 서경 행차를 반대하는 상소를 올리니, 그에 인종은 서경 천도를 중지하라는 명령을 내렸다.

● 《삼국사기》의 저자 김부식의 영정

■ 묘청의 반란

서경 천도가 좌절되자, 묘청은 1135년(인종 13년) 정월에 서경의 분사시랑 조광(趙匡) 및 병부상서 유참 등과 함께 반기를 들고, 개경의 중앙 정부에서 파견된 부류현(副留縣) 수령 이하 관리들과 서경에 와 있던 개경 사람들을 모조리 잡아 가두었다.

또한 자비령 이북의 길을 막고, 서북면의 모든 관청(주 · 군 · 현)의 관리들을 서북인만으로 충당시킨 다음, 서북면 안에 있는 모든 고을의 군대를 서경에 집결하게 하였다. 그러고는 국호를 대위국(大爲國), 연호를 천개(天開: 하늘이 열어준다는 뜻), 군대의 호칭을 천견충의군(天遣忠義軍: 하늘의 뜻으로 보낸 충의의 군사)이라고 하였다. 이어 개경으로 진격해 들어갈 뜻을 밝혔다.

인종은 사신을 보내 반란을 멈출 것을 권유했으나, 묘청 일파는 왕을 바꾸기 위해 일어난 반란이 아니며, 서경으로 천도하면 다시 충성할 것이라고 답했다. 그러나 조정에서는 신하가 군주를 오라 가라 할 수 없다며, 이를 역모로 규정하고 토벌해야 한다고 주장하였다. 결국 조정에서는 김부식을 평서원수(平西元帥)로 하는 진압군을 파견하였다. 김부식은 출정에 앞서 개경에 남아 있던 묘청 일파인 정지상 · 백수한(白壽翰) · 김안(金安) 등을 참수하였다.

김부식은 좌·중·우 3군을 지휘하여 서북면으로 진격하였다. 평산역－관산역－사암역을 거쳐 성천에 이르렀다. 거기서 토적(討賊)의 격문을 여러 성에 보내고 서경 주위의 여러 성(城)을 산하에 끌어들여서 이들을 달래었다. 다시 3군을 지휘하여 연주(連州)를 거쳐 안북대도호부에 다다랐다. 그 과정에 많은 성들이 중앙정부군(진압군)에 호응 · 협력하게 되어 정세는 진압군에게 유리해져 갔다.

● 묘청의 동상

● **평양성 칠성문**
서경(西京)은 고려의 4경 중 하나로서 지금의 평양을 말한다. 평양은 옛 고구려의 수도로, 수성전을 펼치기에 견고한 성이 많았다. 대표적인 것이 평양성인데, 묘청의 난이 평정된 후에도 잔당들이 이곳에서 약 1년 동안 항거하였다. 사진은 평양성의 북문이다. 성 앞에 방어용으로 작은 성(옹성)을 쌓은 것이 특징이다.

진압군은 곧바로 서경을 공격하기보다는 주변 지역을 차차로 제압하여 서경을 고립시키는 데 주력했다. 이윽고 서경 주변 지역에 대한 제압이 끝나자, 비로소 진압군은 서경을 포위하였다.

서경에는 7~8차례 사람을 보내어 항복을 권유하였다. 승산이 없음을 안 조광(趙匡) 등이 묘청과 유참, 유참의 아들 유호(柳浩)의 목을 베어 분사대부 윤첨(尹瞻) 편으로 고려 조정에 보내 항복의 뜻을 표시하고, 죄를 용서해 줄 것을 요청하였다. 그러나 고려 중앙정부에서는 조광 등의 죄를 가볍게 받아들이지 않기로 했고, 윤첨을 옥에 가두었다. 이 사실을 안 조광은 빠져나갈 길이 없다고 판단하고, 끝까지 맞서 싸울 것을 결심했다. 그 뒤 개경 정부의 어떠한 회유 교섭도 단호하게 거절했고, 인종과 김부식이 회유하기 위해 보낸 사절들도 죽였다.

묘청은 어이없이 죽었지만, 반란은 그 후 약 1년 동안 계속되었다. 진압군은 중·좌·우·전·후의 5군으로 나누어 평양성을 완전 포위하였으나, 반란군의 결사적인 항전으로 크게 고전하였다. 그러나 포위당한 평양성에서는 식량 부족으로 사기가 극도로 저하되고, 1136년(인종 14년) 2월 진압군은 총공격을 감행하였다. 이미 식량도 사기도 떨어진 반란군은 진압군이 성으로 진입하자 도망가기에 이르렀고, 반란군의 수장인 조광 등이 스스로 몸을 불태워 목숨을 끊자, 성 안의 사람들이 장수 최영(崔永)을 붙잡아 정부군에 항복함으로써 반란은 끝났다.

● 고려 제1대~제12대 왕의 연표

	제1대 태조(918~943)
935년	신라 병합.
936년	후삼국 통일.
943년	훈요십조 반포.
	제2대 혜종(943~945)
	제3대 정종(945~949)
947년	광군 조직, 거란 침입 대비.
	제4대 광종(949~975)
956년	노비안검법 실시.
958년	과거제 실시.
	제5대 경종(975~981)
976년	전시과 시작.
	제6대 성종(981~997)
983년	12목 설치.
993년	거란 제1차 침입.
994년	여 · 송 국교 단절.
995년	주 · 현 · 진 체계의 성립.
981년	중서문하성의 성립.
	제7대 목종(997~1009)
998년	전시과 개정.
	제8대 현종(1009~1031)
1009년	강조의 정변.
1010년	거란 제2차 침입.
1018년	거란 제3차 침입.
	제9대 덕종(1031~1034)
	제10대 정종(1034~1046)
	제11대 문종(1046~1083)
1071년	여 · 송, 국교 재개.
1076년	전시과 개정, 녹봉제 완비.
	제12대 순종(1083~1083)

■ 정지상과 김부식

김부식(金富軾)과 정지상(鄭知常)은 한때 문장으로 함께 이름이 났는데, 두 사람은 알력이 생겨서 서로 사이가 좋지 못했다. 세속에서 전하는 바에 의하면 정지상이 시를 한 수 지었다.

琳宮梵語罷 (림궁범어파)
사찰에서 염불소리 마치니,
天色淨琉璃 (천색정유리)
하늘빛이 유리처럼 깨끗하네.

김부식이 이를 듣고 좋아하여 자신에게 시를 달라고 간곡히 부탁하였으나, 정지상은 이를 거절했다. 뒤에 정지상은 김부식에게 피살되어 음귀(陰鬼: 귀신)가 되었다.

김부식이 어느 봄날에 시를 짓기를,

柳色千絲綠 (유색천사록)
버들 빛은 천 가닥 실가지가 푸르고
桃花萬點紅 (도화만점홍)
복사꽃은 일만 송이가 붉구나.

하였더니, 갑자기 공중에서 정지상 귀신이 김부식의 뺨을 치면서,

"천 가닥인지, 일만 송이인지 누가 세어 보았느냐? 왜,

柳色絲絲綠 (유색사사록) 버들 빛은 가지가지마다 푸르고

桃花點點紅 (도화점점홍) 복사꽃은 송이송이마다 붉구나.

라고 하지 않는가?" 하였다.

뒤에 김부식이 어느 절 측간(변소)에 앉아 볼일을 보는데, 정지상의 귀신이 뒤쫓아 와서 불알을 잡아당기니 아픔을 참느라고 얼굴이 빨개졌다.

정지상 귀신이 "술도 마시지 않았는데, 왜 낯이 붉은가?" 하자,

김부식은 지기 싫어 천연덕스럽게,

"隔岸丹楓照顔紅 (격안단풍조안홍)

건너편 언덕의 단풍이 낯을 비추니 빨개진다."

라고 응대하였다.

정지상 귀신은 불알을 더욱 죄며,

"이놈의 가죽주머니는 왜 이리 무르냐?" 하자,

김부식은 "네 아비 불알은 무쇠였더냐?" 하고 버텼다.

정지상의 귀신이 더욱 세게 불알을 죄므로 김부식은 결국 측간에서 죽었다 한다.

-이규보의 《백운소설(白雲小說)》에서-

● 고려 제13대~제22대 왕의 연표

	제13대 선종(1083~1094)
1087년	《초조대장경》 완성.
	제14대 헌종(1094~1095)
	제15대 숙종(1095~1105)
1095년	이자의의 난.
1104년	윤관의 별무반 설치.
	제16대 예종(1105~1122)
1107년	윤관의 여진 정벌.
	제17대 인종(1122~1146)
1126년	이자겸의 난.
1135년	묘청의 난.
1145년	《삼국사기》 편찬.
	제18대 의종(1146~1170)
1170년	무신정권 성립. 1170~1270년(원종11년)까지 100년간 지속.
	제19대 명종(1170~1197)
1171년	이의방, 이고 숙청.
1172년	무신정권 최초의 민란 발생.
1173년	김보당의 난.
1174년	정중부, 이의방 제거.
1176년	망이 · 망소이의 난.
1179년	경대승, 정중부 제거.
1183년	경대승 사망.
1193년	김사미의 난, 효심의 난.
1196년	최충헌 집권.
	제20대 신종(1197~1204)
1198년	만적의 난.
	제21대 희종(1204~1211)
1209년	교정도감 설치.
	제22대 강종(1211~1213)

무신정변

무신정변(武臣政變)은 의종 24년(1170년) 8월에 상장군 정중부와 이의방 · 이고 · 두경승 등의 휘하장수들이 보현원(普賢院)에서 일으킨 쿠데타이다. 무신들의 주도로 일어난 정변이었기 때문에 '무신의 난(武臣의 亂)', 정변이 일어난 해가 경인년이었기 때문에 '경인의 난(庚寅의 亂)'이라고도 부르며, 정변에 주도적인 역할을 한 정중부의 이름을 따서 '정중부의 난(鄭仲夫의 亂)'이라고 부르기도 한다.

■ 무신에 대한 차별 정책

중세 · 근세의 많은 나라들에는 혹시나 일어날지 모르는 군사 반란의 위험성 때문에 문신을 우대하고 무신을 상대적으로 천시하는 사회적 통념이 있었다. 고려 역시 이러한 통념에 맞게 관료체계가 구성되어 있었으며, 무신의 경우 정3품 상장군이 가장 높이 승진할 수 있는 품계였다.

이런 문신-무신 차별정책은 사회적 통념상 당연하게 받아들여졌기 때문에, 무신들도 그 이전까지 이런 차별에 대해 큰 불만을 품지 않고 있었다. 하지만 제17대 인종 재위기의 권신 이자겸이 왕위를 탐내면서 권력을 휘두르는 바람에, 왕은 무신들에게 힘을 실어주기 시작했다. 심지어 이자겸의 난을 토벌한 무신 탁준경에게 그동안 금단의 영역으로 여겨지던 정2품 품계를 수여하는 초유의 상황마저 발생했다.

하지만 이후 탁준경이 숙청당하면서, 탁준경에 동조했던 무신들도 덩달아 대거 축출됐다. 탁준경이 여진족과의 전쟁에서 큰 공을 세운 전쟁영웅이다 보니, 이자겸의 난 당시 탁준경에 동조한 무신들이 상당히 많았던 것이다.

탁준경의 축출 다음에는 묘청의 난으로 인해 서경에 기반을 두고 있던 무신들이 대거 숙청당하면서 그 세력이 약해지자, 문신들이 대놓고 무신들에 대해 온갖 차별과 무례한 행동을 서슴지 않았다. 이에 무신들의 분노가 서서히 차오르기 시작했다.

제18대 의종(毅宗) 때에 이르러서는 상황이 더욱 나빠졌다. 의종은 문신들과 행차하면서 호위군인 금군(禁軍)을 대동하였고, 그때마다 동원된 무신들은 굶어가면서 왕과 문신들의 행차 주변을 지켜야 했다. 한두 번이면 무신들도 참고 넘어갔을 수 있겠으나, 하루가 멀다 하고 벌어지는 일에 무신들은 그야말로 탈진 직전의 상태였다. 특히 의종이 무신들에게 관심도 없고 잘해 주지도 않아, 무신들 사이에서는 의종에 대한 불만도 커지고 있었다.

1170년 8월에 의종이 보현원(普賢院)에 왔다가 흥왕사(興王寺)에 머물렀는데, 참고 있던 정중부(鄭仲夫)가 폭발하여 이의방(李義方)과 이고(李高)에게 "다음에 왕이 연복정(延福亭)에서 궁으로 돌아가거든 그때는 참기로 하고, 만약 또 보현원으로 옮겨가거든 기회를 놓치지 말자."고 했다. 그러나 의종은 다음날 보현원으로 출발하려고 했다.

그런데 의종도 무신들의 불만을 어렴풋하게 느낀 모양인지, 오문(午門: 남문)에서 보현원을 향해 출발하려는 행렬을 멈추고, 훈련하기 좋은 날씨라며 일종의 씨름인 수박 대회를 열자고 했다. 이를 통해 무신들끼리 즐기게 하고 후한 상을 나눠주려는 의도였다.

● **수박(手搏)**
한반도 등에서 전래된 맨손 격투기의 명칭으로 한국의 전통 무술이다. 무술인들이 한국의 맨손 격투기의 원형이라고 전하고 있으며, 태껸(택견) · 태권도의 전신이라고도 알려져 있다.

● 고구려 무용총의 수박도 벽화

이때 결정적인 사건이 일어난다. 나이 든 대장군 이소응(李紹膺)이 수박 경기에 참여했다가 지쳐서 경기를 피하는데, 문신인 기거주 한뢰(韓賴)가 튀어나와 이소응의 빰을 쳐서 섬돌 아래로 나가떨어져 뒹굴게 했다. 그러자 왕과 문신들은 손뼉을 치면서 크게 웃었으며, 좌승선 임종식(林宗植)과 이복기(李復基)는 이소응을 욕했다.

● 고려의 무신석
(윤관의 묘석)

고려 시대의 종3품은 무신이 오를 수 있는 2번째로 높은 품계인 데다가, 당시의 평균 수명을 고려하면 이소응은 당장 군문에서 은퇴해도 이상하지 않을 노인이었다. 무신들이 이런 수모를 그냥 두고 볼 수는 없었다. 그렇지 않아도 정중부는 39세의 장년 시절, 개경파의 거두 김부식의 아들로 새파란 젊은 문관인 김돈중(金敦中)에게 보기 좋게 기른 수염이 불타는 굴욕을 당한 적이 있었다. 쌓이고 쌓인 분노가 폭발한 정중부는 한뢰에게 "이소응이 비록 무관이라고는 하나 벼슬이 3품 벼슬인데, 어찌 너 따위가 모욕을 주는 이런 짓을 할 수 있느냐!"라고 소리를 질렀다.

문제는 의종이 한뢰를 질책하지 않고 그저 정중부 보고 "그런 일로 뭐 하러 화내냐? 진정해라."는 식으로 말했다는 것이었다. 무신들의 분노에 불을 댕긴 격이었다.

이 사태를 지켜보고 있던 이고가 칼을 뽑아 정중부에게 눈치를 줬지만, 정중부는 그 자리보다는 왕이 보현원에 도착하거든 난을 일으킬 작정으로 일단 만류하였다.

● **무신의 난**
고려 때 무신들에 의하여 일어난 반란, 특히 정중부의 난을 가리킨다. 문신 우대 정책과 무신 차별에 불만을 품은 무신들은 그들이 문신들의 조롱거리가 되자 난을 일으켜 정권을 잡는다.

● 고려의 문신석(최영의 묘석)

■ 무신들의 반란

의종이 보현원에 도착하기 직전 이고와 이의방은 먼저 들어가, 왕의 명이라고 속인 채 순검군(巡檢軍: 임금의 호위와 안전을 담당하는 특수 경호 군사)의 병사들을 소집하였다. 왕이 보현원의 문 안에 들어가자 수박 대회에서 웃었던 임종식과 이복기가 그 자리에서 참살당했으니, 이것이 정변의 시작이었다.

낮에 무신들에게 분노를 일으킨 한뢰는 황급히 의종에게로 다가가 잔칫상 밑에 숨었고, 왕 앞에서 자제하던 무신들과 의종을 보좌하는 내시부 관원이 한뢰에게 나오라고 말했지만 한뢰는 왕의 옷자락을 붙들고 늘어졌다.

왕은 내시부의 관원을 시켜 무신들을 저지하려고 해봤지만 소용이 없었고, 오히려 이고가 칼을 빼들자 이것을 막아선 내시부 관원이 그 자리에서 죽을 수밖에 없었다. 지유(指諭) 김석재(金錫材)는 "감히 왕의 앞에서 칼을 뽑았는가!"라고 소리치긴 했지만, 이의방이 인상쓰며 입 닥치라고 협박하자 가만히 있을 수밖에 없었다. 이후 무신들은 평소 원한이 있던 문신들을 찾아다니면서 죽였다. 정중부 일파는 우측 어깨를 내놓고 복두(幞頭: 벼슬아치들의 모자)를 벗었는데, 이 과정에서 같은 복장을 하지 않은 다른 무신까지도 죽었다.

한편, 자리를 피해 도망갔던 김돈중은 자신이 데리고 있던 종자의 밀고로 동생 김돈시와 함께 붙잡혀 처형되었으며, 후에 목과 사지가 절단된 채 저잣거리에 매달렸다. 정중부의 장년 시절에 원한이 있던 그 아버지 김부식 또한 죽은 지 오래였지만 부관참시를 당한다.

● **부관참시(剖棺斬屍)**
중죄인에게 가하는 형벌로서, 죽은 후에 생전의 죄가 드러나면, 무덤을 파헤쳐서 관(棺)을 쪼개고 송장의 목을 베는 것이다. 특히 조선시대의 폭군인 연산군 때 성행하였다.

정중부는 의종을 폐하여 거제도로 귀양보냈고, 의종의 동생인 익양공 왕호를 새 왕(제19대 명종, 재위: 1170년~1197년)으로 옹립하였다. 하지만 명종(明宗)은 역시나 허수아비일 뿐, 실권 대부분은 정중부를 중심으로 한 무신들에게 넘어가 있었다. 의종의 별장들을 정중부 · 이고 · 이의방이 나눠 가지기도 하고, 명종이 즉위한 이후 무신들이 모였을 때 이고가 '살아남은 문신들을 모두 죽여버리자'고 했지만 정중부가 이를 만류한 적도 있다.

1173년에는 동북면 병마사였던 김보당(金甫當)이 다시 의종을 왕위에 옹립하고 무신들을 죽일 계획을 세웠고, 거제도에 있던 의종을 데려오려고 하였다. 그러나 이것을 들은 무신들은 장군 이의민(李義旼) 등에게 병력을 주어 보냈고, 안북도호부에서 김보당은 잡혀서 고문을 받고 처형되었다. 이때 김보당이 "문관 중에 그 누가 공모하지 않을 수 있겠나?"라고 이야기하여, 남은 문신들은 또다시 닥치는 대로 무신들에게 학살당한다.

김보당의 난으로 민심이 흉흉해지자, 이준의(李俊義) · 진준(陳俊) · 김부(金富) 등이 정중부와 이의방에게 '하늘의 뜻은 알 수 없고 사람의 마음은 헤아릴 수 없는데, 힘만 믿고 정의에 입각하지 않는다면 문신들을 모두 죽여도 김보당이 또 나오리란 법이 없겠냐'고 하면서, '무신과 문신의 자녀를 결혼시키는 정책으로 문신들을 안심시키자'고 설득하였다. 그 후 살육의 행위는 진정 국면으로 접어들게 되지만, 결국 이의민 등이 의종을 죽여버렸다.

● 둔덕기성(屯德岐城)
경남 거제시 둔덕면에 자리하고 있는 둔덕기성은 고려 의종이 왕에서 쫓겨난 뒤 3년간 유폐된 곳이며, 폐왕성(廢王城)으로도 불린다.

무신정권

무신정권(武臣政權)은 의종 24년(1170년)부터 원종 11년(1270년)까지 100년 동안 무신들에 의해 수립된 고려시대 정부를 말하며, 그 시기를 '무인시대'라 일컫기도 한다. 문치주의에 입각한 고려의 귀족정치는 무신의 사회적 몰락을 초래했다. 정치적으로 경제적으로 열세에 놓여 있던 무신들에 대한 천대는 의종 때 극에 달했다. 그 때문에 일찍이 1014년에 최질(崔質)·김훈(金訓) 등의 무신이 주동이 되어 쿠데타를 일으킨 일까지 있었다. 생활상으로도 크게 곤란을 받던 무신들의 불만은 오병수박희(五兵手搏戲) 사건을 계기로 폭발하였다. 무신의 난은 1170년(의종 24년)에 정중부, 이의방, 이고, 두경승(杜景升), 이의민 등에 의하여 일어났다. 이 반란의 성공으로 무신들은 의종을 폐위시키고 명종을 옹립하였으며, 무신정권을 수립하였다.

■ 무신정권 전기

무신정권의 정권 교체는 기본적으로 쿠데타와 반란으로 일어났고, 사회에는 하극상의 풍조가 만연했다. 때문에 무신정권은 고려 말기 신분제의 근간을 뒤흔든 결정타 가운데 하나로서, 무신정권 뒤의 고려는 무신정권 전의 고려와는 나라 이름과 왕족만 같지 사실상 다른 나라라고 봐도 무방하다.

정중부의 집권 기간이 긴데, 그 까닭은 이고나 이의방의 시대에도 정중부가 어느 정도 권력을 잡았으며, 무신정변 당시 무신의 실질적인 리더였고, 합의로 정중부가 집권해서였다. 따라서 이고나 이의방의 집권 기간도 크게 보면 정중부의 권력기 속에 포함시킬 수 있겠다.

● 정중부(鄭仲夫)

고려 시대의 무신. 왕이 무신을 차별하는 데 불만을 품고 의종의 보현원 행차 때 문신들을 죽이고 정권을 장악하여 대장군 참지정사, 중서시랑평장사, 문하평장사, 서북면판사, 행영병마 겸 중군병마 판사 등을 지냈다. 1179년에 같은 무신인 경대승(慶大升)에게 일가족이 몰살되었다.

■ 무신정권 집권 순서 및 기간

대수	이름	재임기간	집권 구분
		1170~1196(26년간)	무신정권 전기
	이고	1170.8~1171.1 (6개월)	● 사실 세력이 강했지만 서로 견제하던 시기라서, 집권이라 보기에는 어렵다. 이 시기는 엄밀히 말하자면 이의방, 정중부, 이고의 연립 정권(과두정치)이었다고 보는 것이 옳다. ● 무신 강경파로 문신을 모조리 죽이려고 했지만, 정중부 등이 말려 무산됨. ● 권력 독점을 꾀하다 이의방에게 살해당함.
1	이의방	1171.1~1174.12 (4년)	● 이고를 척살하고 실권자가 됨. ● 딸을 태자비로 삼음. ● 조위총의 난을 토벌하러 갔다가 실패하여 돌아오던 중 정균에게 살해당함.
2	정중부	1174.12~1179.9 (5년)	●문하시중에 올랐지만 실권은 아들 정균, 사위 송유인이 휘두름. ● 이후 경대승의 쿠데타로 몰살당함.
3	경대승	1179.9~1183.7 (4년)	● 정중부 일파를 제거하고 실권을 차지함. ● 자신의 경호를 맡기러 도방을 만듦. ● 전기 집권자들 중 유일하게 무신정변을 부정하고 문신을 우대하는 정책을 폍침. ●무신정권 집권자 중 유일하게 고위직에 오르지 않았으나, 실권은 여전히 지님. ● 젊은 나이(30살)에 병사함.
4	이의민	1183.7~1196.4 (13년)	● 무신정변 동안 가장 많은 문신들을 죽여 악명을 떨쳤으며, 이후 이의방의 명에 따라 의종을 직접 시해함. ● 경대승 집권 이후 '의종의 시해자'란 이유 때문에 경주로 도망가 틀어박히나, 경대승 사후 명종이 그를 불러 무신정권의 4번째 집권자가 됨.

		1196~1258(62년간)	최씨 정권
5	최충헌	1196.4~1219.9 (23년)	● 이의민을 척살하고 정권을 잡음. ● 도방을 재설치하고, 봉사 10조를 내세우는 동시에 교정도감을 세움. 최충헌 이후 임유무까지 무신정권의 권력자들은 모두 교정별감을 맡았다. 정이대장군. ● 네 임금(신종, 희종, 강종, 고종)을 세우고 두 임금(명종, 희종)을 몰아냄.
6	최우	1219.9~1249.11 (30년)	● 정방을 자택에 설치함. ● 그 밖에도 서방, 야별초(이후 삼별초로 바뀜)와 마별초 설치. ● 몽골이 침입하자 강화도 천도를 주도함.
7	최항	1249.11~1257.4 (8년)	● 상복을 이틀 만에 벗고 아버지의 첩과 간통한 패륜아. ● 대몽항쟁 중 귀주성 전투를 승리로 이끈 김경손을 처형함.
8	최의	1257.4~1258.3 (1년)	● 최씨 정권의 마지막 집권자. ● 아버지가 죽은 날 아버지의 폐첩과 간통하여, 아버지 최항보다 더한 패륜아. ● 아버지의 가신이던 김준의 주도로 살해됨.
		1258~1270(12년간)	무신정권 후기
9	김준	1258.3~1268.12 (10년)	● 최의를 제거하며 최씨 정권을 무너뜨림. ● 대몽항전을 주장하나 원종의 즉위로 실패. ● 임연과의 대립 끝에 살해됨.
10	임연	1268.12~1270.2 (1년 2개월)	● 김준을 죽이고 집권함. ● 원종을 폐위시키고 안경공 창(영종)을 잠시 세우는 등 대몽항전을 주장하며 권력 유지에 노력. 원의 세력을 두려워하다가 등창으로 사망.
11	임유무	1270.2~1270.5 (3개월)	● 임연의 아들. 실권은 외조부 이응렬, 임연의 심복 송군비가 휘두름. ● 개경 환도에 반대해, 원종에 의해 살해됨.

집권 순서대로 이고 · 이의방 · 정중부 · 경대승 · 이의민 · 최충헌, 그리고 최충헌 대에 이르러 권력이 어느 정도 안정기에 들어갔고, 이후 최우 · 최항 · 최의까지 최씨 4대 정권, 삼별초 출신의 김준 · 임연 · 임유무가 정권을 잡았다.

크게 최충헌까지의 전반부와 최충헌 이후의 후반부로 나눌 수 있다. 이들의 기록은 고려사에서 경대승(慶大升)만 열전에, 나머지는 전부 반역열전에 있다. 임연과 임유무는 한데 묶여 실려 있으며, 사실상 혼자 집권하지 못한 이고는 별도의 열전이 없다.

몽골과의 전쟁 끝에 허수아비로 전락해 있던 고려왕 원종(元宗)이 원나라를 등에 업고 이들을 견제한다. 끝내 임유무가 개경 환도에 반대하다가 처형당한 후 조정이 다시 개경으로 돌아오면서 고려는 무신정권에서 벗어나지만, 그때부터 고려는 원나라의 간섭을 받는다.

■ 무신정권의 체계

무신정권의 초기는 일인이 모든 것을 쥐고 흔드는 독재 체제가 아니었다. 당장 이고를 중심으로 한 삼두 시기와 이의방 - 정중부까지는 그나마 균형을 유지했는데, 이는 무신들의 합좌기관인 중방[重房: 2군 6위의 상장군 대장군 들이 모여 군사(軍事)를 의논하던 곳인데, 무신 집권 시대에는 일반 정사(政事)도 함께 다루어 정치의 중심 기관이 됨]의 권한이 무신정변으로 엄청나게 커졌기 때문이다.

뒷날 이고가 죽으면서 삼두 균형이 깨졌어도 중방의 권한이 이의방과 정중부를 적절하게 견제하면서 나름대로 균형을 지켰다. 하지만 경대승이 이를 무시하고 중방을 무력화시키면서 무신정권 집정자에 대한 최고의 견제세력이 사라졌고, 이의민을 거쳐 최충헌 대에 이르러서는 아들에게 권력 세습까지 한다.

● **경번갑(鏡幡甲)**
쇠미늘과 쇠고리를 서로 연결하여 엮어 만든 갑옷의 일종으로, 고려 시대 무장들의 갑옷이다.

최충헌의 무신정권

최충헌(崔忠獻: 1149년~1219년)은 이의민을 제거하고 집권한 다섯 번째 무인 집권자였으며, 무신 세습 정권을 구축하였다. 이후 경쟁자 두경승과 동생 최충수, 조카 박진재를 모두 제거한 뒤 일인 집권체제를 구축했고, 집권기간 중 국왕인 명종과 희종을 폐위시켰다. 1209년 학자 이규보를 발탁하여, 무신정권으로 피폐해진 문운(文運)을 재흥시키려고 힘썼다. 같은 해에 청교역(靑郊驛) 관리들의 최씨 부자 살해 미수 사건이 생기자, 영은관에 교정도감(敎定都監)을 설치하여 무신정권의 실질적인 중앙기관으로서 국정 전반을 감독케 했다. 본부인이 있는 상태에서 강종의 서녀인 왕씨와 결혼하여 부마의 직책까지 겸했다. 사후 조선에서 쓴《고려사》《고려사절요》에 의해 반역자로 격하당했다.

■ 냉혹한 정치인 최충헌

최충헌은 한국사를 통틀어서 가장 냉정하고 냉혹한 정치인으로 평가받고 있다. 쿠데타의 동지들은 물론이고 동복아우인 최충수(崔忠粹), 조카인 박진재(朴晉材) 등 자신의 권력에 조금이라도 위협이 될 만한 인물이라면 인척이라도 서슴없이 처단했다.

심지어 임종 직전에도 최씨 정권의 권력을 유지하기 위해 아들 최우(최이)에게 자기 사후의 일을 처리하는 법을 전달하기도 하는 등 그야말로 피도 눈물도 없는 인물이었다.

최충헌은 상장군인 최원호의 아들로, 그의 외조부인 유정선도 상장군을 지낸 전형적인 무인 가문 출신이었다. 글을 배워 음서(蔭敍: 공신이나 전 · 현직 고관의 자제를 관리로 채용하던 일)를 통해 문관이 되어 양온령에 임명되었으며, 성릉직, 위위주부 등을 거쳤다가, 스스로 도필리(刀筆吏: 아전)가 되는 것을 부끄럽게 여겨 흥위위 보승산원으로 옮겼다.

● 고려 왕궁의 미니어처

■ 병진정변과 명종 폐위

최충헌은 무신정변이 일어나기 시작하자 문관에서 무관으로 탈바꿈하였고, 명종 4년인 1174년에는 조위총(趙位寵)의 난이 일어났을 때 부원수 기탁성에게 발탁되어 별초도령(別抄都令: 별초군은 고려 시대의 임시 특별부대로, 반역을 토벌하는 데 동원되기도 했음. 도령은 하급단위의 지휘관.)이 되었고, 전투에서 큰 공을 세워 무관으로 이름을 알렸다.

1196년 4월에 그 당시 집권자였던 이의민의 아들인 이지영이 자신의 아우 최충수의 비둘기를 빼앗은 것이 계기가 되어, 동생의 설득으로 종친 노석숭(盧碩崇), 생질인 박진재 등과 함께 군사를 일으켜 미타산 별장에서 이의민과 그 일당을 제거하고 정권을 장악하였다(병진정변).

정적을 제거한 최충헌은 명종에게 10조목의 봉사(封事: 임금에게 밀봉하여 올리는 글)를 올려(봉사십조), 그릇된 정치의 시정과 함께 임금의 반성을 촉구하였다. 이 봉사는 당시의 폐단을 적절히 나타낸 것으로서, 그의 이런 정치적 식견은 정중부 · 이의방 · 이의민 등에게서는 찾아볼 수 없었다. 그가 군웅을 물리치고 오랫동안 정권을 장악할 수 있었던 것도 이런 장점을 지녔기 때문이었다. 그러나 명종이 봉사십조를 이행하지 않고 최충헌의 신변을 위협하게 되자, 명종을 창락궁에 유폐시키고, 명종의 동생인 평량공(平凉公) 민(旼)을 옹립하니, 그가 제20대 신종(神宗)이다.

● 봉사십조(封事十條)

1. 왕이 머물던 별궁 수춘인 수창궁 대신에 정궁인 연경궁으로 환궁할 것.
2. 필요 이상으로 늘어난 관리들의 수를 줄일 것.
3. 불법적으로 탈취된 토지를 원래 주인에게 환원할 것.
4. 불법적으로 세금을 함부로 징수하거나 세율 인상을 하지 않도록 할 것.
5. 왕실에 대한 지방 관리들의 무분별한 특산물 진상을 하지 않도록 할 것.
6. 승려의 정치참여 및 왕실의 고리대금업을 금지할 것.
7. 향리들에 대한 지방관들의 관리를 강화할 것.
8. 중앙 관료들의 사치를 금하고 근검, 절약을 장려토록 할 것.
9. 너무 많이 세워진 사찰들의 숫자를 줄이도록 할 것.
10. 언론기관인 대관(臺官)의 역할을 강화하고, 인물을 가려 등용하도록 할 것.

■ 반란 진압과 집권 강화

최충수가 그의 딸을 태자(뒷날의 희종)의 비로 삼으려고 획책하며 태자의 본비를 내보내므로, 최충헌은 이에 반대하여 드디어 무력 충돌에까지 이르러 최충수를 살해하였다. 이는 신종이 옹립된 다음달의 일인데, 이로써 본래는 그의 아우 최충수와 나누어 가졌던 군국(軍國)의 대권을 독점하기에 이르렀다.

1198년(신종 1년) 5월, 최충헌의 가노인 만적(萬積)이 다른 노비들과 함께 개경 북산에서 나무를 하다가, 왕후장상(王侯將相)의 씨는 따로 있는 것이 아니라며 반란을 모의하였다. 그러나 정작 거사일에 흥국사에 모인 노비는 수백 명밖에 되지 않았다. 어쩔 수 없이 만적이 거사일을 연기하자, 율학박사 한충유의 종 순정(順定)이 주인에게 거사 계획을 누설하고, 다시 한충유가 최충헌에게 밀고하면서 만적 등 100여 명이 붙잡혀 강에 수장되었다. 이후 최충헌은 한충유에게 합문지후의 벼슬을 내렸고, 순정의 공로도 인정하여 그에게 백금 80냥을 주고 그를 면천시켰다.

1199년, 병부상서(兵部尙書)와 이부지사(吏部知事)를 겸해 군권과 조정 인사권을 장악했다. 같은 해 다시 김준거의 난을 토벌하고, 1200년(신종 3년)에는 그를 처치하려는 음모가 자주 발생하자 경대승이 두었던 도방(都房)을 다시 설치하여 신변을 보호하였다. 1202년, 추밀원사 · 이병부상서 · 어사대부로서 경주 별초군(慶州別抄軍)의 반란을 진압했다.

● **만적의 난**

만적의 난은 실패로 끝났으나 당시 사회에 끼친 영향이 매우 컸으며, 이후에도 신분해방을 위한 민란은 한동안 계속되었다. 당시 신분 계급이 엄격했던 시대에 그들이 품었던 생각, 즉 계급사회를 타파하고 새로운 질서를 구현하려 했던 그 구상과 그들이 나타낸 투쟁의욕은 높이 평가된다.

■ 최충헌의 위세

1204년 신종에게 강제로 양위를 강요하여 태자(희종)에게 왕위를 양위케 하였고, 희종은 그를 신하의 예로써 대하지 않고 은문상국(恩門相國)이라 하였다.

1209년, 학자 이규보(李奎報)를 발탁하여 무신정권으로 피폐해진 문화를 중흥시키려고 힘썼다. 그해 4월 청교역(靑郊驛) 관리들의 최씨 부자 살해 미수 사건이 생기자 영은관에 교정도감(敎定都監: 관리의 비리 적발, 조세 수납, 인사 임명을 위해 설치한 기구)을 설치하여 혐의자를 색출하기도 하였는데, 무신정권의 실질적인 중앙기관으로서 국정 전반을 감독케 했다.

1211년 12월, 희종이 최충헌의 권세에 눌려 항상 불안한 생활을 하자, 내시 왕준명이 중심이 되어 참지정사 우승경(于承慶) · 장군 왕익(王翊) · 홍적 등과 함께 최충헌을 꾀어 죽이려 했으나 실패하였다. 그 뒤, 최충헌은 희종과 태자를 폐하고, 명종의 아들인 한남공 정(貞)을 옹립하여 제22대 강종으로 즉위시켰다.

1213년 강종이 왕위에 즉위한 지 3년 만에 죽자, 태자 진(瞋)을 세우니 이가 곧 제23대 고종이다. 최충헌은 이와 같이 일생 중에 신종 · 희종 · 강종 · 고종의 네 임금을 자기 마음대로 세움으로써 최씨 무신정권의 기반을 확고히 하였다.

1219년 9월에 개성부 안흥리(安興里) 집에서 사망했는데, 《고려사》에 의하면 그는 죽기 전 연회를 열다가 죽었다고 기록하고 있다. 그의 장례식은 고려 임금의 장례식과 다를 바 없었다 한다.

● 최충헌의 십자각
용마루가 십자로 된 집이다. 현재 우리나라 건물 중 몇 채 없는 건축물로, 고려 당시 임금보다 실권이 높았던 최충헌의 위세를 나타내는 듯하다. 최충헌은 국정 전반을 왕의 거처인 왕궁에서 펼친 것이 아니라, 이처럼 웅장한 교정도감에서 처리했을 것이다.

농민과 노비의 난

최충헌의 사노비인 만적(萬積)이 일으킨 난은 신분 해방은 물론, 더 나아가서 정권 탈취를 위해 계획된 것이었다. 고려 무신정권은 하극상의 시대였으며, 무력으로 정권을 탈취하는 자가 고려 천하를 움직였다. 만적이 난을 일으키기 전, 무신정권 시대에는 농민과 노비의 반란으로 나라가 조용할 날이 없었다.

■ 망이 · 망소이의 난

의종 때의 사치와 유락(遊樂)은 국가 재정의 파탄을 가져왔고, 이는 농민 수탈의 강화를 초래했다. 이에 도탄에 빠진 농민들은 지배체제의 문란과 무신들의 하극상 풍조에 자극받아 지배층의 압박 · 수탈에 항거하고 신분 해방을 쟁취하기 위해 대규모 반란을 일으켰다. 이리하여 12세기 초부터 집단적인 도적이 되어 산발적으로 각지를 소란케 하던 유민들은 무신정변을 전후하여 전국 도처에서 벌 떼처럼 일어났다.

1172년(명종 2년) 북계의 창주(昌州, 창성) · 성주(成州, 성천) · 철주(鐵州, 철산) 등지에서 지방관의 횡포에 분격하여 반란이 일어났고, 그 뒤 묘향산을 근거로 조위총(趙位寵)의 남은 무리가 농민들의 호응을 받아 반란을 계속하였다.

남쪽의 반란은 1176년(명종 6년) 공주 명학소(鳴鶴所)에서 망이 · 망소이가 봉기를 하기에 이르러 크게 번져 절정에 달했다. 숯을 생산하는 수공업자들의 구역인 공주 명학소에 살던 망이와 망소이는 1176년 1월에 굶주린 무리를 모아 봉기하였다.

● 망이의 상

이들은 고려시대 특수 행정 구역이었던 향(鄕) · 소(所) · 부곡(部曲)에 살았던 주민들로서, 양인 신분이었으나 세금의 부담이 일반 양인보다 높았으며, 과거나 국학의 입학 또한 제한되고 승려가 될 수 없는 등 많은 차별 대우를 받았다. 이 난이 일어난 지역을 따서 '공주 명학소의 난'이라고도 한다.

봉기군은 스스로 산행병마사(山行兵馬使)를 칭했고, 공주를 공격하여 함락시켰다. 이에 조정은 지후(祗候) 채원부(蔡元富)와 낭장(郎將) 박강수(朴剛壽) 등을 보내 회유했으나 봉기군이 응하지 않자, 명종 6년 2월에 장사(壯士) 3천 명을 불러 모으고 대장군 정황재(丁黃載)와 장군 장박인(張博仁) 등에게 명하여 토벌하게 하였다. 하지만 쉽게 토벌되지 않았다. 오히려 봉기군의 위세가 커져 예산현까지 봉기군이 공격하였다.

봉기군의 기세가 커지자, 조정은 1176년(명종 6년) 음력 6월 13일 명학소를 충순현(忠順縣)으로 승격하고 수령을 보내는 등 회유하였다. 결국 봉기군은 1177년(명종 7년) 음력 1월 8일 관군의 진압에 항복했다. 조정에서는 창고의 곡식을 하사하여 민심을 달래고, 감찰어사(監察御史) 김덕강(金德剛)에게 명하여 그들의 고향으로 압송케 하였다.

그 뒤 조정에서 군사를 보내 주동자들을 잡아 가두려 하고 과도한 세금을 징수하는 등 비열한 처사를 보이자, 1177년 음력 2월 10일 재봉기하였다. 지배계급만을 대변하던 절인 예산의 가야사(伽倻寺)와 직산의 홍경원(弘慶院)을 불태웠고, 홍경원에 기거하던 승려 10여 명을 죽였으며, 홍경원의 주지를 협박하여 주장을 담은 글을 가지고 개경으로 가게 하였다.

● 망이 · 망소이 기념탑

1177년 음력 3월 11일 조정에 도착한 그 글에서 이르기를, "이미 우리 고을을 현으로 승격시키고 수령을 두어 위로하다가 다시 군사를 보내 우리 어머니와 처를 붙잡아 가두니, 그 뜻이 어디에 있는가. 차라리 창칼 아래 죽을지언정 항복하여 포로는 되지 않을 것이며, 반드시 왕경(王京: 고려 수도인 개경)에 쳐들어가고야 말 것이다." 라고 하였다.

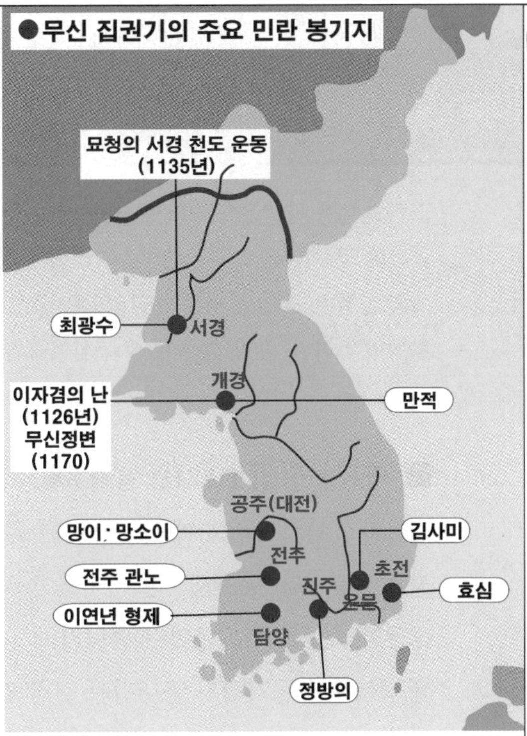

이후 봉기군은 아주와 청주목을 공격했다. 고려 조정은 충순현을 명학소로 재강등하고, 대규모 관군을 동원해 봉기군을 맹렬히 총공격하였다. 이때는 농번기라 봉기군 중 농민병이 이탈하고 식량과 무기가 매우 부족하여 정세가 불리해졌다. 결국 망이와 망소이를 위시한 봉기군들은 6월에 투항 의사를 전했고, 봉기는 진압되었으며, 망이와 망소이는 7월 20일 청주옥에 수감되었다.

그러나 1193년(명종 23년) 김사미 · 효심의 난에서부터 반란군은 연합 전선을 펴기 시작했고, 또 일련의 지속적인 양상을 띠게 되었다. 이리하여 명주(溟州, 강릉)의 농민 반란군은 동경(東京, 경주)의 반란군과 합세하였고, 진주(晋州)의 노비 반란군은 합주(陜州, 합천)의 부곡 반란군과 연합하여 공동 전선을 폈다. 또 신라 부흥을 외치며 일어난 동경의 반란군은 운문(雲門) · 울진(蔚珍) · 초전(草田) 등 각지의 반란군과 연합하였다. 경상도 일대에는 서로 밀접한 연락을 가진 반란군의 연합 전선이 이루어져서 10여 년간 세력을 떨쳤다. 이러한 반란은 지방에서 뿐만 아니라 개경에서도 일어났다.

대몽 항쟁

고려의 대몽 항쟁은 고려가 몽골('용감한 전사'라는 뜻. 중국 사람들은 '야만스럽다'는 뜻으로 '몽고'라고 했음.)에 맞서 싸운 전쟁을 일컫는다. 좁게는 고려-몽골 전쟁을 가리키지만, 넓게는 삼별초의 항쟁 및 공민왕 때의 원나라와의 전쟁까지도 포함시키기도 한다. 그러나 흔히 대몽 항쟁이라 하면, 고려-몽골 전쟁과 삼별초의 항쟁만을 일컫는다.

■ 제1차 침입 (1231년 음력 8월 ~ 1232년 음력 3월)

칭기즈 칸의 주도하에 몽골제국은 유라시아 대륙을 제패하며 유목 민족의 기상을 드높였다. 몽골제국은 서역을 정리하자 중원으로 눈을 돌렸고, 1차 목표는 그동안 자신들을 괴롭혔던 금나라(여진족)였다. 몽골이 남송과 연합하여 금나라를 남북으로 공격하자 금나라는 결국 멸망하고 만다(1234년).

이때 거란 잔당의 일부는 금나라가 망해 가는 틈을 타 대요국(大遼國)을 세우고 여진족과 화합하여 재기를 노렸으나 실패하고 몽골에 쫓기게 되어, 1216년(고종 4년) 상대적으로 만만한 고려를 침략하였다.

이에 몽골은 여진족의 동진국(東眞國)과 동맹을 맺고 거란의 잔당들을 소탕하기 위해 고려에 들어왔다. 고려도 거란 잔당 소탕을 위해 군사를 동원, 몽골-동진 연합군과 협력하여 강동성에서 거란의 잔당들을 소탕하였다.

몽골은 이후 고려에 대해 매년 공물(貢物)을 요구함으로써 양국 사이는 소원해져 갔다. 그러다가 몽골의 사신 저고여(著古與)의 피살 사건을 계기로 몽골군은 1231년(고종 18년)에 제1차 침입을 행하게 되었다. 몽골의 목적은 만주와 화북을 점령하고, 나아가서 남송과 일본을 정벌하기 위한 기지를 고려에서 구하려고 했던 것이다.

● 몽골제국의 칭기즈 칸

살리타(Salietai; 살리타이, 사르타크, 撒禮塔)가 거느린 몽골군은 구주에서 박서(朴犀)의 완강한 저항에 부딪혔으나, 수도 개경에 임박하였다. 이에 고려가 강화를 요청하자, 몽골은 몽골인 감독관을 서북면에 두고 군사를 철수하였다.

■ 제2차 침입 (1232년 음력 8월 ~ 1232년 음력 12월)

불리한 전황에서 잠시라도 피하고자 몽골과 강화를 했지만 이는 고려의 작전상 후퇴였고, 당시 집권자인 최우(崔瑀: 최충헌의 아들)는 앞으로 있을 몽골의 침략에 대비해 재추회의(宰樞會議)를 열고 강화 천도를 단행하였다.

결국 1232년(고종 19년) 음력 6월에 수도를 개경에서 강화도로 옮기고, 몽골과의 장기 항전태세에 돌입한다. 이에 몽골은 반발하며 개경으로 돌아오라고 했지만 고려가 이를 거부하자, 살리타를 다시 내세워 침입한다.

몽골군은 서경의 홍복원(洪福源: 고려의 반적)을 앞세워 개경을 함락시킨 후, 남경(南京, 서울)을 공격하고 한강을 넘어 남하하였다. 초원에서 자란 유목민족의 특성상 해전에 취약한 몽골은 강화도를 감히 치지 못하고, 사신을 보내어 항복을 권고하였으나 고려는 거절하였다. 이에 몽골군은 남하하여 처인성(處仁城: 경기도 용인 남사면 아곡리에 있는 작은 토성)을 공격하다가, 김윤후(金允侯: 관악산 삼막사에 공적을 기리는 탑이 있음)라는 스님에 의해 수장 살리타가 화살에 맞아 전사하는 바람에 퇴각하였다.

● 처인성 전투
고종 19년(1232년) 12월에 고려군과 몽골군이 경기도 용인의 처인성에서 벌인 전투. 몽골군은 살리타의 지휘하에 처인성을 공격하였으나, 처인성 동문 밖 언덕에 매복하여 있던 고려군은 몽골군을 기습하여 살리타를 사살하는 전과를 올렸다. 전쟁 발발 이래 시종일관 패세를 면치 못했던 고려는 이 전투의 승리를 계기로 전세를 일거에 역전시킬 수 있었다.

■ 제3차 침입 (1235년 윤달 7월 ~ 1239년 4월)

장수가 죽으면 전쟁을 중지하는 관례에 따라 몽골군이 철수하자, 최우(최이)는 때를 틈타 북계병마사 민희(閔曦)에게 가병(家兵) 3천을 내주며 앞서 배반한 홍복원을 토벌하도록 하여, 북부 여러 주현(州縣)의 대부분을 되찾게 하였다.

홍복원은 압록강 일대의 국경 수비대 지휘관을 지냈고, 서경에서 낭장으로 있었으며, 몽골의 제1차 침입 직후에 무신정권에 반대하는 난을 일으켰으나 토벌군에게 패해 몽골로 도망쳐서 투항하였다. 그는 몽골의 동경총관이 되어 요동지방의 고려 땅 40여 개 성의 고려 사람들을 관리하였고, 몽골의 제2차 침입 때 길잡이 역할을 했었다.

금나라가 1234년에 멸망하자, 몽골은 제2차 침입 실패에 대한 보복을 결심하고 1235년(고종 22년) 남송을 공격하는 길에 탕우타이[唐古: 탕구, 당올대]에게 군사를 주어 고려를 공격케 하였다. 몽골은 고려 군민의 저항으로 여러 차례 타격을 받으면서도, 4년간에 걸쳐 고려 전역을 유린했다. 경주(동경)에까지 당도해 그 유명한 황룡사를 불질러 버리는 등 고려 전역을 쑥대밭으로 만들어 버렸다.

고려 조정은 강화도에 웅거하여 저항하였고, 부처의 힘을 빌려 난국을 타개하고자 '대장경'의 재조를 시작하였다. 그러나 육지 곳곳이 몽골군에게 짓밟히고 그들의 만행이 극에 달하자, 결국 1238년 겨울에 고려 조정은 몽골에게 강화를 제의했고, 몽골은 고려 고종의 입조를 조건으로 1239년 봄에 철수하였다.

고려는 입조 약조를 이행하지 않다가 몽골의 독촉을 받자, 왕의 신병을 이유로 입조가 불가능함을 알렸다. 그 대신 왕족인 신안공 왕전(新安公 王佺)을 왕의 아우라 칭하여 몽골에 보냈다. 그리고 2년 후인 1241년(고종 28년)에는 영녕공 왕준(永寧公 王綧)을 왕자로 가장시켜 몽골에 볼모로 보냈다.

■ 제4차 침입 (1247년 윤달 7월 ~ 1248년 3월)

오고타이 칸(원 태종)의 뒤를 이어 구유크 칸(원 정종)이 즉위했는데, 몽골은 고려가 여전히 입조와 출륙(出陸: 강화도에서 나와 조정을 개경으로 옮기는 일)을 지키지 않자, 아모간(阿母侃)에게 군사를 주어 고려를 치게 하였다. 그러나 구유크 칸이 급사하는 바람에 후계자 문제로 분규가 생겨, 고려의 '선철군 후입조' 제안을 받아들이고 철군하였다.

1249년 2월에야 구유크의 사망 소식이 고려에 전해졌고, 최우는 어차피 약속을 이행할 생각이 없었기에 버티다가 그해 11월에 사망하고 만다. 뒤를 이어 아들인 최항(崔沆)이 권력자가 된다.

■ 제5차 침입 (1253년 7월 ~ 1254년 1월)

후계 분쟁이 끝나고 1251년에 몽케 칸(蒙哥;원 헌종)이 즉위하게 되자, 1253년(고종 40년)에는 예쿠(也窟;야굴)를 시켜 고려에 대거 침입하였다. 이에 고려는 전쟁을 각오하고 강화도를 굳게 지키니 몽골은 이를 함락하지 못하고, 9월부터 10월 초까지 동주(東州 : 철원)·춘주(春州 : 춘천)·양근(楊根 : 양평)·양주(襄州 : 양양) 등을 공격한 다음 충주성에 이르렀다.

그러나 충주성엔 21년 전의 그 김윤후가 있었다. 충주성의 저항이 치열하다 보니 결코 함락시킬 수 없었으며, 한 달 이상 시간을 끌었다. 이때(11월) 돌연 예쿠는 병을 이유로 귀국하였는데, 도중 개경에서 고려의 철수 요구를 받았다.

● 김윤후(金允侯)
승려의 신분인 김윤후는 몽골의 제2차 침입 때 처인성에서 적장 살리타를 활로 쏘아 죽였고, 제5차 침입 때 충주성을 70여 일 동안 수성하느라 비축해 둔 군량이 바닥이 나버렸다. 김윤후가 군사들에게 "만약 힘을 다해 싸워 준다면 귀천을 불문하고 모두 관작을 줄 것이니 너희들은 나를 믿으라."고 설득한 뒤, 관노(官奴) 문서를 가져다 불살라 버리고 노획한 마소를 나누어주었다. 이에 사람들이 모두 죽음을 무릅쓰고 적에게로 돌진하니, 몽골군은 조금씩 기세가 꺾여 더 이상 남쪽으로 나아가지 못하고 철수하였다.

그가 어느 정도 타협적인 태도를 취하자, 고종은 강화도를 나와 개풍 승천부(昇天府)에서 예쿠의 사신과 회견하였다. 한편 충주성 전투도 70여 일에 걸친 치열한 공방전 끝에 몽골군이 불리하게 되어 드디어 철수하기 시작하였다. 그러나 북부 지방에 있던 몽골 군대는 철수를 주저하고 있다가, 고려 왕자 안경공 창(安慶公 淐)을 몽골에 보내어 항복을 표시함으로써 완전히 철병하였다. 안경공 창은 1254년 8월에 귀국했다.

■ 제6차 침입 (1254년 7월 ~ 1254년 12월)

그러나 몽케 칸(원 헌종)은 왕자의 입조만으로 만족치 않았고, 최항을 대동한 국왕의 출륙과 입조를 요구했으나 실행되지 않았으며, 게다가 안경공 창이 고려 왕자가 아니라 친척임을 알자 고려를 공격하기로 결심한다.

몽케 칸은 1254년(고종 41년) 음력 7월 자랄타이(車羅大;차라대)를 정동원수(征東元帥)로 삼아 대군을 이끌고 침입케 하였다. 그리고 수군을 동원하기 시작했다(1254년 2월, 하동군의 갈도 약탈). 이런 상황에서 고려가 원의 앞잡이 이현(李峴, 추밀원 부사)을 바다에 던져 죽여버리는 도발을 했으니, 휴전은 깨질 수밖에 없었다.

자랄타이는 전국 각처를 휩쓸고 계속 남하하여 충주성을 공격했으나 또 실패했고(이때에도 김윤후의 활약으로 충주성을 지켜냈다), 다시 우회해 상주산성(尙州山城)을 공격하였으나 실패했다. 하지만 계속 남하하여 지리산까지 내려가 진주를 앞에 두었다.

이때 자랄타이는 돌연 몽케 칸의 명으로 군을 개경으로 되돌렸는데, 비록 짧은 5개월간이지만 고려가 입은 피해는 그 어느 때보다도 심하여, 《고려사》에는 포로가 20만 6천8백여 명, 살상자는 부지기수라고 하였다.

■ 제7차 침입 (1255년 9월 ~ 1256년 10월)

이듬해 몽골은 또다시 자랄타이를 대장으로, 인질로 갔던 영녕공과 반역자 홍복원을 앞세우고 대거 침입하여, 전라도 전역을 쑥밭으로 만들었다. 그러고는 갑곶 대안(甲串對岸)에 집결하여 강화도에 돌입할 기세를 보였다. 그러나 마침 전에 몽골에 사신으로 갔던 김수강(金守剛)이 몽케 칸을 설득시키는 데 성공하여, 몽골은 서경으로 일시 철수한 후 10월에 돌아갔다. 원 헌종이 몽골군을 철수시킨 것은 남송에 대한 전면 공격을 앞둔 데다, 겨울을 맞이하여 화전(和戰) 양면작전을 구사한 것이었다.

■ 제8차 침입 (1257년 5월 ~ 1257년 10월)

1257년(고종 44년)에는 해마다 몽골에 보내던 세공(歲貢)을 정지하게 되자, 몽골은 또 자랄타이에게 군사를 주어 고려를 침략케 하였다. 그사이 '대몽' 강경파 최항이 죽고 아들 최의(崔竩)가 집권한 지 한 달도 되지 않은 1257년 5월이었다.

고려 조정은 재차 김수강을 철병 교섭의 사신으로 몽골에 파견해서, 몽케 칸을 알현케 하여 출륙과 친조를 조건으로 그 허락을 얻었다.

1257년 10월에 몽골군은 '선철군 후입조'의 설득에 따라 철수하게 되었다.

하지만 최의는 그런 것 따위는 생각도 안하고 몽골과 싸우겠다며 전횡을 부리다가, 결국 1258년 3월에 부하인 유경(柳璥)과 김인준(金仁俊, 김준) 일파에게 살해당했다. 이로써 60여 년간 이어진 최씨들의 독재 체제가 무너졌다.

● **대몽항쟁전승기념탑**
13세기 세계를 석권한 몽골제국과 맞서 고려는 무려 9차례의 침입에도 물러서지 않고 항거하였다. 대몽항쟁전승기념탑은 충북 충주시 계명산자락 마즈막재 주변에 위치하고 있다.

■ 제9차 침입 (1258년 4월 ~ 1259년 3월)

몽골은 일단 군대를 북으로 후퇴시키고 고려의 태도와 동정을 살피고 있었다. 하지만 약속했던 고려 태자가 오지 않자, 무신의 지도자인 김준(金俊: 김인준이 바꾼 이름)이 정권을 잡은 지 한 달 만에 몽골군은 또다시 자랄타이가 홍복원의 아들 홍다구(洪茶丘)를 앞세워 제9차 침입을 개시하였다. 김준도 몽골군에 대한 최씨 정권의 방법을 그대로 계승하여 항전하는 방식을 택한다. 그러나 1259년 3월, 고려는 몽골군과의 여러 차례 전투 끝에 몽골과 강화를 맺게 되어, 몽골과의 전쟁이 끝나게 된다.

고려와 몽골은 강화를 맺었으나, 고려 조정의 의견 불일치로 출륙(개경 환도)만은 계속 지연되었다. 1259년 음력 6월 고종이 죽었고, 칸이 된 쿠빌라이[忽必烈(홀필렬): 몽골제국의 제5대 황제. 중국 원나라의 시조. 묘호는 세조.]를 만나고 온 태자 왕식(王植)이 귀국하여 1260년 4월에 왕위에 올라 제24대 원종(元宗)이 되었다. 원종은 몽골에 태자를 인질로 보내어 복속을 거듭 표시하였으나, 최씨 정권을 무너뜨리고 새로운 집권자가 된 김준의 반대로 강화도에서 나올 수 없었다.

또 김준을 살해하고 새 집권자가 된 임연(林衍)은 1269년 6월 강화를 반대하여 원종을 폐위하고 안경공 창을 즉위시켰는데, 이것이 영종(英宗)이다. 그러나 몽골의 압력으로 11월에 원종을 복위시키고, 임연 역시 몽골의 재침공을 두려워하다 등창으로 죽는다. 임연의 아들 임유무(林惟茂) 역시 출륙을 반대했지만, 몽골의 군사적 뒷받침을 받은 원종에게 살해되었다. 이리하여 무신정변이 일어난 지 100년 만인 1270년 무신정권은 종말을 고한 동시에, 강화를 맺은 지 10년 만에 고려 조정은 개경으로 환도하였다.

● 강화 고려 궁지

삼별초의 난

삼별초(三別抄)는 최씨 무신정권의 사병 집단이었고, 군부 독재를 유지하는 역할을 했다. 몽골이 고려를 침입해 오자, 최씨 무신정권은 1232년에 수도를 강화도로 옮긴 후 몽골의 침략에 맞섰다. 하지만 고려는 허약한 기반으로 말미암아 잦은 반란에 직면하게 된다. 반란 중 일부는 평정되었지만, 북부 지역의 반란 무리는 몽골로 이탈해 갔고, 그 영토는 몽골제국에 병합되었다. 마침내 100년간의 무신정권 시대가 끝나고 고려는 몽골제국에 항복하였다. 몽골의 지원으로 군부 정권으로부터 권력을 되찾게 된 원종은 1270년(원종 11년) 삼별초를 해산하기로 결정하였다. 그러나 배중손이 이끄는 강화도의 삼별초는 원종의 고려 정부에 반기를 들고 봉기하였다.

■ 강화에서 난을 일으키다

무신정권의 사병 집단이면서 대몽 항쟁에서 선봉에 섰던 삼별초는 무신정권의 마지막 실권자인 임유무가 살해당한 후에 원종이 개경 환도를 준비하자, 이에 반발해 즉각 반기를 들었다. 배중손(裵仲孫)을 지도자로 추대하고 강화도와 육지 간의 교통을 끊었으며, 왕족 승화후 온(承化侯 溫)을 왕으로 추대한 후 관부(官府)를 설치하고 관리를 임명하여 반몽정권(反蒙政權)을 수립했다.

이 과정에서 원종을 따라 개경으로 가려던 백관들의 처자들 다수를 사로잡았고(단순한 인질이 아니라, 젊은 여자들은 강제로 겁탈하여 자신들의 아내로 삼았다), 수많은 군사들이 육지로 빠져나갔기에 강화도를 지키지 못할 것이라 여겨, 재물과 자녀들을 모조리 배에 실었다.

1270년 6월 초순, 남쪽으로 내려가는 삼별초가 이끄는 배는 1천여 척이나 되었다. 이어서 역적추포사 김방경(金方慶)·송만호(宋萬戶: '만호'는 이름이 아니고 고위 군사 책임자라는 직함으로 추측됨) 등의 추격을 받아 영흥도에 정박했다가 도망치는 데 성공했는데, 이때 남녀 1천여 명이 삼별초로부터 토벌군 쪽으로 도망갔다.

■ 진도에서의 항쟁

가을 8월에 진도에 들어가서 용장산(龍藏山)에 성을 쌓고 궁궐을 지었으며, 주변의 고을과 성을 점령하여 세력을 넓혔다. 또 몽골 황제의 명령이라 사칭하면서, 전라도 안찰사에게 양곡을 거두어 진도로 옮겨놓게 했다.

겨울 12월에 마침내 토벌군이 진도에 이르렀다. 김방경과 몽골 장수 아카이(阿海)가 토벌군을 이끌고 용장산성을 공격했지만, 성 바깥과 성 안을 지키는 군사로 나뉘어 대비한 삼별초군의 항전과 기습 공격에 토벌군은 패해 물러날 수밖에 없었다. 이에 조정에서는 토벌보다 회유로 방향을 바꿔, 박천주(朴天澍)를 보내어 협상을 벌였다. 삼별초군은 자신들은 몽골에 항쟁하는 것이지 고려 조정에 반역하는 게 아니라며, 박천주가 가져온 몽골 황제의 조서는 거절했다.

이듬해(1271년) 봄 2월에는 장흥부 조양현을 침입해 노략질을 하고 전함을 불태웠으며, 3월에는 합포현을 공격해 감무(監務)를 사로잡고 동래군을 공격했다. 4월에는 금주에 침입한 후에 산성을 불태우고 노략질을 했으며, 5월에는 그동안 거듭된 승리로 긴장이 풀려 방비를 소홀히 했다가 김방경과 홍다구가 이끄는 토벌군의 공격을 받고 패해서 처자를 버리고 달아났다.

이때 배중손 · 안방열 및 위왕(僞王)인 승화후 왕온이 죽고, 남녀 1만여 명, 전함 수십 척이 포획되는 등 큰 피해를 입자, 김통정(金通精)이 삼별초를 이끌고 탐라도(제주도)로 들어갔다. 한편, 삼별초 중에서 일부는 남해현(경남 남해군)을 점거한 채 연해 지방을 공격해 노략질하다가, 진도 본군이 김방경 등의 공격으로 인해 탐라도에 들어갔다는 것을 알고 배 80여 척을 이끌고 뒤따라갔다.

● 진도의 용장산성 미니어처

■ 제주도에서의 재항전

탐라도로 기지를 옮긴 삼별초군은 성을 쌓고 방비를 튼튼히 하며 1271년(원종 12년) 겨울에 활동을 재개하여, 전라도와 경상도 연안의 섬을 노략질했다.

1272년 봄 3월에 회령군을 공격해 조운선 4척, 여름 5월에는 대포에 침입해 조운선 13척을 약탈했으며, 대포를 공격한 달에 탐진현을 불지르고 약탈했다. 이에 조정에서는 금훈(琴熏) 등에게 초유문(招諭文: 어떤 사실을 깨우쳐서 타이르는 글)을 주어 보내 삼별초군을 설득하려 하였다. 그러나 금훈 일행은 추자도 부근에서 삼별초군에게 사로잡혀 원종의 초유문이 불태워졌으며, 금훈 한 사람만 돌려보내지고 다른 일행은 모두 죽었다. 그 뒤에도 김통정의 조카 김찬(金贊) 등을 초유사(招諭使)로 보냈지만, 김통정은 김찬을 억류하고 나머지 일행을 죽임으로써 타협 거부의 뜻을 분명하게 드러냈다.

이 무렵 삼별초군은 합포(合浦: 마산) 등지의 조선소를 탈취하려는 계획을 세웠다. 원나라가 고려 조정에 일본 정벌을 위한 배를 만들도록 지시하여, 합포를 비롯해 경상도와 전라도의 해안 여러 곳에 조선소를 세워 전함을 만들고 있었고, 또 이를 독려하기 위해 원나라군이 김해에 주둔까지 하고 있었다.

가을 8월에는 전라도의 상공미(上供米) 8백 석을 약탈했고, 9월에는 고란도를 공격해 전함 6척을 불태우고 배 만드는 장인들을 죽이면서 홍주부사 이행검, 결성 감무, 남포 감무 등을 사로잡았다.

겨울 11월에는 안남도호부에 침입해 부사 공유 등을 사로잡았고, 합포를 공격해 전함 20척을 불태우고 몽골 병졸 네 사람을 붙잡았으며, 거제현을 침입해 전함 3척을 불태우고 현령을 사로잡았다.

● 배중손(裵仲孫)

배중손은 삼별초 반몽세력을 규합하여, 1270년에 전라도 서남해안의 진도를 새로운 거점으로 정하고 고려의 정통정부를 자임하면서 반몽골 항전을 지속하였다. 제주도를 그 배후 기지로 확보하는 한편, 진도와 남해 연안이 갖는 전략적 한계를 극복하기 위한 차원에서 일본과의 반몽골 연합을 모색하기도 하였으나 성공하지 못하였다.

■ 진압

1273년 정월에 삼별초군이 10척을 이끌고 낙안군을 공격하거나 합포를 공격해 전함 32척을 불태우고 몽고의 군사 10여 명을 붙잡아 죽였다. 이는 고려 조정과 원나라를 분노하게 만들었다.

원나라에서 조서가 내려와 고려 조정은 군사 6천, 수부 3천을 징발해 진압군을 편성했다.

2월에는 원나라에서 온 총사령관 힌두[忻都(흔도)]와 홍다구 등을 시켜 탐라도를 토벌하게 하도록 지시하자, 김방경이 고려의 정예 기병 8백을 거느리고 그 뒤를 따랐다.

여 · 원 연합군의 전함이 비양도 · 함덕포 등 삼별초군의 진지를 하나하나 공격해 무너뜨리자 대부분 항복하면서 전투는 소강상태에 접어들었다. 그 후 전세가 뒤집혀 버리자 김통정은 70여 명을 거느리고 한라산 속으로 도망가 농성을 벌였으나, 김통정이 스스로 목숨을 끊음으로써 삼별초의 난은 막을 내렸다.

● **남도석성(南桃石城)**
전라남도 진도군 임회면 남동리에 있는 고려시대의 성곽. 삼별초가 대몽항쟁의 근거지로 삼으면서 쌓은 성이다.

충렬왕

충렬왕(忠烈王: 재위: 1274년 ~ 1298년, 복위: 1299년 ~ 1308년)의 휘는 거(昛), 초명은 심(諶) · 춘(賰), 원에서 내린 시호는 충렬왕(忠烈王)이며, 공민왕이 올린 시호는 광문선덕경효대왕(光文宣德景孝大王)이다. 원종과 순경태후(順敬太后) 김씨(金氏)의 맏아들이다. 원나라의 황제 쿠빌라이의 딸 제국대장공주와 결혼하여 원나라의 부마국(駙馬國: 사위 나라)이 되었으며, 이후 고려 군주들은 원나라의 황녀나 종실의 딸을 정비 또는 후궁으로 맞이하게 되었다. 그 결과, 고려는 원나라의 속국(제후국)으로 전락하고 말았다.

■ 원의 부마국으로 전락한 고려

1260년 아버지 원종이 즉위한 이듬해 태자에 책봉되었고, 1271년 원나라에 볼모로 갔으며, 세조 쿠빌라이 칸의 딸인 제국대장공주(죽은 후 봉해진 시호이며, '대장'은 원나라 황제의 고모를 일컫는 말이다. 책립된 이름은 '원성공주'이다.)와 혼인했다. 1274년 원종이 죽자 고려에 돌아와서 즉위했다. 귀국할 때 몽골식으로 변발(辮髮: 머리를 정수리에서 이마까지 네모지게 빡빡 밀고 둘레에만 머리카락을 남겨둔 것)을 하고 몽골 복장을 하고 있어서 거리에서 보고 통곡하다가 기절하는 사람도 있었다고 한다. 어쨌든 충렬왕이 쿠빌라이 칸의 사위가 되면서, 고려는 원나라의 부마국이 되어 원나라의 간섭이 심해졌다.

본디 원종은 일본 정벌을 위한 군량미와 군선을 조달하라는 원나라의 요구에 시달리던 끝에 병이 나 누워 있다가, 1274년 6월에 운명하였다. 그래서 연경(燕京: 베이징)에 볼모로 가 있던 세자는 부왕의 사망 소식을 듣고 두 달 만에 개경으로 돌아올 수 있었다.

● 원나라 귀족의 복장
고려 충렬왕은 원나라에서 몽골의 전통을 따랐으며, 쿠빌라이 칸의 딸인 제국대장공주와 결혼하여 부마가 되었다.

■ 여 · 원 연합군의 일본원정

고려가 원나라에 굴복하게 되자, 1268년에 원의 세조(쿠빌라이 칸)는 고려를 통하여 일본에 사절을 보내 통호의 뜻을 전하고 입공을 촉구하였다. 이에 대해 일본 조정에서는 답신을 보낼 것을 주장하였으나, 가마쿠라 막부의 싯켄(執權)이었던 호조 도키무네는 이를 거부하고 답신도 보내지 않았다. 그 후에도 사절을 보냈으나 일본의 막부는 원나라의 요구를 듣지 않았다.

여 · 원 연합군은 1274년(충렬왕 1년) 10월 제1차로 일본을 침략하였다. 고려의 김방경(金方慶)은 총사령관인 원나라의 장수 힌두[忻都(흔도)]와 함께 9백 척의 함선에 4만의 군사를 거느리고 합포(合浦: 마산)를 출발하여 10월 5일에 쓰시마(對馬) 섬, 10월 14일에 이키(壹岐) 섬을 정복하고, 규슈의 하카타(博多) 만에 도착했다. 그러고는 히라도(平戶) · 다카시마(鷹島) · 마쓰우라(松浦)의 본거지를 전멸시키고 일본군 사령부가 있는 태재부(太宰府) 공격을 앞두었을 때, 세찬 비바람을 동반한 태풍이 몰아쳐 배들이 휩쓸려 큰 피해를 입고 퇴각하게 되었다.

원나라는 처음으로 겪는 참담한 패전이었고, 고려는 그동안 엄청난 경비를 대고도 성과를 얻지 못했으며, 일본은 초기 패전으로 피해를 입긴 했으나 적군이 태풍으로 물러가자 신(神)의 가호를 입었다고 여겼다. 이때 불었던 바람을 일본 사람들은 '가미카제(神風)'라고 명명하여 받들었다.

● 여 · 원 연합군과 일본군의 전투도

■ 원정의 후유증

제2차 원정은 1281년(충렬왕 7년)에 행해졌다. 원 · 고려군으로 편성된 혼합부대인 동로군(東路軍)은 함선 900척, 군사 약 4만 명, 남송의 항복한 군사로 구성한 강동군(江東軍)은 함선 3,500척, 군사 10만 명이었다.

그러나 쓰시마 섬 · 이키 섬 · 하카다 만까지는 여름철 돌림병으로 3천여 명의 군사를 잃은 것 외에는 승승장구하며 진출했는데, 본토 공격을 앞두고 이번에도 태풍으로 많은 수의 전함이 침몰되어 실패하고 말았다. 이것은 물론 해상기후에 대한 인식의 결핍에 원인이 있었지만, 동시에 원정군이 올 것을 대비한 일본군의 완강한 저항, 일본 정벌에 전력을 기울일 수 없었던 원나라 국내 사정에도 원인이 있었다. 일본은 이 전쟁을 '홍안(弘安)의 역(役)'이라고 부른다[그때 일본은 고다 천황의 시대로, 연호를 '홍안'이라고 했다. '역'은 전쟁이라는 뜻이다.].

제3차 정벌도 준비했으나, 중국 남쪽의 남송에서 반란이 일어나 도중에 무산되었다. 고려는 두 차례의 원정에 동원되어 인명 피해와 재정 손실을 크게 입었으며, 전쟁 물자 징발로 백성들의 삶은 더 피폐해졌다. 특히 제주도에 군마를 키우기 위한 목마장을 설치했는데, 이 때문에 제주도에 말이 많아졌다고 한다.

또한 1290년에는 원의 반란 세력인 카다안[합단(哈丹)]의 무리가 고려를 침입해와, 충렬왕이 강화로 피신하는 등 고려의 백성들은 많은 고초를 겪었다. 다만 원 역시 고려가 망하는 걸 원하지 않았기 때문에 전쟁물자 지원을 확실히 했으며, 1291년엔 고려에 기근이 들자 쌀 10만 석을 무상으로 주기도 했다.

● 카다안의 침입
원나라의 반란군인 카다안의 무리들이 고려를 침입해 일어난 전쟁으로, 카다안의 침략군은 사람을 죽여 양식으로 삼고, 부녀자를 잡으면 강간을 한 다음 살을 저며서 포를 떠먹는다는 소문이 돌 정도로 공포의 대상이었다.

■ 양위, 그리고 복위

충렬왕은 계속되는 원의 간섭과 권문세족(權門勢族)의 횡포, 그리고 왕비 제국대장공주의 죽음(1297년)으로 정치에 염증을 느꼈는지, 1298년에 아들 장(璋: 충선왕)에게 선위할 뜻을 밝힌 뒤 결국 양위하고 물러났다.

당시 충렬왕의 총애를 받던 무비(無比)라는 후궁이 있었는데, 왕은 그녀를 대단히 아껴서 사냥하러 갈 때도 항상 대동하고 다닐 정도였다. 당연히 제국대장공주에게 질투 및 핍박의 대상이었고, 그러던 중 제국대장공주가 죽자 당시 세자였던 충선왕(忠宣王)은 원나라에서 급히 귀국하였다.

평소 어머니의 영향을 많이 받았던 충선왕은 어머니의 죽음을 무비 등이 꾸민 소행이라 의심하여, 무비와 그녀의 측근 40여 명을 죽였다. 하지만 이게 실질적으로는 충렬왕의 수족을 잘라버린 것과 다름없었다. 마침 원나라 황실의 부마라는 끈도 떨어졌고 수족마저 잘린 상황에서 충렬왕은 결국 양위를 결심하고, 1298년 1월 세자에게 양위하였다. 그래서 충선왕은 고려 제26대 왕위에 올랐다.

즉위와 함께 충선왕은 대대적인 개혁 정책을 발표하였다. 충선왕의 개혁 정책 중 하나가 원나라의 간섭으로 격하된 기존 관제 복구였는데, 이것은 충분히 반원 정책으로 보일 수 있는 조치였다.

결국 이러한 행동으로 인해 충선왕은 즉위한 지 불과 7개월 만에 왕위를 빼앗긴 후 원나라로 끌려가고, 충렬왕이 다시 복위하게 되었다. 복위 후에도 충렬왕은 정치에 뜻을 잃고 사냥과 음주가무 등으로 소일하다가 복위 10년째인 1308년 7월, 신효사에서 죽었다. 향년 73세로, 고려의 역대 국왕 중 제일 장수했다.

■ 원 간섭기

충렬왕 대는 원의 간섭이 본격적으로 진행되던 시기로, 이때 원의 문물과 풍습이 많이 들어왔다. 충렬왕 또한 원나라에 자주 드나들면서 제반 문물제도를 받아들였는데, 경사교수도감(經史教授都監)을 설치하여 경학과 사학의 진흥에 힘썼다. 또 원나라의 속국에 어울리도록 관제를 격하하였고, 지배를 받았다. 또한 원나라 출신의 왕비와 그 일족이 막대한 토지를 소유함으로써 고려 농민은 유민(流民)으로 전락하기도 했다.

충렬왕 2년(1276년) 3월에 다루가치(고려의 내정을 간섭하는 몽골 관리)가 충렬왕에게 "선지(宣旨)라고 일컫고, 짐(朕)·사(赦)라고 일컫는 것이 어찌 참람하지 않겠습니까?"라고 지적하자, 충렬왕이 고려 관리 중찬 김방경과 좌승선 박항에게 이 지적을 해명하라고 해 "감히 참람하게 하려는 것이 아니라, 조종(祖宗)께서 서로 전하여 오던 옛날 법을 따른 것뿐입니다."라고 해명하였다.

이날 이후 고려에서는 '짐'은 '고' 또는 '과인'으로, '폐하'는 '전하'로, '태자'는 '세자'로, '선지'는 '왕지'로 명칭이 격하되었다.

문화적인 면으로는 일연의 《삼국유사》, 이승휴의 《제왕운기(帝王韻紀)》가 출판되는 등 가치 있는 서적들이 많이 간행되었다. 그리고 유명한 고려 가요 <쌍화점>이 나온 시기도 충렬왕 대로 알려져 있다. 충렬왕 개인적으로 음악을 즐겼기에 당대의 신하들에게 노래를 자주 작곡하게 했는데, 그중 하나였다고 한다.

● **일연(一然)**
왕에게 법을 설하였으며, 간화선(看話禪)에 주력하면서 《삼국유사(三國遺事)》 등을 찬술하였다.

공민왕

고려의 제31대 왕이다. 그 뒤의 우왕 · 창왕 · 공양왕은 모두 폐위되었으므로, 사실상 고려의 마지막 군주라고 할 수 있다. 고려 왕조에서 실질적으로 왕다운 왕 노릇을 했던 마지막 왕이라고 봐도 좋다. 정식 시호는 공민인문의무용지명렬경효대왕(恭愍仁文義武勇智明烈敬孝大王)인데, '공민(恭愍)'은 명나라에서 내려준 시호라서 고려에서 올린 시호인 '경효대왕(敬孝大王)'을 따서 '경효왕'이라고 부르는 경우도 있다.

■ 공민왕의 즉위

공민왕 왕전(王顓)은 1330년에 고려 제27대 충숙왕(忠肅王)과 고려 출신 공원왕후의 차남으로 태어났다. 원나라 황실 출신은 아니었지만, 그는 곧 원나라 조정의 압력에 의해서 입조(入朝)하게 된다. 1341년(제28대 충혜왕 2년) 원나라로 건너갔다. 1344년(제29대 충목왕 원년)에 강릉부원대군(江陵府院大君)에 봉해졌고, 1349년(제30대 충정왕 1년)에 원나라의 황족인 위왕(魏王)의 딸 노국대장공주(魯國大長公主)를 아내로 맞았다.

당시 형 충혜왕(忠惠王)에게는 아들 충목왕과 충정왕 그리고 천민 출신 은천옹주 소생의 석기 왕자가 있었다. 석기는 충혜왕 사후 은천옹주가 폐출되면서 처형되었고, 충목왕은 서자 1명이 있었고, 충정왕은 후사가 없어 그는 야심을 품게 된다.

그러나 충정왕의 어머니 희비 윤씨가 국정을 농단하자, 고려의 관료들이 이 사실을 원나라에 알렸다. 1351년 원나라 황제는 칙서를 내려 충정왕을 폐위시키고, 강릉부원대군을 노국대장공주와 함께 귀국(1351년 12월)시켜 국왕이 되게 하였다(1352년). 그 이후 폐위된 충정왕은 공민왕 2년에 원나라에 의해 독살당했다.

● 노국대장공주의 모습을 유추할 수 있는 원나라 여인상

■ 고려의 재흥을 꾀하다

공민왕은 왕위에 오르자, 자신이 원나라 연경에서 생활을 할 때 파악한 원의 쇠퇴를 믿고 본격적인 반원정책을 펼쳤다.

그 첫 신호탄으로 1356년에 병신정변을 일으킨다. 먼저 원의 연호와 관제를 폐지했고, 원의 풍속인 변발과 호복(胡服)을 폐지했다. 또한 기황후의 인척이자 고려 내에서 세력이 가장 큰 친원파 무리로서 갖은 전횡을 일삼던 기철 일당을 중심으로 한 부원배(附元輩) 세력의 숙청에 나섰고, 원의 고모에게 가 있는 기철의 아들을 빼곤 아내와 어린 자식에 이르기까지 모두 죽였다.

전민변정도감(田民辨整都監)까지 세워 기철 일당이 점탈했던 인구와 토지를 재빠르게 정리했으며, 성리학을 공부한 신진 사대부(新進士大夫)라는 새로운 지식인 계층을 등용하고 육성하면서 의욕적인 개혁정책을 펼쳐 나갔다.

공민왕은 스스로의 생활을 절제했으며, 신하들에게도 예우를 갖추었다. 사람을 보는 안목이 뛰어나다는 평가도 받았다. 재미있는 것은, 부원배를 처단할 때 공민왕이 내세웠던 명분 중에는 '원 세조 쿠빌라이 칸이 정한 원칙을 기철 일파가 어겼다'는 내용이 있다는 것이다. 즉 쿠빌라이가 고려를 부마국으로 삼아 독자적인 내정 운영을 할 수 있도록 허락했다는 것을 근거로 삼아, 고려를 원에 들어다 바치려고 책동하던 부원배들을 다름 아닌 원나라 황제의 이름으로 제거해 버린 것이다.

● 기황후(奇皇后)
원나라 혜종의 황후. 고려 출신의 공녀(貢女)로 원나라로 보내졌다가 황후가 되었으며, 북원(北元) 소종(昭宗)의 생모이다. 당시 고려에서는 기황후의 오빠인 기철(奇轍, ?~1356)을 필두로 한 기씨(奇氏) 일족이 기황후의 배경을 믿고 권세를 휘두르다가, 1356년 공민왕의 반원 개혁정책으로 주살되었다.

당대의 신진 사대부로는 이색 · 이숭인 · 정몽주 · 정도전 등을 들 수 있는데, 이들 가운데 일부는 조선 왕조의 개국에도 크게 일조했다. 다만 조선의 개국에 일조한 이들은 정도전 등의 급진적인 신진 사대부들로, 신진 사대부층 내에도 정치적인 스펙트럼의 차이는 존재했던 것이다.

또한 정몽주는 당시에도 명사였긴 했으나 정몽주와 정도전은 젊은 세대로서 공민왕 말기까지는 소장 관원, 간관(諫官)으로서 존재했을 뿐 정치적으로 두각을 드러내지는 못했다.

국왕이 중책을 맡겼던 사람들은 이제현(李齊賢)과 그의 제자 이색(李穡), 그리고 이인임의 형인 이인복(李仁復)과 같은 원나라 과거급제 출신 재상들로, 이들은 양심적이고 성실했으며 학문의 성취가 높았으나, 이후의 세대보다 보수적이었고 기득권과도 얽혀 있었다.

그 밖의 요직은 자신의 측근들(연저수종공신)과 어머니 명덕태후의 가문인 남양 홍씨 집안의 홍언박(洪彦博: 공민왕의 외사촌 형이자 홍륜의 조부), 인척인 경복흥(慶復興) 같은 사람들을 기용했다.

● **이색(李穡)**
고려 말기의 문신이자 정치가이며 유학자 · 시인인 이색은 성리학을 고려에 소개 · 확산시키는 역할을 하였으며, 성리학을 새로운 사회의 개혁 · 지향점으로 지목하였다. 이제현의 문하생 중에 수제자로 이름났던 그는 14세에 성균시(成均試)에 합격, 원나라에서 중서사전부(中瑞司典簿)로 일을 보던 아버지로 인해 원나라의 국자감 생원이 되었고, 3년간을 유학하다가 아버지의 상(喪)을 입자 귀국하였다.
귀국 직후 원나라에서 배운 성리학 이론과 예법에 대한 것을 강의하였는데, 이때 정몽주 · 정도전 · 조준 등이 그의 제자가 되었다. 그는 권문세족(權門勢族)의 전횡을 비판하여 공민왕의 개혁정책에 적극 협력하였다. 또한 불교의 대안으로 성리학을 새로운 개혁의 비전으로 제시하기도 했다.

■ 외침의 위기

공민왕은 대외정책 면에서도 탁월한 감각을 가지고 있었다. 원나라 순제(順帝)의 요청을 받고 홍건적(紅巾賊) 토벌을 위해 1354년 최영(崔瑩)을 중국에 파견하기도 했는데, 최영을 통해서도 원의 어지러운 사정을 파악했다.

● 고려 말의 몽골풍 복식
원나라의 영향으로 고려 사회에는 몽골풍의 복식이 유행하였다.

당시 원 제국은 행정체계의 미비와 봉건적 군사제도로 인해 전력을 동원하기 힘들고 내부 분열이 잦았다. 교초(交鈔: 중국 금나라 · 원나라 때의 지폐) 남발과 중과세, 한인들에 대한 차별로 인해 한인들이 반란을 일으켜, 경제 중심지인 강남 일대가 원의 장악에서 벗어난 것도 치명타였다.

이에 공민왕은 차츰 원나라로부터의 독립을 추진하였으며, 독립과 칭신(稱臣)을 반복하면서도 형세를 잘 봐서 결국 부원배를 주살하고 동북면의 쌍성총관부(雙城摠管府: 지금의 함경남도 등)를 쳐서 동북지역의 영토를 수복했는데, 이때 이자춘(李子春) · 이성계(李成桂) 부자가 고려에 귀순했다.

당시 중국은 원나라에서 명나라로의 교체기였고, 일본은 남북조 시대의 혼란을 겪고 있어 동아시아 전체가 전란에 휩싸여 있었다. 그 탓으로 북쪽에서는 요동지역의 원의 장군 나하추(納哈出)의 침입, 자신의 인척들이 척살된 데 앙심을 품은 기황후에게 아부할 겸 덕흥군을 즉위시키기 위해 침입한 최유(崔濡)의 고려 침공이 있었다. 남쪽에서는 왜구의 침입이 극심했다. 특히 굶주림에 지친 홍건적들이 침입했을 때에는 개경까지 함락되어 공민왕이 안동까지 피난을 가기도 했다. 그야말로 내우외환의 시기였으나, 최영 · 이성계 · 정세운 등 많은 명장들의 활약으로 이를 간신히 격퇴할 수 있었다.

● **명 태조 주원장(朱元璋)**
중국 명(明)나라의 초대 황제. 홍건적(紅巾賊)에서 두각을 나타내어, 각지의 군웅들을 굴복시키고 명나라를 세웠다. 동시에 북벌군을 일으켜 원나라를 몽골로 몰아내고, 중국의 통일을 완성시켰다.

또한 지난날 원종이 내전 중이던 쿠빌라이에게 칭신해 나라를 유지했듯이, 공민왕도 막 원을 몰아내고 불안한 처지이던 명에게 곧 칭신하여 명 태조(주원장)의 호감을 샀다.

공민왕은 사신을 보내가며 명나라에 저자세를 취하고 제후국의 왕으로 책봉될 정도로 관계를 좋게 했는데, 이는 요동정벌을 위한 준비였다. 이미 기씨 일파의 숙청으로 관계가 나빠진 북원(北元)과는 국교를 단절하였고, 아직 명나라는 요동에 신경을 쓰지 못할 시기였기에, 공민왕은 요동을 점령하기에는 좋은 기회라 여겨 군대를 출정시켰는데, 이것이 제1차 요동정벌(1370년)이다.

제1차 요동정벌은 발해가 멸망한 지 445년 만에 고려가 처음으로 요동성 점령에 성공한 사건이자, 한반도를 차지하고 있는 국가가 마지막으로 요동을 공략하고 실제로 점유했던 시기이다. 이성계가 처음 큰 전공을 세운 전쟁이기도 하며, 따라서 〈용비어천가〉와 《고려사》에도 상세히 기록되었다.

공민왕은 명나라를 경계하여, 기씨 일파와 원 군대 토벌을 명분으로 군대를 요동으로 진출시켰다. 총사령관은 이인임(李仁任)이었으며, 이성계 · 지용수 · 양백안 · 임견미가 함께 군대를 이끌었다.

이런 시도를 명나라가 눈치채고 반발하여 고려에 외교적 압력을 가하는 한편, 요동에 무장들을 투입시킴으로써 요동정벌은 좌절되었다. 그러나 공민왕은 일시적으로나마 요동을 정벌하는 데 성공하였으며, 그 뒤로는 한반도의 영향력이 요동에 미치는 일은 없었다.

■ 공민왕과 노국대장공주

홍건적과 왜구의 계속적인 침범은 고려의 국력을 소모시켰다. 1365년(공민왕 14년), 오랫동안 아기를 갖지 못했던 노국대장공주가 드디어 임신하였으나, 난산 끝에 사망하고 말았다. 노국대장공주의 죽음은 공민왕에게 극심한 충격을 주었다. 그는 노국대장공주의 초상화를 바라보며 통곡했고, 정사를 돌보지 않았다. 노국대장공주는 인덕왕후(仁德王后)로 추존되었으며, 공민왕은 서거한 왕후를 추모하는 불사(佛事)에 전력을 기울였다.

공민왕은 노국대장공주 외에는 다른 여자를 상대하지도 않았고, 후궁도 들이지 않았다. 후일 오랫동안 왕손이 태어나지 않자, 후사가 끊길 것을 염려한 왕대비와 신하들의 간청을 어쩔 수 없이 받아들여, 1359년 혼인한 지 10년 만에 이제현의 딸을 혜비로 맞이하는 등 공주의 사후(死後)에 익비 등 3명을 더 간택하지만 이는 형식상의 혼인이었을 뿐, 여자들에게는 손도 대지 않았다고 한다.

반야(般若)에게서 대를 이을 우왕을 볼 수 있었던 것도 반야가 노국대장공주와 비슷하게 생겼기 때문이란 이야기까지 전한다.

● 공민왕과 노국대장공주의 초상
노국대장공주는 원나라 위왕(魏王)의 딸이며, 이름은 보탑실리라고 하였다. 노국대장공주는 그 시호(諡號)이다. 공민왕이 대군으로서 원나라에서 숙위(宿衛)하고 있을 때 결혼하여 승의공주(承懿公主)로 책봉되었다. 원나라의 강력한 후원으로 공민왕이 왕이 되자 함께 귀국하였다. 홍건적(紅巾賊)의 난으로 안동에 피난하였다가, 1363년 윤3월 개경으로 돌아오는 길에 흥왕사(興王寺)의 변이 일어나 화를 입을 뻔하였으나, 침착하게 행동하여 공민왕이 위기를 모면하도록 하였다. 1365년 2월 공주가 임신하자 이례적으로 사면령을 내리고, 난산으로 병이 위중해지자 또 사면령을 내렸다. 공주가 죽자 영암사(靈巖寺)를 공주의 명복을 비는 사찰로 삼았다.

■ 신돈의 개혁시도와 좌절

끝없는 상심에 빠졌던 공민왕은 1365년 음력 5월 을사환국(乙巳換局)을 통해 신돈(辛旽: 속명으로 바뀌기 전 불명은 변조 또는 편조)을 등용하였다. 영산 출신 승려였던 신돈은 당시 살아 있는 부처라는 소문이 있는지라, 그 소문을 들은 공민왕은 직접 영산까지 내려가 신돈과 만나 대담하였으며, 신돈을 개경으로 불러들여 시국을 논하였는데, 그의 달변이 왕의 마음에 들었던 것이다. 공민왕은 개혁추진을 위해 신돈을 기용했다. 신돈은 노비의 몸에서 난 서자였으므로, 권문세족과는 거리가 먼 사람이었다.

국왕의 스승격 지위를 가지고 군림하게 된 신돈은 기존 정치세력인 권문세족에 대하여 견제 차원을 넘어서서 숫제 공격을 가했고, 권문세족들은 자신들의 기득권을 지키기 위해 신돈에게 맞섬으로써 오히려 나라가 더 어지러워지는 결과를 가져왔다.

천민 출신의 이름 없는 중에 의하여 권력을 하루아침에 빼앗기고, 소유하고 있던 토지마저 농민과 천민에게 강압적으로 내주게 된 권문세족들은 신돈에게 무서운 반감을 품기 시작하였다. 신돈에 의해 밀려난 세력 중에는 탐욕스러운 대농장주와 부원배들도 있었으나, 양식 있는 귀족들이나 소장세력도 있었다. 심지어 당대 최고의 명장이었던 최영조차도 그를 싫어할 정도였다.

신돈은 전민변정도감을 설치해 토지개혁을 시도하였다. 십실구공(十室九空: 열 집 가운데 아홉 집이 비어 있다)이라는 말이 있던 시대였다. 신돈은 이틀에 한 번씩 도감에 나가 일을 처리하였고, 실무 책임자는 이인임과 이춘부였다. 이춘부는 홍건적을 몰아낸 전쟁영웅 출신이었고, 이인임은 당시 권문세족 중 가장 명신이던 이인복의 동생이었으므로, 신돈의 포고령은 왕권의 철저한 비호 아래 실효를 거둔다. 이는 백성들이 신돈에게 강력한 지지를 보내는 바탕이 된다.

또한 신돈은 성균관을 지원하여, 미래의 신진 사대부 개혁층을 육성하는 데 힘이 되었다. 정몽주 · 정도전 · 윤소종 등 조선 건국과 밀접한 관계를 가진 신진 문신세력은 이러한 분위기 속에서 정치 세력으로 성장할 수 있었다.

그러나 이런 유교적 사대부층은 기존 사대부들보다 불교에 적대적이었고, 불교계 내에서도 왕사(王師) 보우[普愚:불명은 태고(太古)]는 신돈과 갈등을 빚었다. 신돈 세력 내에서도 외척인 경천흥(경복흥)이 신돈과 갈라져 살해당할 뻔했으며, 왕의 측근이었던 유숙도 참소로 죽음을 당했다. 또한 신돈은 사심관(事審官) 제도를 부활시켜 자신의 세력을 더욱 확고히 하고자 했다.

결국 더 이상 좌시를 했다간 자신의 자리마저 위태로워질 것이라는 예상을 한 공민왕은 역모죄로 신돈과 그 일파를 모조리 처형한 후, 다시 자신이 정치일선에 나서게 된다. 이는 신돈이 막대한 재정과 인력을 소모하고도 사망자까지 늘어나던 노국대장공주 영전 공사에 반대를 표명하면서 불거지게 되었으며, 신하들을 믿지 못하던 공민왕은 의심을 더욱 굳히게 되어, 결국 친정을 선포하고 최영을 불러들여 신돈을 숙청하게 된다.

1371년 음력 7월 신해환국(辛亥換局)으로 신돈이 유배된 후 처형되었다. 이로써 공민왕의 개혁은 사실상 마감되었다. 신돈을 잃은 공민왕도 더 이상 개혁의지를 갖지 못하고 방황하게 된다. 노국대장공주의 죽음과 신돈의 제거 이후 개혁정책에 염증을 느낀 공민왕은 술과 남색에 빠지고 만다.

● **종묘의 공민왕 사당**
조선 국왕들의 위패를 모신 종묘에 공민왕의 사당이 들어선 것은, 역성혁명(易姓革命)에 정통성을 부여하기 위한 의도로 해석하기도 한다.

■ 공민왕의 비극적인 죽음

노국대장공주를 잃은 공민왕은 1372년에 자제위(子弟衛)를 설치하여 젊고 외모가 잘생긴 청년을 뽑아 이곳에 두고, 좌우에서 시중을 들게 하였다. 공민왕은 성적인 측면에서도 방종해져 스스로 여장을 하기도 하고, 자제위의 미소년들과 동성애를 하기도 하였다고 한다.

이러한 기록들의 진위 여부에 대해서는 신중히 생각해 볼 필요가 있는데, 고려 말기의 기록은 대부분 조선의 건국을 미화하기 위해 왜곡돼 있는 경우가 많기 때문이다.

그런데 자제위의 일원인 홍륜(洪倫)이 익비라는 후궁을 임신시키자, 이를 최만생(崔萬生)이라는 환관이 은밀히 공민왕에게 보고하였다. 공민왕은 "이 사실을 아는 자를 모두 죽여야겠다"고 말했다. 최만생은 자신까지 죽게 될까 두려워 홍륜에게 자초지종을 고해바쳤고, 며칠 후 그들은 난을 일으켜, 신하들과 궁녀들을 닥치는 대로 죽이고 방화를 일삼았다.

결국 공민왕은 도망가려다가 홍륜 · 최만생 등에게 붙잡혀 1374년(공민왕 23년) 9월 21일에 시해당했다. 향년 44세였다.

● 공민왕과 노국대장공주의 능
공민왕의 능은 현릉(玄陵)이며, 노국대장공주(인덕왕후)의 능인 정릉(正陵)은 그 옆에 나란히 있다. 공민왕의 처참한 죽음에 비해 왕릉은 화려하게 지어졌다.(북한 개성 소재)

● 공민왕릉의 벽화

홍륜과 최만생 등은 공민왕을 칼로 수차례 난자하였고, 목과 사지를 베어 저잣거리에 매달았다. 그 후, 칼질을 한 자들이 "밖에서 적이 들어왔다."라고 부르짖었는데, 공민왕 가까이서 호위하던 위사(衛士)들은 겁을 먹고 오히려 홍륜 편에 가담하였다. 이들은 한결같이 입을 다물었고, 재상을 비롯한 신하들 또한 변고를 들었음에도 궁으로 들어오는 자가 없었다. 오직 내시 이강달만이 진실을 알았는데, 그 또한 이를 비밀에 부쳤다.

다음날, 정권을 잡은 쿠데타 세력은 임금의 명령을 이용하여 이인임, 경복흥, 안사기 등을 소집해 사태 수습을 논의했다. 이인임은 처음에는 승려인 신조(神照)를 의심해 그를 감옥에 가두었다. 그러던 도중 병풍과 최만생의 옷에 묻은 피를 보고 사건의 진상을 알았으며, 홍륜 등 일파는 체포되어 사지가 찢기는 거열형을 당하고 삼족을 멸하는 극형을 받았다.

이 사건 이후 이인임에 의해 어린 우왕(禑王)이 즉위하면서, 이인임의 섭정이 전개되었다. 우왕은 공식적으로 궁녀 한씨의 소생이었으나, 실은 신돈의 여종인 반야의 소생으로 신돈의 자식이라는 소문에 시달렸다. 훗날 이성계 일파는 이를 사실로 내세워, 우왕과 창왕이 왕씨가 아닌데도 고려의 왕권을 찬탈하여 고려 왕조의 맥이 끊긴 것이라고 주장하였고, 새로운 왕조인 조선의 개국을 정당화하는 논리로 이용하였다.

고려의 기술문화

불교를 국교로 삼은 고려는 말기에 이르러 유교를 숭상하였다. 고려 시대의 기술학은 조선 시대와 마찬가지로 잡학이라 하여 천시되었다. 그러나 현실생활의 필요에서 여러 가지 기술학을 일으켜 발전을 보게 되었다. 국자감에서 유학 이외에 율학 · 서학 · 산학 등 잡학을 교육했고, 과거에서도 제술과 · 명경과 이외에 의(醫) · 복(卜) · 지리(地理) · 율 · 서 · 산 등 잡과를 설치하였다. 또 그러한 부문을 담당하는 기구로 천문 · 역수를 관장한 서운관(書雲觀), 의약치료를 담당한 태의감 등이 있었으므로 기술학도 자못 발달하였다.

■ 고려의 인쇄술

우수한 종이 제조기술, 금속주조 · 세공 기술 등을 바탕으로 세계에서 처음으로 금속활자가 발명되어, 고종 21년(1234년)에는 인종 대에 편찬된 《상정고금예문(詳定古今禮文)》이 금속활자로 인쇄되었다.

현존하는 오래된 금속활자본으로는 1297년의 《청량답순종심요법문(淸凉答順宗心要法門)》과 1377년의 《직지심경(直指心經)》이 알려져 있다. 당시의 금속활자 인쇄는 활자를 고정시키는 기술의 제약으로 다량의 인쇄를 할 때에는 목판인쇄보다 효율이 떨어졌지만, 적은 수량의 책을 간행할 때에는 대단히 효율적이었다. 당시의 인쇄물들은 발행 부수가 적은 경우가 많았기 때문에, 금속활자 인쇄의 효용은 컸다.

● 고려의 금속활자
《직지심경》은 1377년에 인쇄되었으니, 서양 최초의 금속활자 인쇄본인 구텐베르크의 42행 성서(1455년)보다 무려 78년이나 앞선 것이다. 그러나 우리나라의 금속활자 발명은 직지보다 훨씬 앞서서, 기록으로만 그 존재가 알려진 《고금상정예문》이라는 책은 구텐베르크보다 200년 이상 앞서 있다.

● 해인사의 팔만대장경

종래의 목판인쇄술도 정교하게 발달하여, 현재 해인사에 소장된 대장경판과 같은 걸작이 만들어졌다. 인쇄 후 활자판을 해체하여 활자를 다시 사용하는 금속활자 인쇄와 달리, 목판인쇄의 경우는 판목을 보관해 두고 필요할 때마다 인쇄할 수 있는 장점이 있었다. 그래서 1251년에 완성된 재조대장경의 8만 1천여 매에 달하는 판목은 변형이나 부식 등을 방지하는 가공기술과 미려한 판각 기술로써 제작한 것으로, 750여 년이 더 지난 현재에도 목판인쇄를 훌륭히 해낼 수 있다.

● 고려의 금속활자

■ 목면 재배

공민왕 때 원나라에 사신으로 갔던 문익점(文益漸)이 면화(綿花) 씨를 가져온 데서부터 시작되었다. 이로써 한국인의 의생활(衣生活)에는 획기적인 변화가 초래되었다. 그가 가지고 온 면화 씨는 그의 장인 정천익(鄭天益)에 의하여 재배가 연구되고, 씨아와 물레가 제작되어 무명[綿布] 생산이 가능해졌다.

이후 목면 재배의 가치가 널리 인식되기 시작하였으며, 조선 왕조에 들어와서는 전국적으로 널리 보급되었다.

● 솜에서 무명베를 만드는 모습

● 고려 제23대~제31대 왕의 연표

	제23대 고종(1213~1259)
1231년	몽골의 침입으로 강화 천도.
1236년	대장도감 설치, 대장경 판각 착수.
	제24대 원종(1259~1274)
1268년	김준 제거, 임연 집권.
1270년	배중손 등이 삼별초의 난을 일으킴.
1274년	여·원 연합군, 제1차 일본정벌.
	제25대 충렬왕(1274~1294, 1298~1308)
1280년	정동행성 설치.
1281년	여·원 연합군, 제2차 일본정벌.
1290년	동녕부 반환.
1294년	원 세조의 죽음, 일본 정벌 중단.
	제26대 충선왕(1294~1298, 1308~1313)
1312년	원, 입조책동 무산.
	제27대 충숙왕(1313~1330, 1332~1339)
1323년	원, 입조책동 재발.
	제28대 충혜왕(1330~1332, 1339~1344)
	제29대 충목왕(1344~1348)
1347년	정치도감 설치-개혁정치.
	제30대 충정왕(1348~1351)
	제31대 공민왕(1351~1374)
1352년	원의 간섭 종료.
1359년	홍건적 침입.
1356년	쌍성총관부 수복.
1365년	신돈 등용.
1366년	전민변정도감 설치.
1367년	성균관 재정비.
1368년	주원장, 명나라 건국.
1369년	원 연호의 사용 폐지.
1371년	신돈 처형.

■ 고려의 의학 기술

의학은 국초부터도 중요시되어 향교에 의학박사가 있었으며, 과거에도 의과가 설치되었다. 10세기 말 성종 대에 지방에 파견된 교육관 중에도 의학박사가 경학박사와 함께 들어가 있었다. 또한 개경과 서경에는 일찍부터 동서대비원(東西大悲院)이 설치되어 의료사업과 빈민 구제를 맡았고, 예종 7년(1112년)에는 혜민국(惠民局)이 설치되어 백성들에게 의약을 보급하는 등 국가적인 의료사업을 시행하였다.

그러나 신라 이래 그간의 의술은 대개 중국으로부터 도입된 것이어서, 약재도 대부분 수입품이었다. 그런데 점차 의학이 발달함에 따라 12세기 후반 이후에는 중국의 의술로부터 나름의 체계를 세우려는 노력이 이루어져, 의서들이 편찬되었다. 그 대표적인 것이 고종 23년(1236년)에 편찬된 《향약구급방(鄕藥救急方)》이다. 이 책은 한국에서 편찬된 의서 중 현전하는 가장 오래된 것으로, 향약은 중국에서 수입되는 약재인 당약(唐藥)에 대해 토산약재를 일컫는 말이다. 이 책에는 50여 종에 달하는 질병에 대해, 값비싸고 구하기 어려운 수입약재 대신 180종의 토산약재들을 사용한 처방과 치료법이 세 권으로 정리되어 있다.

이는 의료혜택의 범위를 넓히는 데 중요한 역할을 하였고, 한국 전통의술의 발달에 중요한 계기가 되었다.

■ 화약 제조

화약은 송나라와 원나라에서 이미 사용되고 있었으나, 고려는 그 제조법을 모르고 있었다. 그 제조술을 최초로 습득하여 화약 제조에 성공한 사람은 최무선이었다.

그는 당시 고려의 해안 일대를 어지럽게 하던 왜구를 섬멸하기 위해서는 화약이 필요함을 절감하고, 원나라에서 제조법을 배워 왔다. 이리하여 최무선은 우왕 3년(1377년) 왕에게 건의하여 화통도감(火筒都監)을 설치하고, 각종 화기(火器)를 만들어 화약을 무기로 사용하게 되었다. 화약 및 화기의 제조는 병기(兵器)의 획기적인 발전을 가져왔고, 왜구 소탕에 이바지했다.

● 고려 제32대~제34대 왕의 연표

	第32대 우왕(1374~1388)
1388년	위화도 회군.
	第33대 창왕(1388~1389)
	第34대 공양왕(1389~1392)
1391년	과전법 공포.

● **최무선(崔茂宣)**

고려 말의 화약 발명가. 일찍부터 병법을 좋아하였고, 왜구(倭寇)를 무찌르는 데는 화약(火藥)이 절대 필요하다고 생각하여 그 제조법의 연구에 항상 골몰하였다. 최무선이 개발한 화기를 사용하면서 고려는 왜구와의 해전에서 승리할 수 있었으며, 화기를 해안 지역에 배치하면서 왜구의 침입에 대한 방어체제도 정비하였다. 조선 왕조에서는 화약을 개발해 왜구 격퇴에 큰 공을 세운 최무선의 업적을, 목화 씨를 가져와 서민생활의 개선에 기여한 문익점의 업적과 함께 매우 높이 평가하였다.

우왕

우왕은 공민왕의 서자(庶子)이자, 아명(兒名)이 모니노(牟尼奴)이다. 그의 생모는 훗날 순정왕후(順靜王后)로 추존된 궁인 한씨로 포고되었다. 1371년(공민왕 20년)에 7세의 나이로 비로소 입궐하여 태후전에서 지냈다. 1373년(공민왕 22년) '우(禑)'라는 이름을 하사받았고, 강녕부원대군(江寧府院大君)에 봉작되었다. 1374년(공민왕 23년)에 공민왕이 시해당하자, 10세의 나이로 이인임의 후원을 받고 등극하여 이인임의 섭정을 받았다.

■ 우왕의 출생설

공민왕 스스로 반야(般若: 신돈에게 상납받은 여종)와 관계하여 낳았다고 주장한 아들[아명(兒名)은 모니노(牟尼奴: 범어의 '모니'는 지자(智者)·선인(仙人)의 뜻이고, '노'는 석가모니의 종 또는 지자의 무리라는 뜻임)]이다. 하지만 신돈이 먼저 반야와 관계하였으므로, 우왕은 공민왕의 핏줄이 아닌 신돈의 핏줄이라는 소문으로까지 이어졌다. 또한 정도전을 비롯한 신진 사대부 일파와 조선 개국의 주역인 이성계 등은 폐가입진(廢假立眞: 가짜 왕을 폐하고, 진짜 왕을 세운다)의 명분을 얻기 위해 우창비왕설(禑昌非王說: 우와 창은 왕씨가 아니다)을 주장했고, 이는 조선 개국의 정당성을 얻는 사안으로까지 이어진다.

조선 초기 《고려사》와 《동국통감》 등을 편찬한 조선의 사관들마저 우왕을 그저 "반역조(반역자)" 항목에 '신우(辛禑)'라고 기록한 것 역시, 태조 이성계의 손에 의해 요절한 우왕과 창왕이 정당한 왕이면 곤란했기 때문이다. 결과적으로 우왕은 왕씨가 아니라고 음해당하여 강제로 폐위당했고, 복위마저 물건너갔으므로 시호조차 받지 못했다. 우왕이라고 불리는 건 그냥 이름이 '우'이기 때문이다.

● **원천석(元天錫)**
우왕을 공민왕의 혈통이라 믿었던, 조선 초기의 유일한 학자. 그는 우왕과 그의 아들 창왕이 폐위된 것을 애통해하였다.

■ 권력 쟁투에 따른 즉위와 퇴위

1374년 10월, 몽골의 사주를 받은 왕족인 8촌 형 심양왕 탈탈불화(瀋陽王 脫脫不花)가 스스로 고려왕이라 주장하며 고려의 왕위를 요구했으나, 이인임 등이 군사를 보내 탈탈불화의 입국을 사전 차단하였다.

즉위 초기 친할머니인 충숙왕비 명덕태후(공원왕후)가 섭정을 하였다. 우왕은 처음에는 경연(經筵)을 열어 학문을 닦기에 힘썼고, 명덕태후의 훈계를 받아 몸가짐을 바로하여 기대를 모았다. 그러나 태후가 승하한 다음 주색잡기에 빠져 고려의 국력과 명운을 쇠진하게 한 원인을 제공하였다고 기록되어 있다.

한편, 우왕은 부왕 공민왕의 후궁 정비 안씨를 자주 찾았는데, 정비 안씨는 자신의 오라비 안숙로의 딸을 그의 후궁으로 천거하였다. 명덕태후의 승하 후에는 이인임이 섭정으로 실권을 휘둘렀고, 1383년에 친정(親政)을 선언하였다.

우왕은 이인임의 퇴좌 후 조정에서 정치적 영향력을 상실하게 되었으며, 결국 1388년(우왕 14년) 5월에 위화도 회군으로 권신이 된 이성계는 자신에게 실권이 박탈된 우왕을 한 달 후 1388년 6월에 퇴위시키고, 우왕의 외아들인 창(昌)을 왕위에 올렸다.

● 우왕의 출생에 대한 《고려사》의 기록

《고려사》의 기록을 보면 우왕은 승려 출신인 신돈의 자식으로 되어 있다. 공민왕은 사부로 삼은 신돈의 집에 자주 드나들었다. 그리고 한 젊은 여인을 알게 되었는데, 그 여인의 이름은 반야(盤若)였다. 《고려사》의 기록에 의하면, 반야는 신돈의 비첩(婢妾)이라 하였다. 공민왕은 이 반야를 좋아하여 뒤늦게 아들을 보았다고 한다. 모니노란 이름은 불가(佛家)에서 '석가모니의 종'이란 뜻을 가진 말이었다. 공민왕은 모니노를 데려다가, 죽은 궁인(宮人) 한씨(韓氏)의 소생으로 삼았다는 기사도 《고려사》에 있다. 이런 기사를 보면 우왕을 신돈이 낳은 자식이라 할 수 없다. 그런데도 《고려사》는 우왕을 신돈의 아들 신우라고 한 것이다. 역사는 승자의 편에서 기록된다는 데 비춰 보면, 조선의 창업을 정당화하기 위한 희생양이라고 할 수 있다.

■ 요동 정벌과 축출

1388년 2월, 명나라는 철령(鐵嶺: 함남 안변군과 강원도 회양군의 경계에 있는 고개) 이북의 땅을 점령하겠다는 통고를 해왔다. 원나라의 쌍성총관부가 있었던 지역이니, 이제는 명나라의 땅이라는 것이었다. 그러고는 철령위(鐵嶺衛)라는 관청을 설치하고 관리를 파견했다. 최영은 반발했고, 이성계와 신진 사대부는 명나라의 요청을 받아들이자고 하였다.

그해 4월, 최영과 우왕은 이 기회에 명의 만주 기지인 요동을 공격해서 명나라의 야심을 꺾자고 주장했다. 그러나 이성계는 요동 정벌을 반대하면서, 그 이유로 4가지를 들었다.

첫째, 작은 나라로서 큰 나라에 거역할 수 없다.
둘째, 여름에 군사를 동원할 수 없다.
셋째, 온 나라 군사를 동원하여 멀리 정벌하면,
왜적이 그 허술한 틈을 탈 것이다.
넷째, 지금 한창 장마철이므로 활은 아교가 풀어지고,
많은 군사들은 역병을 앓을 것이다.

이것이 이른바 '4불가론'이다. 그러나 우왕과 최영은 요동 정벌의 강행을 명령했으며, 최영을 총도통사, 조민수(曺敏修)와 이성계를 좌군도통사와 우군도통사로 각각 임명하여 출정시켰다.

그러나 이성계는 명령에 불복하고, 밤에 위화도 회군을 단행해 군사를 이끌고 개경을 점령한 후, 최영을 고양으로 유배하고 우왕을 폐위해 강화도로 유배하였다. 그러고는 우왕의 외아들인 창을 왕위에 올렸다.

■ 우왕에 얽힌 야사

야사에는 우왕이 사망할 당시, 자신을 죽이러 온 사람에게 "왕씨 일족에게는 겨드랑이에 용의 비늘이 있다!"고 외치며, 웃통을 벗어 그 용 비늘을 보여줬다고 한다.

이성계 일파가 우왕의 목을 베려고 했는데 용의 후손이라서 병장기가 먹혀 들어가지 않아 죽이질 못하자, 이성계가 마침 자신이 가지고 있던 전어도(傳御刀: 이성계의 아버지 이자춘이 조상의 묘를 옮기려고 땅을 파다가 발견한 보검이라 함)로 손수 베어 죽였다는 일화가 있다.

그 뒤 우왕이 가지고 있던 사진참사검(四辰斬邪劍)이 저주를 내려 이성계의 수하들이 피를 토하며 죽어가자, 무학(無學)대사의 조언에 따라 사진참사검 옆에 전어도를 꽂아 저주를 막았고, 두 칼은 3일 밤낮으로 싸우며 울다가 전어도는 박살나고 사진참사검은 금이 갔다고 한다.

비록 사진참사검이 망가졌지만 이성계의 혈통에 내린 저주는 남아 있었으므로, 그것을 막기 위해 조선 왕실에서는 신하들의 반발을 무시한 채, 용의 기운을 가진 사진참사검과는 정반대로 호랑이의 기운이 담긴 사인참사검(四寅斬邪劍)을 정기적으로 제작했다는 이야기도 전해진다. 이 박살난 전어도와 금간 사진참사검은 무학대사가 거두었고 현재는 행방이 묘연하다고 하는데, 어디까지나 야사인 만큼 믿거나 말거나 한 이야기이다.

● 이성계의 전어도(傳御刀)
사진의 전어도는 실제로 이성계가 사용한 진품이 아니라, 태종 이방원이 아버지의 환심을 사기 위해 만든 것이라고 한다.

■ 복위운동과 최후

1388년에 창왕은 전왕인 우왕의 유배지를 강화도에서 여흥군(驪興郡: 현재의 여주시)으로 옮겼으며, 최영을 충주로 귀양보냈다가 이성계 일파가 최영의 사형을 강력하게 주장하여 마지못해 승인하게 되었다. 그러나 우왕을 이배(移配)하는 과정에서 그가 부왕인 우왕과 자주 내통하는 것과, 부왕 우왕을 다시 복위시키려는 계획에 가담한 것이 신진 사대부들에 의해 탄로났다.

1389년 김저와 정득후 등이 이성계를 죽이고 우왕을 복위시키려다가 발각되는 사건이 발생했다. 대호군(大護軍)을 지낸 김저는 부령을 지낸 정득후와 모의하고 예의판서 곽충보를 매수하여 이성계 · 정도전 일파의 정보를 입수한 뒤, 거사 계획을 세워 이들을 죽이려고 했던 것이다.

그러나 곽충보가 정득후 등의 말을 듣고 이성계에게 찾아가 고변하는 바람에 계획은 탄로나고 김저는 체포되었으며, 정득후는 자살했다. 그리고 김저를 국문(鞠問)한 결과 변안열 · 이림 · 우현보 · 우인열 · 왕안덕 · 우홍수 등이 공모, 동조했다는 자백을 받아내고는 그들의 관직을 모두 삭탈하고 유배보냈다.

동시에 창왕이 유배된 아버지 우왕과 내통하려 한 것을 입수한 신진 사대부들은 이성계 · 정도전 등을 중심으로 '창왕과 우왕은 신돈의 후손이라서 폐위하고, 진짜 왕을 추대한다'는 명분하에, 고려 왕실의 먼 종친이자 신종의 6대손 정원군의 차남 공양왕을 왕으로 옹립한다. 그리고 1392년(공양왕 4년)에 이성계와 이방원, 정도전 등이 공양왕을 폐위시킴으로써 고려는 사실상 멸망하였다.

● 삼척 공양왕릉(恭讓王陵)
강원도 삼척에 있는 공양왕릉은 일명 궁촌왕릉으로도 불리는데, 경기도에도 공양왕릉이 존재하고 있어 두 묘 중 하나는 가묘로 보인다.

조선의 건국

조선(朝鮮)은 고려의 뒤를 이어, 1392년부터 1897년(또는 1910년)까지 505년간 26명의 왕이 한반도와 부속도서를 통치하였다. 고려 말 황산대첩(1380년) 등으로 명성을 얻은 이성계가 고려를 멸망시킨 후, 옛 고조선에서 이름을 가져와 세웠다. 조선은 유교에 의한 통치 이념을 기본으로 삼았으며, 임금과 신하에 의한 치(治)를 중요시했다. 조선이 통치하는 동안 한반도에서는 한글 창제, 과학 기술 및 농업 기술의 발달 등이 이루어졌으며, 임진왜란을 비롯한 여러 외침을 극복하고, 현재의 한민족과 한국 문화의 전통적 기반이 되는 문화를 형성하였다.

■ 위화도 회군

14세기 말 당시 고려는, 안으로는 기존의 귀족 세력인 권문세족과 그에 반발하는 신진 사대부들이 대립하여 정치가 혼란하였고, 밖으로는 홍건적과 왜구의 약탈, 원나라에서 명나라로 교체되는 데 따른 혼란으로 어려움을 겪고 있었다. 이때 고려의 무신인 이성계는 왜구 · 홍건적 · 몽골족 · 여진족(女眞族)의 침입을 여러 차례 물리치고 명성을 얻어, 중앙 정계에서 힘을 발휘하고 있었다.

그 무렵 고려 조정은 철령위(鐵嶺衛: 철령은 함경남도 안변군 신고산면과 강원도 회양군 하북면의 경계에 있는 고갯마루인데, 명나라는 철령 이북의 영흥 · 정평 · 함흥 · 공험진 등이 원래 원나라의 땅이었으므로 이제는 자기네 영토라고 주장하였음) 문제로 밖으로는 명과, 안으로는 친원파와 친명파가 대립하고 있었다. 그에 따라 고려는 요동을 정벌하기 위해 1388년 최영을 중심으로 요동 정벌군을 편성하였다. 이때 우군도통사를 맡았던 이성계(태조)는 좌군도통사 조민수와 상의하여, 평양에 있던 최영 장군에게 회군을 거듭 청했다. 그러나 평양에 있던 우왕과 팔도도통사(八道都統使) 최영은 이를 허락하지 않고, 도리어 과섭찰리사 김완을 보내 속히 진군(進軍)하라는 명령을 내렸다.

● 최영 장군 친영도

그래도 이성계 등은 또 한 번 평양에 사람을 보내어 회군시킬 것을 청하고 허락을 구하였으나, 평양에서는 역시 이것을 허락하지 않았다. 일이 이에 이르자 이성계는 마침내 회군의 뜻을 결심하고 드디어 6월 26일(음력 5월 22일) 회군하였다.

돌연한 회군에 우왕과 최영은 서경(평양)에서 개경(개성)으로 급히 귀경하여, 이성계군에 반격하였다. 그러나 최영은 회군 9일 만인 7월 4일(음력 6월 1일)에 개경에 당도한 이성계에게 잡혀 고봉현(高峰縣, 고양)으로 귀양 갔으며, 우왕은 강화도로 추방됐다.

이성계의 이러한 거사는 신 · 구 세력의 교체를 의미하는 동시에, 후일 신흥 무인세력과 신진 사대부 중의 급진 개혁세력이 조선 왕조를 창건하는 데 기초가 되기도 하였다. 공민왕 후반부터 등장한 신진 사대부들이 신흥 무인세력과 동맹관계를 맺어 확실한 세력으로 떠오른 데다, 고려의 충직한 신료로 대표되는 최영이 권문세족과 신진 사대부의 입장을 모두 수용하지 않았기에 발생한 사건이었다.

이후 신진 사대부들은 정치적 개혁으로 과전법(科田法)을 실시하여 자신들의 경제적 기반을 굳건히 하였고, 나아가 조선 초기 양반사회의 경제적 토대를 마련하였다. 마침내 1392년, 공양왕에게 강제로 선위(禪位: 살아생전에 임금의 자리를 물려줌)를 요구하여 조선이 개국하게 되는 대사건을 맞이하게 되었다.

● 고려 공양왕릉(恭讓王陵)
경기도 고양시 덕양구 원당동에 있는, 고려의 마지막 왕인 공양왕과 순비 노씨의 능이다.

태조

초명은 이성계(李成桂)로, 세간에는 다른 역대 국왕과 달리 태조(太祖)라는 묘호보다 이성계라는 이름으로 더 유명하다. 조선의 태조로 즉위한 이후에 이름을 '단(旦)'으로 바꾸었다. 조선 왕조에서 영조 다음으로 장수하고, 동시에 두 번째로 많은 나이(64세)까지 재위한 왕이다. 전반적인 기록을 보면 호방하고 성실하며, 전장에서는 적조차 자신의 친위대로 삼아버리고 정적들조차 친구라며 쉬이 죽이지 못했던 인간미의 소유자로, 아들 이방원(태종)과 비교가 된다.

■ 이성계의 이력

실록의 기록에 따르면, 태어날 때부터 총명하고 우뚝한 콧마루와 임금다운 얼굴로서, 기색은 영특하고 준수하며, 지략과 용맹은 월등하게 뛰어났다고 한다.

어린 시절 고향인 함경도 영흥과 함주에서 살았다. 북방 민족들이 주로 매를 구하러 내려왔는데, 흔히 말하길 "이성계와 같이 걸출한 매를 얻고 싶다."라고 하였다.

고려의 무신 가문 출신인 이성계는 어릴 때부터 영웅의 기질을 타고나서, 말을 잘 타고 활을 잘 쏘며 용맹하여 수많은 전쟁터에서 전공을 세웠다. 특히 활을 잘 쏘아서 '신궁(神弓)'이라는 별명이 붙을 정도로 천하의 명궁이었다.

훗날 그의 눈부신 활약상에 관해서는 여러 영웅담이 전설처럼 전해지고 있으며, 이성계는 30여 년 동안 전장에 나아가 단 한 번도 패하지 않았다고 알려져 있다.

● **태조 이성계 기마상**
경기도 의정부시 문화의 거리에 조성되어 있는 태조 이성계의 기마상인데, 매우 역동적이다.

■ 신진 사대부와 연대하다

정치적 연대가 필요하던 이성계는, 개혁 성향이 있지만 무장능력은 없던 신진 사대부와 연대하여 손을 잡게 되었다. 동북면에 있을 때 정몽주(鄭夢周)가 수시로 찾아왔고, 그를 통해 정도전(鄭道傳)이 함주(함흥) 막사에 있는 그를 불쑥 방문하여 고려의 정사와 현안을 논하기도 하였다.

이성계는 정몽주와 정도전을 통해 이색 · 우현보 · 권근 · 성석린 · 설장수 · 이숭인 등의 인사들과 만나서 친분을 형성해 나갔다. 또한 친명 세력으로서 반원 정책을 추구하던 신진 사대부에 대한 압력과 위협에서 이들을 지켜주고 보호함으로써, 신진 사대부와의 결속력을 다져나가게 되었다. 한편 최영 · 조민수와도 친분관계를 유지하였고, 최영이 임견미(林堅味) · 염흥방(廉興邦) 세력을 숙청할 때에는 최영을 적극적으로 도왔다.

이성계와 비교되던 최영은 유서 깊은 권문세족 가문의 출신으로, 그의 딸은 우왕의 왕비였다. 이성계가 신흥 무인세력의 대표라면, 반대로 최영은 구 권문세족 세력의 대표라고 할 수 있었다.

■ 황산대첩

고려 말기에는 왜구의 약탈이 각지에서 빈번하였다. 우왕 6년(1380년) 아기바투(阿只拔都, 阿其拔都)가 이끄는 왜구의 대규모 군단이 지리산 일대를 약탈하며 북진하자, 이성계는 삼도도원수(三道都元帥; 삼도는 양광도 · 전라도 · 경상도)로 임명되어 군대를 이끌고 출전하였다. 전라도 운봉(남원)에 도착한 이성계는 지리산의 한 고개를 넘다가 길 오른쪽의 험한 길을 보고 "적이 반드시 이 길로 우리를 습격하러 올 것이니, 우리도 이 길로 들어가야 한다."라고 말하고는 험한 길로 들어갔다. 아니나 다를까 이성계의 예측대로 왜구가 습격해 왔으며, 마침내 이성계의 군대가 황산(荒山)에 진을 치고 왜구와 대치하게 되었다.

● **황산대첩(荒山大捷)**
1380년(우왕 6년) 9월, 이성계가 전라도 지리산 근방 황산에서 왜구(倭寇)를 격퇴시킨 싸움이다. 최영의 홍산대첩(鴻山大捷, 1376년)과 더불어 왜구 격파에서 가장 특기할 만한 대승이며, 이를 계기로 왜구의 발호가 쇠퇴하였다.

아기바투는 고려군이 토벌에 나선 것을 알았지만 자신의 힘만을 믿고 교만을 부리다가, 이성계가 쏜 화살에 맞아 죽었다. 이에 왜구는 기세가 크게 꺾여서 물러났다.

당시 이성계는 활을 쏘아 아기바투의 투구를 맞히어 벗긴 뒤, 벗겨진 이마를 향해 다시 활을 쏘아 죽였다고 한다. 일설에는 화살 두 대가 연사되어 투구가 벗겨지자마자 다시 화살이 날아와, 맞아 죽었다고도 한다. 이에 왜구의 사기가 땅에 떨어졌고, 고려군의 공격이 더욱 맹렬해져서 왜구의 정예부대는 모두 죽었다. 기록에 따르면, "왜구들의 통곡 소리가 마치 만 마리의 소가 한꺼번에 우는 것 같았고, 냇물이 온통 그들의 피로 붉게 물들었다."라고 한다. 이 전투에서 최무선이 발명한 화포(火砲: 화약을 장전하여 포를 쏘는 대포)와 화전(火箭: 화약을 묻혀 쏘는 불화살)이 위력을 발휘하였는데, 이 전투를 '황산대첩(荒山大捷)'이라고 한다.

이렇듯 고려 말기의 사뭇 혼란스러운 상황은 이성계를 변방의 무명 장수에서 일약 고려 제일의 장수이자 영웅으로 만들었다. 계속되는 승전은 무장으로서의 이성계의 진가를 확실하게 보여주어 고려에서 입지를 굳히게 하였다. 그리하여 이성계는 백성들의 신망을 받게 되었고, 그에 따라 벼슬도 올라갔다. 신망받는 무장 이성계에게는 자연히 신진 사대부들이 몰려들었다.

■ 요동 정벌 반대와 위화도 회군

1388년(우왕 14년) 2월, 명나라는 철령 이북의 땅을 점령하겠다는 통고를 해왔다. 본래는 원나라의 쌍성총관부가 있던 지역이니, 이제는 명나라의 땅이라는 것이었다. 그러고는 철령위라는 관청을 설치하고 관리를 파견했다.

4월, 최영과 우왕은 이 기회에 명의 만주 기지인 요동을 공격해서 명나라의 야심을 꺾자고 주장했다. 그리고 이성계가 반대하였지만, 요동 정벌은 단행되었다. 병력 4만, 최영이 8도 도통사로 총지휘관이 되고, 조민수는 좌군도통사, 이성계는 우군도통사로 임명되었다.

5월에 고려군은 압록강 어귀의 작은 섬 위화도(威化島)에 이르렀다. 장맛비가 줄곧 내렸으므로 이성계가 회군을 청하였지만, 받아들여지지 않았다. 마침내 이성계는 좌군도통사 조민수를 설득하여 회군하였다. 그런데 회군하기 전에는 장맛비가 내리는데도 불구하고 강물이 불어나지 않았는데, 막상 회군하여 군사들이 강을 건너자 갑자기 강물이 밀려와 위화도가 물속에 잠겨버렸다고 한다.

회군한 이성계는 개경을 점령하였고, 최영을 제거하여 군사적 실권을 장악함으로써 명실상부한 최고 권력자로 우뚝 섰다. 그 후 우왕을 폐위하고 9세의 창왕을 옹립하였다. 위화도 회군은 이성계가 혼자 일으킨 쿠데타가 아니라, 신진사대부가 신흥 무인세력을 끌어들여 구세력을 몰아내고 정권을 장악한 사건이자, 조선 왕조가 개창되는 단초를 이룬 사건이다.

이성계의 위화도 회군에는 정도전, 정몽주 등의 적극적인 찬성과 지지가 있어 내부 반발을 무마할 수 있었다. 손쉽게 개경을 손에 넣은 이성계 일파는 구세력의 대표 최영을 유배보냈다가, 두 달 후 유배지에서 처형시켰다.

1392년(공양왕 4년) 3월, 명나라에 갔다 돌아오는 세자를 마중하기 위해 황주로 나갔던 이성계가 사냥 중에 낙마하여 크게 다치는 바람에 한동안 은신해 있자, 정몽주는 이성계가 없는 틈을 이용하여 측근들과 함께 역성혁명파의 핵심 세력인 정도전 · 남은 · 조준 및 그들의 측근 윤소종 · 남재 · 조박 등을 탄핵하여 유배시켜 버렸다.

황주에서 이 소식을 접한 이성계는 불편한 몸에도 불구하고 한밤중에 부랴부랴 가마에 몸을 싣고 개경으로 향했지만, 이미 때는 늦은 상태였다. 그 이유는 이성계가 낙마로 인해 크게 다쳤기에 왕의 어전으로 입궐할 수 없는 입장인 데다가, 설사 입궐한다고 해도 이성계의 측근 핵심들이 모두 탄핵받아 유배된 상태였기에 정몽주를 당해 낼 재간이 없었던 것이다.

이성계는 아들 이방원(李芳遠)을 불러, 정몽주에게 찾아가 자기 자신들과 함께 새로운 왕조를 주창할 것을 권하라고 지시하였다. 그래서 이방원은 정몽주를 만나 정자에서 마주 앉은 채, 시조를 한 수 지어 그의 마음을 떠보았다. 이 시조가 그 유명한 '하여가(何如歌)'와 '단심가(丹心歌)'다. '하여가'는 이방원이 지은 시조이다.

● 하여가와 단심가

이방원의 〈하여가〉

이런들 어떠하리 저런들 어떠하리, 만수산 드렁 칡이 얽혀진들 그 어떠리, 우리도 이같이 얽혀 천년만년 살고지고.

정몽주의 〈단심가〉

이 몸이 죽고 죽어 일백 번 고쳐 죽어, 백골이 진토(塵土) 되어 넋이라도 있고 없고, 임 향한 일편단심(一片丹心)이야 가실 줄이 있으랴.

정몽주 자신은 자신의 몸이 백번 천번 죽어도 고려의 왕만을 섬기겠다는 뜻이었다. 그래서 이방원은 정몽주가 있는 한 역성혁명을 이룰 수가 없다고 판단되자, 자신의 수하 조영규를 시켜 밤중에 집으로 돌아가는 정몽주을 쫓아가 선죽교에서 타살시켜 버린다.

■ 고려의 멸망과 조선의 건국

정몽주가 이방원의 수하에게 살해되자, 고려 조정은 다시 이성계 일파가 득세하였다. 그래서 정몽주의 측근들인 온건 개혁파들은 대거 축출되어 유배길에 올랐고, 정몽주에 의해 탄핵받았던 급진 개혁파들은 정계에 속속 복직하여 세력을 결집시켰다.

그리고 나머지 온건 개혁파들에 대한 많은 척결들이 이루어졌고, 정도전이 정계에 복귀하면서 사실상 역성혁명이 구체화되었다. 이윽고 1392년 7월에 정도전 · 남은 · 조준 · 배극렴 등은 공양왕을 왕위에서 폐위시키고 이성계를 왕으로 추대할 것을 결정하였다.

그들은 이를 위해 대비 안씨(공민왕의 후비)를 찾아가 공양왕의 폐위와 이성계의 옹위를 명령하는 교지를 요청하였고, 대비가 이를 수용함으로써 공양왕이 비로소 정식으로 폐위되었으며, 이성계가 신하들의 계속된 추대와 간청으로 마침내 1392년 7월 17일, 수창궁에 나아가 왕위에 올라 새로운 왕조인 조선을 개창하였다. 이로써 고려의 왕조는 태조 왕건이 개국한 지 474년 만에 제34대 공양왕을 끝으로 멸망하였다.

● 청색 곤룡포를 입은 태조 어진

이때 두문동(杜門洞: 경기도 개풍군)의 72현을 비롯하여 고려의 유신(遺臣)들에게 개국공신과 그에 상응하는 개국원종공신의 지위를 내렸지만, 이들 중 상당수는 거절하고 낙향하거나 산으로 숨어버렸다.

두문동 마을이 포위되어 온통 불타는데도 고려의 옛 충신들이 한 사람도 나오지 않고 모두 타죽었다는 이야기는 당시 새 왕조에 대한 반감이 어느 정도로 심했는가를 알게 해주는 전설이기도 하다.

왕자의 난

조선 초, 태종 이방원이 왕자 시절에 일으킨 난. 무인년(戊寅年, 1398년)에 일어났다 하여 무인정사(戊寅靖社)라고도 한다. 태조의 둘째 부인 신덕왕후(神德王后) 소생인 방석(芳碩)을 세자로 삼고 사병혁파 등 급진적인 정책을 추진한 것에 대해 첫째 부인 신의왕후(神懿王后) 한씨 소생의 왕자들과 방계 종친들이 불만을 품고 일으킨 쿠데타이다. 흔히 '이방원의 난'으로 알려져 있으나, 참여한 인물들의 면면을 보면 신의왕후 소생의 왕자들과 방계 왕족들이 태조에게 반기를 든 왕실 내분이다.

■ 제1차 왕자의 난

태조에겐 조선을 개국하기 전에 맞이한 두 명의 정처(正妻)가 있었는데, 한 명은 그가 무명 장수 시절에 고향에서 맞이한 한씨(韓氏)이고, 다른 한 명은 군공으로 입신양명한 그가 개경에서 맞이한 강씨(康氏)이다.

하지만 한씨가 조선 개국 전에 이미 사망했으므로, 태조는 고려조 왕비를 배출하는 최고 명문 가문이자 당대 제일 권문세가의 딸이었던 강씨의 집안 배경 및 강씨의 두터운 인맥과 지모의 도움으로 개국왕(開國王)이 될 수 있었다. 이에 태조는 등극한 직후 강씨를 왕비로 책봉하여 정비(正妃)로 삼았으며, 그녀의 소생인 어린 두 왕자(방번, 방석) 중에서 왕세자를 간택하여 막내인 방석을 왕세자로 책봉했다.

한씨가 추존 왕비가 된 것은 그로부터 1년 후의 일로, 비록 한씨가 먼저 태조에게 시집가긴 하였으나 서열상 한씨는 차비(次妃)에 불과하였다. 더욱이 태조 5년(1396년)에 현비 강씨가 병으로 서거하자 태조는 강씨를 추모하기 위해 왕후(王后)로 추봉하는데, 이로 인하여 이미 고인이 된 한씨는 후궁으로 전락하고 말았으니, 한씨 소생의 왕자들은 울분을 견디지 못하였다.

■ 정도전의 죽음

한씨 소생으로 1남 방우 · 2남 방과(정종) · 3남 방의 · 4남 방간 · 5남 방원(태종) · 6남 방연이 있었는데, 특히 5남 이방원은 부왕(父王)의 창업을 도운 공로가 크고 또한 자질이 영특한 인물이라 부왕의 처우에 대한 불평이 대단하였다. 또한 개국공신으로서 왕세자 이방석의 보도(輔導)를 책임지고 있는 정도전 이하 남은(南誾) · 심효생(沈孝生) 등이 모든 권력을 장악하고 있는 데 대해서도 대단한 불만을 품고 있었다.

한양 천도의 공역(工役)이 완료된 지 2년 후인 1398년(태조 7년) 음력 8월, 정도전 · 남은 · 심효생 등이 비밀리에 모의하여 태조의 병세가 위독하다는 이유로 여러 왕자를 궁중으로 불러들였다. 이방원은 이를 정도전 등이 한씨 소생의 왕자들을 살육할 계획으로 해석하고, 미연에 방지한다는 명분을 세워, 이방의 · 이방간 등 여러 왕자들을 포섭하고 10월 5일(음력 8월 25일)에 이숙번 · 민무구 · 민무질 · 하륜 · 박포 · 이지란 등 휘하 부하들을 시켜 군사를 일으켰다.

그 뒤 정도전 일파가 모인 곳으로 쳐들어가 정도전과 남은을 죽이고, 같은 시각에 박위 · 유만수 · 장지화 · 이근 · 심효생을 살해하였다(10월 6일, 음력 8월 26일). 그리고 변란의 책임을 세자와 정도전 일파에게 돌림으로써 숙원을 풀었다. 또한 세자 이방석을 폐위하여 귀양보내는 도중에 살해하고, 이방석의 동복형 이방번도 함께 죽여버렸다.

● **정도전(鄭道傳)**
고려 말에서 조선 초까지의 문신 겸 학자. 이성계를 도와 조선을 건국하였으며, 나라의 기틀을 다지는 역할을 했다. 하지만 이방원과의 정치투쟁에서 살해되었다.

■ 제2차 왕자의 난

제1차 왕자의 난이 이복형제 간의 싸움인 데 대하여 이는 동복형제 간에 세자 자리를 두고 싸운 것으로, 제1차 왕자의 난과 구별하기 위해 '제2차 왕자의 난' 또는 '제2 왕자의 난'·'방간의 난'·'박포의 난' 등으로 부른다.

태조 이성계가 제1차 왕자의 난의 충격으로 왕위를 정종(定宗)에게 내주고 상왕으로 물러난 뒤, 정종은 도읍을 다시 개경으로 옮겼다. 태조의 4남이자 이방원의 형 이방간은 왕위 계승에 대한 야심과 호기(豪氣)가 있었으나, 모든 것이 방원에 미치지 못하여 항상 시기하고 의심하며 불안한 가운데 있었다. 한편, 박포(朴苞)는 제1차 왕자의 난 때 방원을 도와 난을 성공적으로 수습하는 데 공이 많았음에도 불구하고 그 상작(賞爵)이 높지 못한 데 불만을 품고 있었다. 이런 와중에 이방간이 왕위를 넘보기 시작했고, 뒤이어 박포까지 돕기로 하자, 이방간은 군사를 일으켰다(1400년).

이방원도 이에 맞서 군사를 동원하여, 개경 선죽교에서 두 병력이 대치하여 전투를 시작했다. 방간의 군대는 가조가(可祚街)에 군사를 멈춘 채 보졸 40명이 마정동 안에 서고, 기병 20명은 전목 동구에서 나와 전투를 벌였다. 또 방원은 하륜(河崙)을 시켜 교서를 지은 뒤 군전에 가게 해, 상당후 이저와 이화·이맹종 등 자기 휘하의 군사들을 모두 불러 모아 투입했다. 이 전투에서 방간의 조아(爪牙: 적의 습격을 막고 호위하는 사람) 이성기가 이숙번의 활에 맞아 죽고, 서익·마천목·이유 등도 선봉에 서서 방간의 군사를 추살(椎殺: 몽둥이로 쳐서 죽임)하자 이내 승패는 결정되었다.

● 선죽교(善竹橋)
개성시 선죽동에 있는 고려 시대의 석교. 제2차 왕자의 난 때 이방원이 승리를 거둔 곳이지만, 우리들에게는 정몽주가 타살된 곳으로 더 알려져 있다.

태종

태종(太宗)은 태조 이성계와 신의왕후 한씨의 다섯 번째 아들이며, 비는 민제의 딸 원경왕후(元敬王后) 민씨(閔氏)이다. 공신들을 추방하고 자신의 처남과 사돈 등의 외척을 숙청하여, 왕권을 강화시켰다. 태조 이후 아직 왕권이 제대로 갖춰져 있지 않던 조선의 기틀을 다져서 사실상 조선의 창업 군주로 불린다. 1398년부터 1400년까지 둘째 형인 정종이 재위하는 동안 왕세자 신분으로 대리청정(代理聽政)을 하였으며, 그가 셋째 아들 충녕대군(뒷날의 세종대왕)에게 선양한 뒤에는 1418년부터 1422년까지 태상왕 신분으로 대리청정을 하였다.

■ 태종의 치적

태종 이방원은 1367년(공민왕 16년) 6월 13일(음력 5월 16일), 함경도 함흥부(咸興府) 귀주(歸州)에서 태조 이성계와 신의왕후 한씨의 다섯 번째 아들로 태어났다. 태조의 아들들이 대개 무인으로 성장했지만, 이방원은 어릴 때부터 무예나 격구보다는 학문을 더 좋아했다고 한다. 한때 원천석(元天錫)에게서 가르침을 받았으며, 17세 때 문과에 급제하여 문신의 길을 걸었다.

태종은 조선 초기의 혼란을 종식시키기 위해 사병을 혁파하고 의흥부(義興府)를 폐지하여 병조의 지휘권을 확보하는 한편, 관제 개혁을 통해 왕권을 강화했다. 또 중앙과 지방의 행정제도를 새로이 정비하여, 고려의 잔재를 지우며 전국을 하나의 명령 체계로 묶는 중앙집권 국가의 골격을 갖추어 나갔다.

숭유억불(崇儒抑佛) 정책을 강화하여 사찰을 정리하고 사원전(寺院田)을 몰수하였고, 토지제도와 조세제도의 정비를 통하여 국가의 재정을 증대시켰다. 또한 호패법 · 서얼금고법(庶孼禁錮法)을 실시하여 국가의 기강을 안정시켰으며, 군사제도를 정비하고 국방에도 힘써 여진족을 다스리는 등 국방력을 강화했다.

■ 태종의 공신 숙청

태종은 왕권의 안정과 강화를 위해 자신을 등극하게 만들어준 공신들을 유배 보내거나 처형했다. 이러한 태종의 노력을 바탕 삼아 다음의 세종 때에는 조선이 정치적 안정과 문화적 · 군사적 발전을 이룩할 수 있었다.

태종은 먼저 개국공신이자 자신의 옹립에 공을 세운 이거이(李居易: 방번과 방석을 죽이는 데 앞장섰음) 부자를 유배보내고, 공신이자 오른팔이었던 안성부원군(安城府院君) 이숙번(李叔蕃)을 유배보낸 뒤 '사후 백여 년간 도성 출입을 금지하라'는 금족령까지 내렸다.

태종의 장인 민제는 개국공신이었고, 그의 네 처남 민무구 · 민무질 · 민무휼 · 민무회 등은 모두 제1차 · 제2차 왕자의 난 당시 태종을 도와 그를 왕위에 오르게 한 인물들이었다.

장인 민제의 가문이 외척으로 성장하면서 세자 양녕대군(讓寧大君)을 지지하고, 그들 주변에 인물들이 결집하자 장인과 처남들을 과감하게 제거하였다. 장인 민제는 곧 병사했으며, 장인의 죽음과 동시에 민무구와 민무질 형제를 유배했다가 사사(賜死)케 하고, 이후 민무휼과 민무회도 사형에 처했다. 병석에 누운 장모 송씨도 곧 사망하여, 그의 처가는 몰락하게 되었다. 또한 태종은 아내인 원경왕후 민씨를 교태전(交泰殿)에 사실상 유폐시켜, 왕비와 외척이 어떠한 정치적 개입도 하지 못하게 하였다.

● **교태전(交泰殿)**
교태전은 경복궁(景福宮)에 있는, 왕비의 침전(寢殿)이다. 강녕전(康寧殿 : 왕의 침전)과 마찬가지로 지붕 위에 용마루가 없는 것이 특징이며, 강녕전의 북쪽에 위치하고 있다. 태종은 조선의 왕권을 위해 자신의 외척을 몰살시켰고, 정비인 원경왕후 민씨를 교태전에 유폐시켜 정치적 개입을 막았다.

세종

세종(世宗)은 조선의 제4대 임금으로, 태종 이방원과 원경왕후 민씨의 셋째 아들이다. 고려 왕조에서 신하로 일하다가 왕위에 오른 세 선왕(태조 · 정종 · 태종)과 달리, 조선 시대에 태어나 왕위에 오른 첫 임금이다. 1418년부터 1450년까지 재위하는 동안, 1418년부터 1422년까지 부왕인 태종이 태상왕 신분으로 대리청정을 하였으며, 부왕이 사망한 후 1422년부터 1442년까지 친정을 하였고, 1442년부터 1450년 승하할 때까지 첫째 아들 문종(文宗)이 왕세자 신분으로 대리청정을 하였다.

■ 충녕대군과 형제들

세종은 셋째 왕자이므로 본래 왕위 계승과는 거리가 멀었지만, 첫째 왕자(양녕대군)가 평소의 망나니 짓 때문에 끝내 폐세자가 되자, 그전부터 영특하고 어질기로 유명했던 충녕대군(忠寧大君)이 왕통을 잇게 되었다.

차남인 효령대군이 왕위 계승에서 세종에게 밀린 이유는 공식적으로는 술을 못하기 때문으로, 태종에 따르면 "술은 너무 많이 마셔도 안 되지만 못 마셔도 문제가 되는데, 전에 사신들이 왔을 때 보니까, 효령대군이 술을 잘 못 하는데 충녕대군은 마신다."는 이유였다. 그러나 원래부터 불가에 뜻이 깊었던 효령대군은 평생 부처를 받드는 선비가 되었다.

● **효령대군(孝寧大君)**
세종대왕의 형이자 세조의 백부로 왕실의 원로였으며, 조선의 숭유억불 정책으로부터 불교를 옹호 · 보호하는 역할을 했다. 세종대왕 즉위 후에도 문종, 단종, 세조, 예종, 성종 등 6대에 걸쳐서 91세까지 장수를 누렸다.
원각사 창건 때에는 조성도감 도제조를 맡았다. 이때 주조되어 1985년까지 보신각에 달려 있던 큰종과 탑골공원의 10층 석탑은 그 제조기법이나 예술성이 뛰어나다는 평가를 받았다. 10층 석탑은 국보 제2호로, 원각사지 대종은 보물 제2호로 각각 지정되어 있다.

■ 태종의 양위와 세종의 즉위

1418년에 태종은 신하들과의 회의에서 "세자(양녕대군)의 행동이 지극히 무도(無道)하여 종사(宗社)를 이어받을 수 없다고 대소 신료(大小臣僚)가 청하였기 때문에 이미 폐(廢)하였다."라고 하며, 양녕대군을 세자에서 폐위시키고 22살의 충녕대군을 새로운 왕세자로 책봉하였다.

충녕대군이 세자 자리를 사양하였으나 태종은 받아들이지 않았다. 이 해 8월 초8일 태종은 왕위를 왕세자에게 물려주고 연화방의 옛 세자궁으로 거처를 옮겼다. 충녕대군은 이를 거두어 줄 것을 여러 번 청하였지만, 태종의 결심이 굳건하여 받아들여지지 않았다. 마침내 이틀 뒤인 8월 10일, 조선의 제4대 임금으로 즉위하였다.

세종은 신분을 가리지 않고 유능한 인재를 많이 등용하여, 깨끗하고 참신한 정치를 펼쳐 나갔다. 한편, 양녕대군의 폐립(廢立) 문제에 반대 의견을 내던 이조판서 황희는 1413년 초 태종의 노여움을 사서 좌천(左遷)되었다가, 1418년(태종 18년)에 충녕대군이 세자로 책봉되자 이에 반대하다가 결국 폐서인되어 교하(交河: 파주) 지방에 유배되었다. 이 해에 태종은 세자에게 양위하고 물러나는데, 교하가 너무 가깝다는 이유로 태종의 노여움을 사서 남원(南原)으로 옮겨서 5년을 더 머물러야 했다. 세종은 황희가 외숙부들을 죽음으로 내몰았고 자신의 세자 책봉에도 반대했지만, 그의 사람됨이 바르다는 것을 알고 즉시 유배를 풀고 조정으로 불러들였다.

● **황희(黃喜)**
조선 초 세종 대의 재상. 18년간 영의정에 재임하여 세종의 가장 신임받는 재상으로 명성이 높았다. 인품이 원만하고 청렴하여 존경받았으며, 시문에도 뛰어났다.

■ 세종의 치적

세종은 인사와 군사에 관한 일을 자신이 직접 처리함으로써 왕권과 신권의 조화를 이루었다. 아울러 국가의 행사를 오례의[五禮儀: 나라에서 지내는 다섯 가지 의례로서 길례(吉禮), 흉례(凶禮), 군례(軍禮), 빈례(賓禮), 가례(嘉禮)]에 따라 유교식으로 거행하였으며, 사대부에게도 주자가례(朱子家禮)의 시행을 장려하여 유교 윤리가 사회 윤리로 자리잡게 만들었다. 또한 사대사고(四大史庫: 국가의 중요한 서적을 보관하던 서고. 강화도의 마니산, 무주의 적성산, 봉화의 태백산, 강릉의 오대산에 있었음.)를 정비하고, 《삼강행실도》·《효행록》 등을 간행하여 유교를 장려하였다.

세종은 명(明)과의 외교에서 금 · 은 세공을 말[馬]과 포(布)로 대신토록 하는 데에 합의를 성공적으로 이끌었고, 여진과의 관계에서는 최윤덕(崔潤德)과 이천(李蕆)에게 압록강 상류지역에 4군(四郡: 국경 확장 정책의 하나로서 여연군, 자성군, 무창군, 우예군을 조성하여 주민을 이주시켜 살게 했음)을, 김종서(金宗瑞)와 이징옥(李澄玉)에게 두만강 하류지역에 6진(六鎭: 함경도 지역의 국경 방비를 위해 경원 · 회령 · 종성 · 경흥 · 온성 · 부령에 설치했음)을 설치하도록 하였다.

왜구 문제는 처음에는 회유책을 써서 평화적 해결을 모색했으나, 당시 일본국의 무로마치 막부[아시카가 다카우지(足利尊氏)가 교토의 무로마치에 연 막부; 1338년~1573년]의 전국 통제력도 완벽하지 않아 왜구의 남해안 노략질은 줄어들지 않았다. 1419년에도 왜구가 침입하자 그해 음력 6월 19일 이종무 장군을 삼도 도절제사로 삼아 전함 227척, 군사 1만 7천 명을 이끌고 마산포를 떠나 왜구의 근거지인 대마도(쓰시마 섬)를 정벌케 하였다. 대마도주의 항복으로 세종은 1420년 대마도를 경상도에 편입시킨다고 대마도 도주에게 통고했다. 이후로 오랫동안 왜구의 침입이 없어졌다.

● 이종무(李從茂)의 대마도 정벌도

세종의 업적

세종은 당대 모든 분야, 즉 언어학 · 음악 · 법학 · 공학 · 철학 · 경제학 · 천문학은 물론 군사적인 측면과 농업에도 신경을 쓴 임금이었다. 세종의 업적은 조선이라는 나라 자체의 수준을 한 번에 몇 단계씩 끌어올렸다. 조선이라는 나라는 사실상 세종대왕 집권 대에 다 만들었으며, 이후 수백 년간 그 틀을 거의 바꾸지 않고 약간씩 고치기만 하면서 흘러갔다고 평가되기도 한다.

■ 성군(聖君) 세종

세종은 전세(田稅)제도의 확립 과정에서 토지의 질이나 풍흉(豊凶)에 관계없이 똑같이 세금을 내는 세법인 '공법[貢法: 1444년(세종 26년)에 실시한 지세(地稅) 제도]'을 제정하려 할 때, 관리와 백성들을 대상으로 여론조사를 행하기도 했다.

1430년 전국의 17만여 가구를 대상으로 설문조사를 실시하여 반년 남짓 소요되었는데, 공법 찬성은 9만 8천여 표, 반대는 7만 4천여 표였다. 또 반대표가 더 많았던 지방에 대해서는 어떤 점에서 반대했는지를 추가로 자세히 조사하도록 했고, 그 뒤에도 여러 해에 걸쳐 몇 차례 더 조사했다고 한다.

과학기술의 경우, 1400년~1450년 사이의 세계 과학기술 주요 업적으로 올라온 것 중 한국이 21건이나 되는데, 대부분 세종 시대의 업적들이다. 동시기에 중국 4건, 일본 0건, 동아시아 이외 전 지역 19건이다(일본 도쿄대 연구진의 과학기술사).

● **세종(世宗)**
세종은 인재를 고르게 등용하여 이상적 유교정치를 구현하였다. 세종 대에 훈민정음이 창제되고 측우기와 같은 과학 기구가 제작되는 등 백성들의 생활에 실질적으로 도움이 되는 문화 정책이 추진되었다.

■ 한글 창제와 편찬사업

1443년(세종 25년) 신숙주 · 박팽년 · 성삼문 · 최항 등 집현전(集賢殿) 내 젊은 학자들의 협력을 받아 훈민정음(訓民正音)을 창제하고, 3년간의 검증 기간을 거쳐 1446년에 반포함으로써, 글을 모르는 백성들도 어려운 한자(漢字)에 의존하지 않고 쉽게 뜻을 이해하고 전할 수 있게 하였다.

세종은 언어와 음운학에도 관심이 많아 이 분야를 심층적으로 공부했다. 훈민정음을 창제하기 전, 중국어 어학책을 자꾸 들여다봤는데, 신하들이 "그런 거 왜 자꾸 보십니까?"라고 물어보자, '새로운 글자를 만든다'라고 말하기가 난처했던지 "미리 중국어 공부 좀 해놓아야 중국에서 온 사신들이 질문을 했을 때 쉽사리 답변을 할 수 있지 않겠는가."라며 핑계를 대기도 했다.

이러한 우여곡절을 거쳐 만들어진 한글은 오늘날 전 세계에서 인정받는 최고의 문자체계로 손꼽히며, 저명한 과학잡지 《디스커버리》는 1994년 6월호에서 여러 페이지에 걸쳐 한글을 소개했을 뿐만 아니라 '세계에서 가장 합리적인 알파벳(the world's most rational alphabet)'이라고 극찬하였다.

세종대왕이 언제부터 한글을 창제하고자 마음을 먹었는지는 정확히 알 수 없지만, 왕이 몸소 문자를 만들어 낸 것은 애민 정신은 물론 한반도의 역사에서 가장 빛나는 결단 중 하나로 아로새겨져 있다.

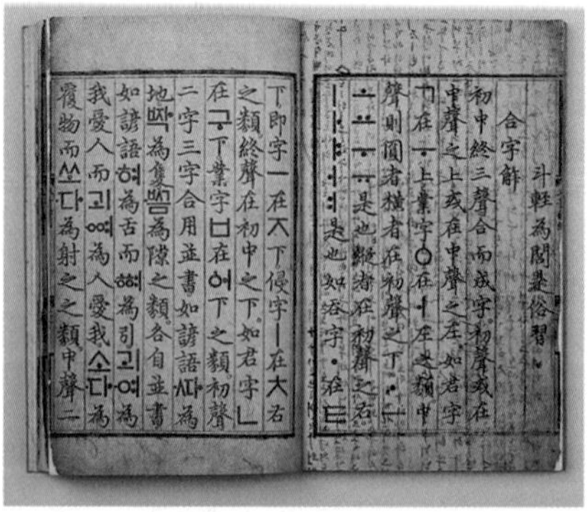

● **훈민정음(해례본)**
1446년(세종 28년) 음력 9월에 반포된 훈민정음 해설서로서 국보 제70호이다. 세종대왕이 직접 쓴 〈예의(例義)〉와 집현전 학자들이 해설을 한 〈해례(解例)〉로 나누어져 있다.

■ 과학의 발전

세종은 이천 · 이순지 · 장영실 등에게 명하여 천문 관측 기구인 간의(簡儀) · 혼천의 · 혼상(渾象) · 일성정시의(日星定時儀: 천문 기구 겸 시계), 해시계인 앙부일구와 물시계인 자격루, 누호(漏壺), 강우량을 측정하는 측우기 등 백성들의 생활과 농업에 직접적인 도움을 주는 과학 기구를 발명하게 하였다.

● 자동 물시계 자격루

● 천체의 위치와 운행을 관측하던 장치인 혼천의

궁중에 일종의 과학관이라 할 수 있는 흠경각(欽敬閣)을 세우고 과학 기구들을 설치했다. 고금의 천문도(天文圖)를 참작하여 새 천문도를 만들게 했으며, 이순지(李純之)와 김담(金淡) 등에게 명해 주변국의 역법을 참고로 하여 역서(曆書)《칠정산내편》과 《칠정산외편》을 편찬함으로써 독자적으로 역법을 계산할 수 있게 되었다. 또한 이순지는 천문, 역법 등에 관한 책인 《제가역상집(諸家曆象集)》을 편찬하였다.

● 해시계인 앙부일구

태종 때 제작되었던 기존의 청동 활자인 계미자(癸未字)는 글자의 형태가 고르지 못하고 거칠다는 단점이 발견되자, 세종은 1420년 경자자(庚子字), 1434년 갑인자(甲寅字), 그리고 1436년 병진자(丙辰字) 등을 주조함으로써 활판 인쇄술을 한 단계 발전시켰다.

● 강우량을 측정하는 측우기

■ 서민 복지정책

세종은 복지정책에도 힘을 쏟았는데, 부모를 잃은 아이들이나 남편을 잃은 여자 등 약자들에게 담당 관사에서 쌀을 지급해 주도록 했고, 장애인과 노인에게는 세금을 면제해 주었을 뿐만 아니라 장정을 한 명씩 내주어서 봉양을 하도록 하였다.

또한 시각장애인 복지정책에도 신경을 많이 썼다. 한 가지 예로, 유명한 시각장애인 점복가에게 1435년 벼슬을 준 일이 있다. 세종은 "지화가 국가의 미래를 점치는 일과 왕실 혼인에 자주 참여하여 점복을 잘 치니, 벼슬을 내리는 것이 어떠냐?"고 정승 황희와 맹사성에게 물었다.

황희가 정4품으로 한정하자고 제안하여, 시각장애인 점복가 지화와 이신에게 벼슬을 주었다. 그러자 사간원에서 반대한 것을 세종은 사옹원(司饔院: 궁중의 음식에 관한 일을 맡아 보던 관아)의 벼슬은 문제가 없다고 하였으며, 이것이 정당하다고 신하들을 설득시킨 일이 있었다. 한편 시각장애인 독경사는 명통시(明通寺)에서 활동했는데, 명통시는 시각장애인 단체로 장애인에게 쌀 · 황두를 지원했다.

● 조선 시대의 시각장애인

세종이 즉위하고 1년 후, 사냥을 참관한 뒤 가마를 개성의 영빈관으로 향하게 했다. 그때 시각장애인114명이 가마 앞을 막아섰다. 그들은 세종께 궁핍함을 호소했고, 세종은 그들에게 쌀 40석을 주게 하였다. 3년 뒤인 1422년, 한양에 사는 시각장애인 여자 26명이 집단으로 북을 치며 호소한다.

"우리가 일찍이 환곡(還穀: 관청에서 곡식을 빌린 뒤 가을에 갚는 제도)을 받았사옵니다. 그러나 너무 가난해서 곡식으로 갚을 수 없사와, 저화(楮貨: 고려 말에 발행된 지폐)로 대신 갚으려 합니다. 부디 허락해 주십시오."

당시 저화는 그 가치가 하락한 상태였지만, 세종은 그들의 호소를 외면하지 않고 들어주었다. 세종은 일반인보다 못한 삶을 살아가는 장애자들에게도 기회를 주고자 시각장애인 지화와 이신에게 벼슬까지 내렸다.

세조

조선의 제7대 임금. 세조(世祖)라는 묘호만큼, 또는 그 이상으로, 임금이 되기 전의 군호인 수양대군(首陽大君)으로 잘 알려져 있다. 조선 왕조에서 최초로 왕세자를 거치지 않고 즉위한 임금이자, 최초로 정난(靖難)을 일으켜 왕위를 찬탈한 군주이다. 세종대왕과 소헌왕후 심씨의 둘째 아들로서, 문종(文宗)의 동복동생이자 안평대군 용(瑢), 금성대군 유(瑜)의 친형이며, 단종(端宗)의 숙부이기도 하다. 즉위 전의 호칭은 수양대군으로, 초봉은 진평대군(晉平大君)이었으나 여러 차례 개봉된 끝에 수양대군이 되었다.

■ 출생과 성장

세조 이유(李瑈)는 1417년 음력 9월 24일 당시 충녕대군이던 세종대왕과 소헌왕후(昭憲王后)의 차남이자 네 번째 아이로 태어났다. 그는 보통의 왕자로 여생을 보낼 운명이었으나, 그가 태어날 무렵 할아버지 태종은 자신의 뒤를 이을 양녕대군이 세자답지 않게 정서가 불안하고 주색을 즐기는 등의 많은 문제를 일으키자, 세자를 교체할 생각을 하고 있었다. 그리고 그의 나이 2살 때, 아버지인 충녕대군이 왕세자를 거쳐 세종으로 즉위하였다.

● **세조(世祖)의 화상**
경남 합천 해인사 성보박물관 소장.

세종이 즉위한 뒤에도 세조는 바로 입궐하지 못한 채, 궁 밖 민가에서 자랐다. 민가에서 성장한 것은 왕자 유에게 오히려 많은 영향을 주었다. 궁실에서 애지중지되어 귀하게 자라 세상 물정을 모르고 자라기보다는, 자유롭게 뛰어놀면서 민간의 일들을 상세히 겪으며 활달한 아이로 자랄 수 있었기에 훗날 무인의 기질을 드러내게 되었다.

■ 수양대군의 야심

수양대군은 그의 재능을 알아본 부왕 세종의 특별 지시로 정사에 참여할 수 있었다. 세종이 병환 중이어서 세자였던 문종이 대리청정을 하자, 수양대군은 동생인 안평대군(安平大君)과 함께 신하들에게 세종과 문종의 교지를 전하기도 하였다. 수양대군과 안평대군 형제는 당시 조정 중신들이 왕권에 공공연히 도전하는 것을 보고 탐탁지 않게 여기며, 후일을 기약했다고 한다. 그러나 둘째 아들 수양과 셋째 아들 안평에게 야심이 있다는 것을 간파한 부왕 세종대왕은 수양과 안평을 대궐 근처에서 떨어져 있게 했다.

수양대군에게 야심이 있다는 소문이 문종 즉위 초부터 확산됨에 따라, 그는 철저하게 자신은 왕위에 뜻이 없는 것처럼 행동하였다. 명나라와 인도에서부터 불서들을 계속 수입하여 탐독하였고, 매사냥과 활쏘기를 즐겨 하였다.

1450년 세종이 승하하고 문종이 그 뒤를 이었다. 1452년(문종 2년) 4월, 수양대군은 관습도감 도제조(慣習都監都提調: 음악 관련 정무에 대한 자문직으로 정1품임)에 임명되었다. 이때 그는 야심을 철저히 숨긴 채 불사 중창과 법회 등을 찾아다니는 한편, 은밀하게 인맥을 형성하고 정치를 하려는 기회를 노렸다. 이즈음에 그는 한명회 · 권람을 알게 되었고, 그들로부터 뒤에 신숙주 · 정인지 등의 인재들을 포섭하게 된다.

● 영릉(英陵)
조선 제4대 왕 세종(世宗)과 소헌왕후(昭憲王后) 심씨를 합장한 무덤이다. 1450년 눈을 감은 세종은 나약한 문종의 왕위가 걱정이 되어 수양대군과 안평대군 등 문종의 동생들을 대궐 밖으로 떨어져 있도록 조처하였으나, 세종의 죽음으로 권력상쟁의 암투가 벌어진다.

계유정난

계유정난(癸酉靖難)은 1453년(단종 1년) 11월 10일(음력 10월 10일) 수양대군이 당시 원로 대신들이었던 황보인(皇甫仁) · 김종서(金宗瑞) 등을 제거하고 정권을 장악한 정변을 말한다. 이 정난이 계유년에 일어났으므로 '계유정난'이라 한다.

● **어좌(御座)**
어좌는 임금의 자리로, 단종 때 어좌를 놓고 권력투쟁이 심화된다.

■ 어린 단종의 즉위

세종의 뒤를 이은 문종은 자신의 단명(短命)을 예견하고 영의정 황보인, 좌의정 남지(南智), 우의정 김종서 등에게, 자기가 죽은 뒤 어린 왕세자가 등극하였을 때 잘 보필할 것을 부탁하였다.

문종의 뒤를 이어 즉위한 단종이 당시 12세로 어렸기 때문에, 세종과 문종의 유명을 받든 고명대신(顧命大臣)인 김종서가 조정의 인사권 및 병권을 쥐고 섭정을 하였다.

수렴청정(垂簾聽政)을 통해 왕실의 중심점 역할을 해야 할 왕대비 · 대왕대비 등이 없는 상황에서, 세종의 영특한 아들들은 세종 시대에 각종 문화 · 언어 사업에 참여한 과정에서 각자 만만치 않은 세력을 이루고 있었다. 그중에서도 세종의 둘째 아들 수양대군과 셋째 아들 안평대군의 세력이 가장 강성해, 조정의 신료와 왕족, 심지어 환관 · 나인까지도 이들의 세력으로 양분되어 있었다.

수양대군과 안평대군 간의 정치적 대결은 친형제 관계를 떠나 피할 수 없는 것이었다. 수양대군은 숙부인 양녕대군과 효령대군 그리고 동생인 임영대군 등 왕실 세력 및 모사꾼 한명회(韓明澮)를, 안평대군은 세종의 후비인 혜빈 양씨(楊氏)의 아들들과 동생 금성대군(錦城大君) 등을 두고 있었다.

■ 수양대군의 정변 기도

수양대군은 한명회 등의 도움을 받아 정치적 계략을 획책하게 되는데, 그 첫 시도는 김종서와 황보인 · 민신 등의 경계심을 무마하기 위해 명나라에 사신으로 가는 것이었다. 사실 이 사신 임무는 원래 안평대군이 책사 이현로(李賢老)의 조언으로 그 중요성을 깨닫고 스스로 자청했는데, 수양대군이 세력을 동원해 이를 저지시키고 자신이 가게 된 것이었다. 이 사행길을 통해 수양대군은 신숙주(申叔舟)를 완전히 자신의 세력으로 포섭하게 되며, 본래 목적이었던 김종서 등의 조정 대신들의 경계심도 무마시키는 데 성공하게 된다.

귀국 후 수양대군은 한명회 · 권람 · 홍윤성 등과 함께, 자신의 집권에 방해가 되는 조정 중신들을 제거할 살생부(殺生簿)를 작성하고 쿠데타 계획을 서둘렀다. 거사일은 음력 10월 10일, 첫 목표는 좌의정 김종서였다. 수양대군은 병력 동원이 가능했던 무관 양정 · 홍달손 등을 통해 경복궁을 점령하기로 하고, 자신은 직접 종 임운 · 양정 등과 함께 관복 차림으로 김종서의 집으로 향한다.

김종서는 거사 며칠 전 신숙주 · 최항 그리고 거사 당일 권람의 방문을 받은 바 있었다. 그러나 수양대군이 쿠데타를 획책하고 있다는 것을 전혀 알아차리지 못하여 무방비 상태였다. 수양대군은 종 임운에게 '철퇴를 가지고 있다가, 자신이 신호를 하면 즉시 김종서를 내려치라'는 명을 내려놓았다. 드디어 임운이 철퇴로 김종서를 내리쳤고, 이어서 김종서의 아들 김승규와 그 동료들을 철퇴로 내리치니, '계유정난'은 이렇게 시작되었다.

● **김종서 묘역의 문인상**
김종서는 1433년 여진족의 침입을 격퇴하고 6진을 설치하여, 두만강을 경계로 국경선을 확정하였다. 문무를 겸비한 인물로 단종을 보필하였으나, 수양대군으로부터 죽음을 당했다.

■ 안평대군의 죽음

안평대군은 세종과 소헌왕후의 셋째 아들로, 문종·세조(수양대군)의 친동생이자 금성대군의 친형이었다. 서예와 시문·그림·가야금에 능하였으며, 특히 한석봉과 함께 조선 최고의 명필로 불린다. 안평대군의 작품으로 〈몽유도원도〉 발문 등이 유명한데, 〈몽유도원도〉는 그가 꾼 꿈을 안견에게 이야기하여 그리게 한 것이다.

안평대군은 기질이 호탕하여 무사들을 이끌고 매 사냥을 나서기도 했으나, 그의 주변에는 무이정사(武夷精舍)·담담정(淡淡亭)에 드나드는 문인들이 많이 포진해 있었다. 문종 때부터 두각을 나타내기 시작하여 조정의 정치에도 간섭했으나, 단종이 즉위한 후 수양대군 일파와 경쟁하였다.

그러나 1453년(단종 원년)의 계유정난 때 그는 수양대군의 무신세력에 눌려 실권을 박탈당하고, 10월 10일 강화도로 유배되었다. 그해 10월 18일 유배 중에 강화 교동도(喬桐島)에서 사사(賜死)되었다. 이후 그의 아내는 관비가 되었으며, 아들 이우직 역시 연좌제에 의해 처형되었고, 며느리인 오대(五臺)와 딸 무심(無心) 등은 권람의 집 노비로 분배되었다.

● 몽유도원도

몽유도원도(夢遊桃源圖)는 조선의 화가 안견(安堅)이 안평대군의 꿈 이야기를 듣고 그린 산수화이다. 세종과 문종 때의 화가인 안견은 조선 산수화의 발전에 큰 영향을 끼친 인물로, 이 그림에는 안견의 독창성이 잘 나타나 있다고 평가받는다. 1447년, 비단 바탕에 수묵담채로 그려졌다.

● 안평대군이 쓴 표제 글씨와 안견의 〈몽유도원도〉

■ 이징옥의 난

반대 세력을 제거하고 정치와 군국(軍國)의 대권을 한 손에 쥔 수양대군은, 김종서를 도와 6진 개척에 공을 세웠던 이징옥(李澄玉)이 김종서계의 인물임을 꺼려서, 함경도 도절제사 이징옥을 파직하고 그 후임으로 박호문을 임명하여 보냈다. 박호문이 어명을 전하자, 이를 의심한 이징옥은 자신이 아버지로 따르는 김종서가 '도성에 큰일이 있기 전에는 부르지 않겠다'고 한 말을 상기하고 추궁하였다. 박호문은 '김종서가 수양대군에게 참살당했고, 황보인도 효시(梟示)되었다'는 사실을 말해 주었다. 당황한 이징옥은 일단 박호문에게 자리를 인계한 후, 호위병력 약간을 거느리고 상경한다.

상경하던 중, '김종서가 죽고 수양대군이 자신을 부른다는 것은 곧 자신도 죽일 것'이라는 데 생각이 미치자 회군하여, 박호문을 가차없이 화살로 쏴 죽인다.

1453년(단종 1년) 10월, 이징옥은 병마를 이끌고 종성(鍾城)으로 가서 대금황제(大金皇帝)라 자칭하며 여진족의 후원을 얻어서 반란을 일으켰다. 이어 도읍을 오국성(五國城)에 정하고, 격문을 돌려 여진족과 변방의 각 읍에 후원을 요청했다.

이징옥은 일찍이 변방에 오래도록 근무하고 여진족을 정벌하는 과정에서 여진족 사회에까지 명성이 알려져 있어서, 일이 여의치 못할 때는 두만강을 건너 여진족을 배경으로 저항하려 하였다. 그러나 그해 10월 20일 두만강을 건너려고 종성(鐘城)에 머물 때, 종성 판관 정종(鄭種)과 호군 이행검(李行儉) 등의 습격을 받고 아들 3명과 함께 살해되어, 계획은 실패하고 만다. 이 반란 사건은 후일 '이시애(李施愛)의 난'을 유발케 하는 선구가 되었다.

● **출기파적도(出奇破賊圖)**
세조 때 이징옥의 난에 이어 이시애의 난이 일어났는데, 조정에서는 어유소(魚有沼)를 파견하여 진압하게 하였다. 출기파적도는 어유소의 활약상을 그린 그림이다.

■ 세조의 왕위 찬탈과 사육신

실권을 장악한 수양대군은 스스로 중외병마도통사가 되어 병권을 장악하였다. 이에 금성대군이 그의 권력 장악에 반발하였으나, 훈신들의 추대로 1455년 음력 6월에는 결국 단종을 강제적으로 왕위에서 밀어내고 조선의 새 왕으로 등극하였다. 한편, 단종은 수양대군의 측근 세력인 한명회 · 권람 등에게 선위를 강요받아 수양대군에게 왕위를 물려주고, 상왕으로 물러나 수강궁(壽康宮: 상왕이 거처하는 곳)으로 옮겨갔다.

1456년 음력 6월에 성삼문 · 박팽년 · 하위지 · 이개 · 유응부 · 유성원 등 이른바 사육신(死六臣)이 단종의 복위를 꾀하다가 발각되어 처형되는 사건이 일어났다. 세조가 즉위한 이듬해(1456년)에 성삼문 · 유성원 · 하위지 등 집현전 학사 출신 관료들과 무인들은 명나라 사신을 축하하는 연회 때 운검(雲劍: 칼춤을 출 때 쓰는 의식용 칼)으로 세조 3부자를 제거하고 단종의 복위를 꾀하려는 계획을 수립하였다. 그러나 가담자의 한 명인 김질이 자신의 장인 정창손에게 이를 말하고, 정창손의 설득에 의해 사육신의 정변 기도를 폭로하여, 계획은 좌절되고 만다. 그 바람에 1457년 단종은 그 사건에 연루되었다는 혐의로 노산군(魯山君), 즉 폐주로 강등되어 영월로 유배되었다.

1457년 9월 금성대군은 유배지인 순흥에서 단종 복위 계획을 세운다. 금성대군과 순흥부사 이보흠 등이 또다시 단종 복위 사건을 일으키자, 세조는 금성대군을 사사하고 단종도 같이 죽음을 내렸다. 또한 사육신과 관계된 가족들과 재산을 공신의 노비로 분배하여 멸문시켰다.

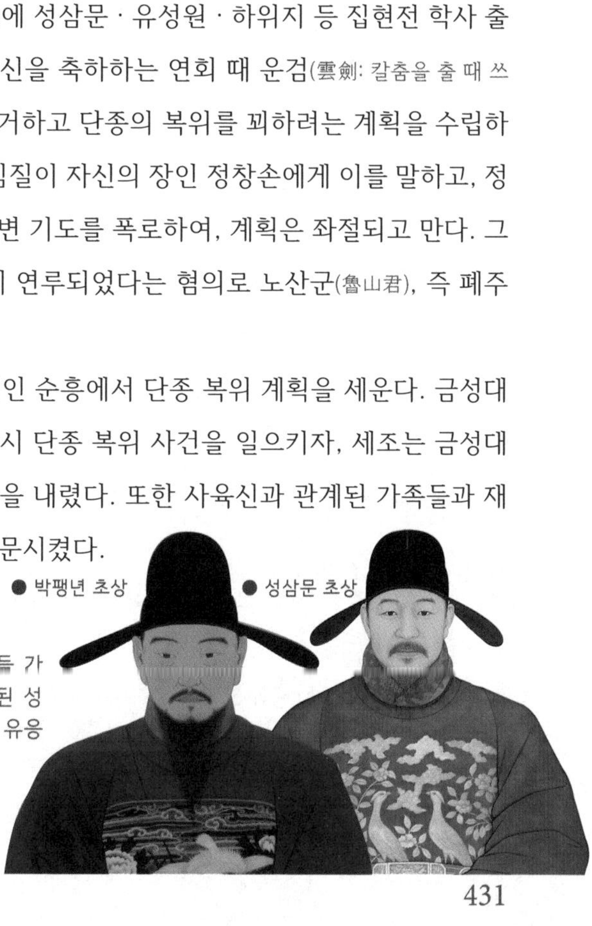

● 박팽년 초상 ● 성삼문 초상

● 사육신(死六臣)
1456년 단종 복위에 목숨을 바친 인물들 가운데 남효온의 《육신전(六臣傳)》에 소개된 성삼문 · 박팽년 · 하위지 · 이개 · 유성원 · 유응부 6명을 가리킨다.

■ 내정과 외치

사육신과 관련자들 및 동조한 집현전 학사들의 대대적 숙청이 이루어지자, 생육신(生六臣) 등의 문사들조차 조정에 등을 돌리고 낙향하여 시골과 야산에 은거하였다. 사육신 등을 처형한 뒤 문사들을 억압 · 탄압한다는 비판에 직면하자, 세조는 정몽주의 후손들과 문도들을 발굴해서 등용하였다. 이때 김숙자(金叔滋) · 김종직(金宗直) 부자도 등용되었는데, 이들의 정계 진출 이후 향촌에 은거하던 사림파(士林派)가 중앙 정계에 진출하게 된다.

세조는 먼저 신하들의 권력을 제한하고 왕권을 강화하는 정책을 폈다. 또한 관제 개편과 신하들의 기강 확립을 통해 중앙 집권제를 확립했으며, 호패법을 다시 복원하였다. 국방력 신장에도 힘써서, 각 읍의 군사를 5위에 분속토록 하여 군제(軍制)를 확정하고 각 역로를 개정하여 찰방(察訪)을 신설했으며, 예문관의 장서를 간행했고, 각 도에 거진(巨鎭: 중간 규모의 군진)을 설치했다.

1467년에 함경도에서 이시애가 반란을 일으키자, 조카 귀성군(龜城君: 세종의 넷째 아들인 임영대군의 아들로 이름은 준)을 병마도총사로 파견하여 평정케 하고, 강순(康純)을 파견하여 건주위(建州衛) 여진족을 토벌하였다. 그는 무장들을 신뢰하여 귀성군 · 남이(南怡) · 강순 등을 측근에 두었는데, 이들에 대한 총애에 반감을 품은 왕세자(제8대 예종)는 즉위하자마자 이들을 모두 숙청했다. 세조는 만년에는 조카 단종을 내쫓다 못해 죽인 것에 대한 죄책감으로 인하여 불교에 귀의했다고도 한다.

● 김종직(金宗直)의 흉상
문장과 경술(經術)에 뛰어나 이른바 영남학파(嶺南學派)의 종조(宗祖)가 되었고, 조선 초 성리학을 이룬 대학자로 평가되었다. 문하생으로는 정여창(鄭汝昌) · 김굉필(金宏弼) · 김일손(金馹孫) · 유호인(兪好仁) · 남효온(南孝溫) 등이 있다. 김종직은 공자와 맹자의 가르침을 실현하는 도학정치를 펼치기 위해 급진적인 개혁을 요구하였으며, 결국 훈구파(勳舊派) 세력과 대립할 수밖에 없었다.

성종

성종(成宗)은 세조의 장남인 의경세자의 둘째 아들이다. 아버지의 요절로 왕위 계승권에서 제외되었으나, 숙부 예종(睿宗)이 일찍 죽어 친할머니 정희왕후(貞熹王后: 세조의 비)와 훈신들의 추대로 즉위했다. 즉위 후 세조에 의해 숙청된 사림파를 적극 등용하였고, 성리학적 통치 규범을 지키며 왕도정치를 구현하려 노력하였다. 한명회 · 신숙주 등 훈구 대신들의 세력을 견제하려 노력하였으나 실패하였고, 친정(親政) 이후에는 외척 세력의 영향력이 강하였다. 여색을 좋아하여 여러 후궁들 간의 갈등을 다스리지 못하고 폐비 윤씨(廢妃尹氏)를 사사(賜死)했는데, 이는 훗날 아들 연산군으로 하여금 대량 숙청을 불러오는 빌미를 제공한다.

■ 성종의 성장과 즉위

1461년(세조 7년) 5살이 되던 해에 자산군(者山君)으로 봉해졌다. 그러나 어머니 세자빈(소혜왕후) 한씨는 꾸준히 대궐에 출입하면서 한명회 · 신숙주 등과 교류하였고, 한명회의 딸 중의 한 명을 자산군과 결혼시켰다.

1468년 세조가 죽자, 의경세자의 동생인 해양대군이 예종으로 즉위하면서 잘산군[乽山君, 또는 자을산군(者乙山君)]에 봉해졌고, 예종이 즉위한 지 10개월 만에 승하하였다. 당시 예종의 아들인 제안대군은 4살이었고, 또 형인 월산군은 병환 중이었기 때문에, 정희왕후의 명령에 따라 1469년(예종 1년) 음력 11월 28일에 경복궁(景福宮)에서 조선의 제9대 왕으로 즉위하였다. 성종의 즉위 배경에는 정희왕후의 의지 외에 그의 장인이었던 한명회의 생각, 어린 그를 즉위시킴으로써 막후에서 영향력을 행사하려던 신숙주 등 훈신들의 이해관계가 두루 작용한 결과이기도 했다.

● **성종(成宗)의 초상**
13세의 어린 나이에 왕위에 오르자, 1469년부터 1476년까지 할머니인 정희왕후 윤씨가 수렴청정을 하였다.

■ 수렴청정과 폐비 윤씨

반발 세력을 무마하고자, 왕위 계승권에서 밀려난 월산대군과 제안대군을 군에서 대군으로 책봉하고 이들을 좌리공신에 임명하였다. 13살의 어린 나이에 왕위에 올랐기 때문에, 즉위 초반에는 할머니인 자성대왕대비(정희왕후) 윤씨의 수렴청정을 받았다. 당시 유력한 국왕 후보들을 모두 제치고 한명회와 정희왕후의 뜻에 따라 왕위에 올랐던 만큼, 수렴청정을 받은 7년 동안 국정의 모든 결정권은 신숙주 · 한명회 등의 원로 대신들에게 있었다.

그러나 수렴청정을 끝낸 1476년(성종 7년)부터는 원로 대신들이 국정의 중요한 결정에 참여하는 원상(院相) 제도를 폐지하여 결재권을 되찾았다. 친정을 시작한 이후 그는 할아버지 세조가 권신들을 견제할 목적으로 길재-김숙자 등의 문인들을 적극 등용한 것을 참작하여, 김종직의 문하생들을 새로 대거 등용한다.

첫 부인 공혜왕후 한씨가 18세의 나이에 요절하자, 자신의 후궁 중 일찍 후궁으로 맞이한 숙의 윤씨를 왕비로 간택하였다. 신숙주의 조카였던 숙의 윤씨는 성종보다 2살 연상이었으나, 성종의 첫 아이를 잉태하면서 총애를 받게 되었다. 그리고 공혜왕후가 서거하자 곧바로 후궁에서 왕비로 승격되었는데, 그해에 왕세자 융(㦕: 뒷날의 연산군)을 낳았다. 그러나 남편 성종이 다른 후궁을 찾자 질투심을 드러내어, 여러 문제를 일으켰다.

《내훈(內訓: 부녀자의 훈육을 위한 책)》을 저술하기도 한 인수대비(仁粹大妃, 소혜왕후)는 분노하여 숙의 윤씨의 투기를 계속 지적하였고, 원로 훈신들도 윤씨를 줄기차게 탄핵하였다. 이때는 신숙주도 이미 세상을 떠난 뒤라서 그녀를 감싸 줄 사람이 아무도 없었다. 윤씨는 곧 왕비에서 폐출되어 궁궐을 나가야 했다. 그 뒤 양사(兩司: 사헌부와 사간원)의 언관들이 폐비를 사사(賜死)해야 된다는 여론을 조성하자 성종은 원자(元子: 임금의 맏아들로서, 아직 왕세자에 책봉되지 않았을 때의 일컬음)의 생모임을 들어 반대하였으나, 양사의 거듭된 탄핵을 이기지 못하고 폐비 윤씨에게 사약을 내렸다.

■ 성종의 친정과 태평성대

수렴청정이 끝나고 성종이 친정을 하자, 임사홍 · 유자광 등의 권신들을 축출하는 한편, 성균관을 비롯한 각 도의 향학에 논밭과 서적을 주어 교육과 문화의 진흥에 힘썼다. 또한 김종직 등 사림파를 과감히 등용함으로써 신진세력을 형성시켰고, 정치적 기반을 만들었다. 이는 뒷날 선조 대에 사림정치의 완성으로 나타난다.

성종의 치세는 '문화의 황금기'라고 불렸을 만큼, 세종과 세조가 이룩해 놓은 치적들을 바탕으로 빛나는 문화 정책을 펴나간 시기였다. 1474년(성종 5년)에는 《경국대전(經國大典)》을 완성하여 반포했으며, 1492년에는 경국대전을 보충한 《대전속록》과 《동국여지승람》 · 《동국통감》 · 《동문선(東文選)》 · 《악학궤범》 등 다양한 서적을 편찬 · 간행했다. 세조 때 폐지된 집현전과 비슷한 역할을 맡은 홍문관(弘文館)을 설치하는 한편, 문신 중에서 뛰어난 재주를 가진 인물을 골라 집에서 독서하게 하는 독서당(讀書堂) 제도를 실시했다. 또한 승려들을 엄하게 통제하고 대부분의 사찰을 폐쇄하는 등 숭유억불 정책을 철저하게 실천했다.

조선 초기의 문물 제도는 성종 때에 거의 완성되었으며, 백성들은 건국 이후 가장 태평성대한 세월을 맞이했다. 그러나 이러한 태평성대는 성종의 치세 후기에 퇴폐 풍조를 조장하기도 했다. 또 성종은 여색을 밝혀 여러 후궁을 두었는데, 후궁들 사이의 갈등과 알력을 조정하지 못하여 후일 연산군에 의한 학살 사건을 불러오는 빌미를 제공한다.

● **경국대전(經國大典)**
조선 시대에 나라를 다스리는 기준이 된 최고의 법전. 세조 때 최항 · 노사신 · 강희맹 등이 집필을 시작하여 성종 때인 1476년에 완성하고, 1485년에 펴냈음.

연산군

연산군(燕山君)은 모후 폐비 윤씨의 폐출 이후 정현왕후(貞顯王后: 성종의 제2계비이자 중종의 어머니)의 손에서 자랐으나, 자신의 생모가 폐비 윤씨임을 알았다. 그 뒤 어머니 폐비 윤씨를 왕비로 추숭하려 하자, 성종의 유명을 내세워 왕비 추숭을 반대한 사림파 문인들과 충돌하다가 '무오사화'와 '갑자사화'를 빌미로 사림파를 제거했다. 또한 폐비 윤씨 사사 사건을 빌미로 발생한 갑자사화에서는 훈구파와도 절연하여, 사림파를 적대세력으로, 훈구파를 비호감세력으로 대하면서 독단정치에 접어들었다.

■ 연산군의 즉위

연산군은 1476년 11월 23일(음력 11월 7일) 성종과 제1계비 폐비 윤씨의 아들로 태어났으며, 태어날 때부터 왕비 소생의 장자인 원자(元子)로 불렸다. 그러나 후궁이 많았던 부왕 성종과 폐비 윤씨의 관계는 원만하지 못했고, 윤씨가 성종의 얼굴에 손톱자국을 낸 것을 기회삼아 후궁들과 인수대비는 윤씨를 왕비에서 폐하고 궁궐에서 쫓아냈다.

성종에게는 정실 소생으로 연산군 외에 제2계비인 정현왕후(자순대비) 소생 진성대군(晉城大君: 훗날의 중종)이 태어났으나, 성종이 승하할 당시에는 세자 이융(연산군)의 나이가 18세였고 진성대군은 6세였으므로 대세를 피할 수 없었다.

연산군은 즉위 초 비융사(備戎司)를 두어 병기를 만들게 하고, 녹도(鹿島)에 침공한 왜구를 격퇴했으며, 변경지방으로 주민을 이주시키는 한편, 건주 여진을 회유하고 토벌하는 등 국방에 주력했다. 또한 빈민을 돕고 《국조보감》 등 여러 서적을 완성시켰다.

● **회릉(懷陵)**
연산군의 생모 폐비 윤씨의 묘로, 연산군이 즉위하면서 회릉으로 추숭하였으나, 중종반정으로 회묘로 강봉되었다.

■ 연산군 대의 후반과 중종반정

연산군은 압반(押班)과 사헌부 감찰 등을 동원하여, 사치와 나태에 물들어 있던 성균관과 4부학당[4학: 서울의 네 곳에 세운 교육기관으로, 위치에 따라 중학(中學) · 동(東)학 · 남(南)학 · 서(西)학이라 했음]의 유생들을 규찰 · 감시하게 했다. 또한 의정부의 정4품직인 사인 · 검상, 이조와 병조의 낭관들의 관직에 문관과 무관을 번갈아가며 임명하게 함으로써, 문신 관료들을 우대하는 정책을 폐지하고 그들 사이에 경쟁을 하게 했다.

1506년(연산군 12년) 8월에는 정무를 보좌할 때 영의정이나 삼정승이라고 해도 직함 뒤에 존칭을 생략하게 했으며, 문묘에서 공자에게 작헌례(酌獻禮)를 할 때 그의 생전의 직분이 신하였다며 재배(再拜)만 하게 했다. 공자묘에 절하지 않겠다는 그의 선언은 성리학 사회인 조선에서 큰 화제가 되었다. 연산군은 유교의 복잡한 의례를 배격하여, 간소하고 실질적인 절차만을 권장했다. 그러나 이와 같은 연산군의 일련의 개혁 조치는 사림에게는 물론 그의 측근들에게까지, 성리학을 근본으로 하는 조선의 정체성을 부정하는 일로 여겨졌다. 이는 9월에 발생한 중종반정(中宗反正)에 더욱 명분을 실어주는 계기로 작용한다.

1506년 음력 9월 2일, 성희안 · 유순정 · 박원종 · 신윤무 등은 사전에 준비한 사병들로 거병하여, 신수근 · 임사홍 등 연산군의 측근들을 살해하고 궁을 장악한 뒤 진성대군(중종)을 왕으로 추대했다. 연산군은 폐위되어 민가에 숨어 있다가 체포되었고, 강화도의 교동도(喬桐島)에 추방되었다. 이때 장녹수(張綠水) 등 그의 후궁들은 종로 · 남대문 등지에서 백성들의 투석으로 죽었으며, 연산군의 어린 아들들도 반정군에 의해 살해당했다.

● **연산군 유배지**
1506년 강화도의 교동도에 위리안치(圍籬安置)된 연산군은 역질에 걸려, 그해 11월에 사망했다.

4대 사화

사화(士禍)는 선비들이 정치적 반대파에게 화를 입는 일을 가리킨다. 특히 조선 중기에 연산군이 즉위하면서 훈구 세력의 불만이 폭발하였고, 훈구파와 사림파 양 세력 간의 갈등으로 사화가 잇달아 발생하게 되었다. 그중 4대 사화는 연산군 때부터 명종 즉위년까지 발생한 4차례의 옥사를 말하는 것으로서 1498년(연산군 4년)의 무오사화, 1504년(연산군 10년)의 갑자사화, 1519년(중종 14년)의 기묘사화, 1545년(명종 즉위년)의 을사사화 등이다.

■ 무오사화

무오사화(戊午士禍)는 1498년(연산군 4년) 무오년에 일어났으며, 사초(史草) 때문에 일어났다고 하여 무오사화(戊午史禍)라고도 부른다. 연산군이 즉위하게 되자 훈구파와 사림파의 사정이 달라졌다. 원래 시재(詩才)와 감성이 뛰어났던 연산군은 어머니(폐비 윤씨)가 신하들의 세력 충돌로 죽게 된 것을 알고, 훈구 대신과 사림을 모두 누름으로써 왕권을 강화하려 하였다.

이때는 학덕 있는 훈구 대신들이 대부분 사망한 후였고, 사림 세력의 분방한 언론 활동이 왕의 노여움을 사는 일이 많았다. 평소 사림의 공격을 받아 수세에 몰려 있던 훈구 대신의 잔류 세력인 유자광 등은 1498년(연산군 4년) 김일손(金馹孫)이 쓴 사초(史草)에서, 김종직(金宗直)의 〈조의제문(弔義帝文)〉을 문제삼고 나섰다. 그들은 왕을 충동하여, 김종직과 관련이 있는 김일손 · 표연말 · 정여창 · 최부 등 수십 명의 사림을 사형 · 유배 혹은 파직케 했다. 이 사건으로 말미암아 김종직 문인으로 구성된 영남 사림이 대부분 몰락하고 말았다.

● **김종직의 〈조의제문(弔義帝文)〉**

김종직의 문집에 실려 있으며, 무오사화의 빌미가 되었다. 〈조의제문〉은 '항우가 어린 의제(義帝)를 죽이고 초나라의 왕이 된 것을 조문한다'는 내용이다. 그런데 이 내용의 '항우'는 '세조'를, '의제'는 '단종'을 비유한 대역무도한 행위라는 모함을 받게 된 것이다.

■ 갑자사화

당시 사림파 일부는 성종의 유지(遺志)를 내세워 폐비 윤씨의 복위를 반대했고, 임사홍 등 궁중파(외척 중심의 세력)는 갑자사화를 계기로 다시 한 번 반대 세력에게 대대적인 타격을 가했다. 임사홍과 외할머니 신씨가 건네 준 '폐비 윤씨의 피가 묻은 금삼(錦衫) 자락'을 본 연산군은 몹시 화가 나, 사림파를 비롯하여 폐비 문제와 직결된 이극균 · 윤필상 · 성준 · 김굉필 등 부중파(府中派: 의정부 및 6조 중심의 세력) 역시 숙청하였다. 이미 죽은 한명회 · 정창손 · 정여창 · 남효온 등은 부관참시(剖棺斬屍) 되었다.

또 폐비 윤씨의 폐출에 직접 관여했던 두 후궁 엄 귀인과 정 귀인을 직접 참살하고, 그 시신으로 젓갈을 담가 산야에 버린 후 아무에게도 매장하지 못하게 명하기도 했다. 또 정 귀인이 낳은 안양군과 봉안군은 유배를 보냈다가 이듬해 죽였고, 정씨 소생의 정혜옹주와 엄씨 소생의 공신옹주는 폐서인하고 유배했다(두 옹주들은 중종 즉위 후 복권되었다).

연산군은 할머니인 인수대비(仁粹大妃)와도 크게 다투었는데, 훗날 폐비 윤씨를 복위하는 문제로 재차 다투다가 당시 병으로 누워 있던 인수대비를 강하게 밀쳤고(들이받았다고도 한다), 그 후유증으로 인수대비가 사망했다. 연산군은 인수대비의 초상 때에도 이일역월제(以日易月制: 하루를 한 달로 계산하여, 삼년상 대신 27일상을 치름)라는 단상제(短喪制)를 단행하여, 지탄의 대상이 되기도 했다.

● 왕의 여인 '장녹수'와 '흥청망정'

재위 10년 무렵, 연산군은 기생 장녹수(張綠水)에게 흠뻑 빠져 있었다. 장녹수는 집이 가난하여 제안대군의 여종으로 있다가 가무를 배워 인기 있는 기녀가 되었는데, 연산군의 총애를 업고서 재물을 받고 벼슬을 파는 등 비리와 비행을 저지르며 거부가 되었다. 이에 백성들의 원망이 높아 사헌부와 사간원에서 간언을 했지만, 오히려 대사헌 이자건과 대사간 박의영 등 관료들만 의금부에 잡혀 들어가 문초를 당했다. 또, 갑자사화 이후 여색에 빠진 연산군은 전국의 기생 100명을 뽑아 올려 '운평(運平)'이라 하고 궁궐의 계방원(繼芳院)에서 관리하게 했으며, 운평을 승격시켜 '가흥청'과 '흥청'이라 했는데, 흥청들을 궁중의 취홍원(聚紅院)에 거처하게 하여 잠자리를 함께했다. 1505년 삼짓날, 경복궁 후원에서 자순대비를 모시고 외명부를 초대해 잔치를 벌였다. 이 자리에 운평 · 가흥청 · 흥청이 많이 동원되었는데, 그녀들의 춤과 노래가 흐드러지고 술과 고기와 음식이 넘쳐났다. 이는 엄청난 국고 손실로 이어져, 이렇게 놀아대는 것을 '흥청망청(興淸亡淸)'이라 하였다.

■ 기묘사화

두 차례의 사화로 수많은 인재들을 처단하고 난 뒤, 연산군의 음탕과 사치는 더욱더 심해졌다. 관리들에게 "입은 화가 들어오는 문이요, 혀는 목을 베는 칼이다. 입을 다물고 혀를 깊이 간직한다면 한 몸이 편하리라."라고 씌인 패쪽 '신언패(愼言牌)'를 차고 다니게 하여 말조심을 하도록 억눌렀으며, 자신의 행동을 비난하는 글이 국문으로 쓰였다 하여 국문학습을 탄압하고 국문서적을 불사르기도 했다. 연산군의 학정에 견디다 못한 박원종 · 성희안 · 유순정 등 훈구 대신들은 군대를 동원해 연산군을 추방하고, 그의 이복동생인 진성대군(중종)을 왕으로 추대했다. 이것이 '중종반정(中宗反正, 1506년)'이다.

백성과 사림의 여망 속에 제11대 왕이 된 중종은 사림을 다시 등용하고 도학(道學)을 숭상하여, 무너진 유교정치를 다시 일으켜 세웠다. 특히 1515년(중종 10년)에 젊고 깨끗한 조광조(趙光祖)가 중용되면서, 그를 추종하는 젊고 기개 있는 사림이 현량과(賢良科)라는 추천제도에 의해 대거 등용되었다. 이때 등용된 사림은 기호지방(경기도 및 황해도 남부와 충청남도 북부 지방) 출신이 많아 기호사림(畿湖士林)으로도 불린다. 이들의 가문은 조선 초기에 큰 벼슬을 지낸 훈신의 후예들이 적지 않았으나, 체질적으로는 전형적인 성리학자로 변신해 있었다.

● 조광조(趙光祖)와 '주초위왕(走肖爲王)'

조광조는 김굉필에게 성리학을 배워 김종직의 학통을 이었는데, 준수한 용모에 학식을 두루 통달했으며, 정직하고 근엄하고 정숙한 사람으로 평판이 높았다. 과거를 거쳐 조정에 나온 뒤에도 한점 흐트러짐이 없는 몸가짐으로 관료의 모범을 보였으며, 사림의 지지를 바탕으로 도학 정치의 실현을 위해 적극적인 활동을 했다. 이에 조광조에 의해 공신록에서 삭제를 당한 심정, 김종직의 문인이지만 엽관파인 남곤, 부정한 사람으로 탄핵을 받아 파면된 홍경주는 조광조를 파멸시키자는 데 의기투합하여 모의를 했다. 이들은 '조씨가 나라를 마음대로 주물러 백성들이 칭송한다'는 소문을 궁중에 퍼뜨리는 한편, 교묘하게 만든 가짜 비밀교지를 돌리기도 했다. 또, 홍경주의 딸로서 중종의 총애를 받는 희빈 홍씨를 시켜 '온 나라의 인심이 조씨에게 돌아갔다'는 내용을 고자질하게 했다. 희빈 홍씨는 궁녀를 시켜 금원(禁苑)에 있는 나뭇잎에 꿀물로 走肖爲王(주초위왕) 네 글자를 써 놓게 했는데, 벌레가 꿀물을 갉아먹자 네 글자가 선명하게 드러났으며, 이 잎을 따 중종에게 바침으로써 조정이 발칵 뒤집히게 되었다.

조광조 일파는 삼사(三司: 사헌부 · 사간원 · 홍문관)의 언관직에 포진하여, 자신들의 의견을 공론(公論)이라고 표방하면서 급진적 개혁을 요구하고 나섰다. 즉 내수사 장리(內需司長利: 내수사의 곡식을 농민들에게 빌려주고 1년 후에 5할의 고리로 되돌려 받았음)의 폐지, 소격서(昭格署)의 폐지, 그리고 향촌 사회에서 향약(鄕約)의 실시와 《삼강행실》·《이륜행실(二倫行實)》·《주자가례》·《소학》의 보급, 균전제 실시를 통한 토지집중의 완화, 방납 폐단의 시정 등을 주요 정책으로 내세웠다.

사림의 정책들은 지방 중소 지주층의 이익을 크게 반영하고 농민의 부담을 완화시켜 줄 수 있는 것이었으나, 책봉된 공신 가운데 4분의 3은 부당하게 공신이 되었으므로 그들의 공신 칭호와 토지 및 노비를 몰수해야 한다고 주장하여 중종 반정에 공을 세운 공신들의 원한을 샀다.

중종은 처음에 사림을 신임했으나, 나중에는 지나치게 군주를 압박하는 데 싫증을 느꼈다. 이런 분위기를 이용하여 1519년(중종 14년) 남곤(南袞) · 심정(沈貞) 등 훈구 대신들은 조광조 일파에게 반역죄의 누명을 씌워, 무참하게 죽이거나 유배보냈다. 이것이 '기묘사화(己卯士禍)'이다.

이 사건으로 사림의 개혁정치는 4년 만에 끝나고, 그들이 추진했던 정책도 대부분 폐지되었다. 그러나 기묘사화 때 화를 입은 조광조 · 김정 · 김식 · 김구 · 기준 등은 '기묘명현(己卯名賢)'으로 높은 추앙을 받아, 16세기 후반에 사림 시대를 여는 정신적 바탕이 되었다.

● 조광조 영정
조선 중종 때 사림의 지지를 바탕으로, 도학 정치의 실현을 위해 적극적으로 활동했다. 천거를 통해 인재를 등용하는 현량과를 주장하여 사림 28명을 서박했으며, 중종을 왕위에 오르게 한 공신들의 공을 삭제하는 위훈삭제 등 개혁정치를 서둘러 단행하였다. 1519년에 기묘사화가 일어나 능주로 귀양갔으며, 한 달 만에 사사되었다.

■ 을사사화

중종은 제1계비 장경왕후(章敬王后) 윤씨에게서 인종(仁宗)을 낳고, 제2계비인 문정왕후(文定王后) 윤씨에게서 명종(明宗)을 낳았다. 이들 두 계비는 같은 파평 윤씨인데, 장경왕후의 오빠 윤임(尹任)과 문정왕후의 아우 윤원형(尹元衡)이 대립하기 시작했다. 윤임과 윤원형은 같은 종씨인데도 서로 국구(國舅: 임금의 장인)가 되어 세력을 잡으려고 일찍부터 반목하여, 세간으로부터 윤임은 대윤(大尹), 윤원형은 소윤(小尹)이라 불렸다.

중종이 승하하고 인종이 제12대 왕으로 즉위하게 되자, 윤임이 득세하고 사림(士林)의 인재가 많이 등용되어 이언적(李彦迪)·유관(柳灌)·성세창(成世昌) 등이 정부의 대관(臺官)으로 임명되는 등 일시 사림은 그 기세를 회복하였다. 당시 뜻을 얻지 못한 이들은 윤원형의 밑에 모여 사림과 반목하면서, 윤임 일파에 대한 반격의 기회를 엿보고 있었다.

그런데 1545년에 인종이 겨우 재위 8개월 만에 승하하고 12세의 명종이 제13대 왕으로 즉위하여 왕대비인 문정왕후가 수렴청정하게 되자, 형세는 역전되었다. 이번에는 소윤 윤원형이 득세하여, 전일(前日)의 윤임 일파를 제거하게 되었다.

즉 예조참의로 있던 윤원형은 자기 세력을 만회하기 위하여 평소 대윤파와 사감(私感)이 있던 지중추부사 정순붕(鄭順朋), 병조판서 이기, 호조판서 임백령(林百齡), 공조판서 허자(許磁) 등 심복들과 더불어 계책을 꾸몄다.

● **강상문답(江上問答)**

조선 숙종 때의 학자 권상하(權尙夏)가 남한강 유역인 황강촌에서 당쟁에 관해 제자들과 문답하였는데, 그의 제자 한홍조(韓弘祚)가 기록 편찬한 책이다.

'천추에 이름을 남긴 이는 두 학사이고, 지하에서 원통함을 품은 이는 한 왕손이리. 시비가 혼동되어 판단하기 어려우나, 헐뜯음과 기리는 게 분분해서 쉽게 결론이 안 나네.'

여기서 '두 학사'는 선비 출신인 이언적과 이황을 뜻하고, '한 왕손'은 계림군(桂林君)을 가리킨다. 인종 재위시 이언적은 조정에서 활동을 했고, 이황은 성균관 대사성으로 선비들의 촉망을 받았다.

또 한편으로 그의 첩 정난정(鄭蘭貞: 윤원형의 본처가 죽자, 기녀 출신인 그녀가 안방마님으로 들어앉았음)으로 하여금 문정왕후와 명종을 선동케 하여 형조판서 윤임 및 그 일파인 이조판서 유인숙(柳仁淑), 좌의정 유관(柳灌) 등을 반역 음모죄로 몰아 귀양보냈다가 죽이고, 이어서 계림군(桂林君: 성종의 후궁 출신 아들인 계성군의 양자)도 이 음모에 관련하였다는 무고로 죽였다.

1545년(명종 원년) 을사년에 일어난 이 사건은, 친족세력이 권력 다툼을 벌이는 가운데 살육이 일어나 사림이 그 시비를 가리다가 죽거나 유배되었을 뿐, 선비들이 절개를 지키거나 개혁을 추진하다가 죽음을 당한 경우는 결코 아니었다.

사화의 여파는 그 후 6년간에 걸쳐 계속되었는데, 조정의 권력을 장악한 윤원형은 자신의 반대세력을 없애기 위해 '양재역 벽서사건'을 일으켰다. 경기도 광주 양재역에 붙은 불온 벽서가 사관 안명세의 짓이라 하여 그를 죽였고, 아무런 죄도 없는 선비들과 유생들을 이 사건에 연루시켜, 윤임 등을 찬양하였다는 등의 갖가지 죄명으로 유배되거나 죽은 자의 수가 거의 100명에 달하였다.

■ 4대 사화

피해자	발생 연도	발생 원인	가해자	피해자
무오사화	1498년 (연산군 4년)	김종직의 〈조의제문〉 사건	유자광, 연산군	김종직, 김일손, 김굉필, 권오복, 이목, 허반, 임희재, 표연말, 정여창, 최부
갑자사화	1504년 (연산군 10년)	폐비 윤씨 사건, 왕권 강화 계획	연산군	윤필상, 이극돈, 홍귀달, 이세좌, 한명회, 귀인 정씨, 귀인 엄씨, 인수대비, 정창손, 심회, 한치형, 이극균, 성준, 조지서, 정성근, 정인지, 이승건, 홍한, 김천령
기묘사화	1519년 (중종 14년)	조광조의 개혁에 대한 반발	남곤, 심정, 홍경수, 중종	조광조와 그의 추종자들
을사사화	1545년 (명종 원년)	소윤과 대윤의 권력 싸움	소윤(윤원형)	윤임, 유관, 유인숙, 계림군, 봉성군, 이덕응, 정희, 정욱, 나식

조선 전기의 문화

조선 시대의 문화는 성리학의 사고방식에 따라 점차 유교적 양반 문화의 폭이 확대되어 갔고, 현실적이고 직접 생활에 관계되는 분야가 발달하였다. 곧 생활 의례에 관계되고 쉽게 생활에서 이용하고 감상할 수 있는 정자나 산수화, 분청사기 등이 발전하였다. 그 특징은 유교주의에 입각한 양반 문화, 불교 · 도교 · 토속신앙이 융합된 서민 문화로 구성되어 있다. 또한 건국 초의 역사 의식은 성리학적 대의명분을 내세워 왕조 개창을 정당화하면서 《고려국사》《동국사략》을 편찬하였고, 민족적 자각을 반영하고 왕실과 국가의 위신 고양을 위하여 고려 시대 역사를 자주적 입장에서 재정리하려는 관학파의 역사 인식 하에 《고려사》《고려사절요》가 편찬되었다.

■ 다양한 분야의 서적 편찬

왕권이 안정됨에 따라 각종 서적의 편찬 사업이 활발히 일어났다. 우선 역사는 정치의 귀감(龜鑑)으로서, 지지(地誌)는 정치의 자료로서 절대 필요했기 때문에 초기부터 활발한 움직임을 보였다. 사서(史書)로서는 《고려사》 · 《고려사절요》 등 전조(前朝)의 역사가 편찬되었고, 한편으로는 조선 역대왕의 실록이 대대로 편찬 · 보관되었다. 세조 때부터는 《국조보감》이 편찬되어 그 뒤에도 계속되었으며, 성종 때에는 중국의 《자치통감》을 본받아 《동국통감》이 만들어졌다. 지지(地誌)로는 세종 때의 《팔도지리지》 · 《세종실록지리지》 · 《동국여지승람》 등이 편찬되었다.

또한 주목할 것은 법전(法典)의 편찬이었다. 조선에서는 건국 초기부터 그 편찬에 착수하여 《조선경국전》 · 《경제육전(經濟六典)》 · 《육전등록(六典謄錄)》 등의 뒤를 이어, 이른바 만세성법(萬世成法)으로서 이들을 종합적으로 재편성하여 이루어진 것이 성종 때의 《경국대전》이었다. 그러나 그 뒤 시대의 변천에 따라 부분적인 개혁이 있었으므로, 영조 때의 《속대전》, 정조 때의 《대전통편》, 고종 때의 《대전회통》 등의 편찬을 보게 되었다.

● 강희안의 고사관수도(高士觀水圖)
양반 출신의 강희안은 세종 때 집현전의 학사이기도 했다.

■ 조선 전기의 미술

조선 왕조의 양반들은 미술을 장인들이 하는 일이라 하여 천시하였다. 양반으로서 미술을 즐긴다는 것은 여기(餘技: 전문적으로 하는 게 아니라 취미삼아 틈틈이 하는 재주나 일)에 불과했으며, 이러한 경향이 회화에서 문인화(文人畵)라고 불리는 수묵화를 유행시켰던 것이다.

조선 초의 화가로는 양반 출신의 강희안, 화원(畵員)이었던 안견 · 이상좌 · 최경 등이 있었는데, 전자의 경우보다 후자의 경우에 작품의 필세가 웅혼하였다. 서도에서는 안평대군 · 양사언 · 한호(한석봉) 등이 명필로 이름이 높았으나, 대체로 전래의 것을 고수하려는 경향이 농후하였다.

● 조선 제1대~제8대 왕의 연표

제1대 태조(1392~1398)	
1392년	수창궁에서 즉위.
1393년	국호를 조선으로 고침.
1394년	도읍지를 한양(서울)으로 옮김.
1396년	도성 축조공사 완성.
1398년	제1차 왕자의 난.
제2대 정종(1398~1400)	
1400년	제2차 왕자의 난, 방원이 세자가 됨.
제3대 태종(1400~1418)	
1401년	문화부를 의정부로 고침, 신문고 설치.
1403년	주자소를 설치하여 계미자를 개발.
1413년	호패법 실시.
제4대 세종(1418~1450)	
1422년	기근으로 각도에 진제소 설치.
1426년	한성에 큰 불이 남, 방화법을 정함.
1434년	앙부일구로 시간을 측정.
1441년	세계 최초의 철제 측우기를 설치.
1443년	훈민정음 창제.
제5대 문종(1450~1452)	
제6대 단종(1452~1455)	
1453년	계유정난 발발.
1455년	단종, 수양대군에게 양위.
제7대 세조(1455~1468)	
1456년	사육신, 단종 복위를 꾀하다 죽음을 당함.
1457년	상왕을 영월로 유배보낸 후 죽임.
1461년	공물 대납을 금함. 각 도에 둔전 설치.
1466년	과전법을 폐지하고 직전법을 실시.
1467년	이시애의 반란.
제8대 예종(1468~1469)	
1468년	남이·강순 등, 반역으로 몰려 죽음을 당함.

● 조선 제9대~제14대 왕의 연표

	제9대 성종(1469~1494)
1469년	군적을 개정, 호패법 폐지.
1470년	경국대전 완성.
1482년	폐비 윤씨에게 사약을 내림.
	제19대 연산군(1494~1506)
1498년	무오사화 일어남.
1504년	갑자사화 일어남.
1506년	중종반정, 폐왕을 연산군으로 강등함.
	제11대 중종(1506~1544)
1511년	조광조 등용.
1517년	축성사를 비변사로 개칭.
1519년	기묘사화(조광조, 사약 받고 죽음).
1524년	압록강 유역 여진족을 몰아냄.
1543년	주세붕, 백운동서원 세움.
	제12대 인종(1544~1545)
1545년	인종이 경원대군에게 양위하고 승하.
	제13대 명종(1545~1567)
1545년	을사사화 일어남.
1562년	황해도 농민봉기의 주모자 임꺽정 처형.
1563년	명나라에 잘못 기록된 조선왕계를 시정.
1567년	후사가 없어 하성군에게 양위하고 승하.
	제14대 선조(1567~1608)
1574년	이황, 도산서원 건립.
1575년	동인 · 서인 당론이 일어남.
1589년	기축옥사 일어남.
1592년	임진왜란 일어남. 선조, 의주로 피난. 이순신, 한산도에서 일본 수군을 대파. 전국 각지에 의병이 일어남.
1597년	정유재란 일어남.
1598년	이순신 노량 해전, 일본군 완전 철수.

■ 조선 전기의 문학

조선시대 초기의 아악(雅樂) 정비와 훈민정음 창제의 영향으로 악장(樂章), 시조, 가사(歌辭) 문학이 발달하였다.

'악장'은 조선 건국과 더불어 등장된 궁중 시가를 일컫는다. 음악이 위주였으나, 그 음곡에 얹어 부르던 작품들을 문학의 대상으로 삼는 것이다. 이러한 이유로 악제가 발달하여 악성(樂聖)의 칭호를 듣는 박연과 맹사성을 배출하였으며, 정철 등의 수많은 가사 작품을 산출하였다.

그 중 대표적인 악장으로 여민락(與民樂) 곡에 얹어 부르던 〈용비어천가〉를 들 수 있는데, 이것은 조선조 서사시의 대표 작품이기도 하다.

● 〈용비어천가(龍飛御天歌)〉
조선 세종 때 권제와 정인지, 안지 등이 세종의 명을 받아 지은 악장 · 서사시로, 조선 개국의 위대함과 시련을 노래했고, 그것이 하늘의 명에 따라 이루어졌다고 강조했다.

선조

선조(宣祖)는 중종의 서손이자 명종의 이복 조카이고, 덕흥대원군(德興大院君) 이초(李昭)와 하동부대부인(河東府大夫人) 정씨(鄭氏)의 아들이다. 비는 의인(懿仁)왕후 박씨, 계비는 인목(仁穆)왕후 김씨이다. 조선 최초의 서자 출신 임금이며, 최초의 방계 혈통의 임금이기도 하다. 임진왜란(壬辰倭亂) 이전까지는 나름대로 나라를 잘 이끌기 위해 노력했고, 실제로 정국은 시끄러웠으나 나라는 중종 · 명종 때에 비해 잘 돌아갔다. 선조가 각 당파 간의 갈등을 조장하되, 그 힘이 한쪽으로 치우치지 않도록 노력한 결과였다. 그러나 임진왜란이 일어나면서 백성들로부터 지탄을 받았다.

■ 선조의 즉위

선조는 1552년 음력 11월 11일 중종의 서자 덕흥대원군 초(昭)와 하동부대부인의 셋째 아들로, 한성 인달방 도정궁(都正宮)에서 태어났다. 이름은 이균(李鈞)이었으나 이연으로 바꾸었다. 하성군(河城君)에 봉해졌다가, 순회세자가 요절한 뒤 명종의 총애를 받았고, 곧 후사로 낙점되었다.

명종 22년(1567년) 음력 6월 28일에 명종의 병세가 위독해졌으므로 대신들은 입궐하였으나, 명종이 말을 할 수 없었고, 2년 전에 덕흥군의 셋째 아들 이균을 후사로 삼은 일이 있어 그를 따르게 되었다.

선조는 즉위 직후부터 인순왕후(仁順王后: 명종의 비)에 의한 수렴청정의 영향권 안에 머물렀으나, 사림 출신 인사들을 대대적으로 등용하고 그들을 통해 친정을 유도하게 함으로써, 인순왕후를 일선에서 물러나게 했다. 인순왕후의 퇴진 직후, 이이(李珥) 등이 부패한 재상 심통원을 탄핵하자 선조는 율곡 이이의 탄핵을 받아들여 심통원을 바로 숙청했다.

이어 선조는 김효원 일파가 심의겸(인순왕후와 남매지간)을 공격하자, 심의겸을 외직으로 축출해 버렸다. 어린 왕이라는 이유로 선조를 깔보던 신하들은 대비의 친정 일족을 제거하는 선조의 거친 추진력에 경악하였다.

선조가 즉위할 무렵은 성종 때부터 중앙정치에 진출하기 시작한 사림이 정계를 주도할 수 있을 만큼 성장했던 시기였다. 이러한 분위기 속에서 선조는 주자학의 보급을 장려하였고, 사림을 널리 등용했으며, 스스로 학문에 힘써 강연(講筵)에서 이황 · 이이 · 성혼 등 대유학자들과 함께 경사(經史)를 토론했다.

기묘사화 때 화를 당한 조광조 등의 여러 사림 인사들을 신원복구 하였고, 을사사화로 귀양가 있던 노수신(盧守愼) · 유희춘(柳希春) 등을 석방하여 기용하는 한편, 훈신세력인 남곤(南袞) · 윤원형(尹元衡) 등의 관작을 삭탈하였다. 또한 현량과(賢良科)를 다시 설치하고, 숨은 인재를 천거하도록 하여 조식(曺植) · 성운(成運) 등을 등용했다. 퇴계 이황(李滉)을 신뢰하고 그의 정치철학을 적극적으로 따르다가, 퇴계가 죽자 율곡 이이를 신임하였는데, 율곡에 대한 정치적 지원은 그가 죽을 때까지 계속되었다.

한편 조선 초부터 명나라와의 외교문제가 되고 있던, 즉 명나라의 《태조실록》·《대명회전(大明會典)》 등에 "이인임의 아들 단(旦: 태조 이성계)이 네 왕(공민왕 · 우왕 · 창왕 · 공양왕)을 시해하였다"고 잘못 기록되어 있는 것을 고치기 위해 주청사를 거듭 파견했다. 그리하여 1584년 황정욱이 《대명회전》 개정판의 수정된 조선관계 기록의 등본을 가져옴으로써 종계변무(宗系辨誣)의 목적을 달성했고, 1589년 성절사 윤근수가 《대명회전》 전질을 받아옴으로써 이 문제를 해결했다.

● 한국사 18대 명현(名賢) 가운데 한 명인 율곡 이이(李珥)

■ 동 · 서 분당과 붕당정치의 성립

선조의 즉위를 계기로 정국의 주도권을 장악한 사림은 척신정치(戚臣政治)하에서 성장한 구세력의 제거를 둘러싸고 전배(前輩)와 후배(後輩)가 대립하게 되었다. 전배는 소윤(小尹) 세력이 우세하던 상황에서 심의겸(沈義謙)의 도움으로 정계에 진출한 인물들로서 심의겸을 척신이지만 사림의 동조자로 받아들인 데 반해, 소윤 세력의 몰락 이후에 정계에 진출한 후배들은 심의겸을 포함한 구세력을 '외척의 발호'라고 비난하면서 제거해야 한다고 주장했다.

1575년에 심의겸을 중심으로 하는 전배는 서인, 김효원을 중심으로 하는 후배는 동인으로 불리게 되었다. 이는 심의겸이 도성 서쪽인 창의동에 산다고 해서 그를 편드는 사람을 서인, 김효원이 동쪽인 낙봉에 산다고 해서 부르게 된 명칭이다. 서인의 주요인물은 박순(朴淳) · 정철(鄭澈) · 윤두수(尹斗壽) 등이고, 동인의 주요인물은 류성룡(柳成龍) · 이산해(李山海) 등이었으며, 각각 이이와 이황의 학문에 영향을 받고 있었으므로 학풍 · 학연을 배경으로 한 대립의 양상도 띠었다.

1589년 정여립(鄭汝立)의 역모사건을 계기로 일어난 기축옥사를 통해 서인 세력은 동인 세력을 제거하고 권력을 장악했다. 1591년에는 건저(建儲: 왕세자 책봉. 정철은 후궁 공빈 김씨의 둘째 아들인 광해군을 세자로 책봉하자고 건의했음.) 문제로 정철이 파면되면서 동인이 집권하게 되었으나, 정철의 처벌을 둘러싸고 온건파는 남인(南人)으로, 강경파는 북인(北人)으로 다시 나뉘었다.

● 기축옥사(己丑獄事)
선조 때인 1589년에 정여립(鄭汝立)을 비롯한 동인의 인물들이 모반 혐의로 박해를 받은 사건으로, 기축사화(己丑士禍)라고도 된다. 기축년(己丑年)인 1589년(선조 22년) 정여립이 반란을 꾀하고 있다는 고변(告變)에서 시작해 그 뒤 1591년까지 그와 연루된 동인(東人)의 수많은 인물들이 희생된 사건이다. 동인과 서인(西人)의 대립과 갈등의 골이 깊어지는 계기가 된 사건이기도 하다.

임진왜란

대내적으로 붕당 간의 권력 쟁탈전이 치열하게 전개되고 있을 때, 대외적으로는 여진족과 일본의 외침이 있었다. 1583년 회령 지방에 살던 여진족이 니탕개(尼湯介)를 중심으로 반란을 일으켜 경원부(慶源府)가 함락되자, 경기감사 정언신(鄭彦信)을 도순찰사로 하여 군대를 출동시켜 이를 진압했다. 또한 1587년에도 니응개(尼應介)가 이끄는 여진족이 대거 침입하자 조산만호(造山萬戶) 이순신(李舜臣)과 경흥부사 이경록(李慶祿)이 이를 격퇴했으며, 이듬해 북병사(北兵使) 이일(李鎰)을 시켜 두만강 건너에 있는 여진족 근거지를 소탕했다. 이러한 시기 일본에서는 도요토미 히데요시가 일본 전국시대를 통일하고 자신의 천하 야욕을 이루기 위해 대륙침략을 계획하고 있었다. 선조는 일본의 동태를 살피기 위해 황윤길(黃允吉) · 김성일(金誠一) · 허성(許筬) 등을 통신사로 파견하였다.

■ 통신사의 엇갈린 보고

● 조선통신사 행렬

1591년 음력 3월, 통신사 편에 보내온 도요토미 히데요시(豊臣秀吉)의 답서에는 '정명가도(征明假道:일본군이 명나라를 정벌하려고 하니, 조선은 그 길을 빌려달라는 뜻임)'라는 구절이 있어 그 침략의 의도가 분명하였으나, 통신사와 부사의 의견이 일치하지 않았다.

당시 서인을 대표하였던 정사 황윤길은 '반드시 병화(兵禍)가 있을 것'이라고 하고, 반면에 동인을 대표하였던 김성일은 이에 반대하여 '그러한 징후가 없는데 황윤길이 장황하게 아뢰어 민심을 동요시킨다'고 주장하였다.

이리하여 조신 간에 의견이 분분해졌다. 동인인 허성마저 황윤길의 의견을 옹호하였으나, 당시 동인이 주도하던 조선 조정은 백성들이 동요하면 자신들의 권력이 흔들리게 될까 봐서 결국 김성일의 의견을 좇았다.

■ 전쟁의 발발

도요토미 히데요시는 1592년 5월 23일(음력 4월 13일) 군대 약 20만을 조선으로 파병해 침공하였다. 이날 정발(鄭撥)이 지키는 부산진성과 송상현(宋象賢)이 지키는 동래성이 일거에 함락되었다.

6월 3일(음력 4월 24일), 순변사 이일(李鎰)이 상주에서 일본군에게 패하여 10일 만에 경상도가 넘어갔다. 6월 7일(음력 4월 28일), 도순변사 신립(申砬)이 충주의 탄금대(彈琴臺)에서 일본군에게 대패하고 전사하였다. 이것은 조선이 자랑하던 유일한 버팀목이 사라져 버린 셈이다. 그러나 고니시 유키나가(小西行長)가 이끄는 병력도 많이 전사하고 부상당했다.

일본군의 작전은, 육군은 종래 일본 사절단이 조선에서 이용하던 세 길을 따라 북진하고, 수군은 조선 남해와 황해를 돌아 물자를 조달하면서 육군과 합세하는 것이었다. 고니시 유키나가를 선봉으로 하는 제1군은 부산 · 밀양 · 대구 · 상주 · 문경 등을 거쳐 충주에 이르고, 제2군은 가토 기요마사(加藤淸正)가 인솔하여 울산 · 영천 등을 거쳐 충주에서 제1군과 합세하여 한양으로 진군하였으며, 구로다 나가마사(黑田長政)의 제3군은 김해를 지나 추풍령을 넘어 북진하였다.

● 동래성 전투와 송상현(宋象賢)
송상현은 임진왜란 때 동래부사로 재직하였고, 왜적을 맞아 싸우다가 전사했다. 왜군이 남문 밖에 목패(木牌)를 세우고는 "싸우고 싶으면 싸우고, 싸우고 싶지 않으면 길을 내주어라" 하자, 이때 부사인 그가 "싸워 죽기는 쉬우나 길을 내주기는 어렵다"고 목패에 글을 써서 항전할 뜻을 천명하고 전투에서 순직하였다. 사후 충렬이라는 시호가 내려졌으며, 동래 충렬사에 제향되었다.

일본군은 1467년 '오닌(應仁)의 변'을 시작으로 100년에 걸친 전국시대 동안 풍부한 전투 경험을 쌓아 잘 훈련되고 조직되었지만, 조선군은 군비가 제대로 갖추어져 있지 않았으며 실전 경험도 전무했다. 조정에서는 일본군의 침략 가능성을 염두에 두고 나름대로 대책을 마련하였다고는 하나, 오랜 기간 평화를 누리던 남부 지방에서는 심히 반발하였다.

병사들 중에는 일본군이 진격해 온다는 급보를 듣고 탈영하는 사태도 빈번하였다. 일례로 일본군이 침공한다는 소식을 들은, 이순신의 부하 포졸인 황옥현은 탈영하다가 이순신에게 적발되어 참수당하기도 하였다. 어쨌든 조선은 대규모 총력전을 경험하지 못했으므로, 당시에도 전시 계획은 있었으나 그 실행하는 과정에서 많은 문제를 드러냈다.

예컨대 대구의 경우, 전시 계획이 있으나 마나 하였다. 경장 이일(李鎰)이 도착하기도 전에 일본군의 고속 돌파로 말미암아 전역에 일본군이 진입하였고, 백성과 수령도 뿔뿔이 도망친 뒤라서 일본군의 침공에 대비하여 급조한 대구읍성은 방어에 쓰이지도 못하고 버려졌고, 이일은 자신이 지휘할 군대를 보지도 못하고 상주에서 일본군과 전투하기도 전에 패해서 도망쳤다.

전황이 불리하게 돌아가자, 조선의 왕과 백관은 여러 비상대책을 강구하였다. 하지만 신립의 패배 소식은 한양의 인심을 극도로 동요시켰다. 마침내 선조는 신하들과 더불어 한양을 떠나 개성 · 평양 방면으로 도망치면서, 두 왕자 임해군과 순화군을 함경도와 강원도에 보내어 근왕병을 모집하라고 시켰고, 명나라에 사신을 보내 구원을 청하였다.

● 탄금대 전투
임진왜란 초기, 신립 장군이 이끄는 조선군은 탄금대에서 대패하여 한양이 위태롭게 되었다.

■ 선조의 몽진(蒙塵)

왕이 한양을 빠져나가자 분노한 백성은 궁궐을 태워 버렸고, 노비들은 공사노비 문서들이 보관된 장예원과 형조를 불태웠다. 조정에서는 도원수 김명원에게 도성을 수비하라고 시켰으나, 1592년 5월 3일(음력), 도성은 손쉽게 함락되었다.

● 선조 몽진도
선조의 일행이 한성을 버리고 의주로 피난하는 장면이 그려진, 양요정(兩樂亭)의 벽화이다.

당시 일본에서는 성이 함락되면 성주는 할복하고 성에 사는 주민은 항복하여 해당 지역이 평정되는 것이 전쟁의 기본 방식이었는데, 조선은 왕이 도성을 버리고 도망치고 각지에서는 백성이 저항했다. 고려의 현종 · 고종 · 공민왕도 불리한 형편을 이러한 방식으로 타개했으므로 조선 백성은 별로 충격 받지 않았지만, 일본군 입장에서는 굉장히 당혹스러워했고 백성이 정복자에 대항하는 실정에도 충격 받았다. 일본에서 백성이란 거주 이전의 자유도 없이 단순히 영지에 부속된 농노나 전리품으로서의 성격이 강했기 때문이다. 일본군은 이런 차이를 모른 채 조선에서 보급과 급료 등 비용을 충당할 예정이었으므로, 전쟁의 기본 계획에 큰 차질을 빚는다.

한양에서 백성을 두고 도망친 선조와 백관 일행은 임진강을 건너자, 일본군의 추격을 늦추려고 나루터를 파괴하고 배 여러 척을 침몰시켰다. 선조와 백관 일행은 일본군이 한강 이남까지 진격해 오자 다시 도망쳤으며, 개성을 거쳐 평양에 이르러서는 광해군을 왕세자로 책봉하였다. 이후 일본군이 개성까지 함락하고 황해도로 북진해 오자, 선조와 백관 일행은 또다시 도망치기로 마음을 굳게 정하였다. 선조는 이런 굴욕 속에서 몽진에 성공하였다.

■ 조선군의 반격

조정에서는 또 하나의 조정인 분조(分朝)를 꾸렸는데, 평양에서 왕세자로 책봉된 광해군이 이를 이끌고 각지를 돌아다니면서 의병 봉기를 촉구하였고, 의병 부대를 국가의 정식 군대로 인정하였다.

이는 조선이 병농일치의 군사제도를 시행하였으므로 당연한 절차였고, 의병장에게 관직을 주고 상당한 대우를 해주었다. 하지만 의병장을 대상으로 하는 관직 제수와 우대는 기존 무과급제를 통해 정식으로 장수가 된 자들과 알력을 일으켰는데, 이런 알력이 첨예화하여 폭발한 것 중 하나가 '김덕령 사건(광주의 의병장 김덕령이 1596년에 반역군으로 모함을 받아 옥사했음)'이다.

한편, 공명첩으로써 군량미를 모으고 근왕군을 모집하기도 했다. 광해군이 분조를 이끌고 활발히 활동하는 것을 전해 들은 각지의 사대부와 백성은 광해군을 따르고 근왕군에 참가하려고 찾아왔다. 광해군은 근왕병을 모집하고 군량미를 확보하였으며 민심을 안정시켰다. 이에 명나라 장군들도 광해군을 극찬하였다.

의병들은 곳곳에서 일본군의 보급로와 통신망을 차단하여, 일본군을 곤란에 빠뜨렸다. 의병의 봉기로 민심은 차츰 제자리를 찾게 되었으며, 조선 관군도 재기할 시간을 벌었다.

남쪽 바다에서는 이순신이 이끄는 조선 수군이 압도적인 화력과 탁월한 전술을 앞세워 음력 5월 사천 해전에서, 음력 6월 당포 해전에서, 음력 7월 한산도 대첩에서 일본 수군을 패퇴시키고 제해권을 장악하였다. 일본군은 보충 병력과 군수품 수송이 어려워져 곤경에 빠지게 되었다.

● 이순신 장군의 해전 디오라마

명나라 원군의 활약, 조선 수군과 의병의 활동은 조선에 불리하였던 전세를 역전시킨 원동력이 되었다. 이때 명나라와 함께 조선에 파병되어 일본군과 싸운 포르투갈 용병들이 있었는데, 포르투갈의 선진화된 문물을 갖춘 이들을 '해귀(海鬼)'라 불렀다.

한편 국내 각처에서는 의병이 일어났다. 조헌(趙憲)은 충청도 옥천에서 일어나 청주에 주둔한 일본군과 전투하고 금산에 주둔한 일본군을 공격하다가 전사하였고, 곽재우(郭再祐)는 경상도 의령에서 거병하여 의령과 창녕에서 일본군과 일전을 벌이고 진주에서 김시민(金時敏)과 함께 일본군을 방어하였다.

고경명(高敬命)은 전라도 장흥에서 거병하여 은진까지 북상하였다가 금산성에서 일본군과 격전 중에 전사했으며, 김천일(金千鎰)은 호남에서 거병하여 수원을 근거지로 일본군과 전투하고 강화도로 진을 옮겼다가 다음해 진주에서 전사하였다.

정문부(鄭文孚)는 함경도에서 경성과 길주를 회복하고 일본군을 몰아내어 함경도를 수복하였다. 묘향산의 서산대사 휴정(休靜)은 격문을 팔도 승려에게 보내 그의 제자인 사명대사 유정(惟政)의 내원을 얻어 승병 1,700명을 이끌고 평양 탈환전에 참여해 공을 세웠으며, 그의 제자 처영(處英)도 승병을 모집하여 전라도에서 권율(權慄)의 막하로 들어가 활동하였다.

● 홍의장군 곽재우의 활약을 그린 민족기록화

특히 조선군은 김시민의 제1차 진주성 전투, 권율의 이치(전라도 진산군 외곽) 전투에서 일본군을 크게 방어하여 전라도가 온전할 수 있었다. 이는 일본군의 진격을 주춤하게 하고 작전에 차질을 빚게 하였으며, 조선 최대의 곡창지대인 전라도를 기반으로 전력을 재정비하게 할 수 있었을 뿐만 아니라, 이순신의 수군이 일본 육군의 내습 걱정 없이 해전에 전념할 수 있게 해주었다.

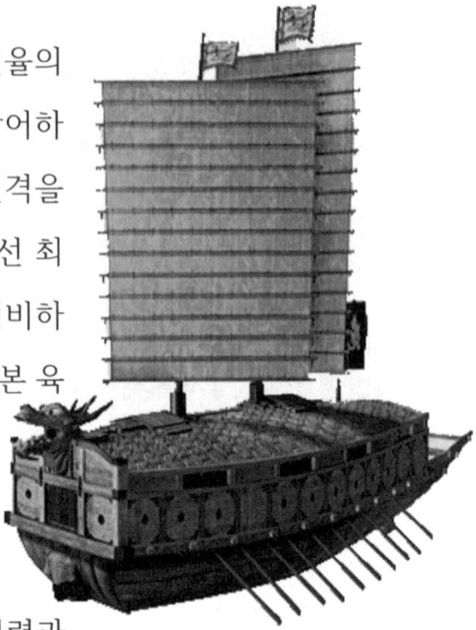

● 거북선[龜船]
임진왜란 직전에 이순신(李舜臣) 장군이 실전 훈련을 마친 것으로 알려져 있는데, 세계 최초의 돌격용 철갑전선(鐵甲戰船)으로 평가된다.

이순신 장군의 승전의 뒷배경에는 뛰어난 지휘력과 급습 말고도 총통(銃筒)이라는 훨씬 더 강력한 화력병기, 안정적인 판옥선에 더해 거북선(귀선)이라는 새로운 전투함 등이 조합되어 '발전되고 강력한 무기체계'가 뒷받침되었기 때문이다.

■ 명군의 개입

한편, 의주로 도망친 선조는 명나라에 구원을 계속 간청하였다. 명나라 조정에서는 여론이 분분하였으나, 병부상서 석성(石星)의 주장으로 '자국의 영토에까지 전쟁이 번지는 것을 막으려면 조선에서 적을 방어해야 상책'이라는 판단하에 대규모 원병을 파견하였다.

이때 명나라는 일본의 의도가 명 정벌에 있다고 판단하였다. 또한 몇 해 전에 조선의 역관이 홍등가에서 명나라 여자를 구한 적이 있었는데, 그 여자가 나중에 석성의 부인이 되었고, 조선의 곤경을 들은 부인이 석성을 설득해 조선에 원군을 파병하게 하였다는 일화도 전래한다. 조선의 거유(巨儒)인 성호 이익(李瀷)은 저서에서 '임진왜란의 최고 공신은 석성'이라고 평가했다.

명나라에서는 요양부총병 조승훈이 병사 5천을 이끌고 평양성을 공격하였으나 패하자, 심유경을 평양에 파견하여 화의를 제창하게 하였다. 이윽고 1593년 음력 1월에는 이여송 · 송응창이 이끄는 4만여 대군을 보내 조선군과 합세하여 평양을 수복하게 하자, 일본군은 한양으로 퇴각하였다. 명군은 처음에 파병한 3천여 명을 시작으로 종전할 무렵에는 10만여 대군을 조선에 주둔시켰다.

일본의 기록에 의하면 명군이 전쟁의 판도를 바꾸었다고 하지만, 명나라가 개입하여 전쟁이 길어진 측면도 있다고 평가된다. 개전 1년 후 조선군은 오합지졸 병력 17만 5천을 모았고 전선도 경상도 남부로 고착되었으나, 전세가 불리할 때마다 일본은 강화를 요청하였고, 피해나 위험 부담 없이 전쟁을 마무리하고 싶었던 명군은 조선 장수들의 공세 요구를 묵살하고 강화에 응하곤 하였다.

명군은 1593년 1월 벽제관 전투에서 패하여 개성으로 한때 후퇴하였다. 이에 일본군은 한양에 집결하였고, 마침 함경도에서 철수하는 가토 기요마사의 군대와 연합하여 행주산성을 공격하였다. 행주산성은 권율의 지휘 아래 일본군과 격전을 벌인 끝에 방어하였다. '행주대첩'은 권율의 분전도 있었지만, 승병을 비롯한 병사들의 용맹한 활약과 화차(火車)의 위력이 매우 컸다. 특히 이 공성전에서 우키타 히데이에(宇喜多秀家)는 부상을 입었다. 행주산성 방어전은 김시민의 '진주성 전투', 이순신의 '한산도 대첩'과 함께 임진왜란의 3대첩 중 하나이다.

● 행주대첩(幸州大捷)
1593년 2월 전라 순찰사 권율이 서울 수복을 위해 북상하다가, 총 퇴각을 하던 3만여 명의 왜군을 행주산성에서 크게 쳐부수어 승리하였다. 이때 동원한 부녀자들이 긴 치마로 돌을 날라 석전(石戰)을 벌인 것이 유명한데, 여기서 '행주치마'라는 명칭이 유래되었다고 전해진다.

■ 강화 회담

명나라는 심유경을 한양의 일본군 본진에 다시 보내어 화의를 계속 추진하였고, 일본군도 보급 문제로 말미암은 전황 불리, 명군의 진주, 전염병이 유행한 탓에 화의에 응하여 1593년(선조 26년) 음력 4월에 전군을 남하시켜 서생포부터 웅천(雄川 : 지금의 창원)에 이르는 성을 쌓고 화의 진행을 기다리게 되었다.

그동안에 일본군은 제1차 진주성 전투에서 함락하지 못한 진주성을 1593년 7월에 다시 공격하여 조선군과 9일간 치열하게 전투한 끝에 의병장 김천일, 경상우병사 최경회, 충청병사 황진 등을 전사시키고 성을 함락하였으나, 일본군도 피해가 커서 전라도로 진격하지 못하였다.

이것이 제2차 진주성 전투이다. 이로써 전란 내내 전라도는 일본군의 침입으로부터 보전되었다. 전라도는 최대의 곡창지대이며 인구가 많아 반격의 발판으로 중요했다. 또한 일본군이 육로를 통해 전라 수영, 즉 이순신의 해군기지로 곧바로 진격하여 배후를 공격하는 최악의 상황도 이루어질 수 없게 되었다. 제2차 진주성 전투 이후 이순신은 현덕승에게 보낸 편지에서 "만약 호남이 없으면 나라가 없을 것이다."라고 적었다. 1593년 음력 8월 명나라는 일본군에게 휴전협상을 제의했다.

● 제2차 진주성 전투와 논개(論介)
의병장 김천일 등이 왜적에게 치열히 항거하였으나, 진주성은 함락되었다. 성이 짓밟히자 백성은 죽어나갔다. 진주의 관기였던 논개는 촉석루 아래 바위 위에서, 왜장의 허리를 열 손가락에 낀 반지로 빠지지 않게 꽉 껴안은 후에 남강 물속으로 뛰어들어 죽음을 택하였다.

● 논개가 뛰어내린 의암바위 ● 논개의 표준 영정

정유재란

명나라와 일본군 양측은 서로 자국이 유리한 처지에서 화의를 교섭하려고 하였다. 일본군은 명 황녀(皇女)를 일본의 후비(後妃)로 삼을 것, 한반도의 남부 4도를 내줄 것, 감합무역(勘合貿易: 사신의 내왕을 핑계삼아 이루어지던 무역으로, 조선 시대에 일본 · 여진 등과 행하였음)을 부활할 것, 조선 왕자와 대신 12명을 인질로 삼을 것을 명에 요구하였다. 일본군의 요구는 대부분 수용되지 않았고, 3년에 걸친 화의 교섭은 결국 결렬되었다. 협상하는 과정에서 포로가 된 조선의 두 왕자는 일본군이 조선 왕실에 돌려주었으나, 임해군의 두 자녀는 끝내 돌려주지 않았다.

■ 다시 불붙는 조선 반도

1597년 일본은 총병력 14만(특히 수군이 강화되었다)의 군세로 다시 조선을 침공했다. 조정에서는 하삼도(충청도 · 전라도 · 경상도)를 청야(淸野: 적이 이용하지 못하게 지상에 있는 것을 깨끗하게 없애는 것)하며 명에게 지원을 요청하였고, 수군을 보내 배후를 차단하라는 명을 내렸다. 하지만 원균(元均)이 이끄는 조선 수군은 7월의 칠천량 해전에서 전멸되다시피 하였고, 일본 육군은 임진년 침공과 다르게 보급로를 탄탄히 하려고 전라도를 점령한 후 한양을 공격하기로 하였다.

당시 일본 수군은 이순신의 파직과 원균의 칠천량 해전 대패로 말미암아 남해안 대부분의 제해권을 장악하였고, 일본 육군은 1597년 9월 25일(음력 8월 15일) 경상도 함양에서 전라도 장수로 빠지는 육십령 옆에 있는 황석산 전투, 9월 29일(음력 8월 19일) 남원 전투에서 승리하고 충청도 직산까지 진격하여 명군과 대치하기에 이르렀다.

● **칠천량 해전(漆川梁海戰)**
정유재란(丁酉再亂) 때인 1597년 7월 15일 원균이 지휘하는 조선 수군이 칠천량에서 일본 수군과 벌인 해전으로, 조선 수군이 일본 수군에게 유일하게 참패하였다.

■ 직산 전투와 명량 해전

남원과 전주를 함락한 일본 육군은 전라도를 점령하고 충청도 직산까지 진격했다. 후에 직산에서 명군과 대치하여 몇 차례 전투하였으나, 이순신이 지휘하는 조선 수군이 명량 해전에서 일본 수군을 대파시키자, 보급선이 끊길 것을 우려한 일본 육군은 직산을 끝으로 더는 진격하지 못했다.

● 명량 해전(鳴梁海戰)
1597년(선조 30년) 음력 9월 16일(10월 25일) 백의종군에서 돌아온 이순신 장군이 지휘하는 조선 수군 13척이 명량에서 일본 수군 300여 척을 격퇴한 해전이었다. 이 전투는 조선이 정유재란을 승리로 이끄는 결정적 계기가 되었다.

■ 울산왜성 전투와 노량 해전

이후 조·명 연합군과 일본 육군의 공수가 바뀐다. 1597년 12월 말에서 1598년 1월 초에 걸쳐 조·명 연합군은 울산왜성을 공격했으나 함락시키지 못하였다. 일본 육군은 군량이 극심하게 부족한 상태에서 고군분투하였다. 1598년 9월 말부터 10월 초에 걸쳐 조·명 연합군은 서로군·중로군·동로군으로 편성하고 수군이 이를 받치는 형태의 4로 병진 작전을 개시하였다. 이는 서쪽에서 순천왜성(고니시군)·사천왜성(시마즈군)·울산왜성(가토군)을 동시에 공격하는 태세였으나 순천왜성 전투, 제2차 울산성 전투, 사천 전투에서 패하였다. 이 무렵인 1598년 8월 18일 오사카의 복견성(伏見城)에서 도요토미 히데요시가 죽자, 왜군은 이런 사실을 극비에 부치고 본국으로 철수하기 시작하였다. 이순신은 철수하는 왜군을 쫓아 노량에서 함대를 대파하여 승리했으나 전투 중에 전사하였고, 왜군은 전투에는 패배했으나 본국으로 철수하는 데 성공하여, 7년에 걸친 임진왜란과 정유재란은 종전하였다.

광해군

1592년(선조 25년) 임진왜란이 일어나자 세자로 책봉되었고, 함경도와 전라도 등지에서 군수품과 의병을 직접 모집하고 군량미를 모으는 데에도 힘썼다. 임진왜란 동안 세자의 몸으로 부왕을 돕고 전쟁 승리에 적지 않은 공을 세웠으나, 부왕의 인정과 칭찬은커녕 견제와 냉대를 당해야만 했다. 1608년 선조가 죽자 왕위에 올랐다. 임진왜란의 뒷수습과 민생 안정을 위해 남인 이원익을 영의정에 등용하는 등 여러 노력을 기울였으며, 후금과의 전쟁 위기 상황에서 실리외교를 펼치기도 했다. 그러나 왕위 옹립에 공이 컸던 대북파의 반발로 당쟁에 휘말리고 말았으며, 이후 서인이 주도한 인조반정으로 폐위되었다.

■ 세자 광해군의 활동

1592년 임진왜란이 일어나면서 왕세자 책봉 문제가 거론되지 못하였으나, 신성군이 피난길에 죽고 분조(分朝)해야 할 상황에 부닥치자 선조는 어쩔 수 없이 광해군(光海君)을 왕세자로 책봉하였다. 광해군의 형인 임해군(臨海君)은 성격이 광포하고 인망이 없다는 이유로 왕세자 책봉에서 제외되었다.

광해군은 전쟁 중에 평양에서 세자로 책봉된 뒤, 선조가 의주 쪽으로 피난 가고 없는 궁을 지키면서 전란 수습을 했다. 함경도와 전라도 등지에서 군수품과 의병을 직접 모집하는 한편, 민심을 위무하고 군량미를 모아 백성들의 신망과 지지를 받기도 했다. 또한 부왕의 정비인 의인왕후(懿仁王后)의 양자가 되어 세자로서의 위치를 표면상 굳히게 되었다. 그러나 부왕 선조는 그런 세자 광해군을 오히려 경계하며 심하게 견제하였다.

● 광해군(光海君)의 옷
임진왜란 때 선조는 의주로 피난 갔고, 광해군은 권섭국사(權攝國事)의 지위를 맡아 분조(分朝)의 책임자로 평안도 · 강원도 · 황해도 등지를 돌면서 민심을 수습하고 왜군에 대항하기 위한 군사를 모집하는 등 적극적인 활동을 전개하였다.

■ 광해군의 즉위

그 후 선조의 계비가 된 인목왕후(仁穆王后)가 1606년 영창대군(永昌大君)을 낳자, 광해군을 미워하던 부왕 선조는 다시 영창대군을 세자로 책봉하여 왕위를 물려주려 하였고, 소북파(小北派)의 유영경 등도 적통론을 내세워 영창대군 옹립 계획을 지지하였다. 특히나 선조 자신이 서얼(庶孼)로서 방계승통을 했다는 콤플렉스까지 겹치면서, 영창대군에게 왕위를 물려주려는 시도가 행해졌다.

그러나 1608년 지병이 악화된 선조는 영창대군이 너무나 어려서 광해군에게 왕위를 계승시킨다는 교서를 내린 후 약밥을 먹다가 갑자기 체하여 승하하였고, 광해군은 34살의 나이로 조선의 제15대 왕이 되었다.

임금이 된 광해군은 즉위 초부터 안으로는 왕권을 강화하면서 전후 복구 사업을 시행하였으며, 밖으로는 실리적인 외교를 펼쳤다.

1608년 선혜청을 두어 경기도에 대동법(大同法: 각 지방의 특산물 대신 쌀로 통일하여 바치게 한 납세제도)을 시행하였고, 1611년 양전 사업을 벌였다. 이어 임진왜란 때 화재로 소실된 창덕궁 · 경희궁 · 창경궁을 재건하고 인경궁을 건설했으며, 임진왜란 때 소실된 서적 간행에도 힘써 《신증동국여지승람》·《용비어천가》·《동국신속삼강행실》 등을 다시 간행했다. 허균의 《홍길동전》, 허준의 《동의보감》 등도 이 시기에 완성되었다.

● 동의보감(東醫寶鑑)
허준이 1610년(광해군 2년)에 완성하여 1613년 내의원에서 간행된, 조선 최고의 의학서적이다. '동의(東醫)'란 중국 남쪽과 북쪽의 의학 전통에 비견되는 동쪽의 의학 전통, 즉 조선의 의학 전통을 뜻한다. 허준은 조선의 의학 전통을 계승하여 중국과 조선 의학의 표준을 세웠다는 뜻으로 '동의보감'이라 이름지었다.

인조반정

광해군은 명나라가 후금(後金: 여진족)과의 전쟁에서 원군을 요청하자, 강홍립 · 김경서를 보내어 명군을 원조하였다. 조선 원정군(강홍립)은 후금에 대패하였으며, 이후 광해군은 후금에 '본의 아닌 출병'이었음을 해명함으로써 후금의 침략을 모면하면서 중립외교를 펼쳤다. 그러자 사림의 서인 세력은 "왜란 때 명나라가 조선을 도와주었는데도 배은망덕하고, 오랑캐만도 못한 천한 놈이오!"라고 말하였다. 이 말이 나중에 씨가 되어, 서인 세력들이 이끌었던 인조반정(仁祖反正)에 의해 광해군은 폐위되고 만다.

■ 반정의 불씨

광해군은 당론의 폐해를 통감하고, 이를 초월하여 좋은 정치를 하려고 노력했다. 그래서 이원익 · 이항복 · 이덕형 등 명망 높은 인사를 조정의 요직에 앉혀 어진 정치를 행하려 했으며, 명나라와 후금 사이에서 어느 한쪽의 손을 들어주지 않고 실리를 취하는 중립외교 정책을 폈다. 그러나 이이첨 · 정인홍 등 대북파(大北派)의 무고로 친형 임해군을 사사했으며, 1613년(광해군 5년) 계축옥사(癸丑獄事)가 일어나 이복동생 영창대군을 죽이고 인목왕후를 폐위시켜 서궁에 유폐하였다. 이와 같은 광해군의 패륜 행위를 명분삼아 서인 김류 · 김자점 · 이귀 · 이괄 · 심기원 등은 반정을 일으켰다.

● 인목왕후가 유폐된 서궁(덕수궁)

1620년(광해군 12년) 신경진과 김류가 처음으로 반정을 모의하기 시작했고, 이서와 이귀 · 김자점 · 최명길과 그의 형 최내길 등이 이에 동조했다.

1623년 4월 11일(음력 3월 12일) 밤, 능양군을 주축으로 한 서인 세력이 반정을 일으켰다. 이이반이 도중에 밀고하였으나, 예정대로 거사는 실행에 옮겨졌다.

능양군(綾陽君: 뒷날의 인조)과 이서 · 신경진 · 이귀 · 이괄 · 김류 · 김자점 · 심기원 · 구굉 · 구인후 · 최명길 · 최내길 등은 2천여 명의 군사를 이끌고 창의문으로 진격해 성문을 부수고, 창덕궁에서는 미리 포섭되어 있던 훈련대장 이흥립의 내응으로 훈련도감의 군사가 궁궐 문을 열어주어 반정에 성공했다.

광해군은 대궐 뒷문으로 달아나 의관 안국신의 집에 숨었으나 곧 체포되어 왕자의 신분인 군(君)으로 강등되고, 강화도로 유배되었다. 이때 광해군 정권 때의 권세가였던 이이첨 · 정인홍 · 유희분을 비롯하여 무려 40여 명이 참수되었고, 숙청되어 귀양간 자가 200여 명이라 전해진다.

반정 모의에 참여했으나 밀고했던 이이반도 반역죄로 주살당했다. 조선 역사에서 일어난 4번의 쿠데타 중에서 인조반정처럼 반대파를 철저하게 압살한 적은 없었다. 또한 정인홍(鄭仁弘)의 경우 당시 88세의 고령으로 굳이 죽일 필요가 없음에도 불구하고 끝내 처형하였다. 그것도 사약이 아닌 참수형으로 다스렸다. 이는 조선 왕조에서 정승을 지낸 인물 및 80세 이상의 고령자는 처형할 때 목을 베지 않는다는 원칙을 정면으로 위반한 것으로, 1689년 송시열이 83세에 사약을 받고 죽은 것과 상반된다.

이로써 대북파는 정계에서 완전히 밀려났으며, 북인 정권의 우상인 조식(曺植) 계통의 남명학파는 크게 배척받았다.

● 귀양가는 광해군
광해군은 임진왜란 이후 부국강병의 기틀을 다졌지만, 인조반정으로 폐위되었다. 이후 제주도로 이배되었다가, 1641년에 사망하였다.

인조

친명배금(親明排金)의 정책을 실행한 인조(仁祖)는 "명나라에는 사대를 다하고, 만주에 있는 오랑캐 여진족들은 무시하라."라는 식으로 명을 대국으로 받들고 후금인 여진족은 조선 백성들과 신하들에게 멸시와 조롱을 받게 했다. 인조는 광해군의 중립외교 정책을 과감히 버렸고, 광해군의 실록을 일기로 폄하하여 연산군과 같은 취급을 하였다. 이런 노선은 이후 인조가 서인 세력과 함께 정묘호란(丁卯胡亂)과 병자호란(丙子胡亂)을 겪고 삼전도(三田渡)의 굴욕을 당하게 되는 큰 원인 중 하나가 된다.

■ 인조의 출생 및 광해군과의 반목

인조는 1595년 12월 7일(음력 11월 7일) 임진왜란 중에, 선조의 다섯째 아들인 정원군(定遠君)과 의정부 좌찬성을 지낸 구사맹(具思孟)의 딸 군부인 구씨(인헌왕후) 사이의 장남으로 황해도 해주부(海州府) 관사에서 태어났다. 그가 해주에서 태어나게 된 이유는, 당시는 임진왜란 난중이어서 왕자 제궁(王子諸宮)이 모두 해주에 머물러 있었기 때문이다.

1615년(광해군 7년)에 '신경희(申景禧)의 옥사'가 일어나, 인조의 둘째 아우인 능창군(綾昌君)이 죽음을 당하였다.

당시 17살이던 능창군은 수안군수 신경희 등이 획책하는 모반에 추대되었다 하여 유배되었다가 사사된 것이었다. 이 무렵 "정원군의 집에 왕기가 성하다." "정원군의 집터가 좋다." 등의 소문이 돌았고, 광해군은 이를 신경희의 옥사 직후 능창군이 내심 왕위에 뜻을 두었다는 것으로 해석하였다.

● 정원군 영정

능창군이 사사되자 아버지 정원군은 화병을 얻어 몸져누웠고, 1619년(광해군 11년) 결국 세상을 떠났다. 이때 능양군은 빈소에서 곡을 하며 복수를 다짐했다 한다. 집안의 풍비박산을 초래한 이 사건은 인조반정의 원인이 되었을 것이다.

반정의 성공으로 임금 자리에 오른 인조는, 광해군이 인목왕후를 유폐하고 영창대군 · 임해군을 죽인 것, 후금과 우호적인 관계를 맺은 것을 문제삼아 반정을 합리화시켰다. 또한 광해군을 폐위시켜 강화도로 유배보내고, 광해군 대의 정국을 주도했던 대북파의 이이첨 · 정인홍 등 수십 명을 처형했다. 조선 시대에 고관대작들을 수십 명 처형한 기록은 연산군 때의 사화 등에서도 존재하지 않으며, 조선 시대의 왕이 즉위 직후에 수십 명의 고관대작들을 처형한 기록은 인조가 유일하다(조선 시대에 왕은 집권하면 널리 덕을 베풀어야 한다고 하여 사형수도 사형을 면제해 주었으며, 대부분의 죄수들을 사면하고 풀어주었다).

반면 반정에 공을 세운 33명은 3등급으로 나누어 정사공신(靖社功臣)에 봉하고 관직을 내렸다. 그러나 논공행상에 불만을 품은 이괄(李适)이 난을 일으켜 한양까지 침입하자(1624년), 피난가던 인조는 전 영의정 기자헌과 전 이조참판 유몽인 등 옥에 갇힌 북인계 인사 40명을 전격 처형했다. 이괄은 3월 29일(음력 2월 11일)에 군대를 둘로 나누어 장만과 임경업이 지키는 길마재를 포위 공격했으나 패배하였고, 수구문을 나와 경기도 광주로 향하다가 장만 · 정충신 · 남이흥 등이 이끄는 관군의 추격으로 완전히 흩어졌다. 도망가던 이괄은 4월 1일(음력 2월 14일) 이천에서 아들 이전, 부하 한명련과 함께 부하 기익헌 · 이수백에게 살해되었다.

● 장만(張晩) 장군의 영정
인조반정 뒤 8도 도원수에 재임하던 중 이괄의 난이 일어나자 이를 진압하였다. 영정은 한쪽 눈을 다쳐 안대를 쓴 모습이다.

정묘호란

반란에 실패한 이괄의 잔당 중 한명련의 아들 한윤(韓潤)과 조카 한택(韓澤)은 후금으로 도망하여, 거기서 광해군의 폐위와 인조 즉위의 부당성을 호소하였고, 또 조선의 병력이 약하며 모문룡(毛文龍)의 군사가 오합지졸임을 말하여 속히 조선을 칠 것을 종용하였다. 명나라와의 교전으로 인한 경제단교(經濟斷交)로 심한 물자 부족에 처하여 있던 후금 태종에게, 이괄 잔당의 이러한 종용은 조선 침입의 결의를 더욱 촉진시켰다.

■ 후금의 침입

1627년(인조 5년) 3월 1일(음력 1월 14일)에 후금 홍타이지(皇太極: 태종)는 광해군을 위하여 보복한다는 구실을 내세우고, 누르하치의 조카이자 둘째 패륵(貝勒 : 만주·몽골의 부족장)인 아민(阿敏)에게 군사 3만 명을 주어 조선을 침입케 했다.

후금군의 일부는 가도(椵島)의 모문룡을 치고, 주력 부대 3만 명은 3월 3일(음력 1월 16일) 의주를 돌파하고 파죽지세로 남하하여 능한산성을 함락시켰으며, 3월 11일(음력 1월 24일)에는 평양을 함락하였다.

후금군은 안주성에서 남이흥·전상의·양진국·장돈·김언수·함응수·김준·김양언·송덕영을 전사시켰고, 평양을 거쳐 3월 12일(음력 1월 25일)에는 황주에 이르렀다. 이에 소현세자(昭顯世子)는 전주로 피난가고, 인조와 조선 조정은 강화도로 피난하였다.

조선 곳곳에서 의병이 일어나 평안북도 철산의 정봉수와 용천의 이립의 의병이 전투에서 승리하자, 후금은 조선이 배후를 공격할 것을 염려하여 강화를 제의하였다. 1627년 음력 3월, 명과는 관계를 끊는 조건으로 조선과 후금 사이에 강화가 성립되었다. 이후 조선은 후금과 형제관계를 맺었다.

병자호란

정묘호란 이후 후금은 조선에 여러 가지를 요구하였다. 이 요구에는 식량 지원, 명 정벌에 사용할 병선(兵船) 제공이 포함되었고, 1632년(인조 10년) 조선에 "형제지맹(兄弟之盟)"을 "군신지의(君臣之義)"로 바꾸기를 요구했는데, 이것은 조선을 신하의 나라로 삼으려는 굴욕스러운 요구였다. 후금의 무리한 요구와 강압 정책으로 조선 내에서는 주자학적 명분론에 입각하여 척화론(斥和論)이 대두되었고, 후금과의 관계가 악화하기 시작하여 뒷날 청(淸)으로부터 침입을 받아 인조가 굴욕적인 항복을 하게 된다.

■ 전쟁의 발발

1636년 음력 4월, 후금은 황제 칭호와 더불어 국호를 청(淸), 연호를 숭덕(崇德)이라 고쳤다. 청 태종이 된 홍타이지는 조선의 도전적인 태도에 분개하여, 군을 조직하며 조선 정벌 준비를 서둘렀다.

1636년 12월 28일(음력 12월 2일) 청 태종이 이끄는 군대 약 10만이 압록강을 건너 남하하자, 의주부윤(義州府尹) 임경업은 백마산성에서 청나라 군대의 진로를 차단하고 기세를 꺾어놓을 만반의 준비를 하고 있었으나, 청군은 이를 우회하였다. 1637년 1월 7일(음력 12월 12일)에 병자호란(丙子胡亂)이 발발한 사실이 한성에 알려진 때, 청군은 이미 개성 근처까지 진군해 있었다. 청군의 남하 소식을 듣고 인조와 조정은 강화도로 도망치려고 했으나, 청군의 신속한 진군 속도에 시간이 부족했다. 그래서 1637년 1월 9일(음력 12월 14일) 밤, 강화도보다 가까운 남한산성으로 향할 수밖에 없었다.

● 임경업(林慶業) 장군의 영정
조선을 대표하는 명장으로 백성의 신망을 받았고, 명군이나 청군에도 명성이 높았다. 명나라에 망명하여 청군과 싸우다 생포되었으며, 인조의 요청으로 조선으로 압송되어 형틀에서 장살(杖殺)되었다.

■ 근왕병 소집 실패와 쌍령 전투

남한산성에 들어간 인조는 각 도에 납서(蠟書: 비밀 누설과 습기를 막기 위해 밀랍으로 싸서 봉한 서류. 밀랍을 먹인 종이를 '밀지'라고 함.)를 몰래 보내 근왕병(구원군)을 모으려고 했다. 병자호란 당시 청군은 한성과 인조만을 노린 전격전을 전개했는데, 한성과 그 주변을 제외한 배후지에는 피해가 거의 없는 데다가 특히 삼남 지방이 건재했으므로, 여기서 근왕병을 편성해 청나라 포위군을 역포위하면 전세를 유리하게 바꿀 수 있다고 판단했다. 그러나 근왕병을 지휘할 책임이 있는 도원수(都元帥) 김자점은 경기도 양평에서 움직이지 않았고, 각 도에서 올라오던 근왕병은 합류하지 못한 채 청군의 별동대에게 각개격파 당하여 남한산성을 구원하지 못하였다.

한편, 경상감사 심연이 모집한 경상도 근왕병은 좌병사 허완과 우병사 민영이 이끄는 약 만 명의 대규모 병력이었다. 허완과 민영이 이끄는 병력 8천여 명은 1637년 1월 3일 광주(경기도)의 쌍령 근처까지 진출했는데, 이 병사들을 저지하려고 인근 불당리에 매복해 있던 청군은 기병대 3백 기(騎)와 병사 1천 명으로 이루어진 소규모 부대였다.

● 남한산성(南漢山城)
조선 시대에 한양을 지키던 산성으로, 인조가 청나라의 침입에 수성전을 펼친 곳이다.

조선군 대부분은 조총으로 무장하고 있었으나 훈련도가 매우 낮았다. 청군 기병 3백 기가 칼을 빼어 들고 용감하게 돌격해 오자, 조총으로 중무장한 8천여 조선군은 겁먹은 채 닥치는 대로 마구 사격한 끝에 화약과 화살을 모조리 소모해 버렸다.

청군은 일단 후퇴하고 나서 조선군이 화약을 소모한 상황을 확인한 후 재차 돌격을 감행하여, 허완이 이끄는 좌군을 완벽히 궤멸시키고 허완도 베어 죽였다. 민영이 이끄는 우군은 좌군이 패주하는 와중에도 열심히 싸웠으나 화약이 떨어져, 이를 재보급하던 도중에 화약이 폭발하여 군사 수십 명이 죽고 전열도 흐트러졌다. 이를 틈탄 청군 기병대가 총돌격하여 우군도 완벽히 붕괴했고, 민영도 이 와중에 죽었다.

경상도 근왕병(구원군)은 청군의 수십 배에 이르는 우월한 병력을 제대로 활용하지도 못한 채 결국 참패했고, 본진을 이끌고 여주에 진을 치고 있었던 심연은 선봉 부대가 패했다는 소식을 듣고 서둘러 군사를 돌려 조령 이남으로 철수해 버렸다. 이렇게 팔도의 근왕병이 전부 청군에게 격파당하여 남한산성은 완전히 고립되었고, 근왕병은 더 조직되지 못하였다.

청군은 조선 왕의 항복을 받아내기 위해서는 강화도에 피신해 있는 왕자들을 인질로 잡는 것이 효율적이라고 생각하였다. 청군의 배가 강화도에 상륙하여 진해루를 공격하여 탈취하였다. 김경징과 강화부사 이민구는 배를 타고 강화도 근처 섬으로 도주하였고, 청군은 텅텅 빈 강화산성을 단숨에 함락하였다.

1월 22일 강화부를 함락한 청군은 세자빈과 봉림대군(鳳林大君)을 인질로 붙잡고, 인조에게 항복을 요구하였다. 결국 1월 28일에 인조는 항복하기로 결심했고, 1월 30일에는 남한산성에서 나왔다. 조선의 고집이 겪은 참극이었다.

■ 삼전도의 굴욕

59일간을 버티던 인조는 결국 항복할 수밖에 없었다. 그러나 항복을 인정하고 싶지 않았던 인조는 하성(下城: 성에서 퇴출함)이라는 용어를 쓰도록 했다. 처음에 청군은 항복 의식으로서 반합(飯哈)을 요구하였다. 이는 마치 장례를 치르듯 '임금의 두 손을 묶은 다음 죽은 사람처럼 구슬을 입에 물고 빈 관과 함께 항복하는 것'이었다.

나중에 삼배구고두례(三拜九叩頭禮)로 타협하긴 했지만, 이 또한 세 번 절을 할 때 매번마다 세 번씩 머리를 땅에 찧도록 하는 굴욕적인 의식이었다.

1월 30일 남한산성을 나온 인조의 어가(御駕)는 한강 부근의 삼전도(三田渡)에서 삼배구고두례를 행했고, 공식적으로 청에 항복했다. 오랑캐라 여기던 만주족 군대에 임금이 굴복했다는 것은, 소중화(小中華)를 자처하며 중화의 도를 계승하였다고 자부하던 조선의 사대부와 지식인들에게 엄청난 정신적 공황과 충격을 주기에 충분했다.

청 태종은 인조의 항복을 기념해, 삼전도에 기념비를 세우도록 했다. 그리고 강화조약의 결과로 소현세자와 부인 강씨, 봉림대군과 부인 장씨, 김상헌 등의 신하들이 볼모가 되어 청나라 선양으로 압송되었다.

● 정축하성(丁丑下城)
병자호란 때 남한산성에 피신한 인조가 농성 59일 만에 청나라 황제 홍타이지에게 항복, 1637년(정축년) 2월 24일(음력 1월 30일) 남한산성을 나와 삼전도에서 항복의 예를 행한 것을 말한다. 흔히 '삼전도(三田渡)의 굴욕'이라고 표현된다.

●삼전도 비

효종

봉림대군(鳳林大君: 뒷날의 효종)은 형 소현세자와 함께 청나라에 볼모로 잡혀가, 선양에 8년 동안 머물렀다. 청나라 인질 기간 중 형 소현세자는 청나라의 문물을 익히면서, 베이징에 도착한 아담 샬 등의 천주교 선교사들과 만나 새로운 지식을 접견하였으나, 봉림대군은 인질 생활 내내 복수심과 청나라를 정벌할 것을 다짐하였다. 1645년 2월에 먼저 귀국했던 소현세자가 그해 4월에 갑자기 죽자, 5월에 청나라로부터 돌아왔다.

■ 소현세자의 의심쩍은 죽음

인조가 삼전도(지금의 송파)에 설치된 수항단(受降壇)에서 홍타이지에게 삼궤구고두(三跪九叩頭)의 항복의 예를 올리며 항복하자, 소현세자는 자진해서 부인 강씨와 아우 봉림대군 부부, 그리고 주전파 대신들과 함께 볼모로 청나라 수도 심양(선양)으로 가서 심양관(瀋陽館)에 억류되었다. 소현세자는 그곳에서 오랫동안 청나라와 조선을 중재하는 역할을 하였으며, 청나라가 조선을 많이 핍박하지 못하도록 노력하였다. 함께 끌려와 재판을 받은 반청파 김상헌 등과 조선 백성의 보호에 많은 힘을 썼다. 몽골어를 배우고, 서역 원정에 출전하기도 했다.

1644년 음력 9월, 도르곤이 이끄는 명나라 정벌 청군을 따라 베이징에 70여 일을 머물 때 독일인 신부 아담 샬 등의 예수회 선교사와 친하게 지냈으며, 그들을 통해 로마 가톨릭과 서양 문물을 접하였다. 당시 세자가 신문물(新文物)을 조선에 전하기를 열망하는 포부는 (라틴어로 번역되어 전하는) 세자가 아담 샬에게 보낸 서신에 나타나 있다.

● 아담 샬(Adam Schall)
독일 출신의 예수회 신부. 명과 청 시대에 중국에서 벼슬을 했고, 가장 출세한 유일한 외국인으로 소현세자와 왕래를 하였다.

● 소현세자(昭顯世子)
소현세자는 청나라에 인질로 억류되어 있으면서, 조선과 청나라 사이의 외교 창구 역할을 했다. 하지만 1645년 음력 2월 귀국한 소현세자는 그해 음력 4월 26일에 창경궁의 환경전(歡慶殿)에서 의문스러운 죽음을 당했다.

삼전도에서 치욕을 당한 인조와 조정 대신들(주전파)은 세자의 태도를 친청(親淸) 행위라고 크게 비난하였다. 1645년 음력 2월에 소현세자가 고국으로 돌아왔으나, 아버지 인조는 가톨릭과 서양 과학을 들여와 조선을 발전시키고자 한 세자를 감시하고 박대했다.

9년 만에 귀국한 소현세자는 5월 21일(음력 4월 26일) 갑자기 숨을 거두었다. 일부 역사학자들은 인조와, 인조의 총애를 받던 소용 조씨[조 귀인: 인조의 계비인 장렬왕후(자의대비)를 저주하는 일을 꾸며 옥에 갇힌 뒤, 김자점의 역모 사건에 연루되어 1651년에 사형당함]가 의원 이형익을 시켜 그를 독살했을 것이라 추정한다.

《인조실록》의 1645년 7월 20일(음력 6월 27일)자에는, 진원군 이세완의 아내가 세자의 염습에 참여했다가 사람들에게 말한 내용이 실려 있다.

온몸이 전부 검은빛이었고, 이목구비의 일곱 구멍에서는 모두 선혈이 흘러나오므로, 검은 멱목으로 그 얼굴 반쪽만 덮어 놓았으나, 곁에 있는 사람도 그 얼굴빛을 분별할 수 없어서 마치 약물에 중독되어 죽은 사람과 같았다. 그런데 이 사실을 외인들은 아는 자가 없었고 임금도 알지 못했다. -《인조실록》 인조 46권-

소현세자가 죽고 1645년 음력 6월에 동생 봉림대군이 귀환하자, 본인의 반대 상소에도 불구하고 서둘러 세자에 책봉시켰다. 봉림대군은 당시 인조의 총애를 받던 귀인 조씨의 눈밖에 나지 않기 위해 그녀 소생의 이복동생인 숭선군 · 낙선군과도 친하게 지냈다. 1649년 5월 인조의 뒤를 이어 즉위했다. 제17대 임금인 효종(孝宗)은 세조 이후로 무인 기질을 타고난 군주였다.

북벌 계획

청나라에 당한 치욕을 씻고자 북벌을 최우선 과제로 삼았던 효종은 즉위 후 정권을 장악하고 있던 김자점 등 친청파(親淸派)를 조정에서 몰아내고, 김상헌 · 김집 · 송시열 · 송준길 등 서인계 대청(對淸) 강경파를 중용하여 북벌계획을 추진했다. 이들은 청을 군사적으로 응징하는 것은 군부국(君父國)인 명에 대한 신자국(臣子國)의 당연한 의무라는 복수설치(復讐雪恥)의 논리로 효종의 북벌을 이념적으로 지원했다. 아울러 이러한 북벌론은 양란 이후 체제붕괴 위기를 극복하기 위한 지배층의 내실자강책(內實自强策), 즉 '국가재조(國家再造)'라고 하는 대내적인 지배안정책의 의미를 갖는 것이기도 했다.

■ 군비 강화와 병력 징집

1651년(효종 2년) 조선에 대하여 강경책을 펴던, 청나라의 섭정왕 도르곤의 죽음은 북벌 계획을 추진시켜 나가는 데 좋은 계기가 되었다. 이에 친청파에 대한 사림세력의 대대적인 공세가 시작되었고, 그해 12월에는 조 귀인의 옥사(獄事)를 계기로 김자점 등의 친청파에 대한 대대적인 숙청이 단행되었다.

이후 본격적인 군비강화가 추진되기 시작했는데, 효종은 이완(李浣) · 유혁연(柳赫然) 등 무신을 특채하여 군사양성의 실제 임무를 맡겼다. 이러한 군인사 정책은 이전에 훈신 · 종척(宗戚) 등을 임명하던 예와는 다른 파격적인 것으로, 효종의 북벌 군사강화책 중 가장 성공적인 것으로 평가받고 있다.

1652년 북벌의 선봉부대인 어영청(御營廳)을 대대적으로 개편 · 강화했으며, 금군(禁軍)의 기병으로의 전환, 모든 금군의 내삼청(內三廳) 통합, 수어청의 재강화 등 제반 군제개혁을 통해 군사강화책을 모색했다. 이와 함께 금군의 군액을 1천, 어영군을 2만, 훈련도감군을 1만으로 증액시키고자 했다. 어영군은 많은 군사를 확보하고 3명의 보인제(保人制)를 통하여 재정적인 난점을 극복함으로써 군사 증강에 성공했으나, 훈련도감은 재정이 뒷받침되지 못하여 실패했다.

한편 1654년 3월 유명무실했던 영장제(營將制)를 강화, 각 지방에 영장을 파견하여 직접 속오군을 지휘하게 함으로써 지방 군사력의 약화를 시정하는 한편, 1656년에는 남방지대 속오군에 보인(保人)을 지급하여 훈련에 전념하도록 했다. 1655년에는 능마아청(能麽兒廳)을 설치하여 무장들에게 군사학을 강의하기도 했으며, 평야전에 유리한 장병검(長柄劍)의 제작, 표류해 온 네덜란드인 하멜을 통해 조총 제작 등 무기의 개량에도 힘을 기울였다.

■ 효종의 죽음

1659년 5월 초부터 과로로 인하여 정사를 도저히 볼 수 없는 상황이 이어지자, 효종은 침을 맞는 것이 어떻겠냐는 의견을 신하들에게 물었다. 신하들은 일시적으로 만류하는 듯했으나, 효종이 이에 동의하여 침을 맞게 된다. 그런데 어의인 신귀주가 실수로 침을 잘못 놓아 출혈이 발생하였고, 출혈을 멈추려고 갖은 시도를 하였으나 오히려 출혈은 더욱 심해졌다. 결국 과다출혈로 인한 쇼크로 갑작스럽게 사망하였는데, 승하 당시 그의 나이 41세였다. 또한 효종에게 시침하였던 어의는 수전증이 있었다고 한다. 효종의 뜻하지 않은 죽음으로 북벌을 실천으로 옮기지는 못했으며, 다만 청의 요청에 따른 2차례의 러시아 정벌에서 군비강화의 성과가 나타났다.

● **벨테브레**(Jan Jansz Weltevree)
네덜란드의 선원으로 1628년(인조 6년)에 표류하다 제주도에 상륙하여 귀화해 박연[朴燕 또는 朴延; 세종 때의 음악가인 난계 박연(朴堧)과는 다름]이란 이름으로 살며, 조선 여인과 결혼하여 자녀를 두었다는 기록이 있다. 훈련도감에서 전술을 가르치고 화포 제작에 종사했는데, 하멜 일행의 통역을 맡기도 했다.

● **하멜**(Hendrik Hamel)
네덜란드 동인도회사 소속의 상선 서기로, 일행 36명이 1653년(효종 4년)에 제주도에 표류해 와 포로로 잡혀 노역 및 조총 제작에 종사하다가 8명이 1666년에 탈출하여 일본을 거쳐 귀국하였다. 하멜이 그런 체험을 담은 책 《하멜 표류기(난선 제주도 난파기)》와 《조선국기》는 당시의 서양인들에게 대단한 흥미를 일으켰으며, 서양에 조선을 최초로 알린 책으로 기록되고 있다.

● 제주도에 재현된 하멜 상선

숙종

숙종(肅宗)은 조선의 역대 국왕들 가운데 왕권이 가장 강했던 왕이다. 숙종을 마지막으로, 강한 왕권을 가진 왕은 더 이상 나오지 않게 된다. 또한 45년 10개월을 재위하여, 조선의 임금들 중 영조(51년 7개월)에 이어서 두 번째로 재위기간이 길다. 숙종이 조선을 다스렸던 기간은 조선이 개국된 이래 당파 싸움이 가장 심했던 시대였다. 그의 재위기간 중에 남인과 서인의 대립 관계가 더욱 치열해졌고, 1680년 초부터는 서인이 노론과 소론으로 분리되어 이들도 서로 당파 싸움을 하게 되었다. 그리고 어느 한 당파가 다른 당파를 완전히 몰아내고 1당 정치를 하는 이른바 환국 정치(換局政治)가 주된 현상이 되었다.

■ 출생과 즉위

숙종은 1661년(현종 2년) 10월 7일(음력 8월 15일) 현종(顯宗)과 명성왕후(明聖王后) 김씨의 외아들로 태어났다. 아버지인 현종도 부왕인 효종의 유일한 적자였고, 자신도 정실부인 소생의 외아들이었기에 정통성에서는 책잡힐 일이 없는 왕이었다.

숙종이 태어났을 때, 수양대군처럼 왕위를 찬탈할 백숙부도 없었고, 연산군 때의 중종처럼 왕을 폐위시키고 세울 대군도 없었다.

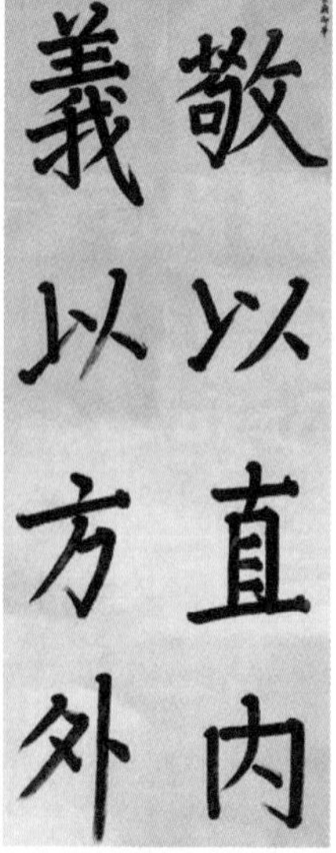

● 숙종의 어필

어릴 적부터 몸이 허약했지만 성미는 매우 불같아서, 궁녀들이 머리를 빗겨 주거나 옷을 갈아입히는 것조차 싫어했다. 결국 머리를 빗겨 주는 것은 어머니(명성왕후 김씨)가 직접 했다고 하는데, 그나마도 못 참아 투정을 부릴라치면 빗 등으로 머리를 맞아가면서 빗겨졌다고 한다. 그의 성격은 부왕인 현종보다도 모후인 명성왕후 김씨를 빼닮았다.

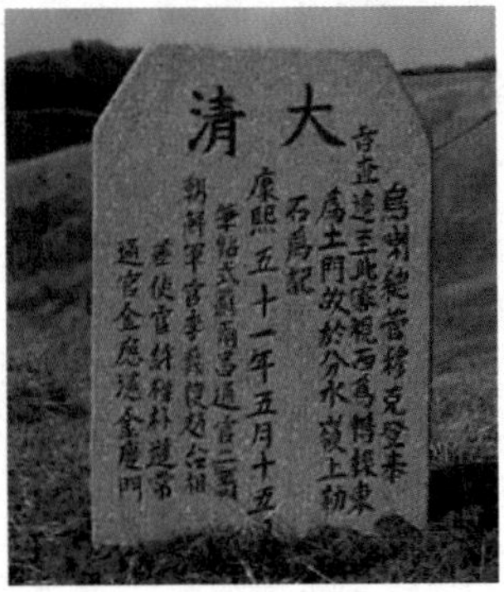

● 백두산 정계비(白頭山定界碑)
1712년(숙종 38년) 백두산에 세운, 조선과 청나라 사이의 경계비.

명성왕후 김씨는 포악하지는 않았지만 사내대장부의 기질이 있어, 남편인 현종은 조선의 왕이면서도 후궁을 한 명도 두지 못했다.

숙종은 1667년(현종 8년)에 왕세자로 책봉되었으나, 13세의 어린 나이에 부왕 현종이 급사하자 왕위를 잇게 된다. 즉위 당시엔 14세라, 숙종의 어머니인 명성왕후와 계증조모 자의대비(慈懿大妃: 인조의 계비인 장렬왕후 조씨)가 생존했으므로 수렴청정을 해도 되었지만, 숙종은 그 어린 나이에 직접 나라를 통치하였다. 즉위한 그해에 제2차 예송(禮訟)이 벌어졌는데, 남인 허목 등의 기년설(朞年說: 만 1년설)을 지지하고 서인 세력의 대공설(大功說: 대공친의 상사에 9개월 동안 입는 복제)을 배척하여 남인 정권을 수립했다. 숙종이 조선을 다스렸던 기간은 조선이 개국된 이래 당파 싸움이 가장 심했던 시대였다.

1697년(숙종 23년)에는 10여 년 전부터 황해도 구월산을 무대로 활약해 오던 장길산(張吉山) 농민군의 세력이 더욱 커져서 서북 지방이 매우 어수선했고, 서울에서는 중인 및 서얼들이 장길산 부대와 연결하여 새 왕조를 세우려다 발각되는 일까지 일어났다. 그러나 숙종은 대동법(大同法)을 황해도 지방까지 확대하였으며, 서북인을 무인으로 대거 등용하고 중인과 서얼을 수령에 등용하도록 조처했다.

1712년에는 청과 북방 경계선을 확정짓고 백두산 아래에 정계비를 세워 서쪽으로 압록강, 동쪽으로 토문강(土門江)을 경계로 삼았다. 여기서 토문강은 다소 애매한 상태에서 정해졌지만, 조선 측은 그 후 이 강을 두만강 북쪽에 있다고 인식하였다. 백두산 정계는 조선 측의 영토 확장에 유리한 국면을 조성하였다. 한편, 수군 출신의 안용복(安龍福)이 울릉도와 독도에 출몰하는 왜인을 쫓아내고 일본 당국과 담판하여 우리의 영토임을 천명하자, 일본도 이를 인정했다.

환국 정치

환국(換局)은 시국이나 정국이 바뀌었다는 것을 뜻한다. 특히 조선 후기에, 집권 세력이 급변하면서 이에 따라 정국이 바뀌는 것을 가리킨다. 숙종은 재위기간 중 강해진 신권(臣權)을 줄이기 위해 3차례의 환국 정치를 통해, 서인과 남인 간의 세력을 조절하고 왕권을 강화시켰다. 외형상으로 보면 숙종 시대는 붕당 싸움이 가장 치열한 시기로 보이지만, 실제로는 치열한 정책대결 속에서 국가발전이 가속화된 시기이기도 하다.

■ 경신환국

1680년 3월 남인의 영수인 영의정 허적(許積)이 할아버지 허잠의 시호를 맞이하는 잔칫날에 벌어진, 이른바 '유악(油幄: 기름 먹인 천막으로, 임금만 사용하던 것) 사건'이 그 발단이 되었다. 마침 이날 비가 내리는지라 숙종은 유악을 허적의 집에 보내고자 하였으나, 이미 가져간 것을 알고 크게 노하여 군권(軍權)의 책임자들을 급히 불러들인 후, 서인에게 군권을 넘기는 전격적인 인사조처를 단행하였다.

즉, 훈련대장직을 남인계의 유혁연(柳赫然)에서 서인계의 김만기(金萬基: 숙종의 장인)로 바꾸고, 총융사에는 신여철(申汝哲), 수어사에는 김익훈(金益勳) 등 모두 서인을 임명하였다. 그러나 어영대장은 당시 김석주(숙종의 외삼촌)가 맡고 있었기 때문에 보직을 그대로 고수하게 되었다.

이와 같이 남인을 멀리하는 숙종의 태도가 확실하게 드러난 뒤, 정원로(鄭元老)의 고변으로 이른바 '삼복의 변(三福之變)'이 있게 되었다. 즉, 허적의 서자 견(堅)이 인조의 손자이자 인평대군(麟坪大君)의 세 아들인 복창군(福昌君)·복선군(福善君)·복평군(福平君) 등과 함께 역모를 도모하였다는 것이다.

이들은 숙종이 초년에 자주 병을 앓는 것을 보고 왕위를 넘겨다보았고, 근자에는 그들에 의하여 도체찰사부(都體察使府) 소속 이천(伊川) 둔군(屯軍)의 특례적인 훈련이 몇 차례나 있었다는 것이다. 도체찰사부 둔군에 관한 보고는 이 사건의 피해가 남인계 여러 인사에게 미치는 중요한 근거가 되었다. 이리하여 종실인 복창군(福昌君) 3형제와 허견 및 허적과 윤휴가 살해되었고, 허목은 파직되어 문외출송(門外黜送: 죄지은 사람의 관작을 빼앗고 한양성 밖으로 추방하던 형벌의 하나) 되었으며, 나머지 일파는 옥사 · 사사 · 유배되었다. 이로써 남인 세력은 큰 타격을 받고 실각하였다.

■ 기사환국

숙종은 오랫동안 아들이 없었는데, 장 소의(본명은 장옥정, 뒷날의 장희빈)가 왕자 윤(昀: 뒷날의 경종)을 낳았다. 왕은 크게 기뻐하여 이 아들을 원자로, 장 소의를 희빈으로 책봉하려 하였으나 서인들이 반대하였다. 이에 남인들의 도움을 얻어 왕자를 원자로 세우려 하자, 서인들은 노론(老論) · 소론(少論)을 막론하고 인현왕후 민씨(仁顯王后 閔氏)가 아직 젊으니 후일까지 기다리자고 주장했다.

숙종은 1689년(숙종 15년)에 서인의 요청을 묵살하고 원자의 명호(名號)를 정하고, 장 소의를 희빈으로 책봉하였다. 노론의 영수 송시열은 상소를 올려 '송나라의 신종(神宗)이 28세에 철종(哲宗)을 낳았으나 후궁의 아들이라 하여 번왕(藩王)에 책봉하였다가, 적자(嫡子)가 없이 죽음에 태자로 책봉되어 신종의 뒤를 계승하였던 예'를 들어 원자 책봉의 시기가 아님을 주장하다가 제주도로 유배된 뒤 사사되었다. 이 사건 후 남인 권대운(權大運) 등이 등용되었고, 이후 갑술옥사 때까지 남인이 정권을 잡았다.

● 송시열(宋時烈) 영정

■ 갑술환국

1694년(숙종 20년)에 서인의 김춘택(金春澤) · 한중혁(韓重爀) 등이 폐비(인현왕후)의 복위 운동을 꾀하다가 고발되었다. 이때에 남인의 영수이자 당시 우의정이던 민암(閔黯) 등이 이 기회에 반대당 서인을 완전히 제거하려고 김춘택 등 수십 명을 하옥하고 범위를 넓히어 일대 옥사를 일으켰다.

이때 숙종은 갑자기 마음을 바꾸어, 옥을 다스리던 민암을 파직하고 사사하였으며, 권대운 · 목내선 · 김덕원 등을 유배하고, 소론의 남구만(南九萬) · 박세채(朴世采) · 윤지완(尹趾完) 등을 등용한 뒤 인현왕후를 서궁으로 불러들여 왕후에 복위시키고, 장씨를 희빈으로 강등시켜 옛 처소인 창경궁 취선당으로 옮기라는 비망기를 내린다. 이를 '갑술환국'이라 한다.

조선왕조 전반에 걸쳐 한 임금이 살아 있는 두 왕비를 번갈아 둔 사례는 이것이 처음이자 마지막이었다. 숙종은 "민씨가 스스로 죄를 간절히 뉘우치고 있으며, 두 자전(慈殿: 장렬왕후와 명성왕후)의 삼년상을 함께 보낸 아내이니 쫓아냈던 것은 지나친 처사였다."고 한 뒤, "백성에게 두 임금이 없는 것은 고금을 통하는 의리"이고 다시는 이런 일이 있어서는 안 된다며 '후궁은 왕비에 오르지 못한다'는 법을 제정하라고 지시하였다. 실제로 이때 제정된 법도는 뒷날 충실히 지켜진 듯하다.

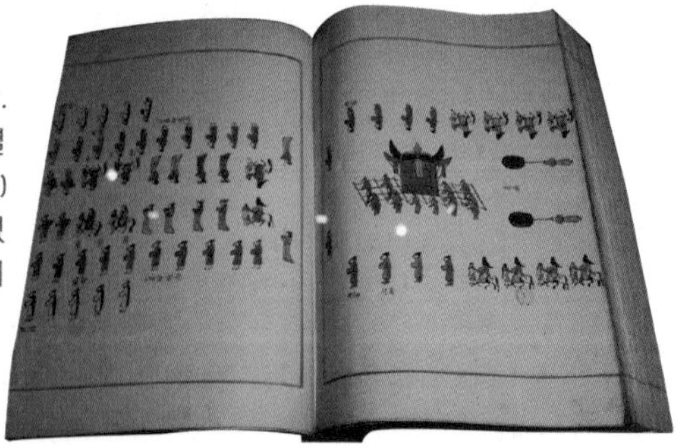

● 숙종 · 인현왕후 가례도감의궤(嘉禮都監儀軌)
인현왕후(仁顯王后)는 숙종의 2번째 왕후이다. 1681년에 외조부 송준길의 친척 아우인 송시열의 후견으로, 갓 왕비를 잃은 숙종의 계비(繼妃)가 되었다. 1689년 기사환국의 여파로 폐위되었다가, 5년 후인 1694년 갑술환국의 여파로 왕비로 복위했다.

■ 무고(巫蠱)의 옥(獄)

● 희빈 장씨의 묘

환국을 위해 투합했던 노론과 소론이 강경히 대립하게 되는데, 이는 노론은 인현왕후의 복위를 목적했고, 소론은 희빈 장씨를 왕비로 둔 채 인현왕후는 폐서인인 상태로 별궁에서 편안한 여생을 맞기만을 목적했던 탓이다.

1701년 음력 8월 14일, 오랜 지병을 앓던 인현왕후가 사망하였다. 조정은 인현왕후를 위한 국상을 준비함과 동시에, 조정 한편에선 희빈 장씨를 다시 왕비로 복위시키려는 움직임이 전개되었다. 이는 당연한 수순이었지만, 노론과 숙빈 최씨(제21대 영조의 생모)에게 치명적인 상황이었으며, 숙종에게도 좋지 않은 상황이었다.

1701년 9월, 숙종의 후궁 숙빈 최씨는 왕에게 '희빈 장씨가 취선당 서쪽에 신당(神堂)을 설치하고 인현왕후를 저주했다'고 발고하였다. 실제로 희빈 장씨는 그녀의 처소인 취선당 한편에 신당을 지었고 굿을 하였다. 하지만 희빈 장씨의 측근은 1699년 세자 윤(昀)이 두창에 걸리자 쾌유를 기원하기 위함이었다고 주장했다.

숙종은 먼저 제주도에 유배 중인 장희재(장희빈의 오라비)를 처형하도록 명을 내리고, 그에 이어 희빈 장씨에게 자결을 명하는 비망기를 내린다. 이에 대신들이 반대하자, 숙종은 장희재의 첩 숙정, 취선당과 동궁전의 궁인(宮人), 굿을 했던 무녀(巫女) 오례를 압송해 수일에 걸쳐 압슬형 등 최고 고문형을 가하며 자백을 받아낸다. 이 사건을 무고의 옥[巫蠱의 獄: 여기서 무고란 무술(巫術)이나 방술 따위로 남을 저주하는 일을 뜻한다.]이라 한다.

■ 인현왕후전

노론의 입장에서 집필된《수문록》과《인현왕후전》에는 장씨가 숙종에 의해 강제로 사사된 것으로 기록되었는데, 《인현왕후전》에 묘사된 장씨의 최후이다.

"네 중궁을 모살(謀殺)하고 대역부도함이 천지에 당연하니, 반드시 네 머리와 수족을 베어 천하에 효시(梟示)할 것이로되, 자식의 낯을 보아 특은으로 경벌을 쓰거늘, 갈수록 태만하여 죄 위에 죄를 짓느냐?"

장씨, 눈을 독하게 떠 천안(天顏=용안)을 우러러뵈옵고 높은 소리로 말하기를,

"민씨 내게 원망을 끼치어 형벌로 죽었거늘 내게 무슨 죄가 있으며, 전하께서 정치를 아니 밝히시니 인군의 도리가 아닙니다."

살기가 자못 등등하니, 상감께서 진노하사 두 눈을 치켜뜨시고 소매를 걷으시며 연방 하교하여 이르시기를,

"천고에 저리 요악한 년이 또 어디 있으리요. 빨리 약을 먹이라!"

장씨, 손으로 궁녀를 치고 몸을 뒤틀며 발악하여 말하기를,

"세자와 함께 죽이라. 내 무슨 죄가 있느냐?"

상감께서 더욱 노하시어 좌우에게,

"붙들고 먹이라!"

하시니, 여러 궁녀 황황히 달려들어 팔을 잡고 허리를 안고 먹이려 하나 입을 다물고 뿌리치니, 상감께서 내려보시고 더욱 대로하사 분연히 일어나시며,

"막대로 입을 벌리고 부으라!"

하시니, 여러 궁녀 숟가락 청으로 입을 벌리는지라 (중략) 상감께서는 조금도 측은한 마음이 아니 계시고,

"빨리 먹이라!"

하여, 연이어 세 그릇을 부으니, 경각에 크게 한 번 소리를 지르고 섬돌 아래 고꾸라져 유혈이 샘솟듯 하였다.

영조

영조(英祖)는 조선의 제21대 국왕으로, 숙종과 숙빈 최씨 사이에서 태어났다. 한때 왕비였던 희빈 장씨의 아들 경종(景宗)과 달리, 영조는 어머니 숙빈 최씨가 미천한 무수리 출신이었고, 결정적으로 경종 시대 신임옥사(辛壬獄事)를 거치며 즉위 이후 정통성 문제에 시달리게 되었다. 비록 31세라는 조금 늦은 나이에 즉위했지만, 조선 왕 재위기간 중 가장 긴 장장 52년을 재위했고, 조선 역대 국왕 중 가장 장수한 군주였다. 장기간 집권하면서 치적도 많이 남겼지만, 말년에는 여러 비판점도 제기된다.

■ 영조의 연잉군(延礽君) 시절 및 왕세제(王世弟) 책봉 문제

숙종의 왕세자 윤(昀: 희빈 장씨 소생)은 14살이 되던 해에 어머니 희빈 장씨가 사약(死藥)을 마신 것으로 인해서 심각한 결격사유가 생긴다. 거기에 왕세자 윤(경종)은 37세에 죽을 때까지 자식을 보지 못했다.

이런 상황에서 숙종은 왕세자 윤의 후사(後嗣)를 연잉군(영조)이 잇도록 하라고 좌의정 이이명(李頤命)에게 밀명을 내렸다. 이는 '정유독대(丁酉獨對)'라 불렸다.

당시 숙종이 이이명을 불러 독대한 상황을 두고 소론은 왕세자의 대를 연잉군에게 결코 넘길 수 없다며 반발하여 상소를 올려, 이이명은 물론 숙종까지 격렬히 비난하였다. 이이명을 비롯한 노론은 연잉군에 동조적이라 연잉군을 어떻게든 비호하려 하여, 살얼음 같던 소론과 노론의 당쟁은 이 독대로 인해 더욱더 격화되었다.

● 연잉군(延礽君) 초상
영조의 연잉군 시절의 모습으로, 1714년(숙종 40년)에 화원 진재해가 그린 초상화. 보물 제1491호. 국립고궁박물관 소장.

이러한 상황에서 숙종이 승하하고 경종이 즉위하자, 노론과 소론은 연잉군의 왕세제 직을 놓고 첨예한 논박을 벌였다. 그럼에도 경종에게는 자식이 없고, 가까운 혈족이라고는 연잉군뿐이라는 사실은 달라지지 않았다. 소론은 연잉군의 왕세제 책봉을 미루고 그 책봉의 문제점만 부각시킬 수 있을 뿐, 연잉군의 왕세제 책봉은 이미 정해진 일이었다. 그러나 연잉군은 왕세제 직위를 몇 번이고 사양했다. 그러다가 결국 1721년(경종 1년) 음력 8월에 왕세제로 책봉되었다.

이후 노론 측에서 세제의 대리청정을 건의하자, 소론 측에서는 노론의 불순한 의도를 지적했고, 경종은 입장표명을 하지 않다가 지관 목호룡(睦虎龍)의 고변이 터지면서 사태가 달라진다. 이어 노론의 대리청정 건의로 연잉군은 일시 정무를 담당했으나 소론의 반대로 청정을 취소당했고, '신임옥사'로 노론이 실각할 때 자신을 지지하던 김창집 · 이이명 · 이건명 · 조태채 등 4대신과 50여 명의 고관들이 사형당하고 그 일족이 유배 · 투옥되어 지지 세력을 잃었다. 1722년에는 김일경(金一鏡) 등의 사주를 받은 박상검(朴尙儉) · 문유도(文有道)의 음모로 생명의 위협을 받기도 했다.

그러나 살아남은 노론 세력은 세를 키워나갔고, 왕세제 연잉군은 다시 세력을 회복할 수 있었다. 1724년 음력 8월, 병약하던 경종이 승하하자 왕위를 물려받게 되었다.

● 영조(英祖)의 어진
조선의 제21대 왕(재위 1724년~1776년). 탕평책을 시행하여 붕당의 대립을 완화하였고, 여러 차례 사치풍조 금단의 조치를 내렸다. 《농가집성(農家集成)》을 보급하고 균역법(均役法)을 시행하였으며, 청계천을 준설하고 신문고를 다시 설치하는 등 많은 업적을 남겼다.

■ 영조의 탕평책

치열한 당쟁 속에서 생명의 위협까지 느꼈던 영조는 등극하자마자 소론을 몰아내고 한때 노론 정권을 수립했으나, 1724년 김일경과 목호룡이 경종 독살설을 주장한 것과 국왕인 그에게 왕이라 칭하지 않고 '그대'라고 칭하는 것을 보고 충격을 받게 된다.

만인의 임금이 되고 싶었던 그는 붕당의 폐습을 통감하여 차츰 소론을 등용하고, 1727년에는 노론의 강경파를 추방하고(정미환국), 이후 양 파를 고르게 등용함으로써 탕평책(蕩平策, 탕탕평평: 어느 쪽에도 치우침이 없이 공평함)을 기본 정책으로 삼아 당쟁의 격화를 막았다.

1728년, 소론 강경파인 이인좌 형제 등은 충청북도 청주성을 거점삼아 거병하여 '이인좌(李麟佐)의 난'을 일으켰다. 이들은 경종의 위패를 모시고 아침저녁으로 곡을 하였으며, 영조의 경종 독살설을 시중에 확산시켰다. 청주성에서 일어난 반란군은 즉시 경상도와 전라도로 확대되었고, 관찰사와 병마절도사가 전사하기도 했다. 그러나 관군을 투입해 난을 진압하게 된다.

영조는 조선 사회를 개혁한 계몽군주로서 가혹한 형벌을 폐지하거나 개정하여 백성들이 인권을 존중받도록 하였으며, 신문고 제도를 부활하여 민중들이 억울한 일을 직접 알리게 했다. 그는 금주령(禁酒令)을 내려 사치 · 낭비의 폐습을 바로잡고, 농업을 장려하여 민생의 안정에 힘썼다.

백성들의 세금 부담을 크게 줄였으며, 신분에 따라 국가에 대한 의무를 달리 부담하게 하였다. 또 일본에 조선 통신사로 갔던 조엄(趙曮)이 고구마 종자를 들여왔는데, 그가 들여온 고구마는 훗날 흉년 때 식량으로 대신할 수 있게 되었다. 영조 자신도 소식(小食), 물자절약 등으로 검소하게 살아냄으로써 국가 지도자로서의 모범을 보였다.

임오화변

1762년(영조 38년) 윤5월13일에 벌어진, 조선 왕실의 역사상 가장 충격적인 사건. 이날 영조가 사도세자(思悼世子)에게 뒤주에 들어가라고 명령했고, 뒤주에 갇힌 사도세자는 8일 뒤 사망한다. 이 사건을 임오화변(壬午禍變)이라고 한다. 엄밀히 말하면 사도세자가 뒤주에 갇힐 당시 폐서인 됐기 때문에, 죽을 때의 신분은 세자가 아니었다. 임오년에 일어났기 때문에 임오옥(壬午獄)이라고도 한다.

■ 비극의 사도세자

영조는 정성왕후(貞聖王后) 서씨와 계비 정순왕후(貞純王后) 김씨에게는 소생이 없었고, 정빈 이씨(靖嬪李氏) 소생의 효장세자(孝章世子), 영빈 이씨(暎嬪李氏) 소생의 사도세자[思悼世子; 장헌세자(莊獻世子)]가 있었다. 효장세자가 요절하였으므로, 영조는 1749년에 사도세자로 하여금 대리청정하게 하였다. 세자가 신임의리(辛壬義理)의 완전한 실현 문제와 관련하여 영조의 기대에 충실하게 부응하지 못하는 틈을 타서, 숙의 문씨와 그 오빠 문성국(文聖國) 등 궁중세력과 김상로(金尙魯)·홍계희(洪啓禧) 등 일부 노론세력이 연합하여 세자의 지위를 흔들고자 각종 모함을 주도하였고, 여기에 일부 소론 탕평당도 호응하여 갈등 국면을 조성하는 등 세자의 지위가 점차 흔들리게 되었다.

한편 1757년(영조 33년)에 왕실 내에서 세자를 매우 아꼈던 조모 인원왕후(仁元王后)와 법모(法母) 정성왕후(貞聖王后)가 연이어 사망하자, 세자는 이들의 상을 치르느라 건강이 손상되었을 뿐 아니라, 왕실의 보호막이 사라짐에 따라 정치적으로도 심한 곤경에 빠졌다.

● 사도세자의 초상

이 무렵 세자는 우물에 투신자살하는 소동을 벌인다든가, 정신병 증세에 따라 패륜적인 과실을 저지르는 등 자질 면에서 심각한 결격사유를 노출하기 시작하였다. 이후로는 궁중 내 모함세력의 술책으로 인하여 세자가 영조를 알현하기도 어려운 상황이 되는 등 부자 사이는 더욱 소원해졌고, 그 틈을 타 각종 고변이 난무하여 사태는 점점 악화되었다. 이에 세자가 난국을 타개하기에는 정신적으로 문제가 너무 많았고, 노론 · 소론 일부 대신들의 보호 노력만으로는 사태를 미봉하는 데 벅찬 상황이었다.

1761년(영조 37년)에는 이천보(李天輔) · 민백상(閔百祥) 등 보호해 주던 주요 대신마저 연이어 사망하였고, 세자가 평양까지 미행(微行: 무엇을 몰래 살피기 위해 남루한 옷차림을 하고 다니는 것, 미복잠행)을 떠났다가 돌아오는 중대 과실을 범하는 등 사태는 총체적 난국으로 치달았다.

영조는 이 모든 상황을 알게 되었기에 결단의 방식을 궁리하였던 듯하다. 게다가 이제는 세자의 아들인 세손(뒷날의 정조)이 장성해 있었고, 1762년(영조 38년)에는 혼례까지 무사히 마친 상태였다. 이 해 5월에 형조판서 윤급의 청지기인 나경언(羅景彦)이 세자의 비행을 고발한 일을 계기로 하여, 결국에는 세자의 생모인 영빈 이씨가 세자의 심각한 병증과 예측 불가능한 변란 위험을 실토하게 되었다. 그러자 영조는 윤5월에 세자를 뒤주에 가두어 죽이는 화변(禍變)의 방식으로 세자를 폐위하였다. 그리고 세자에게 사도(思悼: 사모하고 추모한다는 뜻)라는 시호를 내리고, 그의 아들인 세손에게 동궁(東宮)의 지위를 계승하도록 하였다.

● 사도세자의 무덤인 융릉(隆陵)

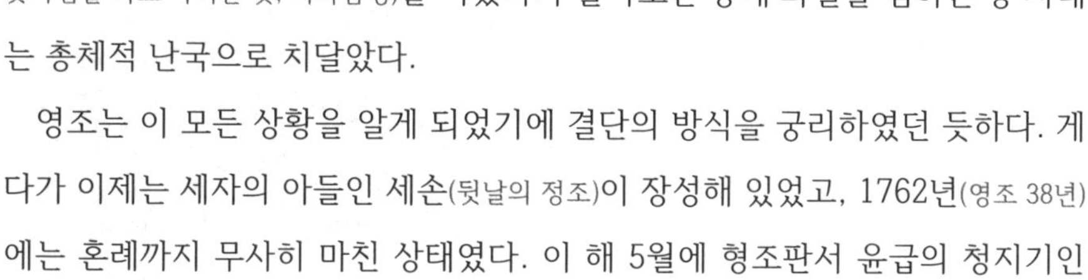

정조

정조(正祖)는 조선의 제22대 임금이다. 재위기간 중 왕권 강화를 위한 노력에 치중하였으며, 친위부대인 장용영(壯勇營)의 창설과 자신의 저서 《홍재전서(弘齋全書)》를 비롯한 문집과 법전의 재간행, 수원에 화성(華城) 축성을 추진하였다. 무예와 함께 유학의 각 경전에도 두루 통달하여, 경연장에서 신하들을 강의하기도 했다고 한다. 조선 후기의 중흥기를 이끈 대표적인 군주로 평가된다. 하지만 홍국영을 기용하여 측근 가신에 의해 정사가 좌우되는 폐단을 낳기도 하였으며, 승하 직전에 어린 세자가 걱정되어 안동 김씨 김조순의 딸을 세자빈으로 삼았지만, 힘이 한쪽으로 기울게 하면서 세도정치의 배경이 되었다.

■ 원손과 세손 시절

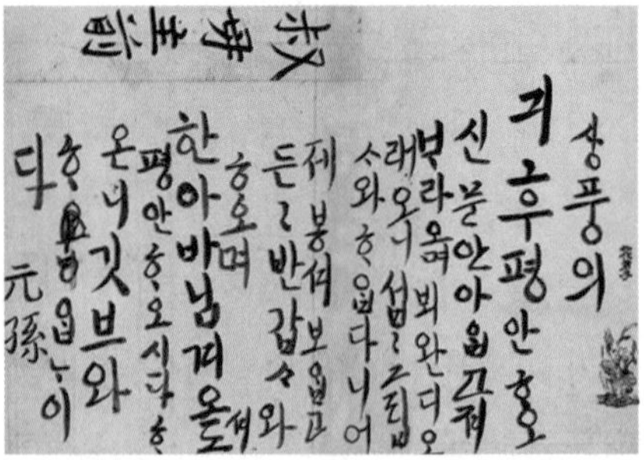

● 정조가 원손 시절 외숙모에게 보낸 편지
가을바람에 기후 평안하신지 문안을 알기를 바라오며, 뵌 지 오래되어 섭섭하고도 그리워하였사온데, 어제 봉한 편지를 보고 든든하고 반가워하였사오며, 외할아버님께서도 평안하시다 하시오니 기쁘옵니다. 원손(元孫)

정조는 1752년 10월 28일(영조 28년 음력 9월 22일) 영조의 둘째 아들인 장헌세자(뒷날의 사도세자)와 혜빈 홍씨 사이의 둘째 아들로 태어났다. 형인 의소(懿昭)세손이 3살의 어린 나이로 먼저 요절한 뒤 태어났기 때문에, 탄생 당일 영조에 의해 원손(元孫)으로 정해졌다.

의소세손이 죽은 지 얼마 되지 않은 때여서 바로 세손으로 책봉되지는 않다가, 의소세손의 장례를 치른 지 3년이 지나 세손으로 책봉되었다.

1755년(영조 31년), 영조는 어린 원손이 네 살의 어린 나이임에도 총명한 것을 기뻐하였으며, 신하들 앞에서 경전을 외워 보도록 하였다. 원손은 '신체발부 수지부모 불감 … (身體髮膚受之父母不敢 …)' 10자를 외고, 부모 두 글자를 썼다. 영조는 이후로도 여러 차례 원손이 한번 본 사람을 구별하여 가리키는 것이나 글씨를 쓰는 것을 칭찬하였다.

■ 사도세자의 죽음

정조의 아버지인 사도세자는 노론이었던 홍봉한(洪鳳漢) 가문을 처족으로 맞이하였지만, 대리청정을 하면서 소론에 우호적이었고 노론과는 충돌을 거듭하여 영조와 불화를 자초하였다. 그리고 세자는 관서행, 서연 불참, 기녀들과 놀기 등 문제되는 행동을 많이 했다. 영조 스스로가 경종 시절 노론의 힘을 업고 왕세제(王世弟)로 책봉될 수 있었기 때문에, 영조의 탕평책 역시 노론의 입장을 두둔할 수밖에 없었다.

1762년 윤5월에 영조는 세자를 폐위하고 뒤주에 가두었으며, 세자는 뒤주에 갇힌 지 8일 뒤에 죽었다. 영조는 세자가 죽은 뒤 복위시키고, 사도(思悼)라는 시호를 내려 장례를 치렀다. 장례를 치른 후 얼마 지나지 않은 8월 26일에 세자의 장인인 홍봉한은 상소를 올려 '세자의 죽음은 병 때문에 일어난 어쩔 수 없는 일'이라 하였고, 영조는 '금등(金縢: 《서경》에 실려 있는 고사로, 주 무왕이 병들었을 때 주공 단이 자기를 대신 죽게 해달라고 조상에게 빌었던 일) 고사'를 언급하며 더 이상 이 일을 말하지 못하도록 하였다.

■ 정조의 즉위

1776년(영조 52년) 음력 3월 5일에 영조가 경희궁에서 승하하였다. 영조가 승하한 지 5일이 지나 왕세손 이산(李祘)은 조선의 제22대 임금으로 즉위하였다.

정조는 즉위식을 연 바로 그날, 자신이 사도세자의 아들임을 천명하였다. 정조의 이러한 천명은 '죄인지자 불위군왕(罪人之子 不爲君王: 죄인의 아들은 임금이 될 수 없다)'의 여덟 자 흉언(凶言)을 유포시키던 노론 벽파(僻派) 측에 정면으로 대응한 것이었다. 정조는 양아버지인 효장세자를 진종(眞宗)으로 추숭하고, 생부인 사도세자의 존호를 장헌(莊獻)으로 추숭하였다.

● 군복을 입은 정조의 영정

그러나 생부를 장헌으로 추숭하는 것은 "오직 종천(終天)의 슬프고 사모하는 마음을 나타내려고 한 것일 뿐"이라고 말하며, 더 이상 생부의 추도사업을 할 뜻이 없음을 함께 내비쳤다. 이는 당시 정부를 장악하고 있던 노론과 첨예하게 대립하지는 않겠다는 의미였다. 정조는 아버지 사도세자의 죽음에 관여한 정후겸과 홍인한(홍봉한의 이복동생)을 유배보냈다가 사약을 내려 죽이는 것으로 이 문제를 일단락지었다. 신하들은 정조의 외할아버지가 되는 홍봉한의 사형도 요구하였으나, 어머니 혜경궁 홍씨가 단식을 하며 반대하여 그만두었다.

■ 정조의 남자 홍국영

홍국영(洪國榮)은 1771년(영조 47년) 문과에 급제하였고, 승문원 부정자(副正字)를 거쳐 세자시강원 설서(說書)가 되었다. 사도세자를 죽이는 데 주동 역할을 한 벽파(僻派)들이 세손(世孫:정조)까지 해하려고 음모를 꾀하자 이를 막아, 세손에게 깊은 신임을 얻었다. 1776년 사서(司書)에 승진, 이때 세손의 승명대리(承命代理)를 반대하던 벽파 정후겸(鄭厚謙)·홍인한(洪麟漢)·김구주(金龜柱) 등을 탄핵하여 몰아내고 이후 정조를 즉위시키는 데 진력하였다. 그는 숙위소(宿衛所)를 창설하여 그 대장을 겸임하며 정조의 신변보호에 힘썼고, 왕명의 출납을 관장하는 승정원 도승지에 올랐다.

1778년(정조 2년) 누이동생을 후궁으로 바쳐 원빈(元嬪)으로 삼아 자신의 입지를 굳혔다. 그러나 원빈이 1년 만에 병들어 죽자, 정조의 동생인 은언군 인(恩彦君䄄)의 아들 담(湛)을 원빈의 양자로 삼아 완풍군(完豊君)에 봉하였다.

그리고 다시 그를 상계군(常溪君)으로 봉하고 왕의 후계자로 삼도록 하는 등 세도정권 유지에 급급한 모습을 보였다. 그런 중에 왕비 효의왕후(孝懿王后)가 원빈을 살해한 것으로 믿고, 1780년 음식에 독약을 섞어 왕비를 독살하려다가 발각되어, 집권 4년 만에 축출당하였다.

왕권 강화와 정치 개혁

정조는 홍국영의 실각 후 탕평책을 바탕으로 직접 정치를 이끌었다. 그러나 집권 초기 반대파에 둘러싸여 있던 정조에게는 친위세력이 없었다. 정조는 자신의 뜻에 따를 문신을 육성하기 위하여 규장각을 설치하는 한편, 군영을 개혁하여 국왕의 병권을 강화하려고 하였다.

■ 규장각

정조는 즉위 후 창덕궁 후원에 영조의 글 · 어진 · 유품 등을 모아 보관할 건물을 짓고, 규장각(奎章閣)이라고 하였다. 규장은 28수의 규성(奎星)에서 이름을 딴 것으로, 규성은 문장(文章)을 관할한다고 여겨져 왔다. 규장각은 선대 왕의 유품을 보관하는 '왕실 박물관'이자 '왕실 도서관'으로서 중국의 사신이 가져온 선물도 이곳에 보관하였다. 세조와 숙종도 규장각을 설치한 적이 있다.

규장각에는 두 명의 제학(提學)과 두 명의 직제학(直提學)을 두었는데, 제학에는 황경원 · 이복원을 임명하였고, 직제학으로는 홍국영과 유언호를 임명하였다. 네 사람 모두 시파(時派)로 정조의 정책에 호응하는 사람이었으며, 홍국영을 관여케 한 점으로 보아 규장각 설치는 처음부터 왕권 강화를 위한 친위세력 형성에 목적이 있었음을 알 수 있다.

● 규장각(奎章閣)
창덕궁 후원의 부용지(芙蓉池) 주변에 세워진 규장각은 조선시대 왕실 도서관이자, 학술과 정책을 연구하는 기관이었다. 정조 때 규장각을 설치한 목적은, 척신(戚臣)과 환관의 음모와 횡포를 제거하고 정치를 개혁해 왕권을 확립하기 위한 것이었다. 이를 위해 학식이 높은 사람을 모아 학문을 토론하고 국가적 규모로 도서를 수집 · 간행함으로써, 봉건적 유교사상을 강화하고자 했다.

■ 국왕 친위부대 장용영

● **장용영 수위의식 장면**
장용영(壯勇營)은 조선 후기의 새로운 금위체제(禁衛體制)에 따라 조직 · 개편한 국왕 호위군대였다.

정조는 왕권을 강화시키기 위해, 반대세력을 무력으로 제압할 수 있는 친위부대로서 장용영(壯勇營)을 설치하였다. 초기의 명칭은 장용위(壯勇衛)였으나, 1788년 장용영으로 개칭되었다. 장용영 설치 초기에는 30 명에서 출발하였지만, 수원으로 진영을 옮긴 뒤 18,000 명까지 늘어났다.

정조는 "쓸모없는 군사는 도태시키고 낭비되는 군량은 줄여나가야 한다"고 주장하여 새롭게 장용영을 세우는 대신, 기존의 5군영에서 수어청과 총융청의 폐지를 관철시켰다. 또한 군영의 장군 임명은 병조판서를 통해 임금이 재가하도록 하여, 군 인사권에 대한 국왕의 통제권을 강화하였다.

기존의 5군영은 외척을 비롯한 여러 권신들에게 장악되어 있었고 인사권 또한 사실상 임금에게 있지 않았기 때문에 정조는 이를 일원화하고자 하였으나, 창설의 목적과 규모가 서로 달라 이를 통합하기가 쉽지 않자 새롭게 군영을 만들게 된 것이다.

■ 내명부

내명부(內命婦)는 조선시대 궁중에 있는 왕비와 후궁, 그리고 이들을 모시는 여자 관리인 궁녀를 통틀어 일컫는 말이다. 정조는 주위의 궁녀들을 통해 정순왕후(貞純王后: 영조의 계비)가 자신의 일거수 일투족을 감시하고 있다고 보고, 즉위 후 대전(大殿) 소속의 궁녀를 없애 왕의 주변에 궁녀를 두지 않도록 하였다.

정조는 세손 시절부터 여러 차례 암살 위험에 시달렸으며, 즉위 후 일어난 암살 사건에는 정순왕후 휘하의 궁녀가 관련되었던 것이다.

■ 법제 개혁과 내치

정조는 여러 법제를 개혁하여, 당시 사회에 대두된 문제들을 해결하려고 하였다. 금난전권(禁亂廛權: 조선 후기에 육의전이나 시전 상인이 난전을 금지할 수 있었던 독점권)을 폐지한 신해통공(辛亥通共, 1791년)으로 상업의 자유를 추구했고, 격쟁(擊錚)과 신문고를 운영하여 백성의 목소리를 직접 들으려 하였으며, 당시 사회 문제인 도망간 노비에 대한 추쇄관(推刷官) 파견을 중지하였고, 서얼과 중인의 문제도 개선하고자 하였다. 인사 문제에서도 특정 지역에 편중되는 기존의 과거제도를 고쳐, 함경도 지역과 같이 그동안 무관만을 선발하던 곳에서도 문관을 선발하였다.

이러한 개혁 조치는 기득권을 쥐고 있던 노론 세력의 반대를 불러일으킬 수밖에 없었기에, 정조는 노론을 견제할 세력으로 남인을 중시하고, 자신의 정책을 지지하는 인사를 제반 붕당에서 두루 채용하는 탕평책을 실시하였다. 특히 남인의 영수였던 채제공을 등용하는 등 남인을 중용하여, 여러 개혁 조치를 단행할 수 있었다. 정조는 《대전통편》을 간행하여 자신의 개혁 조치가 법제화되도록 하였다.

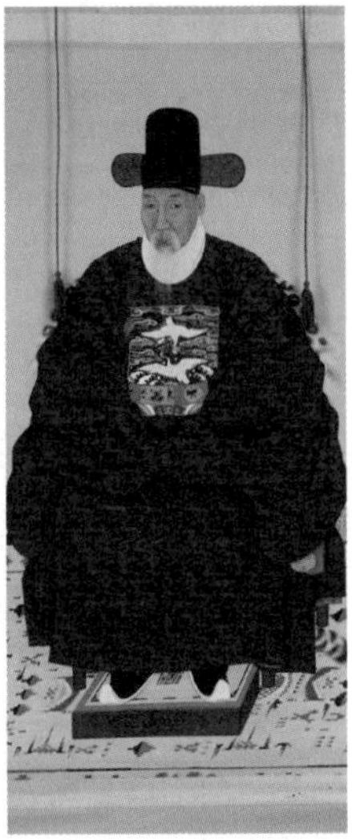

● **채제공(蔡濟恭) 영정** 영조 대의 남인, 특히 청남(淸南) 계열의 지도자로, 사도세자의 신원(伸冤) 등 자기 정파의 주장을 충실히 지키면서 정조의 탕평책을 추진한 핵심적인 인물이다. 대상인의 특권을 폐지하고 소상인의 활동 자유를 늘리는 조치인 신해통공 (辛亥通共,1791년)을 주도하였다.

■ 서한(書翰; 편지) 정치

정조는 조정의 중신들에게 개인적인 편지를 보내어, 막후에서 정치를 조정하였다. 정조가 보낸 편지 가운데 현재까지 전하는 것으로는 채제공, 조심태, 홍낙임, 심환지 등에게 보낸 것이 있다. 편지에서 정조는 상소로 제기된 민감한 현안이나 인사 문제에 대하여 자신의 의견을 전하는가 하면, 자신의 건강 상태, 신하의 대소사 등에 대해서도 언급하였다.

정조의 토목사업

정조는 아버지 사도세자의 묘를 수원으로 옮기고, 새롭게 성을 축조하였다. 1789년(정조 13년) 10월 묘를 이장하고 현륭원(顯隆園)이라고 하였고, 인근에 화성(華城)을 축조하였다. 1792년(정조 16년) 초여름, 정조는 정약용에게 성을 축조하는 데 유용한 도구를 개발하라고 지시하여 거중기(擧重機)를 고안하게 하였다. 또한 수원 화성까지 능행(陵幸)에 편리함을 도모하고자 새롭게 길을 닦았는데, 이 길이 시흥대로의 시초가 되었다.

■ 수원 화성(華城)

정조 때인 1794년 착공하여 1796년 10월 10일(음력 9월 10일)에 준공되었다. 화강암으로 쌓던 기존 방식을 버리고 벽돌로 쌓는 축성 공사에는 정약용[丁若鏞: 호는 다산(茶山) · 여유당(與猶堂)]이 고안한 거중기(擧重機: 무거운 물건을 들어올리는 데 쓰는 기구)가 사용되었다. 화성은 군사적 방어 기능과 상업적 기능을 함께 갖추었고 실용적인 구조로 되어 있어, 동양 성곽의 백미로 평가받는다. 수원 화성의 공사 책임자는 채제공이었다. 공사 도중 가뭄으로 한때 공사를 중지하기도 하였으나, 2년 7개월 만에 완공을 하였다. 축조에 동원된 인부에게는 급여를 지급하였고, 공사에 사용된 자재 · 인건비 등을 모두 기록하여 남겼다. 정조는 화성 축조의 모든 기록을 정리하여 《화성성역의궤(華城城役儀軌)》를 간행하였다. 화성은 기존의 성곽과 달리, 규격을 정한 석재를 사용하여 중국 성곽의 장점을 수용하고 화포 등 새로운 무기에 대응할 수 있도록 지어졌다. 이 공사에 동원된 인원수는 석수 642명, 목수 335명, 미장이 295명을 합해 총 11,820명에 달한다.

● 수원 화성의 장안문(長安門)

공사 경비로는 돈 873,520 냥과 곡식 13,300 석이 들었는데, 경비는 금위영과 어영청의 정번군(停番軍)이 10년 동안 납부할 재원과 경기 감영의 예비비로 충당하였다. 정조는 정약용에게 거중기를 사용한 덕에 돈 4만 냥을 아낄 수 있었다고 칭찬하였다.

정조는 화성에 유수부(留守府)를 두고 행궁과 군영을 설치하여, 정치적 · 군사적 기능을 부여하였다. 화성에 주둔한 장용영은 기존의 중앙군영이 노론 세력에게 장악당한 것과 달리, 국왕이 직접 관리할 수 있었다. 이는 화성 축조가 단순히 아버지를 추숭하는 데 그치는 것이 아니라, 왕권 강화와 밀접한 관련이 있음을 보여준다.

정조는 화성 안에 노래당(老來堂)과 미로한정(未老閑亭)을 지어, 자신의 뜻을 내비쳤다. 즉 세자가 15세가 되는 1804년에 왕위를 물려주고 상왕으로 물러나 화성에서 어머니 혜경궁 홍씨를 모시며 여생을 보내려 하였으나, 1800년 사망하여 뜻을 이루지는 못하였다.

● 수원 화성의 화서문(華西門)

● 조선 제15대~제21대 왕의 연표

	제15대 광해군(1608~1623)
1608년	종묘 준공.
1609년	도쿠가와 막부와 기유약조 체결.
1617년	폐모론 대두, 인목대비 폐위(1618).
1623년	인조반정.
	제16대 인조(1623~1649)
1624년	이괄의 난.
1627년	정묘호란.
1636년	병자호란.
	제17대 효종(1649~1659)
1651년	김자점 역모 사건.
1652년	어영청 개편 강화.
1655년	능마아청, 군사학 강의.
1658년	러시아 정벌 (2차).
	제18대 현종(1659~1674)
1659년	기해예송.
1674년	갑인예송.
	제19대 숙종(1674~1720)
1680년	경신환국.
1689년	기사환국.
1694년	갑술환국.
	제20대 경종(1720~1724)
1721년	연잉군, 왕세제에 책봉.
1722년	신임옥사.
	제21대 영조(1724~1776)
1727년	정미환국.
1728년	이인좌의 난.
1736년	사도세자, 세자로 책봉.
1762년	사도세자 사사.
1775년	왕세손에게 정사 대행시킴.

조선의 르네상스

조선 후기에는 문화의 모든 분야가 새롭게 변화해 가는 추세였다. 특히 영 · 정조 시대에 들어서면서 문예 부흥기를 맞은 것은 이 시기가 조선의 역사를 통틀어 민족문화의 전성 시대였음을 입증하는 것이다. 특히 정조의 문화 정치는 중인 이하의 평민들에게도 영향을 미쳐, 대단한 문화적 발전을 도모하게 된다. 양반, 중인, 서얼, 평민층 모두가 문화에 대한 관심을 나타내자 문예부흥이 도래한 것이다. 그림에서는 '진경산수(眞景山水)'라는 국화풍, 글씨에서는 '동국진체(東國眞體)'라는 국서풍이 유행했다. 또한 김홍도를 비롯한 특출한 예술가들이 활약하게 되어 조선 후기 '문화의 황금시대'를 이룰 수 있었다.

■ 조선 후기의 문학

양반 중심의 유교 사회에 대한 항의는, 사상 면에서만이 아니라 문학에서도 나타났다. 문학에서는 한글로 된 서민 문학이 특히 성하였다.

당시의 문학은 독창적 기교와 풍자적 수법을 발휘하여, 박지원 등의 한문소설을 제외하고라도 유식한 광대들이 가장 민족적인 설화 가운데서 소재를 취하였고, 민족 문학의 특질이 잘 표현되어 있는《춘향전》·《흥부전》·《심청전》과 같은 판소리 문학을 형성시켰다. 그와 같은 풍조는 당대의 위정자나 상류사회의 이면생활을 폭로하고 풍자하는 독창적인 작품을 수없이 낳았는데,《이춘풍전》·《쥐전》·《두껍전》등이 그런 유의 작품이다. 또한 이 시기에는 남녀 간의 애정문화를 다루는 데에도 종전의 중국적인 소재와 일부다처주의적인 봉건적 사고방식에서 탈피하여, 한 남성 대 한 여성 간의 진실한 애정문제를 다룬 소설이 많이 나왔는데,《옥단춘전(玉丹春傳)》·《이진사전(李進士傳)》등이 그것이다.

● 신윤복의 미인도

■ 조선 후기의 회화

17세기 초의 그림에서는 정교하면서도 자유분방하고 대담한 필치로 인물과 산수를 그려내어 충격을 주었다. 특히 달마(達磨)와 같은 선승과 신선을 주로 그렸는데, 이는 그 당시 이단 사상의 유행과 짝을 이루는 화단의 이단이었으며, 명나라 절강(浙江) 지방 화단의 영향을 받은 것이기도 하였다.

그러다가 17세기 말 이후로 청초 남종화(南宗畵)가 전래되면서 그 영향을 받기 시작하였다. 반청 감정을 가진 중국 남방인들의 남종화가 역시 반청 북벌사상에 젖어 있던 한양 문인들에게 호소력을 준 까닭이었다.

그러나 18세기의 영 · 정조 시대에 들어가면 남종 문인화를 한민족의 고유한 자연과 풍속에 맞추어 토착화하는, 또 다른 화풍이 일어났다. 이른바 '진경산수(眞景山水)'가 그것이다.

진경산수의 등장은 이 시기에 활발하게 간행되던 의궤(儀軌)와 국방지도 제작에 화원(畵員)들이 참가하여 조선의 산수를 그려 넣는 과정에서 개성 있는 화풍을 발전시킬 수 있게 된 것이다. 또한 한양의 문단에서 한민족의 고유한 정서를 표현하려는 천기(天機) · 진기(眞機)주의가 풍미한 것과도 관련이 있다.

● 겸재 정선의 금강전도(金剛全圖)
금강내산(金剛內山)을 부감(俯瞰) 형식의 원형 구도로 그린 진경산수화이다. 국보 제217호로 지정되었다.

● 김홍도의 씨름

18세기 중엽에 천기·진기주의 문학을 강조하던 김창업·김창협·김창흡의 후원을 받은 겸재 정선(謙齋 鄭敾)이 진경산수의 대가로 등장하게 된 것은 우연이 아니다. 양반 출신으로서 화원이 된 그는 금강산을 비롯하여 한양 주변의 수려한 경관을 독특한 필치로 그려냈는데, 날카로운 바위산은 선묘(線描)로, 부드러운 흙산은 묵묘(墨描)로 처리한 것이 특징이다.

● 김홍도의 무동(舞童)

정선의 뒤를 이어 풍속화의 새 경지를 열어놓은 화원은 정조 때의 단원 김홍도(檀園 金弘道)와 혜원 신윤복(蕙園 申潤福)이다. 김홍도는 정조의 각별한 사랑을 받아 궁정 화가의 중심인물이 되었다. 그는 정조의 화성 행차와 관련된 병풍·행렬도·의궤 등 궁중 풍속을 많이 그렸는데, 이는 기록화의 의미를 지닌 까닭에 활발하고 간결한 필치보다는 섬세하고 정교한 필치를 더 필요로 하였다.

김홍도는 신선(神仙)이나 산수 등 일반 사대부들의 감상을 위한 그림도 많이 그렸지만, 무엇보다도 그의 진면목은 당대의 생활상을 담은 풍속화 분야에서 드러난다. 밭갈이·추수·집짓기·대장간·씨름·풍악놀이·혼인풍속 등 서민들의 생활상을 낙천적이고 익살스런 필치로 묘사하였는데, 이는 정조 시대의 밝고 활기찬 사회상을 반영하는 것이기도 하다.

김홍도와 비슷한 화풍을 지닌 풍속화가로서 김득신(金得臣)·김석신(金碩臣) 형

● 신윤복의 단오풍경

제도 정조 때 궁정화가로 활약하였고 사대부들의 사랑을 받았다. 신윤복은 김홍도와 대조적으로, 주로 도시인의 풍류 생활과 부녀자의 풍속을 감각적이고 해학적인 필치로 묘사하여 풍속화의 또 다른 정형을 세웠다.

심사정(沈師正)도 18세기 화가로서 높은 명성을 떨쳤다. 그는 정교하고 세련된 필치의 산수를 잘 그려, 정선의 그림과는 대조를 보였다.

그 밖에 조영석(趙榮祏) · 변상벽(卞相璧) · 윤덕희(尹德熙) · 김두량(金斗樑) · 최북(崔北) 등 개성 있는 화가들이 18세기 화단을 화려하게 장식하였다.

● 변상벽의 묘작도(猫雀圖)

한편, 일반 사대부 중에도 그림에 뛰어난 재주를 보인 문인화가가 적지 않았다. 정조 때의 이인상(李麟祥) · 강세황(姜世晃)은 뛰어난 문인화가였다. 특히 강세황은 시 · 서 · 화의 삼절(三絶)로 널리 알려진 인물인데, 그는 서양 수채화의 기법을 동양화와 접목시켜 새로운 산수화풍을 성립시켰다.

● **강세황(姜世晃)의 자화상**
조선 후기의 문인 · 화가 · 평론가. 그림 제작과 화평(畵評) 활동을 주로 했다. 단원 김홍도의 스승으로 더 알려져 있다.

이러한 회화의 발전은 정조 때 두드러지게 나타났다. 정조 역시 그림을 즐겨 그렸으며, 김홍도에게 〈주부자시의도(朱夫子詩意圖)〉를 그리도록 하고, 송시열의 자찬이 담긴 〈송시열 초상화〉에 감상평을 적는 등 문화 활동에 남다른 관심을 가졌다.

정조는 화원들의 그림을 관심있게 지켜보았고, 스스로 도화서(圖畵署) 운영에 관여하기도 하였다. 1783년(정조 7년) 도화서의 화원 가운데 자비대령화원(差備待令畵員)을 선발하여 규장각에 파견하였고, 왕실의 주요 화사(畵事)를 담당하게 하였다. 정조는 규장각 자비대령화원제를 운영하면서 각 화원들의 장단점을 일일이 품평할 만큼, 세심한 안목을 지니고 있었다.

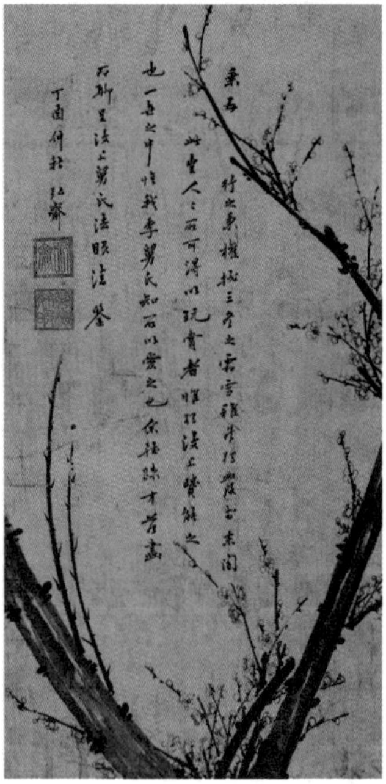
● 정조의 묵매도

정조는 규장각을 통하여 많은 서적을 간행하였다. 특히 이순신의 일기에 《난중일기》라는 제목을 붙였다.

● 청화백자 포도문호

● 청화백자 운룡문대호

조선 후기에는 산업 부흥에 따라 공예 예술도 다채롭게 발전하였다.

그릇 공예에서는 종전의 분청사기(粉靑沙器)가 자취를 감추고, 다종다양한 형태의 청화백자(靑華白磁)가 널리 유행하였다. 흰 바탕에 푸른 유약을 발라 꽃 · 새 · 산수 · 인물 등 다양한 그림을 넣어 예술성이 높아졌는데, 중국에서 수입하던 푸른 유약을 자체 개발 · 생산한 것이 큰 원인이었다.

목공예가 뛰어나게 발전한 것도 특기할 사실이다. 장롱, 책상, 소반, 의자 등 생활용품과 문방구로서 실제 기능을 가진 목공예의 발전은 조선 후기의 산업 발달에 따라 생활 문화의 수준이 높아지면서 나타난 현상이다. 특히 쇠뿔을 쪼개어 아름다운 무늬를 표현하는 화각(華角) 공예의 발달은 조선 특유의 멋이기도 하였다.

● 조선 제22대~제25대 왕의 연표

	제22대 정조(1776~1800)
1776년	규장각 설치.
1780년	홍국영 축출.
1785년	장용영 설치.
1791년	신해통공 공포.
	제23대 순조(1800~1834)
1801년	5가작통법 실시. 천주교 금지령.
1811년	홍경래의 난.
	제24대 헌종(1834~1849)
1836년	남응중의 모반사건.
1844년	민진용의 옥.
1845년	영국 군함 불법 측량 후 퇴거.
1846년	프랑스 세실제독 함대가 국서 전달.
	제25대 철종(1849~1863)
1860년	최제우, 동학 창설.
1862년	진주 민란.

● 화각(華角) 공예 장
쇠뿔을 얇게 펴서 채색 그림을 그린 후 이를 목기물 위에 붙여 장식하는, 한국 특유의 각질(角質) 공예기법 및 그 제품.

세도정치

원래 세도정치(勢道政治)란 '정치는 널리 사회를 교화시켜 세상을 올바르게 다스리는 도리'라는 사림(士林)의 통치이념에서 나온 이상적인 정치 도의를 의미하였다. 그러나 실제로는 척신(戚臣) 또는 총신(寵臣)이 강력한 권세를 잡고 전권(專權)을 휘두르는 부정적 정치 형태, 특히 홍국영(洪國榮) 이후의 조선 후기 세도정치를 지칭하는 말로 더 많이 쓰이고 있다.

■ 세도정치의 징조

세도정치는 영조 대에서부터 그 징조를 보이기 시작했다. 영조는 탕평을 실현하기 위해 애를 썼지만, 숙종 때부터 시작된 환국정치로 붕당들이 사생결단을 벌이기 시작하면서 생긴 폐단을 해결하기에는 역부족이었다. 더군다나 영조 당시에는 노론 강경파에 의해 소론이 역적으로 몰려 있었다. 영조는 이런 노론 강경파를 제어하기 위해 새로운 근왕세력의 필요성을 절감하고 육성하기 시작했는데, 그때 눈에 들어온 것이 외척, 그중에서도 자신의 사돈인 홍봉한 등의 풍산 홍씨 일가였다.

외척은 임금의 사돈 · 외가 · 처가라는 사실만으로도 사회적으로 엄청난 영향력을 가지는데, 이에 그치지 않고 왕이 정치적으로 적극 지원한 것이다. 영조의 요구에 풍산 홍씨 일가는 적극 호응하였고, 마침내 노론 강경파를 견제하고 자신들이 조정의 대세로 자리잡게 되었다.

하지만 이때부터 슬슬 외척세력은 변질하게 되는데, 영조가 강력한 왕권을 갖게 됨에 따라 그의 충실한 수족이 된 것이다. 기존의 노론 강경파를 견제하고 탕평을 실현하려던 목적이 증발한 것이다. 영조의 절대왕권에 기생하게 된 외척세력은 갖은 폐단을 일으켰는데, 그중 가장 대표적인 것은 영조가 사도세자를 죽이려는 계획에 동참한 것이다.

그들은 영조 사후에도 권력을 유지하기 위해 훗날 정조가 되는 세손에게도 접근하였으나, 자신의 아버지를 죽인 세력을 정조가 곱게 볼 리가 없었다. 이에 따라 외척세력은 정조의 이복동생인 은진군 · 은신군을 왕으로 옹립하기 위해 정조를 헐뜯기 시작한다. 이에 대한 반발이 여러 군데에서 일어났는데, 그중 가장 대표적인 것은 여태 풍산 홍씨에게 밀려 비주류로 전락한 노론 강경파였다. 그들 중에서도 일부 소장 세력은 풍산 홍씨 척결을 주장하며 무리를 결성하는데, 바로 노론 청명당(淸名黨)이었다. 이들 중 리더 격인 김종수(金鍾秀)는 정조의 스승으로, 세손 시절부터 정조에게 협조하였다.

■ 정조 전후의 세도정치

이때 등장한 사람이 바로 홍국영이었다. 아버지 사도세자를 죽인 외척세력에게 위협을 받던 정조의 심복으로, 사서에 "오른쪽 날개"라는 표현이 직접 등장할 정도로 정조의 큰 신임을 받았다. 그는 정조의 즉위 후 외척을 숙청하며, 사실상 '일인지하 만인지상(一人之下 萬人之上)'의 자리에 올랐다.

홍국영은 그의 동생인 원빈 홍씨를 정조의 후궁으로 들였는데, 원빈 홍씨는 그 가례를 치를 때 중국 귀비의 예를 참조했고, 생전에 조정과 약방의 문안을 받았으며, 사후 시호와 원호를 받는 등 여러 면에서 이례적인 대접을 받았다. 하지만 홍국영의 권세는 그리 오래가지 못하고 탄핵당해 강릉에 유배되었다가, 34세의 젊은 나이로 숨을 거두었다.

● **홍국영(洪國榮)의 영정**
조선 후기의 무신 · 세도정치가. 사도세자를 죽이는 데 주동 역할을 한 벽파(僻派)들이 세손(世孫:정조)까지 해하려고 음모를 꾀하자 이를 막아, 세손에게 깊은 신임을 얻었다. 정조를 즉위시키는 데 진력하여 도승지에 올랐고, 누이동생을 빈으로 들여보내 세도정권을 이룬 채 갖은 횡포와 전횡을 일삼았다.

정조의 사망 후 정순왕후 김씨가 수렴청정을 할 때 노론 벽파와 경주 김씨가 정권을 잡고 시파를 몰아냈으나, 수렴청정을 거둔 후에는 정조의 친위세력이자 순조(純祖)의 외척인 김조순(金祖淳)이 정순왕후 김씨 일파를 몰아내어, 사실상 붕당정치를 끝내고 세도정치의 막을 열었다. 다만 실질적으로 세도정치가 본격화된 것은 김조순의 아들 김좌근(金左根)부터라고 보기도 한다.

최초의 세도정치로 불리는 홍국영은 물론 김조순과 안동 김씨 또한 노론 벽파에 대항하기 위해 정조가 의도적으로 키웠다가 그렇게 된 것이므로, 결국은 붕당을 해결하려고 애썼던 정조의 정책에 원인이 있다고 봐야 타당하다. 실제로 정조는 자신의 역량을 기반으로 정치세력의 개편을 꾀했으나, 그가 갑작스레 사망하고 그의 뒤를 이은 후계자는 아직 어린아이였기 때문에 구심점을 잃고 말았다.

순조는 무능한 왕이 아니었고, 오히려 벽파 숙청에서 주도적인 역할을 하면서 괜찮은 역량을 보이기도 하였다. 하지만 그는 정치에 너무 쉽게 지쳐 나가떨어졌고, 홍경래의 난(1711년)을 계기로 세자에게 대리청정을 맡기는 등 정치에서 손을 뗀 것이 결과적으로 안동 김씨 세력에게 절대적으로 의존하게 만든 셈이다. 결국 일련의 '개편'이 기존 정치 질서의 파괴로 변해 버리고 말았다.

● **김좌근(金左根)의 고택**
경기도 이천시 백사면 내촌리 소일마을에 있는, 안동 김씨(安東金氏)의 고가. 안동 김씨 세도정치의 중추적 역할을 하였던 김좌근의 묘지를 관리하는 한편, 별장으로도 사용하기 위해 김좌근의 양아들 김병기(金炳冀)가 지은 것으로 알려져 있다.

조선 말기의 세도정치

조선 중기까지는 지방의 중소지주 출신이라도 학문적 소양이 뛰어나고 과거에 합격하면 조정 출사가 어렵지 않았으나, 1700년대에 들어서자 상황이 달라졌다. 사림이 중앙사족과 지방사족으로 나누어진 데 따라, 수도권 출신이 아니면 과거 급제도 힘들거니와 과거에 합격해도 관직을 얻지 못하는, 권력의 중앙집권화 현상이 심화되었다. 이를 타파하고자 정조가 꺼내 든 방책은 척신(戚臣) 카드였는데, 다름 아니라 자신이 사돈으로 삼은 노론 시파 김조순이었다. 하지만 정조 사후, 노론 벽파 · 시파 간의 내부적인 권력 투쟁과 함께 노론이란 마지막 붕당마저 소멸되었고, 그 붕당을 이루어 왔던 권세가문들 일부가 살아남아 권력을 장악하는 세도정치로 발전하게 된다.

■ 순조 시대의 세도정치

19세기 순조 시대의 세도정치는 왕의 장인인 김조순을 중심으로 펼쳐졌다. 왕의 처가인 '안동 김씨' 가문을 주축으로, 왕의 모친 가문인 '반남 박씨' 가문이 우대를 받는 형태로 전개되었다.

세도정치를 확립한 김조순은 얼핏 보면 간신으로 여겨질 수 있지만, 실제론 겸양의 처세와 지방 인재 추천 등으로 당시엔 군자로 불렸던 인물이었다. 그런 김조순이 굳건하던 순조 시대에는 홍경래의 난(1811년)을 제외하면 중앙정치가 안정화를 이루었다. 그러나 삼정[三政: 전부(田賦) · 군정(軍政) · 환곡(還穀)]의 문란은 계속 심화되어 갔고, 순조(1834년 사망)와 외아들인 효명세자(孝明世子, 1830년 사망)가 비슷한 시기에 죽은 후에는 그의 자식들 · 조카들 그리고 친족들이 점차 독단적 행보를 하게 됨으로써, 헌종 · 철종 대에는 세도정치가 가진 문제들이 심각하게 표출된다.

● 김조순(金祖淳)의 초상
순조 2년(1802년)에 딸이 순조의 비로 책봉되면서, 안동 김씨 세도정치의 기틀이 마련되었다.

시파였던 안동 김씨는 천주교에 대하여 제법 온건하였다. 신유박해(1801년) 때에는 안동 김씨의 봉사손(奉祀孫: 조상의 제사를 맡아 받드는 자손)이 천주교 혐의로 처형될 정도였고, 또 고증학에 나름대로 관심을 가지는 등 '성리학 유일사회' 조선 치고는 상당히 특이한 모습을 보였다. 문제는 그들이 천주교나 신학문에 관대했을 뿐, 현실 개혁에는 적극적이지 않았다는 점이다.

이때 효명세자의 장인이 된 조만영(趙萬永)은 조득영의 아우로, 조득영은 김달순을 공격하는 상소를 올려 순조 초의 벽파 · 시파 간 싸움에서 벽파를 몰아내는 데 큰 공을 세웠다. 이것을 눈여겨본 순조는 특별히 그의 동생인 조만영의 딸을 세자빈으로 삼았는데, 이것은 풍양 조씨를 세도 가문의 반열에 올려놓는 결정적인 계기가 되었다.

순조가 즉위한 후 4년간은 벽파가 세도정치를 펼쳤고, 정순왕후 김씨가 죽은 뒤 2년간은 시파와 벽파의 대립 시기였으며, 그리고 한동안은 소론 대신 이시수 · 이병모 등과 시파계 대신들이 조정을 주도해 나가게 되었다. 또한 홍경래의 난이 터지기 전까지만 해도 순조는 나름대로 열심히 정사를 보았다.

국정 장악에는 별 관심이 없고, 민생에만 주로 관심을 보여서 성과가 미미했지만. 하지만 홍경래의 난이 터진 이후로 순조는 정사를 노골적으로 귀찮아하면서, 대신들에게 일을 맡겼다. 효명세자의 대리청정도 비슷한 차원에서 이루어졌다.

● **홍경래(洪景來)의 난**
19세기 세도정치로 인해 국가 기강이 해이해지면서 탐관오리의 부정은 극에 달했고, 농민들의 삶은 점차 피폐해져 갔다. 이에 농민은 종전의 소극적인 자세에서 벗어나 항거 · 봉기 등의 적극적인 방법으로 지배층의 부패에 대응했고, 이러한 움직임은 홍경래 · 우군칙(禹君則) 등의 주도로 퍼져나갔다.

■ 헌종 시대의 세도정치

이후 효명세자의 아들이자 순조의 손자인 헌종(憲宗)이 8세에 등극하게 되자, 풍양 조씨는 안동 김씨에 못지않은 세도를 부린다. 이들은 그간 관대했던 천주교에 탄압을 가했는데, 이런 사실에 비추어 보면 효명세자가 장수했다고 할지라도 조선의 근본적인 면이 개혁되었을지는 의문이다. 이 시기 효명세자의 세자빈인 신정왕후(神貞王后, 풍양 조씨)와 헌종의 할머니 순원왕후(純元王后, 안동 김씨) 사이에 암투가 벌어진 까닭이다.

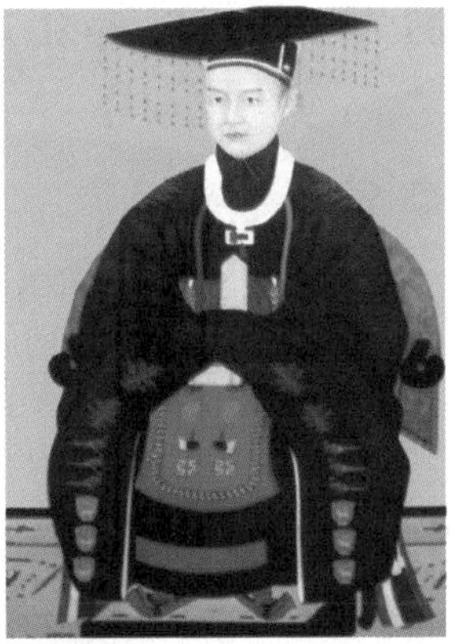

● **효명세자(孝明世子)**
순조(純祖)의 세자로서 이름은 영(旲)이다. 순조 12년(1812년) 왕세자에 책봉되었고, 동왕 27년부터 대리청정하여 형옥을 삼가고 민정에 힘썼으나 4년 만에 죽었다. 후에 익종(翼宗)으로 추존되었다.

■ 철종 시대의 세도정치

철종(哲宗)이 즉위하고는 그 비(妃)인 철인왕후(哲仁王后)가 김문근의 딸이었으므로, 안동 김씨가 다시 세도를 잡게 되었다. 비록 왕족이라 하더라도 김씨의 세도에 억눌려 살아야 되었으니, 가령 왕족인 이하전이 과거 시험장에서 김씨의 자제와 싸워 패하고는 뒤에 죽음을 당하기도 하였던 것이다. 이에 따라 온갖 협잡이 성행하여 정치의 기강은 문란해지고, 민생은 도탄에 빠지게 되었다.

● **철종(哲宗) 어진**
조선 왕조 제25대 왕(재위 1849~1863). 1844년 가족과 함께 강화에 유배되었다가, 1849년 궁중에 들어와 헌종의 뒤를 이어 즉위했다. 즉위 후 대왕대비 김씨가 수렴청정을 하였으며, 1851년 대왕대비의 근친인 김문근(金汶根)의 딸을 왕비로 삼았다. 김문근은 국구(國舅)로서 정권을 장악했는데, 이때 안동 김씨의 세도정치가 절정에 달하였다. 1852년부터 왕의 친정(親政)이 시작되었으나 정치에 어두웠고, 김씨 일파의 전횡(專橫)으로 삼정(三政)의 문란이 극도에 달하였다.

■ 세도정치의 주요 가문

● 안동 김씨

안동 김씨는 조선 후기 순조 · 헌종 · 철종의 3대에 걸친 왕의 외척으로서, 조정의 요직을 독차지하고 세도정치를 행하였다.

정조 때 홍국영이 세도정치를 행한 이래, 후대 제왕은 나이가 어려 세도정치가 더욱 본격화되었다. 순조가 11살에 즉위하자, 김조순이 자기 딸을 왕비로 삼아 외척으로서 정권을 장악한 뒤 안동 김씨 일파를 요직에 두루 앉혔는데, 1827년(순조 27년) 효명세자가 정치를 대리하고 풍양 조씨 일파가 정권을 장악하여 한때 정권을 빼앗기기도 했다.

철종이 즉위하여 김문근의 딸이 왕비가 되자, 김씨는 또다시 정권을 잡게 되어 김좌근(金左根: 순조의 왕비인 순원왕후의 친동생) · 김재근(金在根) · 김수근(金洙根) · 김병익(金炳翼) · 김병국(金炳國) 등이 국정을 좌우하는 중심 인물이 됨으로써 김씨의 세력은 절정에 달했는데, 흥선대원군의 등장으로 김씨 세력은 몰락하게 되었다.

● 풍양 조씨

풍양 조씨는 조선 후기 헌종 대를 통해 왕의 외척으로서 정권을 잡아 세도정치를 행하였다.

1827년(순조 27년)에 효명세자(뒷날 익종으로 추존됨)가 부왕의 신병 요양으로 인하여 정치를 대리하게 되자, 조만영의 딸(효명세자의 비, 헌종의 어머니, 신정왕후)로 인해 조씨 일파는 김씨 일파와 세력 다툼을 벌여 한동안 세도를 잡았으나, 그들 간의 불화 반목으로 세도가 무너지게 되었고, 철종 즉위와 함께 안동 김씨에게 세력을 빼앗기고 말았다.

흥선대원군의 등장

조선조에 대원군(大院君: 왕의 생부)으로 기록된 인물이 총 4명인데, 그중 조선 왕조를 통틀어 살아 있는 사람으로서는 유일하게 대원군이 되었다. 또한 대원군의 지위를 받은 사람 중에선 유일하게 섭정까지 하였다. 흥선대원군(興宣大院君) 이하응은 인조의 3남인 인평대군(麟坪大君)의 후손이기 때문에, 직계 왕통과는 꽤 거리가 멀었다. 그럼에도 자신의 아들을 왕으로 즉위시키기 위해 파락호의 행세를 해야 했고, 실권을 잡은 뒤 조선의 고질병인 세도정치를 과감하게 척결하였다. 그러나 개항을 요구하는 서구 열강의 침략적 자세에 대하여 척외 강경정책으로 대응하여, 조선의 위기를 자초하였다.

■ 고종의 즉위 전후

철종이 아들도 없고 병약하다는 것을 간파한 이하응(흥선대원군)은 어리석은 행세를 하면서도 집권을 기획하였다. 우선 사돈 이호준을 통해 그의 본처 사위인 조성하 · 조영하를 소개받았고, 그들을 통해 조성하 · 조영하의 고모이자 당시 왕실의 최고 어른이었던 신정왕후(神貞王后) 조 대비에게 접근했다.

결국 이하응의 작전은 멋지게 들어맞았다. 철종이 사망한 후 1863년 조 대비와 익종(효명세자)의 양자로 들어가는 형식(익성군이 됨)으로, 12세의 둘째 아들 이명복을 왕위(고종)에 앉히는 데 성공했고, 이후 섭정의 형식으로 정치에 참여하게 되었다. 여기서 자기 아들을 익종의 양자로 들였다는 것에 주목해야 하는데, 대행왕인 철종이 아니라 조 대비의 남편인 익종의 후사로 삼아서, 왕실의 계보를 익종 계열로 잇게 하여 조 대비를 흡족케 한 것이다. 과거 철종이 즉위할 때는 당시의 대행왕인 헌종이 아니라 순조의 아들로 삼아서 왕위를 잇게 하는 바람에, 익종 계통은 후사가 끊어진 상황이었다. 흥선대원군은 이 상황을 절묘하게 이용한 것이다.

● 신정왕후 조씨의 초상

1863년 12월 아들 이명복이 제26대 왕인 고종(高宗)으로 즉위하고 조 대비가 수렴청정을 하였으나, 곧 흥선대원군에게 고종을 보필하라며 전권을 위임하니, 이때부터 흥선대원군이 집권하기 시작하였다.

흥선대원군은 암암리에 안동 김씨 일문을 축출하면서 문벌과 사색당파를 배제한 인사등용을 하였으며, 영의정에 조두순, 좌의정에 김병학, 훈련대장 겸 포도대장에 이경하를 임명했다. 그러자 안동 김씨의 영수격이며 순원왕후와 동기간인 영의정 김좌근이 사임하였다.

1864년에는 판서와 좌찬성을 역임한 김병기(김조순의 양아들인 김병필의 아들; 김조순의 양손자)가 광주부유수로 좌천되었다. 이후 조 대비와의 동맹관계를 강화하고, 안동 김씨를 중심으로 한 권력층의 명문 양반가를 일부 포섭하면서 김병학(金炳學)·김병국(金炳國) 등 안동 김씨 일부 세력의 지원을 받아 권력을 장악할 수 있었다.

■ 내정 개혁과 왕권 강화

세도정치 기간에 삼정의 문란은 극에 달했다. 이 때문에 유랑민이 늘었고, 빈농들의 경제 상황은 날이 갈수록 나빠졌다. 이에 민중들은 곳곳에서 들고일어나고 있었고, 그런 경향은 1862년 최고조에 달했다.

흥선대원군은 양전 사업을 실시하고, 은결(隱結: 전세의 부과 대상에서 불법적으로 누락시킨 토지)을 색출해 내는 것으로 전정을 개혁했다.

또한 군정을 개혁하기 위해, 사람을 기준으로 하는 것이 아니라 집을 기준으로 하는 호포제(戶布制)를 실시하였다. 이에 양반들은 반발했지만, 흥선대원군은 의견을 관철시켰고, 걷히는 세금이 확연히 늘어났다. 다만 양반들의 원성이 하도 높아, 체면을 고려해서 사내종의 이름으로 거뒀다.

● 흥선대원군의 초상

● **운현궁(雲峴宮)**
흥선대원군의 사가(私家)로, 고종이 왕위에 오르자 권력은 이곳으로 집중되었다.

또한 이전까지 관에서 곡식을 빌려준다는 명목 아래 수령과 아전들의 돈벌이 구실이 되었던 환곡제(還穀制)를 폐지하고, 지역의 덕망 있는 양반이 곡식을 빌려주게 하는 사창제(社倉制)를 실시하게 했다. 이 사창의 운영을 책임진 자를 사수(社首)라고 부르는데, 사수는 임명제가 아니라 지방의 추천제로 이루어졌다.

이외에 검소한 생활을 권장하고 길거리의 부랑배들을 몰아내면서, 국가 분위기를 바로잡았다. 본래 조선 시대의 국정 명령 집행 문서는 항상 '왕약왈(王若曰 : 왕은 이르노라)'로 시작했는데, 대원군 섭정기에는 '왕약왈' 대신 '대원위분부(大院位分付: 대원위가 명한다)'가 앞에 붙었다고 한다. 황현의 《매천야록》에는, 이 무렵에 '대원위분부' 다섯 글자에 온 천하가 떨었다고 씌어 있다.

흥선대원군은 이전까지 집권해 왔던 세도정치가들도 몰아내야 했는데, 비변사(備邊司)를 폐지하고 의정부와 삼군부를 부활시키는 것으로 그것을 이루어 냈다. 안동 김씨들은 수백 년을 내려온 비변사를 폐지하는 것은 애석하다고 은근슬쩍 반대를 하다가, 대원군과 조 대비의 뜻이 확고하자 타협안을 내놓아, 의정부와 비변사에게 권력을 반반씩 나누게 함으로써 《경국대전》에도 없는 비기구인 비변사의 존재를 공식화하려 했다.

하지만 대원군은 그 타협안에서 불과 1년 후에 비변사를 혁파하고, 비변사의 인장을 아예 녹여버려 영원히 부활하지 않을 것임을 선포했다. 의정부와 삼군부는 모두 왕과 직결되는 권력 기관이었기 때문에 왕권은 강화되었고, 세도가문의 세력은 상당히 약화되었다.

그는 또한 남인 · 소론은 물론 북인, 반역향이라고 소외된 영남 유림, 서북인 · 함경도인 · 고려왕씨 등 권력에서 소외된 계층, 왕가의 종친 등을 끌어들여 세도 가문의 위세를 꺾는 데 성공했다. 또한 《대전회통》《육전조례》 등을 펴면서 법제도 바로잡았다. 다만 안동 김씨 가문에 대한 숙청은 최소한으로 끝났다.

■ 명성황후 민씨의 왕비 간택

1865년 흥선대원군은 왕비 간택을 시도한다. 그중 민치록의 딸 민자영이 최종 간택되었다. 그가 명성황후(明成皇后)를 간택한 배경에 대한 설은 두 가지가 전해진다.

① 대원군은 사람 보는 눈이 보통이 아닌데, 명성황후의 본성을 깨닫지 못했을 리가 없다는 것이다. 장차 자신의 최대 정적이 될 것이 틀림없으나, 그래도 가장 중요하게 여긴 가족관계에서 민 규수만한 후보가 없었기 때문에, 설마 장차 자기를 없애려고 들기야 하겠느냐 하는 생각으로 눈감고 왕비로 간택했다는 설이다. ② 사실 당시 명성황후는 대원군이 만족해할 만한 아주 얌전한 규수였다는 것이다.

그 밖에 부인 여흥부대부인이 적극 추천했다는 주장도 있다. 어쨌든 안동 김씨와 풍양 조씨의 세도를 두려워한 흥선대원군은 일부러 아버지도 없고 형제나 혈육이 없는 민자영 규수를 최종 왕비로 낙점했다.

● 명성황후(明成皇后) 민씨
명성황후는 1851년(철종 2년)에 경기도 여주에서 부친 민치록(閔致祿)과 모친 한창부부인 이씨 사이에서 태어났다. 8세 때 부친이 타계한 뒤, 어머니와 함께 서울의 감고당(感古堂)에 와서 살았다. 감고당은 인현왕후(仁顯王后: 숙종의 계비)의 친정집이었다. 1863년(철종 14년) 철종이 타계하자, 조 대비의 명에 의해 흥선대원군의 둘째 아들 이명복(李命福)이 국왕으로 옹립되었다. 3년 뒤인 1866년 흥선대원군과 여흥부대부인 민씨의 역할에 의해 16세 때 왕비로 간택되었다.

처음 중전이 됐을 때의 명성황후는 첫인상 그대로 얌전하고 온순한 중전이었으나, 명성황후가 대원군을 미워하기 시작한 것은 1868년(고종 5년)에 귀인 이씨가 완화군(完和君)을 낳았을 때부터라고 한다.

고종 5년, 귀인 이씨가 고종의 첫 아들인 완화군을 낳았을 때 흥선대원군은 도에 넘칠 정도로 몹시 기뻐했고, 이로써 종묘사직이 더욱 튼튼해졌다고 하며 고종에게 기쁨을 털어놓았는데, 그때 옆에 있던 명성황후를 거의 무시할 정도였다고 한다. 이 무렵의 명성황후가 대원군을 얼마나 싫어했는가를 짐작하고도 남는다.

■ 경복궁 중건

경복궁의 중건은 헌종 때 수리할 것을 계획했으나, 재정이 모자라 그만두었다. 흥선대원군은 선왕의 뜻을 계승한다는 구실을 내건 채 간언을 듣지 않고 공사를 서둘렀는데, 필요한 기금을 마련하고자 원납전(願納錢)을 강제 징수하였고, 대장군 이경하에게 감독을 맡기고 세금을 인상하였으며, 결두세(結頭稅)라는 특별 세금을 부과하고 장정들을 징집하여 매일 수만 명을 작업에 동원했다. 또한 춤꾼과 기녀를 모집하여, 인부들을 위한 위문공연을 열었다.

● 경복궁 중건(景福宮 重建)
경복궁은 임진왜란으로 소실(燒失)된 이후, 고종의 즉위와 함께 당시의 섭정(攝政)이던 흥선대원군이 단안을 내려 경복궁 중건계획을 발표하고, 1865년에 영건도감(營建都監)을 설치하여 공사에 착수하였다. 대원군은 조선 말기 이래로 외척(外戚)의 세도에 밀려 추락된 왕실의 존엄과 권위를 회복하기 위해서 경복궁 재건을 서둘렀던 것이다. 공사 착수 당시에는 반대하는 의견도 많았으나, 대원군은 이에 굽히지 않고 총책임자가 되어 적극적으로 추진을 하였다.

경복궁을 중건하던 1866년 3월에는 방화로 추정되는 불이 나서 재목이 모두 타버리자 사람들이 놀라 공사를 중지하자고 건의하였으나, 흥선대원군은 털끝만큼도 움직이지 않고, 더욱더 재목을 채집할 것을 요구하며 공사를 독촉하였다. 그리고 원납전이라는 강제 기부금을 백성들에게 징수하고, 도성 4대문을 통과할 때 통행료인 문세(門稅)까지 받았다.

■ 양반 세금부과 및 삼군부 육성

경복궁 중건으로 소모된 재정을 회복하기 위하여 호포제를 실시해, 양반에게도 군포(軍布)를 징수하였다. 종래 상민들에게만 부과하던 군포를 양반에게까지 확대해서 징수하게 되었으므로, 양반들의 불평불만이 대단하였다. 그러나 흥선대원군은 양반들의 반발에 꺾이지 않고, 계급 여하를 막론하고 1호당 2냥씩을 균일세로 부담케 하여 그 실시를 강행했다.

양반과 상민을 가릴 것 없이 군포를 징수하자는 주장은 일찍이 1600년대부터 노론 실학파나 일부 남인 계열이 주장하던 것이었다. 그러나 양반의 존엄을 해친다는 반대 때문에 묵살당해 왔는데, 흥선대원군은 200여 년 만에 이를 실행에 옮겼던 것이다.

흥선대원군은 삼군부를 부활시킴과 동시에 자신의 친위군으로 양성하였다. 삼군부의 무장을 발탁할 때에는 척족 출신을 완전히 배제하고 무과 출신의 전문 군인과 종친, 대원군이 신뢰하는 무장 등을 선발하였다.

● 삼군부(三軍府)
의흥삼군부(義興三軍府)의 약칭. 고종 5년(1868년)에 설치한, 주요 군사 관계의 일을 논의하는 관청. 현임 장신(現任將臣) 또는 증경 장신(曾經將臣)으로 겸임하게 함. 고종 9년(1872년)에 다시 폐하였고, 1882년 임오군란 후에 다시 설치되었으나, 12월에 통리군국사무아문에 편입되었다.

이때 그는 전문 무장을 양성했다. 무반을 차별하는 오랜 관행에 도전이라도 하듯 대원군은 무부(武夫), 진짜 군인들을 우대하고 중용했다. 군인들에 대한 대원군의 각별한 예우는 후일 별기군 창설(1881년) 후에 멸시당하던 구식 군인들에게 대원군 향수를 불러일으키게 했다.

흥선대원군은 정치와 군사를 분리시킨 뒤, 군사력 육성에도 각별한 관심을 두었다. 소수의 권력 독점을 배제하고 행정과 군사를 분리하여, 국가 행정 기구의 조직력과 기능성을 회복하고자 한 것이 흥선대원군의 구상이었다. 그러는 한편으로 삼군부를 자신의 친위군대로 양성하여, 대원군 자신과 왕실을 호위하게 하였다.

■ 토지개혁

흥선대원군은 유교에 대해 적대적인 태도를 보이지는 않았지만, 서원(書院)이 당쟁과 연계되고 백성들을 괴롭히는 등 병폐가 잇따르자, 집권 직후 서원 철폐령을 내렸다. 서원 철폐령으로 도산서원과 소수서원 등 전국에서 47개의 서원을 제외한 8백여 개의 서원이 철폐되었다.

● **도산서원(陶山書院)**
조선의 대표적인 유학자 퇴계 이황이 세상을 떠난 후, 그의 제자들에 의하여 건립되었다(1574년). 현재의 도산서원은 퇴계가 생전에 성리학을 깊이 연구하며 제자들을 가르쳤던 도산서당 영역, 퇴계 사후에 선생의 학문과 덕행을 기리기 위해 지은 도산서원 영역으로 크게 나뉜다.

대원군은 서원을 헐고, 신주를 묻으라며 위패 처리에 대한 지시까지 직접 내렸다. 서원 철폐령에 의해, 서원에서 모시던 선현들의 위패는 모두 옹기 등에 의해 싸여져서 서원 근처에 매장되었다.

서원 철폐는 지방 유생들의 강력한 반발을 불러왔으나, 흥선대원군은 "공자가 다시 살아나서 나를 위협한다 해도 이 정책은 끝까지 밀고 나가겠으니 그리 알라."며 강행하였다. 서원 철폐령을 취소해 달라는 전국 유림들의 집단 상경집회가 있었으나 이때마다 대원군은 유림들의 집회를 강제 진압하고, 유림들을 노량진 밖으로 쫓아냄으로써 유학자들의 반발을 초래하였다. 대원군을 지지하던 이항로(李恒老) 등도 이때부터 대원군에게 등을 돌리기 시작했고, 이항로의 문인 최익현(崔益鉉)은 민씨 정권과 손잡고 대원군을 탄핵하기에 이른다.

■ 병인박해

1864년 4월 4일(고종 1년 음력 2월 28일)에 아라사(러시아)에서 사람 몇 명이 두만강 얼음을 타고 함경도로 내려와 통상을 요구하는 서신을 보내오자 거절하고, 관련자들을 처벌하였다. 흥선대원군은 국경을 맞댄 아라사의 남하에 대비하기 위해 불란서(프랑스) 천주교 선교사들과 접촉해, 아라사를 막아준다면 천주교 선교를 인정하겠다는 의사를 밝혔다. 그러나 일이 틀어졌던지, 1866년(고종 3년) 천주교 신자를 모두 잡아들여 사형에 처하였다. 이 사건이 병인박해다.

● **병인박해(丙寅迫害)**
1866년부터 1871년까지 계속되었던 조선의 최대 박해로, 가장 많은 순교자를 내었다. 천주교 박멸이라는 국내 정치적 측면만이 아니라, 급격하게 밀어닥치는 서구 식민세력에 대한 대항이었다는 점에서 1801년의 신유박해나 1839년의 기해박해와는 다르다.

■ 오페르트 도굴 사건

1866년 영국 상선과 독일 상인 오페르트 등이 충청도 연안에 와서 각기 통상을 요구하기도 하였다. 그러나 이 역시 거절하였다. 그 뒤 1868년에 오페르트는 흥선대원군의 아버지인 남연군(南延君)의 무덤을 도굴하여 부장품을 훔쳐 가려는 만행을 저질렀다. 이는 흥선대원군을 더욱 분노케 하여, 천주교 박해와 쇄국책을 강화하는 원인이 되었다.

● 남연군(南延君)의 묘
충청남도 예산군 덕산면 상가리에 있는 남연군(흥선대원군의 아버지)의 무덤으로, 1868년 독일인 에른스트 오페르트(Ernst Oppert)가 1866년 3월과 8월 두 차례에 걸친 조선과의 통상교섭에 실패한 뒤, 통상 문제를 놓고 대원군과 흥정하기 위하여 이 묘의 시체와 부장품을 도굴하려다 미수에 그쳤다.

■ 병인양요와 신미양요

1866년 8월, 미국의 상선 제너럴셔먼 호가 평양 대동강을 거슬러 올라와서 통상을 요구하고, 받아들여지지 않자 재물을 약탈하다가 평양 군민과 충돌을 일으켜서 배가 침몰하여 선원들이 사망한 사건이 있었다.

셔먼 호 사건이 일어난 지 얼마 지나지 않았을 때, 프랑스 해군 제독인 로즈가 군함 프리모게 호 외 6척을 이끌고 와 "왜 프랑스인 신부 9명을 죽였느냐?"며 강화도를 침공해 점령하였다. 프랑스군은 성 안의 백성들을 살상하고, 마구잡이로 약탈한 뒤 방화를 하는 등 만행을 저질렀다. 이때 외규장각에 보관 중이던 우리의 국보급 문화재인 옥책문(玉册文) · 선원보(璿源譜) · 의궤(儀軌) 등도 약탈당했다. 이들은 문수산성과 정족산성 전투에서 양헌수 등의 방어로 패배하자 철수했는데, 이 사건을 병인년에 서양인들이 일으킨 난리라 하여 '병인양요(丙寅洋擾)'라 한다. 이 사건을 계기로 천주교와 서양 세력을 한 무리로 여기는 인식이 굳어져, 천주교 탄압이 강화되었다.

1868년 3월에 미국 군함 셰넌도어 호는 셔먼 호 사건을 문책하러 평양에 나타났다가 곧 물러갔는데, 흥선대원군은 조선 병사가 미군을 격퇴했다고 선언하였다. 그러나 3년 뒤인 1871년, 미국은 셔먼 호 사건을 빌미로 하여 함포외교의 수법으로 통상조약을 맺기 위해, 5척의 군함을 보내 강화도를 공격하는 신미양요(辛未洋擾)를 일으켰다. 1871년 4월 미국 함대가 강화도에 쳐들어와 덕진진(德津鎭)과 광성보(廣城堡)를 점령하자, 흥선대원군은 항전을 주장하며 한성부의 종로 네거리를 비롯한 전국 주요 도시에 척화비(斥和碑)를 세우고 결사항전을 준비했다. 조선 조정에서 통상을 거부하고 외교 교섭에 응하지 않은 채 전투가 장기화되자 미국 함대는 1871년 5월 철수했다.

■ 척화비 건립

양요들을 겪은 흥선대원군은 서양 열강에 대한 경계심이 더욱 굳어졌으며, 천주교에 대한 탄압을 한층 강화하였다. 그리고 척화비를 세웠다. 척화비의 내용은 "서양 오랑캐가 침범할 때 싸우지 않는 것은 곧 화친을 하자는 것이요, 화친을 하자는 것은 나라를 파는 것이다."라는 간결한 문구가 전부였다.

조선은 이보다 훨씬 복잡한 포고령도 전국 방방곡곡에 배포할 수 있는 행정망을 갖고 있었다. 또한 척화를 둘러싸고 세간의 여론이 아직 크게 갈라진 것도 아니었다. 서양과 통교하자는 사람은 당시 조선 전국을 뒤져도 얼마 되지 않았을 시대였다. 진짜 목적은 기왕이면 척화에 대한 백성들의 의식을 고양하고, 결의를 다지기 위함이었다.

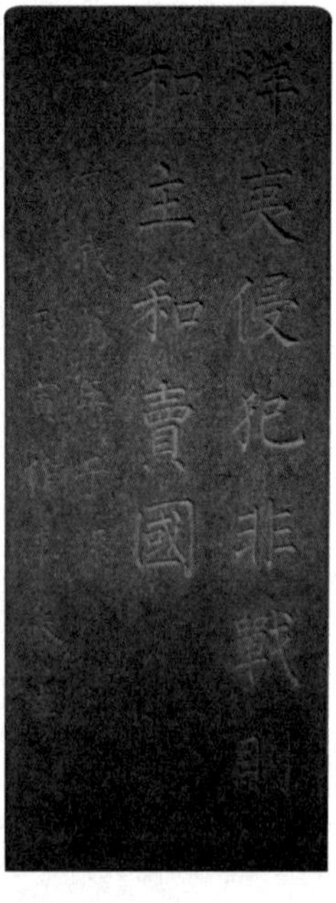

● 척화비(斥和碑)
고종 때 흥선대원군이 양인(洋人)을 배척하기 위해 전국 각지에 세웠던 석비(石碑)로, 1871년 건립. 비석 표면에 "洋夷侵犯 非戰則和 主和賣國(서양 오랑캐가 침입하는데, 싸우지 않으면 화친하자는 것이니, 화친을 주장함은 나라를 파는 것이다)"라는 주문(主文)을 큰 글자로 새기고, "戒我萬年子孫 丙寅作 辛未立(우리들의 만대자손에게 경계하노라. 병인년에 짓고 신미년에 세우다)"라고 작은 글자로 새겼다.

흥선대원군의 개혁 실패

흥선대원군은 깊고 신중하게 고민하는 사람보다 자신감을 표출하고 큰소리를 치는 사람을 더 좋아했다. 그리고 당색과 신분을 넘어 이런 인물들을 과감하게 등용하여 현장에 투입했다. 하지만 이들의 용기와 자신감은 현실에 대한 무지나 아부의 소산이었던 것으로 판명되었다. 무지해서 큰소리를 쳤던 사람들은 일을 엉망으로 만들었고, 아첨으로 지방관 자리를 얻은 인물들은 더 큰 부정을 저질렀다.

■ 인사 실패와 혼란

흥선대원군은 며느리인 명성황후 민씨의 척신 가문과 동맹을 맺었다. 이것은 가장 심각한 인사 실패로, 흥선대원군이 겉보기에는 당색과 신분을 초월한 인사를 진행하는 동안, 관계의 한쪽은 민씨파로 채워지고 있었다. 나중에 양쪽은 격렬하게 대립하게 되었지만, 처음부터 그랬던 것은 아니었다. 이 실수는 가까운 훗날 흥선대원군 자신을 몰락시켰고, 조선을 사상 최악의 족벌 정치와 부정부패로 몰아갔다.

■ 흥선대원군의 독단

모든 군사와 정무는 왕명으로 나갔지만, 실제로는 대원군이 직접 처결하였다. 황현은 이를 두고 독단적이라고 지적했다. "종전의 세도는 비록 한 사람이 주관하고 있을지라도 옆으로 아들과 조카 · 인척 들이 종종 한몫을 하고 있었으므로, 서로 간섭하고 부족한 점을 보완하여 오직 실각하지 않을까 두려워했다. 그러나 대원군 때는 혼자 집권했기 때문에, 비록 음관 한 명이나 변방의 장수 한 사람이라도 대원군을 거치지 않고는 발령할 수 없었다."고 하였다.

● 흥선대원군의 초상

흥선대원군은 국왕의 고유권인 인사권도 자신이 독자적으로 처결하였다. 인사발령을 할 때에는 언제나 그가 미리 후보 명단을 작성하여 자리를 채운 뒤에 올리면, 고종은 그것을 따라 낙점만 할 뿐이었다. 이에 명성황후와 조 대비는 고종에게 그의 나라인지, 흥선대원군의 나라인지를 반문하였다.

■ 탄핵과 실각

1873년, 최익현 등의 보수적 유학자들을 앞세운 명성황후와 고종의 견제로 실각하였고, 아들 고종이 친정을 하게 되었다. 이후 흥선대원군이 출입하던 전용문은 폐쇄되었으며, 흥선대원군은 한동안 운현궁에 은둔하였다. 그의 실각 이후 조선은 쇄국정책을 버리고, 1876년 강화도조약을 계기로 외국에 문호를 개방하였다.

대원군을 몰아내고 정권을 장악한 민씨 집안은 권력을 주체하지 못했다. 권력 남용과 함께 부정 축재가 심하였고, 일가가 권력을 독식하는 현상이 나타났다. 사람들은 점점 흥선대원군 섭정 시절을 그리워하게 되었고, 흥선대원군은 세도정치의 반의어로 인식되기 시작했다.

● 최익현(崔益鉉)
1833년 경기도 포천에서 출생하였다. 김기현(金琦鉉)·이항로(李恒老) 등의 문인(門人). 1855년(철종 6년) 문과에 병과로 급제, 성균관 전적(典籍), 사헌부 지평(持平), 사간원 정언(正言), 이조정랑(吏曹正郎) 등을 역임하였다. 명성황후 측근 등 반(反)흥선대원군 세력과 제휴하여, 서원철폐 등 대원군의 정책을 비판하는 상소를 올렸다. 호조참판으로 승진되자 다시 대원군의 실정 사례를 낱낱이 열거하며 왕의 친정(親政)을 주장하였고, 흥선대원군의 퇴출을 노골적으로 주장함으로써, 흥선대원군 이하응 실각의 결정적 계기를 만들었다. 하지만 왕의 아버지인 군부(君父)를 논박했다는 이유로 체포되어 형식상 제주도에 유배되었다가, 1875년에 풀려났다.

고종

흥선대원군과 여흥부대부인의 둘째 아들로, 생부 흥선대원군과 헌종의 모후 조 대비의 약속에 따라 익종(효명세자)의 양자로 입양되어, 익종의 양자 자격으로 왕위를 계승하였다. 즉위 초기 10년간은 대원군의 섭정 단계였고, 친정(親政) 이후에는 민씨 일가의 집권과 부패에 시달렸다. 1880년대 이후에는 서양 제국주의 열강의 개항 요구 및 청-일-러 3국의 3파전이 치열한 가운데 국권(國權)을 보존하려 노력했고, 그러면서 강력한 개혁 군주로 변모하고자 했다. 아시아에서 최초로 전차를 들여오고 한양 안에서 전등을 밝히는 등 온갖 개혁을 펼쳤다. 그러나 1907년 헤이그 특사 사건을 구실로 일본제국에 의해 강제로 퇴위당했고, 1910년에는 이태왕(李太王)으로 격하되었다.

■ 흥선대원군의 실각 및 고종의 친정

조선의 제25대 임금 철종이 후사 없이 1863년에 세상을 뜨자, 흥선대원군과 대왕대비 조씨의 후원으로 1863년 음력 12월 조 대비의 양자로 입적되어 익성군(益成君)의 군호를 받고 조선의 제26대 임금으로 즉위하였다. 형인 이재면 대신 그가 왕위에 오른 것은 나이가 어려 수렴청정을 하기 수월했기 때문이다. 즉위 후 10년간은 대왕대비 조씨가 형식상의 수렴청정을 실시하였으나, 실권은 흥선대원군이 모두 장악하였다.

1873년(고종 10년) 음력 12월, 흥선대원군의 집권이 최익현의 탄핵을 받아 끝났다. 비로소 고종의 친정이 시작되었으나, 여흥 민씨의 척신 정치의 경향을 보였다.

● 고종(高宗)의 어진
명성황후와 대원군의 세력다툼 속에서 일본을 비롯한 열강의 내정 간섭을 겪었다. 개화 · 수구의 양파가 대립하였고, 병자수호조약, 한·미수호조약, 한·영수호조약 등이 체결되었다.

1875년(고종 12년) 음력 2월부터 고종의 명령으로 조선은 일본과의 국교 수립에 나섰다. 그러나 일본은 사신 억류 등의 방법을 동원하여 시간을 끌었다. 같은 해 9월 20일(음력 8월 21일) 일본은 운요호(雲揚號) 사건을 일으켜 조선을 강제 압박하였고, 결국 1876년 2월 27일(음력 2월 3일) 강화도조약(병자수호조약)을 체결한 후 조선은 개항을 하게 되었다.

● **한일통상조약체결 기념연회도**
운요호 사건으로 조선은 일본과 병자수호조약(강화도조약)을 체결함으로써 문호를 개방하였다.

강화도조약이 성립하고 난 뒤부터 조선 정부는 세계 정세에 보조를 맞추기 위해 개화운동을 전개하였던바, 이러한 노선에 따라 내정개혁을 실시하였다. 내정개혁에서 고종이 관심을 가장 기울인 분야는 군제였다. 즉 고종은 과거의 구식 군대인 5군영을 무위영(武衛營)과 장어영(壯禦營)의 양영(兩營)으로 개편하고, 일본의 신식 군사훈련을 새로이 도입하여 별기군(別技軍)을 조직하였다.

또 관리들의 자제 중에서 연소하고 총민한 자를 사관생도로 뽑아 신식 무예를 연마케 했다. 또한 행정기구 개혁에 착수하여 청나라 정부의 총리아문 기구를 모방한 통리기무아문을 설치하고, 그 밑에 사대(事大)·교린(交隣)·군무(軍務)·변정(邊政)·통상 등 12사(司)를 두어 각기 사무를 나누어 보게 하였다.

■ 임오군란

흥선대원군이 실각했지만 점증하는 서구 세력의 위협으로 백성들의 민심은 여전히 쇄국에 머물러 있었고, 흥선대원군 역시 최익현 등 척화파(斥和派)들과 계속 소통하면서 아직 영향력을 가지고 있었다.

그러던 중 운요호 사건으로 강화도조약이 체결되면서 조선은 쇄국을 버리고 개국, 개화로 향하게 됐다.

● **임오군란**
1882년(고종 19년) 6월 9일 조선의 구식 군대가 일으킨 병란으로, 일본에서는 조선 변란으로 일컬어지고 있다. 이 군란으로 흥선대원군이 재등장하게 되었다. 그림은 일본 측의 기록화이다.

흥선대원군을 중심으로 하는 척화파는 관직에서 밀려나고 투옥되었고, 고종 부부의 척족(戚族)을 중심으로 하는 수구파(온건개화파)와 개화파(급진개화파)가 정치 전면에 나섰다. 민씨 정권은 강화도조약을 시작으로 서양 열강과의 불평등 통상조약을 연이어 맺었는데, 이는 척화파는 물론 민심의 반동을 불렀다. 흥선대원군 등 척화파는 이러한 정세를 이용해, 이재선 역모사건을 기도하는 등 끊임없이 정권 재창출을 노렸다.

민씨 정권은 아직 확고하지 않은 자기 기반을 다지기 위해 내외로 자기 척족들과 개화파 관료들을 대거 기용하는 한편, 1881년 일본의 후원으로 신식군대 '별기군'을 창설했다. 총책임자는 민영환의 부친, 민겸호 대감이었다.

1882년에는 종래의 훈련도감 · 용호 · 금위 · 어영 · 총융 5영을 무위영과 장어영 2영으로 축소하면서 대량 해고를 시키고 봉급도 제대로 지급하지 않는 등, 민씨 척족들의 사병과 다름없는 별기군과 달리 차별했다.

7월 19일(음력 6월 5일), 대동법 실시 이후 정부 예산을 집행해 온 선혜청(宣惠廳)은 도봉소(都捧所)에서 무위영 소속 옛 훈련도감 군병들에게 밀린 봉급 중 1개월분의 급료만 우선 지불했다. 그나마도 겨와 모래를 섞어 정량의 절반 정도밖에 되지 않음이 드러나자 병졸들이 동요했다. 그들의 정당한 항의에 지급 담당관이 선혜청 당상 민겸호만 믿고 적반하장 식의 횡포를 부리자, 격분한 병졸들이 마침내 임오군란(壬午軍亂)을 일으켰다.

■ 청의 내정 간섭과 갈등

임오군란(1882년) 당시 봉기한 구식 군대의 추대로 흥선대원군이 재집권하였다. 이때 흥선대원군은 명성황후가 이미 죽었다고 거짓 보고한 뒤, 황후가 입던 옷을 관에 넣고 장례를 치르기까지 하였다.

그러나 청나라의 군사적 압력으로 임오군란은 진압되었고, 흥선대원군은 1883년에 청나라의 톈진(天津)으로 압송되었다. 1개월 만에 고종은 복권하였으며, 그 뒤로부터 청나라의 간섭을 받게 되었다.

● **위안스카이(袁世凱; 원세개)**
중국의 군인 · 정치가. 총리교섭통상대신으로 조선에 부임하여 국정을 간섭했고, 일본 · 러시아를 견제했다. 청일전쟁에 패한(1895년) 뒤 서양식 군대를 훈련시켜 북양군벌의 기초를 마련했고, 탄쓰퉁 등 개혁파를 배반하여 변법운동을 좌절시켰다. 이후 의화단의 난(1900년)을 진압했으며, 신해혁명(1911년) 때 청나라 조정의 실권을 잡고 임시총통이 되었고, 이어 스스로 황제라 칭하였다.

1883년 조선에 진주한 청나라의 외교 고문 위안스카이는 조선의 군주를 배알하는 자리에서도 기립하지 않고, 고종을 '혼군(昏君)'이라 칭하면서 폐위를 주장하고 나섰다. 그러고는 조선 정부관료 스무 명을 일거에 자신의 측근으로 갈아치웠다. 주한 미국대리공사 포크는 이를 '무혈 정변'이라고 이름했다.

1882년 청나라의 중재로 조·미 수호조약(조미수호통상조약)을 체결한 데 이어 구미 각국과도 수교하였는데, 이때 고종의 명을 받아 처음으로 태극기(太極旗)를 제정했고, 이듬해 3월 6일 정식으로 조선 국기로 채택했다.

1883년에는 민영익 등 보빙사(報聘使)를 미국 등 서방에 파견하여, 임오군란 이후 비대해진 청나라 세력을 견제하고자 하였다.

■ 갑신정변 전후

갑신정변(甲申政變)은 1884년 12월 4일(고종 21년 음력 10월 17일) 김옥균 · 박영효 · 서재필 · 서광범 · 홍영식 등 개화당이 청나라에 의존하려는 척족 중심의 수구당을 몰아내고 개화정권을 수립하려 한 무력 정변(쿠데타)이다.

정변의 세력들은 12월 4일 저녁의 우정국(郵政局) 낙성식을 계기로 정변을 일으켜, 고종 내외와 왕비를 경우궁(景祐宮)으로 피신시킨 뒤 민씨 척족들을 축출하거나 일부 처형하였다. 12월 6일 오후에는 중국 간섭 배제, 문벌과 신분제 타파, 능력에 따른 인재 등용, 인민 평등권 확립, 조세제도 등의 개혁정책을 내놓았다.

그러나 12월 4일 민씨 정권이 이미 청나라의 위안스카이에게 구원을 요청하여 청나라 군대를 불러들였고, 명성황후가 창덕궁으로 되돌아갈 것을 주장하여 결국 고종 내외가 창덕궁으로 옮겨갔으며, 일본군도 약속과 달리 철수함으로써, 정변은 3일천하로 막을 내렸다.

고종은 이 일로 말미암아 급진 개화파와 그들을 후원한 일본을 경계하며 의심하고 멀리하게 된다.

이후 청나라의 압력은 더욱 거세졌고, 러시아의 위협 증대와 이에 대항하여 영국 군함이 거문도를 일방적으로 점령하는 사건(거문도 사건; 1885년~1887년)이 잇달았다. 1886년에는 사노비 세습제의 혁파를 천명하였다.

● 우정국(郵政局)
1884년(고종 21년) 우편 사무를 관장하기 위하여 설치되었던 관서. 1884년 12월 4일 우정국의 개업을 알리기 위한 축하연 자리에서 갑신정변이 일어나, 고종의 교지에 의해 12월 8일(음력으로는 10월 21일) 폐지되었다. 지금의 서울특별시 종로구 견지동 39에 자리하고 있다.

■ 동학농민운동

1882년 이후의 각종 사회 혼란과 정부의 부패로 민심이 동요하던 가운데, 고부군 군수 조병갑의 횡포가 도화선이 되어 농민운동을 불러일으킨다. 1882년 구식 군대 폐지와 관련하여 5군영에 소속되었던 군인들에 의해 임오군란이 일어났으며, 이어 1884년에는 개화파의 갑신정변이 발생했다.

임오군란과 갑신정변 이후 민씨 정권과 고종은 친청 정책을 펼치면서 새로운 국면을 모색했지만, 급격하게 변화하는 동북아시아 정세에 효과적으로 대처하지 못해 혼란은 점차 가중화되었고, 전국 곳곳에서 반봉건 · 반외세의 기치를 내건 민란이 끊임없이 이어졌다. 급기야 그것은 1894년 3월 동학혁명으로 폭발하여 관군과 농민 사이의 전면전으로 발전하였다.

동학농민군의 세력이 강성해지자 경계심을 느낀 왕비 민씨는 청나라에 도움을 요청하였고, 청나라군을 이용해서 이들을 진압하게 하였다. 그러나 청나라군의 유입을 경계한 일본 역시 군대를 조선에 주둔시켰다.

명성황후는 2차 봉기 때는 청나라군을 끌어들였고, 3차 봉기 때는 일본군을 끌어들여 교전케 하였다. 2차 봉기 때는 전주 화약을 체결하였지만, 3차 봉기 때는 일본군과 조선 관군, 청나라군과 관군 연합군의 화력을 당해 내지 못하였다.

● **동학농민운동(東學農民運動)**
1894년(고종 31년) 전라도 고부의 동학접주 전봉준(全琫準) 등을 지도자로 동학교도와 농민들이 합세하여 일으킨 농민운동이다. 처음에는 교조 최제우(崔濟愚)의 신원운동(伸寃運動)을 통하여 정치운동으로 성장하고 나중에는 민란과 결합하여 동학농민운동으로 전개되었는데, 황현(黃玹)이 "동학이 난민과 합쳐졌다"라고 표현한 것은 이 경우를 가리킨 것이다.

■ 청 · 일 전쟁

신흥 제국주의 국가로 발돋움한 일본은 그 관심을 조선으로 돌렸다. 이는 일본의 이익과 안전을 위해 매우 중요한 일로, 먼저 조선을 합병 · 식민지화하여 그 이권을 차지해야 한다고 보았다.

일본은 한반도에 다른 나라의 군대가 주둔하는 것이 자국의 이익을 해친다고 여겼으며, 따라서 수백 년간 청나라가 조선에 행사해 왔던 종주권(宗主權)을 해제하여 조선을 무방비 상태로 만들고자 하였다. 또한 일본은 조선의 석탄과 철광이 일본의 산업 확장에 도움이 될 것임을 인식하였다.

조선은 그동안 청나라에 조공(朝貢)을 바쳐 왔는데, 보수파는 청나라와의 관계를 유지하기를 원한 반면, 개화당들은 일본과 서방 국가들과의 연대를 확립하기를 원했다. 두 차례의 아편전쟁(1839년~1842년, 1856년~1860년)과 청 · 불 전쟁(1884년~1885년)을 치르면서 청나라는 약해졌고, 서양 열국의 간섭과 잠식에 저항할 수 없었다. 일본은 이를 조선에서 자국의 영향력을 확대할 수 있는 기회로 여겼다.

1894년, 갑신정변을 주도한 친일 개혁세력인 김옥균이 상하이에서 홍종우에게 암살당하였다. 일본은 그 유해를 자국으로 가져가려고 했으나 청나라가 이를 가로막았고, 청나라의 전함에 실려 조선으로 보내진 그 시신은 다시 능지처참 당하였다. 일본 정부는 이를 직접적인 모욕으로 받아들였다. 이러한 상황은 1894년 동학농민운동의 봉기 때 조선 정부가 청나라에 지원병을 요청하게 되자 더욱 심해졌다.

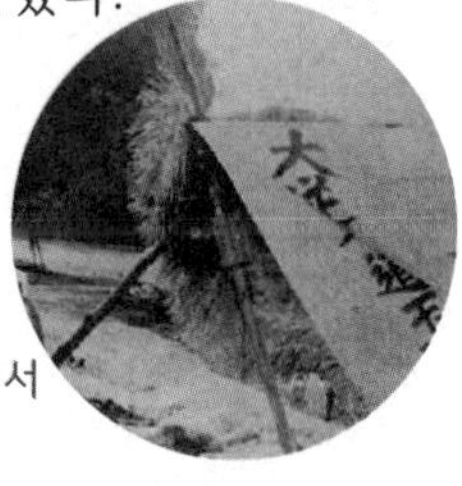

● **처참하게 육시(戮屍)된 김옥균의 시신**
'대역부도옥균(大逆不道玉均)'이라는 글씨는 홍종우가 귀국 도중 배 안에서 직접 쓴 것이다.

● **청일전쟁(일본 기록화)**
1894년 6월～1895년 4월 사이에 청(淸)나라와 일본이 조선의 지배권을 놓고 다툰 전쟁

청나라는 톈진 조약에 따라 파병 사실을 일본 정부에 알렸고, 원세개를 특명전권대사로 임명하여 2,800명의 병력을 보냈다. 일본도 조선에 대한 영향력을 확대하기 위해 오시마 요시마사 휘하의 원정군 8천 명을 조선으로 보냈다.

일본군은 조선의 항의에도 1894년 6월 9일 이후 인천에 상륙했고, 7월 23일 고종 임금이 거하는 경복궁을 점령한 뒤 고종을 유폐시켰으며, 흥선대원군을 내세워 군국기무처를 설치하고, 조선의 내각을 김홍집 · 박정양 · 민영달 등의 친일 인사로 교체하여 갑오경장(甲午更張; 갑오개혁)을 실시하였다.

일본은 더 많은 병력을 조선에 파견하였다. 그러나 일본과의 국교가 단절된 청나라는 조선의 새 정부를 인정하지 않았고, 양국 간의 분쟁이 시작되어 전쟁이 발발하였다. 그리고 전쟁의 결과는 일본의 승리로 귀결되었다.

청나라의 요청으로 1895년 4월 17일 청나라와 일본 사이에 시모노세키 조약(下關條約)이 체결되었다. 이로 인하여 청나라는 조선이 완전한 자주독립국임을 확인하여 조선에서의 일본의 국제적 위치를 확립시켜 주었고, 배상금 2억 냥을 일본에 지불하였으며, 랴오둥(遼東) 반도 · 타이완(臺灣), 펑후(澎湖) 제도 등을 할양하였으며, 통상상의 특권을 부여하였다.

■ 을미사변과 아관파천

청 · 일 전쟁으로 청나라는 무력함이 드러나 세계 열강국의 청나라 분할 경쟁이 더욱 노골화되었고, 일본은 더욱 적극적으로 조선 침략의 야욕을 표시하여 필연적으로 러시아 세력과 충돌을 일으키게 되었다. 그러나 이후 요동(랴오둥)반도는 러시아 · 프랑스 · 독일의 삼국 간섭으로 반환되었다.

조선의 명성황후는 이 같은 러시아의 힘을 빌려 일본 세력을 몰아내고자 하였다. 일본은 이에 큰 위협을 느꼈고, 1895년 음력 8월 20일(양력 10월 8일)에는 일본 공사 미우라 고로(三浦梧樓)가 지휘하는 일본군 2개 대대가 명성황후의 침소인 건청궁(乾淸宮)에 난입하여 명성황후를 시해하고, 고종에게 왕비의 폐출 조서에 서명을 강요하며 위협하였다[을미사변(乙未事變)].

그러나 고종이 그것을 거부하자, 세자(영친왕)에게 칼을 휘두르는 등의 만행을 저질렀다. 일본은 조선을 압박하여 을미개혁(乙未改革)을 실행하였으나, 민중들의 반발로 무산되었다.

1896년 2월, 고종이 러시아 공사관으로 이동한 아관파천(俄館播遷)을 감행하여 조선 내에서 일본의 세력은 감소하였다. 이듬해 고종은 덕수궁으로 환궁하여, 대한제국(大韓帝國)을 선포하기에 이른다.

● **러시아 공사관 탑**
아관파천 현장인 러시아 공사관의 3층 타워이다. 한국전쟁 때 공사관의 본채가 파괴된 후, 탑 부분과 빈터만 남았다. 지금은 주변의 높은 빌딩들에 둘러싸여 있어 왜소하게 보이나, 얼마 전까지만 해도 정동 일대에 우뚝 솟은 건물이었다.

대한제국

대한제국(大韓帝國)은 자주성과 독립성을 한층 강하게 표방하고자 사용된, 의례상 · 의전상의 국호이다. 대한제국의 국명 '대한(大韓)'은 '삼한(三韓)'에서 유래한 것으로, 과거 중국 당나라에서 고구려 · 백제 · 신라를 통틀어 삼한이라 불렀는데, 그 삼한이 통일되었다는 의미에서 대한이라 하였다. 여기에 국호를 변경하면서 제국이라고 선포하였기에, '제(帝)'가 더해져 대한제국이 되었다. '대한'이란 국호는 대한민국 임시정부를 거쳐 대한민국으로 이어져, 현재까지도 사용되고 있다.

■ 대한제국의 성립

을미사변과 아관파천 등의 외세 개입, 열강 세력의 이권 침탈 등으로 말미암아 국가의 자주성이 크게 위협받자, 자주성을 띤 국가 수립을 염원하는 백성의 목소리가 점차 높아져 갔다. 독립협회의 고종 환궁 요구 및 조선의 자주독립 주장에 힘입어 대한제국이 성립되기까지 이르렀다.

1897년(광무 원년) 고종은 경운궁으로 환궁하여 8월 17일 광무(光武)란 연호를 쓰기 시작하였고, 10월 3일 황제 칭호 건의를 수락하였다[칭제건원(稱帝建元)]. 고종은 자주 의지를 대내외에 널리 표명하였고, 땅에 떨어진 국가의 위신을 다시 일으켜 세우려면 반드시 제국이 되어야 한다고 판단하였다. 그래서 1899년 10월 12일 원구단(圜丘壇)에서 천제를 올리고 국호를 대한제국이라 고쳤으며, 황제를 자칭하면서 즉위식을 거행하였다.

● 원구단(圜丘壇)
서울 시청 남동쪽으로 조선호텔과 밀집해 있는 빌딩군 사이에 자리잡은 조그마한 녹지는 예전에 원구단이 있던 곳으로, 지금은 황궁우(皇穹宇: 하늘과 땅의 모든 신령의 위패를 모신 곳)와 석고(石鼓: 북 모양의 돌)만이 남아 있다.

대한제국이 선포되자, 각국은 대한제국을 직접적 · 간접적으로 승인하였다. 그중 제정 러시아와 프랑스는 국가 원수가 직접 승인하고 축하하였으며, 영국 · 미국 · 독일도 간접적으로 승인하는 의사를 표시하였다. 그러나 당시 열강 대부분은 대한제국의 성립을 그다지 반기지 않았다. 제위에 오른 고종은 11월 12일 그동안 미루어 왔던 명성황후 국장(國葬)을 치렀으며, 과거에 청에 사대하던 관계를 상징하는 영은문(迎恩門)을 허물고 그 자리에 독립문 건립을 추진하여 11월 20일에 완공하여, 대한제국이 자주독립국임을 나타냈다.

고종은 경운궁으로 환궁한 뒤 입법기관인 교전소(校典所)를 설치하였고, 원로대신 다섯 명과 더불어 박정양과 이완용 · 서재필, 탁지부 고문 영국인 존 브라운, 법부 고문 샤를 르 장드르를 위시한 외국인 고문관들을 교전소 부총재와 위원으로 배정했다. 그러나 교전소 위원으로 친미 개화파와 외국인이 과반수를 차지하자 원로대신들이 꺼리는 바람에, 활동이 미미하였다.

● **대한제국 때 수교한 국가**
1905년 을사늑약 이후 외교권이 박탈되어, 일본을 제외한 모든 나라와 단교되었다.

수교국	수교일	단교일	조약	단교 이유
일본 제국	1876년 2월 27일	1910년 8월 29일	강화도 조약	경술국치
미국	1882년 5월 22일	1905년 11월 17일	조미수호통상조약	을사늑약
대영 제국	1883년 11월 26일		조영수호통상조약	
독일 제국	1883년 11월 26일		조독수호통상조약	
이탈리아 왕국	1884년 6월 26일		조이수호통상조약	
러시아 제국	1884년 7월 7일		조로수호통상조약	
프랑스 제3공화국	1886년 6월 4일		조불수호통상조약	
오스트리아-헝가리 제국	1892년 6월 23일		조오수호통상조약	
청나라	1899년 9월 11일		한청통상조약	
벨기에	1901년 3월 23일		조백수호통상조약	
덴마크	1902년 7월 15일		조정수호통상조약	

■ 독립협회와 만민공동회

대한제국이 성립하기까지 서로 연합해 왔던 독립협회와 수구파는 정부 형태 문제를 둘러싸고 서로 대립하게 되었다. 독립협회는 영국식 입헌군주제를 추구한 데 반해, 수구파는 전제군주제를 주장하였다.

독립협회는 민중 대회인 만민공동회를 열어 백성의 참정권을 주장했고 국회 설치로 국민 대표자를 뽑자고 요구했으나, 수구파와 위정척사파(衛正斥邪派)는 독립협회와 만민공동회의 참정권 주장과 국회 설치 요구를 반역으로 규정했다.

독립협회와 수구파 세력 간의 대립이 격화하는 상황에서 독립협회는 입헌군주제를 계속 추진하여 1898년(광무 2년) 11월 중추원 관제 개편을 공포했으나, 수구파는 이에 익명서 사건(고종의 퇴위 음모)을 명분 삼아 경무청과 친위대를 동원해 독립협회 간부들을 체포하고 만민공동회를 탄압하였으며 조병식을 중심으로 수구파 행정부를 수립하였다.

이에 독립협회를 깨뜨리는 것이 자신들에게 유리하다고 판단한 일본이 수구파 행정부에 가담하여 독립협회 운동을 탄압하게끔 권고하자 고종은 이를 받아들였고, 곧이어 보부상(褓負商)들이 주축이 된 단체인 황국협회는 종로에서 열린 만민공동회를 강제로 해산시켰다. 마침내 독립협회는 1898년(광무 2년) 12월 해산되었고, 만민공동회도 1899년 12월 이후 불법화되었다.

● 만민공동회 장면

■ 광무개혁과 근대화 추진

집권한 수구파 행정부는 구제도를 근본으로 하고 신제도를 참작한다는 구본신참(舊本新參)의 시정 방향을 제시하고 갑오개혁과 을미개혁의 급진성을 비판하면서, 점진적인 개혁을 추구하였다. 이어서 법률과 칙령 개정안을 마련하려는 황제 직속 특별입법기구인 법규교정소(法規校正所)를 설치하였다.

1899년(광무 3년) 8월 오늘날의 헌법과 같은 '대한국 국제(大韓國國制)'를 반포하여, 황권의 절대성을 명시하였다. 이어서 국정의 주요 권한을 황제에게 집중시켜 전제군주제 강화를 추구하였고, 갑오개혁 때 23부로 개편한 행정구역을 13도로 재개편하였다.

또한 토지개혁을 이루고자 양전 사업을 시행하고 지계(地契)를 발급하여 근대의 특징이 될 만한 토지소유 제도를 마련하였고 상공업 진흥책을 추진하였는데, 이것을 '광무개혁(光武改革)'이라 하였다. 여러 상공업 진흥책으로써 근대적인 공장과 회사가 설립되었으며, 대한천일은행과 한성은행을 위시한 여러 은행을 설립하였고, 교육 진흥책을 추진하여 기술학교와 사범학교와 관립학교를 설립하였다. 이어서 교통 · 통신 · 전기 · 의료 등의 여러 분야에서 근대 시설을 도입하였다.

군사 분야에서는 황제가 군권을 장악하게끔 원수부를 설치하였고, 서울의 제국군과 지방의 진위대(鎭衛隊)를 대폭 증강하였으며, 무관학교를 설립하였다.

이상의 여러 정책은 경제 · 교육 · 시설 면에서 근대화를 추구하면서, 남에게 보호받거나 간섭받지 않고 자기 일을 스스로 처리하게끔 국력을 증강하려는 노력이었다. 그러나 이런 여러 개혁 정책은 집권층의 복고주의 성향과 보수 성향이 강하여 개혁의 의지가 미미한 데다, 열강 세력의 간섭을 받아 큰 성과를 거두지 못하였다는 점에서 그 한계가 있다.

■ 단발령 공포

단발령은 김홍집 내각 때인 고종 32년(1895년) 양력 12월 30일(음력 11월 15일)에 유길준과 정병하가 한 건의를 고종이 받아들여 처음 실시하였으나, 전국 곳곳에서 수구파와 위정척사파의 반발, 유생들의 반대 상소, 서민들의 대중집회와 시위에 부딪힌 나머지 결국 고종이 직접 철회 성명을 발표하고서야 사태가 진정된 바 있었다. 하지만 고종이 광무개혁을 추진하는 과정에서 단발령을 재공표하고 국외 여행을 다녀온 사람들이 단발하면서, 단발령은 자연스럽게 보급되었다.

1897년 민영환이 영국공사로 갔을 때 '런던에 도착하여 각국 사자(使者)들을 보니, 모두 하나같이 머리를 깎고 양복을 입었지 않는가.' 하였다. 민영환은 유독 자기만 상투를 틀고 한국식 의복을 입은 차림을 부끄럽게 여겨 자신도 상투를 자르고 양복으로 바꿔 입었다는 것이다. 이것은 자발적으로 하는 단발로, 귀국 후 사대부들에게 비판을 받는다.

당시 영국 여왕 빅토리아는 일찍부터 '조선은 아직 상투를 자르지 않는다'는 말을 들었으므로, 그 모습을 구경하고자 민영환을 불러들였다. 그러나 빅토리아 여왕의 기대와 달리, 런던에서 며칠간 체류하던 민영환은 단발하였던 것이다.

민영환과 윤치호 외에도 외국을 다녀온 정치인들과 지식인들이 단발령에 동참하자, 고종은 1900년을 기해 단발령을 재공포하였다. 이에 최익현 같은 성리학자는 "나의 목은 자를 수 있어도 두발은 자를 수 없다"라는 상소문을 올리며 맞섰다.

단발을 최초로 권고한 것이 고종이 아닌 일본인들과 서양인들이었다는 것은 당시의 사회 정서상 반감의 이유였다.

● 체두관(剃頭官)이 상투를 자르는 장면
단발령이 공포된 후 체두관을 전국 각지에 보내, 행인을 붙들어다 강제로 상투를 잘랐다.

■ 일본의 국권 침탈

일본 제국은 러시아 제국과 대립하면서, 1904년(광무 8년) 2월 "일본은 대한제국의 독립과 영토를 보존하며 황실의 안녕과 영토의 보존에 위험이 있을 때에는 필요한 조치를 하고, 반면에 대한제국 정부는 일본에 편의를 제공한다."는 '한일의정서' 체결을 강요하였다. 나아가 8월에는 제1차 한일협약을 강제로 체결하여, 외교와 재정을 비롯한 각 분야에 고문(顧問)을 두고 대한제국 내정을 간섭하였다(고문정치). 이때 고문으로 들어온 메가다(目賀田)는 소위 '화폐 정리사업'을 벌여, 대한제국의 토종 자본을 몰락하게 했다. 아울러 일본의 대한제국 외교 고문으로 위촉된 미국인 더럼 스티븐슨은 일본 제국의 침략 의도 미화에 앞장섰다. 스티븐슨은 후일(1908년) 장인환과 전명운 의사에게 미국 오클랜드 기차역에서 처단되었다.

1904년(광무 8년) 한반도와 만주의 패권을 둘러싸고 러일 전쟁이 발발했다. 러일 전쟁은 1905년(광무 9년) 일본 제국이 승리해, 일본과 러시아 간 포츠머스 조약의 체결로 매듭지어졌다.

이 해 11월에 일본 제국은 제2차 한일협약(을사5조약; 을사늑약) 성립을 일방적으로 발표하여, 대한제국의 외교권을 박탈하고 황성에 한국통감부를 설치하였다(통감정치).

● 태프트 ● 가쓰라 다로

● 태프트-가쓰라 밀약
1905년 7월 29일, 미국 육군장관 태프트와 일본 총리 가쓰라 다로(桂太郎)가 체결한 밀약. 일본의 조선 점령을 인정해 주는 대가로 미국은 필리핀 식민지 경영을 인정받았다.
뒤를 이어 일본은 영일동맹을 갱신해 조선에 대한 각종 권리를 인정받는 대가로 영국의 인도 식민지 지배를 지지했으며, 9월에는 러시아와 강화조약을 맺어 조선의 일에는 일절 간섭하지 않겠다는 확약을 받아냄으로써, 조선에 대한 독점적 지배권을 확보하게 되었다.

■ 국권 수호 운동

● **민영환(閔泳煥)**
시종무관이었던 그는 일본의 내정간섭을 비판하다가, 이미 대세가 기운 것을 보고 자결하였다.

이에 양반과 지식인층 중심으로 일본 제국의 침략을 규탄하고 을사늑약(乙巳勒約)의 폐기를 주장하는 운동이 거세게 일어났다. 민영환은 스스로 순국자결을 함으로써 항거하였고, 조병세는 조약 폐기를 요구하는 상소 운동을 벌였다. 장지연은 주필로 있던 「황성신문」에 논설인 〈시일야방성대곡(是日也放聲大哭: 오늘에야 목 놓아 크게 통곡하노라)〉을 실어 일본 제국과 을사오적(乙巳五賊: 을사늑약 체결에 가담한 다섯 매국노. 외부대신 박제순, 내부대신 이지용, 군부대신 이근택, 학부대신 이완용, 농상공부대신 권중현.)을 규탄하면서, 을사늑약의 부당함을 알리고자 했다. 오적 암살단이 조직되어 을사오적의 저택을 불사르고 일진회(一進會) 사무실을 습격하였으며, 민종식 · 신돌석 · 최익현은 의병을 조직해 무장 항전을 벌였다. 또한 헌정연구회 같은 개화 자강 계열의 여러 단체가 설립되어, 친일 단체인 일진회에 대항하면서 구국 민족 운동을 전개하였다. 초기에는 일본 제국의 황무지 개간권 요구를 좌절시킨 보안회(保安會)와 입헌군주제를 수립하고자 설립된 헌정연구회의 활동이 두드러졌다.

1905년 이후에는 대한자강회 · 대한협회 · 신민회 등이 개화운동을 펼쳤고, 독립협회의 활동을 계승하여 사회 발전과 변화를 추구하는 지식인들이 사회진화론에 영향을 받아 국권을 회복하려는 애국계몽운동을 전개하였다. 이 애국계몽운동은 교육과 산업과 언론 활동을 통하여 실력 양성을 꾀하고자 하였다.

1907년(광무 11년, 융희 원년) 2월, 대구에서 김광제와 서상돈이 제안한 국채보상운동이 시작되어 전국으로 번져 나갔다. 이것은 일본 제국이 대한제국을 경제상 예속시키고자 제공한 차관 1,350만 원을 국민이 갚고자 전개한 운동이었으나, 이런 애국계몽운동과 국채보상운동은 일본 제국 통감부가 방해하고 탄압하여 결국 실패한다.

■ 한일병합조약

1905년 제2차 한일협약 때 외교권을 강탈당한 대한제국은 일본 제국의 보호국 신세로 전락했다. 이에 경운궁의 수목헌에서 유폐 생활을 하던 고종은 전 주(駐)러시아 공사 이범진으로부터 '네덜란드의 헤이그에서 만국평화회의가 열린다'는 정보를 입수하자, 비밀리에 밀서를 작성해 이준에게 주어 보내며, 러시아어와 영어를 구사할 줄 아는 이상설과 이위종(이범진의 아들)과 동행하여 열강 세력에게 을사늑약의 불법적 체결과 무효임을 알리고자 하였다.

1907년 6월, 헤이그에 도착한 세 밀사는 대한제국의 대표로 회의에 참석하려 했으나 일본의 치열한 방해로 뜻을 이루지 못한 채, 이준은 분통이 터져 그곳에서 자결했다. 이 헤이그 특사 사건의 결과로 일본에 의해 태황제(고종)가 7월 강제 퇴위당하고, 효황제(순종)가 즉위하여 연호를 '융희(隆熙)'로 정하였다.

순종(純宗)이 즉위한 직후인 7월 24일에 일본은 한일신협약(정미7조약)을 강제로 체결하여 대한제국 정부의 각 부처에 일본인 차관(次官)을 두어 대한제국의 내정에 노골적으로 간섭하였으며(차관정치), 이면 협약을 통해 8월~9월에는 군대를 강제로 해산하였다. 군사비를 절약하기 위한 조치라고 했지만, 군대가 없는 나라는 존재 가치가 없는 것과 같으므로, 군대 해산은 식민화의 첫 단계였다.

1909년(융희 3년) 7월 12일에는 대한제국의 사법권과 감옥사무에 관한 업무를 일본에 넘겨주게 되어(기유각서), 이로써 대한제국은 명목상의 국권만 보유하게 된다.

● 한일병합조약(韓日併合條約)
1910년 8월 29일 일본의 강압 아래 대한제국의 통치권을 일본에 양여함을 규정한 한국 · 일본 간의 조약으로, 이로써 조선 왕조는 27대 519년 만에 멸망하고 한국은 일본의 식민지가 되었다. 사진은 경복궁 근정전 앞에 걸린 일장기이다.

● 조선 제26대~제27대 왕의 연표

제26대 고종(1863~1907)	
1866년	병인양요.
1871년	신미양요.
1875년	운요호 사건.
1876년	일본과 강화도조약 체결.
1881년	만인소 사건.
1882년	임오군란.
1884년	갑신정변.
1894년	동학농민운동. 청·일 전쟁.
1895년	을미사변.
1896년	아관파천.
대한제국	
1897년	대한제국 설립, 고종 황제 등극.
1898년	만민공동회.
1905년	을사늑약.
1907년	헤이그 특사 파견, 국채보상운동. 고종 황제 강제 퇴위, 순종 즉위.
제27대 순종(1907~1910)	
1909년	안중근, 이토 히로부미 사살.
1910년	한일병합조약.
일제 강점기	
1911년	신민회 사건(105인 사건).
1919년	고종 황제 승하. 3·1독립운동. 대한민국 임시정부 수립.
1920년	홍범도의 봉오동 전투. 김좌진의 청산리 대첩.
1923년	방정환의 색동회, 5월 1일 어린이날 제정.
1926년	순종 황제 승하.

일본은 전국적인 의병의 저항을 남한 대토벌 작전 등으로 무력 진압하였다. 마침내 일본은 1910년(융희 4년) 8월 22일 한일병합조약을 체결하고, 8월 29일 이를 공포함으로써 대한제국은 국권을 피탈당하였다[경술국치(庚戌國恥)].

조약 체결과 동시에 대한제국은 역사 속으로 사라지고, 한반도에서 약 4천년간 지속되어 온 군주제도 막을 내렸다. 하지만 황제가 폐위된 것은 아니며, 다만 왕공족(王公族) 제도의 시행에 따라 황제는 왕(또는 이왕)으로 등급이 격하되었고 일본 황실과 같은 대우를 받았다.

따라서 한국의 독립된 군주제는 공식적으로 폐지되었지만, 한국에서 왕의 칭호를 가진 존재는 조선의 이왕(李王)으로 1945년까지 존재하였다. 이로써 일본 제국은 한국을 식민 통치 지역으로 편입하였다.

● 대한제국 황실의 문양-이화문(李花紋)
대한제국의 국장(國章) 또는 이화문(李花紋)은 대한제국의 나라 상징 중 하나로, 원래는 황실의 문장이나 사실상 국장의 용도로 사용되었다. 조선 왕조(전주 이씨)를 상징하는 꽃인 이화(李花, 자두꽃)를 도안화하였다.

안중근 의사

안중근 의사는 우덕순과 함께 소수의 결사대를 조직하여 만주의 하얼빈 역, 지야이지스고 역 근처에서 초대 한국통감 이토 히로부미 등의 하차 시 암살을 준비하였다. 하얼빈 역에 잠입하여 역전에서 러시아군의 군례를 받는 이토 히로부미를 사살하였고, 하얼빈 총영사 가와카미 도시히코(川上俊彦), 궁내대신 비서관 모리 다이지로(森泰二郎), 남만주 철도 이사 다나카 세이지로(田中淸次郞) 등에게 중상을 입히고 현장에서 러시아 경찰에게 피체되었다. 그의 의거는 당시 동아시아에 많은 영향을 주었다.

■ 안중근 의사의 단지동맹

1907년(융희 1년) 황제 고종이 헤이그 특사 사건의 책임을 지고 강제 퇴위를 당한 뒤, 한일신협약(정미7조약)이 체결되고 군대가 해산된 데 따라 전국적으로 의병이 일어나자, 안중근은 독립 전쟁 준비가 필요하다는 생각으로 강원도에서 의병을 일으키는 데 가담하였다. 그 뒤 황해도 의병대의 한 사람으로 일본군과 싸우다가, 자신이 직접 국외에서 의병부대를 창설하기 위해 블라디보스토크로 건너가서 계동청년회(啓東靑年會)에 가입하였다. 1909년(융희 3년) 초, 안중근은 뜻이 같은 동지 11인과 함께 동의단지회(同義斷指會)를 결성하고, 의병으로 재기하기 위해 노력하였다.

안중근은 이때 왼손 넷째 손가락의 한 마디를 끊어 결의를 다졌다. 안중근의 수인(手印)은 이때부터 찍기 시작한 것이다.

● 단지동맹 기념비
단지동맹(斷指同盟)은 항일의 뜻을 안중근과 같이하는 11명이 1909년 3월 초 동의단지회(同義斷指會)를 결성하고 왼손 넷째 손가락(무명지)의 첫 관절을 잘라, 혈서로 '大韓獨立(대한독립)'이라 쓰며 독립운동에의 헌신을 다짐한 일을 말한다. 사진은 러시아 연해주에 위치한 단지동맹 기념비이다.

■ 이토 히로부미 저격

1909년 10월 26일, 초대 조선 통감을 지낸 이토 히로부미(伊藤博文)가 러시아 제국의 재무대신 코코프체프(Kokovtsev, V. N.)와 만주 · 조선 문제를 놓고 회담하기 위해 하얼빈에 오게 되었다. 이 소식을 대동공보사(大東共報社)에서 전해 들은 안중근은 이토 히로부미 암살에 자원했다.

10월 26일 오전 9시, 이토 히로부미가 탄 기차가 하얼빈 역에 도착했다. 이토 히로부미는 열차 안에서 러시아 재무대신 코코프체프와 회담을 가진 후, 9시 30분경 러시아 군대의 사열을 받기 위해 하차하였다.

안중근은 사열을 마치고 열차로 돌아가던 이토 히로부미를 브라우닝제 반자동 권총 M1900으로 저격하였다. 이외에도 옆에 있던 수행비서관 모리 다이지로(森泰二郎), 하얼빈 주재 일본 제국 총영사 가와카미 도시히코(川上俊彦), 남만주 철도의 이사 다나카 세이지로(田中清次郎)에게 총상을 입혔다.

안중근은 곧바로 러시아 제국 공안들에게 체포되었다. 〈대동공보〉 대표 최재형은 안중근의 의거 장소가 하얼빈인 점을 내세워 일본이 아닌 러시아 법정에서 재판을 받도록 조치하고, 변호사인 미하일로프 주필을 안중근의 변호인으로 준비했다. 하지만 안중근은 일본 제국 정부에 넘겨져 뤼순 감옥에 갇힌 채 1910년 2월 14일 사형 선고를 받았고, 같은 해 3월 26일 처형되었으며, 유해는 현재까지도 찾지 못했다.

● 안중근 의사의 의거
한일합방의 원흉인 이토 히로부미를 하얼빈에서 저격하는 장면을 묘사한 미니어처이다.

일제 강점기

일제 강점기(1910년 8월 29일 ~ 1945년 8월 15일)는 한국의 근현대사를 시대별로 나누었을 때 주요 시대 중 하나로, 한반도와 그 부속도서가 일본 제국의 직접적 지배 아래 놓였던 시기이다. 한일병합 이후 형식적으로는 비록 옛 대한제국의 황제에게 일본 제국이 주는 이왕직이 존재하였지만, 당시의 한반도는 대한제국 황제가 통치하는 것이 아니라, 일왕이 조선총독에게 명령을 내리고 조선총독이 조선총독부를 통해 일본 제국 천황의 명을 받드는 식민지였다. 그야말로 정치적으로나 외교적으로나 독자적 권한이 박탈된, 일본 제국의 영토였다.

■ 풍전등화의 조선

19세기 후반, 제국주의의 식민지 쟁탈전의 일환으로 탈아입구(脫亞入歐: 아시아를 벗어나 서구 사회를 지향한다는 뜻)를 외치던 일본 제국은 조선이 수교를 거부하자, 이를 명분으로 사이고 다카모리(西鄕隆盛)가 한반도 침략을 위한 정한론(征韓論)을 제기하였다. 또한 당시 제정 러시아가 남하 정책으로 한반도 진출을 꾀하고 있었으며, 조선이 혼자 이에 맞설 힘은 부족했기 때문에, 일본은 인접 지역이 다른 열강의 식민지가 되는 것을 두려워했다.

명성황후는 대원군과의 권력 다툼 때문에 초기에는 친일 개화파를 지원했지만, 김옥균 등이 실권을 잡으려는 것에 반대하여 이번에는 청나라 병력을 끌어들여 탄압을 했다. 청 · 일 전쟁에서 일본이 승리하자, 이번에는 러시아를 끌어들여 일본 세력을 견제하려고 하는 등 국익 증진보다는 세력 다툼에 바빴다.

● 정한론을 토론하는 일본 수뇌부
정한론은 일본 메이지 시대 초기에 당시 정부의 수뇌인 사이고 다카모리, 이타가키 나이스케, 에토 신페이, 고토 쇼지로, 소에지마 다네오미 등에 의해 주장된, 무력을 이용해 조선을 정벌하자는 정책이다.

1876년 강화도조약 이후 일본은 조선을 무력으로 장악하기 위한 장기적 계획을 수립하였고, 1894~1895년 청 · 일 전쟁과 1905년의 러 · 일 전쟁에서 승리하며 한반도에 대한 침략을 가시화했다. 이후 일본 제국주의자들은 그 외에도 주권국인 대한제국의 국권을 무시하고, 영 · 일 동맹 및 '태프트-가쓰라 밀약' 등의 협약을 체결하며, 한국 진출을 본격화하였다.

일제는 1905년 무력을 동반한 을사늑약으로 대한제국의 외교권을 침탈한 데 이어 한일신협약(1907년)과 기유각서(1909년) 등으로 대한제국의 배타적 권리를 점점 흡수하였다. 국내에서는 일진회와 이완용 등의 친일파가 한일합방(한일병합)에 협력했다.

1909년 7월에 한국 흡수가 일본 내각에서 결정되었고, 이후 1909년 10월 26일 안중근이 이토 히로부미를 저격하였다. 이 사건을 명분삼아 일본 내에서는 조선 합병에 대한 제국주의자들의 목소리가 높아져, 오히려 병합의 추진이 가속화되었다. 윤치호도 당시 이를 두고 "안중근의 이토 히로부미 암살이 한일 합방을 더욱 촉진시켰다."는 기록을 남기기도 했다.

1910년 8월 29일, 한일병합조약이 체결되면서 대한제국은 멸망하였고, 한반도는 일본 제국의 영토로 편입되었다. 당시 일본은 대한제국을 '조선'으로, 대한제국의 황제를 '왕'으로 낮추어 불렀다. 결국 한반도 지역 전체가 일본 제국의 식민지가 되어, 소위 일왕 직속의 식민 정부인 조선총독부에 의해 1945년 8월 15일까지 36년간의 식민 지배를 받게 되었다.

● **이완용(李完用)**
일제에 적극 협력한 대가로 조선귀족 백작 작위를 받았고, 1919년에는 후작에 올랐다. 을사오적 · 정미칠적 · 경술국적에 들어 있는 한 사람이다. 1905년 러일 전쟁에서 일본의 승리가 결정적이 되자 친일파로 변신, 어전회의에서 고종을 협박해 을사늑약을 맺은 후 대한제국 외교권이 박탈됐고, 1907년 헤이그 만국평화회의 밀사사건을 빌미로 고종에게 퇴위를 강요했다.

■ 무단 통치기(1910년 ~ 1919년)

강제 합병 직후 조선총독부는 1910년 9월에 헌병 경찰을 창설하고, 무단 통치에 돌입하게 된다. 즉 헌병이 일반 경찰의 행정까지 담당하면서 언론 · 집회 · 출판 · 결사의 자유를 박탈하고, 즉결 처분권 등을 갖는 것을 말한다.

● **데라우치 마사타케**(寺内正毅)
일본 제국의 육군 군인, 정치가, 외교관이다. 1910년 5월부터는 제3대 한국통감이었고, 한일합방 이후부터 1916년 10월 14일까지 초대 조선총독이었다. 1910년 5월 제3대 한국통감부 통감으로 부임하여 한일합방을 성사시키고, 초대 조선총독이 되었다. 1916년 총리대신이 되어, 시베리아 파병 등 조선과 중국에서 일본의 권익 확대를 꾀하는 제국주의 정책을 펼쳤다.

조선총독은 일본군 현역 혹은 일본 예비역 장성 중에서 임명되었고, 일본 일왕에 직속되어 입법권 · 사법권 · 행정권 및 군대 통솔권까지 장악하였다. 또한 일왕의 직속이라, 내각이나 의회의 간섭을 받지 않았다.

총독의 아래에는 행정과 교육 · 문화를 담당하는 정무총감, 치안을 담당하는 경무총감이 존재하였다.

조선총독부는 2만여 명의 헌병 경찰을 한반도 전역에 배치하고 한국인 중 헌병 보조원을 채용하여 헌병들의 업무를 보조케 함으로써, 헌병 중심의 억압 통치를 실시하였다.

헌병 경찰은 치안 업무와 함께 독립운동가 색출 등 민생 전반에 관여하였다. 여기에 당시 통치의 억압성을 단적으로 보여주는 제도가 조선 태형령으로, 갑오개혁 때 폐지되었던 태형을 부활시켜 한국인에게만 차별적으로 적용하였다. 또한 이 시기에는 한국인의 각종 단체가 해산당하였다. 1911년 신민회를 해산시킨 '105인 사건(신민회 사건)'이 대표적이라 할 수 있다.

■ 민족 분열 통치기(1919년~1931년)

1919년 3·1 독립운동이 발발하자, 일본 정부나 총독부 측에서는 기존의 통치 방식을 심각하게 고려하지 않을 수 없었다. 일본제국주의는 제2대 총독인 하세가와를 해임하고 현역 해군대장인 사이토 마코토(齋藤實)를 총독으로 파견하면서, 기존의 강압적 통치에서 회유적 통치로 그 방향을 선회하게 된다.

그 결과 일부 단체 활동 및 언론 활동이 제한적으로나마 허가되기 시작하였고, 아주 기초적인 초등 교육과 농업 교육이 확대되었다. 그러나 '문화정치'라는 공언과는 달리 실질적으로는 민생 안정보다 회유책에 치중하여, 친일파 양성을 통해 한민족의 분열을 시도하였으며, 이는 한반도에서 식민 통치를 확립하기 위한 방법에 지나지 않았다.

헌병 경찰제를 보통 경찰제로 바꾸었지만 경찰 수와 장비는 더욱더 강화되었으며, 전문적으로 독립운동가를 색출하기 위해 '고등 경찰제'를 도입하였다. 또 신문에 대한 검열 · 삭제 · 폐간 등이 지속적으로 이루어졌고, 1925년 치안유지법을 도입하여 민족운동을 방해하였다. 또 오히려 일본은 문화 통치를 통하여 소수의 친일 관료들을 키워 한민족을 이간 · 분열시키고, 민족의 근대 의식 성장을 오도(誤導)하며, 민립 대학 설립 운동을 탄압하는 등, 초급 학문과 농업 교육만을 허용함으로써 일본의 식민지 지배에 도움이 될 인간을 대량 양성하는 결과를 낳았다. 결국 온건한 민족주의 세력 내에서는 민족 개량주의가 분화하여 민족성 개조론이 등장하였고, 이는 자치 운동(참정권 운동)으로 발전해 나갔다.

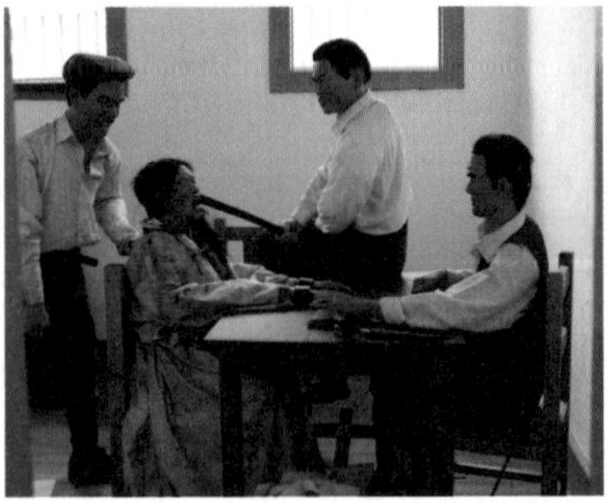

● **일본 고등계 경찰의 가혹한 심문**
민족분열을 획책하려는 일제는 고등 경찰제를 도입하여 조선의 수많은 애국지사들을 고문하고, 죽음에 이르기까지 가혹하게 심문하였다.

■ 민족 말살 통치기(1931년 ~ 1945년)

1931년 일제는 만주사변을 일으켰다. 일제는 만주 및 중국대륙 침략을 본격화하면서 한반도를 일본의 중국대륙 진출의 전진기지로 삼았고, 이에 따라 일본의 경제적 지배 정책도 병참기지화로 선회하였다. 이 시기에 조선사상범 보호관찰령(1936년) 등을 공포하여 사상 통제를 강화하였고, 일선동조론(日鮮同祖論: 일본과 조선은 같은 조상에서 나온 같은 뿌리라는 뜻)과 같은 역사 날조도 자행하였다.

일제는 대공황(1929년 뉴욕 주식시장의 주식 폭락으로 시작된 세계적인 경제 공황) 이후, 선진 자본주의 국가의 보호무역 강화로 면방직 원료의 공급이 부족하였다. 이에 따라 공업 원료를 증산하기 위해 한국에 남면북양(南綿北羊) 정책을 수립하여 남부에는 면화 재배, 북부에는 면양 사육을 독려했다. 그리고 대륙 진출을 위한 병참기지화 정책에 따라, 압록강과 두만강 일대에 발전소를 건립하고 광업 개발을 서둘렀는데, 이를 바탕으로 한반도 북부 지대에 군수공장을 대거 건립했다.

1937년 중 · 일 전쟁을 기점으로 침략 전쟁을 본격화하면서, 국가총동원령 하에 산미증식계획이 재개되고 미곡공출제가 시행되어, 한국인들은 식량을 배급받게 되는 사태가 벌어지게 되었다. 전쟁 초기에는 지원병제와 징용제를 실시하였는데, 1940년대 태평양 전쟁이 발발하면서 일제는 한반도를 더욱 수탈하였다.

● 일제의 강제징용
일제는 중국침략 전에는 조선의 값싼 노동력을 '모집'하여 일본의 토목공사장 · 광산에서 집단노동 하게 했으나, 중 · 일 전쟁(1937년) 후부터는 국가총동원법을 공포하고 국민징용령을 실시하여 강제동원에 나섰다. 1939년부터 1945년까지 강제동원된 조선인은 113만 혹은 146만 명에 달하는 것으로 조사되어 있다. 이들은 주로 탄광 · 금속광산 · 토건공사 · 군수공장에서 가혹한 노동조건 밑에 혹사당했다. 강제징용된 조선인은 공사 후 기밀유지를 이유로 집단학살 당한 경우도 있었는데, 평양 미림(美林)비행장 노동자 8백여 명, 지시마열도(千島列島) 노동자 5천여 명이 집단학살 된 것이 대표적인 예다.
사진은 일본 단바망간기념관에 건립된 강제징용 노동자상이다.

조선총독부는 만주사변과 중 · 일 전쟁에 동원할 인력과 군자금 · 군수품을 한국으로부터 조달했는데, 지식인들을 통한 자발적 징용, 징발 독려, 성금 모금 등의 다양한 방식으로 노동력과 자본을 차출해 갔다.

1941년까지 약 160만 명의 한국인이 일본 내의 공장, 건설 현장, 탄광, 농장에서 일하게 되었다. 또한 조선총독부는 징병 제도를 실시하여 한국인을 전쟁에 동원하는 한편, 10대 초반에서 40대에 이르는 여성들을 정신대(挺身隊)라는 이름으로 강제 동원하여 군수 공장 등지에 보냈으며, 그중 대부분을 중국과 남양(南洋) 지역의 최전선에 일본군 위안부로 보냈다. 종군 위안부 문제를 간과하기 어려운 까닭은, 이러한 범죄 행위가 개인이 아닌 국가에 의해 조직적으로 행해졌다는 데에 있다.

또한 한국인들을 완벽한 일본인으로 만들기 위한 민족 말살 통치가 진행되어, 내선일체(內鮮一體)와 일선동조론에 의거한 황국 신민화 정책이 실시되었다. 이에 따라 일본은 '황국신민(皇國臣民)의 서사(誓詞)' 암기, 신사 참배(神社參拜), 일본어 사용을 강요하였다.

애국반(愛國班)을 통해 국민 생활 전반을 통제하였는데, 학교의 한글 교육은 중단되었고, 한국의 역사를 배울 수 없게 되었으며, 창씨개명(創氏改名)이 강압적으로 행해졌다.

● 일본군 위안부(日本軍慰安婦)
이들은 1930년대부터 1945년 일본이 패망하기까지 강제로 전선으로 끌려가 일본 군인들의 성노예로 인권을 유린당하였으며, 전후에도 육체적 · 정신적 고통으로 힘겨운 생활을 하고 있다. 한국, 일본, 중국, 필리핀, 인도네시아 등 여러 나라 여성들이 강제로 동원되었으며, 당시 일본의 식민지였던 한국 여성들이 가장 많았다. 사진은 일본군 위안부를 기리기 위해 제작된 소녀상이다.

독립운동의 전개

국권을 빼앗긴 이후 무단통치가 강화되면서, 기존의 항일운동이었던 항일의병운동과 애국계몽운동은 점차 쇠퇴하였다. 이에 대부분의 의병 계열들은 간도나 연해주 일대로 이동하였다. 또한 각종 공직자 채용시험과 각종 산업시설의 인허가에서도 일본인에게 우대 혜택을 주게 되면서, 한국인들의 반발은 계속되었다. 이러한 조선총독부의 철저한 탄압과 차별 정책으로 인해 한국인들의 항일운동은 비밀결사 형태로 변화하였는데, 교육·종교 단체를 통해 농민·노동자와도 연결하여 독립운동가들을 규합하였다.

■ 국외의 독립운동

일제의 헌병 통치가 실시된 이후, 많은 의병부대와 지식인층 등 애국계몽운동 인사들이 해외로 이주하였다. 이에 만주의 서간도 삼원보에서는 경학사·한족회·부민단 등이 결성되었고, 독립군 장교 양성을 위해 이회영이 신흥무관학교를 만들었다. 북간도에서는 민족 학교인 서전서숙과 명동학교가 설립되었고, 대종교(大倧敎) 인사들의 주도로 중광단·정의단·북로군정서 등이 결성되어 무장투쟁을 위한 군사조직이 꾸려졌다.

연해주에서는 블라디보스토크에 신한촌이 형성되어, 민족운동의 근거지가 되었다. 이에 13도의군과 이상설·이동휘가 주도하는 대한광복군 정부가 1914년에 수립되었고, 후에 전로한족회 중앙총회와 대한국민의회 등이 수립되었다. 니콜라옙스크 사건(1920년)으로 독립군과 붉은 군대는 일본군을 전멸시켰다.

● **신흥무관학교(新興武官學校)**
신흥무관학교는 항일독립운동 기지의 건설을 위해 서간도 지역에 설립된 독립군 양성 학교로, 1911년 6월 10일 이회영(李會榮)·이시영(李始榮)·이동녕(李東寧)·이상룡(李相龍) 등이 설립하였다. 졸업생과 생도들은 김좌진(金佐鎭)이 이끄는 북로군정서(北路軍政署)에 참여해, 청산리 전투에서 큰 공을 세웠다.

이회영(李會榮)의 사진

중국 관내의 상하이에서는 1918년 김규식, 여운형, 신채호, 김구 등이 주축이 되어 신한청년당이 결성되었다. 이들은 파리강화회의에 김규식을 파견하였다. 이 단체는 후에 대한민국 임시정부의 기반을 조성하게 된다.

미주 지역에서는 안창호가 주도한 대한인국민회와 흥사단이 결성되어 독립운동 자금을 지원하였고, 이승만은 대한인국민회에서 활동하다가 따로 대한인동지회를 조직하고 기독교 학교를 설립하였으며, 박용만은 대조선 국민군단을 조직하여 국권 회복을 위한 군인을 양성하였다.

● 안창호(安昌浩)의 흉상
호는 도산(島山)으로, 애국계몽운동에 많은 힘을 기울였다. 비밀 단체인 신민회에 참가해 대성학교를 세웠으며, 일제의 탄압으로 신민회가 해체되자 1913년에 흥사단(興士團)을 만들었다. 3·1 운동 이후에는 대한민국 임시정부에 참가하여 독립운동을 하였다. 1932년 윤봉길의 훙커우 공원 폭탄 사건으로 2년 6개월간 감옥살이를 했다가, 1937년 동우회(同友會) 사건으로 다시 감옥살이를 했고, 1938년 병으로 사망하였다.

■ 민족자본 육성 운동

김성수(호는 인촌)와 송진우(호는 고하) 등은 식민 치하의 한국인들이 일본제 무명, 비단 등을 수입하여 일본제 제품이 한국에 유행하는 것을 보고, 일본의 자본이 한국에 침투하는 것을 우려하였다.

김성수는 민족산업을 일으켜야 한다고 생각하였고, 마하트마 간디의 경제 자립운동에 영향을 받아 국내자본 육성 계획을 세웠다. 우선 그는 중앙고보의 학생들로 하여금 국산 무명옷을 교복으로 입게 하였고, 옷감의 국내 자체생산 및 조달을 생각하였다.

1917년 방직 기술자인 이강현의 건의를 받아들여 방직회사 설립을 계획하였는데, 일제 당국은 순순히 허락하지 않았으나 결국 그의 사업을 승인해 주었다.

1917년 10월 재정적으로 어려움을 겪고 있던 광목제조회사 '경성직뉴주식회사'를 윤치소 등으로부터 인수하였다.

일본의 방직회사들이 한반도에 진출해 있는 상황에서 그가 시장을 확보하는 방법으로 창안해 낸 것은 한국인 지사들을 주주로 공모하는 것이었다. 이후 그는 '외부 자본의 침투는 민족 경제를 갉아먹고 외환 유출을 촉진한다'는 점을 들어 한국인 인텔리들을 설득해 나가기 시작했다.

1918년 봄 김성수는 경상북도 경주를 찾아, 최부잣집의 후손 최준을 방문하였다. 김성수가 최준을 찾은 것은 경성방직과 후에 세우게 될 동아일보에 지방 유력 인사들의 참여를 권유하기 위함이었다. 김성수가 경북 경주를 다녀간 지 1년 후인 1919년 10월 경성방직이 설립되었고, 최준은 경성방직의 창립 발기인의 한 사람이 되었다.

1919년 10월 5일 김성수 · 박영효 등은 명월관 지점 태화관에서 창립총회를 가졌다. 하지만 그것은 실제적 출발점이 아니었다. 경성방직은 설립되자마자 좌초의 위기에 처했고, 1926년경에 가서야 조업 정상화에 성공한다.

● 구 경성방직 사무동
이 건물은 (주)경성방직의 사무동으로, 1936년 건립 이래 건물 원형을 대부분 간직하고 있는 점에서 역사적 · 건축사적으로 가치가 있다. 일제 강점기에 한국인 자본에 의해 설립된 산업관련 건축물로서, 근대 공업사적 자료로서 가치가 있는 건물이다.

■ 3·1 독립운동

1919년 3월 1일 낮 12시, 서울 탑골공원에서 독립선언서를 낭독하고 독립을 선언한 학생과 청년들은 수십만 명의 군중과 함께 "대한 독립 만세!"를 외치며 온 거리를 휩쓸었다.

이로써 3·1 독립운동이 시작된 것이다. 제1차 세계대전 직후에 미국 대통령 윌슨(Thomas Woodrow Wilson)이 민족자결주의를 주창하여 세계적인 민족해방운동의 물결이 일어났는데, 3·1 독립운동은 일제의 탄압에 핍박받던 한국인들이 그러한 조류에 편승하여 1919년에 대규모로 전개한 독립운동이다.

식민지의 한국인들이 일제의 지배에 항거하여 1919년 3월 1일 독립을 선언하고 비폭력 만세운동을 시작한 사건이다. 3·1 독립운동은 3·1 운동, 3·1 만세운동, 기미독립운동, 3·1 인민봉기 등 여러 이름으로 불린다.

3·1 독립운동이 전국에서 거의 동시에 일어나자, 일제는 조선을 효과적으로 지배할 수 없다고 판단하고 친일파 육성에 나섰다. '문화통치'를 시행한 것이다. 이것은 3·1 독립운동을 계기로 군사 · 경찰을 앞세운 강경책을 문화통치라는 회유책으로 바꾼 것일 뿐, 가혹한 식민통치를 눈가림하려는 속임수였다.

● 탑골공원 내 3·1 운동 부조

헌병 경찰제를 일반 경찰제로 바꾸고, 독립운동가들을 체포하는 일에 고등 경찰제를 앞세워 더욱 악랄해졌다. 때마침 고종 황제가 왕세자와 나시모토 공주의 결혼식을 나흘 앞두고 승하하는 바람에, 고종이 독살되었다는 이야기가 나돌았다. 그러자 일본은 이런 소문을 차단하고자 마구 탄압하여 민중의 감정을 자극하였는데, 이는 만세 시위로 확산되는 계기가 되었다.

이 운동을 주도한 인물들을 민족대표 33인으로 부르며, 그 밖에 만세 성명서에 직접 서명하지는 않았으나 직접 · 간접적으로 만세운동의 개최를 위해 준비한 이들까지 합쳐서 보통 민족대표를 48인이라고도 한다. 이 가운데는 3·1 독립운동 당시 일제의 가혹한 탄압과 참상을 사진으로 촬영하여 미국과 캐나다 · 영국 등에 알린 스코필드(Scofield: 영국인 의학자 · 선교사, 그 당시 세브란스 의학전문학교 교수로 3·1 운동에 협력하다 일제에 의해 강제로 귀국당했음)도 포함된 것이다. 이들은 모두 구속되거나 재판을 받았다. 이 운동은 전국에서 3개월 동안 이어졌다. 그 과정에서 조선총독부가 강경하게 진압해 많은 희생자들이 발생했다.

조선총독부의 공식 기록에는 집회인 수가 106만여 명, 사망자가 7,509명, 구속된 자가 4만 7천여 명이었다.

● 조선의 잔 다르크, 유관순(柳寬順)
1902년 충남 천안에서 태어나, 1918년 선교사의 도움으로 이화학당 고등부에 장학생으로 입학하였다. 1919년 3월 1일 서울에서 만세운동이 일어나자 동료학생 6명과 함께 결사대를 조직하여 탑골공원과 남대문역 등에서 만세운동에 참여했으며, 3월 10일 임시휴교령이 내려지자 독립선언서를 숨겨 고향으로 내려가 유림 대표와 집성촌 대표 등과 함께 4월 1일 정오를 기해 아우내 장터에서 만세운동을 전개키로 모의했다. 3월 30일 매봉에서 만세운동을 알리는 봉화를 올리고, 다음날 아우내 장터에서 태극기를 주민들에게 일일이 나눠준 뒤 3천여 명의 군중과 함께 '대한 독립 만세'를 외치다 시위주동자로 일경에 체포됐다. 그녀의 아버지와 어머니는 이날 일본 헌병이 휘두른 총검에 학살당했다. 그녀는 징역 3년형을 선고받고 공주 감옥에서 서대문 형무소로 이감된 뒤 옥중에서도 만세운동을 전개하다가, 지하감옥에 감금돼 무자비한 고문을 받고 1920년 18세의 나이로 순국했다.

■ 대한민국 임시정부

1919년 4월, 중국 상하이에서 대한민국 임시정부가 발족되었다. 3·1 독립운동 이후 각 지역의 임시정부를 통합하려는 운동이 전개되었으므로, 독립운동의 구심점 역할과 필요성이 커진 것이다. 이때 서울에서는 한성정부, 시베리아 연해주에서는 대한국민의회, 상하이에서는 임시정부가 따로따로 활동하고 있었다.

임시정부가 여러 개로 쪼개져서 활동하는 것은 파벌만 조장하고 독립운동에 도움이 안 된다는 목소리가 높아졌다. 그래서 각 지역에 나뉘어 있던 것을 하나로 엮어 대한민국 임시정부를 발족시켰다.

이는 한반도의 13개도 국민대표회의가 한성정부의 법통을 이어받아, 중국 상하이에서 대한민국 임시정부를 세운 것이다. 이 지역은 프랑스 측이 독자적으로 경찰 및 행정을 관리하던, 프랑스 조계(租界) 지역이었다.

상하이 대한민국 임시정부는 임시의정원 의장에 이동녕, 국무총리에 이승만, 내무총장에 안창호, 법무총장에 이시영, 외무총장에 김규식, 군무총장에 이동휘 등을 선출하였다. 이어 임시 헌법을 만들고 대통령제를 내세워, 초대 대통령에 이승만을 선출하고 각료들을 개편하였다.

● 천안 독립기념관 내 임시정부 요인들의 밀랍

이승만은 국제적 외교로써 독립을 이루고자 하였다. 임시정부는 1919년 파리 강화회의와 1921년 워싱턴 회의에 대표를 파견하여 독립을 호소했으나, 열강의 냉담한 반응으로 전혀 성과를 거두지 못했다.

외교 활동에 소득이 없자 대한민국 임시정부 주변으로 모였던 독립운동가들이 이탈하면서, 민족 대표 기관의 명맥을 잃게 되었다. 그래서 임시정부는 대통령제를 폐지하고 국무령제로 전환하여, 1926년에 김구를 국무령으로 뽑았다.

대한민국 임시정부가 주도하는 독립운동은 1920년대 중반까지 대체로 침체되었으나, 김구가 맡으면서 다시 활기를 되찾았다. 김구는 1932년 1월 8일 이봉창을 시켜 일본 천황 히로히토(裕仁)를 궁성의 사쿠라다몬(櫻田門)에서 암살하려고 하였으나 실패하였다. 이 사건으로 해외의 동포들이 격려 편지와 자금을 보내왔다. 김구는 이덕주와 유진식에게 일본 총독의 암살을 지시하여 조선으로 보내는 한편, 상하이 사변 승전기념일 겸 천장절(天長節)을 맞아 훙커우 공원(虹口公園: 현재는 '루쉰 공원'으로 명칭이 바뀌었음)에서 열린 기념식장에 윤봉길을 보내 폭탄을 던지게 하여 일본 요인들을 살상시키는 데 성공하였다.

이후 사건의 주모자로 수배된 김구는 숨어 다녀야 했고, 임시정부도 상하이를 떠나야 했다. 1927년부터 관계를 맺어온 중국 국민당 정부는 이러한 사건들로 "중국 100만 대군도 못한 일을 해냈다."며 대한민국 임시정부를 협력 대상으로 생각하였고, 김구를 지원하게 되었다.

● **윤봉길(尹奉吉)**
1930년 만주로 망명했고, 1931년 상하이에서 김구가 주도하는 한인애국단에 가입했다. 1932년 4월 29일 일본 천황의 탄생일인 천장절 기념식이 열리는 상하이 훙커우 공원에 들어가 폭탄을 던져, 상하이 거류민회 위원장 가와바다와 중국주둔 일본군 총사령관인 시라카와 요시노리(白川義則) 대장을 즉사시켰고, 일본 제3함대 사령관 노무라 중장과 제9사단장 우에다 등에게 중상을 입혔다. 현장에서 체포된 후, 일본 가나자와 형무소에서 총살당하였다.

김구는 일본의 영향력 아래로 들어간 상하이에서 피신하여 난징(南京)으로 옮긴 뒤, 1933년 장제스(蔣介石)와 항일전선 협력에 합의하였다. 이 무렵에 양기탁(梁起鐸: 〈대한매일신보〉를 창간하고 주필이 되었음)이 1933년 10월 국무령에 선출되어 1935년 10월까지 임시정부를 맡았다.

일본군이 중국을 침공함과 함께 임시정부는 상하이를 탈출해야 하는 상황에 이르러, 난징과 창사(長沙: 후난 성의 성도)를 거쳐 1940년에는 충칭(重慶: 쓰촨 성의 동부에 있는 항구도시)으로 옮기게 되었다. 충칭에서 중국 국민당과 미국의 도움을 얻어 광복군 총사령부를 창설하였다.

1920년대의 민족해방 운동은 주로 대한민국 임시정부의 활동과 독립군의 항일투쟁으로 이어졌다. 그런 가운데 독립운동 방법론에 차이가 생기면서 분열이 일어나고, 일제의 방해 공작으로 임시정부 주도의 독립운동은 한동안 그 세력이 약화되었다.

대한민국 임시정부의 독립운동 활동은 김구를 중심으로 한인애국단이 활약하면서 살아나기 시작했다. 애국단의 일원이었던 이봉창 · 윤봉길의 의거로 중국 국민당 정부의 지원도 끌어내, 중 · 일 전쟁 이후에 창설된 한국광복군의 발판이 된 것이다.

● 김구(金九)
호는 백범(白凡). 1893년 동학에 입교하여 접주가 됨. 1910년 신민회 가담. 105인 사건으로 1911년 감옥 생활을 함. 1919년 3·1 운동 후 상하이로 망명. 대한민국 임시정부 조직에 참여하는 한편 한인애국단을 조직하여 이봉창, 윤봉길 등을 지휘함. 1935년 한국국민당을 조직. 1944년 대한민국 임시정부 주석에 선임. 해방 후 남한만의 단독 정부 구성에 반대하고 남북통일 운동에 매진하다가, 1949년 자택에서 안두희에게 암살당함.

격렬한 무력 투쟁

간도와 만주, 연해주 등지를 기반으로 조직된 항일 무장단체들은 3·1 독립운동을 계기로 평안북도 갑산, 함경남도 혜산, 압록강과 두만강을 중심으로 한 국경 지대에서 일본 군대에 대항하면서 격렬한 무장 투쟁을 벌였다. 특히 김좌진이 이끄는 북로군정서군은 만주 청산리 전투에서 일본군을 크게 격파하였다.

● 봉오동 전투 기록화

■ 봉오동 전투

일본의 조선주둔군 제19사단은 병력을 출병하여 간도 내의 독립군단 토벌에 나섰다.

1920년 6월 7일 북로 제1군 사령부(간도국민대) 부장 홍범도는 군무 도독부군과 국민회 독립군을 연합하여 대한북로독군부(독립군 연합부대)를 결성한 후, 봉오동(화룡현 봉오동은 훈춘과 연길의 중간지대에 있음) 골짜기 인근에 포위진을 짜고 제3소대 분대장 이화일을 시켜 일본군을 유인해 오도록 하였다. 그러나 소나기가 내리쳤고, 일본군 부대는 선봉으로 올라가던 일본군 부대를 독립군으로 오인하여 사격을 가하면서 교전했다. 고지 꼭대기까지 올라간 홍범도 부대는 이를 내려다보면서, 나머지 일본군에게 사격을 가했다.

6월 7일 오후 1시쯤, 일본군이 봉오동 상동(上洞) 남쪽 300m 지점 갈림길까지 들어오자 홍범도는 신호탄을 올렸다. 삼면 고지에 매복한 독립군이 일제히 사격을 개시하면서 시작된 봉오동 전투는 3시간 이상 계속되었다. 일본군의 사상자가 늘자 소좌 야스카와(安川二郎)가 지휘하던 월강추격대는 도주하기 시작했는데, 강상모(姜尙模)가 2중대를 이끌고 쫓아가 다시 큰 타격을 입혔다. 임시정부 군무부는 봉오동 승첩에서 일본군 157명이 전사한 반면 아군은 불과 4명만 전사했다고 발표했다.

상해 임시정부의 발표에 의하면, 이 전투에서 일본군 측 피해는 전사자 157명, 중상 200명, 경상 100명이며, 독립군 측 피해는 전사자 4명, 중상 2명에 불과하였다. 이후 일본군의 대대적인 탄압을 받게 된 북로독군부군은 청산리로 옮겨가, 김좌진의 북로군정서군과 연합하여 청산리 대첩을 전개해 나간다.

■ 청산리 대첩

일제는 독립군이 대거 도강해 한반도 내에서 큰 전투가 벌어지면 식민통치가 불가능하다는 판단에서 1920년 8월 '간도지방 불령선인초토계획(不逞鮮人剿討計劃)'을 수립하고 대규모 병력을 꾸렸다. 그러나 대병력이 도강하면 국제 문제가 될 수 있기 때문에, '훈춘 사건'을 조작했다.

일본군 제19보병사단 간부가 비밀리에 중국 마적 두목 장강호(長江好)를 만나, 장강호에게 돈과 무기를 주면서 두만강 건너편 훈춘 일본영사관을 공격해 달라고 요청한 것이다. 그리고 이 사건을 한국인 독립군의 소행으로 몰아붙였다.

일본은 미리 대기시켜 놓은 대군을 즉각 투입했는데, 조선주둔군 제19사단 9천여 명을 중심으로 시베리아로 출동했던 포조군(浦潮軍) 제14사단 4천여 명, 11사단 · 20사단의 지원병력, 그리고 북만주 파견대와 관동군 각 1천여 명 등 모두 2만여 명에 달하는 군단급 병력이었다.

조선인 독립군은 만주 삼둔자 전투와 봉오동 전투에서 대승을 거둔 뒤라 사기가 올라 있었다. 김좌진이 이끄는, 대종교 계통의 북로군정서는 1920년 9월 9일 사관양성소의 사관 298명의 졸업식을 치른 후 백두산으로 향했다. 북로군정서도 다른 독립군 부대처럼 중국군과의 약속 때문에 깊은 밤중을 틈타 주로 산길로 이동해 한 달 만에 450리 길을 걸어, 10월 12~13일 화룡현 삼도구 청산리에 도착했다.

청산리에 도착한 북로군정서군은 인근 이도구로 이동해 있던 홍범도 부대와 합류했다. 일제는 중국에 압력을 넣어 일방적으로 2개월 동안 주둔하겠다고 통고하고는 1만 5천여 명 규모의 일본 군대를 두만강 너머에 배치했다.

이렇게 하여 발발된 청산리 전투는 10월 21일 길림성 화룡현에서 싸움이 시작된 이래 1주일 동안 청산리 백운평, 천수평, 완루구 등지에서 10여 차례에 걸쳐 싸워 대승리를 일구어 냈다. 청산리 전투의 승리는 일제가 1920년 초부터 계획한, 만주 한인독립군 전체에 대한 초토화 계획을 실패로 만들었다.

청산리 전투의 승리는 독립군 병사들의 영웅적 분전, 지리적 형태를 적절히 이용한 지휘관들의 우수한 유격 작전, 간도 지역 조선인들의 헌신적인 지지와 성원이 함께 어우러져 이루어낸 통쾌한 승리였다.

그러나 청산리 전투에서 참패한 일제는 약 두 달 동안 독립군의 근거지라고 여겨져 온 간도 일대의 조선인 마을을 초토화시켰다. 1만 명이 넘는 조선인이 학살당하고 2,500호의 민가와 30여 개의 학교가 불에 탔다. 이를 '간도 학살 사건' 또는 '경신참변'이라고 부른다.

● 청산리 전투 기록화

여명의 시대

제2차 세계대전은 1943년에 접어들면서부터 점차 연합군 측에 유리해져 갔으며, 그해 11월 말에 미국 · 영국 · 중화민국 3국은 소위 카이로 선언을 발표했다. 이어 1945년 5월에 나치 독일이 항복하였고, 8월 8일에는 미국과 영국, 소비에트 연방이 모여 포츠담 선언을 발표했다. 1945년 8월 15일 일본은 드디어 연합국에 무조건 항복을 하였다. 한민족은 카이로 선언과 그것이 다시 확인된 포츠담 선언으로, 그리고 한민족의 줄기찬 독립투쟁으로 일제의 학정으로부터 해방을 맞이하였다.

■ 일본의 항복

1945년 7월 26일, 미국 · 영국 · 중화민국 정부 수뇌들이 모여 일본의 민주화를 요구하는 포츠담(독일의 중부 베를린의 남서쪽에 있는 도시) 선언을 발표했다. 그러나 일본 제국의 정치가들은 포츠담 선언을 묵살했다. 그 결과 8월 6일 히로시마(廣島)에, 8월 9일 나가사키(長崎)에 각각 원자폭탄 투하가 이루어졌다.

이 원폭투하 이외에, 8월 9일에는 소련군이 일본 제국이 세운 괴뢰 국가인 만주국을 침공했다. 대한민국 임시정부에서는 1945년 9월에 정식으로 제2차 세계대전에 참가하여 일본을 공격할 예정이었으나, 일본이 예상보다 빨리 항복하는 바람에 그 계획은 물거품이 되고 말았다. 연합국(미국, 영국, 소련, 중화민국) 측에서는 9월에 일본을 독일처럼 분할 점령하려고 했으나, 이 역시 일본이 항복하는 바람에 무산되어 결국 미국이 단독 점령을 하였다.

● **히로시마 원폭투하**
1945년 8월 6일 미국은 역사상 최초로 원자폭탄을 히로시마에 투하했다. 3일 후에는 나가사키에 두 번째 원폭이 투하되었다. 드디어 8월 10일 일본 천황은 연합군 측에 무조건 항복 의사를 전달하고 5일 후에 항복을 선언함으로써 태평양전쟁은 개전 5년 만에 막을 내렸고, 대한민국은 36년간의 일제의 압제에서 해방되었다.

■ 광복의 환희

한국의 독립을 약속한 카이로 선언(1943년 이집트의 카이로에서 미국 대통령 루스벨트, 영국의 수상 처칠, 중국의 주석 장제스가 3국회담 후 발표한 공동 선언)과 그것이 다시 확인된 포츠담 선언(1945년 7월 독일의 포츠담에서 미 · 영 · 중 3국이 회담을 하고 발표한 선언)에 의해서, 한민족의 오랜 독립 투쟁을 거친 끝에 일제의 학정으로부터 독립을 맞이하였던 것이다.

1945년 8월 15일, 일본은 드디어 연합군에 무조건 항복을 하였다. 이날 경성(서울) 시민들은 이 방송을 듣고 히로히토 천황의 항복 사실을 알게 되었고, 해방을 환호하기 시작했다.

1945년 8월 15일 아침, 여운형은 서울 필동에 있는 조선총독부 정무총감 관저(오늘날의 '한국의 집')에서 류사쿠이 정무총감과 만나 교섭을 벌였는데, 5개 조항을 요구하여 이를 관철시키고 치안권과 행정권을 되찾았다.

〈5개 조항〉

1. 전국적으로 정치범 · 경제범을 즉시 석방할 것.
2. 서울의 3개월분 식량을 확보할 것.
3. 치안유지와 건국운동을 위한 정치운동에 대하여 절대로 간섭하지 말 것.
4. 학생과 청년을 조직 · 훈련하는 데 대하여 간섭하지 말 것.
5. 노동자와 농민을 건국사업에 동원하는 데 대하여 절대로 간섭하지 말 것.

많은 시민들은 계동에 있는 여운형의 집에 몰려가 연설을 해달라고 요구하였다. 여운형은 집 바로 옆에 있는 휘문중학교 운동장으로 가서, 해방을 맞이한 감격의 연설을 하였다.

● **여운형(呂運亨)**
독립운동가이자 정치가. 1919년 상해 임시정부 수립에 힘써서 임시의정원 의원을 역임하였다. 해방 후 조선인민공화국을 선포하여 새 국가를 세우고자 애쓰다가 1947년 한지근에게 피살당하였다.

■ 분단의 날벼락

광복 직후 한반도 내에는 건국준비위원회 등이 치안과 행정권을 담당하여 혼란한 해방 정국 상황을 일시적으로 수습하였다. 그러나 해방 이후 한반도는 얄타 회담(Yalta 會談: 얄타 협정, 얄타 비밀협정. 1946년 2월 4일, 크림 반도의 얄타에서 미국의 루스벨트, 영국의 처칠, 소련의 스탈린 등 연합국의 수뇌들이 제2차 세계대전 패전국의 처리문제, 국제연합의 창설, 소련의 대일참전에 대해 협의함.)에서 이루어진 비공식적 합의에 따라 미·소의 한반도 분할 정책과 포고령이 선포되고, 미국과 소련의 신탁통치를 받게 되었다.

1945년 9월, 한반도에서 중간에 해당하는 38도선을 경계로 남쪽은 미군이, 북쪽은 소련군이 포고령을 선포함으로써 군정(軍政)을 실시하게 된 것이다. 이로써 한반도는 38선을 경계로 남과 북이 분단되었다.

12월 27일, 모스크바 3상 회의(Moskva 三相會議: 모스크바 3국 외상회의, 모스크바 협정. 소련의 수도 모스크바에서 미 · 영 · 소의 외상들이 한국에 대한 5년간의 신탁통치에 합의한 회의.)에서 신탁 통치안 문제를 놓고 한반도에서는 좌익과 우익의 대립이 격화되었다. 곧이어 1946년 5월에는 미·소 공동위원회가 개최되었지만, 양측의 주장이 엇갈려 결렬되었다. 1945년 12월 송진우 암살, 1947년 7월 여운형 암살 등 잇단 정치 테러가 발생하면서 해방 정국은 매우 혼란스러웠다.

미국은 한반도 문제를 UN 총회로 이관하여 남한의 단독정부 수립이 결정되었다. 남한 단독정부 수립이 결정되자, 김규식 · 조소앙 등에 김구가 합세하여 통일 정부를 수립하기 위해 남북 협상을 추진하는 등 노력하였다. 그러나 38선 이북에서는 1946년 북조선 임시 인민위원회와 1948년 2월 조선인민군 창설 등으로 사실상의 공산정부를 세웠다. 이로써 남북 단일정부 수립은 불가능하게 되었다.

● 남북협상을 위해 38선을 넘는 김구 밀랍

대한민국의 탄생

군정기간(1945년 9월 8일~1948년 8월 15일) 중 미 군정은 온건파인 김규식 · 안재홍 · 여운형을 통해 좌우 합작, 협상을 주도하게 했다. 그러나 이 일에 제외된 것에 불만을 품은 이승만 · 김구 · 윤치영 · 박헌영 · 허헌 등의 반발에 봉착하게 되었다. 그 뒤 제2차 미 · 소 공동위원회마저 결렬되어 버리자, 미국이 한반도 문제를 UN 총회로 이관하여 남한 내 단독정부 수립이 결정되었다. 1948년 1월부터 한반도의 정국은 단독정부 수립론과 남북협상을 통한 정부 수립론을 놓고 의견이 갈라서게 되었다. 그러나 1948년 2월 38선 이북에서 북조선인민위원회를 구성하고 조선인민군을 창건하면서, 분단은 사실상 불가피하게 되었다.

■ 제헌국회 개원

남한 내 단독정부 수립이 결정되고 김구가 암살되면서 남북협상은 물거품으로 돌아갔으며, 남한에서도 선거 가능한 지역에 한한 정부 수립론이 나타났다. 사실상 남북 단일정부 수립은 불가능하게 되었으며, 결국 38도선 이남에서만 1948년 5월 10일 제헌국회 의원 총선거가 실시되어 제헌국회가 탄생하였다.

제헌국회는 대한민국에서 최초로 국민의 직접 투표로 선출된 국회의원 198명을 구성원으로 개원하여 대한민국 헌법을 만든 제1대 국회를 말한다. 1948년 5월 31일 구성되었고, 1950년 5월 30일까지 활동하였다.

제헌국회 의원 총선거는 1948년 5월 10일, UN한국임시위원단(UNTCOK)의 감시 아래 남한에서 실시되었다.

● 여의도 국회의사당의 벽에 부조된 제헌국회 의원들

첫 제헌국회는 1948년 5월 31일 월요일 아침 10시가 조금 지난 때, 중앙청 홀에서 제1차 회의에 들어갔다.

198명 가운데 최고 연장자인 이승만을 임시 의장으로 추대하였다. 이날 제헌국회는 이승만을 초대 국회의장으로, 신익희를 부의장으로 선출하였다.

6월 초, 국회 헌법기초위원회에 헌법 초안이 제출되었다. 헌법 초안은 이승만을 포함한 모든 정파들이 동의한 의원내각제를 채택했는데, 6월 15일 이승만이 돌연 기초위원회에 나타나 의원내각제를 대통령제로 바꿔야 한다고 주장하였다.

7월 17일 헌법을 제정하여 공포하였으며, 이 헌법에 따라 제헌국회 의원들의 간접 선거로 대통령 선거를 실시하여 이승만 후보를 초대 대통령으로, 이시영 후보를 부통령으로 선출했다.

드디어 1948년 8월 15일, 대한민국 정부 수립이 세계 만방에 선포되었다.

● 대한민국 정부 수립 선포식 장면

■ 남북 대립과 냉전

38선 이북에서는 1948년 9월 김일성을 중심으로 공산주의 정권인 조선민주주의인민공화국을 수립하여, 한반도는 38선을 분단선으로 남쪽의 대한민국과 북쪽의 북한으로 분단되고 말았다.

남한과 북한이 각각 단독 정부를 세우면서, 남북의 갈등은 점점 커졌다.

남한에서는 이승만이 국가보안법을 통하여 좌익 정치세력을 불법화시키는 한편, 북진통일론을 내세웠다. 북에서는 김일성이 지속적으로 남침 의사를 소련에 타진하였다.

이러한 남북 갈등의 고조는 무력 분쟁으로도 이어져, 1949년 한 해 동안 38선 주변에서는 크고 작은 교전이 여러 차례 있었다.

이런 상황에서 미국과 소련은 한반도에서 철수하기로 일단 합의하였다. 이에 따라 미국은 '애치슨(Acheson: 미국의 국무장관) 라인'을 발표하고 미군을 한반도에서 철수시키면서도, 한반도에서 만약의 상황이 발생할 경우 즉각 개입할 것임을 분명히 밝혔다. 그 틈을 이용하여 김일성은 소련을 방문하여 비밀 협상을 통해 소련의 군사 무기를 북한으로 들여왔고, 중국에도 전쟁이 일어날 경우 지원해 달라는 요청을 해놓았다.

그러나 1949년 초까지만 해도 소련은 한반도에서 북한이 전쟁을 일으킬 경우 미군이 개입할 것이라면서, 김일성의 뜻을 들어주지 않았다. 그런데 중국 내전에서 중국 공산당이 승리하고 소련 역시 핵개발에 성공하게 되자, 전쟁 개시에 찬성하게 되었다. 다만 전쟁을 시작하는 날만 비밀에 부쳤다.

● **38선(三八線)**
제2차 세계대전이 끝나면서 미·소 양국이 북위 38도선을 경계로 한반도를 남과 북으로 나누어 점령한 군사분계선이다.

■ 한국전쟁

북한의 김일성은 무력으로 남한까지 공산주의화 시키려는 야망을 치밀하게 준비해 오다가 소련(소비에트 사회주의 공화국 연방)의 지도자인 이오시프 스탈린(Iosif Stalin)의 승인을 받자, 소련에서 지원받은 수십 대의 소련제 탱크를 앞세워 1950년 6월 25일 일요일 새벽 4시에 대한민국을 침공했다.

당시 대한민국에는 탱크의 공세를 막을 수 있는 방어책이 전혀 없었고, 야포와 전투기 등 온갖 군사무기 면에서 압도적으로 열세였기 때문에, 거의 맨몸에 총만 가진 한국군은 순식간에 밀려날 수밖에 없었다. 그렇게 대한민국은 조선인민군이 침략한 지 3일 만에 수도인 서울을 인민군에게 빼앗기고 말았다.

치밀하게 계획하고 무장한 인민군을 상대하는 것이 계란으로 바위 치기였던 한국군은 쭉쭉 밀려나, 낙동강 방어선을 최후의 배수진으로 정하고 버티게 되었다. 이 과정에서 수많은 어린 학생들(학도병들)이 무고하게 죽어나갔으며, 많은 사상자와 인명피해를 초래했다.

하지만 UN군의 파병 지원, UN군 총사령관 더글러스 맥아더의 9월 15일 인천 상륙 작전으로 조선인민군에 대한 반격을 시작하여 9월 27일에 서울을 탈환하고, 10월 1일에는 38도선까지 수복해서 전세를 만회하였다.

● 북한 인민군의 기습 침공

● 남쪽으로 향한 피난행렬

● UN군 참전

이때 UN 내부에서 UN군의 목적에 대한 새로운 결의가 마련되어, 조선민주주의인민공화국을 완전히 공략하려는 목적으로 변경되었다. 이후 한국군과 UN군은 줄곧 치고 올라가 10월 26일에는 압록강까지 올라갔으나, 곧이어 마오쩌둥(毛澤東: 초대 국가 주석)에 의해 공산 정권이 수립된 중화인민공화국의 참전과 인해전술, 소련의 직접적인 군사지원으로 전세는 다시 역전되며 장기화되었다.

이후 38도선 인근 중부지방에서 공방전을 거듭하던 중, 1953년 7월 27일 오전 10시에 휴전협정이 체결되었고, 그 효력이 발생한 22시에 완전히 총성이 멈추고 군사 분계선이 만들어졌다. 그것을 경계로 오늘날까지 남북 간에는 교착 상태(交錯狀態)가 이어지고 있다.

한국전쟁(6·25 전쟁, 6·25 동란, 6·25 사변, 한국동란)의 피해는 약 20만 명의 전쟁 미망인, 10만여 명이 넘는 전쟁 고아를 만들었으며, 1천만여 명이 넘는 이산가족을 남겼다. 그리고 한반도 전역에서 공업시설의 45% 정도가 파괴되어 경제적·사회적 암흑기를 초래하였으며, 한국과 북한의 경제 수준도 뚝 떨어졌다.

무엇보다도 이 전쟁으로 인해 남북 간에는 같은 동족이면서도 서로에 대한 적대적 감정이 극도로 팽배하게 되어 남북의 분단이 더욱 고착화된 나머지, 분단한 지 70여 년에 이르고 있다.

● 서울 수복

● 전쟁 기간의 학업

● 압록강까지 북진

대한민국 정부

대한민국의 정치제도는 1987년 이후의 제6공화국 체제로 현재에 이르렀다. 그러나 대통령의 5년 단임제를 골자로 한 제6공화국 헌법이 대통령의 직무 수행과 책임 정치 구현을 보장하지 못한다는 지적에 따라, 현재 한국에서는 대통령직의 4년 중임제를 골자로 한 개헌 논의가 대두되고 있다. 노태우 정부 이후로는 모두 제6공화국에 속하지만, 보통 제6공화국이라고 할 경우 대체로 노태우 정부만을 의미하는 경우가 종종 있다. 노태우 정부 이후 제6공화국의 각 행정부를 부르는 명칭은 대통령들의 결정에 따른다.

■ 제1공화국

1950년대는 미국으로부터 지원을 받아 전후 복구사업을 실시하는 가운데 경제원조 체제가 성립되던 시기였다.

제1공화국 정권의 고위 관료들은 부패해 국민의 불만을 샀다. 이에 초대 헌법의 대통령 간선제로는 재선이 불가능할 것으로 판단한 이승만은 이범석 · 장택상 등의 측근들과 족청계, 백골단, 땃벌떼 등을 동원하여 부산정치파동(1952년)을 일으켰고, 사사오입개헌(1954년)으로 장기집권을 추진했다.

● **이승만(李承晩)**
대한민국 초대 대통령. 독립협회, 한성임시정부, 상하이 임시정부에서 활동했다. 광복 후 우익 민주진영 지도자로 1948년 대한민국 초대 대통령에 당선되었다. 4선 후, 4·19 혁명으로 사임하고 하와이로 망명했다.

그러나 이범석 · 장택상 등의 성장을 두려워한 이승만은 이들을 제거하고, 이기붕 계열을 등용하였다. 이기붕 계열은 또한 친 자유당 성향의 이정재 · 임화수 · 유지광 등의 정치깡패들을 활용하여 야당 의원의 집회를 탄압하는 등, 제1공화국 후반기는 혼란을 거듭했다.

그 와중에 민주당 출신인 부통령 장면의 피격 사건(1958년)과 진보당 당수인 조봉암을 국가보안법 위반으로 엮은 사법살인(1959년) 등의 조치까지 겹해졌고, 언론의 자유마저 통제당했다.

1959년의 한일회담이 끝나자 곳곳에서 정부의 독재에 저항하는 집회가 시작되었다. 1960년 3월 15일 부통령선거의 부정을 계기로 국민들의 불만은 극에 달해 4·19 혁명이 발생했고, 마산 앞바다에서 며칠 전 실종되었던 김주열 학생의 시신이 떠오르면서 시위는 격화되었다.

4월 26일, 이승만 대통령이 하야선언을 함으로써 제1공화국은 붕괴됐다.

● 4·19 학생 혁명

1960년 4월 대한민국에서 제1공화국인 자유당 정권이 이승만을 대통령에 당선시키고 이기붕을 부통령으로 당선시키기 위한 개표 조작을 하자, 이에 반발하여 부정선거 무효와 재선거를 주장하는 학생들의 시위에서 비롯된 혁명이다.

사건의 발단은 '3·15 부정 선거'였다. 이의 무효와 재선거를 주장하던 마산 3·15 의거에 참여한 마산상고 입학생 김주열이 실종된 지 27일 후인 4월 11일 아침, 마산 중앙부두 앞바다에서 왼쪽 눈에 경찰이 쏜 최루탄이 박힌 채 시신으로 떠오른 것이 언론을 통해 보도되면서, 시위는 전국적으로 격화되었다.

● 대학생은 물론 고등학생까지 나와 정권 퇴진 운동을 벌였다.

● **4·19 민주묘지**
1960년 4·19 혁명 때의 희생 영령 199위를 모신 묘지이다. 한가운데 4·19 혁명의 기상을 상징하는 높이 7척의 탑주 일곱 개가 솟아 있고, 주위에는 수호신상 및 각도를 달리한 20개의 만장이 조화를 이루었다. 서울시 강북구 수유동에 있다.

4월 19일, 서울에서 대학생들이 시위를 벌이는 도중에 대통령 관저인 경무대(景武臺)로 몰려드는 시위대를 향해 경찰이 총을 쏘았다. 그러자 시위대는 경찰 무기를 빼앗아, 경찰과 총격전을 벌이며 맞섰다. 이때 참여한 인원은 10만 명 이상이고, 사망자 수는 185명, 부상자 수는 1,500여 명에 이르렀다.

전 국민적 저항, 군대 지휘부의 무력동원 거부에 봉착한 대통령 이승만은 4월 26일 하야를 발표하였다. 이로써 이승만의 자유당 정권은 몰락하였고, 이 혁명의 결과로 과도정부를 거쳐 6월 15일 개헌을 통해 제2공화국이 출범하였다. 4·19 민주혁명, 4·19 학생운동, 4·19 의거, 4월의거, 4월혁명 등 여러 명칭으로 일컫는다. 5·16 군사정변 이후 군사 정권에서는 의거로 부르다가, 문민 정부부터 다시 혁명으로 승격되었다.

■ 제2공화국

4·19 혁명 이후 허정 과도내각을 거쳐, 장면을 수상으로 하는 제2공화국이 수립됐다. 제2공화국은 3차 개헌을 통해 내각책임제와 양원제를 구성했고, 언론의 자유와 혁신계 정치활동을 허용했다.

제2공화국 당시 각계 각층의 통일 운동과 민주화 요구가 분출되기도 했는데, 집권여당인 민주당 내에서 신파와 구파로 나뉘어 개혁 의지가 미약했을 뿐만 아니라 이러한 요구들을 수용하지 못했다.

곳곳에서 데모가 연이어 벌어지고 장면이 단호한 조치를 계획하던 중 1961년 5월 16일 새벽, 육군 소장 박정희가 이끄는 군부세력의 5·16 쿠데타로 내각 각료들이 체포되면서, 장면 내각은 불과 9개월 동안 존속하고 붕괴됐다.

그 뒤 윤보선에 의한 형식적인 민정(民政)이 실시되었으나, 군사정변 세력의 '구정치인 정화법'(1962년)으로 정치활동이 정지당하자 여기에 불만을 품고 윤보선이 사퇴(1962. 3. 22)함으로써, 5·16 군사정변 세력이 설립한 국가재건최고회의가 1962년 3월부터 1963년 12월까지 사법권 · 행정권 · 입법권을 모두 장악하고 군정을 실시했다.

● **장면(張勉)**
4·19 혁명 후 제5대 민의원(民議員)을 거쳐 내각책임제(內閣責任制) 하의 제2공화국 국무총리로 선출되어 정권을 장악하였다. 집권 후 국민의 자유를 최대한 보장하려는 정책이 사회의 혼란과 무질서를 초래하게 되어, 1961년 5·16 군사정변으로 총리 취임 9개월 만에 실각하였다.

● **윤보선(尹潽善)**
4·19 혁명으로 이승만 정권이 붕괴된 후, 대통령선거에 민주당 후보로 입후보하여 제4대 대통령에 선출되었다. 5·16 군사정변으로 인하여 1962년 사임하였다.

● 5·16 군사정변

5·16 군사정변은 1961년 5월 16일 새벽 3시, 제2군 사령부 부사령관이던 소장 박정희, 중령 김종필, 소령 이낙선 등을 비롯한 육군사관학교 8기·9기 출신 일부 장교들이 장면 내각의 무능력과 사회의 혼란을 이유로 제6군단 포병여단, 해병대, 제1공수특전단 등을 동원해 청와대를 장악함으로써 제2공화국을 무너뜨리고 정권을 탈취한 사건이다.

내각 책임제 정부였던 제2공화국의 국무총리 장면은 재임기간 동안 10여 차례나 군사정변이 일어날 것이라는 정보를 보고받거나 입수했다. 그런데도 장면은 그때마다 태연하게 대응했다.

1950년대에 이미 이승만을 축출하려는 군사 반란을 계획했던 박정희는 1960년 5월 8일을 거사일로 정했지만, 4·19 혁명으로 실행에 옮기지 못했다.

1960년 부산 군수기지 사령관직을 역임한 후 제2군 사령부 부사령관을 보직하면서, 군내 부패 행위에 항거하다가 중령에서 예편된 김종필 등 지지 세력을 규합하여 정변을 일으켜 성공했다.

박정희 육군 소장이 이끈 1961년 5·16 군사정변은 성공을 거둔 후, 제3공화국을 창출하게 되었다.

● 군사정변을 일으킨 박정희
박정희(1917~1979)는 경북 구미 출신으로, 만주 육군사관학교를 졸업하고 만주국 소위로 군생활을 시작하였다. 1961년 5월 16일 새벽, 제2군 부사령관인 소장 박정희와 육사 8기생 주도세력은 장교 250여 명 및 사병 3,500여 명과 함께 한강을 건너, 서울의 주요기관을 점령하였다. 곧이어 군사혁명위원회를 조직하여 정권을 장악하면서, 군사정변은 성공하였다.

■ 제3공화국

1963년 12월, 5·16 군사정변을 주도한 박정희 등에 의해 제3공화국이 수립됐다. 제2공화국 때의 정치인들의 활동을 금지하였으며, 사회단체를 해산하고 집회와 시위, 언론의 자유를 통제하였다.

정변 이듬해인 1962년에는 경제개발 5개년 계획을 시작하는 한편, 군부가 합법적으로 권력을 잡을 방안을 만들었다. 다른 정치인들의 활동을 금지한 상태에서 민주공화당을 조직하고, 국가재건최고회의에서 새 헌법을 만든 뒤 국민투표로 확정하였다.

● **박정희(朴正熙)**
한국의 군인, 정치가. 사범학교를 졸업하고 보통학교 교사로 일하다가, 만주군관학교와 일본육사를 졸업하고 만주군 중위가 되었다. 해방 후 한국군 소장이 되어 5·16 군사정변을 주도하였다. 1963년 제5대 대통령이 되어 경제개발을 단행하였고, 국가발전의 기틀을 마련하였다. 1967년 재선된 후, 장기집권을 위하여 3선개헌을 통과시켰다. 1972년 국회 및 정당을 해산하고 계엄령을 선포한 후, '통일주체국민회의'에서 대통령으로 선출되었다. 1979년 중앙정보부장 김재규(金載圭)의 저격으로 서거하였다.

1963년 8월 30일, 혁명 과업을 완수하고 반드시 군대로 돌아가겠다던 박정희는 군을 제대하고 대통령 출마를 선언하였다. 얼마 뒤 실시된 대통령 선거에서 박정희는 윤보선을 가까스로 앞질러 대통령에 당선되었다. 제3공화국이 출범한 것이다.

● 반공과 경제개발

박정희는 '경제개발을 위해서는 모든 것을 희생할 각오를 해야 한다'고 주장하였다. 그는 '국가와 기업이 손을 잡고 수출을 통해 경제를 일으키자'며 기업의 성장을 분배보다 우선하는 정책을 펼쳤다. 또한 남북 간의 대화와 협력보다는 경제 성장을 우선하는 '선(先)건설 · 후(後)통일' 방침을 분명히 하였다.

박정희 정부는 경제개발에 필요한 자금을 마련하려고 일본과의 국교 수립을 서둘렀다. 해방된 지 20년 가까이 지났지만, 일본의 공식적인 사과나 반성 · 배상이 없던 때였다. 국민들은 격렬하게 반대하였으나 1965년 6월, 한 · 일협정을 정식으로 조인하였다. 그 대가로 적지 않은 일본 자본을 끌어들일 수 있었으나, 민족의 자존심과 민주주의는 크게 훼손되었다.

그 무렵 베트남에서는 미국과 북부 베트남이 전면전에 돌입하였다. 미국은 한국에 전투병 파병을 요청하였고, 한국 정부는 미국의 지지와 원조를 보장받는 조건으로 이에 동의하였다. 이로부터 1973년 한국군이 완전히 철수할 때까지, 한국은 미국 다음으로 많은 병력을 베트남 전장에 보냈다. 베트남 전쟁이 치러지는 동안 5천 명이 넘는 한국군이 목숨을 잃었다. 이들의 희생 위에서 한국은 미국과 군사 동맹을 강화하였으며, 외화를 획득하고 상품 수출을 늘리는 등 경제성장에 도움을 받았다.

● 베트남 전쟁을 묘사한 디오라마(용산전쟁기념관)

● 산업화 매진

박정희는 통일의 길은 조국 근대화에 있고, 근대화의 길은 경제적 자립이며, 자립은 통일의 첫 단계라고 보았다. 이후 근대화를 통해 개발독재(開發獨裁: 국가 경제개발의 기치 아래 자행되는 강권 정치)의 정당성을 확보하여 낙후한 조국을 구제하겠다는 목표를 가지고 국가재건 사업을 추진하였다. 재임기간 중 경부고속도로 건설, 수출 증대, 소득 증대, 저축 장려, 식량 자급자족 실현, 새마을 운동 등을 통한 인프라 구축으로, 일제 침략기와 한국 전쟁을 거쳐 황폐화된 한국 경제의 비약적인 발전과 조국의 근대화에 기여하였다.

제1·2차 경제개발 계획(1962년~1971년)을 추진하는 동안 경제는 빠르게 성장하였다. 연평균 성장률은 10%를 넘나들었고, 수출도 가파르게 성장하였다. 처음에는 초보적인 경공업이 중심이었지만, 점차 대규모 기계 공업이나 건설업 등이 발전하였다. 1970년대부터는 중화학 공업이 경제성장을 주도하는 새로운 도약을 시도하였다.

산업화가 본격적으로 진행되면서, 사람들의 생활은 크게 달라졌다. 농업과 임업 같은 1차 산업의 비중이 낮아지고 공업과 서비스업의 비중이 높아지면서, 인구의 절반 이상이 도시에서 생활하게 되었다. 기술의 발달은 실생활을 더욱 편리하고 윤택하게 해주었다. 경제성장은 교육의 기회를 확대시켰다. 대다수 국민이 중등교육 이상을 이수하게 되었으며, 이는 경제성장과 민주주의 발전에 또 다른 밑거름이 되었다.

● 경부고속도로 개통식
1968년 2월 1일에 착공, 1970년 7월 7일에 준공된 이 고속도로는 우리나라 양대 경제권역인 한강 유역과 낙동강 유역을 1일생활권으로 묶고 항만과 주요도시를 연결함으로써, 산업발전에 결정적인 기여를 하였다. 사진은 박정희 대통령과 육영수 여사 그리고 정주영 현대건설 회장이다.

■ 제4공화국

1971년 대통령 선거 때 야당의 돌풍으로 불안감을 느낀 박정희는 1972년 7·4 남북공동성명을 발표한 후, 통일을 준비한다는 명목으로 10월 유신(維新: 낡은 제도를 고쳐 새롭게 함)을 선포해 유신체제를 수립했다.

이를 통해 대통령의 임기를 6년 연임제로 수정하는가 하면, 대통령이 국회의원을 임명하게 할 수 있는 법안까지 통과시키는 등, 대통령의 권한을 비정상적으로 확대시켰다.

이에 노동운동계를 비롯한 재야와 학생 세력 등이 민주화를 요구하지만, 정부는 잇따른 긴급조치(緊急措置: 국정 전반에 걸쳐 대통령이 필요하다고 하여 내리던 특별한 조치)를 통해 민주화 요구를 억눌렀다. 하지만 민주화 운동 세력 및 노동운동계의 반발은 계속되었다.

이러한 과정에서 미국이 한국의 '인권침해'를 비판하기 시작하자 한 · 미 간에 외교적 마찰이 일어나는가 하면, 석유 파동을 겪으면서 내부 혼란이 크게 가중되었다. 결국 1979년에는 김영삼 의원제명 파동과 YH무역 여공 사건, 부 · 마 항쟁 등 많은 사건들이 연이어 발생하였다. 이러한 일들은 권력 내부의 분열을 초래하였으며, 마침내 박정희가 중앙정보부장 김재규에 의해 암살되면서(10·26 사건) 박정희의 17년 장기집권도 막을 내렸다.

● 국립현충원의 박정희 대통령 묘소

● 김재규 중앙정보부장의 시해 현장검증 모습

● 10 · 26 사건

1979년 10월 26일 오후 7시경 궁정동 안가에서 경호실장 차지철, 비서실장 김계원, 중앙정보부장 김재규와 함께 가수 심수봉, 한양대생 신재순을 불러 연회를 하던 도중 박정희 대통령은 중앙정보부장 김재규의 총에 저격당하여 김계원 비서실장에 의해 국군서울지구병원으로 후송되었으나, 63세의 나이로 사망하였다.

■ 최규하 정부

● 최규하(崔圭夏)
대한민국의 10대 대통령. 1975년부터 국무총리로 재직하다가, 1979년 10·26 사건으로 박정희 대통령이 살해되자 대통령 권한대행으로 비상계엄령을 선포했으며, 그해 12월 6일 통일주체국민회의에서 대통령으로 선출되었다. 하지만 전두환 등 신군부의 압력으로, 8개월 만에 대통령직에서 물러났다(1980년 8월 16일).

10·26 사건 이후 국무총리 최규하가 대통령 권한대행에 취임하여 비상계엄령을 선포했다. 12월 6일 통일주체국민회의에서 최규하가 제10대 대통령으로 선출되자, 최규하 정부는 긴급조치를 해제함으로써 정치적 억압을 일부 완화했고, 1979년 12월과 1980년 2월, 1980년 4월에 대사면령을 단행하였다.

그러나 전두환을 비롯한 신군부가 1979년 12월 12일에 군사반란을 일으켜 실권을 장악하였고, 1980년 5·18 광주민주화운동 때에는 군대를 동원해 민주화 시위대를 무참하게 진압하였다. 이후 이들 신군부 세력은 국가보위비상대책위원회(국보위)를 설치하였으며, 급기야 최규하 대통령을 간섭하고 압박하기 시작했다. 그 결과 1980년 8월 최규하 대통령이 사임함으로써 최규하 정부는 붕괴되고 말았다.

● 5·18 광주민주화운동

5·18 광주민주화운동은 1980년 5월 18일부터 5월 27일까지 광주시민과 전라남도민이 중심이 되어 조속한 민주 정부 수립, 전두환 보안사령관을 비롯한 신군부 세력의 퇴진, 계엄령 철폐 등을 요구하며 전개한 민주화운동이다. 당시 광주시민은 신군부 세력이 집권 시나리오에 따라 실행한 5·17 비상계엄 전국확대 조치로 인해 발생한 헌정 파괴와 민주화 역행에 항거했으며, 신군부는 사전에 시위 진압 훈련을 받은 공수부대를 투입해 이를 폭력적으로 진압하여 수많은 시민이 희생되었다.

1979년 10·26 사건으로 박정희 대통령이 사망한 뒤, 전두환 등 '하나회'를 중심으로 한 신군부는 12·12 군사반란을 일으켜 군부를 장악하였고 실권자로 떠올랐다.

1980년 초부터 보안사령관 전두환은 'K-공작 계획'을 실행하여, 언론을 조종·통제하기 시작했다. 같은 해 4월 14일 전두환은 중앙정보부장 서리에 임명되어, 대한민국 내의 정보기관을 모두 장악하였다.

1980년 5월, 정치 관여 의도를 드러내는 신군부의 움직임에 대한 반발로 전두환 퇴진을 요구하는 학생 시위가 발생했다. 같은 달 국회에서는 계엄 해제와 개헌 방향 등 정치 현안에 대한 논의를 본격적으로 진행하기 시작했다.

● **광주 금남로의 대치 현장**
전두환(보안사령관)·황영시(육군참모차장)·정호용(특전사령관) 등 신군부 핵심세력은 집권 시나리오에 따라 이루어질 조치에 대해 시민들의 반대 집회가 있을 것으로 예상하면서, 진압병력 투입 및 강경진압 방침을 결정했다. 이들의 시국수습 방안은 계엄 확대와 동시에, 공수부대를 투입해 과감한 방법의 타격으로 시위대를 진압한다는 것이었다. 그 결과 신군부는 자국의 국민을 대량 살상하는 참극을 저지르고 말았다.

하지만 신군부는 정국 운영에 방해가 되는 세력들을 제거하기 위해, 집권 시나리오에 따라 5월 17일 24시 비상계엄을 전국으로 확대하였고, 계엄 포고령 10호를 선포하여 정치활동 금지령, 휴교령, 언론 보도검열 강화 등의 조치를 내렸다. 신군부는 김대중, 김영삼, 김종필 등을 포함한 정치인과 재야 인사들 수천 명을 감금하였고, 군 병력으로 국회를 봉쇄했다.

5월 18일 광주 지역 대학생들은 김대중 석방, 전두환 퇴진, 비상계엄 해제 등의 구호를 외치며 시위를 일으켰다. 신군부는 부·마 민주항쟁 때처럼 광주의

민주화 요구 시위도 강경 진압하면 잠잠해질 것으로 판단하고, 공수부대 등의 계엄군을 동원해 진압했다. 신군부는 1980년 3월에서 5월 18일 직전까지 공수부대에 충정훈련(忠情訓練)을 실시했고, 5월 초부터 군을 사전 이동 배치하여 시위를 진압할 준비를 마친 상태였다.

5월 18일 16시 이후 광주 시내에 투입된 공수부대원이 운동권 대학생뿐만 아니라 무고한 시민까지 닥치는 대로 살상 · 폭행하는 것을 목격한 광주시민들은 두려움을 넘어 분노를 느꼈고, 그 결과 중장년층뿐만 아니라 10대 청소년까지 거리로 나서 시위에 참여하면서, 5·18 광주민주화운동은 걷잡을 수 없이 번졌다.

광주시민들의 격렬한 저항에 부딪힌 계엄군은 5월 21일 13시경 전남대학교와 전남도청 앞에서 집단 발포를 한 후 철수했다. 이날 저녁 광주시 외곽으로 철수한 계엄군은 광주 외곽도로 봉쇄작전을 펼쳤으며, 이 과정에서 차량 통행자나 지역 주민들의 희생이 발생했다. 5월 27일 0시를 기해 계엄군은 상무충정작전을 실시해, 무력으로 전남도청을 점령했다.

10일에 걸친 광주민주화운동 결과 사망자 166명, 행방불명자 54명, 상이 후유증 사망자 376명, 부상자 3,139명 등에 달하는 인명피해가 발생했다. 이후 호남 전역에서 전두환과 신군부에 대한 반감이 극도로 높아졌다. 당시 신군부는 언론 사전검열을 실시하고 관제보도를 의무화하도록 해 언론을 장악하고 조종했는데, 주한 미대사관과 주한 미군사령관 등 관련자들의 항의에도 불구하고, 당시 국내 언론이 '미국이 신군부의 쿠데타와 5·18 민주화운동 진압을 승인했다'는 보도를 쏟아내자, 학생운동권 내에서 미국에 대한 반감이 높아졌다.

● 광주 5·18 민주묘지에 세워진 추모탑

■ 제5공화국

전두환과 하나회를 중심으로 한 신군부는 1979년에 12·12 군사반란을 일으켜 정승화 계엄사령관을 체포하고 군부를 장악하여 실세로 부각됐고, 민주화 일정을 지체시켰다.

1980년 초부터 국회와 정부는 유신 헌법을 철폐하기 위한 개헌 논의를 진행했고, 대학생과 재야 세력도 정치 일정 제시와 전두환 퇴진을 요구하면서 민주화를 요구하는 시위를 벌였다.

● **전두환(全斗煥)**
1980년 3월에는 최규하 · 신현확에게 중앙정보부장직을 요구하여, 그해 4월 14일 중앙정보부장 서리직을 겸직하였다. 대학생들의 민주화 운동을 진압하기 위해 5·17 비상계엄 전국확대 조치를 발동하고, 5·18 광주민주화운동의 유혈진압을 주도했다. 5월 27일에는 국보위를 조직하고 상임위원장이 되어, 정부의 실권을 장악했다. 1980년 9월 장충체육관에서의 간선제를 통해 스스로 대한민국의 제11대 대통령에 취임하였고, 1981년 3월 역시 체육관에서의 간접 선거를 통해 스스로 대한민국의 제12대 대통령에 취임하였다.

이에 신군부는 민주화 여론을 탄압하고 집권할 방안을 모색했다. 신군부는 5월 17일 비상계엄을 전국으로 확대하면서, '화려한 휴가'라고 칭하는 포고령을 통해 '정치활동 금지' '보도검열 강화' '휴교령' 등을 선포하였고, 군병력을 동원해 국회를 폐쇄했다(5·17 쿠데타).

신군부는 5·17 쿠데타에 항거한 5·18 광주민주화운동을 신군부와 공수부대, 특전여단의 군대를 동원하여 국가 내란이라는 명목으로 유혈진압 하고, 5월 27일 국가보위비상대책위원회를 만들어 정국을 주도했다.

10월 27일, 7년 단임의 대통령제를 골자로 한 제5공화국 헌법이 공포되었고, 이듬해 제5공화국이 출범했다. 제5공화국은 경제 안정에 매진하는 한편, 1986년 아시안 게임, 1988년 서울 올림픽 등을 유치하였다. 또한 야간통행금지 해제 및 교복 자율화 등의 유화 조치를 내걸어, 국민들의 불만을 잠재우기도 했다.

● 호헌 선언과 6 · 10 항쟁

1987년 4월 13일, 대통령 직선제와 민주화를 요구하는 국민들의 목소리를 묵살하고, '당시 현행 헌법에 따라 13대 대선 때도 12대 대선 때와 같은 방식으로 대통령을 선출한 후 1988년 2월 후임자에게 정부를 이양하겠다'는 내용을 담은 특별담화에서 호헌 조치를 발표했다. 그 내용은 다음과 같다.

"본인은 얼마 남지 않은 촉박한 임기와 현재의 국가적 상황을 종합적으로 판단하여, 중대한 결단을 내리지 않으면 안 되게 되었습니다. 이제 본인은 임기 중 개헌이 불가능하다고 판단하고, 현행 헌법에 따라 내년 2월 25일 본인의 임기 만료와 더불어 후임자에게 정부를 이양할 것을 천명하는 바입니다. 이와 함께 본인은 평화적인 정부 이양과 서울올림픽이라는 양대 국가 대사를 성공적으로 치르기 위해서, 국론을 분열시키고 국력을 낭비하는 소모적인 개헌 논의를 지양할 것을 선언합니다. 본인의 이 결단은 오늘의 망국을 타개하고 국가 목표를 수행하는 데 현실적으로 최선의 길이라는 판단에 따른 것으로서, 국민 여러분께서 전폭적인 도움과 신뢰를 보내주실 것을 간곡히 당부하고자 합니다. 2가지의 국가 대사를 완성한 후에 충분한 시간을 두고 개헌 문제를 다시 생각한다면 나라의 백년대계를 위한 좋은 방안이 발견될 수 있을 것으로, 본인은 확신하는 바입니다. 이제 우리의 정치도 나라와 사회 성장발전에 부응하는 선진 정치의 길로 나아가야 한다는 신념에서 본인은 남은 기간 동안 민주발전의 기반을 더욱 넓히고 사회 안정과 국민 화합을 다지기 위한 조치들을 더욱 과감하게 추진해 나가고자 합니다."

● 잠실 실내체육관의 취임식 장면
전두환은 제8차 개헌에 의해 새로이 구성된 대통령선거인단의 간접선거에 의해 제12대 대통령으로 선출되었기에 '체육관 대통령'이라고 지탄을 받았고, 국민들은 대통령 직선제를 요구하였다.

이러한 호헌 선언은 국민들에게 환대받기는커녕, 오히려 국민들의 화를 키우는 원인으로만 작용했다. 이에 호헌 철폐를 요구하는 국민의 목소리가 높아졌으며, '권인숙 성고문 사건'과 '박종철 고문치사 사건' 등과 맞물려서 6월 10일에는 성공회 서울주교좌성당을 시발점으로 반정부적 성격의 6·10 항쟁이 일어났다.

전두환은 군대를 재동원하여 물리적으로 진압할 것을 고려하기도 했다. 하지만 올림픽 개최, 민주화 요구를 수용하라는 미국의 압력 등은 전두환이 군대를 동원하는 데 제약요인으로 작용했다. 전두환의 측근들은 그에게 강경진압을 주문했으나, 민주정의당 의원들은 민의가 터져 나온 것이라며 진압불가 입장을 폈다. 내무부 장관 김용갑은 6 · 10 항쟁을 무력으로 진압할 경우 유혈사태가 번질 수 있음을 지적했다. 강경진압을 외치는 측근세력과 진압에 부정적이던 여당의원 양측의 대립 끝에 결정을 내리지 못하던 전두환은 결국 내무부 장관 김용갑의 건의를 받아들여 직선제를 수용하였다.

이후 시국 수습을 위해 1987년 6월 29일 6·29 선언이 발표됐다. 민주정의당의 대선 후보였던 노태우는 대통령 직선제 단임안을 발표했고, 7월 9일 전두환은 이를 수용하겠다는 담화를 발표했다. '6 · 29 선언은 전두환의 기획과 지시에 의해 노태우가 연출했다'는 주장도 있다.

● 6월 민주항쟁
1987년 6월 10일부터 6월 29일까지 대한민국 전국에서 일어난 반독재 · 민주화 시위. 대통령 선거인단이 대통령을 뽑는 간접선거를 골자로 한 기존 헌법에 대한 대통령 전두환의 호헌 조치, 경찰의 박종철 고문치사 사건, 시위 도중 이한열이 최루탄에 맞아 사망한 사건 등이 도화선이 되어 6월 10일 이후 전국적인 시위가 발생하였고, 이에 6월 29일 노태우의 수습안 발표로 대통령 직선제로의 개헌이 이루어졌다.

■ 노태우 정부(제6공화국)

● 노태우(盧泰愚)
제13대 대통령(재임1988년~1993년). 군 재직 중에는 수도경비사령관, 국군보안사령관 등을 역임했으며 내무부 장관, 국회의원 등을 지냈다. 대통령 재직 중 러시아·중국과의 국교를 수립하였다.

1987년 6월 29일, 당시 민주정의당 총재이자 대통령 후보였던 노태우는 대통령 직선제 등을 주 내용으로 하는 6·29 선언을 발표했다. 이후 여야 합의에 의한 개헌을 통해 대통령 직선제 등을 골자로 하는 개헌이 이루어졌다. 이를 통해 야권의 정치참여가 허용되었으며, 1988년 총선에서는 사상 최초의 '여소야대(與小野大)' 국회가 나왔다.

민주정의당은 불리한 여론이 생기자 그에 대한 돌파구로 3당 합당을 추진해, 민주자유당을 탄생시켰다. 또한 전두환 측근에 대한 사법조치(국정감사)를 단행하고, 민간인들을 정계에 대폭 고용하기도 했다(과거와의 단절). 외교 면에서 노태우 정부는 북방정책을 추진해, 구 소련을 비롯한 공산권 국가들과의 수교 등 관계 개선에 주력했다. 1991년 9월 유엔의 가맹국이 되었으며, 이어서 12월에는 남북기본합의서를 채택했다. 또한 1992년에는 지방자치 제도를 실시하게 되었다.

그러나 노태우도 전두환처럼 군인 출신이었고, 12·12 사태를 주도하고 5공 성립 과정에 깊숙이 관여한 인물이라는 한계가 있었다. 노태우 정부도 정경유착, 비자금 형성, 민간인 사찰 · 고문 등 5공의 파쇼 정치를 그대로 답습했다.

이는 결국 민주화 시위(1991년) 등으로 이어졌다. 노태우는 이른바 '6공 황태자'로 불리던 박철언을 후계자로 지명했지만 여당 내에서도 불만이 터져 나왔으며, 끝내 김영삼을 후계자로 택할 수밖에 없었다. 1993년 김영삼이 대통령에 취임함으로써 노태우 정부는 막을 내렸다.

● 3당 합당(三黨合黨)

● 3당 합당을 선언하는 김영삼, 노태우, 김종필

제5공화국의 후신세력인 민주정의당은 6월 항쟁이라는 정치적 위기 속에서도 집권에 성공했으나, 계속되는 국민의 민주화 요구와 군사정권 청산 요구는 이들에게 위협이 되고 있었다. 이러한 국민적 요구에다 1988년 제13대 국회의원 총선거에서 민주정의당이 과반수 의석 확보에 실패하자, 노태우 정부는 여소야대 정국을 타개하기 위해 이른바 '보수대연합'을 비밀리에 추진하였다. 결국 1990년에는 '구국의 결단'이라는 명분을 내세우며, 내각제 개헌 밀약을 조건으로 3당 합당을 이끌어내 거대 여당을 탄생시켰다. 이로써 민주 진영의 주요 인물인 김영삼 · 김대중 후보 단일화론은 좌절되었다.

신생 민주자유당은 218석을 보유한 절대다수 정당으로 정국의 주도권을 행사했으나, 1992년 제14대 총선에서는 계파 간의 갈등으로 낙천한 인사들이 무소속으로 출마하거나 정주영계인 통일국민당의 공천을 받으면서, 299석 중 149석에 그치는 참패를 당하였다. 그러나 14대 대선 당시 이른바 '초원복집 사건(김기춘 주도)'이 터지는 바람에 영남 민심이 결집되면서, 노태우를 경계하며 당내 세력을 포섭했던 김영삼이 대통령에 당선되었고, 이후 야당 의원들을 대거 영입하여 다시 국회 과반수의 거대 여당이 되었다. 이후 김영삼의 당권이 더욱 커지고 내각제 합의각서 파문으로 내각제 합의가 결렬되자, 15대 총선을 약 1년 정도 앞두고 김종필이 자유민주연합을 독자적으로 창당하고 공화계 인사들이 그를 따라 떨어져 나가면서, 3당 합당 카르텔은 2당의 결집으로 축소되었다. 나아가 민주자유당은 1995년 지방선거에서 참패하자 김영삼이 민정계를 축출하여, 통일민주당만의 형태로 축소되었다.

■ 문민정부 (김영삼 정부)

● 김영삼(金泳三)
9선 의원이었으며, 1985년 김대중과 함께 민주화추진협의회 공동의장직을 맡았고, 1987년 통일민주당을 창당하여 총재가 되었다. 1990년 민주자유당을 창당, 대표최고위원이 되었다. 1992년 14대 대통령선거에 당선되어 문민정부를 출범시켰다.

1993년부터는 민주자유당의 김영삼 대통령의 취임과 함께, 이른바 문민정부 시대로 접어들었다.

이로써 윤보선 정부 이후 30여 년 만에 민간인 정부로 회귀했다. 문민정부는 하나회 군부 숙청, 금융실명제, 표현의 자유 허용, 역사 바로세우기 운동, 지방자치 단체장 선거 부활, OECD 가입 등의 업적을 남겼다.

특히 군사정변을 주도할 위험이 있는 군부 내 사조직을 숙청하고, 12 · 12 관련자 및 5 · 18 관련 정치군인들을 처벌하기도 했다. 하지만 대한항공기 괌 추락 사고, 우암상가아파트·성수대교와 삼풍백화점 붕괴 사고 등의 대형 사고가 일어나 사회적인 혼란을 겪기도 했다.

또한 책임 없는 방임주의적 자유주의와 시장개방과 세계화를 추구하면서 준비 없는 대규모 개방을 강행했고, 외환관리에 실패해 IMF 구제금융 사건을 초래하였다. 결국 국민들의 높아진 요구를 충족시키지 못한 채, 1997년 대통령 선거에서 야당에게 정권을 이양할 수밖에 없었다.

● 대한민국의 IMF 구제금융 요청

IMF(International Monetary Fund: 국제통화기금) 사태(1997년 12월 3일 ~ 2001년 8월 23일)는 국가부도 위기에 처한 대한민국이 IMF로부터 자금을 지원받는 양해각서를 체결한 사건이다. 1997년 12월 3일에 이루어졌다. 기업이 연쇄적으로 도산하면서 외환보유액이 급감하자, IMF에 20억 달러 긴급 융자를 요청하였다.

외환 위기 속에 대한민국은 외환보유액이 한때 39억 달러까지 급감했지만, IMF에서 195억 달러의 구제금융을 받아 간신히 국가부도 사태는 면했다. 'IMF 경제 위기' 'IMF 외환 위기' 'IMF 환란' 'IMF 관리체제' 'IMF 시대' 'IMF 사태' 등으로 불리나, IMF라는 명칭 자체가 외환 위기의 의미를 담고 있지 않기 때문에 잘못된 표현이다. 그러나 IMF에 구제금융을 요청했다는 상징성으로 인해, 내용이 압축된 표현으로 대한민국 언론 등에서 자주 사용되고 있다.

태국, 홍콩, 말레이시아, 필리핀, 인도네시아 등 동남아시아의 연쇄적 '외환 위기' 속에 대한민국 정부의 외환관리 정책의 미숙과 실패가 'IMF 환란'의 직접적인 원인이다. 제14대 대통령 김영삼은 1997년 11월 10일 강경식 경제부총리와의 전화통화 이전까지 외환 위기의 심각성조차 모르고 있었다.

많은 회사들의 부도 및 경영 위기가 나타났고, 이 과정에서 대량 해고와 경기 악화로 인해 온 국민이 큰 어려움을 겪었다. 이 사건이 일어난 직후인 1997년 12월 18일에 대한민국 제15대 대통령 선거가 치러졌고, 이 선거에서 여당이 야당에게 패배하여 정권 교체가 이루어졌다.

● **외환 위기(外換危機)** 대외 경상수지의 적자 확대 및 단기유동성 부족 등으로 대외 거래에 필요한 외환을 확보하지 못하여 국가 경제에 치명적인 타격을 입는 현상을 말한다. 1997년에는 투자가 과열된 가운데 기업과 금융기관의 무분별한 외자도입 등의 원인으로 한국을 비롯한 동아시아 국가들이 외환 위기를 경험하였다.

■ 국민의 정부 (김대중 정부)

1997년 12월에 치러진 대통령선거에서 새정치국민회의의 김대중 후보가 당선되어, 대한민국에서 처음으로 평화적인 정권교체가 이루어졌다.

국민의 정부가 들어서면서 당면한 가장 큰 과제는 IMF 위기의 극복이었다. 국민의 정부는 '자유주의' 경제정책 추진과 금모으기 운동 등을 통해, 2001년까지 외채를 조기 상환해 IMF 관리체제에서 벗어났으며, 국제 기준에 맞춘 자율적인 구조조정 시스템을 도입해 기업의 체질개선 등을 단행했다.

● **김대중(金大中)**
제15대 대통령을 지낸 한국 정치가. 아시아·태평양평화재단(아태평화재단)을 조직하여 이사장으로 활동했다. 1999년 아시아에서 가장 영향력 있는 지도자 50인 중 공동 1위에 선정되었으며, 2000년도 노벨평화상을 수상했다.

국민의 정부는 한반도의 평화와 인권 신장에 기여했으며, 특히 대북 관계에서 '햇볕정책'을 추진하기 위해 분단 이후 처음으로 평양을 방문하여 김정일 국방위원장과 남북정상회담을 하였다.

그러나 남북정상회담을 위해 2천억 원에 달하는 현금을 북한 정권에게 불법 송금했다는 혐의가 이후 드러나서 큰 비판을 받기도 했다.

대북 유화책을 추진했지만 연평해전 · 핵실험 등 북한의 지속적인 도발이 계속되어 햇볕정책의 실효성에 의문이 제기되었고, 불법 송금한 2천억 원이 후에 북한의 핵실험에 사용된 것 아니냐는 비판이 존재한다.

또한 IMF 위기 극복을 위해 김대중 정부가 추진했던 신자유주의 정책은 승자 독식의 기형적인 사회구조를 만들었다는 비판이 있으며, 지나친 구조조정과 기업 매각 등으로 대량의 실업자를 양산했다는 부정적 평가가 일부 존재한다.

● 햇볕정책

햇볕정책은 비유적으로 사용된 상징어로 대북 포용정책 또는 포용정책으로도 불리고, 공식적인 명칭은 대북 화해협력정책이다. '햇볕'이라는 명칭은 바람이 벗기지 못한 사람의 외투를 따스함으로 벗긴 햇볕에 관한 이솝(Aesop)의 우화에서 비롯되었다.

이전까지 북한과의 관계는 형식적이고 교류가 이루어지지 않은 상태로 군사적 대치관계에 놓여 있었으나, 국민의 정부에 들어서서는 '선평화 후통일'의 기본원칙을 계승해 교류를 기반으로 한 화해 · 협력 등을 강조하는 포용정책으로 전환되었다. 현대아산을 비롯한 중소기업들이 참여하여 금강산 관광과 이산가족 상봉, 개성공단 조성 등의 성과를 이뤘다.

그러나 햇볕정책이 실시되는 와중에도 북한은 연평해전과 같은 무력 도발을 감행하고 계속된 핵개발로 핵실험을 실시하여, 안보 측면에서의 실패 문제가 제기되었다.

2016년 탈북한 태영호(전 북조선 영국 주재 공사)에 의하면, 김일성 · 김정일 · 김정은 3대에 걸쳐 북조선은 핵개발을 중단한 적이 단 한번도 없었으며, 햇볕정책이 실시되던 김정일 집권 시절에도 조선반도 비핵화라는 거짓 외피를 뒤집어쓰고 핵개발을 은밀히 하였다고 한다.

● 남북정상회담
김대중 대통령의 '베를린 선언'(2000년 3월 9일) 이후 남북한은 정상회담 개최에 합의하였고, 2000년 6월 13일 평양 순안 공항에서 역사적인 첫 만남을 가졌다. 양 정상은 체류 기간 동안 두 차례의 정상회담을 더 진행하여, '6·15 남북공동선언'을 발표했다. 이 공동선언 이후 남북은 장관급 회담을 비롯하여 다양한 분야에서의 회담을 활발히 진행하였으며, 교류협력 활성화의 물꼬를 텄다.

■ 참여정부 (노무현 정부)

2002년 대통령 선거에서는 열린우리당의 노무현 후보가 당선되었고, 2003년 참여정부가 출범했다.

2004년에는 대통령 탄핵 소추를 겪는 등 위기를 맞기도 했으나, 여론의 반발과 헌법재판소의 기각 결정으로 노무현은 대통령 직에 복귀했다. 2004년 17대 총선에서 여당인 열린우리당은 탄핵 역풍을 맞은 야당인 한나라당을 누르고 과반수 의석을 차지하면서 국정에 탄력을 받았다.

● **노무현(盧武鉉)**
한국의 제16대 대통령. 인권변호사 출신으로, 1988년 국회의원에 당선되어 정치에 입문한 뒤 5공비리특별위원회 위원으로 활동하면서 '청문회 스타'로 떠올랐다. 1990년 '3당 합당'에 반대하여 민주당 창당에 동참하였고, 해양수산부 장관을 거쳐 2002년 새천년민주당의 대통령 후보로 제16대 대통령에 당선되었다. 퇴임한 뒤 고향인 경남 김해 봉하마을에 귀향하였으나 재임 중 친인척 비리로 조사를 받다가, 2009년 5월 23일 사저 뒷산의 부엉이바위에서 투신하여 서거하였다.

참여정부는 권위주의 타파, 균형 발전 등 개혁적이고 진보적인 정책을 수립했다. '진실 · 화해를 위한 과거사 정리위원회' 설치를 통한 과거사 정리, 세종특별자치시 추진으로 균형 발전을 꾀했다는 평가가 있다.

하지만 참여정부는 현실을 고려하지 않은 지나친 개혁과 대통령의 과격한 발언 등으로 보수층과 중도층의 반발을 불러왔고, 노무현 대통령의 형인 노건평 씨의 측근 비리 등 각종 악재로 인하여 임기 중반에 지지율이 하락하는 사태를 맞았다.

경제적으로는 부동산 가격이 폭등하고 양극화를 심화시켰으며, 양극화의 원인으로 지적된 비정규직 문제를 해결하지 못했다. 또한 노무현 재임 당시 교육부총리였던 김진표가 추진한 정책으로 인하여 대학 등록금도 큰 폭으로 상승하는 등 서민의 경제적 어려움을 가중시켰다는 지적도 있다.

● 노무현 대통령 탄핵소추

2004년 3월 12일에 국회에서 노무현의 '정치적 중립성'을 이유로 여당인 열린우리당이 반발하는 가운데 새천년민주당과 한나라당, 자유민주연합의 주도하에 찬성 193표, 반대 2표로 대통령을 대상으로 탄핵소추안을 통과시켰다.

새천년민주당이 탄핵소추안을 제출하고 한나라당과 자유민주연합이 이에 동조하였으며, 박관용 국회의장이 경호권을 발동하여 열린우리당 의원들이 반발하는 가운데 탄핵소추안에 대한 투표가 이루어졌다. 그 결과 노무현 대통령의 대통령 직무가 정지되고, 고건 국무총리가 대통령 권한을 대행했다. 이는 대한민국에서 최초로 이뤄진 탄핵소추안 가결이었다. 탄핵소추안 통과는 그 타당성에 대한 전국적인 논쟁을 불러일으켰으며, 70% 정도의 국민이 탄핵소추안 통과에 반대한다는 여론조사 결과도 발표되었다.

한편 전국에서는 많은 국민들이 모여 광화문 일대 등에서 탄핵반대 촛불시위를 벌였다.

2004년 5월 14일에 헌법재판소가 탄핵 심판에서 기각 결정을 내림으로써, 노무현 대통령은 다시 대통령 직무에 복귀했다. 판결이 내려지는 동안, 헌재 앞에서는 탄핵을 지지하는 국민들의 집회가 열렸고, 반대편에서는 탄핵을 반대하는 국민들이 모여 탄핵반대 촛불집회를 하며 지속적으로 충돌을 빚었다.

● 노무현 대통령 탄핵사태
2004년 5월 14일 마침내 헌법재판소가 탄핵소추안 기각 결정을 내림으로써 두 달 동안 계속된 대통령의 권한정지는 자동적으로 해소되고, 탄핵사태는 종결되었다. 사진은 박관용(朴寬用) 국회의장이 국회 경위들과 함께 본회의장에 들어와 경호권을 발동하고, 탄핵소추안을 상정해 가결시키는 장면이다.

2004년 3월 12일 국회를 통과한 대통령(노무현) 탄핵소추안에 대해 헌법재판소는 대한민국 유사 이래 처음으로 현직 대통령에 대한 탄핵소추안 심판을 시작했다. 소추위원 측과 피청구인 측 변호사, 그리고 그들이 요청한 증인들을 출석시켜 모두 7차례 변론을 진행하였다. 2004년 5월 14일 헌법재판소는 대통령이 헌법과 법률을 일부 위반했으나 그 위반 정도가 탄핵의 사유가 될 정도로 중대하지는 않다고 판단하고, 소추안을 기각했다.

● 노무현 탄핵반대 촛불집회

많은 국민이 당시 탄핵에 반발한 이른바 '탄핵 역풍'에 힘입어, 2004년 4월 15일에 열린 제17대 총선에서 사실상의 여당인 열린우리당은 152석이라는 국회 과반수를 획득했다. 민주화 이후, 역대 국회의원 선거에서 여당이 최초로 원내 과반을 차지하였다. 탄핵을 주도했던 새천년민주당은 9석의 소수 정당으로 전락했고, 민주노동당에도 밀려 제4당으로 내려앉게 되었다. 야당 내에서 탄핵을 주도한 정치인들은 대부분 정계에서 물러났다.

대통령 노무현 탄핵소추안 가결 때 선봉자 역할을 하여 '탄핵 5인방'이라 불리던 박관용 국회의장, 한나라당 최병렬 대표, 홍사덕 총무, 새천년민주당 조순형 대표와 유용태 원내총무는 정계에서 물러났다. 총선 때 유권자의 마음을 사로잡기 위해 삼보일배를 한 새천년민주당 추미애 선대위원장도 총선에서 낙마하고, 유학길에 올라야 했다. 하지만 추미애는 2016년 8월 27일 더불어민주당 전당대회에서 당 대표로 선출되어, 민주당 역사상 최초로 대구 · 경북 출신 당 대표가 되었다.

■ 이명박 정부

● **이명박(李明博)**
한국의 제17대 대통령. 고려대학교 상과대학생회장을 지냈으며, 현대건설에 입사해 단기간에 최고경영자에 올랐다. 제14·15대 국회의원을 지냈고, 한나라당 후보로 2002년 서울특별시장에 당선되어 시장을 지냈으며, 제17대 대통령선거에서 한나라당 후보가 되어 대통령으로 당선되었다.

2007년 대선에서는 한나라당의 이명박 후보가 대통령에 당선되었다.

이명박 정부는 '7% 성장, 국민소득 4만 달러 달성, 세계 7대 강국 진입'(747 공약)을 내세웠다. 하지만 집권 초인 2008년 미국발 세계 금융위기의 여파로 인한 경제적 위기, 광우병소 수입 반대 촛불집회로 인한 정치적 위기를 동시에 겪었다.

금융위기를 극복하기 위해 이명박 정부는 여러 정책을 시도했는데, 그중 대표적인 것이 4대강 사업이었다. 4대강 사업은 건설 경기를 살렸고 홍수 피해를 줄였다는 긍정적 평가와 세금 낭비와 환경 파괴라는 부정적 평가가 각각 존재한다.

2010년에는 G20 정상회의 개최, 2012년에는 핵안보 정상회의를 개최하여 외교적 성과를 이뤘고, 금융위기 극복, 국가신용등급 향상, 원전 수주 등의 성과도 거두었다는 긍정적인 평가가 존재한다. 하지만 미디어법 개정으로 언론장악이 아니냐는 비판적 시각이 존재하며, 세종시 수정안과 같이 여러 정책들의 추진에 대한 찬반 양론이 존재한다.

또한 종합부동산세 폐지로 부자 감세 의혹이 제기되었고, 야심차게 추진한 자원외교에 대해서는 세금 낭비와 비리 의혹이 제기되어 논란이 되고 있다. 한편, 이명박 정부는 헌정사상 최초로 대통령이 임기 말에 탈당을 하지 않고 정권 재창출을 한 정부이기도 하다.

● 4대강 정비 사업

1998년부터 2007년까지 10년간 우리나라의 자연재해 피해액은 24조 6,600억 원에 달했다. 사망 · 실종자 수는 1,168명이었다. 그로 인한 복구비는 같은 기간 동안 31조 1,727억 원이 들어갔다. 매년 평균 2조 4,660억 원의 피해와 3조 1,173억 원의 복구비, 117명의 사망 · 실종자가 자연재해로 발생한 셈이다.

김대중 정부는 1999년 24조 원, 노무현 정부는 2003년 42조 8,000억 원, 2007년 87조 4,000억 원에 달하는 하천정비 계획을 세웠지만 모두 실행되지 못했다. 홍수로 인해 막대한 재산 · 인명 피해가 나서 여론이 들끓으면 대규모 하천정비 계획을 내놓았다가, 비가 그치고 여론이 잦아들면 흐지부지되는 식이었다. 이에 복구보다는 예방에 중점을 둔 정책이 필요하다는 여론이 팽배했다.

이 같은 자연재해의 피해도 줄이고 물류비도 낮추기 위해, 2007년 대선에서 이명박은 '한반도 대운하 건설'을 공약으로 내세워 대통령에 당선됐다. 그러나 2008년 5월 광우병 사태로 여론이 악화되고, 여당 내 친박근혜 진영까지 반대하고 나서면서 이명박 정부는 한반도 대운하를 포기했다.

● 한반도 대운하 홍보용 조감도

2008년 9월 글로벌 금융위기가 발생하면서 세계 경제는 침체에 빠지고, 한국 경제 역시 1997년에 이어 또 한번 국가부도 위험에 빠졌다. 이에 G20 국가 정상들은 워싱턴에서 정상회의를 갖고, 각국이 재정지출을 확대하여 재정공조에 나서기로 했다. 이명박 정부는 재정확대의 일환으로 2009년 1월 녹색뉴딜 사업 추진방안을 확정하면서, 4대강 살리기 사업과 함께 지방하천 복원 등을 내용으로 하는 하천개발 계획을 추진했다.

4대강 살리기 사업은 한강 · 낙동강 · 금강 · 영산강 등 4대강을 준설하고 친환경 보(洑)를 설치해 하천의 저수량을 대폭 늘려서 하천 생태계를 복원한다는 것을 주된 목적으로 하고, 그 밖에 노후 제방 보강, 중소 규모 댐 및 홍수 조절지 건설, 하천 주변 자전거길 조성 등을 부수적 사업으로 진행했다.

● 4대강 사업 반대운동

4대강 사업 반대운동은 주로 환경단체, 진보 성향의 시민단체, 그리고 불교계와 천주교계를 중심으로 광범위하게 이루어졌다. 2010년 6월 1일 문수 스님은 4대강 사업을 반대하며 몸에 불을 질러 소신공양을 하였으며, 불교 최대 종파인 조계종도 4대강 사업 반대입장을 밝혔다. 조계종은 또한 2010년 12월 8일, 2011년 새해 예산안이 국회의장의 질서유지권이 발동된 상황에서 처리된 데다 4대강 예산이 포함되어 사업이 강행되는 것에 반발하며, 정부 · 여당에 대해 전국 사찰의 출입 금지령을 내렸다.

● 영산강 승천보
이명박 정부가 추진한 한국형 녹색 뉴딜 사업. 이명박 정부는 야당과 시민단체의 강력한 반대에도 불구하고, 4대강(한강, 낙동강, 금강, 영산강) 사업을 핵심사업으로 추진하였다.

● **4대강 사업 반대 시위**(사진 환경운동연합)
4대강 사업에 반대하는 환경단체 등은 보와 콘크리트 설치로 유속이 느려져 수질오염이 더 악화되고, 22조 원의 막대한 투자는 예산 낭비라는 지적과 함께 여러 설득력 있는 논거로 반대하였다.

또한 천주교는 정의구현사제단이 반대에 적극적이며, 천주교연대도 4대강 사업에 반대하는 시국 미사를 열기도 하였다. 2010년 10월 27일 한국 천주교 주교회의는 4대강 사업을 "난개발"이라고 지적하였다. 일부 개신교와 원불교에서도 '종교환경회의'를 구성하여, 4대강 사업에 대한 반대 입장을 밝히기도 했다. 결국 2010년 12월 16일 불교 · 개신교 · 가톨릭 · 원불교 등이 연합하여 '4대강 개발저지 4대종단 연대회의'를 구성하여 반대운동을 벌이기에 이르렀다. 환경단체들은 처음 논의가 시작될 때부터 꾸준히 반대 입장을 밝혀왔다. 이러한 반대에도 불구하고 2009년 12월, 한나라당은 3조 5천억 원에 달하는 예산을 국회 상임위에서 기습적으로 통과시키기도 했다.

한편 2010년 7월 11일 YWCA 강당에서 열린 4대강 사업 한·일 조사단 토론회장에서 '호리 료이치' 람사르(Ramsar: 이란의 도시명. 1971년에 물새의 서식지로서 국제적으로 중요한 습지에 관한 조약이 채택되었음.) 네트워크 일본대표는 "람사르 총회를 개최한 나라가 맞는가? 충격적이다. 4대강 사업은 목적이 불분명하고, 람사르 협약과 생물다양성협약에 위배되는 명백한 환경파괴 사업이다."라며 사업을 막아야 한다고 비판했다. 또한 2010년 11월 서울에서 열린 G20 정상회담에서 정부가 일방적으로 4대강 사업 홍보를 하였는데, 이에 대해 국내 일부 기자들이 냉담한 반응을 보이기도 했다.

■ 박근혜 정부

2013년 2월 25일 박근혜는 대한민국의 제18대 대통령에 취임하였다. 박근혜는 그날 오전 0시를 기하여 이명박 전 대통령으로부터 군 통수권 등 대통령으로서 모든 법적 권한을 인수받았다. 이어 오전 10시 23년간 지내온 사저를 떠나 현충원을 참배한 뒤, 취임식에 참석하였다.

● **박근혜**(朴槿惠)
한국의 제18대 대통령. 5대~9대 대통령을 지낸 박정희의 딸로서 제15대~19대 국회의원을 지냈고, 2012년 12월 제18대 대통령 선거에서 한국의 첫 여성대통령으로 당선되었다. 그러나 2016년 12월 이른바 '박근혜·최순실 게이트'로 인하여 국회에서 탄핵소추안이 가결되어 대통령 직무가 정지되었으며, 2017년 3월 10일 헌법재판소에서 만장일치로 탄핵을 결정함으로써 대통령직에서 파면되었다.

"나는 헌법을 준수하고 국가를 보위하며 조국의 평화적 통일과 국민의 자유와 복리의 증진 및 민족문화의 창달에 노력하여 대통령으로서의 직책을 성실히 수행할 것을 국민 앞에 엄숙히 선서합니다. 2013년 2월 25일 대통령 박근혜."

취임 후 박근혜는 존 케리 미국 국무장관과 버락 오바마 대통령을 만났으며, 보스턴 마라톤 현장에서 폭발사고가 일어나자 애도의 뜻을 표하기도 했다.

한편 박근혜는 2013년 5월 미국을 방문하였고, 북한 문제 등에 대해 회담을 하였다. 그러나 그녀가 미국에 있던 중 청와대 대변인으로서 수행하던 윤창중이 성추행 의혹을 받으며 급히 귀국하였고, 이후 논란이 되었다.

박근혜 정부의 출범 이후, 공기업 사장의 후임자 인선이 장기간 이루어지지 않으면서 비판이 제기되었다. 통상 물러날 공공기관장은 더 이상 새로운 사업을 추진하거나 조직원에게 영향을 미치기 어려우며, 기관장이 공석일 경우에도 새로운 사업을 추진하기보다는 기존 직무를 수행하는 데 그치기 때문이다.

대한민국

● 세월호 사고

2014년 4월 16일 진도 해상에서 청해진해운 소속 여객선 '세월호'가 침몰하였다. 이 사고로 인하여 세월호에 탑승해 있던 안산 단원고등학교 학생과 일반인 등 300여 명이 사망하였다. 사고 발생 이후 해양경찰의 미숙한 대처와 미흡한 구조로 인하여 다수의 사망 · 실종자가 발생한 것으로 인식되어, 해경 및 정부에 대한 강한 비판여론이 발생했다.

박근혜는 사고 발생 3일 후인 4월 19일 실종자 가족들이 모여 있는 진도 체육관을 방문하여서 구조 계획 등에 대하여 설명하였다. 이 과정에서 실종자 가족들이 박근혜에 대하여 고성과 욕설을 하였고, 긴장이 발생하기도 하였다.

5월 19일, 박근혜는 TV와 라디오로 전국에 중계된 대국민담화를 통해 세월호 사고에 대하여 사과하였다. 박근혜는 '세월호 사고의 모든 책임은 대통령인 저에게 있다'고 밝혔다. 그는 재발 방지 대책으로서 구조 및 사고대처 미흡의 책임을 물어 해양경찰청을 해체하고, 안전정책을 총괄하는 안전행정부 역시 해체에 가깝게 개혁하며, 안전정책 및 구조를 담당하는 국민안전처를 신설하는 등의 방안을 제시하였다.

● 4·16 세월호 참사
2014년 4월 16일 인천에서 제주로 향하던 여객선 세월호가 진도 인근 해상에서 침몰하면서 승객 300여 명이 사망 · 실종된 대형 참사로, 정부의 위기대처 능력 부족을 여실히 보여주었다.

● 박근혜 대통령 탄핵 소추

박근혜 대통령 탄핵 소추는 최순실 게이트, 비선실세 의혹, 대기업 뇌물 의혹 등 박근혜 대통령의 위헌적인 범죄 의혹을 사유로 2016년 12월 3일 오전 4시 10분, 더불어민주당, 국민의당, 정의당과 무소속 의원 171명이 "대통령(박근혜) 탄핵소추안"을 국회에서 발의했다. 더불어민주당 우상호, 국민의당 박지원, 정의당 노회찬 의원이 대표 발의했으며, 구체적인 사유로는 헌법과 법률 위반이 제시되었다.

헌법 위반 행위로는 최순실을 비롯한 측근들이 정책에 개입하고 국무회의에 영향력을 행사토록 했다는 점에서 대의민주주의 의무를 위배했으며, 이들이 인사에 개입하여 직업공무원제 위반, 사기업에 금품 출연을 강요하고 뇌물을 수수했다는 점에서 국민 재산권 보장 · 시장경제질서 및 헌법수호 의무를 위반했다고 지적했다. 또한 2014년 4월 16일에 발생한 세월호 침몰 사고에 대한 대응 실패로 헌법 10조인 '생명권 보장'을 위반했으며, 국민의 생명과 안전을 보호하기 위한 적극적 조치를 취하지 않아 직무 유기에 가깝다고 적시했다. 법률 위반 행위로는 재단법인 미르와 재단법인 케이스포츠에 삼성과 SK, 롯데 등의 기업이 출연한 360억 원은 뇌물로 판단했고, 롯데가 70억 원을 추가 출연한 것 등에 대해 뇌물죄와 직권남용, 강요죄를 적용했다.

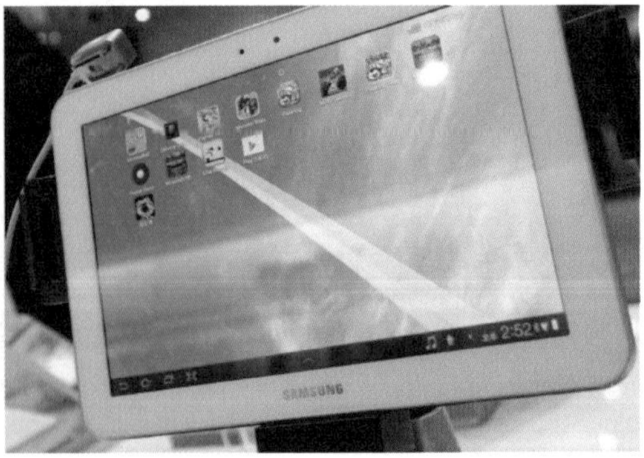

● 최순실 게이트
2016년 10월 24일에는 JTBC를 통해 최순실이 박근혜의 대통령 연설문 등을 미리 넘겨받았다는 사실이 밝혀졌다. 다음날 박근혜는 대국민 사과 기자회견을 통해 2012년 대선 당시 연설문이나, 대통령이 된 이후에도 일부 자료에 대해 의견을 들은 바 있다고 밝혔다. 최순실은 미르재단, K스포츠재단과의 관련성, 연예계 · 체육계와의 유착 등의 의혹의 대상이 되었다. 최순실의 딸 정유라의 이화여자대학교 부정 입학 의혹과 성적 조작 문제도 제기되었다.

● 대통령 퇴진을 외치는 촛불 집회, 탄핵 반대를 외치는 태극기 집회
2016년 10월 29일, 전국 각지에서 퇴진 시위가 열렸다. 특히 서울 도심에서는 대규모의 집회가 열렸다. 11월 12일, '박근혜정권 퇴진 비상국민행동' 주최로 서울광장에서 열린 '박근혜 정권 퇴진! 2016 민중총궐기' 집회에 주최 측 추산 100만 명의 시민들이 운집했다. 이는 2008년 6월 10일 대한민국 촛불 시위에 모인 70만 명을 넘은 수치다. 이은 11월 19일에도, 서울광장에서 열린 민중총궐기 집회에 주최 측 추산 100만 명 가량의 시민들이 참가했다. 이에 맞서 탄핵을 반대하는 집회도 열렸는데, 언론에서는 초기에는 맞불집회라고 불렸으나, 박근혜 대통령 퇴진 집회에서 촛불을 들고 시위하는 것과는 달리 주로 태극기를 들고 시위에 참여해 태극기 집회라고도 불린다.

국회는 2016년 12월 8일 대통령(박근혜) 탄핵소추안을 본회의에 보고하여 다음날 9일 표결에 들어가, 투표자 299명 중 가(可, 찬성) 234명, 부(否, 반대) 56명, 기권 2명, 무효 7명으로 탄핵안을 가결시켰다. 이로써 박근혜 대통령은 탄핵소추안이 청와대에 도착한 때부터 헌법재판소의 심판이 있을 때까지 직무정지가 되는데, 12월 9일 오후 7시 3분 취임 1,384일(3년 10개월) 만에 직무가 정지되었다. 박근혜 대통령 탄핵소추안의 가결로 인해 황교안 국무총리가 헌정 사상 9번째로 대통령의 권한을 대행하게 되었다.

2016년 12월 9일 탄핵소추안이 헌법재판소에 전달되어 탄핵 심판이 개시되었다. 사건번호는 2016헌나1이었다. 탄핵소추위원은 새누리당 3명, 민주당 3명, 국민의당 2명, 정의당 1명이고, 소추위원장은 바른정당 권성동 국회 법제사법위원장이었다. 헌법재판소는 12월 9일 소추서를 접수받자마자, 답변을 12월 16일까지 제출하라는 답변요구서를 인편으로 피청구인 측에 송달하였다. 주심은 강일원 헌법재판관이 배당되었고, 주심인 강 재판관과 김이수 재판관을 뺀 7명은 접수 당일 회의를 열었다.

헌법재판소는 2017년 3월 10일 대심판정에서 피청구인 박근혜 대통령을 대통령직에서 파면시키기로 재판관 8명 전원일치로 결정하였다.

헌법재판소의 파면 결정 이후 사흘째 청와대 관저에 머물던 박근혜 전 대통령이 2017년 3월 12일 오후 6시 57분께 청와대를 떠나 삼성동 사저로 출발하여 귀가하였다. 헌정 사상 처음으로 국회 탄핵을 받아 파면에까지 이른 박근혜 전 대통령이 21일 자신의 뇌물 등 혐의와 관련해 검찰에 출석하여 대면조사를 받았다.

2017년 3월 27일, 검찰은 박근혜 전 대통령에게 298억 원 뇌물수수를 포함한 13가지 혐의로 구속영장을 청구하였다. 사흘 뒤인 3월 30일에는 영장실질심사가 이루어졌다. 이 영장실질심사는 8시간 40분 동안 진행되었는데, 영장심사 도입 이래 최장시간 동안 이루어졌다. 3월 31일, 박 전 대통령의 구속 영장이 발부되어 서울구치소에 수감되었다.

1995년 전두환 · 노태우 전 대통령에 이은 세 번째 전직 대통령 구속이며, 파면된 지 21일 만에 구속 수감되었다.

■ 문재인 정부

● **문재인(文在寅)**
1953년 1월 24일에 경상남도 거제군에서 아버지 문용형과 어머니 강한옥 사이에서 2남 3녀 중 장남으로 태어났다. 사회 시절 인권변호사로 활동하며, 변호사 노무현과 만나 함께 합동법률사무소를 운영하였다. 이후 노무현 대통령의 비서실 시민사회수석, 민정수석, 정무특보를 거쳐 참여정부의 마지막 대통령비서실장을 지냈다. 2017년 19대 대통령 선거에서 "완전히 새로운 대한민국을 바라는 온 국민의 뜻을 모아 이제 정권교체의 첫발을 내딛는다"라고 대선 출마를 선언하였고, 대통령에 당선되었다.

2017년 5월 9일 문재인은 제19대 대통령 선거에서 후보로 출마하여, 박근혜 전 대통령의 탄핵 이후 새로운 대통령으로 당선되었다.

그는 대학 시절 학생운동을 이끌며 박정희 유신독재에 항거하다가 서대문 구치소에 투옥되었고, 대학에서 제적당했다. 출소 후에는 바로 군에 강제징집 되었다.

2003년에 참여정부의 초대 대통령비서실 민정수석을 역임하였고, 2005년 다시 청와대에 들어가 대통령비서실 시민사회수석, 민정수석, 정무특보를 거쳐 참여정부의 마지막 대통령비서실장을 지냈다. 이후 정계입문 제의를 받았고, 2012년 제19대 총선에서 부산 사상구에 출마하여 당선되어 본격적인 정치활동을 시작했다. 동년 대선 출마를 선언했으며, 새누리당의 박근혜 후보에게 패배하였다. 2015년 2월 8일에 새정치민주연합 당대표에 선출되었고, 2016년 1월까지 새로 개편된 더불어민주당 대표를 지냈다.

이후 박근혜가 대통령직에서 파면되어 조기 대선이 결정되자, 대권에 재도전하였다. 2017년 더불어민주당 대선 후보 경선에서 이재명, 안희정 등과 겨루어 전체 표수의 과반을 얻음으로써 더불어민주당 제19대 대선 후보가 되었다. 2017년 5월 9일 대통령 선거에서 홍준표, 안철수, 유승민, 심상정 등 주요 정당 후보들 간의 5자 대결에서 승리하여 대통령에 당선되었다.

통일을 위한 발걸음

한반도의 통일은 동아시아의 평화를 위해, 나아가 세계 평화를 위해 절실히 필요한 숙제이자 염원이다. 통일은 인도주의적 차원에서 이산가족이나 실향민들의 고향 방문 및 가족과의 만남을 가져다줄 것이며, 올림픽 공동 출전 등으로 한국민의 위상을 드높일 수 있는 계기이기도 하다. 또한 통일은 북방 대륙을 향한 교류의 문을 활짝 열어젖힘으로써 경제적인 이득과 자원 개발의 물결을 불러일으켜, 우리나라를 초일류의 선진국 대열에 성큼 다가서게 할 것이라 예상되고 있다.

■ 분단 이전의 역사

한반도는 신라와 발해의 남북국 시대를 거쳐 왕건의 고려가 발해 유민들을 받아들인 이래 통일 국가를 유지해 왔다. 즉 676년에 신라는 당나라 군대를 대동강 북쪽으로 축출하여 통일을 달성하였고, 고려는 발해 유민들을 같은 동포로 받아들였으며, 1910년 한일합방으로 일제의 지배를 받는 동안에도 하나의 지역으로 되어 있었다.

약 1,300년 전을 기준으로 한민족은 통일된 국가를 이루었다. 그런데 제2차 세계대전의 막바지인 1945년 8월 6일 일본 제국의 히로시마 시와 나가사키 시에 미국의 원자폭탄이 투하되고 1945년 8월 15일 일본 제국이 무조건 항복하면서 제2차 세계대전이 끝나자, 미국과 소련이 38선 분할 점령안을 상호 합의하여, 38선을 기준으로 남한과 북한이 분단되었다.

● **광복의 현장**
일제의 사슬로부터 벗어난 광복을 기뻐하며 만세를 부르는 장면이다.

● 북한 지역이 바라다보이는 휴전선의 철책

이후 1950년 6월 25일 한국전쟁이 일어난 지 3년 1개월 후인 1953년 7월 27일 발효된 정전협정으로 휴전선(군사분계선)과 비무장지대(DMZ, 중립지대: 휴전선으로부터 남북으로 각 2km)를 사이에 두고 분단되었다.

남한과 북한이 다시 통일을 하는 것은, 짧게 보면 2017년을 기준으로 약 71년간의 민족 분단을 극복하는 것이며, 길게 보면 1,300년 전부터 이루어졌던 민족 통합을 다시 이루는 것이다.

■ 분단의 경로

제2차 세계대전 뒤에 연합국은 일본 제국의 식민지였던 조선을 신탁통치로 통치할 계획을 세웠고, 38선을 경계로 하는 2개의 구역으로 조선을 분할했다. 그리고 남쪽은 미군이, 북쪽은 소련군이 통치하며 서로 자기 지역에서 군정을 개시했다.

그러나 남쪽의 민족주의자들과 일부 공산당원들이 신탁통치 결사반대 운동을 벌이자, 미·소는 신탁통치의 실시를 둘러싸고 대립이 깊어졌고, 최종적으로 한반도는 대한민국과 조선민주주의인민공화국이라고 하는 2개의 국가로 분열되고 말았다.

북한에서는 조만식을 중추로 하는 민족주의 세력이 평남건국준비위원회를 세우자 평안남북도(平安南北道)가 그 중심이 되었다. 그러나 소비에트 사회주의 공화국 연방의 군정이 시작되면서 한반도 적화(赤化)의 거점이 되었다.

1945년 10월 조선공산당 북조선분국이 세워지고 나서 이북5도행정위원회가 설치되었다.

1946년 2월 북조선임시인민위원회가 성립되어 이 위원회의 이름으로 농지를 무상으로 몰수하여, 실제 경작민에게 배분하는 무상몰수, 무상분배를 원칙으로 하는 토지개혁을 시행했다. 그 뒤 인민위원회가 설치되었으며, 조선공산당 북조선분국과 신민당이 연합하여 북조선로동당을 결성한 이후 남조선노동당과 합당해 조선노동당이 되었다. 아울러 북조선인민회의와 조선인민군이 창설되었다.

1948년 8월 최고인민회의의 대의원 선거가 실시되어 9월 9일 사회주의헌법을 채택하고 조선민주주의인민공화국 정부가 수립되었으며, 김일성이 조선민주주의인민공화국 수상에 취임했다.

그 후에 북한은 한반도 적화통일을 목표로 한국전쟁을 일으켰지만, 미군을 중심으로 한 국제연합군의 반격으로 퇴각했고, 휴전에 의해서 한반도는 군사 분계선으로 분단되었다. 아직도 남북한은 휴전한 교착상태로 대치 중이다.

● 한국전쟁 당시 무너져 내린 수원 화성
1950년 무력통일을 위한 북한의 남침으로 파괴된 수원 화성. 6·25 동란은 이처럼 많은 사람의 목숨을 빼앗아 갔으며, 동족 간의 전쟁으로 씻을 수 없는 상처를 남겨 통일을 위한 걸림돌이 되고 있다. 그러나 통일은 이러한 상처까지도 보듬을 수 있는 처방이고, 지향해야 할 과제이기도 하다.

■ 연방제와 흡수통일 방식

통일의 방식은 연방제에 의한 방식과 흡수통일에 의한 방식으로 구분할 수 있다. 연방제에 의한 통일방식은 대한민국과 북한 간에 2체제 2정부를 인정하고, 상호 교류와 협력을 통해서 서로가 공동의 이익을 증진시키면서 분단의 장벽을 극복하는 것이다. 이 방식은 장기적이며, 최종적으로는 단일국가 및 단일정부에 이르는 것을 의미한다.

흡수통일 방식은 독일과 같이 평화통일을 이루지만, 한쪽에서 통일에 따른 천문학적인 비용을 부담하면서 다른 쪽의 정부를 흡수하는 통일방식이다. '미국 랜드 연구소'의 분석 결과, 독일의 경우 1,800조 원 이상이 소요되었으며, 매년 1,000억 유로 이상이 소요되고 있다고 한다.

또 다른 흡수통일 방식은 비평화적인 방식으로, 남북 간의 통일을 전쟁에 의하여 이루는 것을 의미한다. 즉, 무력침공에 의한 정복의 의미로, 국제법상 통일이란 단어를 사용할 수 있다. 예를 들면, 국제적으로 침략전쟁이라고 규정된 한국전쟁의 경우, 조선민주주의인민공화국은 이것을 '조국통일전쟁'이라고 부른다. 따라서 통일이란 단어를 사용하는 경우에는 그것이 평화적인 의미의 통일인지, 아니면 비평화적인 적대적 통일인지 그 속뜻을 인지하고 구별해야 한다. 흔히 강경파들이 사용하는 통일의 경우, 실질적으로는 적대적 통일인 침략전쟁을 의미하는 경우가 많기 때문이다.

● 통일의 상징 한반도기
남과 북이 하나가 되는 한반도기는 통일의 염원이자 남과 북 7,500만 주민들의 소원이기도 하다.

● 통일이 낳을 한반도의 미래

한반도의 통일은 한반도의 두 정부인 대한민국과 북한이 장기적 · 최종적으로 단일정부로 통일하는 것을 의미한다.

북한의 핵무장에 따른 군사적 충돌이 발생한다면, 일본을 포함한 동아시아 지역은 자국의 안전을 위해 대응방법을 모색할 것이며, 나아가 미국과 중국 간의 패권 경쟁(신냉전)에 따른 세계적 핵전쟁을 불러일으키는 불행한 사태를 낳게 될 것이다. 그러나 평화적으로 우리나라가 통일된다면, 러시아를 포함한 한 · 중 · 일 · 호 등 인근 아시아 지역 국가와 대규모 아시아 지역의 경제 공동체(Asian Economic Union)로서, 상호 교류 협력을 통해 유럽 연합(EU), 아랍 연맹(Arab League) 및 유라시아 경제 연합(EEU - Eurasian Economic Union) 등 세계적인 다른 경제 공동체와 함께 공동의 이익을 추구할 수 있는 토대가 된다.

통일된 한반도는, 작게는 대외 의존도가 지나치게 높은 수출 주도형 경제 구조를 가진 한국경제에 희망을 주며, 크게는 기존의 미국 주도의 경제 질서가 미국 경제 악화 등으로 침체 터널에 갇힌 세계 경제에 새로운 가동 엔진이 되어줄 것이다. 나아가 핵전쟁의 위협이 사라진 동아시아 지역에 거대한 경제 공동체가 탄생하여 활력소가 됨으로써, 유라시아 경제 연합과의 무역 교역량도 증가할 것이다. 한국 대외경제정책연구원(KIEP)의 조사 결과 등을 기준하면, 통일된 우리나라는 최소한 10년 내로 300% 이상의 추가 확장이 예상된다.

● 불 켜진 한반도를 상상한 모습
통일은 한반도 구석구석까지 불을 밝히는 희망과 넘쳐나는 활력을 북돋울 것이다.

참고문헌 및 자료

- 《브리태니커 백과》
- 《한국민족문화대백과》
- 《문화원형백과》
- 한성백제박물관
- 웅진백제박물관
- 김부식 《삼국사기》
- 일연 《삼국유사》
- 부여박물관
- 문화재청
- 월간 미술
- 불교신문
- 경주박물관
- 중앙시사매거진
- **한국고궁박물관**
- **《시사상식사전》**
- 연합통신
- 《두산백과》
- 《조선왕조실록》
- 한국컨텐츠진흥원
- 용산전쟁기념관
- 《한국의 제4기 환경》, 서울대학교 출판부
- 송호정, 《한국인의 조상은 누구인가》, 역사비평
- 《한국사》, 성신여자대학교출판부
- 《내일을 여는 역사》, 서해문집
- 한국사특강편찬위원회, 《한국사특강》, 서울대학교출판부
- 위키피디아
- 국사 편찬 위원회, 《고등학교 국사》, 교육 인적 자원부
- 《글로벌 세계 대백과사전》
- 《승정원일기》
- 《문화원형백과》, 대한제국, 한국콘텐츠진흥원(2004년판)
- 《독립운동사자료집 7 : 임시정부사자료집》(독립운동사편찬위원회, 1973)
- 《대한민국 임시정부 30년사》(이연복 지음, 국학자료원)
- 연합뉴스
- 동아일보
- 조선일보
- 《한한대사전》
- 《단군과 고조선 연구》, 단군학회 엮음
- 한국 고고학 강의
- 유득공, 《발해고》
- 《발해사연구》, 연변대학출판사
- 《한국의 전통예술》(한국문화재 보호재단 편집부 저)
- 《징비록》, 류성룡
- 《난중잡록》
- 《한국민족문화사전 - 일제 강점기》(日帝強占期)
- 《일제 말기 식민지 지배정책연구》(국학자료원, 1997)
- KBS역사스페셜
- 네이버백과
- 《문화재대관》, 문화재청

하루에 따라잡는

한국사

초판 1쇄 인쇄 2017년 7월 05일
초판 1쇄 발행 2017년 7월 15일

지은이 유한준 · 김재성
편집주간 강경수
펴낸이 박경준
디자인 새롬기획 에디터
마케팅 최관호
경영지원 정서윤
물류지원 오경수
펴낸곳 도서출판 미래타임즈
출판등록 2001년 7월 2일 / 제01-00321호
주소 서울 마포구 동교로 12길 12
전화 02-332-4327
팩스 02-3141-4347

ISBN 978-89-6578-123-3

잘못된 책은 바꾸어 드립니다.